한국사상과 사회윤리

한국사상과 사회윤리

배 영 기

한국학술정보[주]

 머리글

숭의(崇義)는 일제시대의 신사(神社)가 있던 목면산(남산의 옛 이름) 자락에 자리 잡고 있다. 그리스도의 정신에 입각하여 개교한 여성교육의 요람인 숭의동산에서 강의하여 온 지도 올해로 4반세기를 맞이하였다. 특히 올해는 숭의개교 104주년과 맞물리는 해에 숭의역사관을 개관하고 보니 그 감회가 더욱 깊을 수밖에 없다.

불혹(不惑)의 초반에 '중견 직업인'을 양성함을 교육목표로 하여 가르치는 일을 천직으로 삼아 오던 세월이 어언 지천명(知天命)을 지나 이순(耳順), 즉 남의 말에 공손히 귀 기울여 올바른 이치를 아는 나이에 도달하였다. 이제부터 학문적으로 완숙기에 접어들었기에 역저(力著) 한 권쯤은 남기고 싶은 꿈을 늘 접을 수가 없었다.

그동안 '죽음에 대한 문화적 이해'를 비롯하여 단독 저서, 공저, 역서, 편저, 편술 등의 형식으로 출간한 책이 30여 권이나 되고, 논문은 인문사회를 망라하여 80여 편을 발표하였다. 저서나 논문이 양(量)보다는 질(質)이 중요하다고 하지만 질도 양 속에서 배어 나오는 것이라고 스스로 쑥스럽게 자위하여 본다. 이처럼 적지 않은 논저 속에서 나의 학문적 관심의 편답(遍踏)은 오늘도 계속되고 있다. 이를테면 크고 작은 학회나 연구단체에 직·간접적으로 관계하고 있는 데가 한국 국민윤리학회, 단군학회 등을 비롯하여 50여 곳이 되고 있다. 뿐만 아니라, 평화통일정책자문회의, 부정부패추방시민회 등의 정부 및 비정부 기구에 참여하여 활동하였거나, 활동하고 있는 데가 50여 곳에 이르고 있다. 특히 종교에 대한 관심은 한 점의 마음의 편벽(偏僻)이 없이 자유로운 날개를 달고 학(鶴)과 같은 마음으로 신·구교,

불교, 대종교, 천도교, 증산도, 민족 종교에 이르기까지 자유자재로 날아다니고 있다.

　대학에서 강의한 교과목만도 국민윤리, 교육철학, 한국정치론, 직업윤리 등을 위시하여 20여 교과목에 이르고 있으며, 두 학기쯤 강의하게 될 때면 강의내용을 정리하거나 보완하여 반드시 한 권의 책을 출간하여 온 셈이고 보니 지난 4반세기 성상은 참으로 분주하게, 그리고 열심히 살아왔다고 자부하고 싶다. 이제 앞으로 몇 편의 논문과 몇 권의 저술을 더 남기게 될지는 알 수 없으나, 더 왕성한 필력(筆力)을 발휘하고 싶을 뿐이다.

　나의 삶도 되돌아보면 농경사회, 산업사회, 정보사회를 살아오면서 숱한 난관도 많았지만 또한 학문적 기복의 변화도 시대에 따라 극심하였다. 무엇보다도 학자의 학문적 지조를 저버리고 양지만을 찾아다니는 감탄고토(甘呑苦吐)의 군상도 가까이서 수없이 지켜보면서 비감(悲感)을 느낄 때도 많았다. 철새 정치인이 있듯이 교언영색(巧言令色)하는 교직자들의 틈바구니에서 밤을 지새우는 갈등의 나날도 많았다. 이제 '죽음에 대한 문화적 이해' 출간 이후 다른 저술보다도 더 애착이 가는 '한국문화와 직업사회'를 수정·보완하여 다시 '한국사상과 사회윤리'라는 책으로 출간을 보게 되니 나의 학문적 관심 영역이 더욱 눈을 크게 뜨이게 되었다.

　그러나 가슴속에 간직한 감성과 머릿속에 새겨 놓은 이성을 하나로 합류시켜 이 사회에 마르지 않는 한 줄기 샘물과 같은 저서를 남겨 놓기 위해서 더욱 열심히 연구하는 자세를 견지해야 할 것을 이 기회를 계기로 다시 한 번 다짐한다. 나태는 곧 도태요, 도태는 죽음을 재촉하는 일이기 때문에 후회하지 않는 죽음을 맞이할 준비를 항상 하여야겠다.

이 책은 그동안의 발표한 논문 중에서 한국적 시대정신을 비교적 적절히 반영하거나, 미래의 민주시민 및 사회생활에 유익한 지침이 될 만한 논문만을 간추려서 한 권의 책으로 묶어 놓은 것이다.

앞으로는 상생(相生)과 홍익(弘益)이라는 양 화두를 붙들고 종심(從心)을 향하여 연구해야 할 과제를 중심으로 증진해 나갈 것이다.

끝으로 아내와 함께 수고로움을 나누어 짊어지고, 첫딸 진희 내외와 귀여운 민서가 너무 영리하여 우리 집안의 웃음꽃을 피우는 보배가 되고 있는 데 대하여 감사하며, 그리고 현기증이 날 정도로 프랑스보르도대학에서 철학을 열심히 공부하고 있는 둘째딸 진시가 학위를 취득하여 귀국하는 모습을 보고 싶은 생각이 너무도 간절하다. 이 한 가닥의 희망을 실현하기 위하여 나는 산자락에서 물 한 모금 마실 때도 하늘을 쳐다보며 기도하는 마음을 가지고 하나님께 빌면서 살고 있다.

불황의 출판시장의 늪에서 생존전략을 세우느라 수고하시는 채종준 사장님께 감사드리며, 원고정리를 서둘러 달라고 재촉을 마다하지 않고 열심히 처리한 강진이 님께 감사드린다.

2007년 7. 1

숭의학술정보센터에서

배영기 씀

차 례

제1장

한국전통사회와 노동문화

동제는 한마을(부락)의 수호신을 숭상하고 동신(洞神)에게 제사드리는 의식이다. 그러기에 동제는 부락제(마을 제사)라고도 하는데, 그 역사는 고대 부족국가 시대의 제천의식에서 비롯한 전통이다. 고려시대의 팔관회(八關會)는 고구려의 동맹의식을 계승한 것으로, 왕이 친히 제사를 지내던 국가적 대제전으로 발전하기도 했었다.

동제의 성격은 태초 이래의 농경의례이며, 세시 풍속의 하나다. 아직까지 풍요다산을 상징하는 여성 신앙의 성격이 강하며, 전국을 통하여 남성 신앙의 3배나 되는 분포를 보이고 있다. 그리고 동제의 기능은 일상 세속생활에서 마을 사람들이 다 같이 신성기간을 갖고 근신하며, 이를 통하여 마을 사람 전체의 일체감이나 화목과 단합을 조성하는 데 있다.

그러므로 동제는 한마을(부락)의 수호신을 숭상하고 동신(洞神)에게 제사드리는 의식이다. 한마을에 사는 사람들이 재해를 면하고, 행복을 구하기 위하여 마을 전체가 한 집단이 되어 신의 보호를 받고자 신명에게 기원하는 것이다. 제주(祭主)는 같은 마을에 사는 40세 이상의 원로로서 출산(出產)·장의(葬儀) 등에 부전스러운 일이 없는 깨끗하고 신임이 두터운 사람으로 택하며, 이 밖에 화주(火主)·축관(祝官) 등을 신선(神選)·복선(卜選)·합의선(合議選)에 의해 선정한다.

『동국세시기』에 의하면, 제사가 있을 때에 제주(祭主) 이하 역원들은 수일간 밤에 목욕재계하고 근신하며 출입을 금한다. 대상의 신은 주로 산천신(山川神)·성황신(城隍神)으로 마을 근처에 신당(神堂)·신단(神壇)·신목(神木)을 정하고 신역(神域)으로 삼아 금기를 실시한다. 마을에 재해가 있을 때에는 수시로 지냈다.

동제를 전후하여 신당·신단 영역으로서 그 주변에서 엄격히 격리된다. 왼쪽 방향으로 꼬아진 왼새끼를 둘러치고, 황토가 깔려진다. 금줄은 제주집 주위에, 때로는 마을 입구에도 쳐진다. 마을에 금줄이 쳐질 때는 외인(外人)의 출입이 금지되고, 출타 중인 부락민의 입내(入內)와 이미 마을에 체류 중인 외인의 출거(出去)도 금지되었다.

제사를 지내고 나면, 마을의 회의를 열어 마을의 질서와 협동을 다지고 있어, 태고 이래의 제정일치(祭政一致)의 성격을 그대로 가지고 있다. 이어서 농악이나 가면극들을 곁들여서 한때의 축제 분위기를 이룬다. 사실, 농악놀이는 이미 살핀 것처럼, 전통사회에 있어서 부락민의 오락·신앙·노동 등의 모든 공동생활의 중심을 이루었고, 또한 부락민 모두가 협동하여 공동의식과 인보의식을 북돋울 수 있는 향토적이며 정서가 깃든 행사이다.

이 축제는 바로 민속 예술이나 민속 문화를 보존하고 고취시킨 핵심이었다. 또 제사가 끝난 다음 제사상에 올린 각종 음식은 마을의 모든 사람에게 나누어 주어 함께 음복을 하게 된다. 그것은 신의(神意)를 고루 분배하고 집단 성원끼리의 일체감을 북돋우려는 의미를 지니고 있는 것이다. 그러니 우리 조상들은 동제를 통하여 마을 수호신에게 제사 지내면서 신에 대한 믿음을 키웠고, 공동 축제 형식으로 상부상조 정신을 길러 나갔던 것이다.

서양 문명에 의해서 영향을 받지 않은 상태의 한국사회는 대체로 여성을 중심으로 한 무속적 문화와 남성적 유교 문화의 이중 조직으로 되어 있다. 전자는 보다 고문화(古文化)에 속하고 무식 하층인의 것으로 경멸과 탄압을 받아 왔으며, 후자는 신문화에 속하고, 유식 상층 계급의 문화다. 이 두 가지는 대립을 하면서 이중적인 기능을 하고 있는데, 이것이 동제(부락제)에도 반영되어 있다.

이러한 동제의 이중 구조는 바로 이러한 한국사회를 반영한 것이다. 동제의 두 가지 유형이 있으니 하나는 유교풍의 동제이고, 다른 하나는 무속의 무제(巫祭)이다. 유교풍의 동제는 유교의 영향을 받은 점으로 새로운 것이라고 할 수 있어도, 그 본질적인 신앙은 유교에 의해 생긴 것이 아니고 훨씬 오래된 것이라고 생각된다.

다시 말해서 유교풍의 동제도 무제와 마찬가지로 역사가 오랜 것으로 무제와 함께 이중적인 구조를 가지고 내려오다가 유교식으로 치장한 것에 불과하다. 그런데 이들이 때로는 혼합하는 경우도 있으나, 별신굿이나 골매기(部洛寸護神)처럼 남녀 혼합의 축제가 되는 경우가 있다.

그런데 동제는 각 지방에 따라 그 내용적인 면에서 볼 때는 비슷하다. 이를테면 경기·충청 지방에서는 산신당, 강원·경북 지방에서는 성황당, 전 남북·경남 지방에서는 당산이라고 한다.

경북 안동 하회 마을의 동제에 있어서는 촌락의 지도권을 장악하고 있는 양반층의 제2선에 있으며, 상민이 적극적으로 참여하여 왔다는 것은 흥미로운 일이다. 당제가 끝난 당일에는 평상제 때도 대동회가 개최되며, 여기서 머슴의 '새경', 동행정(洞行政) 책임자의 보상, 도로 공부(公賦), 사공(沙工)의 보수 등을 위한 모곡이 논의되며, 촌락의 1년간의 생활 방침이라고도 할 수 있는 일들이 토의되는 것이다.

이러한 뜻에서 동족 집단의 사회결합이 동족 조직을 중심으로 이루어지고 있다면 비동족 촌민들의 사회 결합이 동제를 중심으로 행해져 왔다고 생각할 수도 있겠다. 물론 이 촌락에 있어서 동족집단의 질서가 그대로 촌락 사회를 규제하여 왔지만 당제의 기능과 권위가 촌락 사회의 결합에 큰 역할을 해 왔음을 간과할 수는 없을 것이다. 당제가 가지는 촌락 사회에 있어서 종교적·경제적·사회적 기능은 10년을 주기로 행해져 왔던 대도제(大塗制)의 유희적 오신행사(娛神行事)인 별신굿에 더욱 구체적으로 반영되어 있다.

이와 같이 동제는 마을의 공동체적 생활을 총괄하며 집대성하는 데 대단히 중요한 민속이었다. 오랜 옛날부터 마을의 공동생활을 영위함에 있어서 의례적이며 비의적(祕儀的)인 종교적 신앙에 바탕을 두는 동제와 의사결정 기관으로서의 동회를 결합시키고, 또 더 나아가서 축제적인 부락굿과도 연결시킴으는 데 인간의 마음을 하나같이 공동생활에 투입하게 한 지혜를 재음미해 보아야 한다.

한국인은 옛날부터 인간의 생멸과 고락이 천(天)의 뜻에 따라 이루어진다고 믿고, 천의 의지에 따르려는 경향을 지녀 왔다. 이와 같이 하늘의 뜻을 헤아려 천이 인간에게 부여한 명령을 천명이라고 하였다. 그렇다면 천이 우리 인간에게 어떠한 명령을 내렸는가 하면 종교적으로는 천도를 믿도록 명령하였고, 철학적으로는 천리에 따르도록 명령하였으며 생명적으로 천명에 순응하여 살아가도록 명령하였다. 이러한 천명사상은 개인적으로는 도덕적 완전 또는 인간적 완성을 명령하였을 뿐만 아니라 사회 혹은 국가적으로도 민생의 구안(救安)을 완수할 수 있도록 명령하였다. 그 방법으로서 민생 가운데에서 '지'와 '덕'을 겸비한 사람에게 이 사명을 달성하도록 하였다.

'천'의 개념에 대해서 첫째, 인간과 만물을 태어나게 하는 만유의 본원이라고 생각하는 것, 둘째, 천은 전권과 활력을 가지고 하사(下士)를 살피는 자라고 생각하는 것, 셋째, 천이란 자연 법칙에 있어서 인사의 규범과 도덕의 기본으로 규정하였다. 이와 같이 천에 대한 의미가 다양하게 사용되고 있지만, 대체적으로 인간의 능력을 초월한 전능자(全能者), 불위자(不爲者), 주재자(主宰者)의 의미를 내포하고 있다.

명(命)의 개념은 선천적으로 자연 만물에게 부여한 이치이며, 받은 자 즉 인간이나 물건의 명을 부여받은 줄도 모르고 모든 이치를 부여받고 있다. 맹자에 의하면 선천적인 본성 또는 후천적인 본성이 일어날 수 있는 모든 인욕(人慾)의 소이연(所以然)은 천으로부터 명되는 것이라고 하였다.

그래서 『詩經』에 보면 '天生蒸民, 物有有則, 民之秉彝, 好是懿德'이라고 하였다. 즉 '하늘은 백성을 낳고 물건이 있으면 반드시 법칙이 있고, 백성들의 상성(常性)은 의덕을 좋아한다'고 하여 천은 만물을 생(生)하였고 모든 만물은 천의 본질의 표현이라고 하였다. 그래서 천은 모든 만물의 창조자로 생각하였으며 인간도 만물과 같은 천으로부터 창조된 것이라고 하였다. 고로 만물 중에는 천의 본질이 각각으로 부여되어 있기 때문에 분여(分與)된 사물의 입장에서 본다면 모든 사물 자체 내에서 천의 본질을 부여받고 있어서 사물 법칙을 당연히 구유하고 있는 것이다. 이와 같이 자체 내에서 구유하고 있는 법칙이 곧 천으로부터 받은 명령이 천명인 것이다.

이 같은 법칙을 부여받고 있는 천을 『書經』에서는 천강하민(天降下民)이라 하여 모든 인간은 천이 생(生)하였다고 믿고 있으며, 창조적이며 숭배하는 인격적 신을 '상제' 또는 '호천상제, 황천상제'라고 하여 천지 만물의 창조주인 동시에 만물을 주관하는 것으로 믿고 있는 것이었다.

그러나 순자는 천을 '천행유상(天行有常)'이라 하여서 창조적인 신이나 인격적인 신이 아니라 항상 생성·발전하는 자연상이며 이 자연적 현상을 생성하고 변화하게 하는 원인적인 이치로 생각한 것이다.

백성은 천지의 중(中)에서 '생'을 받았으며 이것이 이른바 명이며 이 명(命)으로서 예의의 동작을 행하면 이것이 곧 정명(定命)이라고 하였다. 사람이 다른 동물의 금수나 초목 혹은 토석(土石)에 비하여 우수하다는 것은 바로 이 같은 것이라고 하겠다. 그래서 시서(詩書)나 좌전(左傳)에서는 도덕을 가지고 있는 성품을 천이 부여하였다고 하였다. 그래서 공자도 이르기를 '道之將行也與命也 道之將廢也 與命也'라고 하여 행하거나 폐하는 것도 명, 즉 천명으로서 선천적으로 불가피한 것이며 숙명적인 사태인 사리(事理)로 부여되어 있기 때문에 그러한 현상이 나타난다고 하였다. 『중용』에서도 '天命之謂性'이라고 하였으며, 음양오행의 이치를 천이 만물에게 부여한 것이라고 하였으며 맹자는 '盡其心者, 知其性也, 知其性 則 知天矣'라고 하여 성(性)과 천(天)의 필연의 관계를 말하고 있다. 소위 측은(惻隱), 수오(羞惡), 사양(辭讓), 시비(是非)의 마음을 추궁하면 이것은 인의예지의 성에 근본하고 있으며 인의예지(仁義禮智)의 성(性)에 근본하여 일어난다는 것을 알면 곧 성은 천에서 부여된 것임을 안다는 것이다. 이것으로 보아서 명은 천에 근본을 두고 있으며 인간의 성품은 명에 근본을 두고 있음을 알 수 있다.

이제 다시 정치상의 '천명설'을 살펴보면 위에서 이미 말한 바와 같이 지덕(知德)을 겸비한 자가 즉위하는 것이 '천명'에 의한 것이라고 한다면 그와 반대로 지덕을 갖추지 못한 자가 악정(惡政)을 행할 때에는 물론 자격이 없는 것이다. 왜 그러냐 하면 이와 같은 군주는 백성의 성명(性命)과 수명(壽命)을 보호 완수를 할 수 없으며, 또한 그의 정치와 교화의 의무를 다할 수 없기 때문이다. 그러나 하늘은 이러한 퇴덕자(頹德者)를 볼 때에 곧 그 자리에서 사명을 빼앗는 것이 아니라 먼저 그가 다스리는 땅에 천멸(天滅)과 지변(地變)을 내리게 하여서 그의 각성을 재촉하는 것이다. 그래도 회개하지 않거나 회개할 기미가 없으면 부득이 그때에 가서 새로운 유망한 유덕자에게 '혁명'의 명령을 내려서 그의 사명을 대체하게 하는 것이다.

예를 들면 탕왕과 무왕이 하(夏)와 주(紂)를 징벌한 것과 같은 것이다. 그래서 유덕자가 득위(得位)하는 것도 천명이요, 부덕자가 실위(失位)하는 것도 천명이라고 하였다. 여기서 그의 정치는 민본주의인 것이니 이것은 '민심즉천심'에서 나온 사상인 것이다. 그러므로 민심이 떠나는 것은 곧 천심이 떠나는 것이요, 민심이 돌아오는 것은 곧 천명이 그 통치자나 임금에게 내리는 것이다. 이는 오늘날의 정치인에게 공인(公人)의 직업관을 부여함에 있어서도 같은 원리가 적용되고 있다.

이상과 같이 천명사상은 시대에 따라 그 해석의 내용이 조금씩 변천되어 왔다. 즉 신격적 존재인 상재, 천자, 도덕적 천, 정치적 천, 이법적 천 등으로 그 의미가 확대되어 왔다.

이러한 천명사상은 한국인의 의식구조에서는 천상으로부터 지상으로 하강한 인과 천의 천인일본사상(天人一本思想) 또는 천인합덕사상(天人合德思想)으로 발전되었다. 그러므로 한국인에 있어서의 천명사상은 하늘과 땅에서 동시에 펼쳐지면서 갖가지 인간의 생활공동체와 윤리의식과 결합하게 되는 것이 단군신화에 나타나 있다.

단군신화에 환웅(桓雄)이 거느린 풍·우·운(風·雨·雲)은 고대의 농업과 축산에 직접적인 영향을 미치는 자연조건이고, 곡·명·병·형·선·악(穀·命·病·刑·善·惡) 등은 인간 사회의 정치적·종교적 문제를 총괄한 것으로 볼 수가 있는데 그러한 모든 것이 천재(天宰)에 의하여 주재된다는 것이다.

우주는 모든 변화 현상을 주재하는 궁극적인 존재가 천이라고 말할 때 그 변화는 천명에 따를 수밖에 없다. 인간의 사회적 삶에서 나타나는 모든 변화 현상도 천도의 유행이라고 말할 수 있겠지만 당위적으로는 천명에 맞게 변화를 수행하여야 한다는 것이다.

이렇게 천은 의지를 가지고 사람에게 덕을 부여하기도 하고 생사를 좌우하기도 하며, 때로는 예에 어긋나면 버리기도 하고 인간의 마음을 샅샅이 알아내는 주재자인 동시에 윤리적인 면이 공존하기도 한다. 그렇기 때문에 천이란 속일 수도 없는 존재이고 항상 경배와 존경의 대상이 되기도 하여 인간으로서는 도저히 어찌할 수 없는 경외의 대상인 절대자로서의 존재라고 말할 수 있다.

우리 민족은 전통적으로 천의 섭리를 거역하지 않고 천을 숭배하며 천명을 알아 이에 순종하면서 생활해 온 것이다.

이는 우리의 고전 문학의 작품들 속에서도 천명을 순(順)하면 복이 오고, 천명을 역(逆)하면 화(禍)가 온다는 철저한 순명정신(順命精神)에서 생활하여 왔음을 엿볼 수 있다.

첫째, 인간은 천의 질서에 순천(順天)하는 존재이다.

둘째, 인간의 생활은 공동체 속에서 순명(順命)한다.

셋째, 인과응보를 믿는 업(karma)의 존재이다.

이러한 천명사상은 한국인에게 운명관을 심어 줄 우려도 고려해 보아야 하겠지만 그보다는 천명에 순종하는 지극한 노력, 포기하지 않고 최선을 다하는 인간의 성실에는 하늘도 감응한다는 소위 '지성이면 감천'이라는 삶의 태도를 갖게 하였다.

따라서 어떠한 고난의 경우에도 천명에 의하여 발생되기 때문에 달게 감수하면서, 자신의 당연사로 여기면서 그 가족이나 이웃 및 공동체와 고난을 분배하여 같이 나누고 싶어 하는 인보미덕(隣保美德)이 존재하였던 것이다.

제2절 향약(鄕約)과 계(契)에 나타난 공동체 결속

향약은 권선징악과 상부상조를 그 정신으로 하는 향촌의 규약이다. 이 향약이 우리나라에 소개된 것은 주자학의 전래와 거의 같은 시기로 잡고 고려 말기부터 당시의 선비들 사이에는 알려져 있었던 것으로 향약이 실제적으로 널리 시행된 것은 조선 왕조 중엽 이후부터이다.

중종 때 정암 조광조, 사서 김식 등의 진언에 의하여 전국 각지에 반포되어 지방의 유학자들 사이에 점점 보급되어 나갔다.

그 모체를 이룬 것은 송의 남전 여(呂)씨 문중에서 그 향리를 교도하기 위하여 약속한 여씨향약이었다. 그 뒤 여씨향약은 주자의 가감·증보에 의하여 더욱 완비되어 『주자대전』에 오르게 되었다. 따라서 우리나라에 시행된 향약의 근간은 주자가 뒤에 이를 증손(增損)한 주자증손여씨향약에 두고 있다. 그 4대 강목은 다음과 같다.

① 덕업을 서로 권하는 것(德業相勸)
② 과실을 서로 규제하는 것(過失相規)
③ 예속으로 서로 사귀는 것(禮俗相交)
④ 환난으로 서로 위로하는 것(患難相恤)

향약의 이 4대 강령을 보면, 그 어느 것 하나 인간적 가치와 상부상조의 연대의식이 아닌 것이 없다. 이에 조선왕조 중종 12년(1517)에 각 도의 관찰사로 하여금 주자증손여씨향약을 인쇄하여 널리 퍼지게 하였다. 이와 때를 같이하여 경상도 관찰사로 부임한 안국(安國)이 실제로 향약을 시행하여 풍속교화에 크게 이바지함으는 데 향약의 필요성은 더욱 강조되고, 이에 각 지방에서 향약의 시행을 보게 되었다.

여씨향약에 그 바탕을 두면서 우리의 실정에 맞도록 입안된 것이 퇴계의 예안향약과 율곡의 서원향약·해주향약이다. 퇴계는 동향의 선배 농암 이현보의 뜻을 받아 여씨향약을 참작해서 예안향약을 만들었는데, 그 뒤 영조 때의 퇴계학파 최흥원이 그의 향리인 부인동(경북 달성군 공산면 신무동)에 시행한 동약은 퇴계 계통 중에서는 가장 정비된 것으로 보고 있다.

예안향약은 가정생활의 기본윤리로부터 향리생활의 기본윤리에 이르기까지 그 대체를 규정하고 있는데, 이 예안향약은 여씨향약의 4대 강목 중 특히 과실상규에 중점을 두고 입안했다. 퇴계의 예안향약은 그의 학문의 전승과 아울러 그 문하생에 의하여 널리 행하여졌다. 이를테면, 영남의 풍산 김씨, 하회 류씨, 상주 정씨, 진주 임씨 문중에서 시행되었다.

그런데 율곡의 서원향약은 예안향약에 비하여 그 체제와 내용이 훨씬 잘 짜여져 있다. 이 서원향약은 그의 학문의 전승에 따라 충청도·황해도에서 널리 행하여졌다. 따라서 조선시대 유교 윤리가 민간에 널리 보급된 것은 향약에 힘입은 바가 컸다.

율곡의 해주향약에서는 환난상휼에 해당할 항목에서 보듯, 그 기반을 향토연대의식에 두고 있다. 즉 약원(約員)들 가운데 수재와 화재를 만났을 때, 남의 무고를 입어 억울하게 되었을 때, 극히 가난한 사람이 있을 때 상부상조하는 정신을 상세히 그 속에 담고 있다. 즉 이것은 이웃 간의 상부상조의 예절을 말한 것이다. 율곡의 향약이 후세에 끼친 영향은 대단한 것이어서 영·정조에 이르기까지 각지에서 실시된 향약은 대부분 그의 향약에 의거해서 된 것이었다.

위에서 보는 것처럼 향약은 일종의 민간 자치단체이다. 이는 주현을 단위로 하는 것이 원칙이었으나, 지방에 따라서는 소규모의 향약으로 그 적용의 지역적 범위를 좁혀 동약으로 발전된 곳도 많았다.

실학파의 순암 안정복은 또 면단위 이하의 촌락사회, 즉 향사(鄕社)의 통합원리를 아래와 같이 6개의 항목으로 정리·요약하고 있는 것이다.

① 불은 서로 경계한다.
② 도적은 서로 방어한다.
③ 우환은 서로 구원한다.
④ 희경(喜慶)은 서로 축하한다.
⑤ 법령은 서로 두려워한다.
⑥ 조부(租賦)는 서로 삼간다.

이처럼 6항목의 통합 원리를 열거한 다음에 '사소한 일은 향사(鄕師)에 보고하여' 처분토록 하고 '대단한 일만을 관(官)에 보고한다'는 지침을 제시해 주고 있다.

여하튼 도학이 생활화되기 시작하던 조선왕조 중종 12년에 시작된 이 향약 운동이 바로 우리 역사상 처음으로 시도된 촌락 단위의 도덕·복지운동 및 노동의 공동체를 형성하였다. 조정의 뒷받침으로 뜻있는 선비들이 마을마다 약속이란 향약을 만들어 마을 단위로 도덕화·복지화를 시도, 교화를 하기 시작했다.

그런데 지방의 탐관오리는 이 향약의 기능이 활발할수록 부정행위를 할 수 없었던 관계로 향약의 성장·보급을 억제하는 경우도 적지 않았다. 그러므로 이러한 탐관오리들로 말미암아 조선시대 말년에 향약이 점점 쇠퇴하게 된 원인의 하나라고 보는 설도 있다.

이 향약 교화는 그 후 고종에 이르기까지 지속됨으는 데 한국인을 도덕적으로 성숙시키고, 상부상조하는 윤리정신을 체질화시켜 법없이도 살 수 있는 그런 이상적인 인간과 촌락 형성에 큰 역할을 했던 것이다. 실로 향약을 통한 상부상조의 정신은 우리 전통사회가 공동체를 유지하는 기본정신으로 되었다.

그것은 바로 근대적 직업윤리의 기초였다. 이 같은 촌락 단위의 아름다운 도덕 복지화 전통이 약 1백년의 근대화 과정에서 많은 손상을 입게 되었다.

특히 향약의 교육이 유학의 본당인 동시에 교육의 장인 향교에서 가르쳐져 일반 백성들의 생활에까지 큰 영향을 끼치게 되었으며, 도의정신의 배양, 권선징악, 상부상조, 효제·충신 등의 향리인에게 고취되었다. 이이는 중국의 여씨 및 주자의 향약에 다음과 같은 교육내용의항목을 덧붙여 경향(京鄕) 간에 실시하여 한때 성황을 이루었다.

① 조, 부, 공역의 완납
② 범죄 예방과 소송의 조정
③ 법령의 준수 및 그 보급
④ 관공리의 횡포 감시
⑤ 절도의 적발 및 취체
⑥ 유민 및 부랑자의 취체
⑦ 무죄자의 원억
⑧ 우마도살의 취체
⑨ 경비·경찰의 보조

향약의 조직을 보면 각 읍의 향교 또는 향청을 중심으로 하여 도약정(회장), 부약정(부회장) 및 직일(간사) 등의 임원을 두고 향정

(鄕正), 이장 등이 그것을 겸하였고 향리를 단위로 상인(常人)과 노예까지 포함시켰다. 그리하여 사림(士林)들은 중앙에서 임명된 지방관들보다도 오히려 강한 세력을 가지게 되었다. 어떻든 향약은 애초에 관주도적으로 형성된 지방자치단체의 규칙이라 하겠으나 결과적으로는 관민이 일체가 되어 서민들의 생활개선과 복지증진 및 단합을 위한 전체 국민을 대상으로 하는 농촌진흥 또는 지역사회의 복리증진사업으로서 사회교육의 일환이었다고 하겠다.

그러므로 향약은 지역사회의 주민들 간에 협동정신을 진작시키는 상부상조의 운동이었고, 또 자기 고장의 향토 연대의식을 길러 주었다. 이에 따라 자연적으로 유발되는 재난과 같은 것에 직면하여서는 주민들 자신의 노력으로 이를 극복해 나갔다. 그러므로 향약의 정신을 현대사회의 실정에 맞도록 고쳐 그 교화적·자치적인 정신을 바탕으로 올바르게 운영하기만 한다면, 오늘날에 있어서도 건전한 지역사회의 발전을 이룩함에 있어 큰 효과를 거둘 것은 물론이려니와 산업사회의 직업관을 형성하는 기본이 될 것이다.

향약이 유림이나 양반에 의해 지도되었던 것이라면 계는 가난한 농민들을 중심으로 상호 경제적인 공동의 이익을 협력하여 타개하기 위하여 만들어진 것으로 조선사회 이전부터 성행하였다.

따라서 우리나라 지역사회에서 가장 전통적이면서 또한 지속적이며, 가장 보편적인 협동조직을 든다면 계라고 말할 수 있다. 이는 상부상조의 정신을 더욱 항구적으로 실현하기 위하여 조직된 것이다. 따라서 계는 공통된 이해(利害)를 가진 사람들의 지연적·혈연적 상호협동으로 조직된 것이기에 이익사회(Gesellschaft)적 조직이라기보다 공동사회(Gemeinschaft)적 조직으로 보아야 한다.

그리고 이 계는 계회(契會) 또는 회(會)라고 부르는데 이는 〈사람

들의 모임〉, 〈사람들의 결합〉이란 뜻이다. 따라서 계는 우리나라 최
초의 자생적인 농민조직인 동시에 집단성·결합성을 의미하는 순수
한 한국의 단체개념이다. 다산의 『아언각비』를 보면 계의 본뜻은 깨
끗하다는 결(潔)과 같은 뜻으로 물가에 가서 몸을 씻으며, 회음(會
飮)하는 신사(神事)를 계라 했다 한다. 여기서 말하는 계제(禊祭)는
푸닥거리를 말하는데, 향촌에서 거금(醵金)하는 것도 모두 계(禊)라
고 했다.

그러기에 다산은 계(契)를 계(禊)로 표기해야 한다고 주장하고 있
다. 계제(禊祭)로서의 뜻을 지닌 계(禊)는 마을의 모든 성원이 참여
하는 공동체(Community)적인 회취를 말하고, 다산이 계(禊)로 표기
해야 한다고 한 뒤의 계(禊)들은 결사체(Association)적 모임으로서
의 계를 뜻한다고 하였다.

계의 기풍은 삼한시대부터 널리 퍼지고, 신라시대에는 더욱 발전하
는 여러 가지 형태의 계가 조직되었다. 이미 삼한시대부터 이웃끼리
계를 조직하여 혼례나 상례 또는 회갑과 같은 큰일이 닥칠 때 도왔
다는 기록이 있다.

가배계·향도계 등은 신라 초기의 사회상을 잘 반영하고 있다. 그
러나 계의 기원은 문헌상으로 신라의 가배계·향도계까지 거슬러 올
라가나, 아직 통일되고 일치된 견해가 없으며, 그 학설만도 19종에
달하고 있다. 그런데 고려에 들어와서는 국가와 서민단체와의 상호관
계가 평범하여 신라시대의 계의 정신을 계승하였을 뿐, 적극적으로
조장되지는 않았다.

고려시대에 성행된 계는 동갑계·현무계·등하불명계 등이다. 예종
때는 문무 간의 반목을 없애고, 우호적 교제를 행하기 위한 문무계도
조직되었다.

이 밖에 신라·고려시대에는 궁중경제와 사원경제가 전체 경제활동의 중심을 이루고 있었던 관계로 궁중과 사원에 의하여 경영된 보(寶)가 있었다.

그런데 보는 계와 비슷한 점이 많으나, 이것은 어디까지나 자본의 공급을 주로 하는 이익사회적 조직으로 공동사회적 조직인 계와는 성격을 달리하였으나, 조선시대에 와서는 계가 점차 보의 성격을 따르게 되었다. 조선 중기에 이르러 국가재정의 파탄과 관리의 착취가 심하여 서민의 생활이 곤란하게 되자, 이것을 완화하기 위한 보조기관이 필요하게 되었다.

조선시대 초기에는 충효계(忠孝契)·목족계(睦族契)·소학계(小學契)·종계(宗契)·풍수계(風水契) 등이, 중기에는 유교사상에 기인한 혼상계(婚喪契), 치자계급과 서민사회의 상하관계를 잘 나타내는 군포계(軍布契), 관용품(官用品)을 조달하는 수단으로 공계(貢契) 등이 성행하여, 그 시대의 사회상을 잘 나타내고 있다.

계는 조선시대 이후 동일 지방에는 수 명 또는 수십 명, 많을 때는 수백 명이 회취하여 동일 목적 아래 일정한 규약을 정해 조합 또는 결사단체를 만들어 상호 금품을 갹출하여 자본으로 삼고 식리(殖利) 활동을 하였고, 노동을 제공하여 생산성의 단순협업을 수행하였으며 촌락자치와 공공사업을 위한 여러 가지 협동을 하였다.

조선시대의 계는 양반에 의하여 지도되는 향약과는 다르다. 향약은 위로부터 유교적인 도덕규정을 강요하는 것이었으나, 계는 현실적인 이익은 물론 친목과 공제를 목적으로 하여 자발적으로 이루어진 것이다. 종계·동갑계·혼상계·동계·우계·농구계 등은 모두 그러한 것이었다. 그러므로 계는 자생적인 농민 조직으로서 농촌사회 내부에 오랜 기간 동안 존속·발전되어 온 가장 보편적인 농민 조직이라 할 수 있다.

계의 종류도 시대와 지역에 따라 다양하나, 계의 전성기라 할 조선 시대 후기에는 다음과 같은 계의 종류가 있었다.

(1) 사교를 목적으로 하는 계

이 범주에 속하는 계는 경제적인 면보다도 계원들의 친목과 풍기 유지를 주요 기능으로 한다. 사교의 수단으로 활쏘기를 하는 사계와 사정계, 농한기에 계원들이 일정한 장소에 모여 시문을 교환하는 시계, 교화적 사교단체인 향약계, 수신계, 동의계, 과거에 동방급제한 사람끼리 사교의 수단으로 조직한 동년계, 대동계 등이 있었다. 선조 때 정여립의 대동계, 이몽학의 동갑계회 등은 그 대표적인 것이었다.

(2) 공공사업을 목적으로 하는 계

도로, 교량, 보, 제언 등의 건설·수리와 토목에 관한 것과 서당·동사 건립의 교육적·종교적 사업, 조세 부담에 대한 것, 혼상구·농구의 공동구입 및 공동사용, 산림의 공동관리, 동사의 제전과 기우제의 거행 등을 근본적인 기능으로 하는 동계 혹은 이중계, 부락 공유 산림의 보호와 식수를 함으는 데 그것을 이용함을 목적으로 한 송계, 주기적으로 내습하는 한재와 수재의 대항책으로 조직된 보계와 제언계가 이에 속한다.

(3) 상부상조와 보험을 목적으로 하는 계

계원 가족의 장례식에 필요한 일체의 비용을 지급함을 목적으로 한 연반계, 혼상구를 공동 구입하고 계원의 필요에 따라 대여하는 차일계·상여계, 정초의 비용을 마련하고 세찬을 공동 구입하는 세찬계 및 종계 등이다.

(4) 산업단체로서의 계

계원이 상호협동하여 금전과 노동을 출자하여 이것에 의한 생산, 판매, 구입, 금융 등의 산업적 목적을 달성시키려는 것으로, 여기에는 공동으로 기구를 구입하여 생산에 종사하는 선계·어망계, 기금을 적립하여 필요에 따라 물품을 구입하는 보미계·서책계·양우계, 공동 노동으로 필요 물자를 육성하는 송계·삼림계, 공동 노동과 출자로 수리를 시설하는 복계·수리계, 저축 금융, 이식을 목적으로 하는 저축계·식리계·취리계, 부업 장려를 목적으로 한 가마니계 등이 있었다.

위에서 살핀 이중계의 경우에 있어서는 마을 주민들의 합의에 따라 1년에 춘추의 두 차례씩 응분의 추렴을 걷어 이식하거나 이른바 〈마을 공동답〉을 사들여 그 수확을 충당할 정도였다. 또 나무를 함부로 자르지 않게 하고, 새로 나무심기를 장려하기 위해 조직했던 송계 또는 송금계 같은 협동조직은 당번을 정해 자진해서 도벌행위를 감시하였다.

만일 적발되면 계장의 처분으로 30 내지 50대의 태형을 하게 하는 등 현대적인 자치행정기능까지 담당했던 것이다. 이같이 우리의 전통에서는 계의 조직을 효과적으로 잘 운영해 나감으로써 이웃 상호간에 어려운 상황에 처하게 되었을 때 서로 도우면서 또 생활해 나가는 모든 것에 있어서 서로 협동하는 생활풍습이 이루어졌다.

이처럼 계는 단순한 친목을 목적으로 하는 계로부터 저축을 목적으로 하는 계 및 마을 공동체 형성에 이르기까지, 구체적인 목적에 따라 수많은 종류로 구별되지만, 그 본래의 취지인 상부상조의 정신에 있어서는 마찬가지다.

특히 관혼상제를 대비하는 가정에서는 각종 계를 조직하여 계원 중에 일이 닥치면 호혜적 교환체제로 지역사회의 협동기능을 수행하였다.

이들의 회의 이름에 금란을 사용한 것은 역경계사(易經繫辭)에 나오는 친구가 동심을 갖게 되면 금이라도 쪼개서 나누고, 그 향기는 난과 같다는 말에서 따온 것이다. 또 중국에서는 맹약을 맺을 때 동물의 피를 마셨는데, 이 같은 전통을 세조 때 이들도 시행한 것을 알 수 있다.

이와 같이 조선시대의 계는 공익, 상부상조, 공동노동 및 사교 등을 목적으로 하였으며, 그중에서도 상부상조의 계가 전통적으로 주류를 이루어 왔다.

그러므로 19세기 중엽 일부의 서구사회가 고도자본주의 단계에 있을 때의 사회적 공동생활이 개체중심의 이기주의였을 때에, 한국을 본 구미인, 이를테면 구교의 달레(Clande Charles Dallet)와 개신교의 게일(James Scarth Gale)은 한국인의 협동과 상부상조의 정신을 아래와 같이 대단히 높게 평가하였다.

"여러 직업 계급은 자기들끼리 단결하고 조합〈계〉를 만들어 필경에는 특히 서울과 큰 도시에 있어서는 꽤 강대하게 되었다. 이런 동업조합의 어떤 것들은, 이를테면 관제조업자, 기와장이, 석공, 보부상들은 성문율이나 규정에 의하여 자기들 직업의 독립권을 가지고 있

다. 그들 회원의 유일한 목적은 상부상조하고, 노동 수단의 편의를
도모함에 있다. ……이 협동정신은 위로는 왕족으로부터 아래로는 최
하급의 노예에 이르기까지, 조선 사람들 사이에 널리 퍼져 있다.
……마을마다 조그만 단체를 이루고, 모든 세대가 빠짐없이 추렴해야
하는 공동기금을 가지고 있다.

그 돈은 토지나 이자로 투자되고, 그 수익은 부가세와 결혼, 장례
등의 공익사업과 그 밖에 뜻밖의 비용을 치르는 데 쓰인다. ……한마
디로 말하여 같은 종류의 일이나 공동 이해관계를 가진 사람들은 자
기들끼리 엄밀한 의미에서의 노동자들의 것과 비슷한 협동조합 또는
단체를 이루고, 자기들의 직업이나 환경에 의하여 그런 단체의 어느
것에도 속하지 않는 사람들도, 필요한 경우에 원조와 보호를 얻기 위
하여 다소간에 상당한 금액을 내고 그것에 가입한다."

그는 또 가장 조직적인 동업조합(契)의 하나를 보부상에서 찾고 있음
과 동시에, 그들의 신의(信義)를 다음과 같이 서술하고 있는 것이다.

"거의 언제나 사람과 마소 등으로 행해지는 국내 상업은 오로지
그들의 손안에 들어 있다. ……전국에 8천 내지 만 명으로 퍼져 있는
그들의 반수(班首), 부반수(副班首), 감사, 감독 등의 지휘 아래 도와
군으로 나뉘어 있다. 그들은 자기들끼리 서로 알아보기 위하여 암호
를 쓰고 만나면 어디서고 서로 인사하고 매우 깍듯한 경의를 아낌없
이 표시한다.

그들은 엄격한 규율에 복종하고 그들의 우두머리는 조합원의 범죄
와 위반행위를 사형으로 처벌하는 때도 있다. 그들은 정부가 자기들
일에 간섭할 권리가 없다고 주장하고 있으며, 그들이 수령에게 판결을
구하는 것을 본 사람은 아무도 없다. 그들은 대개 정직하고 성실한 것
으로 알려져 있으며, 매우 먼 지방에 보내는 꾸러미나 짐을 그들에게
부탁할지라도 받을 사람에게 어김없이 전달된다."

우리 전통사회의 보부상들은 신분과 직업이 가장 낮고 또 교육을 받지 않았을 뿐만 아니라, 무산계급의 상인이다. 그럼에도 불구하고 상인으로서의 자격에 있어서는 후세의 우리들에 대해서 물론 다른 나라의 상인들에 비해서도 오히려 자랑할 만한 품위를 지녔고, 또 그들의 업무에 충실하였다.

또한 보부상은 우리 민족의 독창적인 문화적 산물인 것이다. 만일 우리 민족이 그 정화가 있다고 한다면, 보부상은 조선민족의 유일한 창조문화이며 정신이며 광휘이다. 보부처럼 조선민족이 장처(長處)와 미점(美點)을 형(型)에 넣은 역사적 산물은 없다.

이같이 우리 전통사회의 계에는 엄격한 규정이 있어서, 그 규정을 어기는 계원은 신의를 저버린 자로서 도의적인 규탄을 받았다. 우리의 전통사회에는 도의적인 규탄이 법률적인 처벌 이상으로 불명예스러운 인격상의 타격을 주었던 것이다. 이름과 명예를 지키는 일이란 바로 부끄럽지 않은 나로서, 부끄럽지 않은 친구로서, 부끄럽지 않은 부모로서, 부끄럽지 않은 사회인으로서 할 일을 다하는 일이다.

그러므로 오늘날 계의 정신이나 보부규범은 사회교육의 중요한 내용인 동시에, 이러한 종래의 고귀하고 찬란한 선조들의 미풍양속을 경애와 신의에 뿌리박은 상부상조의 전통으로 이어 받아 명랑하고 따뜻한 협동정신을 북돋우는 일이야말로 우리의 정신에도 부합되는 공동생활의 원리가 될 것이다.

제3절 두레와 품앗이를 통한 협동정신

'두레'의 어원에 대해서 이병도의 해석에 따르면 이는 납입·납취의 어인 '드레'에서 나온 것으로 결사·도당을 의미한다고 하였고, 손인수는 두레라는 말은 원주의 '둘레', '둘려'에서 나온 것으로 결사를 의미하는 말이기에 농촌사회의 상호 협력을 위해 마을 단위로 조직된 민간단체라고 하였으며, 송석하는 두레는 고석의 우리 사회조직상의 부락의 지위까지를 추측할 수 있는 제도라고 하여 삼국지나 후한서 한조의 기록들 중의 농공시군기(農功始軍期)의 가무음식이 두레가 아닌지 추측했고, 최상수는 농악과 같이 농번기에 농부들이 서로 농작을 차례로 도와 가며 행하는 음악적인 성격이라 하였고, 한만영은 지역단위의 집단 노동조직인 두레에 농악이 따라 다닌 것을 '두레패'라고 한 데서 유래되는 것으로 보고 있다.

두레의 조직으로는 촌락단위로 구성되어 있으며, 두레의 장을 두령(좌상 또는 영좌)이라 하고 그 밑에 간사역을 공원이라 하여 두레의 사무를 맡아 보게 하였다.

또 두레마다 그것을 대표하는 기의 표시가 있고, 유흥으로는 농악을 연주하였다. 인접한 촌락의 두레와 두레 사이에는 그 세력의 우열관계와 탄생의 선후관계를 따져 '선생 두레'·'제자 두레' 혹은 '형 두레'·'아우 두레'라 하여 기로써 깍듯한 예의를 표하였다. 따라서 두레는 주로 농촌에서 모심기와 김매기의 공동작업을 목적으로 조직된 중요한 인보사업의 하나이긴 하였으나, 그 기능이 점차 확대되어 경제단체, 군사단체, 근로단체, 경기단체 및 유흥단체의 기능을 수행하기도 하였다.

두레의 명칭은 지방에 따라 다르게 부르는 경우가 적지 않았다. 경기도의 장호원에서는 두레를 〈農旗〉라고 불렀고, 경북의 대구지방에서는 〈동네 논매기〉라고 불렀다. 그리고 두레를 〈社契〉라고 부르기도 하였다. 농기라고 부르게 된 것은 두레의 선두에 농기를 앞세웠던 사실에서 온 것이고, 〈동네 논매기〉는 두레의 작업이 논매기였던 사실에서 온 것으로 풀이할 수가 있다.

두레의 행사는 주로 두레꾼 중에서 가장 나이 많고, 농사 경험이 풍부한 사람이 농사 작업단의 사기를 북돋우기 위하여 농악대를 조직하여 운영하였는바, 농악은 농부들의 작업수행에 있어서 전체의 균일적 통일성과 피로의 감소 이외에도 오락·신앙·음악으로 모든 공동생활의 행사에 윤기와 힘을 주었다. 농악은 그 구성 면에 있어서 기악과 무용과 창이 병합되어 이루어진 종합예술이라 할 수 있다. 농악대 편성은 영기·농기·날라리·나발·꽹과리·징·장구·북·소고·포수 등인데, 상쇠·징·장구를 대표로 하고 있다.

그러기에 두레패의 구성은 상쇠잡이가 있고, 기잡이가 있고, 징·꽹과리·북·장구·바라 등을 치는 사람과 피리를 부는 사람과 상모를 돌리는 상모잡이가 있다. 군율 비슷하게 두레의 규칙을 지키는 수단은 농악이었다. 두레꾼(軍)들은 아침이면 북소리를 듣고 농자천하지대본이라고 쓴 농기(農旗) 밑에 집합하여 새납(號笛)과 바라(銅鈸)로써 빚어내는 농악에 맞추어 논매기하러 나갔던 것이다. 두레꾼들은 논두렁에 농기를 꽂아 놓고 10분쯤 상모를 돌리며 놀다가 모두 논에 들어가서 모내기와 김매기 등을 시작하는데, 이때 상쇠잡이는 선창을 해서 소리를 주고, 다른 대원들은 후창으로 이 소리를 받아가며 작업을 했다.

특히 작업이 거의 끝날 무렵이나, 해가 질 무렵에는 상쇠잡이가 빠르게 쳐서 두레꾼들이 용기를 내어 일할 수 있도록 사기를 돋워 주었다. 하루 일을 끝내고 마을로 돌아올 때도 아침에 일터로 나갈 때와 똑같이 농기를 앞세우고 한 줄로 서서 농악에 맞추어 춤추고 노래를 불렀는데, 이때 두레꾼들이 쳐내는 꽹과리 소리 등은 그냥 쇠소리가 아니라, 우람한 두레꾼들의 생활감각과 자연의 숨소리가 어울려 순수 그대로의 근면, 자조, 협동의 교육적 의의를 발휘하였다.

품앗이도 두레나 계와 마찬가지로 상고시대부터 전해 내려오는 공동체적 협동생활에서 나온 전형적인 생활양식의 하나이다.

일손이 부족할 때에는 이웃 농가로부터 도움을 받고 일로 갚는 〈품앗이〉를 하고, 한 사람이 할 수 없는 힘든 일인 경우에는 여러 사람이 힘을 합쳐 일을 해내는 등 마을의 이웃 농가들 간에 협동하는 생활방식은 농경문화의 중요한 부분이었다. 이런 상호부조의 전통은 마치 〈사회보험〉과 같은 기능을 수행해 왔다. 이와 같은 협동 및 상부상조의 풍습은 아직도 농촌에 뿌리깊게 남아 있고, 미풍양속의 한 중요한 항목으로 손꼽히고 있다.

또한 품앗이란 품탈(品奪) 또는 품탈(品脫)을 뜻하는 말로써 영세 농층이 농번기를 맞이하여 이웃 사람들과 임의의 단체를 조직하여 농경작업을 상조하는 제도를 말한다.

그런데 일본인 학자들은 품을 임금으로 보고, 품탈의 뜻을 임금 노동자의 고용을 배제하는 제도로 보고 있다.

이것은 그릇된 이해방식이다. 품앗이는 품탈(品奪)과 더불어 품탈(品脫)이라는 두 가지의 뜻을 가지고 있다. 품은 노임이 아니라 노동을 뜻하는 말이다. 노동 임금이라면 품삯(雇價)이어야 한다. 품탈은 노동을 얻는다. 빌린 노동을 갚는다는 뜻이다.

고지대나 품앗이나 할 것 없이 영세소작농층이나 농업지도자층의
촌락사회에 흘러 내려오고 있는 생업 협동관행의 원리를 원용하는
집단 청부경작이나 노동력 교환경작의 방법으로 생계를 유지하는 협
동노동제도를 말하는 것으로 볼 수가 있다.

〈품앗이〉가 노동의 등가적 교환 결합인 데 비해 두레는 부락의 모
든 성인 청장년들이 의무적으로 참가하여 함께 일하는 노동의 인격
적 결합체라는 점이 특징이다. 두레에서는 노동을 등가적으로 평가하
거나 교환하지도 않는다.

그러기에 두레를 사유재산이 발달하지 않았던 원시 공동체의 유제
(遺制)로 보는 견해가 지배적이다.

이같이 우리 조상들은 평상시에는 농업용수를 대기 위한 물꼬를
끄는 일, 수재를 대비하기 위해 방축을 쌓는 일, 길을 넓히고 개수하
는 일 등 공공사업을 벌이는 데 있어서는 물론, 집을 짓고 지붕갈이,
모심기, 풀뽑기, 벼베기, 삼갈이 등 농사일을 해 나가는 데 있어서도
마을주민 전체가 협동하는 두레와 품앗이를 발전시켰다. 이는 부락민
상호간의 단결심과 작업생산성을 향상시키는 데 크게 공헌했다.

제2장

서양 전통사회의 직업윤리

M. 루터의 소명론

    종교 개혁자로 널리 알려진 루터(1483~1546)는 신학자인 동시에 언어학자, 정치학자, 과학자, 역사가, 교육자, 사회학자의 재능과 조건을 갖추고 있다.

    루터는 신학의 근거를 예수 그리스도를 통한 신의 철저한 은혜와 사랑에 두고 인간은 이에 신앙으로써 응답할 것을 강조하였다. 인간은 태어나면서 하나님께 반항하고 자기를 추구하는 죄인이지만, 그리스도로 말미암아 죄를 용서받고 자유로운 군주이면서 섬기는 종이 되는 것이며 신앙의 응답에서 자유로운 봉사, 이 세계와의 관계가 생겨나는 것이라고 하였다. 이런 면에서는 특히 모든 직업을 신의 소명에 의한 것이라고 설명한 것이 루터 직업관에 커다란 영향을 주었다.

    소명(Vocatio)이라는 말은 루터 종교개혁사상의 주제 중의 하나이다. 그가 1515~1516년 사이에 행한 로마서 강의에서 '우리는 사회 안에서의 모든 신분은 그것에 특정한 요구를 부과하고 있으며 만일 어떤 사람이 대신 거룩한 삶을 산 어떤 사람의 전설을 모방한다면 그 요구가 등한시된다'는 것을 직접 주장하고 있음을 알 수 있다. 루터의 소명은 그의 기초신학과 밀접한 연관을 맺고 있다. 그러므로 율법과 복음, 그리스도의 편역, 자유, 죄 등의 맥락에서 소명이라는 Vocatio는 독일어의 Beruf와 함께 그 뜻이 분명히 드러나게 된다.

    루터가 처음 '소명'이라는 말을 사용하기 시작한 것은 수도원의 삶이 악한 것으로 판단되기 시작하면서, 1521년에 발표한 「수도원의 맹세에 관하여(De Votis Monasticis)」라는 글 속에서 처음으로 세상의 직업문제를 제기하게 된다. 물론 이때 소명이라는 의미는 '복음의 선언'을 내포하고 있다. 복음을 통하여 인간들은 하나님의 자녀들이라고 부름(The Calling)을 받는다. 그 말은 또 각자가 농부로서, 장인으로서, 또 각각의 직업인으로서 하는 일을 의미하는 말로 사용하였다. 루터가 소명론에 대해서 말할 때에는 항상 고린도전서 7장 20절에 근거하여 각자는 그가 부름을 받는 소명에 따라서 지상의 복음을 통하여 하나님의 자녀가 되는 부름이 포함되어 있다.

모든 사람은 자기의 위치(stand)와 직책(office)에 의해서 크리스천의 지상적 일(과제·과업) 또는 노동개념을 가지게 되는데, 이것은 하나님의 명령과 사랑과 이성에 합치되어야 한다. 만약 그렇지 못할 때 '수도원의 맹세'는 악을 행하는 허위의 맹세일 수밖에 없다고 하였다. 크리스천의 복음에 성실하지 못한 맹세는 어떤 이유에서든지 간에 논의되어서는 안 된다.

그런 의미에서 십계명(The Ten Commandments)은 소명(Beruf)의 가장 적절한 책임성을 강조하는 말이다. 십계명에 나타난 직업윤리와 경제윤리를 연구한 캄벨 모간에 의하여 십계명은 인간이 물질적으로는 물론 정신적으로 행복한 생활을 누릴 수 있게 하는, 인간의 바람직한 '생활원리'라고 하였다. 그에 의하면 십계명은 '성스러운 국가의 경제윤리'도 제시하고 있다고 하였다. 이와 같이 십계명은 그야말로 성스럽고 풍요로운 사회의 직업윤리를 밝힌 것이다. 그렇지만 그 뜻이나 의도하는 바가 너무나 심오하고 광범위하므로 이를 정확히 이해하여 표현한다는 것은 인간의 능력을 넘어서는 것이기에 여기서는 주로 십계명의 경제 윤리적인 측면과 직업 윤리적인 측면을 중심으로 살펴보고자 한다.

이스라엘 사회사의 주류가 되고 있는 십계명의 영역을 보면 제1계명에서부터 제4계명까지는 '인간과 하나님'과의 관계율을 규정하고 있고, 제5계명에서부터 제10계명까지는 '인간과 인간'과의 관계율을 규정하고 있음을 알 수 있다. 그런데 특별히 제8계명과 제10계명은 인간과 재물과 욕망과의 관계율을 규정하고 있는바 그 윤리적인 정신은 다음과 같이 구분하여 볼 수 있다.

첫째, 십계명은 무엇보다 인간은 항상 하나님의 섭리를 깨닫고 그에 따라 살려고 노력하는 '겸손'한 사람이 되어야 함을 강조하고 있다. 또한 인간은 열심히 일을 하도록 되어 있고 또한 해야 됨을, 즉 '근면'해야 됨을 강조하고 있다. "제 일을 게을리 하는 사람은 일을 망치는 사람과 사촌간이라."(잠언 18장 9절)는 말의 뜻을 알 필요가 있는 것이다. 또한 탐욕을 버리고 자기의 분수를 지키고 분복(分福)에 자족할 줄 아는 '검소'한 생활을 통해서 욕망의 억제를 요구한다. 일상생활에서의 언행이나 일상거래에 있어서 청렴과 정직 곧 '염직(廉直)'해야 함을 강조한다. 그런데 이와 같은 '근면', '검소' 및 '염직'의 셋은 바로 서구제국을 선진국으로 만드는 데 정신적 기초가 된 '청교도 윤리(Protestant Ethic)'의 생활신조인 것이다.

둘째, 십계명은 모든 인간이 누구나 현재 자신이 하고 있는 일이, 크든 작든 간에 하나님께서 정해 주신 직업이라는 천직사상(天職思想)을 가지고 능력을 다해서 그 일을 해야 됨을 가르치고 있다. 또한 하나님의 부르심을 받아서 그 일을 한다는 생각 즉, '신의 소명의식'을 가지고 열심히 일을 해야 된다고 하는 생각이 곧 '청교도 윤리의 직업관'인 것이다. 이러한 직업관은 각종 직업을 골고루 발달하게 만들었으므로 분업과 전문화를 촉진하였음은 물론 청교도들의 검소한 생활관은 저축과 혁신을 또한 가능하게 하여 서구 자본주의 제국들이 선진국으로 발전하는 데 정신적 기반이 되었던 것이다. 우리나라

조선시대처럼 젊은이들은 누구나 과거에 합격하여 출세를 하고 권력을 잡아야 된다는 식의 관직선호형의 편향된 직업관과는 대조적이다.

조선시대처럼 국민의 직업관이 관직지향형 등으로 편중되면 현대산업사회 발달에 필요한 각종 직업의 균형적인 발전이 불가능하게 된다. 이런 사회는 분업과 전문화가 불가능하게 되니 경제가 침체할 수밖에 없게 된다. 우리나라에는 지금도 많은 사람들이 이러한 편향된 직업관을 갖고 있는 까닭으로 인하여 현대산업사회의 발전에 장애가 되고 있다는 사실이다.

셋째, 십계명은 사유재산제도(私有財産制度)가 인간의 본능, 존엄성 및 사회정의의 면에서 볼 때 합당한 제도임을 밝히고 있다. 어느 누구도 남이 열심히 일하여 번 재산을 도둑질하면 안 된다는 계명은 다른 관점에서 보면 누구든지 열심히 일하여 번 재산에 대해서는 신성불가침의 소유권을 갖고 있다는 것이다.

넷째, 십계명은 열심히 일하는 사람과 적당히 일하거나 노는 사람들이 모두 평등주의에 입각하여 재산을 공유해야 된다는 공산사상(共産思想)을 근본적으로 부인하고 있다. 또한 도둑질하지 말라는 계명은 현대사회의 각종 부정부패와 불공정거래에 대해 경종을 울려주고 있다.

다섯째, 십계명은 '있는 사람'들이 항상 사랑의 정신에서 '없는 사람'들에게 가진 것을 나누어 주어야 된다는 점을 강조하고 있다. 이것은 현대의 산업사회가 가장 해결하기 어려운 문제인 분배와 형평의 문제를 사랑의 정신으로 해결해야 함을 강조하고 있다. 사실 사랑에 기초를 두지 않는 분배와 형평정책은 그 문제를 근본적으로 해결할 수 없는 것은 오늘의 노사문제의 시각에서도 수긍할 수 있다.

중국당대의 선승인 백장선사(百丈禪師)는 '일하지 않으려면 먹지도 말라(一日不作一日不食)'고 하였으며, M. 루터는 '손이 쉬려면 입도 쉬어야 한다'고 한 점으로 보아 동서양이 다 같이 '놀고먹는 상팔자'에 대해서 엄중히 경고하였다.

기독교의 「구약성서」에서는 예수님의 직업이 목수(Carpenter)였음을 밝히고 있듯이 기독교의 일(work)의 개념은 직접적이며 동시에 포괄적인 것으로 밝히고 있다. 따라서 성서에 나오는 예수님의 제자들은 한결같이 직업을 가진 사람들이었다. 어부인 베드로, 요한은 삯꾼, 바울은 천막공이었다.

직업이 포괄적이라는 말은 노동을 인간이 인간으로서 삶 가운데 추구하는 것을 지속시키고 옹호하고 실현시키려고 하는 보편적이며 영속적인 인간의 활동임을 위한 하나님의 목적인 동시에 하나님을 위한 인간의 의무이기도 하다.

히브리 사람들은 손으로 하는 노동을 매우 수고하는 것으로 높이 평가하였다. 게으른 사람들은 개미에게 가서 배우라고 질책하고 있다. 또한 하나님은 정직한 일꾼에게 상을 주며, 일하는 사람들은 법으로 보호받을 뿐만 아니라 주인은 일하는 사람에게 노예이든 자유인이든 가리지 않고 자비로워야 하며, 정당한 보수를 받는 것이 당연하다고 하였다.

이러한 구약의 직업관은 신약에 와서도 그대로 이어지고 있다. 즉, 믿음과 일과 사랑의 수고는 같은 것이며, 사람은 일을 통하여 하나님께 영광을 돌리게 되며, 여기서 사람은 하나님의 부의 청지기(Stewardship)의 개념이 싹트기 시작한다.

우리는 청지기론의 등장과 함께 '일'이 어떻게 소명(Call)과 관계지어지는가를 살펴볼 때 첫째는 하나님의 부름을 받는 자는 봉사의 정신이며, 둘째는 평등의 정신, 셋째는 공동체 정신, 넷째는 고난의 정신으로 함축되어 있다.

이러한 소명의 직업관은 루터정신에 일관되게 이어지고 있는 중요한 개념이다. 즉 각 사람은 부르심받은 그대로 지내라는 바울의 말을 근거로 하여 크리스천의 부르심은 자기 능력의 최선을 다하여 세상의 일을 시행해 나가는 것이라고 했다. 예를 들면 구두 수선공은 구두를 잘 수선함으로써 이것을 통하여 하나님을 사랑하고 이웃에게 봉사하게 되므로 루터에게 있어서 직업은 지상적 이웃관계와 영적인 노동개념을 함께 가지고 있다.

인간은 누구나 자기만을 위하여 모든 일이 전개되었으면 하고 바란다. 즉 모든 일이 자기 자신의 유익을 위하여 봉사해 주기를 희구한다. 따라서 타인들을 위하여 자기 능력의 최선을 위하여 봉사하려고 하지 않는다. 그렇다면 결국 소명은 무의미하게 되고 만다. 여기서 루터는 인간의 나태를 막기 위하여 질서(order)의 개념을 세워서 다른 사람에게 봉사를 가능하게 한다. 질서는 성직(聖職), 결혼, 정부 안에서 구체적으로 나타난다고 하였다.

이상의 루터의 소명사상은 이웃을 위한 협동과 상린적 행위에 주의 부름으로 승화되고 있다. 하나님이 명령하는 일 가운데 이웃의 복지를 효과 있게 임하는 자는 벌써 믿음을 가진 자이며, 이는 하나님의 참백성의 직분을 수행하는 사람이다.

제2절 J. 칼빈의 금욕론

　루터의 소명관이 세속적 질서개념으로 구체화되어 온 데 비해서 칼빈에 있어서는 자본주의적 청교도의 노동윤리로 더욱 발전되게 된다. 즉 칼빈주의(Calvinism)는 그 독특한 예정론, 신께 영광을 돌리는 차세적 금욕주의, 그리고 소명의 개념 등이 완전히 결합되어 세속적인 의미에서의 소명의식과 일반적 직업이 신께 영광을 돌리는 깊은 종교적 의미를 함께 지니게 되는 경지에까지 발전하게 된다. 중세수도적 신의 경배에서 벗어나 세속적 직업을 통한 신의 경배에 보다 깊은 종교적 의미를 부여하였다. 여기서 칼빈의 세속적인 생활과 직업이 귀중한 종교적 의미를 갖게 되는 커다란 전환점이 형성된 것이다.

　기독교 직업관의 새로운 개념인 노동은 이제까지 저주의 대상이거나 기껏해야 수도원생활과는 비교도 안 되는 저급한 성격의 일상생활이 이제는 무엇보다도 하나님께 영광을 돌리며 예정의 확신을 줄 수 있는 근거로 대두됨으로써 기독교의 일과 노동에 대한 개념은 전혀 새로운 국면으로 돌림하게 되었다. 여기에서 칼빈(Calvin)의 천직(vocation)개념이 도출된다. 즉 칼빈은 영역 주권을 강조하여 각자 모든 인류는 자신에게 부과된 고유한 사명이 있다고 하였다. 이러한 고유한 각자의 사명에 따라서 수도원 밖의 모든 노동과 직업은 외부적인 봉사를 실현하는 데 순종하도록 그들을 움직이게 하는 신의 소명이라는 개념으로 신성시하였다.

　칼빈은 로마교의 종교적 일과 세속적인 일과의 구획에 대하여 반대하면서 모든 믿는 자들의 직업은 신성할 뿐만 아니라 평신도도 성직자 못지않게 그리스도 안에서 소명을 가진다.

칼빈(Calvin)의 이러한 보편적, 금욕적, 예정적 직업관은 베버의 연구 대상의 주요한 테마로 등장한다. 베버는 칼빈을 이해함에 있어서 두 가지 측면을 고려하고 있다. 하나는 프로테스탄트 이외의 물질적 조건이 경제적 심리에 끼친 유물론적 과정을 극복하자는 것이고 다른 하나는 종교적 신념과 관념의 행위가 도덕행위에 따라서 경제적 상황에 끼친 영향을 검토하려는 데 있다.

따라서 칼빈의 종교심리와 베버의 자본주의 정신이 일치하는 데서 자본주의 발전이 비약적 도약을 예견할 수 있게 되었다.

막스 베버에 의하면 칼빈의 신학이 하나님께만 영광을 돌리는(Sola Gloria Dei) 생활을 그 목표로 하고 있음에도 불구하고 그 영광을 돌리는 생활은 중세 수도원주의를 배격하고 이 세상 안에서의 일반적 세속적 생활에서 수행되어야 했다. 이것은 루터와 마찬가지로 개신교의 전통에서 확립된 것이다.

그러나 칼빈이 루터보다 한 걸음 더 나아가 세속적 직업에 보다 깊은 종교적 의미를 주게 된 데는 또 다른 중요한 이유가 있다. 칼빈은 이중예정론을 주장하여 어떤 사람은 영원한 멸망에, 그리고 어떤 사람들은 구원에로 예정되어 있다고 믿었다. 이것은 인간이 자기 공로에 의해 구원받는 것이 아니고 하나님의 무한한 은혜로 말미암아 구원을 얻는다는 은총(Sola Gratia)만의 개신교 원칙에 기인한다. 그런데 구원을 받기로 예정되었는지 안 되었는지를 분명히 외적으로 알 수가 없다. 그렇다고 해서 불안과 나태 속에 머뭇거릴 수는 없다. 확증은 없어도 성서에 나타나 있는 신앙적 위인들의 삶을 본받아 이 세상에서 얼마나 하나님께 영광을 돌리는 생활을 하느냐 하는 것이 구원을 받았다는 마음의 확신을 갖게 하는 간접적인 요인이 된다고 생각하였다. 그래서 세속적인 생활과 직업이 귀중한 종교적 의미를 갖게 되는 이유가 되고 있는 것이다. 금욕주의적인 생활을 통하여 신께 영광 돌리는 세속적 생활은 루터 이후에 확정된 새로운 소명의 개념과 함께 노동과 직업에 대한 새로운 기독교의 이해를 불러 왔다. 저주를 받은 노동이라거나 기껏해야 수도원 생활과는 비교도 안 되는 저급한 성격의 일상생활이 이제는 무엇보다도 하나님께 영광을 돌리며 예정의 확언을 줄 수 있는 근거로 대두되므로 인해 기독교의 일과 노동에 대한 개념은 새로운 국면으로 접어 들 것이다.

'일하기 싫은 자는 먹지도 말라'는 사도 바울의 훈계가 좌우명이 되었으며 게으름을 피우거나 시간을 낭비하는 일은 엄격히 금지되었고 심지어는 휴식마저도 내일의 노동을 위한 준비가 아닐 때에는 금지되었다. 근면. 정직. 절제 등의 생활철학이 삶의 목표와 표어가 되었다. 그렇지 못한 생활은 종교적 죄로 지탄을 받게까지 되었다.

일분일초를 다투어 하나님께 영광 돌리는 삶으로 모든 종교적 의심이나 좌절감이나 잘못된 욕망을 방지하고 이겨 낼 수 있었다.

더구나 재미있는 사실은 오랫동안 금욕주의적 경향성 때문에 의혹시되어 왔던 물질적 부에 대한 기독교의 견해가 거의 사라지고 그것을 오히려 하나님의 축복으로 받아들이게 되는 일대 변화가 생기게 된 것이다.

백스터(Baxter)는 '너는 육신의 죄를 위하여 부해지려면 안 되지만 하나님을 위해서는 부해지려고 노력해도 좋다'고 단언한다. 성공적으로 물질적인 부를 획득하는 것은 이제는 기독교 실업인의 의무와 책임이 되었다. 이렇게 보면 초대교회에서부터 중세에 이르기까지 청빈과 독신생활과 복종이라는 금욕주의적 이상이 지배해 온 기독교의 윤리적 전통이 세속적이고 물질적인 풍요를 정당시할 뿐만 아니라 오히려 종교적 의미까지 부여하게 되는 일대변혁이 일어나게 된 것이다.

그러나 어쨌든 일과 노동에 대해 이를 수도원적 금욕생활 이상으로 중요시하게 되었고 어떤 직업도 모두 하나님께 영광 돌릴 수 있는 소명이라는 사상은 기독교가 현대의 세속화 신학을 설정할 수 있게 된 근거가 되었고 현대 산업사회의 모체가 되기도 했다. 여기서 특이한 사실은 일과 노동이 이제는 인간에게 내려진 저주가 아니고 오히려 하나님께 영광 돌리는 소명이 되었던 점과 먹고 살기 위한 삶의 수단과 방편에서 종교적 행위로 승화되었다는 점이다. 부유하거나 풍부하거나 간에 근면하게 일하고 절제적인 생활을 해야 한다는 청교도주의적 전통은 먹기 위해 일하기 때문에 먹을 것이 충분하면 일하지 않는다는 자연적 인간의 태도와는 근본적으로 다른 것이 된다. 더구나 보수나 이익에 얽매이지 않고 종교적인 이유 때문에 근면하게 일한다는 청교도주의의 사상은 그 유례를 다른 어느 곳에서도 발견할 수 없다.

이런 칼빈주의를 토대로 한 청교도주의가 서구 기독교국가의 자본주의를 발전하게 하는 정신적인 기초가 되었고 이것이 현대 산업사회와 탈산업사회로의 유도체가 되었다.

오랜 세월 동안 정신적인 노동과 육체적 노동 사이에 그리고 노동 자체에 대해 부정적인 또는 회의적인 태도를 취해 왔던 기독교가 모든 일과 노동을 하나님의 소명으로 생각하여 적극적인 의미를 부여하는 일대 변화를 이루었다.

그러나 이런 경향성은 현대 산업사회에 돌입하면서 그 종교성이 완전히 상실되고 물질적인 제도로 자본주의가 정착하면서 전적으로 세속주의화하고 말았다. 소명이 완전히 기능적 직업으로 변화된 사실에 직업윤리의 새로운 정립이 요구된다.

결론적으로 칼빈의 금욕적 직업윤리사상은 다음과 같이 요약할 수 있다.

첫째, 칼빈의 직업에 대한 사상적 입장은 중세신학자들이나 그의 선조들이 노동이나 직업을 기독교 교리나 신앙생활과는 무관한 세속적인 것으로 생각한 것에 대해서 노동의 의무야말로 자연의 윤리인 동시에 자연의 질서의 핵심이라고 강조하였다.

둘째, 노동이나 직업을 갖기보다는 사색을 주시하는(Scholasticism) 풍조에 대해서 노동과 직업이 기독교인의 삶과 엄격히 연관되어 있다는 사실을 일깨워 주었을 뿐만 아니라 복음이 노동을 하나님의 일에 참여하는 것으로 이해하고 있음을 강조했다.

셋째, 무엇보다도 절제와 금욕의 직업정신(Vocatio Ethos)을 심어 주었다. 또한 다른 사람들의 노동을 남용하거나 그들을 착취하는 것도 죄악이라고 생각했다.

넷째, 칼빈은 게으름은 소외된 인간의 한 형태로 보고 '하나님의 축복이 일하는 자의 손에 있다. 하나님은 분명히 게으른 자가 빵을 먹는 것을 저주하신다'고 하면서 '다른 사람들의 땀에 의지해서 살아가면서 인류에겐 조금도 도움을 주지 않는 자는 아무짝에도 쓸모없는 인간들'이라고 질타했다.

다섯째, 인간은 직업을 통해서 완전히 하나님께 순종할 수 있고 직업이 없이는 인간다워질 수 없고 기독교는 실업을 철저히 배격해야 될 뿐만 아니라 또한 이것은 사회악이라고 규정하였다.

칼빈의 이와 같은 사회에 대한 통찰력은 오늘날의 사회에서 제기되는 문제들의 원형을 세밀히 답변하고 있으며, 인간의 삶의 양식 자체를 소명이라고 하였음을 알 수 있다. 이와 같이 칼빈의 사상은 청교도의 노동윤리를 잉태하여 자본주의정신(Capitalism Ethos)을 창시하게 되었으며, 이는 다시 막스 베버의 종교와 문화의 경제적, 사회적, 직업적 정신의 이론적 근거를 제공하게 됨을 논증하기에 이르렀다.

제3절 M. 베버의 천직론

독일어인 Beruf가 직업이란 의미로 사용되어 오면서 그 뜻은 종교적인 '거룩한 소명'과 '세속적 의미'가 동시에 함축되어 있는 개념으로서 종교개혁과 더불어 근세가 물려받은 새로운 유산이다. 막스 베버는 루터의 직업개념을 이해함에 있어서 중세적인 전통주의의 정신에 사로잡혀서 성서 번역을 그 시대의 정신적 태도에 따라서 번역하다 보니 Beruf의 개념을 Ruf의 개념과 혼동하여 사용하였다고 한다. 이와 같은 막스 베버의 주장에 의하면 Beruf의 개념은 루터의 생애 중 성숙기의 개혁사상의 산물이라고 볼 수 있다. 루터는 1515~1516년에 행한 로마서 강해 가운데서 중세기 수도원 생활의 이상적 이미지에 대한 모순성을 언급하기 시작하면서 Vocatio나 Beruf란 말 자체는 1522년 이전에 나타난 것이다.

이 말은 루터의 1522년 「De Votis Monasticis」에서 신의 명령, 사랑, 자유, 믿음 그리고 이성에 모순되는 수도원 생활의 반대에서 나타나 있다. 그러나 이 'Beruf'나 'Vocatio'의 사상은 1521년에 나온 논문 「크리스천의 자유」와 「선행에 관하여」에서 더 명백하게 취급되어 있다.

다음으로 베버는 「Beruf」의 개념을 루터가 전적으로 타울러(J. Tauler)의 영향을 받은 사상이라고 주장한다. 그러나 오히려 타울러는 평신도를 승려나 성직자와 평등하게 신의 형상이 주어졌다고 하여 평신도의 신분을 강조한 것은 사실이나 승려는 고차적인 거룩함을 지니고 있다고 말한 것을 보아 타울러는 평신도나 승려, 성직자의 지상적 신분(status) 그 자체를 하나의 계명(La dung)이나 소명(Ruf)이라고 말하였던 것이다.

루터의 Beruf의 기원을 구약의 경외전 예수 시락서(11:20~21)에서 찾고 있으며 고린도전서 7:20의 말씀에서 기원된 것이 아니라고 한다. 왜냐하면 후자의 경우는 윤리적 성격이 결여된 순전히 외적지위만을 의미한다고 했다.

이렇게 보았을 때에 베버는 루터의 직업개념을 너무나 '주관적 의미'로 해석했다고 생각할 수 있다.

그와 같이 생각할 수 있는 이유로서는 베버가 신칸트학파에 속하는 프로테스탄트의 영향 아래서 종교적이며 윤리적인 과제를 자신의 지상명령(Categorical Imperative)으로 삼고 인간학적인 가치 관념을 부여하였다. 그러므로 베버의 궁극적인 관심은 인간의 의무수행에 있어서 외적 표현이나 혹은 외적 지위보다는 내적 의미의 추구가 더 중요한 대상이었다.

이러한 관점에서 볼 때 베버의 고린도전서 7:20의 말씀에 대하여 루터의 복음에 근거한 설교에서 Beruf에 대한 의미를 외적 지위나 신분으로 해석한 것은 새로운 직업관의 전환이 아닐 수 없다. 그러므로 Beruf의 개념은 종교적 복음의 부르심으로부터 도덕적 소명의 직무(office)나 신분(station)은 단순히 인간 생활의 방편(Job)을 포괄하는 것이다.

그러므로 베버의 Beruf는 신으로부터 인간에게 부여된 천직은 단순히 하늘에 속하는 일이 아니라 이 세상에 속하는 것이며 신을 위해서라기보다는 이 세상에 속하는 즉, 이웃과 공동체에 대한 봉사의 개념이 강하게 담겨 있다.

베버는 그의 「프로테스탄티즘 윤리와 자본주의 정신」의 제1장 제2절 「자본주의정신」과 제2장 제2절 「금욕과 자본주의정신」에서 근대적 개념의 직업윤리의 기초가 되는 에토스(Ethos) 즉 윤리적 태도에 대해서 규정하고 있다. 베버에 의하면 「자본주의 정신」의 본질을 구성하고 있는 것은 영리욕이나 이윤추구가 아니라 근대 자본주의의 토대를 구성하는 합리적인 산업경영과 노동조직을 제일 먼저 만들어낸 사람들의 사고나 행동의 공통적인 핵심이 에토스라고 하였다. 이 에토스는 「자본주의 정신」의 골간인 동시에 경제활동의 모든 심리적인 표상을 결정짓는 윤리적 준칙이라고 하였다. 그런데 이 자본주의 정신은 금욕적 프로테스탄티즘의 신앙과 상호관련 속에서 싹터서 근대 자본주의로 옮겨 오면서 도덕과는 무관한 개인적 이익 추구에 기초하고 있는 것이 아니라 의무로서의 일에 대한 엄격한 책임(Verantwortungs)에 기초를 두게 되었다. 그에 의하면 근대자본주의의 특징은 정당한 경제적 활동을 통해서 부를 획득하려는 정열이 그것을 통해 얻어진 소득을 개인적 경향에 사용하지 않으려는 태도와 조화를 이루려는 데 있다고 보았다. 그런데 정신(Geist)은 의무와 미덕으로서의 천직(Vocatio)을 선택하여 그것을 효율적으로 수행하려는 가치에 대한 믿음에 뿌리를 박고 있다.

앞에서 Beruf의 개념에서 설명한 바와 같이 이 Beruf 속에는 영어의 Calling이라는 종교적 관념이 함축되어 있으며 이는 세속적 일상생활에 종교적 의미를 함의하여 다 같이 직업의 신성성을 내포하므로 신에게 소명된 것이어서 천직이라는 의미를 지니고 있다. 따라서 베버에 있어서 천직은 합리적 생활태도로 하여금 세속적 금욕생활을 가져왔으며, 이는 금욕적 직업윤리에 뿌리를 두었으며, 이 금욕적 직업윤리에서 자본주의 정신을 싹틔워 시민적 직업윤리로 발전되었다. 이 싹 과정에서 부가 증가됨에 따라 점차 종교의 변질을 가져와 종교의 형식은 남아 있으나, 정신은 퇴락되어 감에 따라 새로운 시민적 윤리가 요청되었다.

이 시민적 윤리에 의하면 기업가는 형식적으로 정확한 한계를 지키고 도덕적 생활에 결함이 없어 부를 퇴폐적으로 낭비하지 않으면 신에게서 충분한 은총을 받으면서 영리생활을 할 수 있다. 이와 동시에 노동자에게는 냉정, 성실, 우수한 노동력을 가진 노동자의 노동을 신의 요구하는 생활목적으로 장려하는 것을 요구한다. 이와 동시에 현세에 있어서 재산 분배의 불평등은 신의 섭리의 특별한 배려에 의한 것이어서 이는 인간으로서는 모르는 신의 비밀의 목적이라고 보았다.

이와 같은 시민적 직업윤리가 변화되어 근대자본주의 윤리를 형성하는 데 크게 기여하게 되었다.

이와 같이 베버의 자본주의 정신의 윤리적 연원을 16～17세기에 칼빈이 지배하고 있던 프랑스의 유구노(Huguenot) 지방, 네덜란드, 영국, 스페인지역을 들면서 이 지방은 근면, 검소, 절약, 정직에 따라서 직업의무(Berufs pflicht)를 생활원리로 하고 있음을 발견하였다. 그래서 베버는 프로테스탄티즘의 금욕주의 운동과 자본주의 발달과 어떤 내면적인 상호 연관성이 있을 것이라는 추측을 하게 되었다.

그래서 베버는 자본주의와 칼빈주의와의 관련성을 찾기 위하여 그의 독특한 사회과학의 방법론이었던 이념형(Ideal Typus)의 방법을

구사하여 접근과 분석을 시도하였다. 그는 자본주의 정신이라는 이념
형을 그가 말한 역사적 개체 즉 역사적 현실에서 상호관련을 가졌던
여러 가지 복합적 요소들을 그것이 지니는 문화적 의미라는 관점에
서 하나의 개념으로 통합시켜 놓은 것으로 이는 베버의 방법론의 중
심개념이 되고 있다.

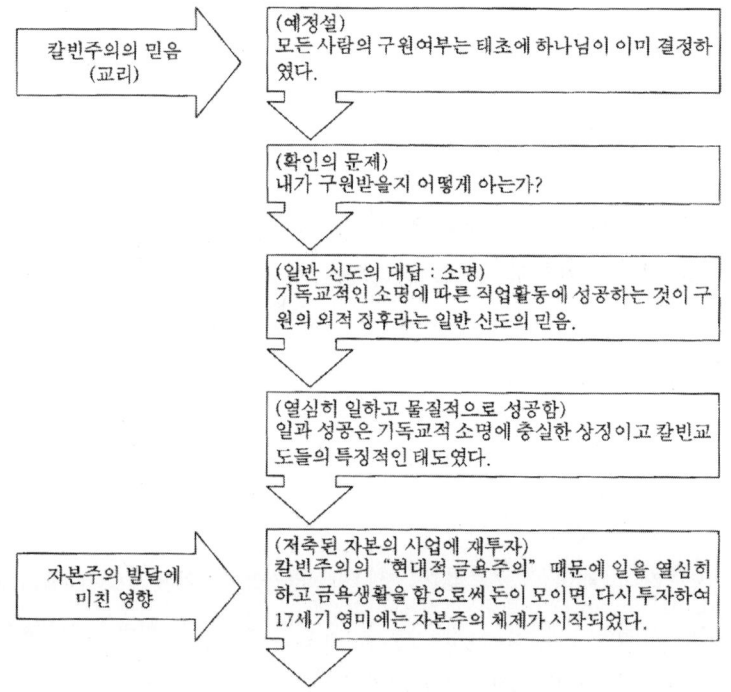

출처: Baldridge, J. U. Sociology, New York: Wiley, 1975, p.397.

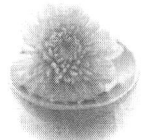

제3장

한민족의 정체성(正體性)

나는 누구이고 우리는 어떻게 살고 있으며, 우리 민족의 정체성은 무엇이고, 6천만 민족이 삶의 터전을 잡고 있는 이 땅은 어떤 나라인가? 시간적으로 올해는 한기(韓紀) 9200년, 개천(開天) 5900년, 단기(檀紀) 4336년, 서기(西紀) 2003년, 통일염원 45년의 시점을 지나고 있다. 또한 공간적으로는 남북위도 33도 6분~43도 2분이며, 동서경도 131도 52분~124도 11분 사이에 위치하고 있다. 우리가 살림살이 차려놓고 생활하는 이 땅덩어리는 현재 아무리 늘려 잡아도 남북한을 합쳐서 22만㎢를 넘지 못하고 있다. 세계 육지면적 1억 5천만㎢에 비해서 0.15%에도 미치지 못하고 있는 것이다. 이런 좁다란 한반도에서 세계인구 50억의 1.2%인 6천만 겨레가 공생하고 있다. 어떤 학자는 지하자원이라고는 아무것도 생산되지 않는 박토(薄土)라고 하였지만 결코 그렇지 않다. 한국은 북온대(北溫帶) 중에서 아시아의 동쪽 바닷가에 있다. 이 점에서 보면 한국의 위치는 교통이 편리한 문명발달의 적지이다. 일본열도와 대륙 사이에 끼어 있고 지나다니는 길목이어서 좋은 점은 문물수입이 용이하고 문화를 펼치는 데 편리하지만, 또 나쁜 점은 외침이 빈번하여 독립을 지켜 나가기가 여간 어려운 것이 아니었다. 사학계의 일치된 견해로는 원나라 지배 60년, 몽고 30년, 일제 36년을 포함하여 932회의 외침에 시달려온 민족이고 보면 통일신라 이후부터 치더라도 2년에 한 번 꼴의 전쟁을 치른 셈이 된다. 그러다 보니 처음 나라의 터를 잡았던 곤륜산-실크로드-차이탄분지-천산산맥까지의 대륙국경사관은 만주사관으로 줄어지다가 다시 반도사관으로 좁아지다 못해서 38선을 경계로 분단사관으로 반백 년이 가까워오니, 이 역사를 함석헌은 수난의 역사, 고난의 민족으로 규정하였다. 그래서 그는 우리의 금수강산(錦繡江山)을 외침을 막지 못한 땅이라 하여 금수강산(禽獸江山)이라고 하다가 분단의 한을 말할 때는 금수강산(禁囚江山)이라고까지 우리의 오늘의 역사를 울분으로 쓰기도 하였다.

우리가 지금 겪고 있는 지역 간의 갈등, 세대 간의 갈등, 도농 간의 갈등, 노사 간의 갈등, 종교 간의 갈등, 계층 간의 갈등, 사제간의 갈등, 통일의 갈등, 분배의 갈등 등은 모두가 고난의 역사를 벗어나 희망의 길을 걷고자 하는 민족에게 주어지는 사명의 선물이라고 생각해도 된다. 우리가 지난 88년 서울올림픽에서 미국 다음으로 세계 제4위를 한 것이며, 2002 월드컵의 4강진출, 아시아 4마리 용 등은 결코 갈등의 민족이 빚어낸 우연한 결과가 아니다.

갈등(conflict)이라는 말은 사실 서구개념이다. 우리는 그것을 한으로 표현하였다. 이제 한민족은 한을 어떻게 삭이고 풀고 그리고 화합하는가를 규명하는 과제를 안고 있다.

얼마 전에 남북한 공동체통일방안이 '한민족공동체통일방안'의 이름으로 나온 것이라든가, '한민족체육대회'라는 이름은 그 명칭부터가 매우 잘된 표현이다. 한민족의 '한'의 뜻은 우선 사전적인 의미로 보면 하나(一)라는 뜻을 지니고 있다(예: 한 개, 하나, 한 번), 두 번째는 여럿(多)을 뜻한다(예: 허구한 날, 한 아름), 세 번째는 가운데(中)의 의미를 지니고 있다(예: 한복판, 한가운데, 한여름, 한밤중), 네 번째는 큰 것(大)을 뜻한다(예: 한길(車道), 한밭(大田)), 다섯 번째는 대략(略)의 뜻을 가지고 있다(예: 한동안, 한나절), 그 외에도 '한'의 뜻은 정(正), 광(廣), 고(古), 광(光), 풍(豊), 시(始), 동

(同) 등의 다양한 의미를 함의하고 있다. 이러한 '한'의 뜻을 지닌 한민족은 반만년 동안 밥은 한식을 먹으며, 옷은 한복을 입고, 집은 한옥에서, 글은 한글로 배우며, 약은 한약을 먹으며, 병은 한방으로 고치며, 나라는 한국에서 핏줄은 한겨레를 이으며, 사상은 '한'사상으로 (종교는 한얼교를 믿으며), 한풀이를 하며, 한마당에서, 한결같은 마음으로 한데 모여서 살며, 한동안 한배검(단군)의 자손으로 한 살이 (一生)를 하여 온 한국인이다. 이중에서 가장 중요한 '한'의 뜻은 일중다(一中多)이다. 즉 다중일(多中一)이라 해도 좋다. 일(一)속에 다(多)가 있고, 다(多)속에 일(一)이 있다는 말은 우리 한국인은 일(一)과 다(多)라는 두 개의 서로 다른 의미를 동시에 생각할 줄 아는 민족임을 나타내는 것이다. 사람의 몸은 하나(一)지만 거기에는 눈·코·입·팔·다리 같은 여럿(多)의 지체가 있다. 즉 우리의 몸은 하나이면서 동시에 여럿이다. 한국은 하나이지만 거기에는 경상도·전라도·충청도·강원도·경기도 등 여러 도로 구성되어 있다. 이와 같이 우리는 사람을 처음 볼 때도 전체로서 하나를 보는 동시에 그 사람의 다양한 면을 여럿으로 나누어 본다면 그 사이에 골이 패이거나 감정이 고여 있을 자리가 없다.

동양적 사유의 연원에서도 우리의 '한'적인 방법론은 허다하다. 석가는 만법귀일(萬法歸一)을 주장하였고, 공자는 오도관일(吾道貫一)을 주장하였는가 하면, 노자는 도생기일(道生其一)을 부르짖었다. 물론 예수도, 주(主)도 하나요 성령도 하나요 믿음도 하나라고 하였으며, 최근 서구 철학자인 브래들리는 인간의 인식이 전체를 하나로서 파악하는 것을 '원초적 신앙'이라고 했고, 칼·야스퍼스는 '철학적 신앙'이라고 했으며, 플라톤은 잡다한 사물들을 모은 전체의 '하나'를 이데아(idea)라고 한 것 등은 동서사상 모두가 '한'적 사고의 방법론을 가졌음을 말해주고 있는 것이라 할 수 있다.

이러한 '한'적 사고를 가지고 우리가 안고 있는 잡다한 갈등의 구조를 보면 매우 역동적(dynamical)인 틀을 발견할 수 있다. 하나는 여럿(分裂)이 되지 않으면 정체되고, 여럿은 하나로 화합되지 않으면 분열되고 만다는 너무나 당연한 이치에 도달하게 된다.

제2절 한민족의 심정·한(恨)

한민족(韓民族)을 한민족(恨民族)으로 본 것은 그만한 이유가 있다. 한(恨)을 연구하는 학자들에 의하면 한국적 한(恨)의 발생원인과 서구적 갈등의 원인과는 근본적으로 궤를 달리하고 있다고 보고 있다. 서구적 개념의 갈등(conflict)이 무엇이냐에 대해서 사회학자들은 대체로 크게 두 가지 측면에서 이야기하고 있다. 하나는 개인의 심리적 원인에서 찾으려고 하고, 다른 하나는 사회적인 원인에서 찾으려고 한다. 개인적인 원인이든 사회적인 원인이든 우리에게 관심의 대상으로 갈등이론(conflict theory)이 소개된 60년대를 전후하여 학계에 쓰이기 시작하면서부터이다. 물론 서구에서의 갈등의 역사적인 연원은 훨씬 더 거슬러 올라간다.

Karl Marx의 계급갈등에서부터 T. Parsons, G. Simmel, R. Dahrendorf, 그리고 최근의 Coser의 갈등기능론으로까지 이어지고 있다. 이들은 사회질서의 바탕으로 이해관심을 달리하는 집단 사이에서 갈등이 그다지 격렬하지 않고, 자주 일어나지 않는다면 사회적 갈등

은 축적되어 사람들이 긴장이나 불만을 끊임없이 해소할 기회가 적
으므로 이해집단 사이에 극심한 긴장 상태를 유발하게 된다는 것이
다. 다시 말해서 갈등이 자주 일어나지 않는 사회체계에서도 한 번
일어나면 그 정도가 매우 격렬할 가능성이 크고, 따라서 체계의 변동
도 극심할 공산이 크다고 하였다. 즉, 갈등은 부정적인 면만 있는 것
이 아니라 집단의 통합과 변동에 공헌할 수 있는 긍정적인 측면도
있다는 것이 갈등기능론자의 입장이다. 마치 분열이 반드시 부정적일
수만은 없다는 '한'적 사유의 변증론적 논리와도 어느 면에서도 상통
한다고 할 수 있다.

그러나 한국인에 있어서 恨의 연원은 역사와 민족의 면면 속에 함
께 어우러져 있다. 이를테면 불안과 위축의 역사가 숨 돌릴 틈 없이
계속되었다. 7회의 몽고침입, 3회의 일본침략, 숱한 민란, 동란이
그것이다. 이런 이유로 한국인이 미국인이나 일본인보다 우울증이 심
한 것으로 나타나고 있다는 연구 보고서가 있다. 또한 양반, 중서, 상
인, 천인, 노비의 계급적 차별, 적서의 구별로 인한 유교적 계층의식
이 격심하였다. 노비는 거의 인간 취급을 받지 못한 채 1894년 갑오
경장 전까지도 가축과 같이 매매되었다. 그리고 남존여비사상에서의
칠거지악과 삼종지도는 한국여인의 한을 굴종으로 이어지게 하였다.
남편을 기다리는 아내의 마음을 그린 「정읍사」를 비롯하여 일별의
한(恨)과 연모의 정한(情恨)을 그린 고려가사 「가시리」, 「서경별곡」,
「정과정」, 「한중록」, 「계축일기」, 「인현왕후전」, 그리고 한용운의 「님
의 침묵」, 소월의 「진달래꽃」, 이효석의 「메밀꽃 필 무렵」, 김동인의
「배따라기」 등 여인의 한과 원은 끝없이 이어진다. 웅녀의 한, 논개
의 한, 심청의 한, 춘향의 한, 유관순의 한, 이 모든 한의 응어리가
한겨레의 핏줄에 맺히고 서려 있다.

그러나 무엇보다도 민중에 대한 관리의 경제적 수탈을 통한 가학은 더욱 참혹하였다. 연암 박지원(朴趾源)은 "천고지사의 한은 무엇보다도 부호들의 토지겸병에 있다"고 탄식하였다. 이는 오늘날 우리 사회의 다수국민의 원성이 되고 있는 토지공개념의 조속한 실시를 바라는 것과 조금도 다를 바 없다. 땅이 없어 살 집을 짓지 못하고 있는 일반백성의 한을 재벌들은 알 리 없을 것이다. 설사 똑같은 역사적인 경험을 가지고 있다손 치더라도 중국과 일본에는 한은 없고 원만 있는데 유독 한국만이 한과 원이 공존하는 데는 그만한 역사적인 이유가 있다. 중국의 논어, 맹자, 중용, 대학, 장자, 노자의 문헌 속에는 한이라는 말이 없고 원이라는 글자만 나온다. 예를 들어 논어에는 "빈이무원난(貧而無怨難), 부이무교역(富而無驕易)"이라고 하였다. 즉 가난하면서 원망하는 일이 없기는 어렵고, 부유하면서 교만하게 구는 일이 없기는 쉽다는 뜻이다. 더욱이 서양에는 한도 원도 없다. 다만 비슷한 의미를 전달하는 말로 regret(유감), resentment(분개), grudge(악의) 정도가 있을 뿐이다. 이와 같이 우리에 있어서 한이 자학(自虐)의 소산이라면, 원은 가학(加虐)의 소산이다. 자학은 이별, 슬픔, 기다림, 자탄, 자한, 정한 등 주로 안으로부터 밖으로 발생한 것으로 볼 수 있는 데 비해서, 가학은 버림받음, 미움당함, 짓밟힘, 빼앗김, 억눌림 등으로 밖으로부터 안으로 발생한 것이다. 그러기에 한은 가슴에 맺히는 것으로, 원은 심장에 품는 것이 되고 만다. 이 맺히고 품은 원한들을 우리 민족은 어떻게 해소하면서 생활하여 왔는가를 민족정신사적인 측면에서 논구하여 보고자 한다.

맺힌 한은 풀어버리면 되지만 심장에 품은 한은 항상 원통, 원망, 원한 등 복수의 의지로 남아 있다. 그래서 우리의 인간관계는 한에서 원으로 발전되지 않도록 자중하여 왔다. 우리는 어떠한 한도 원이 되기 전에 풀어 버리고 살아왔다. 싸움(conflict는 갈등이기보다는 투쟁의 의미가 강함)을 말릴 때 우리는 곧잘 서로 '풀어버리라'고 하듯이 억울한 것도 풀고, 분한 것도 풀고, 슬픈 일도 풀고, 하물며 심심한 것도 심심풀이로 풀어버리고 생활하여 왔다. 이를테면 화풀이, 분풀이, 원풀이, 액풀이가 다 그것이다. 추운 겨울이 가고 봄이 오는 것을 해동(겨울풀이)이라고 하는가 하면, 임부가 새아기를 낳는 것을 해산이라고 하였다. 인간관계가 원만하지 않을 때 '살풀이'를 하고, 무당의 '푸닥거리'는 죽은 영혼의 한을 풀어준다는 데서 유래된 말이다. 한민족은 전통적으로 어떠한 분쟁도 풀이의 방식을 통하여 해결하였다. 서구의 인간관계 문화가 이치로 따지는 '긴장의 문화'라면 우리는 심정으로 풀리는 '해소의 문화'라 할 수 있다. 때문에 풀이는 딱딱하고 모난 논리가 아니고 그것 이전의 상호 융화의 관용이요, 포용의 '원융회통'의 심정적 차원의 가치이다.

우리 민족은 풀이의 천재들이다. 말로나 심정으로 다 풀지 못하면 노래로, 시로, 춤으로, 해학으로 풍자나 예술의 형식을 빌려서 풀려고 하였다. 서울 올림픽은 단순한 스포츠 행사가 아니다. 미·소와 동·서의 한마당 평화의 '살풀이'이다. 동·서가 화풀이를 하는데 남·북이 통일의 한마당 '살풀이'를 못할 리 없다. 영·호남도, 노·사도, 사·제간도 모두 신명나는 푸닥거리를 하여 갈등의 앙금을 거두어 버려야 한다. 풀어버리는 방법을 통하여 흥을 돋우어야 하고, 흥(興)이 나면 기(氣)가 생기고, 이 기는 바람(風)을 일으킨다. 우리 민족의 정신적 뿌리는 기가 풍에서 찾아보아야 한다. 바람과 기는 알파와 오메가 사이이다. 즉 바람의 뿌리가 기요, 기의 용솟음이 풍이다. 난기류와 한기류가 맞닿는 곳에 폭풍이 일어나듯이 기의 나타남이 풍이요, 풍의 나타남이 기이다. 따라서 우리 한민족의 기혼은 기풍이다.

기는 물리학적으로 에너지(energy)요, 심리학적으로는 정감(feeling)이요, 사회학적으로는 힘(power)이요, 민족정신사적으로는 혼(spirit)이다. 이 전체적인 기를 맹자는 호연지기(浩然之氣)라고 하였다. 이 호연지기가 신바람을 일으켜서 용모로 드러날 때는 풍채(風采) 또는 풍자(風姿)가 되고, 도덕을 표현할 때는 풍월이 되며, 지혜로 발현될 때는 풍류가 된다. 현대적인 표현을 빌리면 체·덕·지가 된다. 순수 우리말로는 맵시·마음씨·솜씨가 된다. '씨'는 올이요 올은 알·얼·올의 음가(音價)와 음의(音意)를 지니는데 그것은 다시 알은 체(體)요, 얼은 혼(魂)이요, 올은 지(智)가 된다. 풍은 이외에 풍기(風紀), 풍물(風物), 풍수(風水), 풍지(風智), 위풍(威風), 풍교(風敎) 등 우리의 생활풍속 전체를 포괄하고 있다.

이와 같이 우리 민족은 온갖 한(恨)을 바람에 날려 보내면서 신명(神明) 또는 신풍(神風)을 일으키며 살아왔다. 바람이 잘못 불어 개인이나 국가가 한꺼번에 풍기가 문란할 때는 바람을 잡아두는 지혜도 키워왔다. 바람을 이용하여 남의 물건을 훔치는 사람을 '바람잡이'라고 하는 것과 같이 남녀간의 절도 있는 접합을 위해서 사주를 전달하는 사람을 '함잡이'라고 하며, 사물놀이패를 '사물잡이'라고 하는 것은 모두가 바람을 적당히 잡아두는 역할을 하는 것으로 상징적인 의미가 있다.

그렇다면 우리 민족의 수천 년간 이렇듯 맺혀도 풀고, 꼬여도 풀고, 막혀도 풀고, 박혀도 풀고, 응어리져도 풀고, 풀면서 살아온 '한'의 민족이 남과 북의 분단의 한을 못 풀 리 없고 동과 서의 지역의 응어리를 못 풀 리 없다. 다만 남북이든 동서든 그것이 원(怨)으로 악화되지 않도록 해야 한다. 원은 반드시 복수의 악순환을 가져오게 마련이기 때문이다. 통일문제도 광주문제도, 원을 품기 전에 한의 맺힘(매듭)일

때 풀어버려야 하는데 이것을 오랜 기간 방치하여 두다 보면 원으로 악화될 수도 있다. 이 원의 매듭을 끊고 푸는 열쇠는 물질적 보상이나 법적인 조치만으로는 본질적인 해소가 되지 못한다. '한'의 멋, '한'의 짓, '한'의 꼴, '한'의 힘, '한'의 기(氣), '한'의 사랑, '한'의 믿음, '한'의 꿈으로 '한'의 회복을 시켜주어야 한다. 즉 정체성의 동일적 복귀이다. 한데, 한곳에서 한마음으로 한솥에서 밥을 먹으며 한울타리에 하나되어 살겠다는 공동체 의식이 우리 민족의 기개를 한가운데 모으는 일이다. 이것은 최치원의 표현대로라면 접화군생(接化群生)의 묘합(妙合)으로의 자기개혁이다. 탄생의 산고를 겪어야 한다.

앞장에서 우리 민족은 사회적 서구개념의 갈등을 한국적 한의 개념으로 바꾸어 보면서 이를 한(恨)→해(解)→흥(興)→기(氣)→풍(風)→'한'의 단계적 해소방법을 제시하였다. 그런 가운데 현대적 개념의 갈등을 슬기롭게 해소하는 지혜스러움 못지않게 새로운 갈등의 생산을 억제할 수 있는 지혜도 함께 있어야겠다는 데 도달하게 된다. 물론 산업사회의 복합적 이해관계 구조 속에서 필연적 생성갈등이야 불가피한 것이라 치더라도 가학적 원한이 될 만한 욕구적 한이라든가 사회적 한의 조장은 억제되거나 생산이 줄어지는 방향에서 이룩되어야 한다. 최근 우리 사회는 욕구적 한의 폭발로 새로운 계층 간의 갈등을 분출시키고 있다. 영동 어느 고급백화점에서는 아침에 문을 열자마자 여성용 타조가죽 핸드백이 285만 원에 팔려나가는가 하면, 이탈리아제 넥타이 15만 원, 다이아스타킹 14만 원, 양변기 950만 원, 미제대형냉장고 1000만 원짜리가 불티나게 팔려 나가고 있다. 그뿐만 아니라 농촌에서는 고추 값 하락으로 울상을 짓고 있는데 강남 고급 아파트촌에서는 일제된장, 간장, 고추장이 팔리고 있다면 이는 국민의 갈등의 골을 깊게 하는 일이 아닐 수 없다. 미제 젖병, 독일

제 유모차, 중국제 돗자리, 이탈리아제 이쑤시개, 프랑스제 속옷은 백화점에 늦게 가면 구경하기조차 어렵다고 한다. 이러한 한국의 과소비성 사치 풍조를 보다 못해 외국 신문에서까지 심층보도하기에 이르렀다. 미국의 워싱턴 포스트지는 89년 9월 21일자 「갈등 겪는 과소비 풍조」, 「가치체계의 변화로 고통받는 한국」 등 제목을 달아 한국에서 무분별하게 과열되고 있는 과소비 사치 풍조를 꼬집으면서 '한국이 경제력에 비해 너무 일찍 샴페인을 터뜨린다'고 평하고 있다.

지금의 한국경제는 중소제조기업이 문을 닫고, 점심 거르는 초등학생이 8천 2백 명에 이르고, 소년소녀 가장이 날로 늘고 있는데 호화접객업소, 골프장, 호화주택은 날로 증가하고 있다. 대지 200평 주택에 950만 원짜리 양변기에 앉아 7만 원짜리 손수건으로 코를 풀고 있다면 이것도 "내 돈 가지고 내 마음대로 쓰는데 누가 뭐래!"라고 한마디로 자기 합리화가 가능할 수 있을까? 부를 과시하려는 욕망이야 인간이면 누구나 가지게 마련이다. 그러나 이를 적절히 억제하고, 과시보다는 선용에 관심을 두는 청부정신(淸富精神)이 확고할 때 국민화합은 저변에 끈끈히 흐르게 된다. 그렇다고 청빈한 것이 다 좋다는 것은 아니다. 조선조 5백년은 자본축적이 얕았고 그 결과 가난 속에 한민족이 세계로부터 얼마나 천시와 멸시와 침략을 받았던가를 나는 '한의 연원'에서 알만큼 밝혔다. 이제 우리 경제의 1인당 GNP가 1만$도 채 안 되는데, 3만$의 일본보다 더 씀씀이가 크다면 이는 귀(耳) 있는 자는 들어봄직하다. 양담배가 1% 미만 팔릴 것이라고 보았던 것이 10%를 상회하기 시작하였다. 우리가 지금 국민의 교육수준에 걸맞은 '욕구적 한'에 대한 자기 통제력을 갖지 못하면 이 한(恨)이 원(怨)으로 바뀌어 사회적 원으로 폭발하고 '한'의 근본도 흔들린다. '한'의 유연성이 우리 겨레의 핏줄에 흐르기 때문에 결코 절망적이지는 않고 금 모으기와 같은 국민응집력으로 발전해 간다는 사실이다. 욕구적 한에 대한 자기 통제력을 또 한 번 발휘하는 날 우리는 산업체, 학교를 포함하여 모든 이익집단에까지 발전의 활화산이 일어날 것이다.

제3절 한민족의 정체성 정립

새로운 한민족의 이상적인 인간상을 하나로 정립하기란 여간 어려운 일이 아니다. 왜냐하면 시대에 따라, 지역에 따라, 그리고 정립하고자 하는 사람에 따라 결코 동일한 것이 아니기 때문이다. 그러나 현재 지구상에는 무려 200여개 크고 작은 나라가 각각 그들 나름의 생활문화를 가지고 살아가고 있다. 그중에서도 지구상에 어엿한 독립국가로 그들 나름의 독특한 문화를 유지하면서 국력을 보유하고 존재하는 국가는 그리 많지 않다. 그런데 이들 중 문화주역 국가는 모두가 독특한 국민혼이나 국민상을 형성하고 있는 것이 하나의 공통적인 특징이다.

이를테면 영국은 신사 정신(gentlemanship)을 매우 존엄하게 여기고 있으며, 신생 미국은 개척자 정신(pioneership)이 양키이즘이 되고 있으며, 프랑스는 학예인(elitemanship)의 자만심이 아직도 대단하다. 독일은 게르만정신(germanship)이 강하게 작용하고 있다. 이러한 민족우월의식이 너무 지나칠 때는 히틀러와 같은 광기로 발작될 때도 있었다. 이스라엘이 2천 년간 흩어진 유태민족을 다시 결집하여 현재의 이스라엘 공화국을 건설할 수 있었던 것은 시온니즘(zionism)이 있었기 때문이다. 여기에 탈무드의 교육정신도 큰 몫을 하고 있다. 일본은 무사도(samurai)가 있어 일본 국민을 하나로 결집할 수 있다. 중국은 군자지도(君子之道)가 있다. 그렇다면 우리 민족을 이처럼 지구촌의 한 떳떳한 주인공으로 존재케 하는 정신은 무엇인가. '은근과 끈기'의 민족인가, 청초한 '선비정신'인가, 아니면 풍월도인가? 이 문제에 대해서 필자는 앞글에서 한민족에게는 '한' 사상이 있다고 이미 규정한 바 있다. '한'은 한국인의 심정이요, 사상이요, 마음이다. 흰 한복을 입고(白衣), 흰밥(白飯) 먹기를 즐기며, 흰 산(白頭山) 마루에서 '한(桓)'의 정기를 받으며, 흰집(白灰)에서 백수(白壽, 99세)를 누리며 면면히 살아온 하얀 씨알의 백민이 곧 한민족이다.

우리 민족의 기질에 대하여 여러 가지 정의를 내린 것이 있는데 그중에서도 이광수의 『민족개조론』에 보면 "우리 민족은 천부적으로 호양부쟁(互讓不爭)이라" 하였다. 중국은 우리나라를 예의지방(禮儀之邦)이라고 격찬을 하며, 또 평화지민이라고도 칭하고 있다. 또한 동방기인(東邦氣仁), 군자국인(君子國人)이라고 칭찬하기도 하였다.

한국인은 결점도 많다. 조선조의 사색당파가 아직도 사당사색론으로 이어져 신문에 오르내리고, 신라의 삼국통일이 당군(唐軍)의 지원을 받았듯이 남북통일이 아직 미국의 힘에 의존하고 있는 것은 우리의 자주심이 그만큼 허약하다는 증거이다. 우리는 민족 고유의 종교를 갖지 못한 채 외래종교의 경시장(競示場)을 제공하였다. 고구려에 선인(仙人)이 있었고, 신라에 화랑이 있었고, 고려 때까지만 해도 국선(國仙)이 있었는데, 내려오다가 외래사상에 떠밀려 없어진 것은 참으로 부끄러운 일이 아닐 수 없다. 근세에 와서 동학이요, 증산교요, 원불교요, 대종교요 하지만 그것은 밖에서 들어온 남의 사상을 이리

따고 저리 따서 섞어 놓은 비빔밥종교이지, 정말 우리 고유의 종교는 아니다.

이렇듯 우리 민족은 그 원형을 규명하기가 매우 어렵다. 인정이 많으면서도 너무 잔인한 면이 있는가 하면, 점잖으면서도 극성스럽고, 겸손한 면도 있으면서 교만하기 이를 데 없고, 대범하면서 참을성이 없으며, 애국지사도 많은 민족이지만 민족반역자도 그만큼 많다. 자기와 생각을 달리하거나 말이나 행동이 자기의 마음에 들지 않는다고 배척하거나 미워하는 사고를 가진 자가 많다. 이런 것들이 아직도 우리 사회의 갈등의 원인을 분출시키는 장본인이다. '공동체'라는 말을 요즘 와서 많이 강조하는 이유도 공동체 밖에서는 공존할 수 있으나 공동체 안에서는 병존할 수 없다는 극단주의적, 반민주적 사고가 팽배하고 있기 때문이다. 우리 민족이 일중다(一中多)와 다중일(多中一)의 '한'의 원류를 정확히 인식할 수 있다면 오늘의 정보사회의 다양성, 다원성, 다층성에도 쉽게 적응할 수 있게 된다. 생각이 다른 사람을 미워하거나 눈앞에서 없어지기를 원한다면 이는 농경사회의 울타리 안의 혈연적 부족심리에서 깨어나지 못한 미분화적 존재는 될지언정 확장되는 삶의 터(field)에서 틀(frame)을 세우고 공존과 실존의 자기탈각을 하기에는 거리가 멀다.

원융회통의 묘법을 다시 터득하여 마음의 통풍장치를 하여 어떤 다른 종교인, 다른 지역인, 다른 사상인, 다른 이념체제인도 차별 없이 더불어 어울려 살아갈 수 있도록 마음의 벽을 허물고 살아야 한다. 우리 조상들의 아름다운 풍습이었던 계, 향약, 두레와 같은 협동 생활의 정신을 오늘의 공동체 생활의 규범윤리로 되살리는 것도 바람직한 것이다. 세계사는 이제 대서양에서 태평양으로 옮겨지고 있다. 토인비도, 게오르규도, 타골도 하비·콕스도 모두가 서세동점의 회귀

를 예언하였다. 그러므로 동양은 다시 창조적인 본래의 모습으로 복
원하여 돌아가기를 서둘러야 한다.

필자는 '한'을 중심으로 갈등의 한국적 개념인 한의 극복을 위해서
여러 면에 걸쳐서 한민족의 장점과 결점을 함께 보고자 하였다. 여기
서 얻어진 결론은 한국인의 가능성, 잠재력, 그리고 진취성은 무한한
것이라는 사실이었다. 그러나 우리의 내부가 균열되어 서로 복수의
원을 품는다면 역사는 우리에게 가혹한 시련을 과거 역사의 어느 때
보다도 크게 피학(被虐)하리라는 예측을 해 볼 수 있었다.

이제 한국인은 주체적 자기 정체성을 그 어느 때보다도 확실히 확
립해야 할 때가 되었다. 그렇다고 해서 북한처럼 문을 걸어 잠그고
하향적 평등경제를 강요하면서 '주체사상'을 주장하자는 것은 아니다.
그것은 마치 인큐베이터안의 신생아와 같아서, 문을 열었을 때는 허
무하게 무너지고 만다. 이러한 것은 하나의 사상적, 철학 이전의 생
물학적 원리이기 때문에 거부되어야 하지만, 그렇다고 문을 개방하였
다고 하여 무엇이든지 다 받아들이기만 해도 된다는 말은 아니다. 언
제나 민족의 자주적 중심사상은 고정되어 있어야 한다.

최근, 우리의 건국이념이며, 교육목표인 '홍익인간'의 이념을 없앤
다는 말이 있다는 신문보도를 보고, 이제 정말 국민분열의 핵폭탄은
터지겠구나 하는 우려를 하지 않을 수 없었다. 민족사상의 구심점이
흔들리면 이는 민족존립의 자존심이 문제이지 국민갈등의 문제가 아
니다. 어떤 특정 종교를 비호 두둔하자는 의도는 추호도 없다. 단재
신채호는 무엇이라고 말했던가를 다시 음미하여 보고자 한다.

"우리 조선 사람은 항상 이해 이전에 진리를 생각하려 하므로 석
가가 들어오면 조선의 석가가 되지 않고 석가의 조선이 되며, 공자가

들어오면 조선의 공자가 되지 않고 공자의 조선이 되며, 무슨 주의가 들어와도 조선의 주의가 되지 않고 주의의 조선이 되려 한다. 그리하여 도덕과 주의를 위하는 조선은 있고, 조선을 위한 도덕과 주의는 없다. 아! 이것이 조선의 특색이냐, 특색이라면 특색이나 노예적 특색이다."

참으로 국수주의자가 아닌 한 강직한 민족주의자의 일갈이다. 일본은 만약 석가나 예수가 하네다 공항에 입국했을 때 여권이 없으면 일단 출입국관리 위반 협의로 구속한 뒤 그의 사상을 별도로 연구한다는 것이다.

일본과 대만은 그들 나름의 연력(年歷)을 쓰고 있어도 아무 생활의 불편을 모르고 사는데 우리는 단기연력(檀紀年歷)을 아는 학생은 가뭄에 콩 나듯 하고, 애국가 4절은 형식뿐이며, 태극기의 내력을 알거나 설명할 수 있는 사람은 전무상태이다. 이런 모든 것이 우리 것에 대한 업신여김에서 나온 자기비하의 교육부재의 한 현상이다.

한국인은 이제 한민족 원형사관으로 돌아가 조상들의 화합을 다시 재현할 수 있기를 바라는 마음 간절하다. 신라의 화백, 조선의 국호를 화령으로 제정하여 화해를 지향한 점이며, 원효의 화쟁 등은 모두 우리 민족이 화합주의의 민족임을 시사하여 주고 있다.

한겨레가 이 땅에 뿌리를 내려 살기 시작한 것은 지금부터 70만 년 전 선사시대부터이며, 알려진 사료만도 3~4만 년 전까지 거슬러 올라간다. 해외교포까지 합해서 8천만 겨레가 핏줄을 이어가고 있는 사실을 주목하면 떨어져서는 살지언정 갈라져 살거나 싸울 이유가 전혀 없다.

늦게나마 최근에 상고사에 관심을 쏟는 학자들이 늘어나는 일은 다행한 일이며, 이들이 중국을 학술답사한 후 우리 역사를 다시 써야겠다고 충격을 받은 것은, 늦은 감은 있으나 한민족사의 재정립에 크게 기여하리라고 기대한다.

제4절 홍익인간 사상의 세계화

I. 서 론

홍익인간 사상은 우리나라의 건국이념인 동시에 해방 후 교육법이 규정한 교육이념인 것이다. 그 글자의 뜻은 '인간(사회)을 크게 유익하게 할 것'을 지향하고 있다. 여기서 말하는 홍익인간 사상은 시간적으로 고대 건국시대로부터 현대사회에 이르기까지를 관통하고 있으며, 공간적으로는 지리와 민족을 뛰어넘는 범애적(汎愛的) 보편성을 함의하고 있다. 다시 말해서 인간학적으로는 인간의 존엄성을 최고가치로 여기는 인본주의적 세계관에 기초하고 있으며, 윤리학적으로는 선린공동체에 대한 상생의 미덕을 내포할 뿐만 아니라 정치적으로는 민본, 민족, 민생을 함께 아우르는 복민국가를 이룩하려는 최고 이념을 배포하고 있다. 이처럼 홍익인간 사상은 편협한 선민의식이나 자민족 우월주의에 고착되어 있는 것이 아니라 전 인류가 지향하는 보편적인 가치와 범애적인 공생정신을 함의하고 있다.

그러나 그동안 홍익인간 사상은 서구사조에 밀리고, 남북분단의 장애로 말미암아 한국적 특수상황에 갇히어 공간적 제약을 받게 되었다. 그로 말미암아 국민정신을 함양하는 규범원리로 내면적 승화를 시키지 못한 채 추상적인 개념으로 석고화되기에 이르렀다. 더욱이 최근에 '세계화'를 외치면서 민족 고유의 이념은 저열한 것으로 간주되고 교육 현정에서부터 '홍익인간'이라는 용어 자체가 경시되거나 배척되고 있다. 이처럼 사상이나 문화의 특수성이 성숙되지 않은 공간에서는 보편적인 세계화는 기대하기 난망하다. 일찍이 괴테는 '가장 민족적인 것이 가장 세계성을 띤다'라고 했다. 21세기의 세계화와 보편화를 지향하는 시점에서 홍익인간 사상이야말로 세계시민이 공감하는 평화, 평등, 복지, 사랑을 함의하는 사상인 동시에 민족의 정체성을 확립하여 남북통일을 이끌어 가는 지도이념인 것이다. 따라서 본 논문에서는 홍익인간 사상의 한국적 맥락에서 민족적 고유의 특수성과 차별성이 부각되어 정체성으로 정착될 것인가에 대한 탐구적 전략을 탐색함과 아울러 세계화의 보편적 이념으로의 새로운 주의를 환기시킨 가능성에 대해서 대안적 이론을 도출하는 데 의의를 두고자 한다.

II. 홍익인간 사상의 특수성

1. 한민족 정체성의 시원(始原)

한민족의 정체성의 시원은 배달겨레, 즉 환국(또는 단국)을 건국한 단군 왕검에 두고 있다. 단군 왕검은 단국(또는 조선)의 건국이념으로 홍익인간 광명이세(弘益人間 光明理世; 사람을 크게 유익하기 위하여 세상을 밝게 다스릴 것)를 내세웠다. 그리고 이를 구체적으로

가르치기 위해서 오훈(五訓)을 실천 덕목으로 밝혀 두었는데 그것은
① 거짓 없는 성실(誠實不存) ② 게으름 없는 경근(敬謹不怠) ③ 어
김없는 효순(孝順不違) ④ 음란 없는 염의(廉義不淫) ⑤ 싸움 없는
겸화(謙和不爭)를 명시하였다. 지금까지 홍익인간 사상이 구체적으로
명기된 가장 오래된 사서는 학자에 따라서 다소 차이가 있기는 하나
대체적으로 고려 충렬왕 11년(1281년)의 학승 일연(一然)이 쓴 '삼국
유사', 고려 충렬왕 21년(1291年)의 이승휴가 쓴 '제왕운기', 그리고
부분적으로 '세종실록', '동국문헌비고', '대동사강', '한단고기', '규원사
화', '신시분기', '고기' 등에 단군시대의 통치조직과 기능 속에 홍익인
간 이념을 직·간접적으로 내포하고 있다. 그중에서도 '삼국유사'와
'제왕운기' 이 두 책에서는 홍익인간 사상을 비교적 상세히 기술하고
있음을 밝히고 있다.

단군 왕검은 홍익인간, 광명이세를 널리 펼치기 위해서 5훈과 더불
어 8리(八理)와 366사(三百六十六事)를 구체적으로 제시하여 인간세
상을 교화하였던 것이다. 즉 8리로서 성(誠), 신(信), 애(愛), 제(濟),
화(禍), 복(福), 보(報), 응(應)을 들고 있으며 366사는 처음 경신(敬
神)으로부터 시작하여 마지막 요금으로 맺고 있다. 단군 왕검은 백악
산(한밝산, 태백산, 백두산) 아사달에 나라를 세우고 삼상오부(三相
五部) 제도를 두고 백성들로 하여금 제천의식을 성대히 거행케 함으
로써 농경문화의 핵심 요소인 비[雨]와 곡식을 풍성히 내려 줄 것을
빌었다.

아사달은 고조선의 국호인 조선(朝鮮)을 정확하게는 아사나(阿史
那)의 한자번역으로 보며 '아사'는 아침, '나'는 나라, 즉 '아침의 나라'
라는 뜻이다. 그러므로 조선은 '아침이 아름답게 빛나는 나라' 또는
'아침햇빛이 맨 먼저 따뜻이 찬란하게 비추는 땅'을 뜻한다. 이러한

나라를 건국한 단군 왕검을 '한님',즉 하늘님으로 생각하고 밝은 태양을 우러러 숭배하면서 천신제(天神祭)를 올렸던 것이다. 이 하늘님인 천신은 다시 종교적으로 조화주, 교화주, 치화주라는 삼신의 모습으로 나타나 하나로 작용하므로 3위1체적 성격(三位一體的性格)을 띠고 있다. 여기에서 한민족의 3수사상의 시원이 독창적으로 전개되는 계기가 된다.

2. 홍익인간 사상의 민족사적 의의

일연스님의 '삼국유사'에서 단군 왕검이 환국(또는 단국)의 건국이념으로 홍익인간 사상에서 신라의 화랑정신과 최치원의 풍류사상 그리고 고구려의 다물정신, 백제의 밝사상, 다시 고려를 거처 조선조에 이르기까지 외래 종교인 유불선을 묘합하여 우리 민족 고유의 삼신사상으로 태생시켜 왔다. 홍익인간 사상은 근대사적 민족정통사상의 묘맥을 잃지 않고 끊임없이 이어져 내려온 것이 동학의 인내천, 사인여천, 후천개벽 사상이다. 그리고 다시 강증산의 원시 반본, 해원상생이다. 이러한 홍익인간 사상에서 면면이 이어져 내려온 민족고유 정통사상을 통틀어 한사상 또는 '한'으로 규정한 후 한나절도, 한 번도 단절됨이 없이 비시원적인 한의 특질을 민족의 역사 속에서 지금까지 생존시켜 찬란한 민족문화를 창조하고 민족정기를 고취시켜 온 동인(動因)으로 규정하고 있다. 필자는 단군의 홍익인간 사상(조화, 치화, 교화를 내포하는)으로부터 수운의 인내천(보국안민, 광제창생, 개벽사상, 동귀일체를 포함하여), 증산의 해원상생이 한사상으로 이어지는 통일 패러다임을 이미 설정한 바 있다. 따라서 본장에서는 홍

익인간 사상과 화랑정신, 홍익인간 사상과 한사상, 홍익인간 사상과
인내천, 홍익인간 사상과 상생을 중심으로 논의하고자 한다.

가. 홍익인간 사상과 화랑도 정신

홍익인간 사상이 신라의 개국에 어떠한 영향을 끼치게 되었으며
신라가 삼국을 통일하여 찬란한 문화를 가지는 데 화랑도 정신은 어
떤 기능을 하게 되었는지를 규명함으로써 홍익인간 사상의 실제적
특성을 이해하게 된다.

'삼국유사'에 의하면 화랑은 일명 선인(仙人) 또는 국선(國仙)이라
고 칭하였으며 신라 정신의 진수라고 하였다. 화랑의 기원은 원래 원
화(源花)에서 시작되었다. 처음에는 일반 여성 중심으로 화랑을 조직
하였으나 폐단이 생겨 대신 귀족출신의 청소년 중심으로 용모가 수려
하고 품행이 단정한 남성 화랑(花郞)을 선발하여 지도자인 화랑과 그
밑에 랑도(郞徒)를 두었다. 법흥왕 원년(서기514년)에는 상무 정신을
고취하기 위하여 국선 1인 밑에 7-8명의 화랑을, 화랑 1인 밑에 랑도
수백 명씩을 두는 조직을 구성하여 총지휘를 하는 계통을 구성하였다.

화랑세기(花郞世紀)에 의하면 단군은 화랑도(일명 풍월도)의 창설
자로서 홍익인간 사상의 바탕이 되는 3교를 내렸는바 첫째 한얼숭배,
둘째 조상숭배, 셋째 사람 사랑을 가르쳐 주었다. 우수한 화랑[國仙]
은 일반 선인(仙人)들과 구별하기 위하여 천선(天仙)이라 불렸다. 이
천선 중에서 삼선관(三仙官)을 뽑아 각각의 임무를 부여하였는데 '팽
우'는 산천을 개척하고 토지를 관리하게 하였고, '신지'는 글자와 기
록을 하는 사관 일을 맡았고, '고시'는 농사를 맡는 일을 하게 하였다.
그리고 4장(四將)을 선발하여 '지제'는 화랑의 조직을 맡고 '옥저'는

질병을 맡고 '숙신'은 형벌을 맡고 '수기'는 선악을 판결하는 일을 맡았는데 이를 화랑4영장(花郞四靈將)이라고 불렀다.

화랑사상은 홍익인간 사상을 그대로 계승한 것으로 엄격한 계율과 도덕을 지키게 하여 국선(國仙)의 품위를 지키게 하였다. 이를 위해서 3선5계(三善五戒)를 가르치게 하였다. 3선은 ① 겸손; 윗사람이 밑에 앉은 것. ② 검소; 부자로서 검소하게 옷 입기 ③ 인자; 세력이 있되 쓰지 않기를 화랑도의 3미행(三美行)으로 꼽고 이를 신라 47대 헌안왕(857-861)이 솔선하여 그의 아들 '응염'으로 하여금 국선 화랑에 가입시킨 후 3선을 지키게 하였다. 그리고 중국 진나라에 가서 불교를 연구하고 돌아온 원광법사는 세속오계를 만들어 국선의 생활지도 이념으로 가르치게 하였는데 그것은 ① 충성으로써 나라 섬기기, ② 효성으로 어버이 섬기기, ③ 신의로써 벗을 사귀기, ④ 전쟁에서 물러섬이 없기, ⑤ 생명을 가려서 죽이기였다. 즉 충성, 효성, 신의, 용기, 정의를 생활덕목으로 익히게 하였다. 이는 중국의 삼강오륜과 희랍의 플라톤의 4덕(지혜, 용기, 절제, 정의)을 절묘하게 조화시킨 것으로 지금도 육군사관생도의 교훈으로 손색이 없을 정도로 그 내용이 충실한 것이다.

따라서 화랑정신의 핵심이 되고 있는 3미(三美), 5계(五戒)는 모두 홍익인간 사상에서 연유하고 있음을 유, 불, 선을 하나로 아우르는 풍류도가 곧 화랑도의 별칭인 것만을 보아도 충분히 연계적 사상맥락을 함의하고 있다고 할 수 있다.

나. 홍익인간 사상과 '한'이즘

우리 학계에 한사상 또는 한이즘(HANISM)이 소개된 것은 이을호, 최민홍, 그리고 김상일로 이어져 오고 있다. 특히 김상일은 서양

의 A.N.화이트헤드의 과정 철학과의 접목을 시도하는 많은 연구결과
를 산출하여 주목을 받고 있다. 이와 같이 '한'이즘이 연구된 지는 비
교적 십수 년에 불과하지만 많은 연구자들에 의해서 다양한 분야에
'한'이즘과의 접근을 하는 것으로 보아 머지않아 '한'이즘은 보편성을
띠게 될 것이다. 왜냐 하면 '한'이즘의 뿌리가 한국고유 사상의 바탕
이 될 뿐만 아니라 철학, 종교, 교육, 윤리, 도덕 그 밖의 정치, 경제
의 모든 면에 사상적인 토대를 이루어 주고 있기 때문이다.

　최민홍은 '사람을 널리 이롭게 하는' 홍익인간 사상이야말로 덕치
주의와 법치주의와 이치를 조화시킨 것이므로 이는 '한'이즘의 조화
의 근원을 제공하고 있다. 다시 말해서 전체적인 하나의 정신을 가지
고 있는 '한'이즘이 없는 조화를 기대할 수 없기 때문에 홍익인간 사
상이 가지고 있는 조화정신과 '한'이즘이 지니고 있는 조화정신은 같
은 맥락을 이루고 있다고 할 수 있다.

　홍익인간 사상의 3대 축(軸)을 이루고 있는 조화(造化), 교화(敎
化), 치화(治化)도 역시 덕치(德治), 법치(法治), 이치(理致)와 '하나'
라는 조화선상에서 인간, 자연, 사회의 존재 규범에 적합하도록 조화
를 이룰 때 홍익인간(弘益人間), 즉 널리 크게 사람을 유익하게 한다.

　다음으로 윤리적인 면에서 홍익인간 사상의 인간관은 선악의 대립
적인 것으로나 높은 통일성, 전체성, 지양성, 대의성, 다양성, 일원성,
변화성으로 보고 있다. 이는 '한'의 어원과 유래에서도 그 의미가 명
확히 함의되고 있다. 따라서 홍익인간의 윤리관에서는 인간에 대한
가치를 기준을 전체적인 '하나'에 두는 '한'이즘에 뿌리를 두고 있다.
그러므로 홍익인간에서 인간은 나와 너, 선과 악, 나의 이익과 너의
이익을 분리해서 보지 않고 커다란 '하나[一]'로 보았다. 이를 공동체

적 자아의 대의성(大義性)이라고 규정할 수 있다. 대의에는 사익보다는 공익을 앞세워야 하고, 개체보다는 전체를 상위에 두어야 하며, 상극보다는 상생에 가치의 중심내용을 두어야 한다.

이을호도 홍익인간 사상에서 풍류도가 나왔고 풍류도에서 화랑정신이 나왔으며, 화랑정신에서 '한'철학의 진수가 어리어 있다고 했다. 그는 '한'이즘의 구조로서 이이일적 묘합(二而一的妙合)과 회삼귀일적 묘유(會三歸一的妙有)로 보았다. 이이일적 묘합이란 상극적 음양설이나 정반적 변증법에서 상생, 상보, 상조, 상서에 의한 이자묘합의 실체를 일(一)이라는 수리에 의해서 파악하고자 했다. 그리고 회삼귀일적 묘합이란 '한'이즘의 진수인 삼일원리(三一原理)에서 찾고 있다. 이는 삼일신고(교화경), 참전계경(치화경), 천부경(조화경)을 중심으로 삼일신관(三一神觀)이 성립되며 삼신이 회통함으로써 귀일(歸一)케 된다.

이 귀일의 자리가 신과 인간이 하나가 되는, 즉 시공을 초월하는 묘합의 삼일원리인 것이다. 여기서 인내천 사상이 다시 생겨나는 근거를 마련하게 된다.

다. 홍익인간 사상과 '인내천'

수운 최제우의 '인내천'(人乃天)이 단군의 홍익인간 사상과 '한'이즘에서 그 뿌리의 연유를 추출해 냄으로써 '인내천'의 사상사적 시원을 밝히고자 한다. 우리 민족은 일찍이 중국의 음양의 이원론적 세계관과 서양의 선악의 이원론적 종교관을 한 단계 뛰어넘어 새로운 제3의 철학이 자생하였으니 이를 '홍익인간 사상적 한이즘'이라고 부르거나 또는 철학적으로 이이일적 묘합(二而一的妙合)의 세계관이라고 한다.

이이일적 묘합의 상징성 예시로 단군 왕검을 들 수 있는데 단군은 인간인 동시에 신이요 신인 동시에 인간이면서도 때로는 신도 아니요 동시에 인간도 아닌 것이다. 그러므로 신과 인간을 대립자이거나 상극적 관계로 파악하지 않고 상보적 관계로 파악했기 때문에 이이일적 상생관계(二而一的相生關係), 신인여인(神人如人)의 극치에 도달한 곳이 수운의 인내천(人乃天)이였다. 그럼에도 불구하고 수운은 신인여일론(神人如一論), 신인합발론(神人合發論), 신인묘합론(神人妙合論)을 극복하여 인심즉천심(人心卽天心)이며 사인여천(事人如天)이라는 인간지상주의적 천인관(人間至上主義的 天人觀)에 도달하는 경지에 이르게 된다.

수운의 인내천(人乃天)은 인간을 신(神) 앞에 두는 것이며 신은 인간의 마음에서 생기는 것이며 절대신(絶對神)은 인간의 정신 바로 그 자체라는 의식을 하게 된다.

인간의 마음에 절대신인 하늘님을 모시고 유심(唯心)에 이를 때 지기(至氣), 즉 천주의 조화(造化)를 이룩하게 된다. 지기는 우주의 궁극적 본질이며 이위일체의 영기(靈氣)로서 우주만유를 추월하는 동시에 만유 속에 내재하여 있다. 그러므로 지기는 곧 하늘님이요 존재의 근원인 것이다.

수운의 인간지상주의적 '인내천'은 바로 단군의 홍익인간 사상의 직접적 영향으로 이룩된 것이며, 더 나아가 인간을 크게 유익하게 하기 위해서 사람을 하늘같이 섬김으로써 '지기'에 이르게 될 때 덕업장생(德業長生)이라는 구체적 이익이 마음과 몸에 실리게 된다.

필자는 동학의 인내천의 우주관이 홍익인간 사상과 관련하여 다음과 같은 패러다임을 제시하였다. 즉 홍익인간 사상은 일관되게 환국을 조화, 치화, 교화의 3환(환인, 환웅, 환검)으로 하여금 다스리게 하였듯이 수운의 인내천 역시 보국안민, 광제창생, 개벽사상, 동귀일체라는 4대 이념을 수심정기(修心正氣)함으로써 지기(至氣)에 이르게 되므로 이 시천주(侍天主)의 지기가 곧 홍익인간 사상이 전개된 세계인 것이다. 홍익인간 사상의 세계는 만민평등의 공의의 사회를 건설하는 데 있다. 그러므로 소운은 인간이 시천주한 상태일 때 모든 인간은 곧 하나님이 되는 것이다. 시천주는 사람 위에 권림하는 수직적 구조의 존재가 아니라 각 개인이 수평적 평등관계로의 '시천주'한 존재이므로 대변혁을 이룩하는 것이 곧 '개벽'의 요체라고 인식의 변환을 깨닫게 된다. '시천주가 평등이다.'라는 명제는 초월적 존재인 천주(天主)와 나와는 별개가 아니라 하나인 동시에 지양적 존재(止揚的存在)이므로 천주를 내 마음속에 모시고 있을 때 오심즉여심(吾心卽汝心)의 대도를 깨닫게 되었다. 이 경지에서 보면 시천주는 절대평등, 절대무한, 절대생명의 동귀일체인 것이다. 후천 개벽시대는 천(天), 인(人), 지(地)의 삼재(三才)와 환인, 환웅, 환검 삼환의 역사를 한민족의 중심에서 세계적 의미로 확대될 때 인류를 홍익인간 사상으로 진리화하여 모든 사람으로 하여금 지기(至氣)에 이를 때 이화세계(理化世界)가 개천(開天)되리라고 수운은 선천의 삼신상제로부터 후천상제의 평등사상을 계승하였다.

3. 홍익인간 사상의 실화적 위상(實話的位相)

단군 왕검에 관하여 신화(神話)냐 실사(實史)냐 하는 소모적 논쟁은 아무 의미가 없다. 왜냐 하면 신화는 신화 그 자체가 역사성을 지니고 있기 때문이다. 모든 사물, 인물은 약 3000년 시간이 지나면 전설, 속설이 생겨나서 신성(神性)이 배어나기 때문에 신화(myth)는 곧 알 수 없는 미스터리(mystery)로 치부하기보다는 살아 있는 신화(mythos)로 모습을 바꾸어 다시 태어나서 역사적 사실로 재해석된다.

홍익인간 사상은 신화와 실사를 한데 아우르는 실화(實話)적 입장에서 이를 접근하는 것이 이 개념의 한국적 특수성을 좀 더 명확하게 이해를 돕는 방법으로 규정될 수 있다고 본다. 단군 왕검에 대한 실화(實話)가 단순한 신화적 이야깃거리로 여겨진다면 그것은 환상적인 허위의식으로 이해되지만 민족정체성의 시원사상으로 이해될 때는 민족의식이라는 가치체계 안에서 민족정체감의 근거로 재탄생하게 된다. 신화(神話)든 실사(實史)든 그것의 중요한 문제는 허구인가 아니면 진실인가에 준거로 삼기보다는 역사라 할지라도 죽은 역사냐 아니면 살아 있는 신화냐로 보아야 한다. 만약 죽은 역사라면 살아 있는 역동적인 신화보다 시대요청이나 민족성의 결집 측면에 미치지 못한 것이다. 비록 신화라 할지라도 무기력한 전설적 이야깃거리의 범주를 벗어나 민족정체감을 결집하는 데 시원적 역동성을 계승하여 왔다면 그것은 역사성을 앞지르는 현존하는 동인으로 기능하게 된다.

이러한 단군 왕검의 존재성을 인정하는 실사적 실화(實史的實話)를 전제로 홍익인간 사상의 한국적 특수성의 실화적 위상을 논의하고자 한다. 우선 '후한서'와 '동이열전'에는 모든 백성은 신분, 재산, 지위를 초월하여 함께 제사를 지내며 공동체 의식을 고양하면서 같은 혈연의식으로 항복해야 한다는 홍익인간 사상이 작용하였다. 따라서 크게 널리 유익한 생활을 즐기기 위해서 다같이 모여서 하늘에 제사를 지낸 후 마시고, 먹고, 노래하고, 춤을 추며 흥겹게 몇 날씩을 보냈다.

그렇다고 무질서나 무절제한 생활을 병치하지 않았다. 고조선 사람들은 씨족마을을 이루고 살았기 때문에 부도덕하거나 법을 어겼을 때에는 홍익인간 정신에 위배되므로 이를 엄격히 규제하기도 하였다. 이를테면 범금팔조(犯禁八條)가 있었는데 사람을 죽이면 사형에 처하고, 상해를 입히면 곡물로써 보상하매, 도적질하면 남자는 가노(家奴)가 되고 여자는 비(婢)가 되는데 재물을 바치고 죄를 면하고자 하는 자는 각자가 50만을 내야 했다. 설사 죄를 면하여 일반 백성이 되었더라도 그와는 아무도 혼인을 하지 않았다. 그 대신 부모에 대한 효도와 국가에 대한 충성을 다하는 것은 도덕 윤리의 기본 덕목으로 공존하게 되는 것이므로 이를 혈연공동체로부터 국가의식으로까지 확장하였다. 이러한 연유로 후에 중국으로부터 유교가 들어와 효도와 충성을 가르쳐도 아무 저항 없이 쉽게 한민족의 정서문화 속에 융합될 수 있었다.

이러한 홍익인간 사상에 입각하여 모든 제천의식, ─부영의 영고, 고구려 동맹, 동예의 무천, 한의 5월제 ─이 같은 행사도 한민족이 공감하고 공유했던 최상위의 가치관인 홍익사상이 모든 백성의 정서에 깔려 있었다. 이에 대해서 윤내현은 고대인의 종교적 심성으로 첫째 사람이 사회와 역사의 주체임을 자각한 종교사상적 기초가 출발점이다. 둘째 모든 사람이 더불어 행복을 누리는 사회를 목표로 하고 있다. 셋째 내세보다는 현세에 낙원을 꾸미는 것을 목표로 삼았다. 넷째 모든 것을 화합과 조화로 보고자 했다. 다섯째 사물의 구성요소와 발전과정을 삼(三)으로 보았다. 여섯째 사람은 행복을 얻기 위해 금기를 통한 수련의 필요성을 생각했다. 일곱째 사람이 실천해야 할 구체적 도덕규범이 있었다고 들고 있다. 이러한 고대 한민족의 종교의식은 개인적 차원을 넘어서 국가적 차원에서 볼 때도 현대인의 종교적 방향을 제시하고 있다. 이는 마치 홍익인간 사상이 고대사회로 부터 현대사회, 미래사회에까지 통괄하는 사상으로 그 내용과 의미가 특수성과 보편성을 함께 띠는 것과 같은 맥락이라 할 수 있다.

Ⅲ. 홍익인간 사상의 보편성

1. 홍익인간 사상의 보편적 구현

선진문화민족일수록 그 민족과 국민국가를 번영 유지시키는 데는 국민정신(National Ethos)이 중심에 있었다. 미국국민정신은 구세계의 유산과 신세계의 상황의 끊임없는 상호 작용의 소산으로 나타난 것이 '프론티어 정신(Frontier Spirit)이었다. 미국은 지난 3세기에 걸쳐서 프론티어 정신으로 미국인들의 특성과 제도를 되풀이하면서 발전시켜 왔다. 이 프론티어 정신으로부터 미국인의 "이동성", "창의성", "개혁성", "물질주의", "실용성"이 체질화로 정학되기에 이르렀다.

영국의 국민정신은 오랜 역사를 거쳐 오면서 민주주의 발전과정에 앵글로색슨민족(Anglo-Saconism)의 자부심과 긍지를 지키는 원리가 무엇인가를 찾았는데 많은 정치적인 혁명의 경험을 축적하였다. 그 결과로 나온 것이 존불정신(John Bullism)이다. 즉 영군인의 독특한 기질인 '자유', '정의', '정직'을 국가에 대한 공동체적 충성으로 집약시켜 왔다.

독일의 국민정신은 종교적으로 루터주의(Lutheranism)이다. 즉 신 (神)은 인간 밖에 존재하는 것이 아니라 인간 안에 내재한다는 것이다. 철학적으로는 칸트(I. Kant)의 최고의 선(善)과 헤겔(Hegel)의 '이성과 현실'의 통일의 과정을 거쳐서 피테(J. Fichte)의 '자아의 절대성'에 이르게 된다. 이와 같은 독일 고전주의 철학의 한계의 영향을 극복하기 위하여 질풍과 노도(Sturm Und Drang)운동이 계속 일어난다. 따라서 독일 국민정신은 한마디로 현실적 이성주의 (Realitic Rationalism)라고 할 수 있다.

일본의 국민정신은 한마디로 충성윤리와 금욕윤리를 합친 무사도(武士道)인 것이다. 무사도의 핵심은 ① 자신의 의무수행을 최우선, ② 군주에 대한 절대 존엄, ③ 부모에 효도, ④ 인애(仁愛)를 펼치는 것으로 되어 있다.

그 외에도 중국인의 중화사상, 인도인의 아트만(Atman; 자아) 푸라인의 예인(예인: Eliticism) 정신, 이스라엘의 시오니즘(Zionism) 등을 들 수 있다. 이처럼 국민정신은 시간과 공간을 초월하여 면면이 계승되고 있다.

한국의 국민정신은 홍익인간 사상(Hongik Humanism)임을 앞 장에서 밝혔다. 한국적 특수상황인 지리적 공간과 역사적 시간 속에서 국민정신(Korean Ethos)으로 계승되어 왔다. 이제 홍익인간 사상을 21세기 글로벌 시대(Global Era)에 적시할 수 있는 보편적 가능성을 논의하고자 한다.

가. 홍익인간 사상과 교육원리

1945년 12월 조선교육심의회가 제4차 전체회의에서 안호성의 발의로 '홍익인간 사상이야말로 단군 왕검의 고조선 건국이념이므로 이에 더하여 인격이 완전하고 애국정신이 투철한 민주국가의 국민을 양성하는 데 가장 훌륭한 이념이므로 이를 우리 교육의 지도원리로 삼을 것을 제의한 것을 전원 찬성함으로써 교육의 최고 지도 원리로 결정되었다. 그 후 1949년 12월 31일 새로 수립된 대한민국 정부하에서 교육법 제1조에 '교육은 홍익인간의 이념으로 모든 국민으로 하여금 인격을 완성하고 자주적 생활능력과 공민으로서의 자질을 구유케 하여 민주국가 발전에 봉사하매 인류공영의 이상실현에 기여하게 함을 목적으로 한다'고 명시함으로써 국가의 공식 교육이념으로 정착되었다. 그러나 이러한 홍익인간 교육이념은 반세기가 지나도록 교육과정을 통하여 한 번도 제대로 교육내용이나 교육방법에 적용시켜 보지 못한 채 외래교육사조에 뒤로 밀려나고 말았던 것이다. 물론 혹독한 산업화 과정 속에서 절대 빈곤의 탈출과 남북대치의 위기에서 교육정책의 우선순위에서 다소 소홀한 점이 있었다. 그러함에도 불구하고 골고루 잘살기 위한 '새마을운동'은 우리 민족 고유의 두레정신과 홍익인간 사상과의 접목에서 일어난 정신과 물질의 조화로운 이상을 성공적으로 성취시킨 모범적인 사회교육운동의 사례라고 할 수 있다.

정보화사회에서 교육이념의 보편적 정체성과 주체성을 확대하기 위한 차원에서 홍익인간 사상의 교육적 방향을 정립하는 문제는 매우 중요한 의제가 아닐 수 없다. 이를테면 환인강림의 실화는 홍익인간화한 삶의 모습을 탐하여 지상에 왔으므로 이는 '삶다운 삶'이 의미표상의 핵심이었고, 웅녀의 탐구인세하기 위한 안고의 과정을 '사람다운 사람'이 되고자 하는 자기 탈각의 몸부림이었고 드디어 단군왕검의 탄생을 보게 됨으로써 '삶다운 삶'과 '사람다운 사람'의 결합, 즉 천상과 지상의 만남으로 홍익인간의 얼과 이념의 표상이 실현되었다는 것을 의미한다.

홍익인간 사상의 교육이념의 목표는 '삶다운 삶'과 '사람다운 사람'

을 길러 내는 것이므로 이러한 인간상을 구현하기 위한 교육방법은 구체적으로 어떠해야 하는가에 대해 자발성의 원리, 지성(至誠)의 원리, 인고(忍苦)의 원리, 각성(覺醒)의 원리를 제시하였다. 이는 홍익(弘益)된 '삶다운 삶'으로부터 '사람다운 사람'으로의 인간(人間)의 자기 변신의 인고와 각성과 지성 그리고 자발성이 통합된 모습으로 나타날 때만이 가능하다고 보았다. 그러므로 홍익인간은 자기완성의 인간이요, 통합인격의 완성이요, 평화 - 평등 - 민주 지향적 자유인 것이다.

최근 유네스코의 '21세기 세계교육위원회'에서 인류가 봉착해 있는 여러 가지 비인간화 문제를 극복하기 위한 교육적 해결방안으로 '알기 위한 교육', '행동하기 위한 교육', '존재하기 위한 교육' 그리고 '함께 살기 위한 교육'을 설정하였다. 이는 다시 말해서 공지(共知), 공행(共行), 공존(共存) 공생 또는 상생(共生 또는 相生)을 일컫는 말로서 홍익인간 사상의 현대적 재해석을 명쾌하게 내린 셈이다. 이와 같이 홍익인간 사상 속에는 나, 너, 우리, 인간 - 자연, 생명의 상생 체제가 함께 포함되어 있어 보편적 교육 원리를 띠고 있다.

홍익인간 사상의 교육방법론적 보편성을 확대하기 위한 프로그램의 일환으로 최근에 논의하기 시작한 '포괄성 교육', 즉 홀리스틱 교육(Holistic Education)은 매우 유용한 이론이라고 생각된다. 포괄주의(Holism)적 교육이란 홍익인간 사상에서 민족의 주체와 전통의 근원으로 삼아 민족의식의 심화와 확대를 기함과 동시에 세계화의 주류가 되기 위한 교육이론이다.

홀리즘(Holism) 교육방법을 통하여 홍익인간 사상을 널리 인류세계의 보편적 원리를 추출하는 데 있어서 5가지 원칙을 들고 있는바 첫째 우주는 근원적으로 하나이며(一如), 모든 각각의 것은 하나로

연계되어 있는 것이 실재의 실상이다. 둘째 이 우주의 통일성과 개개
인의 내적인 참자아와 고차적 자아는 깊이 결합(Union)되어 있다. 셋
째 이 결합은 조용히 혼자 대화하는 묵상이나 명상에 의해 직관적인
통찰(Insight)이다. 넷째 가치나 의미는 실재와 연계함으로써 발생된
다. 다섯째 불의에 대항하는 불굴의 행동은 이 연계가 인간에게 자각
될 때 생긴다. 이와 같이 홀리스틱 교육방법은 계속 반복(Feedback)
과 연상(Association)을 통하여 내면의 자아를 성찰함으로써 진정한
자아(Atman)에 이르는 과정을 거치게 된다. 홀리즘(Holism)은 이상
의 5가지 전제 위에 10대 기본원리를 제시하고 있다.

① 인간성 개발 ② 피교자의 개개인 존중 ③ 패러다임 쉬프트
(Paradigm Shift) ④ 새로운 교사 역할의 순환적 형성 ⑤ 선택의 자
유 ⑥ 참여 민주주의의 토대 마련 ⑦ 지구시민 운동 ⑧ 지구 생태
감성교육 ⑨ 문화통합교육 ⑩ 자의 발견을 통한 전체성[全一] 확립
이다. 이러한 원리 안에서 홍익인간 사상의 다양성, 특수성, 보편성,
이질성, 동질성을 인정함으로써 동도서기(東道西器)의 본질에 근접하
기에 이르게 된다.

나. 홍익인간 사상과 정치원리

이병도는 국조 단군 왕검이 통치하였던 고대 단군조선은 신정사회
(神政社會)였으며 단군은 수호신을 받들던 제주 겸 군장(祭主 兼 君
長)의 칭호이며 왕검은 제정분리시대의 군장이라고 보고 있다. 단군
을 태양신으로 보는 이러한 단군 왕검의 해석은 설화로 규정하려는
식민지 사관에 입각한 것임을 여실히 보여 주고 있다.

반면에 안재홍은 단군은 신인(神人)이니 단웅 천제의 뜻을 받들어

여러 단부(團部)를 거느리는 '닭얼', 즉 천왕에 오름을 말함이요, 왕검은 대군(大君) 또는 대신인이란 뜻으로 고대정치에서 원수(元首)이며 이를 한자로 표기해서 단군 왕검이라 한다. 이어서 단군은 왕위에 올라 새로운 정치를 펴기 위하여 국호를 조선이라 하고 건국이념을 '홍익인간'이라 하였으며, '홍익인간'은 '재세이화'의 정치를 펼치는 것이 인천(人天)의 대도라고 하였다. 이와 같이 안재홍은 단군 왕검을 실제적인 인간으로 파악하여 정치현실에 적용하려고 하였다. 이와 같은 자주적 사관의 입장을 취하려는 민족사학자로 단재 신채호, 백암 박은식, 위당 정인보, 육당 최남선, 호암 문일평, 남창 손진태, 민제 안재홍, 산운 장도빈으로 이어지고 있다.

이러한 단군 왕검에 대한 민족주의적 역사 이해의 전제하에 홍익인간 사상을 실현하려는 정치원리는 어떠해야 하는가를 논의하는 데 초점을 두고자 한다. 우선 남북의 분단 이데올로기를 극복하기 위한 주체적 이념으로 민족정통성을 계승하는 '민본정치' 또는 '홍익민주주의'를 지향하는 정치문화의 발전에 합의를 이끌어 내는 일이다.

두 번째 홍익인간 사상은 단군 왕검의 건국이념을 계승해 나가는 민족국가의 주체적 이념이긴 하지만 세계화의 보편성의 원리를 간과하는 편협한 민주의, 이어서는 개방사회의 지속가능성을 저해할 우려가 있다. 그러므로 홍익인간 사상이 추구하는 정치발전의 모형은 민족주체성과 국제개방성, 탈이데올로기와 아덴티티네스의 정립, 조화(造化)로운 확립이 요구된다.

셋째 홍익인간 사상의 정치원리는 글로컬리즘(Glocalism), 즉 세계화와 지방화, 중앙집권과 지방분리권의 이상적 안분(安分)을 함으로써 상부구조와 하부구조, 빈곤국가와 부유국가의 격차를 해소하면서 골고루 잘사는 지구촌을 건설하게 된다.

넷째 인도주의 정신에 입각해서 모든 인간의 양심과 존엄성을 최대한 보장받을 수 있는 도덕정치의 실현을 위해서 안보적 연대(Nato), 경제적 연대(Nafta)와 같은 수준의 홍익공동위원회(가칭)와 같은 국제기구의 설립이 이루어져야 할 것을 제의한다.

지구상에 유일한 분단국가인 동시에 자유이념과 평등이념의 마지막 실험장으로 양국상황에서 대치하고 있다. 즉 자유민주주의와 인민민주주의를 하나의 홍익민주주의로 통합하기 위해서 단군 왕검의 건국이념은 홍익인간 사상에로의 발전적 회귀야말로 최적 형평원리, 최적 자유원리, 최적 평등원리의 3원사상에 기초하여 최적 복지체제로 가는 것을 최선의 정치목표로 삼아야 할 것이다.

따라서 최적의 홍익복지체제란 경제성장 혜택의 균등분배, 사회복지 서비스의 확충, 교육 및 문화 혜택의 평등화, 다원적 가치관의 상호 인정, 차이를 인정하되 차별을 두지 않는 사회 시스템, 세계화에의 투명성, 개방성, 연대성을 추구하는 것을 꼽을 수 있다.

다. 홍익인간 사상과 경제원리

18세기 마르크스를 중심으로 한 유물론적 경제사관에 의하면 물질적·경제적 요소가 기본적으로 역사를 결정한다고 보았다. 인간의 의식, 정신활동, 정치, 종교 심지어 도덕적 형이상학까지도 경제적 산물의 지배를 받게 된다고 하였다. 여기서 가진 자의 부르주아 계급과 가진 것이라곤 노동력밖에 없는 프롤레타리아 계급 간의 불가피한 투쟁이 일어나게 되어 종국에 가서는 노동자가 승리하는 프롤레타리아 독재국가를 건설하게 된다는 매우 단순한 경제사관의 도식을 그의 '자본론'에서 주장하고 있다. 반면 이를 비판하고 나선 자본주의는

인간의 최고 가치인 양심, 도덕, 윤리, 심지어 종교까지도 금력(金力)
의 지배를 받아 빈부격차를 해소하지 못한 채 부익부, 빈익빈의 악순
환적 질곡 속에서 절대부패에 신음하고 있다. 홍익인간 사상에서 본
경제원리는 바로 절대독재인 공산주의와 절대부패인 자본주의를 지
양(止揚)한 제3의 '재세이화'를 이룩하자는 것이 홍익인간 사상의 경
제원리의 목표인 것이다. 이러한 경제원리를 구현하려는 구체적 내용
으로 'H'정신은 시사하는 바가 크다고 할 수 있다.

경제를 살리는 'H'정신이란 지난 역사의 위대했던 한단(H)시대의
3화(3H: 조화, 교화, 치화) 사상 홍익(H)인간 정신, 현묘(H)지도, 홍
범(H)구주, 화랑(H)정신, 한(H)사상, 한국(H)혼에 회귀할 수 있고
또한 이를 위해 국각자가 모두 혼자(H)서 하는 정신혁명(H)을 함께
(H)할 수 있었다. 그리고 동서사상의 양 극단의 충격을 완화 조정해
주는 3태극 중의 하나의 색상인 황색(H)은 '홍익 한인'의 민족심을
'홍익인간'의 세계적 보편화로 발전시켜 한단시대의 팍스 코리아나
(PAX KOREANA)의 꿈을 실현시키는 것이다라고 하였다. 이와 같
이 경제를 살리는 이니셜 'H'로 시작하는 한국(H)의 혼(h) 속에는
이 외에도 한글(H), 한(H)문, 효(H)사상, 화해(H), 호상(H), 화쟁
(H), 호국(H), 흥국(H), 하나됨(H), 협동(H), 하늘님(H), 하면 된다
(H), 학덕(H), 한가운데(H), 한곳에(H), 한얼(H), 합리적(H), 합심
(H), 이순신의 해전(H), 해군(H), 항공(H), 해동(H), 해산(H), 해
(H), 핵문제(H), 행복(H), 행정수도(H), 혁파(H), 혈액(H), 혼인
(H), 3환(환인, 환웅, 환검), 활기(H), 휴식(H) 등이 담겨져 있다.

한국인의 단점으로 여겼던 '빨리빨리' 증후군이 드디어 장점으로
변하여 핸드폰이 세계 시장을 가장 먼저 점유하였으며, IT강국으로
부상하는 데 회로(H), 환경(H), 하이터치(H), 화상(H) 4H정신이 빛

어낸 홍익인간적 경제원리가 크고 유익한 성과를 이룩하는 데 밑바
탕이 되었다.

주관중(朱冠中)은 단군사상의 하나인 '참전계경'에서 경제경영원리
를 도출하고 있다. 즉 '도화; 리더십, 택재; 청탁불원, 회향; 중점관
리, 신취; 협동 및 분업, 면강; 자율적 정진, 원전; 자금회전, 천실;
마무리, 착실, 반정; 중도포기 금물, 안념, 무사안일, 보산; 기업정신,
장권; 연수교육, 무조; 용두사미 경계, 멸산, 남의 산업을 멸망케 하
지 말라.

이와 같이 단군 조선은 홍익인간 사상의 높은 뜻을 구현하기 위하
여 홍익교육, 홍익정치 그리고 홍익경제 정책을 펼치었음을 알 수 있
다. 특히 기능면에 있어서도 매우 세부적으로 나누었는데, 구이족(九
夷族)이나 육십사 부족(64部族)들은 각기 특산물을 서로 교역하였으
며 농경사회로서의 중요 사업인 치산치수를 철저히 돌보도록 하였다.

고시(高矢)에게는 농사를 지어 백성들이 골고루 풍요를 누릴 수
있도록 장려하는 권한을 주었고, 풍백인 팽우에게는 땅을 개척하여
고기잡기와 누에치기를 권장하는 임무를 부여하였고 풍우인 우사에
게는 물을 다스리게 하는 오행치수(五行治水) 방법을 전하여 높은
산과 강을 평정하여 백성들이 편안하게 살 수 있도록 하였다. 단군
왕검이 직접 산에 올라 굴뚝에 연기가 적게 나는 집에 대해서는 세
금을 반으로 줄여 주었다고 하니 이는 홍익인간 정신의 철저한 실행
으로 여기는 측은지심의 원형이라고 할 수 있다. 오늘날 '목민심서'
정신이 아쉬운 때 홍익인간 사상에 바탕을 둔 단군의 치화(治化) 정
책은 동북아 중심국으로부터 세계의 중심국으로 도약하는 보편적 진
리를 도출하는 계기를 마련하는 단서를 제공하게 될 것이다.

2. 홍익인간 사상과 공동체 구현

단군 왕검은 배달겨레의 통치이념인 홍익인간 사상을 바탕으로 한 공동체 구현을 위하여 마땅히 지켜야 할 세밀한 윤리규범을 규정하고 있다. 이를테면 3륜(애륜, 예륜, 도륜), 3강(부자지강, 군민지강, 사도지강)을 가장 높은 수준의 기본 공동체 원리로 규정하고 있는가 하면, 8조(성, 화, 충, 순, 애, 탈, 존, 경,)와 9서(효, 애, 의, 충, 손, 광, 용, 청)는 인간생활에서 지켜야 할 가장 기본적인 도덕이자 윤리의 규범이다. 이와 같은 공동체를 구현하기 위한 규범들은 고금이나 동서를 초월하여 전 세계와 온 인류사회에 적용할 수 있는 보편적이고 타당성 있는 덕목이라고 할 수 있다. 그 외에도 3선행(謙遜, 儉素, 仁慈), 3미행(애, 예, 도), 육례(六禮: 예, 악, 사, 어, 서, 수)와 육정(六正: 현좌, 충신, 양장, 용졸, 명사, 덕우)으로 하여금 이화세계의 기본 율령을 제정하여 지키도록 하였다. 만약 이를 어긴 경우는 '3적과 3폭'을 적용하여 엄중하게 글자 그대로 우레와 벽력같이 적용하여 선정(善政)의 덕치(德治)를 가능케 하였다.

이 모든 홍익인간 사상에 입각한 공동체 규범들도 결국은 하늘의 원리와 지상의 원리가 하나로 이루어져 인간이 풍요로운 삶을 이루어 가는 데 있다. 이를 신인합일(神人合一)의 대동(大同) 또는 우주와 인간의 조화로운 관계, 영혼과 육체의 쌍전의 토대 위에서 공동체 문화를 이룩하는 데 의의를 두고 있다. 이러한 공동체 문화의 핵심을 형성하는 것이 상생공동체(相生共同體)인 것이다.

상생공동체는 음과 양이 절묘한 배합을 통하여 천지인이 감동하여 사물이 변화하는 보편적 원칙이므로 모든 변화는 생명(生命)의 본질인 동시에 상생(相生)의 본질을 구현한다. 이를 일즉상(一卽相) 상즉

일(相卽一)을 낳는 불이(不二) 평화공동체라고도 할 수 있다. 나와 공동체는 이원론적으로 분리해 보거나 어느 하나를 보다 중시하는 것이 아니라 하나로 보는 관점을 취한다. 더 나아가 나와 민족과 인류가 하나라는 전제하에 상생공동체를 통하여 전체의 완성과 발전에 기여함으로써 나와 민족과 인류는 완성된 동일가치에 이르게 된다. 이를 온생명(WHOLE LIFE)이라고도 하고, 생명의 '동가성', 또 선의지(善意志)의 계발, 생명의 보편성, 주체적 공동체라고도 한다.

이러한 "온생명 공동체"에서는 하나의 공동체가 둘로 갈라져 대립하는 것까지도 온생명 공동체가 공동으로 책임을 지는 것을 '공동운명체'라고 규정하고 있다.

21세기의 지구촌 시대의 지구공동체는 환경생명의 윤리의식의 제고를 위해서 ① 생명중심적 가치교육의 실현 ② 인간욕망중심의 세계관 ③ 사인여천(事人如天) 정신의 고양 ④ 근본주의적 생태철학의 정립이 강화될 필요성이 제기된다.

홍익인간 사상에서의 공동체란 결국 상생 공동체→온생명공동체→평화공동체→복지공동체→운명공동체→홍익공동체에 이르는 발전과정 속에서 객체와 주체 나와 너, 나와 세계는 하나의 보편적 글로벌 공동체를 지향하게 된다.

3. 홍익인간 사상과 세계화 방안 일찍이 백난준은 '원래 홍익인간이라는 교육이념은 다른 곳에서 빌려온 것이 아니고 또 이것이 다른 나라를 배타하는 제국주의 사상도 아니고 근대사상 그대로를 반영한 것이니까 홍익인간을 우리 사상으로 삼자고 해서 채택이 되었던 것입니다.'라고 말한 바 있다. 그리고 단군 왕검의 홍익인간 사상이 민족주의에 머무를 수 있는 한계를 뛰어넘어 세계평화주의로까지 뻗어나간 범위가 보다 확대된 것이라고 할 수 있다. 홍익인간 사상이 그

동안 보다 넓은 세계이념으로 확산되지 못한 것은 '인간'에 대한 근대적 해석에서부터 비롯된 것이고 이러한 오해의 밑바탕에는 19세기 이래 우리나라 지식인들을 지배해 온 서구의 진화론적이고 인본주의적인 발상방법이 자리 잡고 있다고 보았다. 다시 말해서 우리나라의 지난 1세기에 걸친 모든 신교육체제는 서구 백인문명중심의 제국주의 세력의 확산과정에 우리 국민은 의식, 무의식중에 문화적 열등감과 패배의식이 자리 잡는 역기능이 확산되기에 이르렀다.

최근에 밑으로 일본, 위로는 중국으로부터 문화침략의 위협이 가해오면서 새로운 총체적 국난을 맞이하고 있다. 이러한 때 우리가 살아남기 위해서 '더불어 살 줄 아는 홍익공동체의식'이 세계화의 사조와 함께 확대되어야 할 필요성을 앞에서 자세히 제기한 바 있다.

이승헌은 21세기 세계화 시대에 '홍익인간'이 갖추어야 할 조건으로 ① 건강한 사람 ② 양심적인 사람 ③ 능력 있는 사람 ④ 정서적인 사람 ⑤ 신령스런 사람을 들고 있다.

또한 그는 2000년 8월 UN에서 열린 '밀레니엄 세계평화회의'에서 '홍익정신은 현대문명의 위기를 극복하기 위한 철학적 대안으로 지구인 정신(GLOBAL MIND)을 제안하였다. 지구인 정신이란 지구를 내 몸처럼 아끼며, 지구를 모든 가치판단의 중심에 두며, 지구인은 차별을 넘어 차이를 인정하는 포용성을 가지고 하늘, 땅, 사람의 뿌리가 '하나'라는 '만법귀일'에 입각하여 서로 협력하는 삶의 모습이 바로 세계비전(WORLD VISION)이라고 하였다.

김용운은 '한국 문명에 세계성이 있느냐? 있다면 그것은 세계인에게 도움이 되는가는 질문을 던진 후 그 답은 평화 공존사상으로 승화할 수 있는 홍익인간 사상의 보편성에서 찾아야 한다고 했다. 그는 한국의 영광을 되찾는 일이 결코 한국만이 강성한 나라가 되기를 바

라는 것이 아니라 인내천(人乃天)과 같이 모든 사람(人)과 전 세계
[天]가 하나같이 평화와 행복을 누릴 수 있는 보편성을 구현하는 것
이라고 하였다. '인내천'의 인간은 단지 의지가 강한 '초인'이 아니라
평화를 바라는 성스러운 천(天)과 인(人)이 하나가 된 초인, 즉 홍익
인간 사상은 근대유럽적 낭만주의를 극복하고 생명의지를 상생과 공
존으로 승화하는 인류차원의 생명력을 말하며 그것을 자각하는 자가
성화(聖化)된 근대적 개념의 초인이라고 하였다.

홍익인간 사상의 발원지인 한반도는 21세기 세계유일의 분단지역
이라는 특수상황을 연출하고 있다. 이것은 자유와 평등이라는 양대
이데올로기의 접점(接點)인 동시에 세계의 관심이 집중된 곳이기도
하다. 따라서 한반도의 통일은 이해당사국인 6개국뿐만 아니라 UN승
인하의 6·25 참전 16개국을 위시하여 전 세계에 널리 유익한 사안
이 되고 있다. 그러므로 한반도 통일은 한민족의 지상과제인 동시에
세계인에 대하여 홍익인간 사상의 위상을 더 높이 펼칠 수 있는 관
건을 지니고 있다.

김구는 '진정한 세계평화가 우리나라에서, 우리나라로 말미암아서
세계에 실현되기를 원한다. '홍익인간'이라는 우리 국조 단군의 이상
이 이것이라고 믿는다. 1, 2차 세계대전을 치른 인류의 요구가 그러
하며 이러한 시대에 새로 나라를 고쳐 세우는 우리의 시기가 그러하
다고 믿는다. 우리 민족이 주연배우로 세계무대에 등장할 날이 눈앞
에 보이지 아니 하는가'라고 하였다.

이제 세계를 널리 유익하게 하는 홍익인간 사상이야말로 한반도
통일사상의 중심이며 주변국가와의 선린과 상호이익을 나눌 수 있는
보편적 사상으로 공유, 공감, 공존(3공)하게 된다. '오늘 우리의 할
일은 다만 나를 바로 잡는 데 있을 뿐 결코 남을 헐뜯는 데 있지 아

니하도다……결코 묵은 원한과 일시의 감정을 가지고 남을 시기하고 배척하는 일은 아니로다.'라고 3·1독립선언서에서 명언하고 있듯이 동북아의 물류중심으로부터 세계정신에로의 도약이 홍익인간 사상에서 잉태를 위한 생명의 꿈틀거림이 시작되고 있다.

Ⅳ. 결 론

홍익인간 사상의 시원에서부터 21세기 세계화 시대의 한반도 통일사상의 관건으로 작용할 것이라는 예측에 이르기까지 논의를 전개하였다. 논의를 하는 과정에 시종일관 연구의 초점은 특수성과 보편성의 한계와 타당성 그리고 적합성을 도출하는 데 있었다. 이제 홍익인간 사상은 우리나라의 '건국이념'이나 '교육이념'을 뛰어넘어서 지구촌 시대의 지구인을 대상으로 보편성을 지니는 문명충돌이나 문명위기의 극복대안으로 공감할 수 있느냐의 큰 밑그림을 그릴 수 있는 가능성을 제시하고자 하였다.

홍익인간 사상은 편협하거나 고루한 인족주의가 아니라 인류공영이라는 뜻으로 민주주의의 기본정신과 완전히 부합되는 이념이므로, 일면 기독교의 박애정신, 유교의 인의정신, 불교의 자비정신과도 상통되는 전 인류의 이상이라는 점, 다음으로 '유네스코 한국총람'에서 홍익인간이란 행복, 복지, 자애, 사랑을 담고 있으므로 기독교의 박애정신을 포괄하고 있다는 점을 들 수 있다.

반면 홍익인간 사상은 단군신화에서 나왔으므로 비과학적·비현실적·비민주적이라는 점, 다음으로는 '홍익인간'은 실천적 내용이 부족하거나 도덕적 어구에 불과하다는 점, 민족주의가 과도하게 강조될 때 인민주의, 국수주의 등으로 흐를 가능성이 높다는 점, '홍익인간'은 개념이 모호하여 새로운 가치관을 창출하기가 어렵다는 점 등을 들었다.

이러한 시시비비의 여지를 지니는 홍익인간 사상을 한국적 특수성으로부터 지구적 보편성으로 확대하여 21세기 인류난제와 한반도 통일이념으로서의 위상을 확보하는 데 '홍익인간'을 대신할 새로운 이념을 제시하기는 결코 쉽지 않았다.

그동안 홍익인간 사상은 고대 농경사회, 근대 산업사회, 현대 정보화 사회를 거치면서 시대정신과 시대과제에 맞추면서 재해석의 연구가 계속 이어져 왔다. 그런 가운데 탈빈곤, 탈권위주의를 벗어나려는 자기 탈각의 몸부림과 함께 산업화, 민주화를 동시에 성취한 저력의 국가로 세계 속에 부상되었다. 이제 남은 통일화, 선진화도 결코 이룩하지 못했던 과제는 아니다. 홍익인간 사상에 바탕을 둔 인본성(人本性), 주체성(主體性), 개방성(開放性), 도덕성(道德性), 자율성(自律性), 진취성(進取性), 포용성(包容性) 등 6대 이념으로 구체화한다면 21세기 인류의 보편적 가치덕목으로 세계시민 속에 자리매김할 것이다.

최근 교육부에서 '교육발전 5개년 계획시안'에서도 홍익인간 사상을 시대과제에 맞게 4가지로 재해석하고 있다. 즉 ① 창조적 지식기반 국가를 이끌어 나갈 유능하고 창의적인 인간 ② 건전한 양식과 풍부한 인간성을 갖춘 사람다운 사람 ③ 우리의 가치와 문화에 대한 애정과 자긍심을 가지는 사람 ④ 세계시민과 보편적 가치를 존중할 줄 아는 교양 있는 사람으로 규정하고 있다.

김치와 태권도의 세계화를 선도하였듯이 '홍익인간 정신을 세계시민의 보편적 중심사상으로 상생, 인내천과 함께 절차탁마할 것이다.

2004. 7. 16. 대미

참고문헌

최태영, 『인간 단군을 찾아서』, 학고재, 2000.

국학연구소 국학연구 (제2집, 제7집).

단군학회, 단군학 연구(제1집 - 제7집).

김상일, 『한사상』, 온누리, 1986.

이계학 외, 『인격확립의 초월성』, 2001.

동학학회, 동학학회(제1집 - 제2집).

안호상, 고대민족사연구, 일지사 1999.

윤내현, 고조선연구, 일지사 1999.

정연종, 『한글은 단군이 만들었다』, 인터내쇼날, 1996.

송호수 외, 『단군 - 그 이해와 자료-』, 서울대 출판부, 1994.

정신문화연구원, 정신문화 통권 제16호.(1983. 봄)

이형구, 『단군과 고조선』, 살림터, 1999.

『단군과 단군조선』, 살림터, 1995.

송부웅, 『삼성(三聖)의 역사』, 삼성사, 2002.

안호상, 『겨레역사 6천년』, 기린원, 1992.

안호상, 『민족정론』, 사림원 1982.

홍익학술총서(제1집 - 제3집).

주관중, 『한국경제를 살리는 H정신』, 한림출판사, 1994.

이홍범, 『홍익민주주의』, 대성출판사, 1993.

이근창, 『홍익국가론』, 대왕사, 1991.

김용운, 『한민족 르네상스』, 한문화, 2002.

이승헌, 『한국인에게 고함』, 한문화, 2001.

김윤섭, 『교육법원리』, 영진서관, 2000.

한국정신문화연구원, 정신문화연구(통권74호), 1999.

김인회, 『한국교육과 홍익인간 교육이념』(홍익문화통일협회), 2003.

배영기 외, 『한사상 이론과 실제』, 지식산업사, 1990.

정영훈, 『교육이념으로서의 홍익인간』, 한국상고사학회, 2003.

김윤섭, 『교육법원리』, 영진서관, 2000.

손인수, 「문헌상으로 본 홍익인간」, (교육학연구 7권), 1969.

권성아, 「홍익인간 사상과 민족통일 교육」(강원대대학원 박사학위 논문), 1998.

배영기, 「상생윤리의 체계론적 연구」(국민윤리연구 51집), 2002.

안재홍, 『민세 안재홍선집 제4권』, 지식산업사, 1992.

이병도, 「한국고대사편」(진단학회), 을유문화사, 1960.

김현수, 「신홍익 인간 교육과 홀리스틱 교육의 실화 방안」(단군학회 학술회의), 1999.

이계학 「단군신화와 교육학적 고찰」(이계학 박사 회갑기념 논문집), 1997.

유병열, 「학교 홍익인간 교육의 문제와 개선방안」(단군학회 학술발표회), 1999.

이풍용, 「홍익인간 사상에 관한 연구」(대전대 대학원 박사학위 논문), 2002.

이을호, 『한사상의 묘맥』, 사연사, 1986.

배영기, 『한국문화와 직업사회』, ok press사, 2003.

김상일, 『한철학』, 전망사, 1988.

최민홍, 『한철학』, 성문사, 1984.

이은봉, 『단군 - 단군신앙의 역사와 의미』 - 서울대출판부.

정영훈, 『홍익인간 이념과 21세기 한국』, 단군학회, 1999.

제4장

한국문화원류의 이해

제1절 한국인의 원형의식

　한민족의 정신적 뿌리를 규명하는 것은 그리 쉬운 일이 아니다. 학자에 따라서 '한'의 민족으로 보는 사람도 있고, '수난의 여왕'으로 보기도 하고, 또 어떤 사람은 '은근과 끈기'의 민족성을 가지고 역사의 면면을 이어온 것이라고 표현하기도 한다. 또 다른 사람은 흰 옷을 좋아한다고 해서 '백의민족'이라고도 하였다. 그러나 이러한 민족성 또는 민족정신의 표현에는 우리 민족성의 한 단면은 표현되고 있지만 포괄적인 표현으로는 다소 부족함을 느끼지 않을 수 없다.

　따라서 우리 민족의 정신적 뿌리를 필자는 '바람(風)'을 일으키는 기(氣)에서 찾아보고자 하였다. 바람과 기는 알파와 오메가 사이이다. 즉 바람의 뿌리가 기요, 기의 뿌리가 바람이다. 난기류와 한기류가 맞닿는 곳에 폭풍이 일어나듯이 기의 나타남이 풍이요, 풍의 나타남이 기이다. 따라서 바람은 기요, 기는 생의 원동력이며, 이 생의 원동력에서부터 우리 민족의 삶이 시작되었으며 민족혼이 이어져 내려왔다.

　그러므로 바람의 의미를 기상학적으로나 의미론적으로 해석하기보다는 우리 민족의 심리적 저변과 국민적 기혼의 측면에서 살펴봄과 동시에 한국적 인간상을 모색하는 출발점으로 삼고자 한다.

　바람이 내포하고 있는 힘은 기(氣), 망(望), 원(願), 기(起), 력(力), 기(技), 작(作), 지(持), 욕(慾) 등으로 해석되고 있으나, 나는 여기에서 기(氣)를 중심으로 기술하는 데 한정을 두고자 한다.

　우리는 노래나 시를 훌륭하게 읊을 때 풍월을 읊는다고 한다. 또 시가에 능하면 풍류라고도 한다. 사람의 생긴 모습이 늠름하면 풍채라고 한다. 이와 같이 시가, 문장, 체(體)를 풍과 관련지어 부르게 된 것으로 보아서 우리 민족은 '바람의 민족'이라고 할 수 있지 않을까? 옛 화랑도를 풍월도라고 부른 것이며, 지금도 기분이 좋을 때를 신바람이 난다고 하거나, 새로운 정신운동을 신풍운동으로 부르는 것은 바람의 정신적 의미를 강조하는 것이라고 할 수 있다. 이러한 지, 덕, 체를 종합된 기로 표현한다면 국풍이라고 부를 수 있다.

그러면 이러한 '풍'이 우리 민족의 정신에서 어떻게 승화, 발전되어 왔나를 잠시 살펴보지 않을 수 없다.

풍류는 지적(智的)이므로 오늘날의 표현으로는 '솜씨'에 해당되며, 풍월은 덕적(德的)이므로 '마음씨'에 비유하여 볼 수 있고 풍채는 체적(體的)이므로 '맵시'에서 그 뜻을 밝혀볼 수 있다. 우리말의 솜씨, 마음씨, 맵시의 '씨'는 영어 seed인 동시에 원초적인 기발(起發)을 의미하고 있다. 따라서 '씨'는 모든 생명의 근원인 동시에 우주의 형상을 상징하기도 한다. 모든 '씨'가 둥근 원을 이루고 있는 것은 우리 민족의 상징인 태극도나 우주를 포함하여 모든 삼라만상을 원(圓)으로 표현하는 것으로도 우리 민족의 기와 풍과 원을 조화한 '씨'의 민족임을 밝힐 수 있으리라고 본다.

개인의 경우와 마찬가지로 거대한 생명체인 민족에게도 흥망이 있으며, 그 흥망의 되풀이 속에서 우리는 하나의 법칙성(lawness)을 감지한다. 민족에게는 저마다의 개성, 즉 원형(Archetype)이 있으며, 이것은 유사한 역사적인 상황 속에서 일정한 반응을 되풀이한다. '역사는 결코 보이지 않는 신의 손'이나 '초월자의 의지가 빚어내는 것이 아니고 바로 민족형이 주체가 되어 전개되어 가는 것'을 원형사관(原型史觀)이라고 한다.

그런데 민족원형(民族原型)은 일단 형성되면 민족주체가 그대로 생존하는 한 거의 변치 않는다. 이 점에서 민족은 개성을 지닌 거대한 생명체인 것이다. 마치 한 사람의 몸에 수십만 개의 세포가 늘 생과 사를 되풀이하여 개체의 생명을 유지하는 것과 같이 인간은 매일 태어나고 죽으면서 민족이라는 거대한 생명체를 유지하고 있다. 그리고 그 생명체 내에는 부동의 민족심성이 있는데 이를 민족원형이라고 하며 이 민족원형의 기반 위에서 민족고유의 문화 창조의 주역이 등장하게 된다.

개념 정의상 좀더 원형(Archytype)의 정의를 살펴볼 필요가 있다. 카시러는 '이 세상에 존재했던 어떤 민족이라고 하더라도 그 민족의 성립과 더불어 독자적인 신화가 만들어지며 이 신화는 그 민족의 운명이다'라고 하였으며 칼·융은 '어떤 민족이든 그 민족 나름의 정서, 감정 그리고 사고를 무의식적으로 지배하는 원형의식은 차츰 그 민족의 무의식 속에 자리잡게 되어 원형무의식(Archetype Unconsciousness)의 정향을 이루게 된다'고 하였다. 물론 융의 무의식에 관한 연구는 프로이드의 영향을 받은 것이다. 프로이드는 처음으로 꿈에 나타나는 무의식의 세계가 보편적, 집단적, 선험적인 원형의 심상(心象)들과 깊은 관계가 있음을 제시하였다.

즉, 인간이 자신의 원형들을 제대로 깨닫지 못하면 그것들의 의미가 우리들의 꿈과 환상들 속에서 펼쳐진다. 원시미술, 신화, 심지어는 정신증 환자의 환각들도 우리에게 원형들의 본질에 대해 많은 것을 말해 줄 수 있다고 하였다.

원형에 따른 민족원형이 나오고 민족원형의 역사성을 규명하는 것이 원형사관이다. 이와 같은 맥락에서 한국인의 원형은 무엇인가?

그것은 사상으로 '한'이요, 민족적으로는 '천손족(天孫族)'이요, 역사적으로는 단군사(檀君史)요, 이념적으로 '홍익인간'일 것이다. 이

전체를 묶어서 원형사적관점에서 살펴보고자 한다.

　죽음마저도 '돌아간다'라고 표현할 만큼 강한 회귀성을 가지고 있는 우리 민족의 원형을 지켜주는 가장 큰 요인은 무엇인가? 우리 민족만큼 남의 침략을 당한 민족도 이 지구상에 없다. 삼국시대 이후 피침의 빈도는 거의 2년에 한 번 꼴이었다. 특히 고려시대에 이르러서는 전쟁을 연중행사처럼 치렀다.

　증산이 대순(大巡)의 고행(苦行)을 할 때도 청일전쟁, 노일전쟁이 일어나면서 한반도를 두고 누가 먼저 먹느냐의 주도권 싸움을 벌일 때이다. 이때 증산은 원시반본(原始返本)을 주창하면서 마음과 정신의 고향으로 돌아가는 길만이 우리 민족의 평화롭게 살 길이라고 보았던 것이다.

　이제 우리 민족의 원형을 간파하는 데는 여러 갈래가 있을 수 있다. 그것이 가깝게는 '한(恨)'이라고도 하고, 멀리는 '한'이라고도 한다. 문화의 초점을 어디에 맞추느냐에 따라서 원형시각(原型視角)이 다를 수 있다.

　민족원형은 민족문화 유산의 응집체이므로 민족 혼(魂)이 형성되기까지는 한민족 특유의 생활도구, 즉 문화목록이 작성된다. 이를테면 탈, 쟁기, 언어, 신화, 무당, 춤, 씨족유래, 아리랑, 화랑, 백의, 환경, 자연조건, 문물(文物), 풍수, 문학, 멋, 종교의식, 경전, 민족성…… 등 이루 헤아릴 수 없을 만큼 많은 원형의 질감이 융합되어 있다. 이 원형질감에서 종교, 철학, 사상, 성격, 생활, 행동양식 등이 주형(鑄型)되어 문화양식을 이룬다.

　따라서 여기서는 한민족의 원형의식으로 회귀성(回歸性) 또는 귀소성(歸巢性)에 두고 이를 기술한 후 다음의 장(章)의 증산의 원시반본 사상과 접목시킴으로써 한민족의 원형심성(原型心性)을 논구하고자 한다.

첫째 죽음의 회귀성이다. 우리 민족은 예부터 삶과 죽음을 엄격히 구분 짓지 않았다. 이 두 끝을 넋이 이어 준다고 생각하였다. 그래서 넋은 기(氣)와 체(體)를 자유롭게 왕래하였다. 죽음은 육신의 허울을 벗고 넋으로 화하는 것이다. 한국인에 있어서 죽음은 삶을 잠시 외면한 상태일 뿐이다. 돌아갔으니 다시 돌아온다. 생과 사의 끊임없는 순환이라고 할 수 있다. 이러한 한국인의 죽음관에는 유·불·도의 죽음관의 영향이 크게 미쳤다.

두 번째 신바람과 풀이를 통한 회귀의 식이다. 농악이나 사물패의 절정을 보노라면 절로 춤이 나오면서 목도 돌고, 몸도 돌고, 땅도 돌고, 하늘도 돈다. 또 강강술래가 달과 함께 돌아갔다가 돌아온다.

또한 풀이는 꼬이고, 뒤틀리고, 매듭진 응어리를 시원하게 풀어 버리는 감정의 원초적 발산이다.

봄이 오면 강물이 풀리고, 얼음이 녹으면 해동, 즉 겨울풀이라고 하였으니 자연의 원초적 해탈이다.

여인이 몸을 풀면 해산, 즉 아기를 낳는다고 하였으니 생명의 원초적 창조다. 뜨거웠던 가슴이 풀어지니 시원하여지듯이 말을 풀고, 사연을 풀고, 한을 풀고, 원을 풀어서 물래에서 타래실을 술술 풀어내듯이, 여인네의 치맛자락처럼 알맞게 땅 위에 끌리듯 말듯 한 신명나는 풀이가 우리 혼의 자리매김이다.

셋째, 뜨거움도 시원함으로 돌렸다. 우리는 뜨거운 국물을 혀를 굴려가며 마시면서도 차가운 물을 마시듯 '시원하다'고 한 것은 '마음이나 가슴이 시원하다', '사건이 시원하게 풀렸다'고 할 때의 시원함은 찬물이나 찬바람의 시원함에 비유하려는 것은 원시시대의 생식, 생육, 생수를 먹던 식성의 발로이다.

넷째, 우리는 무척 많이 알뜰히도 빌면서 살아왔다. 그런데 손비빔에는 두 가지가 있다. 죄를 지어 용서를 빌 때는 '직선반복의 손비빔'이었지만 천지신명께 소원을 빌 때는 '원형반복의 손비빔'이었다. 바로 여기 후자인 '둥근 손비빔'이 해·달·땅과 같이 원형을 끊임없이 돌리며 반복한 것은 무엇이든지 '해 달라고' 하는 귀의(巢)심리의 발로이다.

다섯째, 우리는 졸업한 학교를 모교라고 하며, 나라를 떠났을 때 조국 또는 모국이라고 부른다. 근본이 되는 사물을 모체라고 한다. 이러한 명칭은 우리의 심성이 다시 처음 태어난 모태(母胎)에로의 회귀의식(回歸意識)의 강한 충동의 표현이다.

그래서 남자는 평생 세 사람의 어머니를 갖는다고 했다. 첫째는 자신을 낳아 준 어머니, 두 번째는 어머니를 닮은 여인이거나 아내가 된 모상(模像)의 어머니, 세 번째는 한 남성이 죽어서 영원히 안기게 될 저 대지라는 이름의 어머니, 말하자면 대지모(大地母)이다. 이 대지모는 마지막으로 안착해야 할 성소(聖所)이다.

제2절 한국인의 표현양식

바람을 이용하여 남의 물건을 훔치는 사람을 바람잡이(함잡이, 사물잡이)라고 하는 것은 매우 상징적인 의미가 있다. 따라서 바람을 우리 민족기상에 어떻게 주체적으로 활용하느냐의 여부에 따라서 우리 민족이 발전할 수도 있고 멸망할 수도 있게 된다.

바람에 묻혀서 속고 속이며 스스로 멸해가는 반인간적인 사건이 수없이 많음은 서글픈 일이며, 그러한 바람을 제어하는 능력이 사회질서와 사회에 있음에도 그것들의 기능이 발휘되고 있지 못하는 현실이 더욱 안타까울 뿐이다. 정신이 물질의 노예로 예속되어 버린 황금만능시대에서 오늘의 이런 이야기는 오히려 공허한 소리로만 들릴 것이 뻔하다.

하지만 아흔 아홉 마리의 양을 두고 잃어버린 한 마리의 양을 찾는 데 온 신경을 쓰는 어리석은 인도주의적 사회질서의 확립보다는 일백 개의 사과를 보존하기 위해 썩은 한 개의 사과를 과감히 제거하는 용기가 필요한 것이다. 명랑사회를 건설한다는 명제는 추상적 이론에 머물러 있을 염려가 있다. 구체적 실천목표를 뒷받침해 주는 제도적 장치가 아직도 미흡한 상태이다.

바람이 강해지면 돌풍으로 변해서 상승기류를 타게 되면서 불연속선을 만들게 되어, 결국 태양을 가리고 빗방울이 들이치게 만든다. 비가 들이치는 음지엔 독버섯이 피게 마련이고 퀴퀴한 곰팡이 냄새가 사회 구석구석에서 풍기게 된다. 그러기 전에 우리는 바람을 막는 처방을 익혀야 한다.

한편 다원화된 현대사회에서 바람(氣)이 국민정신의 활력소의 역할을 담당하고 있음은 부인할 수 없다. 가령 한때의 바람은 스트레스 해소에 필요한 과정이고 한때의 경험을 교훈삼아 더욱 건전한 생활을 지속할 수 있게 된다. 그러나 바람 그 자체는 분명히 정신병의 일종이다. 왜냐하면 바람기는 곧 광기이기 때문이다. 미친 사람이 미친 줄 모르듯이 바람난 사람이 바람난 줄 모르기 때문에 스스로 신바람이 나서 사리분별을 못하고 상승기류를 타고 휩싸여 먼지를 일으키며 세상 위를 맴도는 것이다.

바람은 정신을 마비시키는 마약과 같은 성질이 있어서 한 번 일기 시작하면 마침내는 걷잡을 수 없이 강한 회오리바람이 되어 모든 것을 안고 치솟아 허공으로 사라져 버리는 속성을 가지고 있다. 세상을 몰라서 속고, 너무 잘 알기 때문에 이용당하고, 또 알지도 못하면서 아는 체하다가 당하는 사람들이 모두 바람(기) 탓이다.

인간의 마음 바탕에는 근본적으로 이 바람(기)이 잠재되어 있는 것인데, 언제 어디서 어떤 형태의 바람으로 불어댈지 모른다. 남녀노소, 빈부귀천, 학력다소, 교양유무에 관계없이 인간 스스로에겐 크고 작은 갖가지 형태의 바람이 순간적으로 또는 긴 시간동안 일어났다 사라지고 다시 일어나는 것이다. 바람은 곧 욕(慾)으로서 이러한 욕은 이성으로 얼마든지 다스릴 수 있기 때문에 바람피우는 사람보다는 바람피우지 않는 사람에게 더 많은 것이다.

하기야 우리 인간에게 욕이 없다면 창조와 발전도 없을 것이다. 무덥고 답답한 시간에 만들어지는 바람은 오히려 활력소가 되어 생활의 건전한 패턴으로 활용될 수도 있다. 그러나 바람의 심리는 결코 단순한 것이 아니며, 파멸을 자초할 수도 있기 때문에 반드시 주위환경에 미치는 영향을 고려하지 않으면 안 된다.

바람의 심리는 아편의 속성과 같아서 한 번 빠져들면 회복하기 어렵기 때문에 이성으로 그 기를 다스려야 한다. 그러기 위해서는 첫째, 넘치는 생의 힘을 창조적이고 생산적인 생활에 쏟아야 할 것이고, 둘째, 자기분수를 알고 자기답게 현존생활에 충실해야 할 것이며, 셋째, 미래지향적인 인생관을 가져야 할 것이다.

싸움을 말릴 때 우리는 곧잘 서로 풀어버리라고 말한다. '풀어버린다'는 것은 가슴에 맺혀 있는 욕구불만 또는 억울함을 물로 씻듯이 씻어 없애버린다는 뜻이다. 사실 누가 더 이익을 보았고, 누가 더 손해를 보았고, 누가 더 잘했고, 누가 더 잘못했고, 이런 따위를 일일이 따진다는 것은 한국인의 전통 기질에는 어울리지 않는 일이다.

서양 사람들은 어떤 분쟁이 일어났을 때 그것을 꼬치꼬치 따져 계산하고 밝힘으로써 이른바 합리적 해결로 매듭을 지으려 한다. 이에 비해서 잘잘못을 따지거나 손익을 계산하지 않고 그냥 백지로 돌려버리는 것이 한국인의 분쟁을 해결하는 전통적인 '풀이(解)'의 방식이다. 때문에 풀이는 딱딱하고 모난 논리가 아니고 그것 이전의 상호 융화요, 상호 관용이요, 상호 포용의 심정적 차원의 가치이다.

우리는 이 풀이를 소중히 여겨 온 국민이었다. 무엇이든 풀어버리려 한다. 억울한 것도 풀고 분한 것도 풀고, 심심한 것도 풀어버리려 한다. 이를테면 화풀이, 분풀이, 원풀이, 심심풀이 등이 바로 그것이다. 따라서 서구의 인간관계 문화가 이치로 따지는 '긴장의 문화'라면 우리의 그것은 심정으로 풀어버리는 '해소의 문화'라 할 수가 있다.

한국의 토속 신앙을 보아도 '살풀이'라는 것이 있지 않은가. 무속에서 무당은 죽은 영혼의 원한을 풀어주는 역할을 한다. 푸닥거리가 바로 그것이다. '푸닥거리'는 풀어준다는 데서 비롯된 말이다. 우리의 토속 신앙을 통하여 우리 전래의 심정구성 유형도 미루어 헤아릴 수 있다. 예술형식도 감정을 풀어주는 데 가치의 중심을 두었다.

노래를 부르는 것, 시를 짓는 것, 춤을 추는 것, 그 모든 것을 무언가를 풀기 위한 것으로 보았다. 말로 다 풀지 못한 것을 예술의 형식으로 풀려고 한 것이다.

한국인은 풀이의 천재들이었다. 인간의 영욕이 점철된 역사, 그리고 때로는 부조리한 사회 구조, 우리 한국인들은 외세에 짓밟히고 권력자에게 시달리고, 가난에 쪼들리고, 추위와 더위에 부대끼며 살아왔다. 그러나 풀 줄을 알았기 때문에 그 고통, 그 서러움, 그 원한들을 바람에 띄우듯이, 물로 씻어내듯이 흘려버릴 수 있었다. 하다못해 헛웃음으로라도 풀고, 한숨으로도 풀고, 때로는 노래로도 풀고, 어깨춤으로도 풀어왔다. 그리하여 뭇 고통으로부터의 해방과 구원을 받아온 것이다. 풀어버리는 능력이 있는 한 어떤 비극이나 어떤 고통, 어떤 질곡도 한국인의 가슴을 찢지 못한다. 아무리 무서운 독을 퍼 먹여도 해독제가 있으면 겁날 게 없다.

한국인처럼 그 많은 독을 먹고 산 민족도 없지만, 결코 흉겹고 밝은 표정을 잃지 않았다. 다른 민족 같았으면 벌써 자기 상실을 했거나 증발해 버렸을 상황 속에서도 한국인들은 그 고유한 신명을 잃지 않고 자기 생존을 유지해 왔다.

구미의 사회를 지배하는 것은 긴장이다. 그래서 그들의 현대 유행어는 '스트레스'요 '노이로제'이다. 그것을 견디지 못해 정신병원을 찾아가거나 에펠탑, 금문교, 고층 빌딩 옥상에서 투신자살을 하는가 하면, 차를 몰고 1백 마일로 달리다가 교통사고로 죽기도 하고, 마리화나나 섹스를 통하지 않고서도 바위처럼 억누르는 문명의 스트레스를 푸는 방법을 그들은 모른다. 서구에서 『자살 안내서』란 괴이한 책자가 불티나듯 팔리는 이유가 바로 여기에 있지 않은가 여겨진다.

그러나 한국인은 이 스트레스를 푸는 데 있어 단연 선진국이다. 한국인들은 너나할것없이 별다른 것이 아닌 일에도 체질적으로 곧잘 신명이 오른다. 상춘 시기가 되면 어디서나 볼 수 있듯, 사람들은 흔히 장구 치고 춤추며 노래를 부른다.

도대체 한국인의 어디서 저 해일 같은 신명이 솟아오르는 것일까.

어깨춤이나 가락으로 표현되는 한국인의 신바람은 긴장이 아니라 풀어진 상태에서 얻어지는 활력이다. 그래서 이러한 신바람이 바로 우리 민족의 낙천성을 기르고 긴장을 푸는 고유의 심정을 길러온 씨

밭이다.

그렇다면 그 신바람의 본체는 무엇일까? 익히 알려진 대로 고대 문헌들이 말해주는 한국의 고대 사상은 바로 '고신도(古神道)'로 표현되는 단군 사상이다. 구한말 학자 이능화(1869~1945)는 한국 무속의 유래를 천왕 환웅과 단군왕검에서 찾으면서 그것이 삼국시대와 고려, 그리고 조선시대에 어떻게 변천되어 온 것인가를 밝히고 있다. 그리하여 무격기원이 가무강신임을 그는 주장하고 있다. 이와 같이 고대의 단군 사상을 무교로 볼 때, 그 무교의 이념적 측면은 제정일치의 고대 집단 사회에서 '재세이화(在世理化)'로 하늘과 땅의 세계를 연결한다. 또 그것의 정감적 측면은 사실에서 보는 동맹 무천 등으로 놀이화되었다.

화랑도 역시 단군 정신의 확장이다. 화랑도에 있어서 중요한 사상의 근간으로 나타나는 현묘지도(玄妙地道)와 접화군생(接化群生)의 묘합으로 하나의 관절바디를 잇게 한 것이 바로 접신탈아(接神脫我)의 경지이다.

하늘의 광명정대함을 인간 세상의 이도(理道)로 잇는 '샤만'은 무의에 참가한 모든 사람들을 무교의 접신탈아 지경에 빠지도록 집단적 놀이에로 인도했다. 무교로서의 단군 정신의 이념과 정감을 잇는 핵심이 바로 '신바람'이다.

신바람의 이론적 추적을 자세히 하기는 어려우나 여하간 우리의 역사가 남긴 동맹, 무천, 영고, 한가위, 팔관회 등은 신바람을 대중적, 집단적으로 표출한 유희였다. 따라서 우리가 신바람의 본질을 이해하지 못한다면 우리 민족의 전통적 심정 형성이나 신라의 화랑도 등과 같은 우리 민족의 집단적 동력의 원천들을 제대로 알지 못할 것이다.

신바람은 두 가지의 의식성향을 나타낸다. 하나는 '푸는 의식'의 성

향이고, 다른 하나는 '어떤 것에 미치는 의식'의 성향이다. 푸는 의식
과 미치는 의식은 동전의 앞뒤같이 동일한 의식의 두 가지 표출 형
태이다. 때문에 신바람을 정감적인 측면에서와 이념적인 측면에서 잘
다듬어 키울 때, 고대 중국의 문헌이 증언하듯 '인방(仁方)의 나라'
'군자불사지국(君子不死之國)'의 전통을 이어갈 수 있다는 것이다.

예를 들어 춤을 놓고 신바람을 생각해 보자. 즐거움 가운데 흥이
우러나오고, 흥겨움은 춤으로 표현된다. 환희의 극치이며, 생활 리듬
의 최고형태인 춤이야말로 신바람(신명)의 절정이다. 우리 겨레는 예
로부터 노래와 춤을 즐겼다는 사실이 중국의 문헌에까지 기록될 정
도였으니 참으로 신바람의 원류가 어디에서 연유했는가를 짐작하고
도 남는다.

원효대사가 노래와 춤을 추면서 거리를 배회했다는 일화는 잘 알
려져 있다. 원효의 춤과 노래가 바로 신바람의 표출 그것이 아니고
무엇이었겠는가. 신바람이 아니고서야 어찌 고명한 스님이 미친 사람
처럼 춤을 추며 거리를 누빌 수 있었겠는가.

한국의 춤은 그야말로 흥과 정감, 즉 신바람의 총화라 해도 지나치
지 않다. 마음이 무르익어 또 다른 신바람을 불러일으킨다. 어깨가
으쓱으쓱하면서 저절로 '좋다' '얼씨구' 하고 감탄이 솟아나오게 되고
손끝의 움직임에 따라서 유려하게 어깨 곡선이 변화하며 발의 동작
까지 곁들여 춤의 표정이 달라지기도 한다. 춤의 종류는 헤아릴 수
없이 많으나 그중 승무(僧舞)와 무무(巫舞)가 대표적이다. "얇은 사
하이얀 고깔은 고이 접어서 나빌레라"ㅡ조지훈의 시 ㅡ '승무'의 일절
처럼 승무를 출 때의 고이 접은 고깔은 나비 같은 느낌이 들고, 잔잔
한 신바람의 선율은 피부에 와 닿는 듯하다.

춤이 신바람을 일으키고, 신바람은 춤을 낳는다. 멈출 듯하면서도

가고, 가면서도 멈추기도 하는 춤, 허리를 굽히는 듯하면서도 사뿐히 옆으로 돌아나가는 곡선미의 연속인 우리의 춤에서 우리는 은근하면서도 흥겨운 정감, 그리고 신바람의 한 정수를 보게 되는 것이다.

아득한 옛날부터 흘러 내려온 우리 민족 고유의 심정 표상인 신바람, 이 신바람이 긍정적으로 승화될 때 적극적이며 진취적인 국민성으로 활달한 직분 의식, 주인 의식, 책임 의식으로 뜨겁게 끓는 애국애족열로 구김 없이 발양될 것이다.

고대광실 높은 집에 살면서 칠보로 몸을 단장한다 해도, 호의호식 부러울 것이 없다 해도 신이 나지 않으면 행복을 느끼지 못했던 반면, 가진 것 누린 것 없어도 신바람(신명)이 나야 살맛을 느꼈던 민족이 바로 우리 조상들이었다.

'푸는' 철학이요, '흥'의 철학으로 민족의 본체를 더 규명하기 위해 연구되어야 할 신바람, 그 신바람은 바로 우리만의 고유한 것이며 그 신바람의 힘을 창조적인 방향으로 돌려 민족 발전의 또 하나의 원동력으로 삼아야 한다.

모두 나날이 늘 새로이 신바람 나게 일하고 신바람 나게 살아야 한다. 신바람 난 농·어부, 신바람 난 공무원, 신바람 난 군인, 신바람 난 학생, 신바람 난 주부, 그리하여 이 땅에 신바람 난 사람들이 많을수록 좋다. 신바람이야말로 우리 민족의 저력을 일깨우는 기폭제요 활력소이기 때문이다.

제3절 한국인의 심리양상

우리 한국인의 가장 중요한 심층심리적(深層心理的) 특징은 '한의 심리(The Hahn)'임을 알 수 있다.

한국인의 한은 실로 다양하다. 어릴 때 가난했던 한, 부모님이 일찍 돌아가신 한, 사랑하는 이와 헤어진 한, 가고 싶었던 곳을 못 가본 한, 남들이 부러워하는 좋은 학교에 못 들어간 한⋯⋯ 따위와 같이 실로 무수한 한이 우리의 사유(思惟)를 지배하고 있음을 볼 수 있다.

이러한 한은 우리의 독특한 언어구조를 통해서도 쉽게 찾아볼 수 있다. 우리말 중에는 유독 '풀다'라는 말이 많이 있다. 예를 들면 서로 서먹서먹해진 사이에 만나서 '오해를 풀다', 또 임산부가 몸속에 배고 있던 아기를 낳아 '몸을 풀다', 정치인사들이 만나 '사회문제를 풀어간다', '문제를 풀어나가기 위해 대화를 하자', 정신 치료를 하다가도 치료가 잘 안 되면 '푸닥거리를 해야겠다'고 한다. 이때 푸닥거리라는 것은 귀신이 와서 그 사람 몸에 붙어 병이 났기 때문에 이 붙어 있는 귀신을 푼다는 것을 의미한다. 사돈지간에 사이가 나빴던 것을 딸을 데리고 와 '화풀이를 한다', '어제 저녁 술을 많이 마셨으니 속을 풀어야겠다', '우리 오랜만에 만나서 회포나 좀 풀어보자', '날씨가 풀리다', '대동강 물이 풀리면 우리 만나자', '한풀이', '살풀이', '액풀이' 등 무수한 풀이문화를 지니고 살아왔다.

이와 같이 '풀다'라는 개념이 우리나라의 감정과 언어 속에 적지 않게 깔려 있는 것을 볼 수 있는데 이것은 바꾸어 말하면 한국인의 마음속에는 얽혀 있고 맺혀 있는 것이 아주 많다는 것을 유추해낼 수 있다.

서양 사람도 맺혀 있는 것이 없는 것은 아니지만 그들은 이것을 '갈등'(Conflict)이라고 해석하고 있다. 즉 서양 사람들은 마음속에서 갈등이 일어나면 가만히 있지를 못하고 마음속에 '역동적 반응'이 일어나서 죽기 아니면 살기로 마음속의 갈등을 풀어 나간다. 이에 반해 한국 사람들은 마음속에 풀 게 있지만 일생 동안 무덤까지 가져가는 사람이 있는가 하면, 마음속에 있는 것을 10년 만에 푸는 사람도 있고, 또 1년 만에 푸는 사람도 있다. 이것이 서양 사람과 다른 점이라고 볼 수 있다. 그래서 정신분석학적으로 치료를 하면서 지난 40여 년간을 고찰해 본 결과 모든 한국인의 마음 밑바탕에는 '한'이 있다는 결론에 도달하게 되었다.

모든 한국인은 그가 목사이든 스님이든, 유교주의자이든 국회의원이든 간에 마음의 맨 밑바탕에는 한의 심리가 광범위하고 뿌리깊게 작용하고 있다는 것을 임상적으로 밝혀낼 수 있었던 것이다. 그래서 모든 한국인의 마음속에는 한이 있는데 서양의 갈등 심리와는 달라서 한국인의 한은 안개와 같다고 볼 수 있다. 한은 정신분석학에서 볼 때 인간의 본능적 욕구를 근원적으로 억압하고 또 억압했을 때에 마음속 깊숙한 곳에 머물게 되는 안개와 같은 찌꺼기라고 할 수 있다. 즉 한의 심리란 고요한 바람(願望)이라 할 수도 있고 마음속에 간직한 슬픔의 근원이라 할 수도 있고, 또 풀지 못한 욕심이라 할 수도 있고, 가슴속에 맺힌 응어리라 할 수도 있다. 이것은 단지 욕망의 억압으로 인한 갈망(Wish)만이 아니라, 열렬한 그리움(Yearning), 뜻을 못 이룬 좌절감(Frustration), 표현해 버릴 수 없는 적개심(Mild hostility) 등 여러 가지 감정의 복합개념이라 할 수 있다. 마음속에 안개처럼 가라앉아 있어 다만 바라기만 할 뿐 결코 이것을 풀어야 한다거나 이 한을 못 풀었다고 발버둥치는 일은 없다. 무엇인가 바라지만 그것이 안될 적에 인위적으로 반발하거나 기어코 이룩하려고 강박(强迫)하지 않고 어쨌든 인간의 힘으로서 어쩔 수 없고 숙명과도 같이 인간의 마음속에 오게 되는 것이며 때문에 단지 마음속에 간직한 채 살아갈 수밖에 없다고 보는 것이 한의 심리가 가진 특징이라 하겠다.

이 '한의 심리'는 한국인으로 하여금 전통적으로 운명에의 순응, 고난과 역경이 와도 언제까지나 기다리는 심성 등을 낳게 했던 것이고, 따라서 한은 마음속에서 조용하게 자리잡게 되었기 때문에 평화로운 한으로 존재하고 있었던 것이다. 그래서 필자는 이것을 '정태적(情態的) 한(恨)' The static Hanh이라 명명하였다. 바로 이런 특성 때문에 인도의 시성 타고르는 한국을 가리켜 '고요한 아침의 나라'라 표현하기에 이른 것이다.

그러면 한국인의 한을 프로이드의 학설과 비교해 보자. 프로이드는 1926년에 쓴 논문인 '억압, 증상, 불안'(Inhibition, Symptom & Anxiety)에서 프로이드는 서양 사람들이 마음속에 하고 싶은 일이 있을 때에 부모 또는 사회가 억압을 하게 되면 마음속에서 대전쟁이 일어나 결국 미칠 지경으로 싸우게 되어 생겨나는 것이 '불안'이라고 했다. 하고 싶은 욕구와 그것을 억압하는 것이 마음속에서 싸우게 되어 도저히 참지 못하기 때문에 미치지 않을까 해서 생겨나는 것이 불안이다. 그래서 마음속에 불안이 생기다 보면 가슴이 울렁거리게 되고 심장이 급하게 뛰게 되고 더 심하게 되면 뒷목이 뻐근해지고 좀더 심하게 되면 혈압이 올라가는 현상이 오는 것이라고 프로이드는 보는 것이다. 마음속의 불안이 너무 커지게 되면 마치 한강에 홍수가 나서 둑이 무너져 내려 서울시 전체가 물바다가 되듯, 마음의 둑이 무너져 내리면 불안이 넘쳐흐르게 된다고 보았다.

서양 사람들은 원죄의식을 가지고 있고, 이것이 불안과 죄악감으로 연결되면 각종 정신방어기제를 통해 정신구조 내에서 활발한 분자운동처럼 움직이는 데 반해서 한국인은 어째서 조용한 한의 심리를 가지게 되었을까에 대해서 한국인의 정신구조를 분석한 것을 보면 다음과 같다.

첫째로 천지인의 조화정신이라 할 수 있다. 한국인은 단군왕검 이래 오늘날까지 수천 년 동안 홍익인간, 화쟁사상, 인내천사상으로 천인합일의 경지에 도달함을 강조하여 천·지·인 삼자의 조화정신 속에서 인간은 하늘과 땅의 이치를 따라야 한다는 것 때문에 자신의 욕구를 억압하기 시작했다고 볼 수 있다. 그래서 한국인은 하늘의 뜻, 자연의 법칙, 왕의 명령, 조상의 뜻, 자연의 움직임 등을 숙명처럼 받아들이고 살아왔다고 할 수 있다.

둘째로는 자연에 순응할 수밖에 없는 농경문화에 있다. 왜냐하면 우리나라는 농경문화가 발달해 있었기 때문에 농사가 잘 되다가도 벼락이 막치고 태풍이 불면 하루아침에 다 날아가 버리니까 '하늘에서 하는 일은 아무도 못 말린다'라는 생각을 가지게 된 것이다. 그래서 '하늘은 어쨌든 복종하고 볼 일이다'라는 것이 한국 사람의 마음속에 면면히 내려오고 있는 것이다. 역천자와 순천자는 인간의 징벌밖이었다.

다시 말하자면 서양인이 사막의 유목민족인 데 반해서 한국인은 기마민족이라고는 하나 점차 농경문화를 정착시켰기 때문에 비와 바람, 폭풍우와 홍수, 태양과 달 등의 자연의 변화를 받아들이는 데 익숙해졌다. 그러므로 자연에 도전하는 게 아니라 자연이 주는 법칙에 순종하며 농사를 짓는 과정에서 오래 참는 법, 자기의 욕구를 억압하는 법을 몸에 익힌 것으로 보인다. 따라서 하늘의 천리(天理), 인간의 도리(道理) 등을 강조하게 된 것으로 보인다.

셋째로는 공맹사상에 의한 부모에의 복종에 있다. 『효경』이라는 책에서 보면, 공자는 효는 모든 덕의 기초이고, 모든 문화의 원천이라는 것을 밝히고 있다. 신체발부는 수지부모라 하여 우리의 머리털 하나라도 전부 부모와 조상이 주신 것이므로 감사히 절대 복종하는 것을 당연한 윤리로 여겼던 것이다.

이 효를 출발점으로 하여 공자는 인간의 모든 행위를 5개의 중요한 관계로 분석하여 이것을 삼강오륜이라 하였다. 즉, 아버지와 아들의 관계(父子有親), 남편과 아내의 관계(夫婦有別), 형과 아우의 관계(長幼有序), 친구와 친구의 관계(朋友有信), 임금과 신하의 관계(君臣有義)를 인간의 가장 기본적인 관계로 규정하여 그 규범들을 '인륜' 또는 '천륜'이라 하였다. 이에 반하여 맹자는 인간으로서 없어서는 안 될 심성적 조건으로 사단(四端)의 마음과 관련하여 인·의·예·지의 사덕(四德)을 가르쳐 주었다. 또한 유교는 이러한 인간의 도리뿐만 아니라 제례의식을 통해 조상을 숭배할 것을 가르쳐 주었고, 이것은 우리 고유의 무속신앙(shamanism)과 연결되어 씨를 뿌릴 때, 추수할 때, 질병이나 재난이 발생했을 때, 가물었을 때 조상뿐만 아니라 천신, 지신 등 모든 신에게 제사를 지내는 관습을 낳았다. 종교적인 노래와 춤으로써 하늘과 땅, 신과 인간이 아무런 모순 없이 조화를 이루었다고 할 수 있다. 이 밖에도 공자는 '군자'가 해야 할 일을 가르치는 가운데, 군자는 고요와 침묵 속에서 하늘의 명령을 기다린다고 했고 사람과 하늘에 원망하지 않는다고도 했다. 홀로 있을 때 자기를 삼간다든지(신독, 愼獨) 남을 원망하지 않는 태도에서 어떤 숭고한 종교적 인간의 모습을 볼 수도 있다.

넷째로는 불교의 '아만(我慢)'을 버려야 한다는 데 있다. 불교는 인간에게 이 세상의 모든 욕심을 끊을 것을 가르쳤다. 자기의 욕심을 참지 못하고 자기가 잘났다고 대들고 하는 것을 불교에서는 '아만(我慢)'이라고 하여 자기의 욕심대로 사는 것을 천하에 나쁜 탐진치(貪嗔痴), 즉 탐욕과 증오와 미망의 삼독 중의 하나라고 하였다.

무명(無明)과 행(行)과 식(識)에서 연결되는 여러 가지 인연과 욕망의 사이클에서 이를 과감히 끊어 버리고 무욕의 상태로 갈 것을 가르쳤다. 또한 '자기' 또는 '자아'라고 하는 것 때문에 자기만 아는 자기중심주의, 이기주의의 '가아'를 버리고 진아 또는 진여의 세계로 가도록 하여 진정으로 대자유·대자재할 수 있도록 가르쳐 주었다.

다섯 번째로는 주역의 '체념'에 있다. 주역에서는 '달도 차면 기운다'라고 하였다. '꽃도 열흘이면 진다', '권불십년(權不十年)'이다. '잘된 게 잘된 것이 아니고, 못된 게 못된 것이 아니다', '그 여자하고 같이 좋다고 도망가지만 언젠가는 너는 싫증을 느낄 것이다', 이런 식으로 주역은 인간에게 체념을 가르쳐 주었다. 예를 들면 동창들 간에 하나는 대학엘 못 가 공장에 취직을 하고 다섯은 대학에 갔다고 했을 때에 대학에 못 간 한 사람은 비록 마음이 심란할지라도 주역에 의하면 내가 잘못된 것은 그 다음에 잘되는 길이라 하여 대학 가는 것을 체념하게 된다는 것이다.

여섯 번째로는 대가족 제도의 '포괄적 자아'에 있다. 한국인이 전통적으로 자신의 욕구를 억압하고 자신을 겸양하며 살게 된 또 하나의 이유는 서양인이 양 몇 마리를 앞세워 동서남북으로 헤어져 방황하며 산 데 반해서, 한국인은 모를 심고 거두어들이면서 한집에서 대가족이 모여서 살았던 것과도 관계가 있는 듯하다. 한집이나 한부락에

서 조부모, 부모, 자녀, 손자 등이 한데 살다보니까 자연히 웃어른에
의 존경과 위계질서가 강조될 수밖에 없었을 것이고 재하자유구무언
(在下者有口無言)의 가르침이 정착할 수밖에 없었을 것이다. 예를 들
어 어떤 마을의 아이가 서울로 가겠다고 하여도 그 마을의 할아버지
가 '안돼' 하면 그것으로 끝나버리는 것이다.

그러므로 대가족 제도라는 것을 정신분석학적으로 말하자면 대가
족제도 속에 묻혀 있는 자아, 즉 포괄적 자아라 할 수 있다. 그래서
한국인의 자아라는 것은 압력을 많이 받기 때문에 클 수가 없었던
것이다. 결국 자기를 양보하고 자기가 하고 싶은 일을 참는 마음이
수백 년 동안 내려올 수 있었던 것이다.

위에서 살펴본 바와 같이 한국인은 자신의 생각과 느낌을 표현하
고 행동에 옮김에 있어서도 하늘의 뜻에 어긋나지는 않을까(샤머니
즘), 사람의 도리에 맞는 생각을 하는가(유교), 너무 겸손하지 못하
고 무엇이나 자기 마음대로 해도 된다는 자기중심주의의 생각은 아
닌가(불교), 자연의 섭리에 어긋나는 일은 아닌가(주역)……하는 따
위와 같이 동시에 여러 가지 기준에 맞춰보는 과정이 무의식적으로
일어나게 되어 어떤 생각을 표현하고 행동을 함에 있어 수천 번을
더 참게 되는 것이다. 그러므로 한국인은 단군왕검 이래 수천 년의
역사를 이어오면서 우리의 무의식 속에 수많은 억압이 축적되어 마
치 퇴적암처럼 쌓인 고요한 한을 형성하게 되었다.

제4절 한국인의 수사상

I. 서 론

한국인은 수를 안고 태어나서 수 속에서 살다가 수를 업고 죽는다. 즉 태어나는 순간 내 기둥, 즉 년, 월, 일, 시를 삼신(三神)할머니로부터 부여받는다. 그리고 다시 팔자(八字)를 한평생의 운명의 수로 받아들여 함께 생활하며 길·흉·화·복을 넘나들며 살아가고 있다. 따라서 논문에서는 사주팔자를 주역식으로 풀이하거나 자의적 해석을 하는 것은 논외로 한다.

지금까지 선행 연구에서는 한국인의 의식구조나 생활습속을 문화인류학이나 민속학적 접근을 통한 연구는 많이 이루어져 왔으나 수리(數理)적으로 연구가 이루어진 것은 매우 드문 실정인 것이 본 연구의 어려운 점 중의 하나였다.

서양 사람은 일찍부터 도·량·형을 표시할 때 정확한 수 개념을 도입하여 사용하였다. 그러므로 서양은 우주를 이루는 물질세계를 종합적으로 설명하는 원리를 수 개념을 사용하면서 종합적 해석, 분석적 방법, 합리적 사고를 발달시킬 수 있는 밑바탕이 되었던 것이다. 이를테면 사물의 수를 헤아리기 위해 만들어진 것이 바빌로니아의 수학이며, 토지의 측량을 위한 방법으로 사용한 것이 이집트의 기하학이다. 이것이 나중에 그리스로 들어오면서 실용적인 생활수단으로 발전시킨 전기를 마련한 사람이 피타고라스(BC.570~496)였다는 사실은 익히 모든 사람들이 알고 있는 지식이다. 농사를 짓기 위해서

천문관찰에 의한 달력의 제작, 교역이나 분배·과세와 같은 고도로
발달된 경제행위를 위해서 도·량·형에 따른 수 개념 없이는 유지
될 수 없었다.

반면에 우리 민족은 일찍부터 시간의 길이를 말할 때는 한나절, 거
리를 가리킬 때는 저만치, 무게는 손저울로, 양은 눈대중으로 거래를
하며 경제생활을 하여 왔다. 측량을 할 때도 팔뼘, 손뼘, 발뼘으로 재
었다. 그리하여 모든 도·량·형에는 모자람이 있을 수 없었기에 분
쟁의 소지가 생겨 날 리 없어 항상 화평, 상생, 조화의 생활을 이어
왔던 것이다. 말하자면 21세기를 예고한 갈브레이스의 '불확실성 시
대'와 자데의 '퍼지이론'을 앞질러 살아온 것이라고 보았다.

그렇다면 우리 민족이 수 개념에 대해서 둔감한 의식을 지닌 탓이
냐에 대해서 이의를 제기하지 않을 수 없다. 이를테면 자기 나라의
글자를 제정한 날(10월 9일)을 정확히 알아 기념식을 갖는 민족, 나
라를 세운 날을 기념하는 민족(10월 3일)은 세계에 유례를 찾아보기
드문 수의 역사적 고증에서 나온 결과인 것이다.

따라서 본 논문을 통하여 한국인의 수 개념의 인식과 나아가 개별
숫자인 1, 2, 3, 4, 5, 6, 7, 8, 9, 10 각각의 수 개념에 내재된 의미를
규명함으로써 그러한 수의 개념, 수의 관계, 수의 사상이 한국인의
의식구조의 형성과 행동 양식을 지배하였으며 그리고 일상생활의 습
속에 이르기까지 어떠한 영향을 미쳐 왔느냐를 논구함으로써 한국인
의 무의식 속에 잠재되어 있는 독특한 사고양식과 문화양식을 추출
하는 데 연구의 의의를 두고자 한다.

Ⅱ. 한국인의 수 의식의 시원(始源)

1. 수개념(數槪念)의 태동(胎動)

한국인은 언제부터인지는 정확히 알 수 없으나 계량적인 산수(算數)의 개념에 앞서 추상적이며 관념적인 수에 더 익숙되어 있었다. 즉 수를 운명적인 것으로 받아들여 '운수대통'이니 '운수 좋다' 또는 '운수 나쁘다' 등으로 인식화되었다. 또한 생활상의 대소사에 있어서도 재수(財數 또는 才數) 또는 운수(運數)에 운명을 걸다시피 수 결정론적 사고에 젖어 있는 현상은 예나 지금이나 별 다름이 없다. 이와 같은 관념적인 수가 구체적인 수로 나타날 때는 술수(術數)로 바뀌어서 술책이나 권모술수와 같은 부정적인 의미로 쓰이기도 한다.

서양의 신화에는 수자가 거의 없거나 적은 반면 한국의 단군신화에는 수가 유난히 많이 등장하는 것을 볼 수 있는 것이 특징이다. 특히 한국 민족 종교의 경전(經典)으로 여기고 있는 천부경(天符經)에는 홍익인간의 원리와 우주운행의 법칙을 수리(數理)로 설명하고 있어 한국인의 수 개념의 시원을 밝히는 데 귀중한 자료가 아닐 수 없다.

천부경은 총 81자로 쓰여 있으며 숫자 31자와 한자 50자로 구성되어 있다. 31자의 숫자를 세분하면 1이 11자, 2가 4자, 3이 8자, 4가 1자, 5가 1자, 6이 1자, 7이 2자, 8이 1자, 9가 1자, 10이 1자이며 이 숫자의 합은 99가 되므로 9는 완성수인 동시에 무한수요 원(圓)수가 된다고 하였다. 이렇게 볼 때 천부경은 구구팔십일(九九八十一)의 수리체계는 인체(人体)와 천체(天体)를 동시에 함유하고 있으므로 인체여천체(人体如天体)요, 무여유(無如有)이요, 무극이태극(無極而太極)이라는 동양의 사유세계와 맥락을 같이하고 있다.

2. 한국인의 수리(數理) 인식구조

한국인은 수 인식을 다양한 문화양식으로 인식하여 왔음을 앞에서 개략적으로 언급하였다. 또한 수의 표현에 따른 의미에 있어서도 이중구조를 띠우고 있음을 알 수 있다. 수 표현을 하나, 둘, 셋, 넷, 다섯, 여섯, 일곱, 여덟, 아홉이라고 할 때 하나, 둘, 셋, 넷을 헤아리는 것과 다섯, 여섯, 일곱, 여덟, 아홉이라고 헤아리는 것은 서로 다른 의미를 내포하고 있다. 앞의 하나에서 넷까지는 명사(名詞)로만 사용되는 데 비해서 뒤의 다섯에서 아홉까지는 명사와 관형사를 겸하고 있다는 사실에서 한국 수 헤아림은 문화의 독특성을 보여 주는 것이다. 특히 하나, 둘, 셋, 넷이 관형사로 사용될 때는 어형이 달라져서 '한, 두, 세, 네가 되어 같은 수 계열 안에 이분자(異分子)가 함축된 꼴이 된다.' 이는 마치 '셈한다'와 '헤아린다'가 같은 말인데도 다른 의미를 내포하는 것과 같은 것이다. 또한 우수와 기수 사이는 서로 넘을 수 없는 경계가 있듯이 '한'과 '하나'는 그 어원 풀이부터 다르다. '한'은 '한사상', '한민족', '한밭'과 같이 위대함이나 거룩함을 뜻하지만 '하나'는 수치상의 1에 불과한 것이다. 다시 말해서 '한'은 질(質)의 수인 데 비해서 '하나'는 양(量)의 수를 의미한다는 사실을 중요한 개념으로 떠올려 둘 필요가 제기된다. 따라서 수는 단순히 계량적인 개념에 국한시킬 수 없으며, 문화적인 수 개념이 함께 포괄되어야 한다.

문화적인 질(質)개념의 수 풀이로는 원·방·각에 대입시켜 본 것을 들 수 있다. 즉 1은 하늘의 수이며, 2는 땅의 수, 3은 사람의 수, 4는 사시(四時), 5는 오행, 6은 어머니, 7은 북두칠성, 8은 팔자, 9는 무한대, 10은 완성의 수를 의미한다고 하였다.

한글의 창제 당시의 질 개념의 수 풀이에 의하면 일(하나)은 1의 양과 一의 음이 합하여 十으로 이루어진 것으로 이는 땅과 하늘 사이의 원초적 생명잉태의 시작을 뜻하며, 이(둘)는 인간과 땅의 세계를 나타낸다. 삼(셋)은 천·지·인과 과거·현재·미래를 통괄하는 완전수를 뜻하며 사(넷)는 양의 수로서 동·서·남·북으로 움직이는 방위를 가리킨다. 오(다섯)는 화수목금토를 조정하는 삶의 조화를 구성하고 육(여섯)은 수의 중심으로서 배달민족의 무한한 평화의 메시지를 담고 있다. 칠(일곱)은 음의 수로서 칠성으로부터 창조적 생명력을 부여받으며, 팔(여덟)은 팔달의 완성수로서 최초의 무한한 흐름으로 한민족을 움직여 간다. 구(아홉)는 구천(九天), 구인(九仁) 등 생명의 펼침을 의미한다. 십(열)은 인류의 홍익과 평화를 기원하는 부활과 윤회가 합일하는 근원이 된다.

또한 1, 3, 5, 7, 9의 양수는 시간적인 것을 의미하여 움직임을 상징하고, 2, 4, 6, 8, 10의 음수는 공간적인 것을 뜻하며 고요함을 표상하는 수이다. 따라서 1은 출수(出數), 2는 화수(和數), 3은 생수(生數), 4는 통수(通數), 5는 중심수이며, 6은 합수(合數), 7은 기수(起數), 8은 궁수(宮數), 9는 성수(成數), 10은 만수(万數)로써 나누어진다.

이상과 같은 한국인은 문화적인 질 개념의 숫자를 통하여 경서(經書)를 제작하였으며, 한글창제의 정신적 바탕에도 수 개념을 도입하였음을 볼 수 있다. 하물며 일의 성공과 행운을 비는 뜻에서 길일(吉日)이나 길수(吉數)를 깊이 고려하였으며, 특히 원·방·각에 따른 성수(性數) 1·4·7, 법수(法數) 2·5·8, 체수(體數) 3·6·9에 대한 숫자가 천수(天數)·지수(地數)·인수(人數)로 나누어져 다시 실달수(實達數)로 변환되는 법칙이야말로 실로 수의 오묘함에 경이로움을 느끼면서 다음 연구 과제로 남기지 않을 수 없다.

3. 단군신화에서의 수 인식

앞 장에서 단군시대의 수 인식에 대해서 간략히 언급되었듯이 단
군신화는 수의 문제를 심각하게 제기하고 있다. 수에 관해서 단군신
화는 원초적인 인식을 하고 있어서 단군신화를 흔히들 '국조(國祖)신
화'라고 하는데 그 수의 주제를 부각시켜서 '수조(數祖)신화'라고 불
러도 무방할 정도로 수 개념이 많이 등장하고 있다.

단군의 어머니인 웅녀는 3, 7일 또는 100일 동안 굴속에 갇히다시
피 해서 생활했다. 별로 길지 않다기보다 아주 짧다고 해야 할 한 편
의 신화 앞뒤에서 한 인물이 한 공간 안에서 보내어야 했던 같은 길
이의 기간을 3, 7일, 그리고 100이라고 각기 다르게 표현하고 있다는
것은 지금의 생각으로도 신비로운 표현 방식이다.

일연스님이 3·7일은 +/× 중 어느 것일까, 아니면 3과 7은 독립수
일까, 종속수일까, 100과는 어떤 관계의 수일까를 묻지 않을 수 없다
고 하면서 아마 이 두 수사(數詞)는 두 가지 의미를 함의하고 있는
것으로 보고 있다.

'3, 7일'은 이레(이렛날, 7일)가 세 번 겹친 것이다. 이를테면 7×3이
다. 말하자면 '세 이레'다. 세 이레는 오늘날에도 갓 태어난 아기를
위한 통과의례, 말하자면 '유아 통과 의례'에서 중요한 구실을 다하고
있다. 이것은 유아 사망률이 높았던 위기적인 상황에서 아기가 최초
의 삶의 험난한 고비를 넘긴 것에 대한 감사의 통과의례다. 이제야
비로소 삶의 지속이 보장된 순간이다. 한데 그것이 일곱을 기준으로
하고 있다는 것을 간과하지 말아야 한다. 그리고 이배수도 아니고 삼
배수로 마무리되고 있다는 점 또한 간과하지 말아야 할 의미를 내포
하고 있다.

여기서 3과 7은 주술적인 함축성을 갖춘 숫자라는 것을 헤아리기는 그다지 힘들지 않을 것이다. 그리고 이 헤아림은 3과 7 그리고 21 등 일련의 기수가 주술적임을 짐작게 해 줄 것이다. 네 이레는 있을 수가 없다. 4와 28은 둘 다 우수라서 그것은 금기의 숫자가 되고 말기 때문이다.

이로 말미암아 기수/우수, 길/흉, 주술/금기 그리고 성/속이라는 일련의 이중구조적 수 인식으로 인하여 7의 3 반복으로 이룩된 이 같은 수 체계, 수 관념에 의지해서 갓 태어난 젖먹이가 옥동자로 금지옥엽으로 자라주기를 한국의 어버이들은 소망하였다. 이 세 이레의 관문, 바꾸어 말해서 세 이레라는 삶의 과도기 '경계의 시간'을 넘기고 난 다음에 아기는 또 다른 의미와 구실을 지닌 시기를 거듭 맞게 된다. 그것이 곧 백일(백날)이다. 그다음은 첫돌이다. 이같이 젖먹이는 연쇄적으로 세 번에 걸친 홍역을 거쳐야 한다. 세 이레 - 백날 - 돌은 차례로 예비 관문, 본격 관문, 보완의 관문이란 삼부 구조를 이루고 있는 것이다.

돌의 경우, 물론 두 돌도 치르고 세 돌도 치를 수 있음이 지적될 수 있다. 하지만 돌은 역시 첫돌이라야 가장 뜻 깊은 돌이고 진정한 돌이다. 돌은 모르긴 해도 '돌아옴', 어느 일정한 시간이나 기간이 돌고 돌아서 원점으로 돌아왔다는 것을 의미한다. 기쁨의 첫돌이기에 '일주년'이란 뜻을 돌은 간직하고 있을 것이다.

백날에서 백은 순 우리말로는 '온'이다. 온 세상, 온 천지, 온 생명이 모두 또는 전부라는 뜻을 의미하므로 '온'은 온전한 것, 완전한 것을 뜻한다. 그렇다면 '온'인 백날은 원점으로 돌아온 '돌'과 그 뜻이나 구실이 겹쳐질 수 있을 것이다. 그 돌은 무엇인가 완결되고 온전해진 귀결(歸結)을 뜻하기 때문이다.

이처럼 탄생에 수반된 인생의 첫 통과의례 이후, 잇달아서 치르게 되는 두 번째와 세 번째의 통과의례가 각기 3, 7일이고 백날이다. 이 통과의례 행사는 단군신화에서 비롯해서 오늘날에까지 유구한 역사 속에 지속되고 있다는 사실이 놀라울 뿐이다.

단군신화에서 문제되거나 이에 관련된 수는 1, 3, 7이다. 오직 기수, 곧 홀수뿐이다. 따라서 우리는 기수를 성스런 수, 의례적인 수로 그리고 길한 수로 범주화할 수 있게 된다. 단군신화에서 처음으로 한국적인 '문화의수'의 관념이 싹튼 것을 이에서 엿볼 수 있다.

한국인은 7은 달의 주기와 무관할 수 없다. 그것은 달의 결영(缺盈), 곧 기울음과 차오름의 전 과정에서 7일이 일정한 단위가 되고 있다는 가정 위에서 이룩되는 달과 7의 관련성이다. 첫 7일에 반달, 다음 7일에 온달, 그리고는 다음 7일에 다시 반달이 되고 그 뒤를 이어서 다음 7일에 기울어지는 것이라면 7은 엄청난 상징성을 갖출 수 있게 된다.

달이라는 우주 생명체의 생의 주기에서 각기 경계의 시간 주기 구실을 하고 있는 것이 7이다. '달도 차면 기우나니!'는 7이 경계가 된다. 그리하여 4×7이면 28로 음력에서 엮어낸 달의 주기, 곧 월력(月曆)이 이룩된다. 그러므로 달은 영원한 '중단 있는 영생'의 상징이다. 엘리아드를 따르면, 지구상의 인류가 누릴 수 있는 그의 이른바, '생생력(生生力) 상징'의 원형이자 원점이 곧 달이다. 해수(海水)의 간조와 만조도 여성의 월경주기와 일부 동물의 내장, 특히 쓸개의 팽창과 축약도 모두 달의 주기를 빼어 닮았다. 여성적 풍요와 생산력도 달의 몫으로 계산되었다. 이른바 '대지모'(大地母) Earth Mother 또는 '대모'(大母) Great Mother는 달을 원조(元祖)로 삼는다. 인류는 영생도 풍요도 달에 걸어서 빌고 또 빌어 왔다. 우리들의 정월 대보름 행사가 몽땅 그렇거니와 그중에서도 '강강술래'는 그 백미편이다.

그러기에 7은 단순한 산수의 수가 아니다. 주술의 수이고 종교의 수이고 영생을 갈구하는 인류의 비원(悲願)이 담긴 수다. 그 자체가 이미 일종의 '신성(神聖) 기호'다. 성체(聖體)라 해도 크게 과장될 것은 없다. 이 점은 1과 3도 마찬가지다. 홀수 1, 3, 5, 7 모두가 인류의 성전(聖殿)에 모셔져 있었던 것이다.

주역에 의지한 음양론에서는 기수는 양으로, 우수는 음으로 규정한 결과 남성은 홀수(1·3·5·7·9)를 배정하고, 여성에게는 짝수(2·4·6·8·10)를 배정함으로써 홀수는 성(聖)·길(吉)을 선택받고, 짝수는 속(俗)·흉(凶)을 배정받게 되었다. 이와 같은 음양의 수관(數觀)은 오늘날까지 그 습속이 전해져 오고 있다. 이를테면 축의금 액수가 홀수로, 설날은 1월 1일, 삼진날 3월 3일, 단오 5월 5일, 백중 7월 7일, 중양절 9월 9일, 제상에 오르는 과일도 홀수, 사찰의 탑도 홀수층, 주민등록의 남자는 홀수인 1을, 여자는 짝수인 2를 배정하고 있는 것은 모두 길수와 흉수관에서 연유하고 있다.

Ⅲ. 한국인의 중심수(中心數)사상(思想)

1. 3수사상의 시원(始原)

우리 민족은 상고시대부터 오늘에 이르기까지 3수사상, 즉 3원 구조의 생활 문화의식 속에서 삶의 원리를 찾았다. 서양이 헬레니즘과 헤브라이즘의 2원 구조라면 한민족은 태어나면서부터 죽을 때까지 3원 또는 3수사상의 세계관을 삶의 의식 속에 전이(轉移)되어 있다.

이러한 3수사상이 어떻게 우리 민족의 정서 속에 내재화되었는지 살펴보고자 한다.

먼저 풍류도에서 3수사상의 원류를 찾아볼 수 있다. 안호상에 의하면 풍류도의 창시자는 배달임금 곧 단군이라고 하였다. 단군은 한얼님의 뜻과 말씀에 따라 "홍익인간(크게 사람을 유익하게 할)"의 정신을 가지고 배달나라를 건국한 뒤 세 가지 뿌리사상을 가르쳐 주었는데 한얼숭배, 조상공경, 사람사랑이 그것이다.

단군은 배달얼과 배달의 길을 열었는데 이를 신라인들은 풍류도 또는 풍류교라 하였다. 풍류도 역시 따지고 보면 발달길, 배달도라고 해석되어 다음과 같은 관계에서 이해할 수 있다.

밝달: 밝은 땅 　　 ┌ 발달 = 풍월 = 풍류 = 풍채 ┐
　(광명의 땅) 　 │ 　　　　　　　　　　　 │ 배달
　　　　　　　　 └ 박달 = 발달 = 백달 = 백산 ┘

한밝(ᄒᆞᆫᄇᆞᆰ – ᄒᆞᆫᄇᆞᆯ-한발-한알-하날＝천명(天明)-신명(神明)-대명(大明))은 하날[天明]인데, 그것은 한얼님이 만들어 계시는 나라로서 하날나라 곧 "한벌"이며 아시밝은 아침밝인데, 그곳에는 한배검이 처음 만들어 계시던 나라로서 아시밝나라요 아침밝나라, 곧 "아시벌"이요 "아침벌"인 배달나라이다.

하날나라인 한벌의 임자는 한얼님인데, 그분은 한인[桓因]과 한웅[桓雄]과 한검[桓儉]의 세ㆍ한얼 혹은 세검ㆍ한얼로서 한울에의 3검이시다. 이 한얼의 3신사상으로부터 단군 한배검의 "3마루 사상"이 되었고, 또 이 "3마루 사상"으로부터 "세 임금사상" 곧 "세한사상"이 되었는데, 이것은 곧 옛 아침벌에 있어서 하나의 가장 크고 높은 새한

[辰韓=辰王]말에 두 돕는 곁임금들인 밝한과 검한이 있었던 것이다.

새대임금 한몸은 '세대·한몸'이다. 그러므로 새벌의 임금은 한분이 거나, 혹은 같은 때의 3임금들이 아니라, 도리어 첫째 대 임금, 둘째 대 임금 및 셋째 대 임금이 저마다 1자리씩을 차지하였다고 볼 수 있는데, 그것은 곧 첫째 대 임금인 밝갓한은 아버지 자리요, 둘째 대 임금인 남해 차차웅은 스승 자리[雄位=師位]요, 셋째 대 임금인 유 레 이사금은 임금 자리[儉位=君位]인 것이다.

한웅 및 한검의 세검·한얼로서 한벌의 임자요, 한얼사람 한배검은 배달아배, 배달스승 및 배달임금의 3마루·한배검으로서 배달겨레의 환한 아시땅 조선의 임자요, 3임금들은 신 임금, 번 임금 및 마 임금 의 3임금들로서 옛 조선의 임자요, 3대 임금들은 밝갓한, 남해 스승 및 유례 임금의 3대 임금들로서 새벌의 임자다. 그런데 한배검 때로 부터 새벌 때까지만이 아니라, 고려, 이조, 대한민국 등을 지나 다시 몇천 년, 몇만 년을 가더라도, 단군 한배검을 3마루[三宗]로 한 배달 겨레의 땅은 영원히 아침밝인 환한 배달인 까닭에, 그 나라의 이름은 과거나 현재나 미래나 언제나 아침밝나라[朝鮮國]요, 한나라요 또 배 달나라이다.

또한 김선풍은 민속학적 입장에서 3수의 시원을 다음과 같이 기술 하고 있다.

원래 3이란 둘의 화합으로써 이루어지는 성수(聖數)이기도 하다. 둘이 한울과 땅을 뜻한다면 셋은 사람을 의미하며, 또한 이 '셋'은 돌 고 돌아 다함이 없는 수이기도 하다.

대체로 수에 있어서 '하나'와 '다섯'과 '일곱'은 형상으로 원이 되고, 그 쓰임에는 고르게 변화함을 나타내며 뜻으론 중심이 된다. 그리고 '셋'과 '여섯'과 '아홉'은 운동과 성립을 뜻한다. 또 '둘'과 '넷'과 '여덟'

은 나눔과 형상을 나타낸다.

단군신화에서의 삼위태백이란 천지인 모두가 통합된 존재를 말한
다. 왕도에서 왕, 즉 다스리는 자는 하늘만을 상징하는 것이 아니라
하늘과 땅과 만민을 합친 형태로 나타난다. 따라서 삼위태백은 천지
인이 합치된 크신 존재라는 뜻으로 해석된다. 천부인 세 개를 주었다
는 것은 하늘에서 천자(天子)임을 인정하는 도장 3개를 주었다는 뜻
으로, 풍백·운사·우사를 거느린다는 것으로 미루어 3자를 다스리는
3개의 인증을 받았다는 것으로 해석할 수 있다. 그리고 환웅이 3천
명의 무리를 거느리고 태백산에 내리셨다는 대목의 3천은 많다는 뜻
이다. 3천만 민족, 3천리 강산, 3천 궁녀, 3천 세계 등 많다는 것을
뜻할 때에 3천이란 말을 쓰고 있다. 백제의 시조 온조 팔년이월(八年
二月)일에 말갈족 3천이 침입했다는 것도 꼭 3천이 아니라 많은 군
병이 침입했다는 뜻이다.

인간이 삼백육십여사란 1년의 3백 60여 일, 즉 연중 모든 날의 인
간사를 주재한다는 것으로 모든 것, 전부란 뜻으로 해석된다. 특히 7
수에도 산속(産俗)과 관련하여 독특한 의미를 부여하였던 것이다.

○ 7일마다 산신(産神)을 위한다.

○ 산전(産前) 삼칠일 전에 멀리 외출했던 가족은 3·7일이 지나
도록 산실출입을 해서는 안 된다.

○ 산후(産後) 3·7일 안에 달걀을 깨트리면 불길하다.

○ 3·7일 안에 산실에는 부정을 쫓기 위해서 아이 머리맡에 목탄
을 놓는다.

○ 금(禁)줄은 3·7일 동안 달아매 둔다.

○ 3·7일에 수수경단을 만들어 먹으면 아이 병에 예방이 된다고
믿어 왔다.

2. 3원사상의 생활 습속

우리 민족이 수천 년 동안 농경문화 속에서 3원사상은 태어남, 삶, 죽음의 3원구조 속에 깊숙이 내재되어 있다. 이를테면 곡식을 땅에 심을 때도 3개를 심었다. 한 개는 하늘에 날아다니는 날짐승이 먹게 하고, 또 한 개는 땅 속의 벌레가 먹게 하고 마지막 한 개는 싹이 터서 잎과 꽃이 피어 열매(씨앗)가 맺으면 사람이 먹게 하였다. 여기에 천·인·지의 3재사상이 있다. 가위·보·바위는 이기고 짐이 없이 영원히 3태극으로 돌아가게 하였다

한국인의 3대 명절은 설, 단오, 추석으로서 이들 신성공간에서는 신성의상을 착용해야 했으니 그것이 빔[歲粧]이다. 한국인은 명절마저 3분법적 해석을 해 나간다. 명절 중 설은 아침에, 단오는 점심에, 추석은 저녁에 해당한다고 믿고 있는데, 단오는 점심에 해당하기 때문에 거를 수 있으나 설과 추석에는 조상이 잡수시고 즐길 수 있도록 차례를 꼭 지내 주어야 한다는 속신(俗信)을 지니고 살아 왔다. 그야말로 풍류도의 정신인 한얼숭배, 조상공경, 사람사랑이 아닐 수 없다.

이 밖에도 신화에서 세 번의 고비를 넘어야 비범한 인물이 되고, 세 번을 큰 굿을 해야 큰 무당이 되고, 칙간귀신을 달랠 때도 세 번 기침을 해야 하고, 약수를 마셔도 세 번 오른쪽으로 돌리고 마시고, 행인이 길을 잃었다가 남의 집 대문을 두드릴 때도 세 번 되풀이하는 등 3이란 숫자는 우리 민족에게 있어서 단순한 숫자가 아닌 민족성수(聖數)이자 신격(神格)의 위상(位相)까지 부여할 수 있는 수임을 이해하게 된다.

최근 이승헌은 3원사상에 대해서 좀 색다른 존재론적 입장에서 풀이하고 있는 것이 특이한 접근법을 제시하였다. 즉 그에 의하면 존재

(存在)의 근본이 되는 삼원(三元)을 시간의 개념을 벗어나서 이루어진 일이지만 굳이 순서를 말하자면, 제일 먼저 하늘이라 불리는 허공[性]이 있고 그 반대편에 땅이라 표현되는 질료[精]가 있고 그 사이에서 사람이라 표현되는 생명전자[命]가 움직이며 온갖 정보를 만들어 내고 그 정보가 질료를 통해 형상으로 표현된다고 논급하고 이들 세 가지가 어울려 온갖 형상과 조화를 빚어내는데 이들이 성(性)·명(命)·정(精)이라고도 하고, 이(理)·기(氣)·상(像)이라고도 하고, 심(心)·기(氣)·신(身)이라고도 하고, 영(靈)·혼(魂)·백(魄)이라고도 하고, 천(天)·인(人)·지(地)라고 정의 내리고 있다.

이러한 사상은 불교에서도 잘 나타나고 있다. 불교에서 말하는 삼보(三寶)는 불(佛)·법(法)·승(僧)으로, 각각 '진리를 배우고 추구하는 자'를 뜻하고 있다. 이들 셋이 모일 때 비로소 불교가 성립된다. 이 중 어느 하나라도 빠지면 종교로서의 올바른 기능을 발휘할 수 없게 되고 만다. 이처럼 우리 민족에게 있어 3은 완성과 안정을 상징하는 가장 신성하고 이상적인 수이며, 동시에 순음과 순양이 합해서 변화를 지향하는 발전적인 수임을 알 수 있다.

한편 민속학적인 측면에서 보면 3은 대표적인 양수(陽數)로서, 아들을 뜻하는 길수(吉數)로 많이 사용되고 있다. 아들을 극히 선호한 전통사회에서는 이미 딸을 잉태하였다 하더라도 주술적인 수법에 의하여 사내아이로 바꿀 수 있으리라 생각하였다. 이에 따라 딸을 아들로 바꾸는 '전녀위남(轉女爲男)'의 민속이 뿌리박게 되었다. 이때 '3'이란 숫자는 바로 아들을 뜻하는 길수로 사용된다. 이는 양수(홀수)가 남성이고 음수(짝수)가 여성이라는 음양사상에 기초를 둔 것으로, 순양(純陽)인 1은 아버지를, 순음(純陰)인 2는 어머니를 뜻한다고 볼 수 있다. 따라서 어머니와 아버지인 1과 2가 결합하여 생긴 3은 양의 수이므로 아들이라 생각한 것이다.

전녀위남의 구체적인 예를 보면 수탉의 긴 꼬리털을 세 개 뽑아 임부(姙婦)의 요 밑에 몰래 넣어두거나, 남자를 상징하는 활줄을 임부의 속 허리에 매어놓고 석 달 만에 풀면 딸이 아들로 바뀐다고 생각하였다. 여기서의 꼬리털 세 개, 석 달이란 것 등이 아들을 상징하는 3의 길수를 주술적으로 이용한 것이다. 출산 후에는 금줄을 치게 된다. 아들을 낳았을 경우에는 고추와 숯, 딸을 낳았을 경우에는 숯과 백지를 각각 꽂아 두는데, 이때 숯자는 세 개씩 꽂아 두는 것이 일반적이다. 또한 출생을 다스리는 산신(産神)을 셋이라고 보아 이를 삼신(三神)할머니라 하였으며, 아기를 낳은 뒤 초3일 또는 초7일, 두 7일, 삼7일마다 삼신할머니에게 밥과 국 세 그릇을 떠놓고 아기가 무사히 자랄 수 있도록 치성을 올리게 된다.

그 외에도 사람이 죽으면 영혼이 3년 동안 집 안에 머물다가 승천한다는 믿음에서 비롯된 3년상(喪) 등 관혼상제를 비롯하여, 일상생활에서 격언, 속담, 관용어 등으로 가장 많이 친근하게 사용되고 있는 숫자가 3이다. 몇 가지 예를 들어보면 다음과 같다.

▷ 수염이 석 자라도 먹어야 양반이다.
▷ 세살 버릇 여든까지 간다.
▷ 중매는 잘하면 술 석잔, 잘못하면 뺨 세 대다.
▷ 삼 세 번
▷ 코가 석 자
▷ 삼척동자
▷ 겉보리 석 되만 있으면 처가살이 않는다.
▷ 장님을 셋 보면 그날 재수가 좋다.

이와 같이 우리의 선조는 좋은 일, 궂은일에도 3이라는 수를 널리 사용하여 좋은 일은 더욱 좋게, 궂은일은 원만히 풀어갈 수 있기를 소망하는 그들의 마음을 담았던 것이다.

불교에서는 이 세상의 중심에 수미산이 높이 솟아 있다고 하고, 그 꼭대기에 이 세상의 선악을 관찰하고 다스리는 도리천(도리: 인도어로 33을 뜻함)이 있다고 한다. 이 도리천을 우리는 33천이라고 많이 부르고 있다. 즉 여기에서의 33은 지상에서 가장 높고 세상의 모든 것을 포괄하며 관장하는 수임을 상징하는 것이다.

신라 경덕왕이 오악삼산(五嶽三山)의 산신을 집합시켜 대덕(大德)한 스님을 천거하는 날을 중삼(重三)의 3월 3일로 잡은 것도 이날에 33의 전체적인 뜻을 내포시킨 것이다. 즉 대덕스님을 뽑는 데 필요한 전 국가적 규모의 확대를 33이란 숫자로 상징한 것이다. 또한 중삼일에 다례(茶禮)를 올렸던 신라 풍속도 중삼일이 갖는 전체성에서 기인한 것이다.

악정(惡政)을 한 신라 혜공왕 4년에 길찬(吉湌) 벼슬의 대공(大恭)형제가 모반의 깃발을 들고 합세한 민중과 더불어 왕궁을 33일간 포위하다가 풀었다는 기록 역시 이 포위 기간의 우연적 숫자로 보기보다는 33이 갖는 전체적 의미, 즉 온 백성이 왕의 악정에 저항하고 있다는 고의적 시현(示顯)이라 할 수 있다.

이 33사상은 고려시대 때부터 시작된 과거의 문과(文科) 정원으로도 제도화되었다. 과거의 선발 인원을 일정한 성적에 도달한 사람 모두를 뽑거나 필요한 수만큼 뽑지 않고 나라의 모든 것을 다스린다는 주력적(呪力的) 뜻에서 33명만을 뽑았던 것이다. 그런데 조선시대에는 무과(武科)가 처음 생겼을 때 그 정원을 28명으로 정하였다. 28이란 숫자는 도교의 28숙(二十八宿)에서 나온 것으로, 이는 고대 사회에서 해와 달과 여러 행성(行星) 등의 소재를 밝히기 위하여 황도 (黃道)에 따라 천구(天球)를 스물여덟 개로 구분한 것이다.

여기에서 한 가지 의문이 떠오르게 된다. 문과의 정원은 33명인데 무과는 왜 28일까 하는 점이다. 여기에 관해서는 이러한 추측이 가능하다. 문관(文官)은 나라를 다스리는 벼슬이므로 가장 높고 완벽하며 전체적인 것을 상징하는 '33수'를 사용하였고, 무관(武官)은 나라를 지키는 벼슬이므로 하늘 위에서 세상을 감싸고 지켜주는 28수의 '28' 을 사용한 것이 아닐까 하는 것이다.

이 33인 제도는 화랑도(花郎徒) 및 동자군(童子軍)의 선발에도 적용되었다. 동자군은 기우제 때 합창대로 또는 궁중의 약재로 많이 쓰이는 동뇨(童尿)의 공급원으로, 그 외에 각 관청의 의장 소년병으로 부정기적으로 특채되었으나 그 수는 반드시 33명을 넘지 못하게 하였다.

이 같이 33이 지닌 사상은 근대에 이르러 각 단체의 발기인 수로 정착되기도 하였다. 한말에 보부상(褓負商) 단체인 발기인 수도 33명이었고, 3·1독립선언의 민족대표도 33명이었다. 33인이 참여한다는 것은 곧 전 민족이 참여한다는 것을 뜻하였으며, 실제로도 3·1운동은 역사상 온 겨레가 거족적인 공감하에 하나로 일어선 민중봉기였던 것이다. 이렇듯 33은 우리 민족에게 가장 강력한 전체성과 정의가 깃들어 있는 숫자로 사용되어 왔다.

이제까지 숫자 '3'이 지니고 있는 의미와 상징성 그리고 그것이 사용된 여러 가지 예를 살펴보았다. 막연히 좋은 수, 상서(祥瑞)로운 수로 생각하여 왔던 '셋' 또는 '삼(3)'이라는 숫자에는, 이처럼 우리 민족의 철학과 사상, 정서와 기원이 깊숙이 배어 있음을 알 수 있다.

3. 반복어사(反復語辭)로서의 '3의 법칙'

설화문학 장르에서 '반복의 어사법칙'과 3과는 어떤 관계가 있는가를 살펴보면 '3의 법칙'을 액셀 올릭(Axel Olrik)의 용례에 의하면 어떤 사건이나 어사를 강조하거나 설득하기 위해서 반복적인 어사를 자연스럽게 구사하게 된다. 이럴 경우에 말의 어미를 강화하기 위한 점이라든가, 기억의 편의를 도모하기 위해서라든가 하는 점에서 반복, 즉 3의 반복은 구연과 기억을 쉽게 돕는 역할을 한다고 하였다.

일찍이 액셀 올릭(Axel Olrik)은 민간설화의 서사법칙을 논하는 가운데 '반복의 법칙'(Law of Repetition) 속에 '3의 법칙'을 설정한 바 있다. 그러나 강재철은 반대로 '3의 법칙' 중에 반복의 법칙의 필요성을 제기하고 있다. 그에 의하면 반복은 구연과 기억을 쉽게 하여 줄 뿐만 아니라, 반복 중에서도 '3번 반복'은 구연, 기억, 재창조를 촉진하는 기능을 발현되는 것으로 인식하였다.

3번 반복 법칙의 종류에는 ① 어사의 반복, ② 사건의 반복, ③ 단순한 반복, ④ 강화의 반복을 들고 있다. 예를 들어 '옛날 옛날 옛적에', '옛날 옛날 아주 옛날에', '옳아 옳아 맞어 옳아', '셋째 따님이 제일 예쁘다더라', '맞어 맞어 정말 맞어' 등은 위의 4가지 3수 법칙을 모두 지니고 있다. 이러한 반복 3수가 3단논법이나 헤겔의 정·반·합과 같은 변증법 3원론, 레비스트로스의 한국 문화 3박자설, 향가의 3단위 구조설, 시조의 초장·중장·종장, 한시의 3단내용, 논문의 서론·본론·결론으로 짜여진 것은 모두 상호작용에 의한 3수 법칙으로 구성되어 있다.

한국인은 숫자로서의 3은 언제나 완벽한 것, 온전한 것, 그리고 많[萬]은 것을 뜻한다. 그러므로 아비 - 아들 - 손자의 3대 또는 3세야말로 가장 완전하고, 온전하고, 만(滿)족한 가정 상태인 것이다. 이러한 가정 안에는 3강, 3계, 3체, 3천, 3보, 3창, 3색, 3복, 3동, 3사, 3재, 3교, 3원색과 같은 길수(吉數)와 길행(吉行)이 자리매김하고 있다.

노자의 '도덕경'에는 도(道)가 一을 낳고, 一이 二를 낳고, 二가 三을 낳고, 三이 만물을 낳는다고 하였다. 이러한 三은 만물의 근간이 되며, 종합이 되며, 통일이 되는 것으로 여기고 있다. 이러한 '3의 법칙'은 천·지·인의 三才라는 동양철학의 근간에 두고 문학 전반의 장르에 응용되고 있다.

3·3[重三日]은 더욱 길수로 여겨온 것을 '흥부전'에서 볼 수 있는데 강남 갔던 제비가 날아와 물어다 준 박씨가 열리어 흥부에게 부(富)와 행복을 한꺼번에 가져다주었기에 3월 3일을 제천일(祭天日)로 정하였으며, 3월 3일 삼짇날에는 과거시험을 실시하여 합격자 33인을 뽑아 관리로 등용하였다. 이런 연유로 인하여 3·1절 '독립선언서'와 '공약3장'을 작성하는 민족대표 33인을 뽑아서 민족 전체의 엄중한 의사임을 표방하였다. 또한 일제에 항거하기 위해서 민란을 일으킬 때도 33인의 이름으로 사발통문으로 반포한다든가, 삼경에 보신각 종을 33번 울리는 것 등도 모두 3수가 갖는 상징성을 오늘날까지도 중요시하였기 때문이다.

우실화는 3길수와 3흉수에 대해서 다음과 같이 정리하였다.

○ 3길수어
- 길가다 상주 3사람을 보면 재수가 있다.(경기, 경남북, 서울)
- 밤똥을 자주 누는 어린 아이가 달을 향해서 절을 3번 하면 그 버릇이 그친다.(경남북)
- 정월 보름에 발을 3번 씻으면 일 년 동안 재수가 좋다.(경기, 충남북)

- 중매 3번 하면 죽어서 좋은 곳 간다.(경기, 경남북)
- 하루에 장님 셋을 보면 좋다.(경기, 서울)
- 한 집에 정월달 생일이 3사람 있으면 좋다.(경기, 경남북)
- 각성바지 생일이 셋이 같이 있으면 잘 산다.(서울)
- 결혼 후 3년 만에 떡을 먹으면 좋다.(전남북, 경북)
- 길 가다가 영구차 셋을 보면 좋다.(경기, 경남북, 서울)
- 이불 속에서 3번 재채기하면 운수가 대통한다.(충남북)
- 콩나물죽 3년 쑤면 부자 된다.(경기, 전북, 서울)
- 대추밭에서 꿩알 9개를 주우면 풍년이 든다.(충남북, 경북)
- 물뱀에게 3번 물리면 부자가 된다.(경기, 충남)
- 보리밭에서 꿩알(또는 새알) 9개를 주우면 풍년이 든다.(경남북)
- 부엉이가 새끼 3마리를 낳으면 대풍이 든다.(충남북)
- 석류나무의 키가 3년 동안에 자기 키와 같으면 성공한다.(경기, 충남북)
- 오동나무의 가지를 3번 자르고 기르면 그 집안에 훌륭한 자손이 난다.(경기)

○ 3흉수어
- 거성(去性) 입은 상제는 3년 동안 머리를 감지 않는다.(경기 충남북, 서울)
- 남의 곡식을 먼저 따먹으면, 죽어서 소가 되어 3년을 농사짓다가 다시 사람이 된다.(경기, 충남북, 경남북, 서울)
- 산고로 죽은 여자는 도중에서 3번 내려놓지 않으면 나쁘다.(강원, 충북, 경북)
- 변소에 3번 빠지면 그 사람은 죽는다.(경기, 충남북, 서울)

- 여자가 한 집에 아홉 명 있으면 집안 망한다.(충남북, 서울, 경기)
- 좋은 말도 3번만 하면 듣기 싫다.(전국)
- 산모가 산후 9일 되기 전에 거울을 보면 해롭다.(경남북)
- 산후에 3일 되기 전에 잿물 빨래하면 잿물 꽃이 핀다.(경기, 경남북, 전남북, 서울)
- 새색시가 3달 안에 방망이질하면 3년 안에 방망이 들고 나간다.(전국)
- 어린애 난 후 3일 안에 못질하면 어린애의 눈이 먼다.(경기, 전남북, 서울)
- 개가 3년 묵으면 도섭한다.(경기, 서울)
- 명태나 닭고기 3년 이상 먹으면 악귀 된다.(충남북, 전남북)
- 뱀이 집에 들면 3년 운수가 나쁘다.(충남북, 전남북)
- 새색시는 결혼 후 사흘 동안 땅을 밟지 않는다.(전국)

Ⅳ. 결 론

한국인이 숫자 1·2·3·4·5·6·7·8·9·10의 정수(整數)를 놓고 길수/흉수로 갈라놓거나, 양수/음수로 나누어 양수는 남성, 음수는 여성으로 나누어 차별시함으로써 숫자는 일종의 영적 상징의 표시로 보는 것은 수를 숭배의 대상으로 인식한 데서 기인하고 있다. 즉 특정의 숫자가 인간에게 정신적 행복과 물질적 재복을 함께 가져다주는 원천으로 보기 때문이다. 이러한 숫자관으로부터 출발한 것이 숫자를 이용하여 점(占)을 치게 되는 계기를 마련하여 주었다. 숫자야말로 인간의 길·흉·화·복을 예측하거나 결정하는 신비스러운 영역을 차지하고 있는 존재로 보았던 것이다.

수비학(Numerology)적으로 볼 때 수의 신비는 오랜 인류 역사를 거치면서 길·흉과 관련하여 모든 사람들에게 광범위한 영향을 미치게 되었다 이를테면 관혼상례·작명·거주·음식 등 민속생활의 중요 결정요소로 작용하는 수단이 되었다. 이러한 현상은 한국인뿐만 아니라 정도의 차이는 있을지언정 세계의 다른 민족들도 수와 관련하여 저마다 독특한 문화 양상을 지니고 있음을 알 수 있다.

중국의 노자 '도덕경'에 의하면 하나(1)에 대해서 이르기를 하늘은 一을 얻었기 때문에 맑게 되었고, 땅은 一을 얻었기 때문에 안정이 되었고 신(神)은 一을 얻었기 때문에 신령스러워졌고, 골짜기는 一을 얻었기 때문에 물이 가득하고, 만물은 一을 얻었기 때문에 생겨나고, 임금은 一을 얻었기 때문에 천하의 법도를 이루게 되었다. 이 모든 것은 다 一이 이루어준 결과라고 하였다. 따라서 노자는 一을 단순한 숫자 자체로 보지 않고 인간과 자연계의 관계를 구현하는 초경험적이며 절대적인 권위를 부여하였던 것이다. 뿐만 아니라 중국인들은 음양五행 사상의 바탕이 되고 있는 숫자 오(五)에 대해서도 신비스러운 힘과 특수한 의미를 부여하고 있다. '주역'에 의하면 오(五)는 천수오(天數五), 지수오(地數五)라 하여 하늘과 땅을 포괄하는 상징적 숫자로서 모든 사물의 원초적인 인식의 출발이 되고 있다. 즉 천수(天數)와 지수(地數)는 각각 다섯씩[五] 있는데 이 천수 五와 지수 五가 조화를 이루어 배합되면 각 사물의 변화와 작용이 순리에 따르게 된다고 하였다.

특히 중국인들은 五行(木·火·土·金·水), 五時(춘·하·추·동·장하), 五方(동·서·남·북·중), 五倫(인·의·예·지·신), 五

官(공·후·백·자·남), 五音(궁·상·각·치·우), 五色(청·적·
황·백·흑), 五臟(간·심·비·장·신), 五感(귀·눈·입·코·혀)
등의 조합에 대해서 체계적인 문화양식을 귀납시키고 있다.

서양의 그리스 철학에 있어서 일(1)은 숫자의 출발점인 동시에 모
든 존재의 기원으로 보았다. 아우구스티누스는 분리될 수 없는 1에는
운동의 출발점이요, 회귀의 바탕점이요, 중심의 집합점이라고 하였던
것이다. 따라서 1은 모든 존재의 통일성, 완결성이기에 모든 사물의
원리인 동시에 '1은 신이다'라고 하였다.

현대 이스라엘의 시인 벤야민 치프(B. ziv)는 '반박할 수없는 하나'
에서 다음과 같이 성서적 입장에서 시어(詩語) 일(1)을 표현하였다.

그리스도의 몸도 하나이며 성령도 하나입니다.

이와 같이 하느님께서 여러분을 당신의 백성으로 부르셔서

안겨 주시는 희망도 하나입니다.

주님도 한 분이시고 믿음도 하나이고 세례도 하나이며

만민의 아버지이신 하느님도 한 분이십니다.

그분은 만물 위에 계시고 만물을 꿰뚫어 계시며 만물 안에 계십니다.

(에베소서 4장 4절-6절)

그리고 「수많은 빛 - 하나의 태양

     수많은 호흡 - 하나의 공기

     수많은 생각 - 하나의 뇌

     수많은 단어 - 하나의 혀

     수많은 거짓 - 하나의 진실

     수많은 감정 - 하나의 사랑

     수많은 사랑 - 하나의 심장

수많은 사람 - 하나의 아버지

수많은 믿음 - 하나의 신」

　고대 인도인들의 우파니샤드upanischad에는 이러한 소망이 다음과
같이 표현되어 있다. "절대적인 것이란 자기 자신의 외부나, 자기 자
신을 제외하고, 또는 자신과 분리되어서는 그 어떤 것과도 관계를 맺
고 있지 않은 그 무엇이다." 따라서 절대적인 하나라는 것은 완결된
전체를 아우르면서도, 그 자신 외에는 그 어떤 것에 대해서도 권리를
주장할 수 없다.

　'화엄경'을 시어(詩語)로 표현한 영국의 시인 브레이크(W.Blake)는
'인간은 태양의 집이다'에서 다음과 같이 쓰고 있다.

　「한 알의 모래알 속에서 세계를 보고

　한 송이의 꽃에서 천국을 본다

　손바닥의 무한은

　일각에서부터 영겁(永劫)의 시간을 파악한다.」

　「〈일회(一會)에 세계가 충만하다.〉

　〈일(一)에 무량(無量)의 세계가 있다.〉

　〈일모공(一毛孔)에 대세계(大世界)가 있다.〉

　〈일중생(一衆生)에 광대한 여래(如來)의 지혜가 있다.〉

　〈한순간에 영원이 내포된다.〉

　〈일(一)에 세계해(世界海)가 들어 있다.〉(화엄경)」

　이상에서 동·서의 수관(數觀)에 대해서 개략적이나마 살펴보았다.
단군은 3에서 출발하였으며, 신라는 6(6부촌, 6가야)에서 시작되었다.

고구려·백제는 5(5방제, 5색동저고리)를 선호하였다. 그러나 한국인은 3원 구조로 역사, 신화, 문학, 민속, 설화 등 모든 면에 걸쳐서 큰 주류 기능을 하였다. 그 외에 7, 21, 9, 24, 180도 한국인의 세계관 형성에 큰 영향을 미쳤음을 알 수 있다. 수를 통해서 민족의 정체성을 알게 되고, 수를 통해서 민족사상과 역사의 흐름을 읽을 수 있다는 것은 인간만의 특성인 동시에 우주와 천체의 큰 신비의 비밀을 읽으려는 노력으로 볼 수 있다.[1]

특히 우리 민족은 순환과 반복의 시간관, 그리고 어사(語辭)의 '3의법칙'을 개관한 것은 본 논문의 밀알의 수확이었다.

(06. 11. 25)

참고문헌

배영기, 『생활풍속에 담긴 우리 문화 125가지』, (주)한국학술정보, 2006.

배영기, 『한국 문화와 직업세계』, Ok press, 2003.

이상언, 「한국인의 수 개념」, 한국민속학회(한국민속학보 5), 2003.

박용숙 외, 「천부경의 해독법과 원형사상」(천부경 연구) (사) 한배달, 1994.

오토베츠(배진아 역), 『숫자의 비밀』, 도서출판 다시, 2004.

김용문, 『영(0)에게서 공(0)의 세계로』, 고려원, 1991.

『신비로운 수의 역사』, 도서출판 예하, 1990.

송래선, 『금척 천부경』, 도서출판 천부도원, 2006.

금일권, 『한글의 신비』, 도서출판 천부동 사람들, 2005.

안호상, 『겨레역사 6000년』, 기린원, 1992.

김선풍, 『국학의 기본학』, 학문사, 1977.

---

1) 한상우, 『우리 것으로 철학하기』, 현암사, 2003. pp.95~96.

우실하, 『전통문화의 구성원리』, 도서출판 소나무, 1999.

우실하, 「동북아 샤머니즘의 성수(聖數: 3.7.9.81)기원에 대하여」, 단군학 연구 제10호, 2004. 6.

김선풍, 「단군신화 시대의 풍류도와 삼월철학」, 한국민속학회(한국민속학 보 3), 2000.

강재철, 「3의 법칙연구」, 인하대학교(정기호 화갑 논문집), 1991.

장범성, 「중국인의 숫자 관념과 민속」, (한림대학교 중국학 연구 제18 집), 1998.

김열규, 「한국인의 수개념의 신비」, 한국기호학회(기호학연구 제14집), 2003.

정병욱, 「숫자를 통해서 본 조선인의 삶」,(역사와 현실 21) 누리미디어, 2002.

천태산인, 「조선가요의 수 노름」, 1930.

한상우, 『우리 것으로 철학하기』(수와 시간), 현암사, 2003.

A study on the Conciousness patterns of Korean's number Concept.

Bae Young Key

This study is to investigate the meaning and etymological meaning of No. 3, 4, 1, 5, 7, 9 Koreans like best and search out the basic cause from which thinking the numeric concept have been originated.

We remember that we made decision by 3 times in some plays in our childhood. This shows that No. 3 has been considered to be very important to us Koreans. This thesis explains the reason why that kind of concept has been made by searching out how much No. 3 has to do with Koreans and how it relate to something in China, Buddhism or some other provinces and what it means to Koreans and what the etymological meaning is.

Koreans think No. 3 to be important and like it very much.

SAM-SHIN(progenitor of Koreans), March 3rd(religions service day to Heaven), SAM-SHI(morning of the New Year's day), SAM-JAE of vowel in Korean alphabet (heaven, earth and man), SAM-SUNG of Korean (1st sound, medial of orthographic syllable, final consonant), SAM-HAN (southern 3 countries in ancient history), SAM-GAK-SAN(3mts. in Seoul)have the numeric meaning of something primitive, indispensable, important and good.

No. 3 also means everything, serious decision and common designation in the date of March 1st, 33 persons in the Declaration of Independence and 3 countries era, 3 Buyeo in our ancient history, SAM-DAI SUNG (3assortments in Korean classical music), SAM-JAB I (3 players), SAM-HYON (3 strings), SAM-GEOM (3 inspections of dead body in homi-cide), SAM-GAN TAEK (3selections of spouse for ling or prince) and etc. have the same meaning. So, we know that No.3 has the special mean-ing of core and whole.

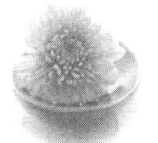

제5장

현대사회와 여성의 변화

전통사회와 여성의 삶

1. 조선시대 가부장제와 여성

이규태(1993)는 "한국인의 가장 한국인다운 자질, 그 자질 가운데 가장 강인하고 우성인 자질"은 바로 "여인의 전통"이라고 하였다. 그는 또한 한국여성사를 "남성들에 의해 무조건 굴종하고 갇혀 지내기를 강요받으며, 채이고 닦이고, 짓눌리면서도 굽히지 않고 새로운 자질을 체질 속에 유전질로 전승시킨 고난과 승리의 여성사"로 규정한다. 한국인의 '가장 한국인다운 자질', '가장 강인하고 우성인 자질'이라는 한국 여인의 전통, 그리고 '짓눌리고 닦이고 깎이고 짜이고 뒤틀리고 하는 사이에' 어떠한 새 자질이 한국여성들의 정신적 체질 속에 유전질로 전승돼 내려온 것일까? 이 글에서는 한국여성의 전통과 그 현대적 변형을 중심으로 한국사회와 한국문화 속에서의 여성의 삶을 주목하고자 한다.

다음에 소개한 글은 최근 한 여성지에 실린 어느 주부가 쓴 글의 일부분이다.

'칠거지악'하면 옛날이야기인 줄 알았는데, 사연을 듣고 보니 아이 업은 여인은 딸만 셋을 낳았다고 남편으로부터 버림받은 여인이었고, 셋째 딸을 낳고 나니 시집에선 대가 끊어진다고 야단이었다고 한다. 남편은 외동아들인데, 딸들은 열이라도 출가외인인데 조상들 제사는 누가 지내고 우리 혈통은 누가 이어가냐고 부모가 성화를 부리는 통에 남편은 화가 나서 외도를 하게 되었고, 새로 얻은 여자가 아이를 가져 만삭이 된 것이다. 남편은 농사일도 팽개치고 소까지 팔아 아예 이 여자 집에 와서 살다시피 하였다. 처자가 와서 원망도 하고 사정 도 하며 집으로 돌아가자고 하자, 무슨 상관이냐고 때리고 차고 하였 다. 그래도 이 여인은 울며불며 시부모와 세 딸이 있는 시집으로 돌 아가 부엌데기 천덕꾸러기 노릇을 하며 살 수밖에 없었다. 남편이 돌 아오지 않더라도 할 수 없이 그렇게 살아야지, 자기 딸들과 따로 나 가 생활할 능력이 없는 것이다.

신문지상에 모모 하는 전문직 여성들의 이름이 오르내리고 복부인, 큰손들이 이 나라 경제를 쥐고 흔드는 것을 보면서 여성들의 활동영 역이 넓어진 것인가 하기도 한다. 그러나 농촌에서의 여자는 거의 달 라진 바가 없다. 여자는 애 낳는, 그중에서도 아들 낳는 기계고 일하 는 기계다.

1985년의 시골 장에서 목격된 이 여인의 모습은 이규태가 "아들을 생산하는 기계로 실격한 여인들"이라고 묘사한 조선조 여인의 삶과 별로 다를 바가 없어 보인다. 아들을 낳아야 한다는 한국의 전통 가 족 제도는 한국인 전체가 '사내자식광'에 병들었던 조선조 이래 아직 까지도 이 같은 여인들을 수없이 만들어 오고 있다. 한국의 여성은 아직도 '아들을 잘 만드는 여자'의 삶을 살아야 하는 것인가?

소위 여성의 사회적 지위나 역할을 논하기 위해서는 성별 차별에 의한 지배와 피지배의 관계에서 여성이 어떻게 인식되어 왔는지 그 역사를 살펴보아야 한다. 고려 초기 때만 해도 여자는 '생구(生口)'라 는 말로 불리기까지 하였다고 한다. 생구란 옛날 중국에서 사람에게 유용한 짐승을 통틀어 표현한 말이었고, 이 말이 우리나라에 와서는 이와 같은 짐승과 여자까지 통틀어 뜻하는 말로 쓰인 것이다. 여자도 유용한 가축에 지나지 않는다는 인식으로 하여 여자는 아들을 낳아

주고 살림을 한다는 쓸모 이외에는 가축이나 다를 것 없이 다루어졌
던 것이다.

역사적으로 여성은 사회적 생산의 결과에서 소외되고 지배받는 집
단으로 인식되어 왔다. 여성이 억압받고 지배받으며 소외되어 있었던
삶의 역사, 그것은 곧 남성 지배의 가부장제 역사인 것이다. 이러한
가부장제하에서 여성의 삶의 특성을 이해하기 위해서는 한국 가부장
제에 관한 역사적 고찰이 필요하다. 한국의 가부장제는 적어도 초기
국가 형태를 띠었던 삼국시대 또는 그 이전부터 발견되지만, 여기서
는 현대와 가장 가깝게 연결되어 있는 조선시대부터 자본주의적 질
서 속에 접합되어 현대적 변형에 이르기까지의 그 특성을 중심으로
여성의 삶과의 관계를 살펴보기로 한다.

가부장제란 남성에 의한 여성의 지배를 뜻한다. 그 지배의 양상은
사회제도와 문화적 차원의 기제를 매개로 드러난다. 조선조에서의 가
부장제는 먼저 그 사회가 농업 집약적 생산 양식을 가졌다는 경제적
특성과 국가적 통치 체제를 발전시켰다는 정치적 특성과 관련하여
살펴볼 수 있다. 농경적 생산을 토대로 한 사회는, 일정한 기간 동안
집중적인 노동력이 동원되어야 하므로 남성들이 생산에 적극적으로
참여하게 되고 남성 간의 협력이 강조된다. 또한 이 시기에 재산의
사유화가 이루어지고 문자, 상거래, 기술 등과 관련하여 전문화된 집
단을 형성한다. 정치 구조상으로는 국가체제가 확립되어 왕과 관료층
을 중심으로 한 중앙 지배권과 토착 지방 세력 중심의 지방 지배권
의 이원적 구조가 형성되는데, 전자는 원칙적으로 혈연의 원리를 넘
어선 신분제를, 후자는 혈연적 원리를 중심으로 조직되었다.

이러한 사회를 배경으로 한 조선시대의 인간관계는 근본적으로 친
족 중심적이며 주로 부계 혈통 중심의 조직화를 통해 남성 지배적인

체제를 구축해 왔다. 동시에 이 시대의 여성들은 통치 이념인 유교 이데올로기와 남녀유별의 관습, 그리고 조선 중기 이후 강화된 혈통 집단의 통제를 받으며 공적 영역에서는 철저히 배제된 존재였다. 즉 공식적 대표권이나 참여권에서 처음부터 탈락된 '이등 백성'이었던 것이다.

조선 초기에는 여성들이 재산 분배를 받을 수도 있었고, 제사상속을 받기도 하였으며, 심지어 외손으로 하여금 재산을 지내게 한 경우도 적지 않다는 연구가 있다. 그러나 이것을 토대로 조선 초기가 남녀평등적인 사회였다고 보기는 어렵고 근본적으로 조선조는 부계 혈통의 가부장적 사회였다. 이러한 가부장적 부계 혈통의 원리는 조선 후기로 갈수록 더욱 강화되어 갔다. 혈통의 정통성을 고수하는 것이 사회생활에 있어 매우 중요한 원리로 대두되는데, 실제로 유교적 혈연주의, 부계 혈통의 유지와 정통성의 고수, 직계주의, 장자 우선주의, 적서 차별주의 등을 통한 배타성이 강화된 것이다.

이러한 부계 혈통 체계의 경직화와 가문 중시 현상에 따라 여성의 삶에 대한 통제는 자연히 강화되어 갔고, 그 통제의 성격은 비인간적으로 흘러갔다. 여성의 성(性) 관계는 철저히 통제되었고 한 남성을 위하여 수절을 하고 심지어 그를 따라 죽기까지 하도록 장려되었던 조선조의 열녀관이나, 여성은 '혈통이 다른 후손을 낳기 때문에' 친정에서는 '출가외인'으로 철저히 배제되고 남편 가문의 혈통을 잇는 것을 지상의 과제로 삼고 시집에 충성하는 삶을 살아야만 했던 것 등이 그 대표적인 예이다.

조선조 사회의 가부장제는 이렇게 신분제 및 친족 집단적 차원에서의 여성 통제가 중심을 이루었고, 한편으로는 조선조 지배 이념의 핵심인 유교와 함께 주역의 음양 원리가 조선 왕조의 남녀 관계를 지배하게 되었다. 주역의 남녀관에 따르면 여성과 남성은 각각 음과 양의 원리를 드러내는 상징이며 이 양자는 결코 뒤섞을 수 없다. 남성은 우주 창조의 근원이며, 천상적(天上的)인 것, 움직임, 강한 것을 나타내는 데 반해, 여성은 창조된 것을 유지하는 지상적(地上的)인 것, 고요하고 부드러운 것으로 상징화된다. 그러면서도 이 둘은 하나만으로 성립될 수 없는 상호 보완적 성격을 갖기 때문에 동등하게 중요한 것으로 인지된다. 음양의 원리는 상호 보완성을 나타내는 철학적 이상이었으나 실제 생활의 원리로서는 종속성이 강조되어 왔다. 이처럼 단순한 원리에 의한 남녀 구별은 권력이 집중화되고 지배·피지배의 관계로 사회가 조직됨에 따라 위계 서열적인 남존여비의 이념으로 굳어 간 것이다. 이러한 원리는 점차 생물학적 성에 대한 숙명론과, 여성은 남성의 보조적 역할 수행에 만족해야 한다는 규범으로 체계화되어 조선시대의 남녀 관계를 지배하게 되었다.

　이러한 남녀 관계의 원리는 결국 여성은 남성과의 관계를 통해서만 사회적 존재가 될 수 있음을 밝힌 '삼종지도(三從之道)'라는 유교적 가부장제의 핵심 이데올로기로 집약된다. 그리하여 여성을 교육하는 내훈(內訓)에는 '며느리로서, 아내로서, 어머니로서'의 의무를 적극적으로 수행하는 것만이 여성의 도리이고 스스로의 삶을 윤택하게 하는 유일한 길임이 자명한 진리로 기록되고 있다. 기존의 대가족 질서 유지가 막강한 중요성을 띤 환경에서 신분의 상하를 막론하고 남존여비는 보편적 철칙이었으며, 여성은 시집의 '씨받이'로서, 그리고 종속적인 보조자로서 철저한 통제 속에서 살았다.

　여성에 대한 이러한 통제는 가문이 중시되는 사회로 갈수록 강화되어 갔다. 조선조 사회는 여성이 전적으로 배제된 상태에서 제도화된 만큼 여성의 인간으로서의 권리나 심리적 갈등 등은 자연히 무시되고 간과된 채수절과 정절을 중심으로 한 행동 규제만이 중시되었던 것이다. 구체적으로 권력층에서는 유교적인 윤리나 실천에 있어 집안에 실추자가 생기는 것은 큰 약점이 되므로 집안 부녀자의 행실을 극도로 통제하게 되었다. 그러므로 열녀 이데올로기는 더욱 중요해졌고, 남편이 죽어서는 물론 심지어 외간 남자에게 손을 잡혔다고 투신자살하는 일이 일어나기도 하였다. 임진왜란 때 한강을 건너 피난하려던 한 사녀(士女)는 피난 배를 타는데 부축하는 사공의 손이 몸에 닿았다고 한강에 몸을 던져 죽었다. 사내의 손가락이 스쳤다 하여 부모가 딸을 죽이고 남편이 처를 죽이는 일쯤은 숱하게 있었던 것이다. 이리하여 수천수만의 조선조 여인들은 이러한 윤리에 의해 '타살당했고', 여성 스스로 대외의 의지에 순종하여 점차 과격한 행태로 '자살을 연출케' 하는 결과까지 낳았던 것이다.

또한 정절의 핵을 이루는 과부 재가(再嫁) 금지의 경우도 무섭도록 큰 힘으로 여성의 일생을 지배한 관습이다. 이러한 관습은 심지어 순결한 처녀가 정혼한 사이라고 해도 시집도 가기 전에 보지도 못하고 죽은 남편을 위해 일생을 과부로 살아가게 한 관습인 것이다. 이처럼 조선조의 여인들은 가족을 위해서만 존재하였고, 때로는 개인의 성(性)까지도 그 가족을 위해 '희생'당했음을 엿볼 수 있다.

조선시대의 유교 사상은 가부장을 중심으로 한 대가족 제도의 사상이요, 그것을 유지하기 위한 윤리적 사상이라는 점을 상기할 때, 한국여성의 삶과 유교 사상과의 함수를 알 수 있다. 특히 통제받고 억압받은 한국여성들의 사회적 삶의 조건을 가장 여실히 나타내 주는 보편적인 조항이 '칠거지악'이다. "여자의 일곱 가지 내쫓김이 있으니……"에서 나타나듯이 당시 여성의 삶의 목표는 시집에서 쫓겨나지 않고 견디는 길밖에 없었다. 그 가운데서도 '시부모 잘못 섬김'

[不事舅姑]이 첫째가는 악행이었고 '아들을 못 낳는 것'[無子]은 가문의 확장을 방해한 막중한 죄였다. 절도나 음질(淫恍) 등의 조항도 시댁과 친척의 명예를 더럽힌 죄로 자결을 강요받기도 하였고, 심지어는 나쁜 병에 걸린 것도 시집에서 쫓겨나야 할 충분한 이유가 되었다. 여자가 '말이 많으면'[多言] 대가족의 화목에 방해를 가져오거나 가족의 품위를 추락시킨다고 해서 쫓겨나므로 '석삼년: 귀먹어 삼년, 눈멀어 삼 년, 벙어리 삼 년'의 세월을 보고 듣고 숨 쉬는 감각마저 마비시킨 채 살아야 하는 삶이었던 것이다. 이처럼 조선시대 여자는 사고력이나 판단력이 있어도 안 되고 감정이나 지성이 있어도 안 되었던 것이다. 조선시대의 여성은 무궁히 이어질 '집'[家]의 한 고리나 매듭에 불과하였고, 개인보다 집단이익이 우선시되었던 개인부재(個人不在)의 시대였음을 엿볼 수 있는 조항이다.

우암 송시열의 여성을 위한 교육서인 『계녀서』에서는 "여자의 일백 년 앙망이 오직 지아비라 여자가 지아비 섬기는 중에 투기 아니함이 으뜸 행실이니, 일백 명의 첩을 두어도 본체만체하고 첩을 아무리 사랑하여도 성내지 말고 공경하여라"고 가르친다. 남성이 첩 열 명을 두어도 여성은 질투하면 쫓겨났고, 남성이 기방의 여성과 어울리는 것쯤은 난봉이라는 풍류놀이로 볼 뿐이었으나, 여성의 경우는 이유 곡절을 불문하고 '화냥질'이라는 최고의 모욕적 저주를 받으며 집안의 명예를 실추시켰다고 자결을 강요받기도 하였던 것이다.

그리하여 여자들은 조선 숙종 때 학자인 홍만선(1664~1715)이 쓴 『산림경제』란 책 속에 나타난 것처럼 "언문 한글을 익히게 하여 삼강행실(三綱行實)을 가르치고 이로써 여자가 옳게 사는 길임을 알리고, 가을과 겨울에 물레를 돌리고 베를 짜 입도록 가르치고, 열 살에 이르면 안방에 두어 바깥나들이를 못 하게 하고, 또 바깥손님의 눈에 띄지 않도록 숨겨 두어야 한다. 가까운 친척일지라도 사나이와는 같은 방에 있지 못하고 제사를 지낼 때 부인들은 병풍으로 남자들로부터 가리고 신위(神位)를 향해 사배(四拜)하는 것"등 여자를 가정에 묶어 매는 수신 교육을 받았던 것이다. 이것이 이 시대 여자 교육의 전부였다.

2. 전통 사회의 모권(母權)과 안채문화

조선조 여성들이 인격으로서의 자신을 철저하게 배제시킨 남편의 가족에 그토록 충실했던 현상을 조혜정은, 유교 이념이 아닌 또 다른 차원의 설명, 즉 당시 여성들 자신의 욕구와 희망, 그리고 가치 체계에 근거하여 '자궁가족(子宮家族)'과 모권(母權), 여성의 하위문화로서의 '안채문화'의 형성이라는 두 가지 주요 논제로 풀고 있다. 이에 의하면, 당시 여성이 '자발적으로' 부권 사회(父權社會)에 충성한 현상을 이해하기 위해서는, 여성이 나이를 먹어 가면서 자식을 통해 자신이 원하는 바를 성취해 갈 수 있었고 행실 범절을 통해 또는 집안 살림을 일구어 놓음으로써 사회적 인정을 받을 수 있었음에 주목할 필요가 있다는 것이다.

당시 여성들의 삶, 특히 결혼 이후의 시집살이는 극단적인 시련의 삶이었지만, 이러한 여성의 시집살이가 인생 주기를 통하여 변해 간 것이다. 즉 남편의 집에 편입된 가장 낮은 지위에 있던 젊은 여성은 점차 자신이 낳은 '핏줄'을 이 집안에 더해 감으로써 자신의 세력권을 구축해 간다는 점을 지적하며 울프(Wolf, 1972)의 '자궁가족'(uterine family)의 개념을 소개하고 있다. 이 자궁가족에는 자신이 낳은 자녀들과 며느리가 포함되는 사적(私的)인 가족으로서 어떤 뚜렷한 이데올로기나 형식적인 구조가 없으며 주로 감성과 충성심에 기초하여 가족의 유대가 이루어진다. 그러나 이것이 구성원에게는 공식적 가족 못지않은 구속성을 갖는다고 본다. 울프는 여성을 철저히 배제시킨 것으로 보이는 유교적 가부장제가 여성을 상당히 성공적으로 흡수할 수 있었던 근거가 바로 자궁가족과 공식적 가족의 목표가 '다행스럽게'도 잘 맞아떨어졌기 때문이라고 표현한다. 즉 여성이 일정 기간 어려움을 이겨 나가기만 하면 자신의 권력 기반인 자궁가족을 이룰 수 있으며, 그를 통하여 응분의 보상을 누릴 수 있는 가능성의 차원이 열려 있었다는 것이다.

특히 조선시대는 '효(孝)'를 절대 가치화하였던 사회이며, 조선 사회가 도덕적 인간상을 제시하고 그 상에 맞추어 살려고 하는 자에게 최대의 보상을 주는 덕치주의(德治主義)사회였던 만큼, 부덕과 정절을 지킨 여성에게는 응분의 보상이 주어졌다. 상층의 여성에게는 과거급제자 아들을 길러내는 어머니로서의 명예와 보상이 있었고, 그러한 출세를 기대하지 못하는 대다수의 집에서도 아들이 장성할수록 효도를 받고 며느리를 지배하며 손자를 품안에 거느리는 여가장(女家長)으로서의 권위를 확보할 수 있었던 것이다. 즉 대다수의 여성들은 열심히 일하고 참기만 하면 언젠가는 어머니로서 보상받게 되며 남편 집안의 당당한 조상이 된다는 확신을 갖고 있었으므로 가부장제에 자발적으로 충성해 왔다는 것이다. 남편이 없는 여성의 경우라도 '열녀'로서 사회적 인정을 받을 수 있는 기회가 있었으며, 죽어서는 남녀가 동등하게 조상으로서의 극진한 예우를 받았다. 제사가 중요한 사회였던 만큼 사후(死後)의 남녀평등이 여성에게 주는 의미는 컸을 것이다. 이와 같은 노후(老後)의 보상이 여성으로 하여금 억압을 자발적으로 받아들이게 만들었다는 것이다.

그리하여 여성 스스로가 여성의 지위를 확고히 하는 하나의 방편으로 혈통의 정통성을 중시하고 훌륭한 아들을 낳은 어머니의 당당한 권리를 행사하였던 것이다. 그러므로 남아 선호의 현상도 "공식적 가족 윤리에서 파생된 것이라기보다는 여성들의 생존, 성취와 직결된 자궁가족적 계산의 산물"로 본다. 즉 "딸은 자신의 삶에 아무 소용이 없으며 아들만이 생전의 행복과 사후의 평안을 약속하는 자식이므로 여성 스스로가 적극적으로 아들을 존귀하게 여기는 태도를 강화시켰을 가능성이 높았던 것"이라고 해석하고 있다.

당시의 여성은 자신이 태어나고 성장한 집을 결혼과 함께 떠나 자신을 이해하거나 감싸 줄 사람이 하나도 없는 시집에 들어가서 사는 단절적 경험을 하게 된다. 이러한 불안정한 삶을 살아야 하는 상황적 조건 때문에 심리적으로 남성에 비해 강해지고, 일찍 독립적이며 성취 지향적으로 되어 간다고 한다. 조선조 여인들의 이러한 기질적 특성이 자궁가족을 통하여 딸들에게 이어지게 되고, 또한 한국여성을 심리적으로 강하게 만들어 온 것이라고 조혜정은 지적하고 있다.

한편 여성이 자발적으로 부권 사회(父權社會)에 충성한 현상을 이해하기 위한 두 번째 설명으로, 조혜정은 '안채문화'라는 여성의 하위문화 형성에 주목하고 있다. 여성이 공식적으로 남성 세계의 보조자로 규정되어 있었고, 여성들 또한 그러한 규정을 그대로 받아들이고 있었지만 실은 그것을 부여된 그대로만 받아들인 것이 아니라, 적극적으로 재해석하여 자신의 권력을 확보하고 한정적이나마 여성 자신들의 공동체적 생활 무대를 창조해 갔던 점을 지적한다.

우리나라의 가옥 구조 등에서도 볼 수 있듯이, 음양 원리의 근원적인 우주관과 연결되어 왔던 안채와 바깥채라는 공간적 구분과 당시의 엄격한 남녀 유별적인 내외 관습의 배경에 의하여 여성들은 안채를 무대로 그들 나름의 자율적인 세계를 구축할 수 있었다는 것이다. 이러한 세계는 '여성들만의' 생활의 장(場)이었고, '여성들만에 의한' 하위 문화가 존재할 수 있었다는 사실이 매우 중요한 시사점을 갖는다.

울프(1972)도 "여성들이 빨래터나 공동으로 잔치 준비를 하는 장소 등에서 자신들의 유대망을 형성하고 정보를 교환하였으며, 그들의 잡담은 여론 조성의 작업으로서 지나친 여성 억압을 막는 완충적인 역할을 하여 왔음"을 지적하고 있다. 그러나 상류층일수록 씨족적 지배가 강화되고 여성의 출입이 규제되었을 것이므로 지역 공동체적인 연대망을 발전시키기는 어려웠겠지만 대신 시집 가문 내에서 여성들의 세계를 구축해 갔을 가능성은 높았다.

이와 같은 시집 내 여성 간의 유대는 조선조 후대로 오면서 여성들의 자율성을 확보하는 기제로서보다는 지배 이데올로기가 제시한 역할을 잘 수행해 나가기 위하여 상호 경쟁하는 기제로 작용한 경향을 보인 점을 주목할 필요가 있다. 특히 여성들이 적극적으로 수용한 지배 이데올로기의 핵심으로 조혜정은 '조강지처'로서의 자부심을 예로 든다. 여성들만의 사회에서의 지배 집단, 즉 '본처' 집단의 세계관이 반영된 것으로 '조강지처', '본처'의 긍지를 강조하기 위해 '후처'와 '계모'는 속죄양이 되어 왔음을 지적한다. 처와 첩의 계급이 판이하여 감히 한자리에 앉을 수도 없을 뿐만 아니라, 본처를 '여군'이라 존대해서 부르며 첩은 측실, 별실·소실 등의 열등명사로 불렀다. 첩은 본처의 자손을 노비가 상전의 자제를 부를 때와 같은 '서방님', '도련님'으로 불러야 했으나, 첩 소생의 서자는 비록 사대부 가문일지라도 반사, 좌족, 불치 등의 불구명사로 불렸으며 가문의 전통과 벼슬에서 소외당했다. 또한 민담에서 주로 계모는 항상 욕심이 많고 성욕이 많아 남자를 호리고 전처의 아이들을 구박하는 식으로 묘사되기도 하였다. 이처럼 가부장제도의 틀에 들지 않는 소수의 여성들은 희생시킨 채 안채 문화를 통해 다수의 여성들은 본처로서, 어머니로서, 근면한 주부로서 존경을 얻고 지배권을 강화해 갈 수 있는 입장을 구축했음을 엿볼 수 있다.

요약하면 조선시대는 '효'를 최상의 가치로 삼는 가족주의 사회였기 때문에 여성이 본처 그리고 어머니로서 존재하는 한 상당한 지위와 인정을 받을 수 있었다. 특히 아들을 통한 모자 관계 내지 자궁가족에 의해 여성은 상당한 권한을 가질 수 있었는데, 혈통과 가족이 크게 부각되는 과정에서 여성이 스스로 확보할 수 있는 권한과 지위또한 증가한 면이 없지 않았음을 알 수 있다. 신분제와 함께 친족적지배의 결합 형태로 나타났던 조선조의 가부장제는 공식적 제도와이데올로기를 통해 여성을 극도로 억압했다. 그러나 그 이면에서 대다수의 여성은 가부장의 어머니로서 막강한 권력을 행사한 것도 사실이다. 여성은 어려운 단절적인 시집살이를 이겨 나가야 했던 만큼성취적이고 강한 인성을 지니게 되었으며, 여성의 안채 문화를 통해그들 나름의 갈등과 불만을 해소하는 기능을 수행하여 왔던 것이다.또한 안채의 주인으로서 그리고 명분 사회를 뒷받침하는 주요 행위자로서 여성들은 사회의 공식적·비공식적 인정을 받아 왔다.

궁극적으로 혈통을 극도로 중시한 당시의 체제에서는 대가족 내의연장자이자 혈통 계승자의 어머니로서 여성의 지위와 활동에 상당한권한을 부여한 셈이며, 여성들은 그러한 여지를 십분 활용하여 가부장제의 유지를 적극적으로 도왔던 것이라고 볼 수 있다. 그럼에도 불구하고 조선시대 가부장 제도하의 여성은 개인적인 인격으로서가 아니라 어머니로서만 인정되었다는 점과, 여성 자신들이 조선 중기 이후 붕괴되어 가는 체제를 강한 생활력으로 보완하여 적극적인 지탱자가 되어 왔다는 점을 상기하는 것이 다음에서 살펴볼 가부장제의 현대적 변형을 이해하는 데 매우 중요하다.

제2절 산업사회와 여성의 지위

그러면 6백 년을 이어 온 조선시대의 가부장제 전통이 근대와 현대사회로 이어지면서 가정과 여성의 삶 속에서 어떻게 변모되어 나타나는지 그 변화와 연속성을 중심으로 살펴보고자 한다.

조선 왕조 말기와 일제 강점기를 거쳐 산업사회에 이르기까지의 시기, 즉 전통적 농경 국가체제를 벗어나 공업화되는 과정에서 가부장제 변화의 조건이 몇 가지 형성되고, 이와 더불어 한국 가족과 여성의 삶은 새로운 국면을 맞게 된다. 가부장제 전통과 여성의 삶에 변화를 초래하게 되는 시대 상황적인 조건은 크게 두 시기로 나누어 살펴볼 수 있다.

우선 대한제국의 성립과 일제기로 묶어 볼 수 있는 근대 사회는 나라 전체의 운명이 바뀌며 공식적이고 제도적인 영역이 크게 축소되거나 붕괴된 채 생존 자체가 궁극적 목표였던 시기이다. 그런 와중에서도 근대적인 요소를 내포한 일본식 교육이 전개되고, 한국사회의 생활 세계의 조건을 점진적인 공업화에 진입하는 초기 단계로 변화시킨 때이다. 여성의 삶과 관련하여서는 한국 근대사의 혼란과 격동 속에서 차츰 여성의 활동이 확대되는 동시에 혼란기의 특성 또한 보여주고 있는 단계이다.

두 번째로는 전후 본격적인 국가 주도의 산업화가 진행된 1960, 70년대의 고도 경제 성장 시기이다. 현대로 접어드는 이 시기에는 산업자본주의가 확산되어 대기업이 성장하고 사회 전체의 구조가 경제적인 생산을 중심으로 재편되어, 공적 영역과 사적 영역의 구별이 서구 사회처럼 중요해지기 시작했다. 즉 경제 생산이 가족과는 분리된 채 공적 영역은 주로 남성의 노동이 맡고, 가정은 사적 영역으로 주부가 중심이 되는 성별 분업이 나타난다. 또한 도시화와 인구 이동이 전통적인 대가족 제도의 변화를 초래하여 핵가족화가 이루어진 시기이다. 이와 동시에 여성 교육이 대중화되고 근대적인 평등 이념이 전파되면서 남녀평등 사상이 상당히 보편화되어 갔을 뿐만 아니라 여성의 사회적 진출이 현저해져 갔다. 이 시기는 조선조 이래의 전통적 가부장제와 자본주의적인 가부장제의 혼합 양상이 두드러지게 나타나면서 새로운 변혁의 가능성을 조건 지어온 단계이다.

그러므로 이 두 시기의 구분은 전통적인 가부장제의 붕괴와 변형을 분석하는 데 중요한 변인으로 작용하고 있고, 근대와 현대사회로 이루어지면서 가정과 여성의 삶에서의 변화를 살펴보는 데 적합하다고 볼 수 있다.

한국의 근대사 초기는 신분제의 문란, 민중 봉기, 외세의 압력과 전쟁의 소용돌이 속에서 대다수의 백성들이 빈곤과 혼란을 경험한 시기다. 즉 국가의 존립이 심하게 흔들리던 시기로 공적·제도적 영역이 붕괴 내지 축소되어 갔다. 이어진 일제 강점기를 거치며 국가 조직은 완전히 붕괴되고 많은 사람들이 토지를 잃고 농촌을 떠나게 되었는데, 이러한 도시화와 인구 이동을 통해 대가족 중심의 친족 집단의 기능도 점차 약화되었다. 이 혼란기의 한국 남성들은 주로 전장에 나가거나 징용에 끌려 일본, 만주 등지로 가게 되었고 노동을 팔거나 교육을 받으러 가정을 떠나갔다.

이러한 시대적·사회적 혼란 상황은 여성들로 하여금 홀로 일꾼을 데리고 대갓집을 지켜 나가는 종부로서의 일, 또는 시장에서 장사를 하거나 임금 노동을 하여 가족의 생계를 꾸려 나가야 하는 등의 일을 도맡게 하였다. 이에 여성들의 바깥 활동은 불가피하게 대폭 증대되고 확장되어 갔다. 이 시기의 여성의 삶은 생존 위주의 상황 윤리와 가족주의 원리 아래 상당한 활약을 해야만 했을 것으로 짐작할 수 있다. 전통적으로 남성의 보조자로서 남성의 약점과 부재를 메우고 보완하는 것이 의무였던 여성들은 이러한 혼란기를 통해 그 역할을 자연스럽게 확대해 갔으며, 이들의 증대된 활동은 가족의 생존을 위한다는 큰 명분을 가지게 된 것이다.

그러나 조혜정은 이러한 시기를 통해 확대된 여성의 활동이 전통적인 남존여비 사상을 약화시킨 것은 아니었다고 지적하고 있다. 오히려 부계혈통을 이어 갈 남성의 생존을 확실히 하기가 더욱 어려워진 만큼 여성들은 절대적인 사명감으로 남편과 아들을 감쌌다. '씨'가 이어진다는 사실 자체가 개인의 사회적 지위 보전에 필수적이며, 언젠가 집안을 크게 일으키더라도 남자 없이는 그 영광이 공적인 영역에서의 결실을 맺지 못한다는 생각으로, 여성들은 집안의 남자를 살려야 한다는 관념 속에서 살아온 것이다. 그러므로 실질적으로는 모(母) 중심적 성격을 더욱 강하게 띠어온 근대 한국사회에서도 여전히 남성은 상징적 권위로서 가족 구성원의 머리 속에 항상 군림해 왔다. 즉 근대 격동기의 아버지 부재는 적극적인 어머니의 활약에 의해 메워졌으며, 남편의 자리를 항상 남겨 두고 그의 권위를 세워 주는 일이 여성의 주요한 역할이 되었던 것이다.

그리하여 남성의 권위는 아내와 어머니인 여성에 의해 끊임없이 상기되었고, 특히 자녀 교육에 있어서 아버지의 부재는 '일시적'이라고 간주되며, 아버지는 집안의 보이지 않는 정신적 지주로서 실제적 역할과는 무관하게 강하게 존재하여 왔다. 여성들은 가족의 실질적인 중심 역할을 하면서도 남성의 일시적인 부재로 가족의 삶이 흔들릴 리가 없다는 것을 보여주기 위해서라도 더욱 가부장적 명분에 충실하려고 노력하였다. 어쩌면 이러한 혼란기의 남성 부재 시기를 통해 남자는 여성에 의해 더욱 존귀한 존재로 부상되어 부계 혈통 중심의 남성 우월주의는 전혀 약화되지 않았다고 볼 수 있다.

1900년대 초반에 접어들면서 자유주의적 이상론이 펼쳐지고 당시의 진보적 분위기와 근대적인 여성 교육의 결과 소위 '신여성'이 등장하게 된다. 이들은 한국의 전통적인 여성상을 대체할 현대적 여성상을 제시했다는 점에서 매우 중요하다. 당시 지식인에 의한 여성 인권 선언과 여성 지식인들의 활동, 그리고 여성 교육을 통해 이들은 전통적인 유교 의식을 깨뜨리고자 운동을 전개해 갔다. 이들 주장의 핵심은 자아의 발견이었고, 그 구체적인 내용은 자유연애에 의한 결혼과 '신정조론(新貞操論)'이 중심을 이룬다. 그러나 실제로 신여성들이 처한 상황은 매우 어려웠다. 전문인으로서 훈련을 거친 의사나 교사를 제외하고는 여성이 직업을 갖기가 어려웠고 일단 결혼을 하면 문제는 더욱 복잡하게 얽혔다. 대부분의 경우 여전히 대가족적인 구속을 받아 시어머니를 모셔야 했고, 외간 남자와 사무적으로 만나는 것이나 남편과 다정하게 지내는 것 등이 모두 문제가 되었다. 그러므로 당시 신여성들의 현실적 선택의 여지는 사회 활동을 선택한 독신적 삶과 전통적인 결혼 생활의 두 가지에 한정되었다고 봐야 할 것이다.

한편 1930년대의 식민지 정책에 의한 한반도의 공업화 과정을 통해 식민자본주의가 정착되면서 근로자층 및 현대적 자본가와 노동자 간의 계급분화가 생기고 도시 중산층, 도시 핵가족이 등장하게 된다. 이와 더불어 당시 신여성의 독립적 삶을 부르짖던 분위기는 점차 퇴조하면서 여성의 '고유한' 모성적 역할에 가치를 부여하는 신복고주의가 대두된다. 그리하여 사회여론은 점차 자녀 교육에 대한 문제를 중심으로 직업여성에 대해 부정적 평가를 내리며 모성애를 강조하게 되었다.

공업화가 진행되어 남성들이 안정된 수입과 사회적 지위를 확보하게 되어 감에 따라 여성들의 남성에 대한 기대는 달라져 갔다. '일생을 의탁할 수 있는 믿음직한 남성'이 신여성들이 결혼하고자 하는 이상적 대상으로 등장하였다. 이는 서구의 자본주의가 진전함에 따라 발생한 부부 중심의 가족관과 상당한 유사성을 보이며 직접적으로는 일본의 '양처현모(良妻賢母)'상이 뿌리내리는 과정으로 볼 수 있다.

우리의 현모양처(賢母良妻)란 말은 원래 일본에서 온 것으로 당시 일본 사회에 자본주의가 상당히 진전되고 남성들이 대거 임노동 영역에서 일하게 되자, 경제 활동에 참여하는 남편 중심의 가족에 알맞은 여성상으로 '양처현모'상이 제시된 것으로 보인다. 이 새로운 여성상은 학교 교육 및 농촌의 부인회 등을 통해 주입, 확산되었으며 일본의 '전문주부'(professional wife)상으로 발전하였다. 당시 조선의 공업화는 아직 미약하였을 뿐만 아니라 일본에 비해 혈통을 중시하고 어머니의 역할이 차지하는 사회적 비중이 컸던 만큼 어순이 '현모양처'로 뒤바뀐 것이라고 조혜정은 지적한다. 즉 핵가족화에 따른 가족 윤리로 '양처현모'상이 들어왔으나 한국여성에게 특히 강조된 것은 부부 관계보다는 여전히 전통적인 모자 관계였던 것이다.

당시 점진적 공업화와 근대적 가치의 수용으로 조금은 근대적인 현모양처 상을 받아들였지만 그것도 주로 근대 교육을 받은 층에 국한되었다. 소위 엘리트 여성은 결혼을 시집이라는 가족 집단보다는 능력 있는 한 남성과의 결합으로 간주하게 되었고, 자신의 역할을 근대적 직장을 가진 능력 있는 남편을 내조하고 그 아이를 기르는 일에 전념하는 현대적 가정주부의 역할에 한정시켜 인식하게 되어 현모양처의 이데올로기가 근대 교육을 받은 층에서부터 정착되기 시작하였다.

반면에 대다수 여성의 경우는 오히려 전통적인 모성의 역할이 더욱 강화된 모(母) 중심적 가족의 특성을 강하게 띠었다. 일제 치하에서 벗어나면서 여성들은 전통적으로 자신의 자리인 가정으로 돌아가려고 준비하였으나 그것도 잠시뿐 다시 전쟁과 정치적인 혼란기를 맞는다. 이러한 시대적 상황으로 하여 여성들은 남성들을 살아 있어 주기만 하면 족한 존재로 여기게 되었고 남성에 대한 여성의 실제적 기대치는 더욱 낮아졌다. 피난살이와 전쟁을 거치며 아버지가 부재한 상황의 가족에게 어머니는 더욱 중요해져 갔다. 그 당시를 살아온 어머니를 회상한 글들에서 주로 나타나는 여성상은 정치 부재, 아버지 부재의 상황에서 집안을 일으킨, 근면하고 과단성 있으며 억척같은 모습이다.

그 이후 초기 산업화 과정에서도 여성들의 활약은 계속된다. 한층 높은 생활을 향해 모두가 돌진해 가던 시기에 가족의 중심인물로서 그들은 또한 자신의 가족이 남보다 뒤떨어질세라 다져온 저력을 한껏 발휘했다. 여성들은 여러 가지 방법을 동원하여 남편을 출세시키고 자녀를 '일류학교'에 입학시키고 집을 마련하며 재산을 늘려 왔다. 이러한 여성의 '지위재생산'적 활동은 공적 영역과 사적 영역이 확실히 구분되어 있지 않은 사회 구조적 여건에서 대체로 후발 공업국에서 나타나던 현상이다.

　요약하면 전통적인 여성의 삶이 일제 강점기를 전후한 역사적 혼란기를 통하여 변모한다. 초기 근대화 시대는 외세에 의한 찬탈적 공업화 과정을 거치며 생존 자체가 어려웠던 만큼, 가족의 생존을 위하여 전통적으로 도구적 성향을 길러 온 여성의 저력이 한껏 발휘되었고, 이를 통해 소위 '센 한국여성'의 이미지가 굳어졌다. 즉 여성들이 실질적인 가정의 주관자로서 전형적인 모(母) 중심 가족의 성격을 나타내게 된다. 그럼에도 불구하고 이념상으로는 여전히 삼종지도(三從之道)의 규범과 아버지의 상징적 권위가 강조되어 왔다.

　동시에 식민자본주의 경제가 전개되고 사회가 근대적 교육과 지식 그리고 경제 활동력 중심으로 이행해 감에 따라 경제력 있는 남편이 있는 중간 계층 가정이 형성되었다. 이들에게는 부부 중심 가정이 이상적 형태로 여겨지면서 대가족의 지배를 벗어나는 핵가족과 현모양처 상이 대두된다. 즉 '능력 있는' 남성의 내조자로서의 '현모양처' 상을 토대로 한 정서적 유대의 부부 관계가 강조되고, 이와 더불어 여성의 활동 반경은 오히려 점점 줄어들기 시작한다. 이러한 현대적 가족은 부부간의 엄격한 역할 분담을 특징으로 하는데, 남편은 도구적인 역할을, 아내는 정서적인 역할을 맡게 되고 여성은 오히려 경제적으로 남편에게 예속되어 간다.

　그러나 여성이 독자적으로 공식적인 영역에서 인정을 받고 활동하는 경우도 없진 않았다. 그러나 이들은 극히 소수에 불과한데다가 대부분이 독신으로 살았고, 공적 영역에서 활동하는 여성들을 다루는 새로운 가치체계가 형성될 토양이 아직 무르익지 않았다. 따라서 당시 일반적으로는 여성의 권한이 분명 커졌다고 볼 수 있으나, 가족생활에서의 중심적 가치는 여전히 전통적인 신분 의식과 가부장적 가족주의 원리 그리고 자본주의화 과정에서 나타난 새로운 현모양처 이데올로기가 지배했다고 보아야 할 것이다. 그러므로 이 시대의 가부장제를 전 시대의 것과 질적으로 다르다고 보기는 어렵지만, 이 시대를 통하여 여성들이 활동할 수 있는 비공식적 영역은 차츰 넓어져 갔음은 분명한 사실로 보인다.

제3절 자본주의 사회와 여성의 존재

전후 본격적인 국가 주도의 산업화가 진행된 1960~70년대는 고도의 경제 성장 시기로 산업자본주의가 확산되고 사회 전체의 구조가 경제적인 생산 중심으로 재편되었다. 이와 더불어 한국사회는 자본주의적 사회 구성에 따라 경제 생산에서의 공적 영역은 남성이 맡고 가정은 사적 영역으로 엄격히 구분되는 새로운 형태의 가부장적 가족이 등장한다. 이 새로운 형태의 가부장제는 남성이 경제적 활동을 독점하고 여성은 가정에 머물면서 정서적 역할을 수행하는 업무 분담에 기반을 두고 있다. 이러한 가부장적 변형은 주로 경제 구조의 변화에 따른 것인 만큼, 서구 가부장제의 변화와 본질적으로 같은 과정을 거친다. 여성들은 전 시대에서처럼 여전히 가정의 구심점이긴 하지만 경제적 생산 활동에서 배제된 채 어느 때보다 직접적으로 남편의 지배를 받게 된다. 또한 공적 영역이 확대된 데 비해 가정의 영역이 크게 축소되고 점차 비공식 영역도 사라져 갔기 때문에 실제로 여성의 역할은 점차 줄어들게 된다.

성(性) 역할이 고정화된 상황에서 공적 영역의 확대는 가부장적 지배의 확대를 의미하게 된다. 이는 전통적 가부장제의 지배체제와는 판이하게 다른 가부장제로서 남존여비의 규범이 아닌 심리적인 성차(性差)를 강조함으로써 성(性) 역할 분담이 정당화되며, 공사의 구분은 더욱 구조화된다. 여성은 주로 가정에 남아 가사 노동을 하고 정서적 위안을 주는 아내로, 그리고 '출세할' 자녀를 기르고 교육시키는 일에 몰두하는 가정의 관리자로서 전념하게 된다. 동시에 이러한 주부 중심의 핵가족이 현대산업 사회의 이상적 가족으로 대두되면서 여성은 가정의 관장자로서 여전히 맹활약을 한다고 해도 그들의 활동은 가정 내에서의 주관적인 인정에 의존하는 사적 활동에 그칠 뿐이었다.

산업 사회에서의 가부장제 유지는 국가 기구나 일터의 공식적·조직적 차원에서 이루어지고, 일상생활에서는 생리적 성차(性差)와 '남성다움', '여성다움'으로 표현되는 심리적 성차를 강조함으로써 이루어진다고 한다(조혜정, 1989a). 이 시기의 한국 역시 자본주의화가 진행됨에 따라 새로운 형태의 가부장적 원리가 나타나는데, 일제를 거쳐 형성된 현모양처 이데올로기는 낭만적 사랑을 강조한 '사랑받는 아내, 성공하는 남편'의 형태로 발전되어 간다. 이와 더불어 많은 남성들은 가정의 경제 수입원으로서 권위를 당당히 행사할 수 있게 되고 나름대로 자신의 공적 영역을 확보하게 되면서 '귀엽고 의존적인 아내'를 원하게 되었다. 한편 여성은 어머니 세대에 비해 자신이 남편과 대등한 반려자가 된 것을 크게 자부하게 된 것이다. 이런 상황에서 '낭만적 사랑'이나 연애란 경제 생산자인 남성이 자신을 편하게 해줄 '적합한' 배우자를 모색하는 과정이며, 여성으로 하여금 사적 영역인 가정 안에서 남성을 내조하는 생활에 만족케 하는 주요 기제가 되었다.

실제로 산업 사회는 근본적으로 가부장제를 극복할 근거를 제공하고 있다. 우선 생산이 공적 영역에서 이루어지고 임금 노동화함에 따라 개인의 경제 자립이 가능해진 것이다. 이와 더불어 개인의 인격을 존중하는 이념이 대두되고 점차 평등 원리가 사회적 상호작용의 원리로 뿌리를 내리게 된다. 가족제도상에도 변혁이 일어나 친족적 지배를 벗어나 부부 중심의 핵가족으로 이행해 갔다. 그러나 아직도 한국의 경우 일터와 가정, 임노동과 가사 노동, 공과 사의 구분을 토대로 남녀간의 불평등한 관계가 고착되고 심화되는 양상을 보여주고 있다.

현대의 자본주의적 발전은 한편으로는 공적 영역에서 활동하는 여성들의 수를 본격적으로 늘어나게 하였고, 교육을 통해 여성들의 사회 활동 욕구가 크게 높아지고 있다. 그럼에도 불구하고 아직 사회적·경제적 자립을 이룬 여성들의 숫자는 한국 가부장제 전통에 어떤 변화를 일으키기에 충분한 정도의 수는 확보하지 못하고 있다. 전통적인 남존여비 사상을 중심으로 한 규범적 지배는 크게 약화되었지만, 아직도 심층적인 차원에서 그 특성이 유지되는 면이 없지 않다고 볼 수 있다.

한편 사회 일반에는 '남녀유별에 대한 강박관념'이 아직 남아 있었고, 또한 여유 없는 가정 경제를 꾸려 가는 궁극적 책임은 여전히 주부에게 달려 있는 편이다. 실제로 서구에서와는 달리 한국 주부의 상당수가 가정 경제의 관리권을 쥐어 온 현상은 살림을 '알뜰하게' 살지 않으면 가계를 꾸려가기 힘든 가정 경제 사정과 여성의 전통적인 '살림 일으키는' 역할의 지속이라는 면으로 설명할 수 있다.

조선조에 강화된 유교 이데올로기와 혈연적 통제에 근거한 한국의 가부장적 지배는, 빈곤과 혼란기를 거치면서 남성을 비롯한 가족들의 여성에 대한 절대적 의존과 '불변적 남성 우월주의'로 고착되어 갔고, 동시에 생활 세계에서의 강한 어머니의 권한 행사로 나타났다. 이때의 모권(母權)은 제도적으로 취약한 입장에 처한 여성들 스스로의 적극적 활동에 의해 구축된 것으로 여성 자신에 의해 고수되었다. 이런 면에서 한국의 가부장제는 제도의 차원이 아닌 생활 세계에서 더욱 강력한 의미로 존속되어 오고 있으며, 여성 자신의 아들에 대한 의존 문제와 가정 내 실질적인 남성 지배의 문제가 깊이 관련되어 있음을 알 수 있다.

제6장

정보사회와 여성의 직업

제1절 현대여성의 경제활동

한국사회에서 자본주의의 확장은 산업 구조의 성장과 확대로 인해 노동력의 부족을 초래하는 부문이 생겼고, 아울러 여성들의 인력이 요구되는 다양한 직종이 새롭게 나타나게 되었다.

이와 더불어 경제 활동에의 참여는 물론 다방면에서 여성의 사회적 진출이 크게 늘어났다. 여성이 경제 활동을 비롯한 일을 하는 경우는 크게 두 부류로 나뉜다. 하나는 경제적 궁핍으로 일하지 않으면 안 되기 때문에 일을 하는 경우이고, 다른 하나는 경제 외적 이유가 크게 작용하는 경우이다. 절대 빈곤에서 벗어나기 위해서 혹은 가정 경제를 보다 윤택하게 하기 위해서 일을 하는 경우도 있고, 또는 자기 나름의 능력을 사회에 환원한다는 자아실현 등의 가치를 부여하고 일하는 경우도 있다. 물론 이들은 엄격히 구분될 수 있는 것은 아니다. 그러나 여성이 일을 하는 이유가 어디에 있다고 여기는지에 따라 여성들 자신의 처신이나 가족 성원들의 태도, 그리고 가족 관계의 양상 등이 상당히 달리 나타나므로 여기서는 나누어 살펴보고자 한다.

한국사회에서 자본주의의 경제 성장은 한편으로는 사회 구조적인 불균형을 초래하여 계층 간의 분화를 심화시켰고, 두터워진 중산층에 비해 저소득층의 생활은 상대적으로 열악해져 갔다. 산업화와 더불어 한국의 근대화가 급격히 추진되는 과정에서 수출 지향적인 급격한 경제 성장 정책은 저임금 노동력에 대한 요구와 맞아떨어져 많은 여성 노동자를 일터로 동원하게 되었다. 이것은 노동 현장에서의 남녀 간 성별 분업의 벽이 무너지면서 여성의 경제적 역할과 지위가 높아

진 과정처럼 보였지만 실제로는 여전히 남성 노동자와의 임금 격차
는 컸고, 여성 노동은 가계 보조적인 것으로 간주되었다. 예를 들어
1983년 남성 노동자와 여성 노동자의 임금 격차는 100:45.2(박현채,
1985)였다. 이와 같은 남녀간의 임금 격차는 여성을 열악한 노동 상
태에서 보다 차별받는 존재로 만들어 갔다.

다음은 1985년 당시 F 전자에 근무하던 여성 근로자 최옥경(25세)
이 쓴 수기의 일부이다.

> 최저 생계비에도 못 미치는 내 한 달 월급봉투를 받아 들 때마다
> 내가 하고 있는 일들이 도대체 누구를 위한 것인가라는 생각이 들고
> 매번 '에라, 이 회사 때려 치웠으면 좋겠다' 하는 마음이 굴뚝같지만
> 다른 회사로 옮긴다고 별로 나아질 것도 없다는 생각은 분명해진
> 다.……(중략)……여자이기 때문에 덜 힘들거나 덜 열심히 일하고 있
> 는 것이 아닌데 우리 사회는 여자라는 이유로 특별대우를 해 준다.
> 나는 가끔 왜 우리나라에는 '여자는 할 수 없는 일'이란 딱지가 붙은
> 일이 이렇게 많은가? 하는 생각이 든다.……(중략)……사회에서는 여
> 자들이 약하고 어머니 역할을 해야 하기 때문에 보호받아야 한다고
> 이야기되고 있지만 실제 작업장에서 하는 일들은 오히려 최고의 열
> 악한 조건에서 시달리고 있다. 여자들을 보호한다는 허울 좋은 명분
> 으로 우리에게는 할 수 있는 일들이 제한되고 있다.

이러한 현상은 비단 근로 여성에 한정되는 것이 아니었다. 헌법상
의 민주화와 평등에 대한 보장에도 불구하고 유교적 교리와 결합된
가부장제의 잔재는 여성의 낮은 경제적 지위와 함께 정치·사회·문
화적인 제반 활동에서 여성을 차별하는 것으로 나타났다.

한편 산업화 초기에 가장 열악한 조건에서 노동을 해 온 여성들도

80년대 이후 한국 경제가 안정기에 접어들면서 중산층이 넓어지고 점차 노동 현장에서 벗어날 수 있게 되었다. 이것은 노동에 시달리던 저소득층 여성에게는 축복이었다. 경제적인 필요 때문에 일을 할 수밖에 없었던 저소득층 여성은 대체로 이처럼 일을 하지 않아도 되는 상황이기를 바란다. 대신 자신은 집에 남아서 경제적인 면은 남편에게 의존한 채 가사 노동과 육아 그리고 가정적 안정과 개인적 행복, 사랑 등의 인간적인 가치들에 대한 책임만 맡는 것이다. 실제로 정현백의 연구에서 보면 농촌 주부를 포함하여 노동 계층의 여성들은 과도한 노동에 시달리기 때문에 일차적으로 바깥일을 않고 집에서 편히 지내는 비취업 주부의 삶을 선망하는 경향임이 나타나고 있다.

그럼에도 불구하고 많은 여성 노동자의 경우는 결혼 후에도 공장 노동자나 빈농, 도시 빈민의 아내가 되는 경우가 대부분이었다. 우리 사회의 여성 노동자에게 있어서 계급적 상승은 공식적 교육을 받을 기회가 주어지거나 치부를 하거나 혹은 결혼을 통해서 가능하였다. 그러나 산업화 과정의 노동자들에게는 첫 번째, 두 번째 경우도 매우 어려운 일이었지만 세 번째의 가능성도 현실적으로 거의 봉쇄되어 있었다. 그러나 이 여성 노동자들 대부분은 자신의 직업을 임시적인 것으로 보는 경향이 두드러지며, 경제력이 있는 남성과 결혼하는 것을 최고의 목표로 삼을 뿐 경제·사회적 자립인으로서의 긍지는 높지 않다는 것을 정현백은 지적하고 있다.

그런데 이러한 많은 젊은 여성 노동자들의 경우 특히 전통적인 가족주의적 가치관이 매우 강한 것으로 나타난다. 한국 노총의 여성 근로자 의식조사(1983)의 예를 보면, 가장 높은 비율의 응답이 "부모님께 효도하는 것"이 가장 중요하다고 하였다. 또한 정현백의 여성 노동자의 수기를 통해 나타나는 심리적 특성 연구(1985)에서도, 대부분이 열악한 노동 과정을 이겨내는 동인은 바로 '자신이 아니면 가족들은 굶어 죽는다'는 의식이었다고 밝히고 있다.

여기서 또 한 가지 흥미 있는 연구는 빈농의 가정이 재산을 증식시키는 과정에서 경제적으로 가장 도움을 준 사람은 미혼 딸이 가장 많다는 사실이다. 한국기독교사회문제연구원의 한 조사에 의하면, 이들이 재산을 증식시키는 데는 주부나 비동거 딸의 헌신적인 노력이 큰 역할을 하고 있는 데 반해, 재산의 상실과 감소는 주로 가구주와 아들에 의해 이루어졌다는 것이다. 이러한 결과는 한국사회의 저소득층 가정에서의 여성의 역할은 산업화 초기의 경제 혼란기에 활약한 여성들과 같은 맥락에서 이해될 수 있음을 시사한다.

산업화의 진전과 더불어 1980년대 이후 한국 경제가 안정기에 접어들면서 한국사회의 중산층이 많아졌다. 또한 차츰 세대주인 남성의 수입이 상승함으로써 여성이 경제적 활동을 하지 않고 소위 사적 영역인 가정에만 머물게 되는 현상도 늘게 되었다. 여성이 가정에만 안주하며 남편의 경제력과 사회적 활동에 자신의 삶을 의존하는 경우, 공적 자원과 사적 자원 교환의 불균형을 초래하고 이러한 불안정한 교환이 여러 가지 사회적 불평등 양상을 가져온다고 여겨진다.

그러나 한국의 경우, 부부 중심의 서구 핵가족과는 다른 양상을 보여 왔는데, 이것은 특히 한국 주부의 사회적 상호작용의 폭이 상당히 넓다는 데 기인한다. 대다수의 한국 주부들은 계나 부동산 매매와 같은 경제적 활동, 자녀의 과외 지도와 교사 방문 등의 교육적인 활동을 비롯하여 제사와 친척 관리 등의 다양한 활동을 통해 중요한 정보를 교환하였고, 이러한 역할을 수행하느라 실제로 한국의 중산층 주부들은 매우 분주하게 지냈으며, 엄밀한 의미에서 그들의 가정적 역할은 단순히 가정에 머물기만 한 것은 아니었다.

그러나 이러한 여성의 활동 범위는 1980년대 이후 산업 사회의 경제가 안정되면서 도시 핵가족을 중심으로 오히려 점차 좁아져 갔다. 전형적으로 남편에만 의존하는 '전업주부' 집단이 확고히 형성되면서 이들의 역할은 핵가족을 중심으로 가족 구성원의 건강관리와 자녀 교육 그리고 정서적 역할 등 극히 사적인 영역으로 한정되어 갔다. 그리하여 현대의 도시 핵가족의 전업주부들은 공식적 경제 활동에서는 처음부터 배제되었고, 또한 어머니 세대가 행하던 비공식적 경제 활동과 사회적 활동의 통로마저 잃기 시작한 것이다. 그 대신 이들은 남편으로 하여금 아내가 일상생활에서 필수 불가결한 존재임을 느끼도록 매우 사적이고 감정적인 자원을 개발함으로써 남편과의 관계에서 균형을 이루도록 했다.

이처럼 감정적 자원과 사적 자원을 확보함으로써 전업주부들은 직접적인 권위나 통제는 아니더라도 원거리 조정을 통하여 자신들이 원하는 바를 상당히 이루어 갈 수 있었고 가정 내에서 막강한 권한을 행사해 온 셈이다. 그러나 문제는 그 권한이 어디까지나 '도구적 권한'에 그친다는 점이다. 어쨌든 가정 일을 실제로 누가 주도하느냐에 상관없이, 경제적 자립 가능성과 가사에 대한 사회적 평가가 없는 상황에서 이들 전업주부는 궁극적으로는 남편에게 종속될 수밖에 없는 셈이다. 이와 같은 주부들의 종속된 위치는 내적 갈등과 사회적 문제를 파생시킬 소지를 안고 있다.

현대사회에서의 대다수 전업주부의 삶의 특징은 일상성과 기다림으로 표현될 수 있다. 물론 일상성과 개성의 상실 등은 규격화된 공장 상품 생산과 관료 조직 구조 속에서 살아가는 대다수 현대인들의 특징이다. 그러나 경제·사회적 혼란의 시기를 자녀들에게 매달리며 억센 모성의 역할을 담당하였던 과거의 어머니에 비해, 산업화가 안정적으로 진행될수록 현대 주부들의 삶이 갖는 반복적 일상성은 여성 자신의 삶에 대한 의미를 더욱 줄어들게 하였다.

그런데 사회가 더욱 산업화되고 개인주의화되면서, 그리고 자아 성취가 강조되어 가는 현대사회의 새로운 상황을 지켜보면서 주부 자신들도 이러한 기다림의 보람이 덧없음을 점차 의식하게 된다. 그러나 여전히 가부장적 가족주의와 집단주의적인 삶을 살아야 하는 자신의 모습에 현대의 주부들은 점차 갈등을 느끼기도 한다. 이는 곧 자아 정체성의 문제를 야기하는 데, 현대 주부들의 정신적인 방황은 대부분 여기서 비롯된다고 많은 연구에서 지적된다. 그리하여 주부들이 '고삐 풀린 망아지'로 표현되는 세태를 야기하거나 혹은 가정주부들의 알코올 중독 현상, 춤바람, 치맛바람 등 중년 여성층의 사회 문제가 파생되기도 한다. 또한 주부들의 열렬한 종교 활동 속에서도 이들의 불안한 자아 정체감의 실체를 엿볼 수 있다.

이러한 상황에도 불구하고 대부분의 전업주부들은 문제의 핵심을 보기보다는 회피하려는 편이다. 스스로의 힘으로 자신의 상황을 바꾼다는 것이 구조적으로 봉쇄된 삶에서 무기력한 느낌만 갖게 하는 것이다. 그리하여 여성으로서 자신의 삶에 대해 생각하기보다는 가족을 위해 바쁘게 지낼 수 있는 주부가 바로 '행복한 주부'라고 생각하게 된다. 그러므로 끊임없이 집안 청소를 하고 에어로빅, 계 모임, 꽃꽂이 등을 찾는 일이 이들의 주요 활동이 되고 이들 삶에 큰 비중을 갖게 되는 것이다. 또는 여전히 홀로 집을 지키며 남편과의 즐거웠던 신혼 시절을 회상하거나 아이들의 미래를 생각해 본다.

몇 년 전 「아내에게 바치는 노래」라는 가요가 특히 주부들의 인기를 끌었다. 어느 날 우연히 아내의 거칠어진 손을 잡아 본 남편은 인고와 희생의 세월을 말없이 살아온 아내에게 한없는 애정과 감사의 노래를 바친다. 남편은 '또다시 태어나도 당신만을 사랑하겠다'는 감동의 맹세를 한다. 사실 남편과 자식들 혹은 시집 식구들의 그늘에 가려진 채 아무런 인정도 보상도 받지 못할 줄 알았는데 남편이 아내의 노고와 희생에 감사를 바치며 사랑을 고백하는 일은 상상만으로도 가슴 벅차다. 그리하여 아내들은 이 노래를 들으며 현실적인 고통에 대한 심리적 보상을 받았을 것이다. 이 노래는 현실의 수많은 여성들이 자신의 삶에 대해 느끼는 불만이나 회의를 남편의 따뜻한 '위로의 말' 한 마디의 가치와 바꾸도록 만들었다. 그러나 여성주의자들은 이를 두고 이른바 '현모양처 이데올로기의 현대판'이라고 지적한다. 이러한 현대판 현모양처의 본질은 '최고의 남편을 만드는 최고의 아내'가 되기 위해 "자신의 생계와 전 인생을 쥐고 있는 남편에게 봉사와 헌신, 때로는 강요된 애정과 존경의 표현도 마다하지 않아야 하는 초라한 가내 노예"라고 이일선(1985)은 지적하고 있다.

또한 조혜정은 가족에게만 시간과 에너지를 투자하도록 구조화된 상황에서 중산층 전업주부가 수행하게 되는 자녀 교육에 관한 열성적 활동은 사회 계층 간의 격차를 심화시키는 면도 있음을 지적한다. 예컨대 치열한 학력 경쟁 사회에서 부모 모두가 벌이를 나가야 하는 아동과, 경제적 여유가 있어 교육적으로 안정된 환경을 마련받을 수 있고 어머니가 전적으로 관심과 시간을 자녀 교육에 쏟을 수 있는 아동이 벌이는 경쟁은 불공평할 가능성이 크다. 그러므로 현대사회의 문제로 제기되는 '가정에서 소외된 남편', '과열된 교육열'과 '경쟁적 사회 풍토' 등이 부분적으로는 어머니로서의 정체성에 안주하는 현대 여성들의 헌신의 산물일 가능성이 높다는 것이다. 더구나 부부 관계에서 애정과 신뢰를 잃을 경우 자녀가 도구화될 위험성은 더욱 커진다는 점을 지적하고 있다.

대체로 상업주의가 팽배한 사회에서 여유 있는 층의 전업주부의
삶은 마치 '여가'의 상징인 듯 간주된다. 그리하여 여성의 삶의 최대
목표는 남편을 잘 만나는 것이며, 그래서 '일'을 하지 않고 오직 취미
생활을 즐기면서 큰 집에서 고급 의상을 걸치고 사는 것이 하나의
이상적 삶의 양태로 비치게 된다. 비슷한 처지의 주부들끼리 의상,
실내 장식, 휴가 활동 및 취미 활동 등의 비생산적 경쟁을 벌이거나
시집 식구와의 문제로 인한 스트레스를 터놓기도 한다. 선진국의 경
우 지역 사회 봉사 활동 등으로 여가를 선용하는 주부도 많으나, 우
리나라의 경우 여가 선용은 대부분 개인적 만족이나 자녀들에 치중
하는 현상으로 나타나고 있다. 팅커(Tinker, 1980)는 이러한 공동체
의식의 부재 현상을 한국의 특수한 현상으로 들면서 그 원인을 한국
문화의 극단적인 가족 및 친족 중심주의에서 찾고 있다. 즉 주부는
전통적인 가족 집단주의를 고수하는 주요 집단으로서 새로운 공동체
의식을 심기보다는 가족적 이기주의를 존속시키는 데 기여하고 있다
는 것이다.

그동안의 가난의 한을 푸는 '여유'의 상징으로서, 또한 남편의 바쁜
바깥 활동으로 인해 빈 가정의 공간을 메우느라 대부분의 한국여성
들은 가정주부의 삶에 만족해 왔다. 아직도 다수의 여성들은 자기 가
족만의 행복한 둥지를 꾸려 가는 재미, 능력 있는 남편의 사랑받는
아내로서 평생을 행복하게 살리라는 꿈, 또 자녀들로 하여금 자신이
하지 못했던 모든 취미 활동을 즐기도록 키우겠다는 꿈을 갖고 살고
있다.

그런데 이러한 단란한 핵가족에 대한 환상은 현대사회의 소시민화
및 탈정치화 현상과 깊은 관련이 있다는 점을 조혜정은 지적하고 있
다. 즉 그들이 보여주는 이러한 주부상은 젊은 세대들에게 사랑이 있

는 한 갈등도 불평등도 없는 행복한 가정만 있을 것이라는 환상을 심어 줄 수도 있다는 것이다. 그리고 이 같은 여성스러움의 신화에 길들여진 젊은 여성들로 하여금 인생의 승부는 사랑하는 남자에 의해, 그리고 연애와 결혼을 통해 결정된다고 여기게 하고, 결혼에서의 실패는 곧 인생의 실패와 동일시하게도 한다. 한편 여성들의 남편에 대한 지나친 기대와 의존은 남편의 역할과중 내지 소시민화를 강요하는 결과를 낳을 수 있어 더욱 큰 문제가 될 수도 있다. 실제로 "남편이 관심을 가져 주지 않는다"는 것이 주부들의 남편에 대한 가장 큰 불만 중의 하나이고, 남편의 경우 전업주부인 아내의 삶에 대해 더 큰 책임을 느끼게 된다고 한다.

그런데 최근에는 "겨우 이렇게 살려고 결혼했나"라는 하소연을 늘어놓는 전업주부들이 늘어나고 있다. 중산층 이상의 생활수준과 대졸 이상의 학력을 지닌 주부들이 "남편은 자기 생활이 있지만 '나는 뭔가' 하는 회의가 든다"는 '자기 정체성' 위기를 호소하는 경우가 많아졌다고 보도되고 있다(≪동아일보≫, 1997. 11. 17). 4년간의 열애 끝에 결혼을 하고 첫 아이를 낳자 직장을 그만둔 30대 초반의 한 주부는 "나의 생활은 물론 '나' 자체가 없어졌다"고 말한다. 이것은 남편과 자녀 뒷바라지에 온갖 정성을 쏟던 중년의 주부가 자녀들이 곁을 떠나고 남편도 더이상 곁에 없다는 생각이 들 때 '나는 누구인가'에 대해 회의하는 '빈 둥지 증후군'과는 다른 현상으로, 가사 부담이 크게 줄어 자신을 돌아볼 시간적 여유를 갖게 되면서 사회 활동 능력이 부족해짐을 깨달은 30대 젊은 주부들이 생활에 염증을 느끼고 허탈감을 호소하는 것이다. 이들 30대 주부들이 앞 세대보다 빨리 이러한 고민을 하는 것은, 경쟁적인 현대사회에서 사회 활동에 대한 압력이 이전 세대보다 커졌고 육아 및 가사 활동의 부담이 사회로 많이 옮겨져 주부들이 옛날만큼 가사에 얽매이지 않아 시간적 여유는 많아졌으며, 또한 이들은 대중화된 여성학 교육을 받은 첫 번째 세대로 '내 인생은 나의 것'이라는 생각을 지닌 세대이기 때문이라고 한다. 이와 같이 30대 전업주부가 겪는 정체성의 위기는 높은 자의식에 비해 전문화된 사회에 나가 일할 능력이나 여건을 갖추지 못한 현실에서 비롯된다고 볼 수 있다.

젊은 전업주부들을 중심으로 이와 같은 현상이 관찰되는 면도 있지만, 실제로 한국의 전업주부들은 대부분 아무리 '일을 해도 빛이 나지 않는' 가사 노동을 포함하여 자녀와 병약자를 돌보는 일, 그리고 공식적으로 인정을 받거나 이름 붙여지지는 않았지만 그 일이 수행되지 않고는 사회생활이 원활히 이루어질 수 없는 무수히 많은 일들을 묵묵히 해 왔다. 즉 이들은 복지 사회에서의 국가나 정부가 책임져야 할 많은 사회복지 관계의 일을 아무런 대가없이 떠맡아 온 것이다. 동시에 이들은 우리 역사의 근대적 혼란기에 그랬던 것처럼 국가나 가정의 경제적 상황이 바뀌거나 가정 형편이 나빠지면 불안정한 경제체제를 안정시키는 '산업 예비군'적인 역할도 수행해 왔다. 가정이나 사회가 어려울 때마다 자신들이 고수해 온 가치와는 무관하게 팔을 걷어붙이고 어떤 벌이라도 직업 전선에 당당히 나섰고, 가정과 노동 시장에서의 이중적인 역할을 거뜬히 감당해 온 것도 이들 한국여성들이었던 것이다.

중산층 전업주부들의 문제가 불안한 정체감과 취약한 사회적 지위의 문제라고 볼 수 있다면, 취업주부의 문제는 역할 갈등의 문제로 집약된다. 여성이 전통적 성역할에 관한 규범을 고수하는 한 과중한 이중 역할을 피할 수 없게 된다. 현재로서 대다수의 주부들은 취업주부든 그렇지 않든 남편과 시부모 모시기, 제사를 포함한 대소사(大小

事)와 친인척 관리, 육아와 자녀 교육 및 가정 관리의 총괄적 책임을 지고 있다.

그러므로 직장 일과 가정 일을 도맡아 하는 취업주부의 경우 양쪽으로 실패감을 안게 될 가능성도 높은 편이다. 이들은 전적으로 직장에 몰두하는 사람들에 비해 일에 대한 성과를 거두기 어렵고, 그래서 많은 스트레스를 안게 된다. 동시에 남편에 대한 서비스와 자녀를 위해 보낼 수 있는 시간이 부족하다고 여겨 아내로서 또는 어머니로서의 역할 수행에서도 부족감을 느낀다. 특히 취업주부들은 자녀에 대한 죄의식을 자주 언급하고, 이 문제로 시부모나 친정 부모와 불가피하게 동거하는 경우가 많게 된다.

한편 전통적으로 남편은 아내에게 공적 정체성을 부여해 주었고, 그래서 여자는 '남편이 있는 여자'라야 공적 인정을 받았다. 이와 함께 이혼에 대한 부정적 인식이 강하게 존재하고 있고, 남편이 없는 여성은 '주인이 없는 물건' 정도로 간주하는 비인간적인 풍토가 여전히 팽배해 있는 한 남편이 여성의 주인이다. 자신의 사회적 활동에 커다란 비중을 두는 여성이라도 주부들은 자신의 직장 활동을 '허용' 내지 이해해 준 남편에 대해 고마움을 가지며 더이상은 기대하지 않는다. 오히려 남편에 대한 서비스가 소홀해질 것을 염려하며 아내 노릇을 잘하기 위해 과도히 노력하며 건강을 해치거나 물의를 빚는 경우가 흔하다. 그리하여 직장 생활과 가정의 이중 역할을 성공적으로 수행할 수 있는 여성은 '슈퍼 우먼'이라는 통념을 낳게 된다.

더욱이 한국의 경우 전통적인 남존여비의 이데올로기가 여전히 존속되고 내면화되어 있어 대부분의 취업주부들은 자신의 사회경제적 활동이 혹시 남편의 자존심을 상하게 할까봐, 즉 '기를 죽일까봐' 조심스럽게 처신하게 된다. 그리하여 이들은 가능한 한 자신의 취업 활동이 남편의 사회 활동이나 여성 고유의 업무라고 여겨지는 가정생활에 지장이 없는 한도 내에서 수행하고자 애쓴다. 따라서 자신의 직장 일은 부수적으로 여기게 되고 일차적 비중은 항상 가정에 두는 것이 실제 대다수 취업주부들의 태도이다. 이러한 다(多)역할 수행의 압력으로 기혼 여성의 다수가 자녀 출산과 더불어 직업을 포기하거나 활동을 축소시킨다는 사실은 시사하는 바가 크다.

제2절 신세대 여성의 직업관

그동안의 근대화 과정을 통해 점차 여성의 고등 교육이 보편화되고 여성의 사회 진출이 크게 늘어난 것이 사실이다. 더구나 후기 자본주의 사회의 경제 구조는 앞으로 여성들의 직업 활동을 더욱 요구하게 되고 이에 따라 여성들의 사회 진출은 다방면으로 확대될 전망이다. 또한 여성 스스로가 교육을 통해 의식면에서 매우 깨게 되었고 성장해 왔다. 실제로 최근의 많은 여대생들은 '직업은 필수, 결혼은 선택'이라고 생각하는 경향이다. 그럼에도 불구하고 아직까지는 현실적으로 여성의 직업 활동이 이들의 생각만큼 사회제도적으로 뒷받침되지 못하고 있는 실정이다. 특히 직장 활동은 조직과 깊은 관련을 가지고 있는데, 여성의 사회화 과정을 살펴보면 조직 행동과 관련된 전문직 진출의 전망이 그리 밝지 않음을 예상하게 된다.

우선 신세대 여성들은, 시대적으로 혼란하고 어려울 때마다 크고 작은 어려움을 슬기롭게 극복해 나간 이전 세대 여성들의 삶과 비교

해 보면, 정신적이고 심리적인 면에서 문제를 해결하고자 하는 태도
가 약하다는 측면을 지적할 수 있다. 이것은 신세대 여성들 대부분이
도시 핵가족의 환경 속에서 자랐고, 근대 교육과 서구적 문화의 영향
을 받았으나 여전히 보수적 남존여비의 사고를 가진 부모 아래서 자
랐다는 점과도 관련시켜 볼 수 있다. 예를 들어 남성은 어릴 때부터
성취감과 적극성을 강조하며 길러진다. 이들은 주로 어릴 때부터 모
여서 놀거나 단체 경기를 통해 집단의 일원으로 행동하는 습관을 기
르게 된다. 남성들은 '어려움 속에서 잘 견딜 수 있어야 남성답다'는
생각을 내면화시키면서 미래에 직면하게 될 여러 가지 어려움에 대
처할 수 있는 심리적 대비도 하며 자란다. 반면에 여성들은 될 수 있
는 한 '여성답게' 곱게 자라 남에게 귀여움을 받는 것이 중요하다고
여기도록 길러져 왔다. 이 과정에서 여성들은 수동적이 되고 타자 지
향적 성격이 생기게 된다.

한편 여아들은 어릴 적부터 집단으로보다는 두세 명끼리 모여 소
꿉장난이나 인형놀이를 하며 놀고 학교에 가서도 대개 두세 명의 친
한 친구와만 지속적으로 사귀는 편이다. 중·고등학교에서 남녀가 분
리되어 있는 경우는 오히려 여학생들이 지도력을 발휘할 기회를 갖
게 되기도 하지만, 대부분의 여학생들은 대학 과정을 통해서도 친한
여자 친구 두세 명씩 만나 주변잡기적 이야기로 시간을 보내는 유형
이다. 특히 남녀가 데이트를 하면서 여성은 다시 수동적 태도를 취하
게 되는 것이 보통이다. 그리하여 여성들은 대개 친밀한 두세 명의
친구 관계 이상으로 발전되지 않거나 집단의식을 형성하기 어렵고,
또 친밀하지 않은 사람과는 접촉하거나 잘 사귀지 않고 담을 쌓는
경향을 나타낸다.

이처럼 여성들은 어릴 때부터 집단 활동의 기회가 많이 주어지지

않으며, 조직 내의 훈련이 거의 없이 성장하여 일생을 보내게 되는 경우가 대부분이다. 따라서 이들에게 직업을 통한 조직 생활의 기회가 부여된 경우에도 대개는 조직의 이방인이나 주변인으로서 '고립'되어 있음을 느끼거나, 자신의 전문적 역할 외에 여성으로서의 역할을 수행해야 하는 어려움을 겪게 된다. 특히 우리나라의 경우 겉으로는 합리적으로 움직이는 조직이라도 실제적으로는 공식·비공식의 차원, 또는 연령·신분·연줄 등의 차원이 얽혀 매우 특수하고 감정적으로 운영되어, 여성들이 직장에서 공적 역할을 굳혀 가는 데 더욱 큰 어려움을 준다.

그러나 다행히도 최근에는 아들딸 차별 없이 키우는 진보적 가정도 늘어 가고, 신세대 여성은 수동적인 여성이 아니라 적극적이고 능동적으로 자신의 삶의 주체가 될 수 있어야 한다는 점을 장려하는 교육을 받는다. 그러나 이러한 점들보다 더욱 중요한 것은 어쩌면 이 신세대 여성들의 정신적 체질 속에 시대적으로 혼란하고 어려울 때마다 크고 작은 어려움을 극복해 나간 이전 세대 여성들의 '강인하고 우성인 자질'이 유전질로 전승되고 있을지도 모른다는 사실이다. 그리하여 '짓눌리고 꺾이고 뒤틀린' 열악한 상황적 조건 속에서도 굽히지 않고 더욱 빛을 발하면서 언젠가는 선구적인 역할을 발휘할 수 있는 능력을 잠재하고 있을지도 모른다. 아니 벌써 이런 능력을 발휘해 가는 여성들이 많다. 최근 설립한 어느 대학의 30대 여성 학장과의 다음과 같은 인터뷰 기사에서 이러한 여성적 자질의 강인함과 우수성을 엿볼 수 있다.

어떻게 경험도 없는 젊은 여성이 학교를 잘 운영해 나갈 수 있겠느냐고 걱정하는 분들도 있지만 10여 년간 공부하면서 아이 낳고 키우며 집안일, 시간 강사까지 여러 가지 일을 한꺼번에 했던 경험이 학교 살림을 꾸려 가고 일 처리하는 데 큰 도움이 됩니다. 조직 안에서도 수직 관계에만 익숙한 남성들보다 거미줄처럼 얽힌 수평적인 관계를 잘 조절하며 융통성 있게 해결하는 능력은 여성들이 훨씬 낫지 않나 생각합니다.

최근 한국사회는 21세기를 향한 세계화를 부르짖으며 세계 시민으로서의 자질을 논하고 있고, 그동안 현대적인 교육의 영향으로 남성과 여성들의 의식이 상당히 높아졌다. 이와 함께 사회 각 현장에서는 자유와 평등을 전제한 민주적인 관계의 확산이 이루어져 왔다. 그러나 정치적·사회적 민주화 운동이 일정한 결실을 본다 하더라도 한국사회는 아직까지 뿌리깊은 남성 우월주의나 가부장적 권위주의에서 자유롭다고 보기는 어렵다. 나이 든 세대이든 젊은 세대이든 아직도 이 땅의 많은 남성과 여성들의 의식 속에는 흔히 "여자이기 때문에 할 수 없지", "여자가 뭘", "여자가 그런 것도 할 수 있어?" 등으로 표현되는 고질적인 편견이 깊숙이 자리잡고 있다고 보아야 할 것이다. 그러므로 세계화와 민주화를 논하는 21세기의 한국사회에서도 여성문제에 관한 한 전통적 관습이나 문화의 뿌리가 워낙 완고하여 여전히 그 궁극적인 해결에는 적지 않은 장애와 시행착오가 있을 것이다.

한국사회의 여성문제라고 할 수 있는 것 중에는 정치적·법적 불평등, 여성을 천시하는 사회적 인식, 경제력에 있어서의 불평등과 사회적 제약들, 전통적인 가부장제의 지속, 왜곡된 여성상 등 다양한 측면이 있다. 그렇다면 이 다양한 측면을 여성문제로 묶을 수 있는 공통점, 즉 한국여성문제의 본질은 무엇인가?

한국여성문제의 핵심은 결국 남성과 여성을, 태어나면서부터 우월의 차가 있고 사회적 역할에도 절대적 구분이 있는 존재로 보는 관점에서 시작되었다고 할 수 있다. 이것이 직업 전선에서는 남녀간 취업 기회의 차별, 임금 격차 같은 것으로 나타난다. 그러나 이것이 우리 문화에서 가장 상징적으로 드러나는 현상은 남아 선호라고 할 수 있다.

이미 앞에서도 살펴보았듯이 조선시대 가부장제의 원형은 유교적인 부계 혈통을 중심으로 규정되었다. 이러한 부계 혈통 중심의 원리에 따라 그동안 장남만이 호주 상속의 권리가 있었으나 1990년부터 실시된 개정 가족법은 호주 상속제를 크게 약화시켰다. 개정 가족법에서는 장남이 호주상속권을 포기할 수 있으며 여자도 호주가 될 수 있게 하였다. 이러한 일련의 법적 조치에도 불구하고 여전히 우리 사회의 아들 선호 경향은 꺾이지 않고 있다. 1990년대에 와서 남아 출생 성비(性比)가 계속 증가하였고 1994년에는 여아 100명당 115.4명의 남아가 출생하여 국제적인 비율인 105에 비해 세계 최고를 기록하고 있다. 이러한 수치의 이면에는 태아 성감별에 의해 매년 거의 여아 3만 명이 죽어 간다는 사실이 있다. 이와 같은 성감별과 여아 낙태 현상은 성차별적인 생명관을 여실히 드러내며, 인권과 생명의 존귀를 무시하는 사회의 부도덕성을 잘 나타내 준다.

이효재는 한국사회가 일반적으로 '종손원죄(宗孫原罪)'에 사로잡혀 있다고 본다. 그리고 궁극적으로 혼인은 가족의 혈통을 잇기 위한 것으로 아들로서 남편으로서의 남성 개인적 요구만이 아니라 친족과 사회 일반의 뿌리깊은 관습에서 오는 것임을 지적한다. 여성들 또한 혼인과 더불어 남편과 시집을 위해 아들을 낳아야 한다는 압박감에 사로잡힌다. 그리하여 현대의 젊은 여성들조차 아들을 못 낳으면 혼인 관계 자체가 불안해지고 시집과 주위 사람들에게서 받는 핍박과 압력에 시달린다고 한다. 이러한 아들 선호의 심각성은 '아들종교'로까지 표현될 수 있다고 한다.

한국적 '보이 마니아'(boy mania: 사내자식광)는 유교 사상과 관련된 유교적 생명관에 근거한 것으로, 혈통의 연속성 속에서 죽은 다음에도 신혼은 혼백으로 그 후손들과 같이 살고 있다는 믿음에서 연유한다. 그리하여 후손들은 제사 의례를 통해 죽은 부모와 선조들을 만나며, 가족은 죽은 자와 산 자의 가족으로 인식되는 유교적 생명관으로 부계 시조를 생명의 뿌리로 삼고 있기 때문임이 지적된다(이효재, 1997). 이에 따라 혼인의 근본 목적은 조상 제사를 받들고 혈통을 계승할 아들을 낳기 위한 것이며 그 수단으로 며느리를 맞는다는 것이다. 그러므로 불효 중 가장 큰 불효는 대를 이을 아들이 없는 것이고 아들 못 낳는 며느리는 시집 조상 대대로 큰 죄인이다. 이러한 의미에서 현대를 살아가는 한국여성들 가운데도 조선조 여성과 마찬가지로 여전히 '아들을 잘 만드는 여자'여야 한다는 강박관념에 사로잡혀 있는 경우가 많다는 점을 지적할 수 있다.

한편 자녀가 태어난 후 호적에 입적시키는 것은 그들의 출생을 사회적으로 합법화시키는 절차이다. 혼외 관계에서 태어난 자녀도 아버지의 성을 따르면 입적이 가능하다. 그런데 현행법상 남편은 자신의 혼외 자녀를 부인의 승낙 없이 입적시킬 수 있지만, 부인의 경우는 남편의 동의 없이는 혼외 자녀를 입적시킬 수 없다. 뿐만 아니라 소위 미혼모의 경우 그 자녀를 어머니의 성으로 출생 신고하여 입적시키면 이들에겐 '사생아'라는 낙인이 찍힌다. 이들의 출생은 비합법적이라는 사회적 차별과 질시의 대상이 되는 것이다. 여성이 몸소 잉태하여 출산하는 모성으로서의 역할을 인정받지 못하고 있는 현실이다. 아직도 여성을 출산의 수단으로 삼는 가부장의 유산이 가족법의 이념적 기반으로 남아 있기 때문이다.

이러한 가부장제 관습에 대한 도전으로 최근 여성계에서는 여성을 성차별하는 가부장제의 가장 심각한 뿌리는 바로 성(姓) 불변의 원칙을 자연시하는 의식과 믿음에 있다고 비판하며, '부모 성(姓) 함께 쓰기 운동'을 전개하고 있다. 아버지의 성은 가족 혈통과 동일시되어 혈통을 바꿀 수 없는 만큼 성도 바꿀 수 없다는 믿음은 자연적인 것이었고 성 불변의 원칙은 현재 우리 가족 제도의 법적 기반이 되고 있다. 이러한 맥락에서 '부모 성 함께 쓰기 운동'은 성의 사용에 융통성을 주어 무시되어 왔던 절반에 대한 존중이 바탕이 되는, 포용력 있는 운동을 전개하겠다는 여성계의 입장이다.

그러므로 이러한 여성계의 움직임은 우리 사회의 가부장제 문화의 가장 뿌리깊은 신념과 제도에 대한 도전인 것이다. 이들은 생명의 재생산이 부모의 유전자 결합으로 이루어지므로 부계 혈통만 문제될 수 없다고 주장한다. 한 생명이 물려받는 혈통이나 유전자 속에는 상상할 수 없는 수억 조의 남녀 조상들의 유전 인자들이 포함된다. 이러한 과학적 사실에 비추어 볼 때도 부계 혈통의 순수성을 지키려는 것은 시대적으로 의미 없는 관습이고 이는 다만 성차별을 조장하는 것이므로 빨리 극복되어야 한다는 주장이다(이효재, 1997). 또한 이들은 여아 낙태, 호주제, 동성동본금혼법(1997년 8월 개정됨) 등의 가부장제적 가족법을 개정하고 여성의 정치·경제적 지위 향상을 위한 운동을 지속할 것이라고 발표하여 가족법 개정 운동이 새로운 물꼬를 트며 본격 궤도에 오르게 되었다.

이문열이 쓴 『선택』이란 제목의 책을 소개한 1997년 4월의 한 일간지 기사의 제목이다.

"현모양처가 어떠냐고? 진절머리가 나서 이제 더이상은 못 해!"

언젠가 방영된 SBS의 「그것이 알고 싶다-예순 살의 반란, 노년 이혼」에서 나온 말로, 이 프로그램은 이제 사회 현상의 하나가 되어 버린 '할머니들의 반란'을 보여주었다. 50, 60대에 이혼하는 이른바 '황혼 이혼'이 지난 10년간 무려 두 배 이상 늘어났으며 지금도 꾸준히 증가 추세를 보이고 있다고 한다. 그런데 두드러진 특징은 열 건 중 여덟 건 정도로 대부분 할머니 쪽에서 이혼을 원한다는 점이다. "이제 더이상 참고 살 수가 없다"면서……. 즉 이들 황혼 이혼을 감행하는 아내들의 대다수는 가정부인즉 현모양처의 삶을 살아온 사람들이라는 것이다.

평생을 현모양처로 살아온 그들의 반란은 매우 의미심장해 보인다. 그들은 누구인가? 놀랍게도 그들은 남녀동등을 믿어 의심치 않는 여대생도 아니고 어떤 경로로든 페미니즘의 영향을 받아 일상 속에서 반란을 꿈꾸는 젊은 주부들도 아니다. 그들은 바로 여성해방론자들이 "이 사회의 여성 길들이기에 세뇌되어 구제 불능의 남성 중심 의식에 젖어 있다"며 눈 흘겨댔던 윗세대의 여성들, 즉, 할머니들이다. 젊은 세대에게는 너무나도 뜻밖으로 할머니들의 조용한 반란이 시작된 것이다.

이미 일본에서는 정년 이혼, 은퇴 이혼이 유행하고 있다고 한다. 수십 년간 남편의 무관심과 전횡을 참고 살아온 아내들이 남편이 퇴직하면 이혼을 요구하곤 퇴직금 중 자기 몫을 찾아 남은 인생을 새롭게 시작한다는 얘기다. 바로 인생의 황혼기. 남편은 은퇴하고 아이들은 다 커서 집을 떠났을 때 아내들은 갑자기 '텅 빈 둥우리'에서 자기 인생의 진면목을 보게 된다. 그것은 바로 '진부하고 초라한 일상' 외에 자신에게 남은 것은 하나도 없다는 느낌인 것이다. 그것을 깨닫는 순간 남은 인생은 다르게 살고 싶다는 욕구를 강하게 느끼게 되고, 마침내는 더이상 다른 사람의 사정이나 눈치를 보지 않고 자기가 하고 싶은 일을 위해 자유를 원하게 된다고 한다.

　　자식들이 자기들 체면 때문에 "웬만하면 두 분이 함께 계셨으면 좋겠다"고 얘기해도 망설임 없이 고개를 흔드는 '나쁜 할머니'들이 나타나고 있다. 또한 "막내만 결혼시키면……"하고 벼르는 중년의 '현모양처'들이 결코 적지 않고, 젊은 여성들도 갈수록 차별의 부당성에 반기를 들고 있는 실정이라고 한다.

앞에서 우리는 한국사회에서 여성의 삶이 가부장제의 역사적 과정 속에서 현재까지 어떻게 변모되어 왔는지 그 모습을 간략히 살펴보았다. 전통적인 가부장제 사회의 우리 여성들은 '무조건 굴종하고 갇혀 지내기를 강요받으며 차이고 짓눌리는 고난의 삶'을 살았다. 즉 공식적 제도와 이데올로기를 통해 억압받고 지배받으며 소외되어 온 여성사였다. 그러나 이러한 역사 속에서도 한국여성들은 굽히지 않고 '한국인의 가장 강인하고 우성인 자질'을 전승시키며 지켜 왔다. 역사적으로 우리 여성들은 성취적이고 강인한 여성적 자질로 가족을 지키며 안채의 주인으로서, 그리고 명분 사회를 뒷받침하는 주요 행위자로서 사회의 공식·비공식적 역할을 수행해 왔다. 특히 가부장의 어머니로서 어려운 시기일수록 붕괴되어 가는 체제를 강한 생활력으로 보완하며 적극적인 지탱자가 되어 왔다. 그리하여 전통 사회에서도 어머니로서 여성의 지위와 활동에는 상당한 권한을 부여받아 왔다고도 볼 수 있다.

그러나 이제 현대를 사는 여성들은 어머니로서만이 아니라 개인적인 인격으로서도 인정받고자 '조용한 반란'을 시작하고 있는 것이다. 사회의 뿌리깊은 가부장제하의 여성 차별이 지속된다면, 앞으로 젊은 부인이든 할머니든 여성들의 반란은 계속 늘어갈 것이다.

제3절 가정의 민주화와 직장

　전통 사회에서 여성을 사회적으로 배제했다면, 현대에 들어서면서 배제의 정도가 줄어든 대신 더욱 교묘하게 여성의 삶을 왜곡하는 부분이 많아졌다. 오늘날 성차별적인 제도 및 공식화된 이데올로기는 주로 분명히 합법화된 권위 체계 속에 숨어 있다. 반면에 비공식적인 영역은 덜 엄격하게 규정되어 있으며, 주로 '자연적'이라고 간주되어 온 영역으로 여성의 삶에 교묘하게 영향력을 행사하는 부분으로서 현대사회에서는 오히려 이러한 영역이 더욱 커지고 있다.

　최근 여성운동의 대상이 되는 여성문제는 남녀간의 성차별에 근거한다. 따라서 여성운동은 한 사회에서 성에 따른 남녀간의 차별을 없애자는 것이다. 이는 사회적으로는 남녀간에 평등한 인간적 관계를 정치·경제·사회·문화적인 여러 측면에서 이룩할 뿐 아니라, 작게는 한 사회의 기초 단위로서의 가정에서 이룩하자는 것이다. 그러므로 한국사회의 상황에서 여성운동은 사회 전반의 민주화와 중요한 관련이 있다. 여성이 현재 받고 있는 사회·경제·정치적 불평등의 타파는 철저한 민주주의의 달성에 의해서만 가능하다. 그것은 자유·평등·박애라는 개념만이 아니라, 실질적인 자유와 평등이 이루어지기 위해 필요한 전제 조건까지 보장되는 민주주의, 그리고 사회 구성원으로서의 여성, 인격체로서의 여성의 권리가 보장되어야 가능할 것이다.

　이런 점에서 여성문제의 해결은 단순한 성적 차별에 의한 여성의 문제해결이 아니라, 한 사회 안에서의 민주화와 평등 사회 실현에 중요한 몫을 차지하게 된다. 즉, 우리 사회에서 여성이 자주적인 평등한 존재로 된다는 것은 바로 민주화에 직결된다고 볼 수 있다. 따라서 이제 우리 사회의 민주주의의 실현이나 평등의 문제가 남성만의 전유물이 아니라, 한 사회 구성원의 반인 여성이 낡은 굴레로부터 해방과 평등을 실현하는 문제인 것이다. 여성문제, 여성해방이 궁극적으로는 인간해방의 중요한 고리를 형성하고 있는 만큼, 이 문제는 특히 오랜 관습에 의해 비합리적인 사고에 길들여져 있는 남성과 여성 모두를 포함하는 의식 해방운동과 같은 것이어야 한다. 이러한 의식운동엔 두 가지 전제가 있다. 그것은 바로 여성 차별의 역사가 필연적으로 변해야 된다는 것과, 여성은 생물학적이나 본질적인 이유에 의해서가 아닌 역사에 의해 만들어졌다고 자각함으로써 남성 중심적인 역사관을 탈피하는 것이다.

그러나 그릇된 구조, 그릇된 관습이 아직도 뿌리깊은 우리 사회에서 가정 윤리와 사회윤리가 조화의 원리로 설명되는 건강한 남녀 관계의 형성은 그리 만만한 과제가 아니다. 아직도 우리 사회에서는 남성들은 여성에 대해 독선적이고 권위주의적인 입장에 있는 실정이다 (김도연, 1985). 또한 남성과 여성이 서로 긍정적인 부분을 사회적 관계로 발전시키지 못한 채 정서적 마찰을 일으키거나 내조라는 이름을 빌린 남성에의 일방적 종속 아니면 가족 이기주의의 사례들이 우리 주변에서는 다반사로 일어나고 있다.

이처럼 제한된 여건일수록 그 해결 주체의 모습은 중요하다. 말할 것도 없이 여성문제를 해결하는 주체는 우선 여성들 자신이다. 남성들을 참인간 해방으로 인도하는 의연하고 주체성 있는 모습이 당사자인 여성들 자신에 의해 사회 전반의 보편적인 모습으로 확산될 때, 흔히 '여자이기 때문에' 유의 모욕적인 표현이 근거를 잃게 되며 여성문제 자체가 새삼 문제시되지 않는 미래를 기대할 수 있을 것이다. 그러므로 여성들 스스로도 여성문제가 남성들이 지닌 인간적인 옹졸함보다는 구조적인 불평등에서 비롯되고 있음을 알아야 한다. 그리하여 여성들은 남성들이 우리 사회의 주류를 이루는 실정에서 남성 지배 문화에 의해 "구조적으로 조건지어졌다. 규정되었다. 혹은 길들여졌다"는 여성들의 항변이 타당성이 있음을 인식해야 한다. 뿐만 아니라 남성들의 여성들에 대한 무지와 오해를 불식시키는 일차적인 계몽보다 중요한 작업은 여성들 스스로 그러한 무지와 오해의 근간이 된 요소를 척결하는 새롭고 모범적인 모습을 보여주어야 한다는 것이다. 여성들이 스스로의 실천적 노력에 성실하지 않은 채 구조적인 요인이 자주 강조되는 경우, 여성문제를 단지 '피해 의식에 젖은 일부 극성맞은 여성들의 자기 관심사'로 규정해 버리는 남성들 일반의 선입견이 쉽게 해소되지 않을 뿐만 아니라, 또한 문제의 핵심을 남성들의 선의에 의존, 자칫 본의 아니게 '신데렐라 콤플렉스'로 연장될 함정마저 없지 않게 됨을 김도연(1985)은 지적하고 있다.

현실적인 여러 가지 어려움 속에서도 인간화와 민주화가 시대적인 대세인 한 여성의 해방 구역이 확산될 것만은 사실이다. 사회가 전문화되고 개인적 자립이 가능해질수록 개인의 욕구와 성향이 다양해지게 마련이다. 따라서 개개인은 자신에게 맞는 삶의 양식을 적극적으로 책임 있게 이끌어 갈 것이다. 또한 여성해방이 이제까지 남성들이 누려온 기득권을 침해하는 것이 아니라, 남녀 공동의 인간해방의 차원으로 인식하는 남성들도 차츰 늘고 있으며, 평등을 토대로 한 동지애적 결합에 의해 남녀 관계를 새롭게 모색하려는 주변의 모습도 늘어 가는 추세이다.

이러한 여성해방의 일부 선진적인 모습에도 불구하고, 여성의 문제

에 출산과 양육이 전제될 때 그것은 아직도 여성이 짊어져야 할 일
방적인 멍에가 되는 실정이다. 오늘날 대의를 위해 자신의 삶을 헌신
하고자 하는 여성일수록 결혼 무용론이나 출산 무용론을 심각히 고
민할 수밖에 없도록 하는 것은 이러한 현실에 근거한다. 또한 가사
노동이 임금 노동의 가치만큼 인정받지 못하는 우리의 현실적 사회
구조 속에서 여성문제의 해결을 근본적으로 기대하기는 어렵다. 그러
므로 출산, 특히 자녀 양육과 가사노동에서 여성이 해방될 수 있을
때 여성문제는 비로소 실마리가 풀릴 수 있을 것이다. 여기서 다양한
형태의 결혼과 가족에 관한 인식이 중요해지며, 특히 결혼과 자녀 출
산의 시기 및 자녀수를 가정생활과 사회생활에 무리함이 없도록 조
정하는 것, 경우에 따라서는 자녀를 낳지 않는 것도 하나의 정상적인
선택이 될 수 있다는 것이 인정되어야 한다는 점을 조혜정은 강조하
고 있다.

　더구나 사회 진출을 한 여성들은 그들이 진보적인 직장 활동을 하
는 만큼, 가정도 진보적 공간으로 만들기 위해 노력하여야 한다. 그
러므로 취업주부들은 앞으로 우리 사회의 가족 관계의 변화를 주도
해 가는 선구적인 역할을 담당해야 하는 책임이 있다. 그러므로 이들
은 부부 관계에서 구조화된 억압적 관계를 피하고 전통적인 성역할
고정 관념에서 벗어나 협력자가 될 수 있도록 유도하여야 할 것이다.
또한 가족 전원은 주부의 위업상황에 대처하여 육아와 노동을 합리
적으로 나누어 가기 위한 훈련이 필요하다. 동시에 이들은 가정 내의
변화뿐만 아니라 가정의 테두리를 벗어난 사회제도적인 개혁, 예컨대
질 높은 탁아 및 아동 교육 프로그램의 마련, 노부모를 위한 사회 보
장 제도의 확립 그리고 가사의 간소화 등을 위한 노력을 하여야 할
것이다. 특히 취업주부의 경우, 자녀 양육을 위해 부모와의 동거를

원할 가능성이 있고 고부 갈등도 좀더 긍정적으로 해결할 수 있는 방향으로 도모될 수 있다.

산업화가 이대로 추진되는 한 '시집살이'는 점점 사라져 갈 것으로 보인다. 실제로 최근 항간에 사용되는 '며느리살이'라는 표현은 그 과도기적 상황을 일면 반영한다고 하겠다. 한편 노부모에 대한 효도의 문제도 부모 자식 간의 진정한 유대를 기초로 하여 시부모나 친정 부모의 구분이 재고될 필요가 있다. 자신을 길러 준 부모에게 보답하는 효도는 남녀를 불문하고 자식의 도리이자 의무인 것이다. 이때 부모 또한 모든 자녀에게 효도를 기대하기 전에 남아 선호적인 가치로부터 벗어나 평등하게 자녀를 길렀는지에 대해서 생각해 보아야 할 것이다. 특히 최근 들어 점차 외동딸만 있는 가정도 늘어 가고 있으며, 적어도 가정 내에서 남녀차별적인 관행은 많이 사라져 가고 있고, 딸의 자율성과 진취성을 크게 장려하는 양상이 늘어나고 있다. 그리고 부모와의 관계 역시 규범적인 관계에서 애정 위주로 나아가는 일반적인 추세에 비추어 볼 때, 부모의 노후 봉양도 아들딸의 구별이 없어질 가능성이 높아진다. 그러므로 부모에 대한 효도도 새롭게 정립되어야 할 것이다.

현대적인 가족의 모습은 더이상 가부장적인 규범이나 제도에 묶여 있는 집단이 아니라, 개개 구성원의 진정한 인간적 만남이 이루어지는 집단이며, 나아가 인간 회복을 위한 사회 변화를 주도하는 모태가 될 수 있는 집단이어야 함을 조혜정은 강조하고 있다. 즉 권위주의적이고 경쟁적인 사회를 민주적이고 함께 공존하는 사회로 만들어 가는 것은 이 시대를 사는 가족에서부터 시작하여야 한다는 것이다. 그리하여 미래의 가족은 "가족 성원 중 어느 누구도 집단의 복리라는 이름하에 희생을 강요당하지 않는 가족"이어야 하고, "특히 어머니의 인간으로서의 창조적 주체성이 존중되고 아버지의 사랑이 자녀에게 직접 전해지는 곳", 그리하여 가정은 사회의 민주화를 이룩하는 기초 단위로서 민주시민을 길러 내는 장이 되어야 할 것이다.

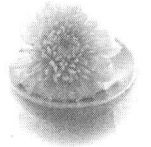

제7장

환경생명과 상생윤리

현대사회는 대물관계(對物關係), 대인관계(對人關係), 대생관계(對生關係)가 점차로 복잡하게 전개되어 가고 있다. 즉, 일찍이 홉스의 정의대로 '만인에 대한 만인의 투쟁'의 이전투구(泥田鬪狗) 그대로이다. 진화론적으로도 약육강식(弱肉强食)과 적자생존(適者生存)의 법칙이 작용되어 상생(相生)하기보다는 상극(相剋)의 양상을 드러내고 있다. 이처럼 모든 생명의 존재양식을 규정짓는 데 있어서 원초적으로 고찰할 필요성이 제기되고 있다.

특히, 근래에 와서 사회의 전 영역에 걸쳐서 상생(Natural life)은 회자되고 있다. 종래는 공생(共生), 공영(共營), 함께 잘살기, 더불어 살기 등의 용어를 사용한 데 비하여 '상생'은 그 개념을 한 차원 깊이 내포하고 있다. 즉, 상생은 동양적 삶과 사고 및 정서를 함의하고 있는 것인데, 공생과는 어떻게 차이점을 드러내고 있는지를 논구하고자 한다. 뒤에 자세히 논급되겠지만 상생은 순환적 조화적 삶의 장인 데 비하여 서구의 상호작용 또는 공생은 어디까지나 물리적 상호작용을 일컬을 뿐이라는 것이다.

또한 모든 생명을 피상적으로 보았을 때는 개체 생명과 온생명 사이는 경쟁적으로 상극관계를 이루고 있는 듯하지만 그것은 서구적 생명관의 결과이다. 그러나 좀더 본질적으로 보면 동양의 상생적 생명관에 의하면 모든 생명은 경쟁적 상극관계이기보다는 상생적 협동이 보다 지배적인 세계 구조를 이루고 있음을 알 수 있다.

구조적인 면에서 본다면 세포 내 소기관들이 세포를 이루고, 그 세

포가 근육, 신경, 혈관 등의 조직을 형성하고, 조직이 심장, 위 등의
기관을 이루고 이 기관이 다시 순환기, 소화기 등의 계통을 형성하고
있다. 그리고 이 여러 계통들이 개체생명으로 통합되며 그들 간 단계
에서의 서로 간의 관계는 경쟁이 아니라 협동이다. 이 협동의 개체생
명은 다시 생태계를 형성하는데 이 생명생태는 전체 우주 생명의 울
타리에 둘러싸여 상호의존 관계가 유지됨으로서 하나의 온생명 또는
상생적인 생명을 이룬다.

'상생'이라는 용어를 해원상생(解怨相生)이라는 개념으로 처음 사
용한 사람은 대순도(大巡道)를 창도한 증산(甑山) 강일순(姜一淳)이
다. 그러나 그 이전에 주역의 음양오행이나 천지인(天地人)개념에서
상생상극(相生相剋)의 의미가 어떻게 전개되어 왔는지를 선행연구를
통하여 개관하여 봄으로써 상생과 윤리를 합성하여 현대인의 삶과
신념의 지표로서의 '상생윤리'를 체계화하여 상생윤리를 보편적 실천
덕목으로 제시하는 데 논의의 의의를 두고자 한다.

1. 역경(易經)에서 본 상생관(相生觀)

'역경'에서의 상생관은 '- -'과 '-'이라는 부호를 근간으로 하여 64
개의 괘(卦)를 이루어 우주만상의 변화와 조화를 설명하고 있다. 즉,
'- -'과 '-'은 음과 양의 상징부호로서 새로운 상생적 세계관을 제
시하고 있다. 이와 같은 '역경'에서의 모든 존재는 '- -'과 '-'으로
상징되는 음과 양의 상호 감응(感應)과 배합(配合)으로 인하여 변화
와 생성을 끊임없이 반복하는 것이다. 여기서 음양의 기본구도에서
사상(四象)→팔괘(八卦)→육십사괘(六十四卦)라는 복잡한 과정을 전

개하면서 다시 64괘는 6개의 효(爻)를 구성함으로써 모두 148개 각
각의 효(爻)를 가지게 된다. 이것으로 시간과 공간 속의 변화, 형이
상학적인 도(道)의 세계와 형이하학적인 기(器)의 세계, 초월계의 신
화(神話)의 세계와 경험계의 기화(氣化)의 세계에 내재되어 있는 상
생과 상극관계를 절묘하게 구분하고 있다.

　음(－－)과 양(－)의 절묘한 배합은 사물변화의 보편적 원칙이므
로 이 원칙에 따라서 천지의 큰 공덕이 상생하며, 천지가 감동하여
만물이 생성하게 된다. 즉, 천지의 공덕이나 천지의 감동은 다 같이
음의 성질인 유(柔)와 양의 성질인 강(剛)이 상호 추동(推動)하여
변화를 일으킬 때 상생의 진정한 도가 나타난다고 하였다.

　따라서 '역경'에서의 상생관은 일양일음(一陽一陰)의 상호작용 속
에서 일어나는 생성과 변화야말로 생명의 궁극적 참조와 조화를 목
적으로 하며, 이는 단순한 기계적 법칙이 아닌 생명 자체이기 때문이
다. 즉, 생명의 본질은 상생의 본질이며, 상생의 본질은 생명의 본질
인 것이다. 그러므로 생(生)하고, 또 생(生)하는 것이 역이라고 하였
다. 여기서 생생(生生)은 생명과 상생을 동일한 개념으로 의미하고
있다. 이처럼 상생적 생명관은 우주 속에서 존재하는 모든 생명을 무
한한 주체로 보기 때문에 생명적 우주관 또는 우주적 생명관이라고
볼 수 있다. 따라서 우주와 생명은 분리되어 있지 않고 하나이면서
둘이고, 둘이면서 하나인 일즉상(一卽相) 상즉일(相卽一)을 배태하고
있다.

　'역경'에서의 인간의 위치는 천·인·지의 삼극지도(三極之道) 또
는 삼재지도(三才之道)의 중간에 있는 존재이며 우주만물 중의 가장
중요한 정체라고 하였다. '역경'의 설괘전(設卦傳)에 의하면 천(天)의
원리는 음·양이고, 지(地)의 원리는 유·강이며 인(人)의 도덕세계

는 인(仁)·의(義)의 법칙으로 이루어져 있다. 즉, 천·지·인 삼자가 서로 조화와 균형을 이루고 있다고 하였다. 그러므로 인간은 천·지 사이에서 다른 사물과 대립이나 충돌 없이 화해의 상호관계를 유지하는 상관적 존재인 것이다.

하도(河圖)에서도 우주본체의 시원인 태극의 상생작용으로 수생목, 목생화, 화생토, 토생금, 금생수, 수생목의 순환성을 들고 있으며, 또한 낙서(洛書)에서는 우주본체의 통일작용인 10무극의 상극작용으로 수극화, 화극금, 금극목, 목극토, 토극수의 변환성을 설명하고 있다.

이와 같이 '역경'에서의 상생작용은 우주의 보편법칙인 음양법칙을 통하여 인간의 생명상생으로 이어지는 윤리적 가치를 도출하기 위하여 괘와 효의 부호를 사용하여 무한한 창조성을 계승·실현하고 있다.

2. 증산도(甑山道)의 상생관(相生觀)

증산 강일순(1871~1909)에 의하여 창도(創道)된 증산도(甑山道)는 상생(相生)이라는 특수한 개념을 보편적 가치로 전환시키며 민륜과 도덕의 최고 덕목으로 모든 사람들을 신념화시킨 최초의 계기를 이룩하였다. 그러므로 상생 또는 해원상생(解怨相生)은 증산의 핵심적인 보편개념인 동시에 생명존중의 궁극적 절대정신이 되고 있다.

증산에 의하면 선천(先天)에는 상극지리(相剋之理)가 삼계를 지배하여 많은 살생과 참혹함을 일으켰으나 후천(後天)에 와서는 기필코 한(恨)과 원(怨)을 풀고 상생지리가 지배하는 선경세계를 이룩하는 개벽시대가 열려질 것이라고 하였다. 상생지리(相生之理)가 지배하는 선경세계(仙境世界)를 개조공사(改造公事)하기 위해서 천지간에 가

득찬 것은 신이므로 풀잎 하나라도 신이 떠나면 죽게 되고, 흙 바른 벽이라도 신이 떠나면 무너지고, 손톱 밑에 가시하나 드는 것도 신이 들어서 되는 것이라고 하였다. 이처럼 상생에서 본 신관(神觀)은 천(天)·인(人)·지(地) 삼계의 권능을 함께 주제하는 것이므로 천·인·지는 동일한 생명의 기운을 지니는 것이다. 따라서 상생은 생명의 근원인 동시에 생명의 본질에 절대적으로 순종하는 길이며 생명원리의 본질인 것이다.

상생은 천·인·지의 생명이 서로 살려주는 참생명(眞生命)이다. 진생명은 내가 있어야 네가 있는 것이 아니라 네가 있으므로 내가 존재할 수밖에 없다는 당위적 귀납에 도달하게 된다. 즉, 네가 없으면 나 자신도 존재해야 할 이유가 없을 뿐만 아니라 존재할 근거도 없다. 자기 존재의 부정(否定)을 뛰어넘어 변증법적 자기지양의 존재가 상생이다. 상생은 우주자연의 이법(理法)에 따라 생명창조의 이상을 완성시켜 주며 나아가 통일시켜 주게 된다.

증산은 상생의 방법으로 이덕보원(以德報怨)을 제시하였다. 즉, 원수 같은 사이일지라도 은인과 같이 사랑하면 덕이 되어 복을 이루게 된다. 그러므로 어떠한 경우에도 남과 척(戚)을 짓는 말이나 행위를 해서는 안 되며, 만약 척을 짓게 되면 신명(神明)이 먼저 알고 척이 되어 갚게 된다고 하였다. 따라서 척을 없애기 위해서 해원공사를 자연순리에 알맞게 도수(度數)의 틀을 만들어야 한다. 이 틀의 중요 내용으로 모순, 갈등, 대립, 투쟁을 일소하기 위해서 평등, 박애, 무계급을 실현시킬 것이며, 적서, 반상, 빈부를 철폐할 것이며, 민중의 원통, 원한, 상극, 폭악, 탐심, 음탕, 분노와 같은 번뇌를 거치게 하고, 미물이나 곤충도 사람과 똑같이 잘살게 하기 위하여 천덕(天德)과 지덕(地德)을 누릴 수 있도록 신명을 해원시켜 함께 상생의 도를 걷게 해야 한다. 이러한 상생의 이념이야말로 미래 인류사회의 환경윤리의 초석이 될 것으로 기대할 수 있다.

3. 기독교의 상생관(相生觀)

한국 기독교는 토착화 과정의 신학을 정립하는 데 내적 비판과 외적 도전 속에서 많은 한계를 넘어야 할 과제를 안고 있다. 토착화 신학의 제일 과제는 한국민중의 풍속, 정서, 습속, 의례 등과 배타성을 배제한 한국신학을 도출하는 데 많은 난관을 겪었다. 즉, 기독교적 복음의 씨앗이 한국의 전통적 토양문화에서 열매를 맺으려면 한국의 토착문화와 접목이 불가피하기 때문이다. 그 접목의 대상이 여러 가지 전통문화 목록 중에서 그리스도 정신과 가장 근접한 것으로 상극을 넘어 상생(相生)의 문화를 창출할 수 있었다.

기독교의 한국적 토착신학으로 상생신학(相生神學)이야말로 한국 기독교의 미래의 과제인 동시에 한국의 분단을 치유하여 통일문화를 열어가는 단서가 될 수 있다. 그러므로 상생신학은 생태학적으로 생명자체의 위협으로부터 생존을 지켜내는 일이며, 나아가 서구의 과학기술문명에 대한 역기능을 극복하는 일이다. 그동안 서구문화는 과학기술의 개발에는 힘을 쏟아왔으나, 과학기술이 가져다준 피해를 예방하는 일에 대해서는 간과하였다.

박종천은 서구의 과학기술과 이데올로기를 양(陽)으로 보았고, 상극과 갈등의 대립을 극복하려는 의식은 음(陰)으로 보면서 이 음·양의 상생·조화·화해를 통한 평화와 통일을 지향하는 것이 상생신학의 요체라고 규정하였다. 그에 의하면 상생신학이야말로 남성중심의 서구 가부장적 신(神)의 상징을 여성중심의 동양의 모성애적 민중적 언어로 재구성할 수 있으며, 나아가 한국민중의 신화, 전설, 제의(祭儀) 그리고 역사에 대한 새로운 민중적, 여성해방적으로 변환을 이끌어 낼 수 있다고 하였다. 또한 상생신학은 남북한의 이데올로기적, 체제적 갈등과 대립을 해소시킬 수 있으며, 종래의 교리적 신중심주의나, 배타적 역사주의에 입각한 그리스도 주의를 극복함으로써 유기체 내에서 다원적 미래개방의 성령중심의 신학을 정립하게 된다.

기독교의 상생관은 먼저 토착화 과정의 신학을 통하여 전통·역사·분단·민중의 삶들에 배어 있는 trauma(고통)를 수용한 연후에 상생신학이 가능할 때 한국인에 의한 한국적 상생의 민중신학이 착근하게 된다.

김지하는 하느님의 안식과 노동자의 노동과의 관계를 '일하는 하느님으로서의 민중'이라고 이해를 전제한 다음 하느님의 안식을 표상하는 제사와 인간노동을 표상하는 '밥(食)'은 하나이지 분리될 수 없다고 하였다. 그러기에 역사와 세계에서의 하느님은 일하는 사람을 통해 일하며, 모든 근원적인 생명은 쉴 새 없이 변화·운동하며 생명의 중생(重生)을 통해서 시간과 공간 속에서 확대하고 지속하면서 움직이며 일한다. 따라서 민중을 일하는 하느님(Working God)으로 인식할 때에만 제사와 밥, 안식과 노동이 불이(不二)인 동시에 하느님 세계의 '상극'을 넘어서 '상생'에로의 참조론적 변환을 이룩할 수 있다.

강증산의 해원상생이 민중해방적이며 후천개벽의 우주적, 창조적, 새 창조를 의미하므로 선천시대의 인간과 인간, 인간과 자연, 인간과 하느님, 세계와 하느님 사이의 온갖 상극현상을 신명이나 인간이 모두 원(冤)을 품고 있기에 상호소통이 막혔다고 보고 있는 데 비해서 기독교의 상생관은 하느님 역시 노아의 홍수사건과 인간의 죄에 대한 선천시대의 참상을 후회하면서 이를 상생의 축복과 생명으로 전환하기 위해 개벽시대를 약속함으로써 상생의 창조적 역사를 시사하는 데 있다.

4. 능·용·체(能·用·体)의 본질성

상생은 본성적으로 능성(能性)·용성(用性)·체성(体性)의 3가지 요소를 지니고 있으며, 이는 어느 한 가지도 선후(先後)나 귀천(貴賤), 낫고 못함이 없이 언제나 함께 상호 작용하면서 모든 생명의 자활(自活), 자율(自律), 자력(自力)을 도우며 활동하는 기능을 하고 있다.

능성(能性)이란 항상 움직이는 역동성, 계속성, 시발성, 촉진성을 가지며 모든 생명작용을 일으키는 기본적인 기능을 한다. 그러므로 생명의 능성은 언제나 항동(恒動), 항변(恒變), 항속(恒續)의 기능에 따라 함께 더불어 이웃하며 살아 숨쉬고 미래의 창조적 역사를 이어 나가는 데 있다.

용성(用性)은 능성에 따라서 모든 상관관계를 적절히 맺어주는 역할을 하며, 용성의 내용으로는 모든 관계가 순서, 연결, 적응, 조절, 조화롭게 잘 이룩되어 졌는지를 분별하여 성사되도록 시공의 교차점에서 교통신호와 같은 상생역할을 수행하는 것이다.

체성(体性)은 능성의 본질과 용성의 조정을 거쳐 조화된 상생관계를 실천하거나 표현하는 역할을 한다. 즉, 체성은 표현의 수단이며 현실성을 가지는 모든 사건의 결과로 나타나는 것으로 보고 있다. 이상의 능성, 용성, 체능의 3요소를 정리하면 〈표 7-1〉과 같다.

특히, 체성에 대해서는 최근에 사회학의 중요한 관심의 대상으로 인해 부상되고 있다. 사회학에서는 체현(embodiment) 또는 몸의 이론(theory of body)으로 불리며 연구되고 있는데, 대체로 '체현'이라는 이름으로 연구되고 있는 최근의 경향을 보면 다음과 같다.

〈표 7-1〉 능성(能性), 용성(用性), 체성(體性) 삼요소의 역할

적요	역할		
능성	시발성	촉진성	중속성
용성	순서성	조절성	중결성
체성	표현성	실현성	결과성

자연적인 몸, 성별화된 몸, 문명화된 몸, 자본화된 몸, 감정적인 몸, 죽음의 몸, 움직이고 관리되고 훈육되는 몸 등으로 개별접근이 이루어져 왔다. 그러나 최근에 몸에 대한 지식의 위기를 드러내면서 물질적인 몸, 의사소통의 몸, 소비적이고 의학적인 몸, 개인적이고 사회적인 몸, 화신(化身)으로서의 몸, 유형적인 몸, 육(肉)적인 몸 등의 연구가 체계적으로 이루어지고 있다. 이러한 체현의 과학적 접근방법은 상생윤리의 이론적 틀(frame)을 전개하는 데 매우 유익한 의미를 시사하고 있다.

5. 의(義)·수(秀)·호(好)의 가치성

인간의 존재이유와 존재가치에 대한 하나의 정의를 내리기는 매우 어렵다. 왜냐하면 인간의 구조가 매우 복잡하기 때문이다. 그러함에

도 불구하고 인간의 마음·정신·몸에 관한 성(性)·질(質)·양(量)
은 대체로 우주자연의 구조를 닮았거나 유사한 요소를 지니고 있다
는 것에 대해서 일반적으로 동의하고 있다.

　상생윤리에서 본 가치성은 모든 사물을 판단함에 있어서 마음은
언제나 정의로운(義) 판단을 하는 역할을 하며, 정신은 보다 나은
(秀) 판단을 하는 역할을 하고 있으며, 몸은 모든 사실을 좋게(好)
판단하는 역할을 한다. 이와 같은 가치 판단의 기준으로 의·수·호
의 3가지 가치성에 따라 행동과 실천이 이루어진다.

〈표 7-2〉 마음·정신·몸의 역할

마음	정신	몸
시동원천역할	조절연결역할	표현실천역할
발상역할	진행역할	실현역할
원인역할	과정역할	결과역할
성품적 역할	질적 역할	양적 역할
목적역할	방편역할	실천역할
지휘감독역할	보조협력역할	집행역할
옳은 판단역할	나은 판단역할	좋은 판단역할
종적역할	횡적역할	표현역할
뿌리역할	가직역할	열매역할
원칙역할	수단역할	실행역할
전체성 역할	상대성 역할	개체성 역할
사령관역할	참모역할	병정역할

　한국인은 3원(三元)구조의 의식성향, 가치성향, 문화성향을 가지는
생활습관을 오래도록 지녀왔기에 상생의 가치성도 역시 3원구조로
이루어진 의·수·호의 구조 속에서 판단이 결정되고 있다. 이러한 3

원구조의 문화성향으로는 단군신화의 환인·환웅·환검의 삼신사상에서부터 도덕경의 삼생만물(三生萬物)에 이르기까지 삼(三)수중심의 세계관으로 일관하고 있다.

이렇듯 마음은 정의만을 추동하는 것이 아니라 일체유심조(一切唯心造)와 같이 모든 사상을 조성하는 발원이기도 하지만, 마음 자체의 기본은 언제나 의·수·호의 가치관을 추구하고 있는 데 대해서 김중(金重)은 다음과 같이 정리하고 있는 것은 상생의 3원구도를 이해하는 데 시사하는 바가 크다.

상생마음은 계발 촉진 연속 등 능성(能性)역할을 하고, 마음은 발상을 도출하는 역할을 하며, 품성을 나타내며, 모든 경과에 원인역할을 하며, 마음은 성사에 목적역할을 한다. 마음은 인체를 필요한 세계로 인도하게 하는 역할을 하며, 마음은 옳은 것을 결정하는 역할을 하며, 마음은 종불절(縱不絶)을 위하여 횡불리(橫不離)하게 하는 역할을 하며, 원칙입장의 역할을 하며, 뿌리 역할을 한다. 마음은 우리 또는 전체차원의 역할을 하며, 마음은 인간을 불식항동(不息恒動)하게 작용하는 역할을 하고, 인체를 지휘 명령하는 역할을 하며, 양심과 대화하는 역할을 하고, 선천적으로 불변 절대 차원의 역할을 한다.

이렇듯 마음은 일체유심조(一切唯心造)라고 하듯이 그 역할의 진폭과 영향력의 파고가 광대하여 마음을 넓히면 천지를 감싸고도 남을 만큼 넉넉해져서 너와 내가 화합되어 천하 만물과 더불어 살아갈 수 있게 된다. 이때 어디를 가나 필요한 존재가 되는 인생극치의 세계에 입문하게 되어, 문자 그대로 마음이 자유롭게 된다.

반대로 마음이 너와 이웃마저 의식할 수 없을 만큼 옹졸해지면 어디를 가나 누구를 만나도 반겨주는 대상이 없어져서 마침내 설 자리까지 없어지게 된다.

이렇듯 마음은 쓰기에 따라서 세상이 넓어 보이기도 하고, 좁아 보이기도 하듯이 마음은 쓰임새에 따라 그 사람의 성품과 역량이 표출되어, 그가 누구인지 가히 알려준다. 그러므로 마음은 인간사의 발언적인 역할을 하는 선천적인 절대가능의 능원자이다.

상생정신은 모든 일을 되게끔 하는 논리성 역할을 하고, 정신은 마음의 발상을 진행하는 역할을 하며, 정신은 어떤 사건의 과정을 조화시키는 역할을 하고, 정신은 물건의 질을 높이는 역할을 하며, 정신은 사건의 방편을 제시하는 역할을 하고, 마음의 지휘 감독을 보좌하여 일을 되게 하는 역할을 하며 정신은 나은 것을 비교 판단하는 역할을 하고 정신은 횡적인 역할을 조화시켜 종불절(縱不絶)하게 하는 역할을 한다. 정신은 뿌리와 가지 중에서 가지역할을 하고, 정신은 일이 되게끔 하는 수단역할을 하며, 정신은 마음이 전체성의 영역이며, 상대성 영역의 역할을 하고, 정신은 지휘관인 마음의 참모 역할을 하며, 정신은 마음이 옳다고 정한 대로 몸에 전달하는 역할을 한다.

이렇듯 정신은 무형인 용성(用性)이며, 이치를 가늠하는 판단 역할자로서 마음의 보좌역할을 한다. 그러므로 정신을 우주 구조차원에서 볼 때 용성과 동의의 역할을 한다. 그러므로 용성인 정신은 능성 차원인 마음의 요청에 따라서 일이 되게끔 하는 참모 역할자로서 순서성과 조절성, 적응성, 연결성 등을 판별하여 때의 곳에 맞추어주는 가변적 요소를 지닌 무형적인 존재로서, 유와 무, 전후좌우, 상하경중, 고저와 장단 등을 분별하고 과거와 현재 및 미래를 가늠, 측정 등을 비교 판단하여 모든 관계가 성립되게끔 시공의 교차점에서 교통신호와 같은 역할을 담당한다.

그래서 정신은 인간이 태어나서 죽는 날까지 보고, 듣고, 느낀 모든 경험과 교육을 통하여 인지한 모든 상황과 사건들을 두뇌에 보관,

기억하여 두었다가 유사시 그 사건에 해당하는 것들을 발췌하여 나은 것과 되는 것을 가늠하여서 마음에 알린다.

그러면 마음은 이를 받아, 다시 옳으냐 그르냐를 우주심인 양심에 물어서 재가를 받은 후에 실천가부를 정신에 알리면 정신은 이를 몸에서 행동여부를 지휘 명령한다.

이렇듯 정신은 마음과 몸 사이에서 만사가 성사되도록 음양과 역순 등의 제반문제를 조절하고 조화하는 보좌역할을 하여 인간사의 목적을 몸으로 하여금 실현하게 하는 역할을 한다.

그러므로 정신은 마음과 몸 사이의 교량적 역할을 하는 기관으로서 마음이 하고자 하는 일에 참여하여, 되고 안 되고, 낫고 못한 것을 결정하는 역할을 할 뿐, 옳고 그른 것을 결정할 수는 없다. 즉 마음은 원칙과 목적을 결정하는 역할을 하고, 정신은 과정과 방편을 하며, 몸은 결과적 또는 실천적 역할을 한다.

이를 다른 측면으로 이해하면 정신은 논리 그리고 추리 등의 관리자가 되어 모든 응용이용의 주동자로서 사리를 가늠하고 정리하여 매사가 성사되게끔 마음을 협조하는 후천성 보조 기관일 뿐이다. 이 때문에 정신만이 교육되고, 선천적인 마음은 교육이 불가능하다.

그러므로 "인간이 해야 하느냐, 하지 말아야 하느냐"는 현상은 마음의 작용과 정신의 작용이 뒤섞이며 가늠 못할 때나 또는 양심사이의 갈등에서 일어나는 현상이다.

상생체(相生體)는 물질계에서 가시적인 질량의 역할을 하고, 몸은 인간계에서 마음의 지시에 따라 표현하는 역할을 하며, 몸은 생활계에서 나타나게 하는 실현적 역할을 하며, 몸은 권능계에서 실천권을 갖고, 표현하는 역할을 하고, 몸은 가치계에서 일차원인 좋은 것을 결정하는 역할을 하며 몸은 뿌리, 가지, 열매 중 열매의 역할을 하고 몸은 군대조직에서 병정과 같은 역할을 한다.

이렇듯 몸은 마음의 의지에 따라 피동적으로 행동하여 인간의 목적을 실현하는 역할을 할 뿐, 몸이 자의 또는 자주적으로 행하는 것은 하나도 없다. 그러므로 몸으로 또는 힘으로 해결하고자 하는 자는 항상 말석차지만을 하다가 도태되기에 이른다.

인간을 비롯하여 모든 존재는 태어나는 순간부터 어디를 가나 어떤 곳에 반드시 예속되게 되어 있다. 우선 태어나면 가정에 예속되고, 생명이 유지되자면 그 환경과 직장에 예속되어야 하고, 불편 없는 삶을 살아가자면 사회와 국가에 예속되어야 하고, 나아가 자연계와 우주계에 예속되어야 한다.

그러므로 인생은 대소사를 막론하고, 그 권역인 전체와 관계되므로 반드시 전체의 명령에 따라야 한다. 이 때문에 자율이 있을 뿐 자유는 본래부터 없다. 다만, 자유는 탄압이나 억압을 받을 때 이에 대응하기 위해 요구되는 의식일 뿐 그 탄압이 해소되면 그 이후의 자유는 소멸되게 마련이다.

이러한 연유로 인해 개체는 전체를 떠나서 잠시도 생명이 유지될 수 없고, 우주마저도 그 운행이 되어 영생할 수 없게 된다.

여기서 전체의(全體意) 또는 우주의(宇宙意)가 양심이 되어 개체인 마음이 가야 할 옳은 길잡이가 되어준다. 그러나 양심이 아무리 정도의 길잡이가 되어준다고 할지라도 마음의 양심의 의도를 알지 못하면 양심은 쓸모없이 있으나 마나 하게 된다. 뿐만이 아니라 양심의 진부를 가리지 못하여 오히려 혼동과 갈등이 일어나는 경우를 흔히 볼 수 있다.

6. 너(並立)·나(同行)·우리(與生)의 관계성

상생(相生)은 기본적으로 독생(獨生)이 아니라 상대방의 생존(生存)을 전제로 하기에 서로가 동등한 인격으로 존중해야 하며 항상 역지사지를 배려하는 것을 우선시한다. 이는 '사람'을 '인간'이라고 부르는 데서 연유하고 있다. 인간은 사이적인 존재인 동시에 관계적인 존재이며 또한 사회적인 존재로 심화·발전·확대해 가는 것이 상생적인 삶의 본질이기 때문이다. 그렇다면 인간관계의 유형으로 나와 너의 병립(並立)관계, 나와 우리의 동행(同行)관계, 그리고 나와 우리와 자연은 다 같이 더불어 사는 여생(與生) 관계로 대별하여 볼 수 있다. 물론 병립, 동행, 여생의 관계성에 따라서 삶의 방식, 삶의 질, 삶의 양상, 삶의 깊이, 삶의 영역이 다양한 형태를 띠게 되는 것은 당연하다.

이를테면 어린이의 병(並)·동(同)·여(與)의 관계성은 지극히 단순할 터이고, 어른의 관계성은 넓고 복잡할 터이며, 성자는 너무나 강렬하여 천지를 진동시킬 것이며, 정신 분열자는 자기 자신 속으로 깊숙이 움츠려 들다 못해서 혼자 말하고, 혼자 웃고, 혼자 화내고, 그리고 혼자 걷다가 거울에 비친 자신의 모습을 보고 물끄러미 장시간 혼자 서서 바라본다.

김중은 나와 네가 하나의 인격체로 병립할 때 인(仁)을 베풀며 의(義)를 실천하게 된다고 하였다. 이때 인은 3가지 수수법칙(授受法則)에 의해서 베풀게 되는데 첫째 순서상으로 먼저 주어야 하는 선수의 법칙(先授法則), 두 번째는 시간적으로 항상 주어야 하는 항수의 법칙(恒授法則), 그리고 마지막으로 장소상으로 어떤 경우에도 빈 곳을 채워 주어야 한다는 공수의 법칙(空授法則)이다.

이와 같은 인간관계의 기초인 나와 너의 병립, 나와 우리의 동행, 나와 자연과의 여생을 실천하는 상생의 3대 수수법칙은 일찍이 조선시대의 유학의 인성론에서 비롯한 사단칠정론에 바탕을 두고 있음에 주목할 필요가 있다. 나·너·우리의 역할에 대해서 〈표 7-3〉과 같이 제시하였다.

〈표 7-3〉 나·너·우리의 역할

구분	나	너	우리
탄생	나는 너와 우리로부터	너는 나와 우리로부터	우리는 나와 너로부터
사건	나로부터 시작하고	너를 통해 조화되고	우리는 나와 너를 결실시킨다
성사	나는 기본이 되고	너는 합리작용을 하고	우리는 창조를 실천한다
생활	나는 너를 위해 살고	너는 나와 우리를 위해 살고	우리는 너와 나를 위해 산다
소임	나는 불식의 소임을 하고	너는 부동의 소임을 하고	우리는 불무의 소임을 한다
역할	나는 뿌리의 역할을 하고	너는 가지의 역할을 하며	우리는 열매의 역할을 한다
위치	나는 먼저 주는 위치	너는 교량 역할의 위치	우리는 나에게 돌아오게 한다
윤리	나는 자주 자립하고	너와 나는 병립하며	우리는 동행해야 한다
효율	나만을 생각하면 이기주의가 되어 불성한다.	너를 먼저 생각하면 화합이 성숙된다	우리를 생각하면 미래가 열린다

7. 상생윤리의 실천적 과제

상생의 3대 요체가 항동성(恒動性), 항변성(恒變性), 항속성(恒續性)에 있음을 언급한 바 있듯이 생태학에서의 환경생명도 유전공학

의 발전으로 인하여 생명의 온전한 유지에 심각한 위기에 처하게 됨
으로써 항속성에 대한 기형적 돌연변이가 돌출하기에 이르게 되었다.
여기서 개체적 생명은 독자적인 분화현상을 일으켜 보다 고차적인
유기체적 생명을 계속 발전시켜 갈 수 있다. 그러나 어떠한 개체적인
생명의 분화·발전·형상도 태양-지구 사이의 우주생명의 질서와
무관하게 존재할 수 없는 새로운 생명의 개념으로 온생명(global life)
과 구별짓고 있다. 즉 물고기가 살 수 없는 폐수오염이나 나무가 죽
어 가는 생태오염은 개별생명의 위기라고 한다면 지구 온난화 현상
이나 대기오염, 오존층 파괴현상 등은 우주생태의 이변을 일으키는
온생명의 위기라고 할 수 있다.

상생윤리적 입장에서 보면 개체생명을 둘러싸고 있는 온생명과의
관계는 상호 불가분의 상생관계를 구성하고 있다. 그중에서도 인간의
생명은 이 둘을 함께 함의하고 있는 특성을 지니고 있다. 즉 개개의
인간은 그중 추신경계를 이루는 신경 세포들의 활동에 의해 몸 전체
를 자신이라는 의식주체를 지닌 존재로서의 개체적 생명인 반면, 여
기에 그치지 않고 다시 개체적 생명을 바탕으로 서로의 관계를 정보
적으로 연결하는 문화공동체를 이루고 있는 온생명으로서의 확대된
주체가 복합적으로 존재하고 있어 이를 '우리'라는 개념으로 사용하
게 되었다.

따라서 상생윤리에서의 환경생명 및 환경윤리의 초점은 '생명가치'
의 기준을 어떻게 설정할 것인가에 의해서 큰 진폭이 나타난다. 인간
은 누구나 본능적으로 일차적으로 '자신의 생명'에 각인되어 있음과
동시에 다소 자신의 생명보다는 덜 소중하지 않더라도 상대생명의
가치도 매우 소중하다는 것을 느낄 수 있도록 생명의 등가성(等價
性)을 보편적으로 인식하는 것이다. 생명의 동등성에 대한 인식의 간

격을 좁혀 나가는 과정이야말로 인간본능의 선의지(善意志)의 계발
만큼이나 노력이 요구되며 이를 반영하는 사회적 장치가 바로 상생
윤리의 일차적 과제인 것이다.

생명의 등가성, 생명의 동등성, 생명의 보편성, 생명의 상관성을 나
와 네가 서로 역지사지적 입장에 서서 이해의 공유를 바탕으로 느끼
고, 행동하고, 실천할 때 상생윤리의 '황금률'은 정립되리라 본다.

기독교의 생명관은 모든 생명은 하나님이 창조하였기에 누구도 어
떠한 생명도 인위적으로 탄생하지 않았으므로 생명의 창조권은 없고
다만 보전할 책임만 있을 뿐이다. 그러므로 생명의 주체모형이 하나
님을 닮고, 하나님 나라이고, 하나님 속에서 삶의 영역을 정하기 때
문에 생명은 자의적일 수 없고 오직 하나님 주관 안에 속할 뿐이다.
이러한 기독교의 생명사상을 발전적으로 극복하기 위하여 보다 진보
적 생명관을 제시한 틸리히(P. Tillich)는 생명의 '다차원적 통일성'을
들고 있다. 그에 의하면 생명에는 자기통합의 기능, 자기창조의 기능,
그리고 자기초월의 3가지 기능이 있다고 하였다. 이 3가지 기능은 끊
임없이 통합-분열, 창조-파괴, 초월-세속의 위협을 반복적으로 받
으며 실존의 합일에 도달하게 된다고 하였다.

이제 지구환경생명의 문제는 종래의 서구 중심의 기능주의적 환경
관, 기계론적 환경관, 과학분석적 환경관, 도구적 환경관, 환경개량주
의, 환경기술주의로는 생태론적 환경생명이 안고 있는 전 지구적 환경
위기 문제를 원칙적으로 해결의 대안이 될 수 없다는 결론에 도달하였
다. 따라서 환경 상생 생명윤리적 인식에 기초한 새로운 생명관이 문
명사적으로 일대 변혁이 일어나지 않고는 생명문화에 대한 새로운 가
치관, 생활양식이 소생할 가망이 어렵게 된 상태에 이르게 되었다.

이러한 반상생적 이분구도의 생명세계관으로부터 자연과 인간, 인

간과 생명, 생명과 환경은 둘이 아니라 하나의 뿌리로 보는 이른바 인내천(人乃天), 천인지(天人地) 합일(合一), 해원상생(解怨相生) 등의 동아시아적 지혜를 터득하는 것이야말로 지구환경생명의 위기를 극복할 수 있는 대안으로 제시한 것에 주목할 필요가 있다.

또한 최근에 오그로스(R. Augros)는 환경생명에 대한 문명사적 새로운 패러다임의 요체로서 생명모델(life model)을 정립함에 있어 서구중심의 데카르트, 다윈, 뉴턴식 약육강식, 적자생존, 토태이론 등 생태론적 접근의 한계를 지적하면서 생물의 생명적 틀의 전환이 필요하다고 하면서 이를 동양식의 표현을 빌려 상생, 화해, 해원 등의 물아일체론적 접근 모델을 제시하고 있다.

여기서 인간중심적 생명사상을 비판하는 생태론적 환경생명사상을 올바로 이해하지 못하면 환경의 주범인 인간을 옹호하고 마는 논리적 모순에 빠지게 된다. 만약 인간이 인간 스스로 탈인간주의 또는 반인간주의적 생명관을 지지하거나, 서구적 인간주의 생명관과 동양적 비인간주의 생명관(Non-Anthropocentric)을 극복하지 못하고 이를 대결적 구도로 보는 시각은 또 하나의 반생명논리적 오류를 범할 우려를 가지고 있기 때문이다.

물론 이 둘의 조화를 이루기 위해서 생태학을 통해서 모색하고 있으나 두 관계의 불명료한 관계성의 한계로 말미암아 한꺼번에 극복하기는 어렵다고 하였다.

그러나 이 둘의 관계를 보다 명료하게 극복하기 위해서 생태학적 근본주의(Deep Ecology)가 최근에 제시되고 있는 8가지 실천과제에 관심을 가질 필요가 있다. 즉 ① 생명의 독자성, ② 생명의 다양성, ③ 생명의 존엄성, ④ 생명의 균형성, ⑤ 생명의 위기성, ⑥ 생명의 절제성, ⑦ 생명의 경각성, ⑧ 생명의 의무성을 들고 있다.

8. 상생의식(相生意識)의 사회적 전환

상생은 시간적으로 과거·현재·미래, 공간적으로 거기·여기·저기, 그리고 존재적으로 나·너·우리에 걸쳐 범재론(汎在論)적으로 확산되어 가고 있다. 이러한 상생의 화두(key word)는 최근 UNESCO의 산하단체인 APCEIU(아시아 태평양 국제이해 교육센터)에서 영문 계간지로 발간되고 있는 ≪SANG SAENG(상생)≫은 부제로 「Living Together, Helping Each other」(서로를 도우며 더불어 살아가기)를 달고 있어 상생의 내용을 세계화하는 데 큰 기여를 하고 있다.

Castro에 의하면 상생을 위한 평화교육의 덕목으로 ① Disarmament(비무장), ② Nonviolent(비폭력), ③ Human Right(인권), ④ Human Solidarity(인간유대), ⑤ Development Justice(정의의 발전), ⑥ Democratization(민주화), ⑦ Sustainable Development(지속적 발전) 등을 들고 있다. 또한 평화교육의 발전을 위한 가치·태도의 내면화를 위해서 ① Self-Respect(자존), ② Respect for others(타인존중), ③ Respect for life(생명존중), ④ Global concern(지구사랑), ⑤ Ecological concern(생태사랑), ⑥ Cooperation(협동심), ⑦ Openness/ Tolerance(개방과 아량), ⑧ Social Responsibility(사회적 책임), ⑨ Positive vision(긍정적 비전)을 들고 있다.

동물의 세계도 얼핏 보기에는 약육강식 적자생존으로 구축되어 있는 것 같지만 좀더 자세히 관찰하여 보면 경쟁보다는 협동을 넘어 상생이 지배하는 구조를 이루고 있음을 알 수 있다. 이를테면 세포 내 소화기관들이 세포를 이루고, 그 세포가 근육·신경·혈관 등의 조직을 형성하고, 조직이 심장·위 등의 기관을 이루고, 이 기관이

다시 순환기·소화기 등의 계통을 형성한다. 이 여러 계통들이 개체생명으로 통합되어 생태계를 형성하며, 개체생명은 생태계와 자신의 주위 환경에 서로 의존하지 않고서는 자신의 생명을 지탱할 수 없다. 따라서 모든 생명은 스스로 자족적으로 존재할 수 없으므로 전체생명(Holistic Life)이 있음으로써 비로소 존재할 수 있다는 것이다.

이제 상생윤리는 환경교육, 평화교육, 생물교육, 과학교육을 포함하여 세계화를 지향하는 직업윤리 교육의 중요한 내용으로 자리매김하기 위해서 '상생직업윤리'로서의 규범을 제시한 바 있다. 그리고 상생은 생명인 동시에 생명의 '살림살이'이기도 하기 때문에 살림살이를 온전히 지탱하기 위해서 '살다-살리다-살려주다-서로 먼저 살려주다'로 생명의 발전이 전개되어야 한다. '살아가다'와 '사라지다'는 같은 어근이므로 함께 살다가 함께 사라지는 생명의 순리에 따라 나부터 앓음-알음-아름의 모습을 보이며, 생명의 본질인 비움-나눔-섬김에 이를 때 참상생의식은 인간의 마음을 채우게 될 것이다.

'상생'이라는 단어를 국어사전의 풀이에 의하면 '오행(五行)의 운행에 금에서는 물이, 물에서는 나무가, 나무에서는 불이, 불에서는 흙이, 흙에서는 금이 남을 일컫는다'라고 되어 있다. 즉 '상극'의 대립어로 쓰고 있다. 그러면 상극에 대해서는 '오행설에 있어서 금은 목을, 목은 토를, 토는 수를, 수는 화를, 화는 금을 각각 이김을 이르는 말'이라고 쓰여 있다.

상생이라는 개념이 최근에 와서 상생정치, 상생경제, 상생문화 등 널리 사용되고 있어 이를 이론적 배경, 구조론적 특성, 그리고 실천적 과제에 이르기까지 체계적으로 정리하여 보는 것은 시의 적절한 과제로 생각하였다. 물론 상생을 특정 종단의 교리화하여 가장 널리 사용한 것은 강증산이었다. 그런데 '상생'이 오늘날 이처럼 널리 정치,

경제, 사회, 문화 전반에 걸쳐서 회자되는 것은 상생의 본 의미와 현대사회의 난마(亂麻)를 푸는 데 매우 적절한 '단어의 선택'이기 때문이다.

지금까지의 이원적 구도나 'All or Nothing'으로는 상극과 상쇄만이 존재할 뿐, 상생이나 win-win은 기대하기 어려울 뿐이라는 절박한 한계상황에 도달하였음을 서로가 인식하게 되었기 때문이다. 인간은 파괴적 본능(E. 프롬)도 가지고 있지만 반대로 인간은 서로 도우면서 상생을 추구하는 속성을 지니고 있음을 밝히고 있다(R. 베네딕트). 그 외에도 '자기실현적 인간'의 특성을 주장한(A. Maslow) 것을 비롯하여 상생의 잠재의식을 개발만 하면 얼마든지 수준 높은 평화의 에너지를 유용할 수 있다(D. Hawhins)고 하였다.

특히 '홍익인간'의 건국이념, 사단칠정의 성리사상, 인내천의 동학사상, 천인지합일의 삼재사상, 유·불·선의 불이사상(不二思想) 등은 우리 생활정서에 널리, 깊이, 오래도록 침잠되어 있는 정신문화이기도 하다.

21세기 인류 자연 모든 생명이 살아남기 위한 마음(Survival Mind)은 상생의 도를 걷는 길만이 유일한 대안이 될 수 있다. 서울 올림픽 4강, 한일 월드컵의 4강을 이어서 경제 4강, 문화 4강, 도덕 4강으로 진입하기 위해서 상생윤리의 사회적 환산이 이루어지도록 상생교육의 프로그램을 개발하여 널리 실시해야 한다. 남을 배려하는 마음(Care Mind), 남을 섬기는 마음(Respect Mind), 남과 함께 나눔의 마음(Allocational Mind)이 없이는 지구촌의 지구가족의 구성원의 자격을 상실하고 있다. 우리나라가 IT(Information Technology) 정보기술로 어렵게 이룬 강국을 TI(Transparency International, 국제투명성기구)로 망칠 수 없다는 생각을 하지 않을 수 없다. 요즘 우리 사회

는 부패공화국으로 불릴 정도로 부정이 창궐하여 OECD 회원국이라
고 하기에 너무나 창피스럽고, 노벨평화상을 반납하는 것이 차라리
부패 대통령의 체면을 가릴 것 같다.

제2절 생명윤리와 생태문화

1. 생명에 관한 역사적 이해

생명의 기원에 대해서 학자들 간의 많은 이론이 제기되어 왔으나
대체로 합의를 보고 있는 것을 종합하여 보면 지금부터 42억 년 전
으로 추정하고 있으며, 그때 수소, 일산화탄소, 암모니아, 메탄으로
구성된 지구의 구름이 바다 위로 강렬한 전자폭풍을 일으키면서 한
편 태양의 자외선에 흠뻑 담겨 있던 가스들은 서로 작용하여 설탕,
핵산, 그리고 아미노산을 포함하여 복잡한 분자들을 형성한다. 이 복
잡한 분자들은 후에 단백질과 DNA 복제의 형성에 중추역할을 하게
된다. 이것이 4백만 년 정도 지난 후에 가장 독립적인 단일 세포의
세균이 바다를 점령하게 되면서 생명이 시작된 것으로 보고 있다.

따라서 생명의 기원에 관한 연구는 많은 과제를 안고 있는 채 계
속해서 생물의 유전구조, 우주화학 진화, 분자의 자기 조직화, 생화학
적 대사, 생체 고분자의 합성, 심지어 최근에는 우주탐사업을 통하여
많은 실험자료를 축적하면서 생명의 정체를 추적하고 있다.

이와 같이 난해한 생명의 신비를 규명하는 분야는 앞으로의 과제

로 남겨둔 채 본 논문에서는 최근에 무자비한 생명파괴로 인하여 생
태계가 소멸되는 위기에 직면하면서 1970년대부터 생명(Bio·life)과
윤리(Ethos)문제가 하나의 생명윤리(Bioethics)라는 합성용어로 만들
어져 완전히 새로운 학문분야로 발전되기 시작하였다.

　더욱이 환경오염과 생명경시풍조가 심각해지면서 생명에 대한 윤
리적 연구접근이 더욱 필요하게 되었다. 특히 인공유산, 유전공학의
조작술의 발전, 유전자 조작, 인간복제 등에 대한 윤리적 각성의 심
각한 문제를 제기하면서 본 논의에서는 다음과 같은 생명윤리를 관
심의 대상으로 한정하고자 한다.

　첫째, 하나뿐인 나의 생명이 소중하듯이 남들에게도 자신들의 생명
이 소중할 것이라고 전제한다면 우리가 먹는 모든 먹을거리 자체는
이미 남의 생명을 희생하여 얻어진 결과물이므로 먹는 행위 자체가
이미 부도덕한 것이다. 그렇다면 어떤 생명도 해치지 않는 철저한 생
명외경사상의 도덕적 한계는 어디까지 규정되어야 하는가를 규명하
고자 한다.

　둘째, 모든 개체적 생명은 그 생명가치의 동등성(Equalness)을 인
정할 것인가, 아니면 차별성(Discriminatiness)을 인정할 것인가에 따
라서 생명에 대한 인간의 삶의 양식과 가치관은 달라질 것이라고 본
다. 그렇다면 생명윤리적 관점에서의 생명에 대한 기본적 입장은 어
떠하여야 되는지를 윤리적 문제와 현실적 문제를 부합시켜 보고자
한다.

　셋째, 모든 생명 중에서 인간의 생명을 최상위의 목적생명으로 본
다고 가정할 때 여타의 중하위의 수단생명과의 관계정립은 어떠해야
하며, 더 나아가 이들 관계를 약육강식의 상극관계(相剋關係)로 볼
것인가 아니면 순환적 상생관계(相生關係)로 보느냐에 따라서 새로

운 환경론적 생명윤리관을 도출하여 정립하고자 한다.

넷째, 현대사회는 생명가치가 화폐가치에 밀려 생명의 귀중한 종(species)들이 비참하게 박멸되어 가는 상황에 처해 있다. 이러한 가치전도의 생명경시가치관을 생태학적으로 생명존중가치관으로 바꾸기 위한 생명윤리가치교육의 이론적 틀(Framework)을 정립하는 데 두고 있다.

이상의 연구 목적을 달성하기 위하여 기존의 구미 및 일본의 생명윤리에 관한 선행 연구의 문헌을 참고할 것이며, 이를 위해서 서강대학교 부설생명문화연구소에서 발간된 여러 가지 논문들이 많은 도움이 되었으며, 계간 과학사상도 많은 참고가 되었음을 밝혀둔다.

플라톤(Platon)은 모든 사물을 이원론적 입장에서 보면서 이를테면 식물이나 동물은 그 자체로서는 살아 있을 수 없다고 보고 그것들에 혼(Ghost)을 불어 넣음으로써 비로소 생명을 얻을 수 있다고 믿었다. 아리스토텔레스(Aristoteles) 역시 모든 생명의 구성은 몸의 엔텔레키(Entelechie: 혼)가 있어서 이것이 몸을 만들고 움직인다고 보았다. 이와 같은 이원론적 생명관은 육체와 영혼을 구분하고 이 둘이 합해졌을 때 비로소 완전한 생명체로서의 기능을 발휘하게 된다고 보았다. 이와 같은 생기론(生氣論, Vitalism)은 후에 그리스도교의 생명관에 커다란 영향을 미쳤다.

또한 탈레스(Thales)는 물의 순환에 의해서 생명현상이 나타난다고 하였으며, 데모크리토스(Demokritos)는 원자의 운동이 생명현상을 지배한다고 보면서 이와 같은 기계론(Mechanism)적 생명관은 후에 중세 그리스도교의 생명관과 정면충돌을 빚어 배척받게 되었다.

그러나 어거스틴(Augustine)은 모든 생명의 발생은 전능하신 신의 현현에 따라서 '생명을 주는 영혼'이나 '눈으로 볼 수 없는 종자'에 의해서 생명을 부여받는다는 자연 발생설(Naturalism)을 주장함으로써 그리스도교의 생명관인 생기론과 일치시키고 있다. 따라서 서양의 생명관은 오랜 기간 그리스도교의 생기론적 생명사상이 절대적으로 지배되어 오다가 18세기를 거쳐서 19세기에 접어들면서 마이어(R. Myer), 헬름홀츠(Helmholtz) 등의 에너지 불멸론(Immortalism)이 제기되었고, 뒤이어 다윈(C. Darwin)의 진화론(Evolutionism), 쉴라이덴(Schleiden)의 세포설(Cell theory)이 이어지면서 기계론적 생명관이 다시 대두되기 시작하였다.

그리고 20세기로 접어들면서 생명의 기원 연구에 대한 현격한 발전으로 인하여 생명공학을 비롯하여 과학의 각 분야별로 전체생명(Total life)에 대한 복합적 통일구조를 규명하는 일에 커다란 진전을 보이게 되었다. 그 대표적인 업적을 세운 모르간(T. H. Morgan)은 생명을 단일 메커니즘으로 보지 않고 입자의 복합체로 보는 유전자설(genetheory)을 내놓았다. 즉, 모든 생물의 성질은 물리·화학적인 복합인자 조성의 결과라고 주장하였다. 이와 같은 모르간의 유전자설에 대해서 로이브(J. Loeb)는 생명체를 단지 물리·화학적인 견지에서 보는 것에 대해서 의문을 제기하면서 모든 생명체는 전체로서 기능과 조화를 가지는 존재라고 보아야 한다는 전체론(The Whole theory)을 주장하였다. 이러한 로이버의 전체론은 뒤에 드리쉬(H. Driesch)로 이어지면서 신생기론(New Vitalism)을 주창하기에 이른다. 즉, 모든 생명은 통일성을 가지는 전체성(Wholeness) 때문에 비생물과 구별되며, 이 전체를 통일하는 신비적인 힘이 에너지와는 다른 개념에 속한다고 하였다.

드리쉬의 신생기론적 생명사상은 후에 홀데인(J. S. Haldane)에 의해서 환경생기론(Environmental Vitalism)으로 발전하기에 이른다.

즉, 모든 생명은 그 생명이 존재하고 있는 환경과 불가분의 관계를 가지고 있을 뿐만 아니라 그 환경에 대하여 적응하려는 고유의 구조를 적극적으로 유지하려고 하는 것 자체가 생명인 동시에 생명현상은 있는 그대로 파악함으로 생명을 이해할 수 있다고 하였다.

근세에 들어오면서 마르크스(K. Marx)를 비롯한 유물론자들의 생명관에 의하면 생명은 세계와 마찬가지로 본질적으로는 물질구성체이며, 이는 근원을 해명한다는 구실하에 초물질적인 영적 존재를 인정한다는 것은 생명자체를 왜곡하는 것이라고 비판하고 있다. 마르크스에 의하면 생명도 물질의 특별한 존재양식에 지나지 않으며, 따라서 어떠한 특징을 지닌 생명도 물질법칙에 의해서 발생하였다가 물질법칙에 따라서 소멸하는 것 외에는 아무것도 아니다.

그에 의하면, 생명도 물질과 마찬가지로 한순간도 정지 상태에 머물러 있지 않고 계속해서 변증법적 운동·발전함으로써 점차로 낮은 단계에서 높은 단계로, 단순한 구조에서 복잡한 구조로 상승하여 가게 된다. 이 발전된 후의 생명은 발전되기 전에 생명과는 전혀 새로운 질적인 생명을 획득하게 되는데, 따라서 모든 생명은 물질적인 동시에 높은 단계에서의 '질(Materials)'로 나타난다고 하였다. 이때 '질'로 나타난 생명은 낮은 단계의 생명질과 높은 단계의 생명질은 확연히 구별됨과 동시에 사회적 평가도 달라질 수밖에 없다. 여기서 생명의 사회성, 또는 사회적 생명문제가 제기된다. 따라서 사회적 생명은 사회적 존재로 끊임없이 발전하게 된다.

2. 생명에 관한 철학적 이해

생명에 대한 본질적 이해는 그것이 진화론이든 창조론이든 궁극적으로는 결국 철학적 이해의 문제에 귀결될 수밖에 없다. 왜냐하면 실험과 관찰을 중시하는 모든 생명과학들은 그 방법론에 있어서 생명의 전체를 설명하기보다는 생명의 일부분만을 설명하는 한계에 부딪치기 때문이다. 따라서 생명의 부분적 설명은 과학의 몫이라면 생명의 전체적 이해는 철학의 몫일 수밖에 없다.

따라서 생명을 이해하는 철학의 또 하나의 과제는 인식될 수 있는 인식 안의 대상생명(Subjective life)은 설명할 수 있으나 인식될 수 없는 인식 밖의 현상생명(Phenomena life)까지도 설명이 가능할 수 있느냐의 문제에 대해서 철학적 회의에 당도할 수밖에 없는 상황에 놓이게 된다. 즉, 철학은 인식 밖의 현상생명에 대해서는 설명(elucidation)될 수 없고 다만 은유적으로 이해(appreciation)될 수 있을 뿐이다. 생명이 이처럼 대상생명이던 현상생명이던 생명본질에 대한 철학적 관심의 대상인 것은 생명을 일의적(一義的)으로 대답할 수 없을 뿐만 아니라 매우 역동적인 복합성을 띠고 있기 때문이다.

이를 테면 생명의 의미에 대해서 셸러(M. Scheler)나 베르그송(H. Bergson)에 의하면, '광물은 생명이 전혀 잠든 상태, 식물은 생명의 반쯤 잠든 상태, 동물은 생명이 잠을 깬 상태'라고 하였다. 이는 인간 -자연-생물의 생명동가성을 나타내는 말이다. 모든 생명은 명증적(Evident)이며 본질직관(Intrinsic Intuition)에 의해서만 인식될 뿐 결코 그 무엇으로도 환원될 수 없다고 했다. 그러므로 생명의 가치에 대한 철학적 문제를 다음과 같이 몇 가지로 제기할 수 있다.

첫째, 생명가치의 범위를 정하여 생명의 본질적인 가치에 따라서 생명의 질(Qualitiness of life)을 어떻게 향상시키느냐이다.

둘째, 생명의 본질적 가치와 정도에 따라서 각각의 생명에 가치서열(Value Hierarchy)을 포용할 수 있느냐이다.

셋째, 생명의 살생에 대한 적실성(Stringency)의 문제로서, 즉 '살생하지 말라', '살생은 나쁘다'는 도덕적 규범을 절대적으로 준수하려고 할 때 '정당한 예외(a Justified Exception)의 범위를 어떻게 수용할 것인가이다. 여기서 파생되는 철학적 문제로서 인간의 생명가치와 인간 아닌 다른 생명체의 가치와 또 생명체의 삶의 터전인 대지(大地)의 가치를 어떻게 조화롭게 이해 및 설명할 수 있느냐이다.

이상의 3가지 생명에 대한 철학적 물음에 대하여 슈바이처(A. Schweitzer)는 '생명에 대한 외경'으로 설명을 대신하였다. 즉, 모든 존재는 단일한 생명이다. ―태양과 달, 불과 물, 꽃과 초목, 들짐승과 새들은 형제자매이다―그는 삼라만상은 자립적인, 독자적인 존재들로서 그들 고유의 내재적 가치를 공유하고 있다. 여기에 철학적 범애주의 사상(Philosophical Philan-thropism)의 기초를 이룬다.

이러한 범애주의적 생명관은 수운(水雲) 최제우는 삼경사상(三敬思想), 즉 인경(人敬), 물경(物敬), 천경(天敬)으로 설명하고 있으며, 인권과 동물권은 함께 존중되어야 한다는 최근의 환경생명윤리학자들의 견해를 잘 뒷받침하고 있다. 우리는 슈바이처나 수운이 다 같이 생명에 대한 '경'을 사용한 것은 현실적으로 실천하기 어려운 '극단적인 생명의 평등주의'를 도덕적으로 금기시하는 것이 아니라 생명의 질의 가치를 고려하면서 보다 큰 테두리 속에서 조화를 이룩하는 데 그 숨은 뜻이 있음을 간파할 필요가 있다.

3. 생명에 대한 종교적 이해

생명에 대한 종교적 입장과 철학적 입장이 확연히 구별지우기는 어렵지만, 그러나 생명에 대한 종교적 이해는 대체로 초월적인 생명

개념이 두드러질 수밖에 없음을 전제로 한다.

먼저 기독교에서는 모든 생명은 하나님이 창조하였으며, 어떠한 생명도 인간이 인위적으로 만들어지지 않았기에 인간은 기본적으로 생명에 대한 권리가 없고 다만 보전해야 할 책임만 있을 뿐이다. 그러므로 인간생명의 보존은 항상 생물적 차원과 목숨 또는 혼을 함께 의미할 뿐만 아니라 영생에 들어가는 것을 의미하기 때문에 포괄적으로 해석해야 한다. 그 생명의 주체모형이 하나님을 닮고, 하나님 나라이고, 하나님 속에서 삶의 영역을 정하기 때문에 생명은 자의적일 수 없고 오직 하나님의 주관 안에 속한다.

이러한 전통적 기독교의 생명관은 발전적으로 극복하기 위하여 보다 진보적 생명관을 제시한 틸리히(P. Tillich)는 '생명의 다차원적 통일성'을 들고 있다. 그에 의하면 생명에는 3가지 기능이 있는데, '자기 통합(self-in-tegration)', '자기 창조(self-creation)', 그리고 '자기 초월(self-transcending)'의 기능이 있다고 보고, 이것들을 통합 - 분열, 창조 - 파괴, 초월 - 세속의 끊임없는 위협을 받으며 생명의 모호성(Ambiguousness)을 갖게 된다. 모호성은 성령에 의해서 극복되며, 모호하지 않는 생명창조는 존재의 실존과 본질이 합일되는 데 있고, 이 합일은 성령에 의해서 이루어진다. 이 합일경험이 인간의 정신 안에서는 황홀경험으로 나타나는데 이 상태를 한편에서는 '신앙'이라 부르고 다른 관점에서는 '사랑'이라고 부른다. 따라서 생명은 그리스도의 사랑인 동시에 신앙의 상징이 되고 있다.

두 번째 불교의 생명관은 어쩌면 생명의 본질을 가장 쉽게, 가장 가까이, 가장 역동적으로 인식시켜주고 있다. 고대 인도사상에 의하면, 태초에 유·무·생·사가 있지 않았으며, 생명 없는 생명(life as lifeless), 공기 없이 숨 쉬는 생명, 죽어도 죽지 않는 생명, 열반을 이룬 사람의 생명이다. 열반을 이룬 사람은 산 사람도 죽은 사람도 아니다. 있을 수 없는 사람이 있는 사람이기에 사람 아닌 사람 혹은 제3의 생명사람이다. 따라서 불교의 생명관은 유기물이든 무기물이든 산사람이든 죽은 사람이든 거기에 모두 생명이 있다면 있고 없다면 없다. 이 세상 삼라만상이 곧 생명이기도 하고 아니기도 하다. 이를 생사즉열반번뇌즉보제(生死卽涅槃煩惱卽菩提)로서 생사여일하다 하였으며 그리고 우주만유가 곧 하나의 생명체라고 규정한다.

이와 같은 불교의 생명관은 서양의 과학적·분석적 생명관과는 근본적으로 다르며, 다만 정신적·초월적 인식의 대상으로 생명을 볼 뿐이다. 이처럼 모든 개체생명은 초월적이며 내재적인 실체와의 관계성을 정립하는 데 초점을 맞추고, 그 관계를 인과론적으로 설명하고 있는 불교의 이와 같은 생명관은 전통적으로 생명현상 자체를 어느 정도 부정적으로 보고 있다고 할 수 있다. 이를테면 카르마(Karma: 업)나 윤회사상(Samsara)은 개별생명을 단순히 지각되는 현상으로서가 아니고 통시적이며 상호 연기적인 것으로 파악하는 것이다. 즉, 행업(行業)에 따라서 모든 생명은 과거·현재·미래의 삼세를 연결하여 여러 가지 형태로 끊임없이 반복적으로 순환하다가 궁극에 가서 해탈(Moksa)하기에 이른다고 보고 있다. 말하자면 불교의 생명관은 행업에 따른 생명의 윤회성을 강조하고 있다.

세 번째 유교에서의 생명관은 공자의 가어(家語)에서 잘 나타내고 있다. 그에 의하면 도(道)에서 나누어진 것을 명(命)이라 하고, 하나에서 이루어진 것을 성(性)이라 하고, 음양(陰陽)에서 변화하여 형상으로 변화된 것을 생이라 하며, 그 변화가 다하여 그 수가 다한 것을 사라고 한다. 고로 명(命)은 생(生)의 시작이요, 사(死)는 생(生)의 종료이다. 이 시(始)가 있으면 반드시 종(終)이 있는 것이다.

공자(孔子)는 도(道)에서 생명이 나온다고 하는 중국인의 우주관을 표현한 것이라고 할 수 있다. 그렇다면 중국인 도(道)의 개념을 도덕경 제42장에서 다음과 같이 전개과정을 설명하고 있다. 즉, 도는 하나를 낳고, 하나는 둘을 낳고, 둘은 셋을 낳고, 셋은 만물을 낳고, 만물은 음을 지고, 양을 품어서 하늘과 땅 사이의 잘 조화된 기운을 낸다. 여기서 일은 무(無) 또는 태극(太極)을 이르며, 이(二)는 음·양을 나타내며, 삼(三)은 천인지의 화기(和氣) 또는 조화(造化)를 가리킨다.

주자(朱子)는 생명의 기원에 대해서 '최초의 인간생명은 기에서 형성되었으며, 음양과 오행(수, 화, 목, 금, 토)의 미세한 입자들의 변화에 의해서 생명이 조화되었다고 하였다. 이와 같은 자연의 법칙 속에서 태어난 인간은 체(體), 혼(魂), 백(魄)의 3요소로 구성되어 있는 것이 합쳐지면(기합) 생명이 시작되는 것이고, 이 3요소가 각각 음(땅), 양(하늘)으로 흩어지면(기산) 죽음이 끝나는 것이라고 보았다.

이와 같은 주자의 생기론은 후에 성리학으로 이어지면서 생명의 기원을 이·기의 관계로 발전시켜 설명하고 있다. 즉, 천(天)을 이(理)라고 규정하고 이(理)는 성(性)으로 규정한 후, 이 둘이 예(禮)에서 합쳐질 때 천인합일(天人合一)의 생명(기)이 인륜의 도덕규범과 천륜의 자연법칙에 알맞게 발휘된다. 이러한 천인합일의 생명만이 인간의 존엄성과 평등성이 드러난다.

네 번째 도교에서 노자(老子)의 생명관은 주역사상과 매우 유사점이 많은 것으로 나타나 있다. 노자는 먼저 생명을 중요시하는 '생생론'이다. 여기서 앞의 '생'은 생명을 가리키며, 뒤의 '생'은 생활이다. 생명(life)과 생활(live)을 하나로 보면서 '생명을 살리는 것을 역이라고 하였다. 사람의 생명이 살아 있다는 것은 유약(柔弱, 부드러움)이

고, 죽었다 함은 견강(堅强, 딱딱함)으로 구분함으로써 생사의 유무
를 유견으로 보았다.

또한 노자는 생명의 '정공론(靜公論)'을 들고 있다. 논리적 사유로
서는 접근하기 어렵고 다만 '마음을 비울대로 비워 고요함을 지키는
것'(致虛極靜篤)이 생명의 극치를 감지하는 방법으로 제시하였다. 그
리고 고요함은 근본으로 돌아가는 것이며 생명으로 복귀하는 것이다.
생명으로 복귀한 상태를 상(常)이라 하고, 이 상을 아는 것이 명이요,
이 상을 모르고 제멋대로 행하면 흉하다. 이것이 생명의 공의로운 이
상사회를 이룩하는 관건이라고 하였으며, 그의 생명에 대한 생생론과
정공론은 생명의 사회적 책임성을 천도와 연결시킨 독특한 생명론이
라고 할 수 있다. 또한 과도한 욕구로 손상되지 않고 어떠한 관념의
틀에도 얽매이지 않는 생명윤리를 모색하였다는 점은 현실의 불합리
한 살생상황을 비판할 수 있는 잣대로 삼기에 충분한 사상을 제시하
였다.

4. 환경생명윤리의 심층적 인식

지구환경의 위기문제는 이대로 가면 21C까지 견디기 어려우리라는
우려의 목소리가 지구촌에 살고 있는 55억 인류공동체는 지난 92년
브라질에서 리우환경정상회의를 긴급히 개최하여 '리우환경선언'을
제정한 후 '지구온난화방지협약', '생물종다양성협약' 등 주요 현안에
대해서 위기를 느끼면서 모두가 한 목소리를 내었다. 그러므로 지구
환경생명 문제는 이제까지 환경개량주의나 환경기술주의로는 원칙적
으로 해결불능에 돌입한 상황이다. 따라서 환경생명윤리에 대한 심층

적 인식에 바탕을 둔 새로운 가치관, 생활양식, 태도, 더 나아가 문명
사적으로 일대 변혁이 없이는 모든 생명문화는 소생할 가망이 어렵
게 되었다.

이제까지의 서구중심의 기계적, 과학적, 분석적, 도구적, 자연과 인
간이라는 이분법적 생명세계관으로부터 인내천(人乃天), 사인여천(事
人如天), 천인지(天人地) 합일(合一) 등 자연과 인간이 둘이 아니라
하나의 뿌리로 보는 생명세계관의 일대 인식의 전환이 있어야 한다.
인간의 문화와 자연의 질서를 합일시키면서도 동시에 문화와 자연을
분별할 줄 아는 동아시아적 지혜를 터득하는 것이 오늘의 환경생명
위기를 극복할 수 있는 방법으로 제시한 것은 매우 주목할 만한 일
로 생각된다.

인간이 인간답게 살기 위해서 노력하는 것을 환경운동의 차원이라
고 본다면, 인간이 자연의 생명답게 존재하기 위해서 노력을 기울이
는 것은 생명윤리의 차원이다. 따라서 환경생명윤리의 조건은 단순히
배불리 먹고, 인간 대접받아가며, 인간다운 삶의 질을 향유하는 것을
뛰어넘어서 삶이 삶답게 꽃피고, 자연과 인간이 화해하며, 모든 생명
이 자유로이 커뮤니케이션하며 동종의 유기체뿐만 아니라 타 유기체
와의 관계도 순환적 교감을 나누는 단계에까지 이르도록 해야 한다.

최근 환경생명논리를 연구하는 학자들에 의하여 생명문화와 자연
질서를 조화롭게 공존시키기 위해서 몇 가지 원리를 제시하고 있는
데, 월터스(L. Walters)는 유익의 원리(The Principle of Beneficence)
와 정의의 원리(The Principle of Justice)를 제시하고 있고, 비우참프
(T. S. Beauchamp)는 자율의 원리, 무해(無害)의 원리, 유익의 원리,
정의의 원리를 들고 있는데 이는 모두가 생명윤리에 대한 인간의 도
덕적 결단과 자각의 심층적 전환을 요구하고 있다.

지난 90년도 노벨평화상을 수상했으며, 현재는 국제녹십자(IGC) 총재로서 전 지구적 환경생명운동을 벌이고 있는 고르바초프는 매우 시사적인 말을 하였다.

"지금까지 '인간은 만물의 영장이다'라고 하는 고정관념을 수세기에 걸쳐서 우리 인식 속에 가지고 있었다. 이제 인간은 이러한 생각을 버리고 새로운 인식의 전환을 해야 할 때다. 즉 '인간은 만물의 영장이다'라는 기존의 것 대신에 새로운 구호를 만들어야 하는데, 그것은 '인간은 자연의 일부분일 뿐이고 자연과의 조화 속에서만 살아남을 수 있다'는 것이다. 이제는 인류의 진보를 가로막아 왔던 근시안적 이해대립에서 벗어나 공동의 복지를 마련할 새로운 환경생명윤리를 확립해야 한다"고 하였다.

그의 이와 같은 지구환경의 위기를 진단한 것은 매우 적절한 것으로서 아시아적 자연관에 근접한 환경문제에 대한 새로운 인식이라는 점에서 우리가 하루속히 전통적인 가치의 위기, 나아가 정신의 위기 및 세계관의 위기로 다가오고 있는 것을 공동극복하기 위해서 소비·풍요의 생활양식으로부터 생명가치를 소중하게 여기며 절제하는 삶으로 인식전환이 있어야 한다.

5. 새로운 생명패러다임의 정립

현대 국가가 추구하는 궁극적 정책목표는 복지국가건설에 있으며 복지국가의 정책핵심은 국민의 공동체적 삶의 질을 향상시키는 데 있다. 공동체적 삶의 질의 최상위 정책과제는 환경생명문제인 것이다. 따라서 21세기에는 개인, 사회, 국가를 막론하고 모든 구성체의 도덕준거(Moral Reference)는 '환경과 생명'을 얼마만큼 소중히 여기느냐의 정책기준으로 평가하고 있다.

국내적으로 지난 몇 년 사이에 전국토의 소나무가 50%이상 고사되었으며, 푸른 하늘은 매연에 가리어 볼 수 없게 되었고, 아황산가스와 산성비로 인해 동선이 끊어져 전철이 정지되었는가 하면, 농약, 자동차 매연, 토양의 산성화로 인해 미생물과 생태계의 파괴 등 환경생명의 위기는 날로 더해가고 있는 심각한 상황이다. 더욱이 UR에 이어 WTO체제 출범, 뒤이어 Green Round가 대두되면서 환경문제는 단순히 국내문제가 아니라 전세계가 연대하여 지구환경 위기를 공동으로 대응하기 위하여 우리나라도 기후 협약(93. 12), 몬트리올 의정서(92. 5), 런던덤핑협약(93. 12), 야생동물 보호협약(93. 7), 바젤협약(94. 1), 생물다양성협약(95. 4) 등에 가입하였으며, 국무총리 산하에 '지구환경관계장관대책회의'를 두고 '환경처'를 발족시키기에 이르렀다.

국외적으로는 지난 100년 동안 지구의 온도가 1℃ 올라갔으며, 2,030년에는 지구의 온도가 1.5℃ 내지 4.5℃ 올라가 지구온난화로 인한 기상이변이 속출하여 인류멸망의 재앙이 도래할 것을 경고하고 있다. 이러한 재앙을 기술개발을 위한 에너지 사용을 줄이기 위해서 72년 인간환경에 관한 UN회의에서 채택된 스톡홀름선언, 92년 브라질에서 개최된 라우환경정상회의 등에서 지구환경보전을 위한 규제대상별로 ① 대기보전 및 기후변화 방지, ② 토지 및 산림자원 보전, ③ 생물다양성 보전, ④ 해양 및 생물자원 보전, ⑤ 유해폐기물 및 독성화학물질관리 등에 대하여 협정을 맺었다.

무엇보다도 지난 93년 4월 20일 국제그린크로스(IGC)의 발족과 함께 IGC 헌장의 목적과 원칙의 내용은 환경생명 진로의 새로운 패러다임을 일대 코페르니쿠스적 전환을 정립하는 계기를 만들었다.

1. 신성한 생명체는 각기 그 본연의 가치를 지니며 상호의존적 공동체의 전체가 기능하는 데 필수적인 역할을 한다. 지구의 아름다움과 그 생명은 인간정신의 양식이며 인간의 의식에 경이와 기쁨, 창조성의 영감을 불어넣는다.

2. 인간존재는 생명체라는 공동체 밖이나 위에 있지 않고 인간자신의 전체에 의존해서 거미줄을 짜고 있다.

3. 인류는 고의이건 우연이건 생태계의 파괴를 방지하고 생명체의 균형을 유지할 의무를 지니고 있다.

4. 인간은 통합성·다양성 속에서 생명을 보호해야 할 책무가 있으며 지구촌을 현 세대뿐만 아니라 다가올 다음 세대를 위해서도 건강하고 안전한 주거지로 유지해야 할 의무를 지고 있다.

5. 인간이 만들어낸 환경생명의 재난에 신속·효과적으로 완화, 방지, 변화를 추구하며, 이를 위해서 환경정보교육교류를 통한 가치전환을 꾀하며 국제적인 생태법(Ecological Law)을 제정하여 국적, 인종, 종교, 성별, 계층 또는 정치적 이념이나 신념을 초월하여 준수토록 한다. 그리하여 인간의 보편적 가치, 변화를 추구하는 신념, 인간과 자연 간의 새로운 관계 등에 기초한 문명의 창출을 촉진시킨다.

오그로스(R. Augros)는 환경생명에 대한 문명사적 새로운 패러다임의 전환적 요체는 생명모델의 정립인데 이는 이제까지의 서구중심의 데까르트, 다윈, 뉴턴식 약육강식, 적자생존, 도태이론 등 생태론적 접근의 한계를 지적하면서 생물의 생명적 틀의 전환이 필요하다고 하였는데 이를 동양식의 표현을 빌리면 상생(相生), 화해(和解), 공존(共存), 삼경(三敬), 해원(解怨) 등의 물아일체론적(物我一體論的) 모델의 접근으로 이전되고 있다는 뜻이다.

최근 환경정치단체인 독일 녹색당(Green Party)은 환경문제를 대중적 인식계몽의 단계에서 한 단계 뛰어넘어서, 환경개량주의의 긍정적 측면을 살리면서 더 원천적으로 생명문제를 해결하고자 하는 근본생태주의(Deep-Ecologicalism) 또는 사회생태주의(Social Ecologicalism)가 대두되고 있는데 이는 그들 스스로 서구 중심의 생태사상으로는 새로운 생명문화를 창조할 수 없어 동양의 우주관, 특히 그중에서도 동양의 전통사상과 고대 동서양의 샤머니즘적 자연관에서 그 해결의 뿌리를 찾으려고 하고 있다. 근본 생태주의 학자들은 환경오염의 주범은 결국 인간이며 개개인의 가치관, 즉 자연관의 오류에서 연유한다고 보고 인간의 생명윤리, 환경철학, 생태교육을 통한 의식개혁만이 환경생명을 바로 정립할 수 있다고 보고 있다.

이와 같은 생명사상의 맥락에서 본다면 우리나라는 일찍이 동학사상의 영성생명관(靈性生命觀)에서 근본생태주의가 실천적으로 내재되어 있었다고 볼 수 있다.

즉, 영성생명은 4가지 생명본성을 들고 있는데 그것은 관계성, 다양성, 순환성, 영성이라고 했다. 또한 최근에 환경문제에 관심을 일찍이 가졌다고 하는 미국의 환경전문가인 알버트 고어(Albert Gore), 네이버거(M. Neibruger)는 환경문제는 전 지구적, 전 생명적인 중대사라고 강조하면서 최초로 영성의 환경(Environmental of spirit)이라는 말을 한 것은 그들의 환경생명에 대한 인식의 방향이 동양의 생명관으로 관심을 가지는 중요한 단서를 제공하였다고 볼 수 있다. 즉, 나무, 개울물, 산, 대지, 바다, 흙, 어류, 달맞이꽃, 해바라기 등을 단순히 환경의 대상으로 볼 것이 아니라 생명의 대상으로 볼진대, 그 생명의 하나하나 속에는 영성(spirit)이 속해 있다는 의미를 내포하고 있다.

이런 면에서 미래 생명윤리의 연구방향은 종래의 개량중심주의로부터 인간중심주의에로, 공리주의적 생명사상으로부터 근본주의적 생명사상에로, 인간편의중심주의로부터 영성생명윤리에로 일대 전환의 윤리적 각성이 요구되고 있다. 일부 학자들은 다소 추상적 개념의 환경론이라고 비판하고 있지만 이는 경제적 이해를 생명의 상생성보다 우선에 두는 발상에서 출발하고 있기 때문에 '인간의 만족한 생활'을 극대화할 뿐 인간 밖의 생명은 소홀히 해도 된다는 반생명이라는 점에서 문제가 있다.

6. 동양의 영성생명사상의 이해

우리는 자칫하면 인간중심적 생명사상을 비판하는 생태학적 근본주의 생명사상을 올바로 이해하지 못하면 환경의 주범인 인간을 옹호하는 논리적 모순에 빠지게 된다. 만약 인간이 인간 스스로 탈인간주의 또는 반인간주의적 생명관을 지지하거나, 서구적 인간주의 생명관과 동양적 비인간주의 생명관(Non-Anthropocentric life)을 극복하지 못하고 이를 대결적 구도로 보는 시각은 또 하나의 반생명윤리적 오류를 범할 우려를 가지고 있기 때문이다.

물론 구성희는 이 둘의 조화를 이루기 위해서 생태학을 통해서 모색하고 있으나 두 관계의 불명료한 관계성의 한계로 말미암아 한꺼번에 극복하기는 어렵다고 하였다. 그러나 이 둘의 관계를 보다 명료하게 극복하기 위해서 생태학적 근본주의(Deep Ecology)가 최근에 제시되고 있는 8가지 실천과제에 관심을 가질 필요가 있다. 즉, ① 생명의 독자성, ② 생명의 다양성, ③ 생명의 존엄성, ④ 생명의 균형성, ⑤ 생명의 위기성, ⑥ 생명의 절제성, ⑦ 생명의 경각성, ⑧ 생명의 의무성을 들고 있다. 따라서 근본주의 생명사상가들은 동양의 자연과 인간의 일체적 우주관인 지구유기체설에 접근하고 있으나, 그 기본적 세계관은 서구적 물아이체적이분법(物我二體的二分法)을 완전히 극복하지는 못하고 있다.

그러므로 생태학적 근본주의 생명관을 한 단계 성큼 발전적으로 도약한 사상으로 대두된 것이 앞에서도 언급된 바 있는 이른바 영성생명론(spiritual life) 또는 영성의 환경(Environment of spirit)이라고 하는데 그 내용은 환경을 환경으로 보지 말고 생명으로 보아야 하며, 생명은 모두 영성을 지니고 있다고 보는 생명의 범재론(汎在論)이다.

일찍이 이러한 영성생명윤리의 실천사상을 제시한 수운 최제우는 사람마다 시천주(侍天主)를 하면 지기(至氣)에 이른다고 하였다. 여기서 지기는 우주생명의 철학적 표현이다. 수운은 '어린아이의 땅을 밟고 가는 나막신 울림소리에 내 가슴이 아프더라 땅을 소중히 여기기를 어머님의 살같이 여겨라'고 하였다. 이렇듯 어머님의 살결 같은 생명의 땅이기에 땅은 언제나 지심(地心), 지력(地力), 지양(地養), 지기(地氣), 지세(地勢), 지소(地素), 지동(地動), 지맥(地脈), 지비(地肥), 지신(地神), 지정(地精), 지질(地質), 지형(地形)을 북돋우어 주어야 하며, 지병(地病), 지독(地毒), 지염(地染), 지산(地酸), 지황(地黃), 지충(地沖)을 예방시켜 주어야 할 의무를 지니고 있다. 또한 해월(海月) 최시형은 생명사상의 구체적 실천덕목을 제시하였는데 ① 나무는 새순을 꺾지 말며, ② 새알은 깨지 말며, ③ 가신 물을 땅에 부을 때에 멀리 뿌리지 말며, ④ 폐물을 함부로 버리지 말며, ⑤ 오물이 땅에 떨어지면 닦아 없애야 한다고 하였다. 특히 그의 십무천(十毋天)은 생명사상의 신십계명으로서 생명공동체사상을 나타낸 실천생명윤리의 규범이라고 할 수 있다.

이는 마치 오늘날 환경계량주의자에 의한 생명파괴를 일삼으며 생활편의를 추구하는 사람들이 산맥을 마구 자르고 강류를 가로막는 행위를 하는 것은 어머님의 살갗을 저미고 여성의 생리를 인공적으로 저해하는 것이나 다름없다.

이처럼 산맥과 강류를 끊으면 백두대간의 정기를 차단하게 되어 각종 동식물의 이동이 불가능해진다. 그 결과로 대동물→소동물→식물→미생물에서 영향을 미치게 되어 전체생태계의 질서를 흔들어 놓게 된다. 즉 한 종의 새가 멸종하게 되면 곤충은 90종, 식물은 35종, 물고기는 2~3종 가량이 함께 멸종된다고 하였다.

그러기에 동양사상의 풍수학에서 가장 중요시하는 것을 기감(氣感)이라고 하는데 이는 직관력이 뛰어난 풍수가 내적인 직관에 의해서 지기(地氣)의 흐름을 느끼는 것을 일컫는다. 풍수학에서의 지기(地氣)와 철학에서의 지기(至氣)는 둘이 음양의 대립관계처럼 보이지만 실제는 상호보완적인 기우뚱한 듯하면서 중심 생명사상을 이룬다. 이를 수운(水雲)의 표현대로면 내유신령(內有神靈) 외유기화(外有氣化), 즉 안으로 신령한 것이 있고, 밖으로 기화가 있다고 보았는데 여기서 내외(內外)와 신기(神氣) 그리고 영화(靈化)는 둘이 아니고 하나이며 분리가 아니고 통합이며 다만 순환일 뿐이다. 인간의 몸은 죽어도 절대 소멸하지 않는다. 마치 에너지가 소멸하지 않고 조그마한 유기물질 세포나 물질 입자로 남게 된다. 화장을 한다고 해도 재속에 생명이 남으며 그 생명 속에는 영성(靈性)이 있다고 본다.

그리스도교에서 흙을 빚어서 하나님의 모습대로 인간을 만들었다는 창조성은 인간과 흙의 관계를 영성사상으로 연결시키고 있는 중요한 단서가 된다. 인간은 흙으로 창조되었고, 밭의 흙을 경작하여 생명을 살리고, 죽을 때는 반드시 다시 흙으로 돌아간다는 것은 흙

속에 영성이 깃들어 있다는 성서적 해석을 가능케 한다. 그리고 생명의 자체이신 하나님께 절대권을 부여하고 있다. 또한 성서적 의미로 최초의 인간(Adam)과 흙(Adama)이 연결의미를 가지는 것은 인간은 결국 흙의 재료에 의한 피조물 또는 자연의 일부로서 인간과 흙의 불가분리적 동일한 본질성을 강조하고 있다.

창세기 문헌에서 인간과 흙에 대한 영성생명성을 주장하고 있음에도 불구하고 '땅을 정복하라, 모든 짐승을 부려라'는 인간중심적 전개로 말미암아 그리스도인으로 하여금 식민지 정복과 자연정복의 성서적 근거를 제공하는 오류를 범하게 되었다. 같은 맥락에서 생태근본주의학자들도 창세기 1장 28절의 '생육하고(Be fruitful), 번성하고(Be multiply), 충만하며(Be fill the earth), 지배하라(Subdue it)라는 자연과 인간관이야말로 환경파괴와 오염의 근본원인이라고 공격의 화살을 집중시키고 있다.

이와 같이 성서의 해석이 인간중심사상에 입각해서 과거, 현재, 미래의 상황을 계량적으로 적용·해석한다면 이는 영성생명사상의 본질을 왜곡시킬 가능성이 높다. 왜냐하면 인간과 흙을 이분법으로 보는 시각과 이원적 합일로 보는 동양적 시각과는 근본적으로 궤를 달리하고 있기 때문이다. 다시 말하면 생명의 보편적 영성론으로 보면 인간의 형이상학적 특수성을 인정할 수 없다. 다만 우주전체 속에서의 한 부분일 뿐이다.

7. 미래 생명윤리 교육

인간은 오랜 기간 동안 특히 지난 300년간 가장 효율적인 '과학'이라는 도구를 이용하여 자연을 무참히 정복하여 왔다. 또한 '과학'이 인간에게 가져온 무한한 혜택, 즉 과학적 사고방식, 과학기술, 과학적 합리성 등에 중독되어 안주할 수 있었다. 그 결과 이제 과학기술에 의한 자연정복은 급기야 자연파괴로 이어져 이제 원상회복이 불가능할 정도의 지구죽음에 이르게 되었다.

21세기의 생명윤리의 중심과제는 지구생명(地球生命)을 소생시키는 과제를 안고 있다. 지구생명을 살리기 위해서는 두 가지 방법이 있을 수 있다. 첫 번째는 과학문화에 의해서 죽은 지구생명을 보다 고도한 과학기술의 개발(Higher Technology Development)로 지구파괴와 환경오염문제를 해결할 수 있는 처방이 나와야 한다는 과학적 낙관론자의 입장과 두 번째는 과학기술에 의하여 파괴된 지구생명은 고도한 과학기술의 개발은 또 다른 환경파괴를 가중시키는 결과만을 초래할 뿐이라는 반과학적 비관론의 입장이다. 전자가 서양의 인간중심주의적 생명윤리론자의 주장인 반면에, 후자는 동양의 친인간중심주의적 생명윤리론자의 주장을 반영하고 있다.

이러한 생명윤리론의 두 가지 상반된 입장에 대해서 박이문은 '과학을 인간욕망의 산물이며, 인간의 욕망은 무한하므로 과학의 내재적 논리는 자연의 무차별 개발과 정복을 필연적으로 요청하게 된다. 그로 인해 황폐화된 지구에 인간이 살 수 없게 오염되었을 때 인간은 하나뿐인 지구를 떠나서 어디서 살 수 있단 말인가. 아마 더이상 인간이 지구생명을 파괴한다면 자연은 인간에게 또 다른 복수를 해올지도 모른다'고 하면서 이것이 지금 과학문화의 부메랑 효과를 가해온다는 뜻이다.

그렇다면 과학에 의한 생명파멸을 예방하면서 탈인간화를 지향하는 생명사상의 교육 프로그램의 대안은 무엇인가. 그것은 게쉬탈트 스위치(Gestalt switch), 즉 사고의 틀에 의한 혁명적 전환을 이룰 수

있는 생명환경경험 교육과정(Gestalt Environment Education Program)
을 개발하는 일이다.

첫째, 친인간중심적 새로운 세계관, 인간관, 가치관에 입각한 새로
운 생명윤리 교육을 위한 생태문화의 이해 및 자연과 인간의 동일성
의 신뢰교육, 둘째, 인간을 생명문화 속의 특수성을 강조하기보다는
우주전체를 구성하는 무한한 고리의 일부에 지나지 않으므로 인간의
자연관리의 특권을 인정하는 것으로 논리적 모순이라는 불가분리의
교육, 셋째, 발전·진보의 개념이 반드시 '인간답기', '인간다움' 더 나
아가 인내천(人乃天), 사인여천(事人如天)의 개념을 만족시켜 주기보
다는 오히려 퇴보, 후퇴는 필연적으로 동반하고 있다는 자기 욕망 억
제의 교육, 넷째, 지구상에 존재하는 동물, 식물, 광물은 인간과 상생
적 관계이므로 인간의 욕망의 도구를 삼아서는 안 되며 그들 각각의
생명의 내재적 가치와 존엄성을 인정하는 무위적 행동원칙의 교육을
하는 일이다.

일찍이 공자는 '논어'에서 양극적인 생명사상의 이상적인 모델을
시사하고 있다. 즉, '바탕(質)이 맵시(文)보다 나으면 촌뜨기, 맵시가
바탕보다 나으면 글친구, 바탕이나 맵시가 한데 어울려야 훌륭한 인
물'이라고 했다. 여기서 바탕을 동양의 자연생명론으로 바꾸고, 맵시
를 서양 과학생명론으로 바꾼다면 '과학이 자연을 극복하면 도시화가
되고 자연이 과학을 이기면 농촌에 머물 것이니 도시와 농촌이 한데
어울려야 이상국가가 된다고 했다.

탈인간화의 생명사상은 결국 인간의 무한한 욕망대로 자연을 손상
시켜서는 안 된다는 순천(順天)생명사상을 일컫는 것이다. 결코 인간
이 존재하지 않는 생태문화를 상상할 수 없듯이 인간과 자연의 이상
적 묘합의 원리를 찾아서 인간의 생활(life)과 자연의 생명(life)의 모

순을 초월할 수 있어야 한다. 그런 면에서 허준(1546~1615)의 정신기 일체론(精神氣一体論)이나 정약용(1762~1836)의 정신기 일여론(精神氣一如論)은 다 같이 생명의 종합적 묘합의 원리를 강조하고 있는 것으로서, 미래 생명사상을 정립하는 중요한 이론적 근거를 제시하여 주었다고 할 수 있다.

8. 상생 생명의 윤리적 실천

상생 생명사상은 생명의 근원인 우주 만유의 모든 생명의 본질적 원리에 입각해서 실천할 수 있는 생태학적 체계이다. 즉, 일체의 생명체는 개체적으로 독립해서 살아가는 존재일 뿐만 아니라 생명 간에 서로 살면서 더욱 적극적으로 서로 살려주는(相生) 역할을 전개하고 있다. 즉, 모든 생명이 생명 간에 삶의 협동성을 지니고 있는데 이 생명협동성을 발전시키기 위해서 몇 가지 중요한 상생 생명원리(Mutual Bio-Principle)를 도출하여 고찰할 수 있다.

첫째, 모든 생명은 항동(恒動), 항변(恒變), 항속(恒續)의 본질을 가지고 있으므로 생명자체를 중지, 불변, 단절시켜서는 안 된다. 왜냐하면 제1의 생명의 본질을 왜곡시킬 제3의 생명은 존재할 수 없기 때문이다. 우주의 순환과 함께 생명도 끊임없이 스스로 성·질·량의 불변의 순환작용을 하도록 서로 도와주어야 할 목적을 지니고 있다.

둘째, 모든 생명의 속성은 부동(不同), 불식(不息), 불멸(不滅)하려고 끊임없이 자기번식을 거듭하려고 한다. 그래서 생명 간에는 종횡으로 서로 끊이지 않도록 종부절(縱不絶), 횡부리(橫不離), 종부멸(種不滅)의 자율적 생명권을 최대한 보장하여 주어야 할 의무를 지니고 있다.

셋째, 모든 생명 간에는 항수(恒授), 항도(恒導), 항추(恒推)의 법칙이 작용하고 있다. 즉, 생명이 보다 발전하기 위해서 항상 주되 먼저 주어야 하고(先授), 항상 이끌어주되 먼저 인도하여 주어야 하며(先導), 항상 밀어주되 먼저 밀어주어야 한다(先推). 이것은 특히 인간과 자연관계에서 인간이 살기 위해서 자연이 보호되어야 할 것이 아니라, 자연이 먼저 보호되지 않으면 인간은 살 수 없다는 발상의 전환이다. 즉, 내가 존재하기 때문에 네가 있는 것이 아니라 네가 존재함으로써 나의 존재의미가 확실하여진다는 선행생명즉선행생명(先行生命卽善行生命)의 생명사상이다. 따라서 상생생명 원리의 실천으로 모든 생명 간에는 동립, 동행, 동생의 의식으로 때와 장소를 뛰어넘어(不無)서 '서로 살려주기'에 진력하여 미래의 새로운 생명문화를 이루어 나가야 함과 동시에 상생생명공동체 문화를 생명윤리 교육의 핵심적 과제로 삼아야 한다.

최근에 기독신학계에서도 증산 강일순의 '해원상생사상(解怨相生思想)과 기독교 신학과의 접목'을 시도하는 상생신학(Mutual life theology) 연구가 이루어지고 있는 것은 생명윤리의 또 하나의 장르라고 볼 수 있다. 이를테면 선천의 생명착취시대가 지나고 후천의 개벽시대가 도래하면 천·인·지가 조화롭게 상생할 수 있는 생명해방의 시대를 예고하고 있다. 이는 마치 마르크스의 생명억압의 계급사회로부터 생명해방의 무계급사회(classless society)를 약속한 것과 같은 맥락일 수 있다. 어떠하든 간에 21세기 생명문화의 종자(種子)는 생명의 상생성에 두고 있다는 사실이다.

9. 환경 생명윤리 교육의 당면과제

지구생태학의 위기는 이제 디쉬(R. Disch)나 칸(A. Cahn)이 지적한 것처럼 인간의 자연에 대한 태도는 생태적 양심(Ecological Conscience)에 따라 선·악의 판별기준으로 삼았던 시대를 넘어서서 생사의 판별기준에 놓여 있는 시점에 도달하였다. 칸은 지구환경에 살고 있는 모든 생물종을 아끼고 사랑하며 다른 생물을 직접·간접으로 해치지 않는 것을 선이라고 해석한다. 이제 칸의 표현을 바꾸어 표현하면 생물종을 사랑하지 않고 직접·간접으로 해치게 되는 것은 악이 아니라 죽음을 뜻한다고 할 수 있다.

이러한 생태위기를 생태윤리학적으로 문제를 보기 시작한 것은 1968년 빈(Wien)에서 개최된 제10차 국제철학자대회에서 환경윤리분과가 창설되면서 세인의 관심의 대상이 되었고, 그 후 생태학자와 철학자 및 윤리학자에 의한 생명윤리 연구가 활발히 진행되었다.

그로부터 생태학적 위기를 예견한 나머지 지난 70년대부터 비정부 차원의 환경운동단체(NGO)가 전세계적으로 결성되기 시작하면서 72년 스웨덴의 스톡홀름에서 열린 UN 인간환경회의(The United Nations Conference on the Human Environment)에서 사상 처음으로 '인간환경선언문'이 채택된 이후 환경 생명윤리 교육의 시급성이 국제적으로 확산되기 시작하였다. 그 뒤 1975년 유고의 베오그라드에서의 'UN환경교육회의'에서 '환경생명교육의 목적'을 구체적으로 제시하였는바 그 실천단계는 다음과 같다.

첫째, 환경문제의 관심으로 모든 개인 및 단체는 환경생명에 대한 깊은 관심과 감수성을 갖도록 해야 한다.

둘째, 지식의 습득으로 환경생명에 대한 기본지식과 책임감, 사명감을 동시에 갖도록 한다.

셋째, 환경의 태도로서 환경문제에 대한 사회적 평가자세 및 개선 의지 그리고 환경보전에 대한 적극적인 참가활동의 태도를 가지게 한다.

넷째, 환경기술교육으로 개인 및 단체는 환경문제를 해결할 수 있는 기술을 가지도록 교육을 지원하여야 한다.

다섯째, 평가력 배양으로서 모든 개인 및 단체는 환경오염의 측정을 할 수 있는 능력의 배양과 교육과정을 생태학적·경제학적·사회학적·미학적·교육학적·윤리학적·철학적·종교적 관점에서 평가할 수 있도록 해야 한다.

여섯째, 참가하는 모든 사람은 환경문제에 대한 책임의식을 가지고 생명위기의 긴급성을 인식하고 문제해결에 동참해야 한다.

물론 여기에서는 빠졌지만 생명의 영속성, 생명의 계속성, 생명의 순환성을 강조할 필요가 있다. 왜냐하면 환경을 오염시키게 되면 나의 세대는 간신히 모면하여 살아갈 수 있을지 모르나 나의 후대에 가서는 돌이킬 수 없는 생명위기에 처하게 된다는 사실을 교육적 각성을 통하여 이루어져야 한다.

환경교육은 종합과학인 동시에 국제협력에 의해서만 비로소 해결될 수 있다는 인식하에 1977년 그루지아공화국의 수도 트빌리시에서 '환경교육에 관한 정부간 회의'(Green-peace)운동, 국제그린크로스(Green-Cross) 창설, 1992년 브라질의 리오환경세계정상회의, 각종 NGO 등이 결성되기 시작하면서 환경교육이 실시되기 시작하였음은 앞에서도 언급한 바 있다.

1997년은 우리나라가 OECD 가입을 계기로 주요 국제환경회의의 200여 건에 참가할 계획을 갖고 있다. 대표적인 국제회의로는 UN환경특별총회(6. 23), OECD환경성과그룹회의(3. 38), UNEP(유엔환경계획), APEC환경각료회의(4. 20), OECD경제와 환경통합그룹회의(3. 17) 등을 들 수 있다.

최근 인터넷을 통한 세계자원연구소가 분석한 보고서에 의하면 한국의 환경친화도는 OECD가입국 중 최하위권에 맴돌고 있다. 환경친화도는 국민의 삶의 질과도 깊은 연관이 있기 때문에 단순히 가시적인 계량지수에 나타난 것뿐만 아니라 국민의 환경생명윤리지수, 즉 환경가치의식까지도 함께 포함되어야 한다.

그런 의미에서 '생명에 대한 사회인식조사'에 나타난 것을 보면 우리나라 사람들의 반생명적 경시풍조가 연령, 교육정도, 종교유무, 월수입의 차이와 별 관계없이 골고루 크게 높아지고 있는 조사결과가 나왔다. 특히 이와 같은 생명경시의식이 만연하게 된 원인은 개인주의, 집단이기주의, 시민의식 결여(25.7%), 물질만능주의를 부추기는 체제 자체의 문제(22.3%), 경제성장제일주의 국가정책(21.3%), 개인들의 도덕성의 타락(12.9%), 올바른 가치관 정립을 위한 교육의 부재·혼돈(11.3%), 기타 종속적인 정치, 공해산업의 유입에 있는 것으로 나타났다. 더욱이 우려할 만한 일은 이와 같이 생명경시의식이 확산되어 가고 있음에도 불구하고 생명윤리 또는 생명운동에 대한 교육을 받아본 사람은 4.2%에 불과하다는 사실이다. 이는 우리나라 환경 생명윤리 교육의 부재를 극명하게 나타내고 있음을 드러낸 증거이다.

인간의 기본적인 삶과 관련된 개인생윤리 측면인 안락사, 장애자, 낙태, 피임, 시험관아기, 사형제도의 존속 등의 문제에 대해서는 더욱 높은 둔감성을 나타내는 반면 생태계의 보존과 관련하여 삶의 질을 높이는 사회 생명윤리 측면인 마약밀매, 음주운전, 폐수방류, 유해식품 등에 대해서는 다소 높은 민감성을 나타내고 있다. 이는 사람들이 일상생활에서 생명윤리의식에 대하여 깊이 생각함이 없이 개인실천윤리 차원과 사회실천윤리 차원을 분리하여 생각하는 경향 때문으로 해석하고 있다. 또한 사회여론이나 매스컴의 영향으로 개인적 차원의 문제는 덜 의식적이고, 사회적 차원의 문제에 대해서는 더 의식적인 경향을 나타내게 된다.

따라서 앞으로 환경 생명윤리 교육의 방향은 당연히 개인실천윤리의 차원에서 환경가치관, 생명의 존엄성, 환경의 연대성 인식 등에 대하여 근본주의적 생태생명교육(Deep Ecological Bio-Education)이 강화되어야 한다. 동시에 사회생명실천윤리교육도 병행하면서 복합적인 내용―사회윤리적 차원, 상생적 차원, 환경보호 차원, 개별적 생명 차원, 생명의 기원, 역사·철학·종교·사회·종합 과학적 차원―으로 구성하여 접근되어야 한다.

21세기 인류사회의 존망이 환경과 생명문제에 있다는 관점에서 볼 때 이는 생명원리, 생태학, 환경학 등의 관련학문 영역만의 관심의 대상이 아니라 생명 정치학, 생명 경제학, 생명 사회학, 생명 철학, 생명 종교학, 생명 윤리학 등 모든 학문영역 및 운동적 차원에서 범세계적으로 연대 협력하여 Biotopia를 이룩하는 데 노력하지 않으면 인류에게 '희망의 삶'보다는 '절망의 죽음'이 놓여 있다는 사실을 발견하는 것이 이 논문에서 연구된 커다란 성과 중의 하나이다.

생명을 구성하고 있는 생체분자는 Biotopia를 유지하려는 '생체3강5륜'은 가장 동양적인 사유에서의 생명의 조화를 설명하고 있다.

생명의 속성에 따른 생체의 삼강으로 ① 그리움의 원리, ② 어울림의 원리, ③ 헤어짐의 원리이다. 그리고 생명의 오륜은 ① 순서의 아름다움, ② 분자의 지조, ③ 안분의 도, ④ 협동의 묘, ⑤ 화생의 덕을 들고 있다. 이러한 생체덕목은 마치 인간생명과 인간도덕률은 모두가 하나의 자연법칙에 의하여 운용되고 있음을 가르쳐 주고 있다.

그러므로 서양의 과학주의적 환경해결방안으로는 한계에 도달하였으며, 동양의 자연주의적 생명의 틀(Bio-frame)이 미래의 Biotopia를 바로 인식할 수 있는 키워드를 제공할 수 있는 바탕이 될 수 있다는 관점을 떨쳐버릴 수 없었다. 그렇다고 과학주의적 방법에 의한 환경생명의 접근을 결코 소홀히 해서는 더욱 어려움을 가중시키리라는 것도 문명사적 전망을 가능하게 하고 있다.

동양의 자연주의적 영성생명관을 최근 서양에서는 근본주의 생태학(Deep Ecology)이라는 표현으로 대두되면서 그 표현양식이 보다 환경친화감을 더해주는 논리를 성립시키고 있는 것도 사실이다. 이를 테면 〈Ecopiety＝인간사랑＋땅사랑〉을 강조하면서 〈Ecosophy＝몸의 정치학＋여성환경주의＋보살핌의 윤리＋배려문화〉가 동양적 사유로 포함되고 있음을 함축하고 있다. 그에 의하면 '우리가 계속 같은 언어로 생각하고 말을 한다면 우리는 같은 역사를 재생산하게 될 것이라고 경고한 데 대해서 주목할 필요가 있다.

Ecosophy는 지구의 절대적인 주인으로 군림하려고 하는 인간의 오만과 자만심을 배격한다. 지구생태를 보존하기 위해서 타자중심적(他者中心的) 보살핌의 책임윤리를 수용하여야 한다. 이 보살핌의 사랑은 생태철학적 페미니즘에서 찾아 볼 필요성이 제기되고 있다. 즉, 자연을 인간의 지배로부터 해방시키는 일은 여성을 남성의 지배로부터 해방시키는 일과 불가분의 관계에 있다는 관점이다. 그러므로 생태여성주의(Eco-Feminism)는 미래 생태철학의 진수가 될 것이다.

이제까지 몰두했던 데카르트의 합리주의, 베이컨의 도구주의, 로크의 경제주의, 프로이트의 자아중심주의를 변별적으로 거부한 후, 살

(skin)의 감각과 감수성을 지닌 생명의 모태(母胎)인 여성주의자에게 생명의 윤리적·심미적 패러다임을 제시함으로써 새로운 여성생태철학을 통한 환경생명문제에 주체로 등장하여 볼 필요가 있다는 것을 제의한다.

끝으로 물을 물쓰듯이 하는 시대, 공기를 마음대로 들여 마시는 시대는 지나고 있다는 사실은 심각한 생명위기를 예고하고 있다. Nash의 엔트로피 이론으로 표현하면 '저엔트로피 사회에서는 사람이 숲을 먹고 살지만 고엔트로피 사회로 변하면 광산이 사람을 먹어 치우게 될 것이다'라는 은유적 경고를 깊이 인식하면서 코페르니쿠스적인 의식의 변동으로 새로운 생명윤리관을 창출해야 할 과제를 안고 있다.

마지막으로 최근 북한이 대만의 핵폐기물을 저장함으로써 쌀 부족을 일시적으로 해결한들, 민족이 생존할 수 없는 황폐화된 땅을 통일하여 후손에게 넘겨준다면 무슨 소용이 있겠는가를 생각하면서 민족 생명윤리의 연구과제를 또 하나 안고 있다.

제3절 동학사상과 민족화해

1. 민족동질성 회복의 방안

지난 분단 반세기 동안 남과 북은 국토의 분단, 사상의 분단, 체제의 분단, 이념의 분단 아래에서 생활하여 오다 보니 이제는 민족동질성마저 파열되는 단계에까지 이르게 되었다. 우리 민족이 공유하고 있는 민족동질성의 이질화 현상은 또 다른 차원의 민족분단을 초래하고 있다고 할 수 있다. 즉, 민족문화의 분단이야말로 통일 이후에까지도 다시 민족동질성의 원형질을 회복하기가 매우 어렵게 되지 않을까 우려되기 때문이다.

남과 북의 어느 쪽이 더 민족의 원형(Archetype)을 파괴하였나 하는 통일방안을 모색하는 과정에 반드시 한 번은 집고 넘어 가야 할 문제인 것이다.

남은 산업화, 근대화, 합리화, 능률화, 과학화, 서구화 등 그럴싸한 구실을 붙여 민족고유의 정서, 풍속, 종교, 민속, 사상, 놀이문화 등을 얼마나 철저히 불합리, 비효율, 구습, 구악의 누명을 씌워서 몰아 낸 지금의 우리의 모습은 어떻게 되어 있는가. 또 북은 이른바 국제사상과 사회주의 혁명이라는 기치 아래서 일체의 민족 고유의 원형은 퇴락성, 봉건성, 반혁명이라는 딱지를 붙여 철저히 말살하여 버린 채 남아 있는 것은 김일성 교시, 당성, 주체사상만이 유일 교조로 떠받들고 있는 동안 민족동질성은 변질되는 수난을 겪고 말았다.

왜 이리도 남과 북이 다 같이 부끄러운 민족 후손의 유산을 남기게 되었나. 어쩌면 국토분단이나 정치체제의 분단은 언젠가는 다시 통일이 가능하겠지만 민족의 이질화의 균열은 여간해서 그 간격을 메우기가 어려운 시점에 이르게 되었다는 면에서 문제의 심각성이 내재되어 있다.

남북이 동시에 이질화의 역사적 경험을 감내하면서도 남한은 원심적인 변화를 가져왔다면 북한은 구심적인 개조를 갖추게 되었다고 했다. 즉 남(南)의 밖으로부터의 변화의 충격과 북(北)의 안으로부터의 개조의 수난은 다 같이 민족의 모멸만 떠안게 되었다는 뜻을 말한다.

이와 같은 민족문화의 분단갈등과 패인 골을 메우기 위한 통일방안으로 동학이념으로의 창조적 재해석과 발전을 통해서 민족동질성 회복을 기하고자 하는 데 취지와 의의의 요체로 삼고자 하였다. 특별히 남북통일의 새로운 방안으로 동학이념을 중심으로 그 대안을 찾고자 하는 의의는 동학이 단순히 오늘의 천주교라는 종교적 교의의 바탕이 되었다는 것보다는 그 이상의 정치, 경제, 사회, 문화 전반에 걸쳐서 민족의 원형사상, 원형체계, 원형내용, 심지어 구체적 원형정책까지도 우리 민족에게 깨달음을 주었기 때문에 남북이 다 같이 이를 수용할 수 있는 새로운 동질성 회복을 통한 통일방안으로 제시할 수 있는 역사적 의미를 지니게 되는 것이다.

따라서 한민족의 통일은 이제까지 남과 북이 각기 서로 다른 목적과 다른 형태의 통일을 달성하려는 저인망(底引網)의 통일방안을 지양하고 새로운 민족공동의식의 바탕이 마련될 수 있는 지평에 입각한 새로운 통일방안이 창출될 때 진정한 민족통일은 가능해 질 것이라고 본다. 이것의 핵심적 상위 개념인 동학이념을 중심으로 고찰하고자 하는 데 중요한 단서가 된다.

외재적 의미로서의 통일은 곧 분단의 극복이지만 내재적 의미로서의 통일은 이질화의 극복이다. 이 이질화의 극복을 다시 표현하면 민족동일성의 회복이다.

그러면 민족동질성 회복을 이룩하는 방법을 모색하기 위한 선행조건은 무엇인가를 다음과 같이 몇 가지를 들 수 있다.

첫째, 지리적 개념에서 국토의 통일이 원상태대로 통일·복원되어야 한다. 우리 민족은 수천 년 동안 한반도라는 지리적 공간 속에서 하나의 생활문화권을 이루면서 살아왔기에 남과 북은 함께 숨 쉬며 생활할 수 있는 삶의 터전(공간)을 공유할 수 있어야 한다.

둘째, 정치이념적인 측면에서 단일화가 합의되어야 한다. 우리 민족은 지난 1,300여 년간 단일 정치체제 속에서 살아왔다. 그러나 지난 반세기 동안 이질적인 정치체제 속에서 반목과 갈등을 심화시켜 오면서 이를 해소, 통합, 조정할 대안을 제시하지 못하였다. 이제 민족공동체적인 정치이념을 새롭게 복원시켜야 한다.

셋째, 경제적 측면에서 남과 북이 다 같이 풍요로운 삶의 질 (Quality of Life)을 누릴 수 있는 경제체제를 구축하여야 한다. 자본주의 경제체제와 사회주의 경제체제의 한계를 극복할 수 있는 새로운 제3의 사회시장 경제체제(Social Marketing Economic System)의 필요성을 강조하는 이론에 관심을 가져볼 때가 되었다.

넷째, 남과 북이 분단 이전까지 공유하였던 문화마당을 복원하여 민족의 동질성을 봉합하는 일이야말로 재통일의 가정 첩경이 될 수 있다. 그것의 방법으로 체육행사, 민속놀이, 음악회, 예술작품의 공동제작, 국어사전 출간, 민족 전통종교의 계승 발전 등을 통해서 정치체제의 장벽을 뛰어넘어 동포애로 살갗을 맞닿을 수 있는 7천만의 한마당을 마련하여야 한다.

다섯째, 민족원형사관적 입장에서 볼 때 남의 시민사관도, 북의 계급사관도 모두 민족 자주사관과는 거리가 먼 것이다. 이는 통일의 주체가 누구이어야 하는 문제와도 깊은 관계가 있으므로 새로운 민족통일사관의 정립이야말로 민족동질성을 회복시키는 데 중요한 관건이 되고 있다.

마지막으로 적대감의 억제와 해소이다. 적어도 남과 북이 민족적 파트너십을 인식한 전제 위에서 통일의 열쇠를 쥐고 있는 협상의 당사자임을 인정해야 한다. 통일의 민족내부(Intra-Nation) 문제를 놓고 민족 간에는 적대행위를 서슴지 않으면서 이를 민족 외부(Inter-Nation)에

서 해결을 위한 구걸행각을 한다는 것은 통일정서에도 맞지 않을 뿐만
아니라, 통일논리상으로도 아직 냉전고리에서 벗어나지 못한 소아병이
아닐 수 없다.

이상에서 몇 가지 선행조건은 민족동질성을 회복하기 위한 최소한
의 필요조건인 동시에 당위적 과정이기도 하다. 물론 이러한 조건이
두루 갖춘 연후에 통일이 가능한 것이 아니라, 앞에서도 언급되었듯
이 이상의 전제조건은 현실적으로 정치, 경제, 군사적으로 어려운 장
벽을 뛰어넘기보다는 훨씬 용이한 접근 과정으로서의 조건이 될 수
있다는 말이다.

이질적인 두 체제를 동질화(Homogeneitization)시켜 나가는 방법적
인 이론으로는 '기능주의적 통합이론'(Functionalitic Integration
Theory), '문화변용이론'(Cultural Transformation Theory), 그리고
'모순통일의 방법론'(Contradictional Unification Methodology)을 들
수 있다.

먼저 기능주의적 통합론에 의하면 독립된 두 체제가 상호교류를
통해 상대방 사회, 문화 구조 위에서 우위분야를 확인하게 될 때 상
대적으로 열등한 사회가 보다 우월한 사회에 동화(Assimilation)된다
는 이론이다. 물론 우위성의 지표는 과학, 기술을 포함하여 사상, 결
속력, 삶의 질 등의 동질성을 증대시키는 요인이 될 수 있다는 가정
을 내포하고 있다.

두 번째, 문화 변용론은 상이한 두 문화 간의 접촉과정에서 한 문화
가 변화하거나 또는 두 문화가 함께 변화를 거듭할 때 문화의 동화현
상이 일어난다는 이론이다. 다시 말해서 이질적인 두 문화 간의 접촉,
교류, 왕래가 빈번해질수록 두 사회·문화체제 간의 유사성이 증대되
어 이해의 폭이 넓어져 궁극적으로 통합이 가속화된다는 것이다.

세 번째, 모순 통일의 방법론은 서로 다른 두 개의 부분이 상호작용의 내부적 조정을 거쳐서 상호연계의 행동결합을 이끌어 낸다는 이론이다. 즉 여러 부분들의 일치화를 통해서 정리된 통일은 상호연계(相互連繫)의 구조를 지닌다. 그러므로 부분들은 모순들의 투쟁과 통일의 원동력이 된다. 예를 들면 수학에서 ＋-, 미분과 적분, 기계학에서 작용과 반작용, 물리학에서 양전기와 음전기, 화학에서 원자들의 화합과 분해, 생물학에서 동화와 이화, 사회학에서 개인적인 것과 사회적인 것을 들 수 있다. 이것들은 모두 모순의 상호작용을 통한 통일(연합)의 속성을 지니고 있다.

위에 언급한 여러 가지 이론에 따라서 남북 동질성 회복을 위한 방법론으로 적용시켜 본다면, 먼저 남북한 간에 교류·협력의 활성화를 통해서 우의성이 비교되어 확인될 때 약육강식이라는 문화의 생물학적 적자생존법칙이 적용되는 것이다.

북한이 남북 교류·협력에 폐쇄정책을 견지하는 이유도 바로 '자유'라는 외풍의 유입을 막자는 데 그 일차적인 정책 목표를 두고 있다. 그러나 우리 정부는 대북 접촉의 끈질긴 노력 끝에 지난 92년 2월 19일자로 '남북 사이의 화해불가침 및 교류·협력에 관한 합의서'를 발효시켰는바 그 부분은 다음과 같다.

제15조 남과 북은 민족경제의 통일적이며 균형적인 발전과 민족전체의 복리향상을 도모하기 위하여 자원의 공동개발, 민족내부 교류로서의 물자교류, 합작투자 등 경제교류와 협력을 실시한다.

제16조 남과 북은 과학·기술, 교육, 문화·예술, 보건, 체육, 환경과 신문, 라디오, 텔레비전 및 출판물을 비롯한 출판·보도 등 여러 분야에서 교류와 협력을 실시한다.

제17조 남과 북은 민족구성원의 자유로운 왕래와 접촉을 실현한다.

제18조 남과 북은 흩어진 가족·친척들의 자유로운 서신거래와 왕
래와 상봉 및 방문을 실시하고 자유의사에 의한 재결합을 실현하며,
기타 인도적으로 해결할 문제에 대한 대책을 강구한다.

제19조 남과 북은 끊어진 철도와 도로를 연결하고 해로, 항로를 개
설한다.

제20조 남과 북은 우편과 전기통신교류에 필요한 시설을 설치·연
결하며, 우편·전기통신 교류의 비밀을 보장한다.

제21조 남과 북은 국제무대에서 경제와 문화 등 여러 분야에서 서
로 협력하며 대외에 공동으로 진출한다.

제22조 남과 북은 경제와 문화 등 각 분야의 교류와 협력을 실현
하기 위한 합의와 이행을 위하여 이 합의서 발효 후 3개월 안에 남
북 경제교류·협력 공동위원회를 비롯한 부문별 공동위원회들을 구
성·운영한다.

제23조 남과 북은 이 합의서 발효 후 1개월 안에 본 회담 테두리
안에서 남북교류·협력분과 위원회를 구성하여 남북교류·협력에 관
한 합의의 이행과 준수를 위한 구체적 대책을 합의한다.

다음으로 문화 변용론에 있어서 남과 북 사이에 심화된 이질화 현
상을 단기간 내에 동화·통합되기는 어려우나 그러나 문화지체 현상
(Cultural Lag Phenomenon)으로 말미암아 사회·문화체계의 변화는
점진적인 상응성을 높이게 되는 추세를 단계적으로 도달하게 된다.
물론 이때에는 비정치적 상호 공동적 특질을 넓혀 나가야 하며 정부
주도에서 점차 민간 주도로 확대 전환되는 것이 효과적이다. 이때 남
북 간의 동질성 증대는 빈도수 위주의 양적(Quantity)인 교류·협력
으로부터 내용 및 파급효과를 중시하는 질적(Quality)인 교류·협력
방향으로 추진한 것이 효과적이다.

마지막으로 두 체제 간의 모순으로부터 통일을 도출하는 방법으로

일찍이 마르크스(Karl Marx)는 통일보다 오히려 투쟁에 더 많은 주의를 기울였다. 마르크스의 이와 같은 방법으로 인해서 조화와 단결보다는 계급투쟁형식으로 흘러 두 모순 간의 대립을 오히려 더 많이 조장하였던 것이다. 그 결과 북한 역시 '모순의 통일'이 아니라 '모순의 투쟁'으로 일관하게 되었다. 남·북 사회가 다 같이 모순을 내재하고 있음을 스스로 인정할 수 있을 때 한 단계 높은 발전을 기약하게 되는 것이 역사발전 변증법적 법칙의 요체가 되고 있다는 사실을 인식하여야 한다.

2. 동질성회복을 위한 실천과제

먼저 송두율은 민족동질성 향상을 위한 통일의 철학적 실천 과제로써 ① 평화(Peaceful)의 철학을 들고 있다. 여기에는 민족상쟁을 종식시키는 평화조약을 포함해서 전쟁을 영원히 추방시키는 평화동맹을 이룩하여 자주성을 회복해야 한다. ② 대화(Dialogue)의 철학이다. 이제까지 남북 간에는 '상호 신뢰조성이 긴장완화의 전제조건이다' 이것보다는 '상호 긴장완화가 신뢰조성의 전제조건이다'라고 서로 주장하고 있는바 그 전략적 저의가 무엇이든 간에 의견 일치 또는 의견 불일치를 확인하는 길은 대화뿐이다. ③ 연대(Solidarities)의 철학이다. 대화는 독백이 아니기 때문에 대화에 참여하는 범위를 당국자냐 아니면 사회 각 계층이냐를 두고 남북은 항상 논란을 계속하고 있다. 진정으로 민족의 동질성을 모색하고자 하는 자라면, 남과 북은 '너'와 '나'를 함께 수렴하는 '우리'로 쉽게 연대성을 가질 수 있다. ④ 과정(Process)의 철학이다. 남과 북은 어떤 형식이든 간에 상호관계 또는 과정을 맺고 있기 때문에 서로 영향을 주고받을 수밖에 없다.
만약 일방적인 영향을 상대방에게 줄 수 있다고 생각한다면 그것은
'승공통일'이 아니면 '적화통일'뿐이다. 이는 민족동질성의 도출에의
통일과는 모순이다. ⑤ 희망(Aspiration)의 철학이다. 통일은 쇠락하
는 민족원형을 복원시키려는 꿈일 뿐만 아니라 현실의 여망의 충동
으로 분출되는 확고한 희망이어야 한다. 통일은 단순한 과거로의 회
귀가 아니라 미래를 끌어당기는 희망이기에 통일에 대한 냉소주의적
의식은 잘못된 것이다. ⑥ 책임(Responsibilities)의 철학이다. 비록 민
족이 희망하였던 통일이 되었다고 하더라도 인간이 살 수 없는 사회,
생물이 숨 쉴 수 없는 환경, 도덕이 황폐화된 가치가 범람하여 미래
의 후손들에게 차마 물려줄 수 없는 조국이라면 통일은 헛수고
(Fruitless)일 뿐이다.

다음으로 민족동질성 형성을 위한 통일의 사회·문화적 실천과제
가 대두된다. 비록 긴 역사에서 보면 분단 50년은 짧은 기간이지만
그동안에 너무나 의식구조와 행동양식을 포함한 사회·문화 전반에
걸친 심화된 이질화로 인해 남북이 상호 극한적인 대치상태가 지속
되어 오는 과정에서 통일문제는 뒷전에 밀려나게 되었다.

남북한의 사회·문화적 통합을 위한 우선적 과제의 목표는 '민족
생활 공동체'의 정립이다. 이를 달성하기 위해서는 총체적 민족 에너
지의 발굴에서부터 시작되어야 한다.

이를 세부적 실천방안을 〈표 7-4〉와 같이 제시한다.

〈표 7-4〉 남북한 사회·문화 실천방안

단계		제1단계 (교류·협력단계)	제2단계 (동질성 중대단계)	제3단계 (초보적 동질화단)
전망		(부분적 경제개방) 통제된 사회·문화변화	(본격적인 경제 개혁·개방) 실용주의적인 사회·문화변화	(경제개혁·개방심화) 제한된 다원주의적 사회
남한변화 전망		산업화에 따른 제반문제 해결노력	사회·경제 불평등 개선	자유·평등이 조화되는 복지국가
남북관계		화해 및 공존공영	초기 남북연합	중·후기 남북연합
동질성중대방안	정책 목표	남북한 사회·문화공동체 형성의 기반조성	초보적 남북한 사회·문화공동체 형성	남북한 사회·문화공동체 보완·발전
	동질성중대 내용	문화기반공유, 상호의존 관계 수립으로 인한 북한의 특수성 완화	북한의 새로운 의식구조 생활양식, 사회구조 형성으로 인한 남북 접근요소 중대	공동기구 구성·운영 및 제 사회화로 인한 공동체 인식의 확산
	세부 방안	-비정치적 분양의 자료 및 정보교환 -학문·예술분야 공동활동 및 공동조사 연구 -교류·협력을 위한 각종 세부협정체결 -이상가족방문 및 인적 왕래확산 -문화·예술·과학, 체육분야 해외 공동 진출 -언론·출판교류 확대	-공동생활 및 체험확대·청소년, 학자, 문화·예술인, 관광객 공동생활확대 -연론·방송개방, 출판공동편찬 -민간사회단체 및 시·도·지역 간 결연사업	-북한 사회·문화간 접자본 확충지원 -북한주민, 학생재교육 및 재사회화 -공동기구 구성·운영

남북의 사회·문화의 특성으로는 먼저 남한은 '다양한 욕구와 다원적 가치구조'로 구성된 반면, 북한은 '획일적 지배와 조직적 통제 구조'로 이루어져 있다. 이로 인해서 남북의 사회구조, 생활양식, 의식구조, 언어의 뜻과 의미해석, 종교문화, 가치관 등 전반에 걸쳐서 이질화가 심화되었다.

따라서 남북 사회·문화적 심화된 이질화를 극복하기 위한 실천목표로서 한민족 특유의 자주적 문화민족주의(Cultural Nationalism)를 도출해야 한다.

그 다음으로 민족 고유의 종교문화의 향유를 복원작업을 하는 일이다. 최근에 북한에서 단군릉을 장엄하게 축성한 것은 그 정의가 어떠하든 간에 민족전통 정신(종교)문화로의 회귀의 조짐을 보인 것만은 실증적 사실이다.

그렇다면 남북은 주체사상의 인간중심사상과 동학사상의 보국안민이 묘합되어 보다 높은 단계의 인내천 사상에 도달하는 것이야말로 한민족 공동체의 내면적, 정서적, 사회·문화적 통합이 실질적으로 이루어져 진정한 통일독립국가를 형성하는 것이 역사의 순리이다.

3. 동학이념의 민족사적 의의

우리 민족이 칠흑같이 어두웠던 봉건적 질곡에서 신음하고 있던 1860년대에 민중의 근대적 자각을 일깨우기 위하여 동학의 횃불을 들고 분연히 일어났던 수운 최제우의 역사의식은 오늘의 분단된 조국의 통일문제를 푸는 데 매우 중요한 시사를 하고 있다. 즉 수운이 동학을 창도한(1860년 철종 11년 경신년 4월 5일) 시기는 대내외적으로 위기의식이 고조되던 때였다. 국내적으로는 개화, 위정척사 사상이 들끓었고 국외적으로는 서세동점(西勢東漸)이 한국뿐만 아니라 아시아를 엄습하여 올 때이다.

특히 1811년 평안도 농민전쟁, 1862년 진주민란, 1864년 황해도 민란 등이 연이어 일어나 반봉건적 기치를 더 높일 즈음 수운은 민란(民亂)을 통해서 표출된 봉건적 모순을 해결할 수 없음을 알고 새로운 세계를 창조해야 하는 절박한 시대사적 요청에 따라 후천개벽적 사명의식 속에서 '동방의 빛', '구원의 손'이라는 범인류 구원의식을 온몸에 가득 담고 민족운동을 창도하였다.

민족이 혼란과 위기에 직면하였을 때 동학이념의 핵심이 되는 후천개벽 사상은 정신개벽, 민족개벽, 사회개벽을 동시에 이룩하는 길만이 민중을 정치·경제적 양면의 통합을 이룩하는 방법이라고 하였다.

따라서 1894년(고종 31년)의 동학농민난이야말로 후천개벽 사상의 실천적 핵심의 표출이 되었다. 그러나 이러한 동학민란까지도 봉건적 모순을 해결 못 한 채 마침내 일제 식민지 시대로 이어져 급기야 분단의 반세기에 이르게 되었다.

이제 동학이념을 주축으로 한 분단 모순을 극복하기 위해서 신후천적 개벽사상을 태동시킬 민족사적 필요성에 직면하게 되었다. 이를 일러 한민족 원형의 창조적 재생산, 또는 재창출의 민족사적 의의를 지니게 되었다.

오늘의 남북한 문제를 둘러싼 주변정세의 긴장상태는 동학이념이 태동하던 시대의 혼미(Chaos)를 방불케 하고 있음을 역사는 일깨워 주고 있다. 그러므로 현재의 남·북 문제를 풀기 위하여 새로운 개벽(개혁) 사상을 창출하지 않으면 통일문제는 해소하기 어렵다.

지난 역사에서 봉건·수구 사상을 성공적으로 혁파하지 못한 데에서 식민지 역사를 자초하였듯이, 분단 구조를 자주적으로 통일하지 못하면 제2의 종속의 역사로 다시 이어질 것은 어쩌면 명약관화(明若觀火)한 역사의 운행법칙이기도 한다.

따라서 수운의 후천개벽 사상을 한 차원 높은 단계로 발전시킨 '새로운 후기 세계이념'은 단순히 외형만 변형, 변경해서는 되지 않는다. 마치 수운이 동양의 대표적인 도(道)는 유도, 불도, 선도를 모두 통합하고 또 서양의 도(西學)까지도 비판적으로 흡수 통합해서 '완전히 새로운 완성된 도(道)'를 창도하였다는 사실에 근거하고 있는 것과 맥락을 같이 하고 있다. 이와 같은 수운의 '완성된 도'는 오늘의 용어로 표현하면 최고도의 휴머니즘과 민주주의적 자유 평등 사상을 중심으로 하여 미래의 새로운 시대의 도에 합당하게 되었다.

새로운 후기 개혁시대의 '신후기 세계이념'은 북한의 사회주의체제, 주체사상, 어느 정도의 평등분배와 남한의 자본주의체제, 자유사상, 세계화 정책을 하나로 통합할 수 있는 보국안민(輔國安民), 광제창생(廣濟蒼生)이라는 큰 이념의 그릇에 삶의 질, 공생, 한 살림, 한얼, 어울림 등의 삶의 양식을 담아서 천인합일(天人合一) 정신에 입각해서 남북합일(南北合一)에 이르도록 해야 한다.

수운의 천인합일은 종래까지의 천(天)에서 인(仁)이 매몰되는 천 중심의 천인합일에서 벗어나 완전히 정반대로 인(仁)에 천(天)이 들어와서 합일되는 인간중심적 천인합일사상을 정립하였다는 점에서 일대 코페르니쿠스적 대전환을 달성하였을 뿐만 아니라, 인류사상 처음으로 '천심즉인심(天心卽人心)', '사람을 떠나 한울님을 생각할 수 없다'는 수운의 천재성이 본격적으로 발휘되기 시작했다.

수운의 인(人)에 천(天)이 들어오는 새로운 인간중심적 천인합일 사상은 바로 그의 시천주사상을 낳게 되었으며, 이는 동학이념의 핵심내용인 동시에 후천개벽 사상의 분수령을 이루었다.

따라서 후기 개혁 시대의 '새로운 후기 세계사상'에서의 통일관은 남북이 하나의 민족 안에 들어오는 생명중심의 인시천(人是天)사상, 즉 민시일 사상 '민족은 하나로 통일되어야 한다'는 독특한 민족창도정신(民族創道精神)으로 도약할 발사의 전환을 할 때이다. 이러한 '신 후기 세계정신'이 발현될 때 남북은 다 같이 민주적 평등사상과 사회적 자유사상이라는 두 개의 축을 민주주의적 사회정치 합의기구에 수렴할 수 있게 된다. 이를 수운은 1893년 3월의 해월을 통하여 '민회'를 발족시킨 데서 그 의미를 시사하고 있다.

4. 동학이념의 실천적 전개

천인합일사상에 입각한 '새로운 후기 개혁사상'에서의 통일을 이룩하기 위한 실질적 실천과제는 무엇이며 어떻게 전개하여 통일조국에 달성하는가를 모색하고자 한다.

그동안 동학이념에 뭉쳐진 수많은 민중들은 도탄에 빠진 민족을 구원하기 위하여 1894년 갑오 동학혁명, 1904년 갑진 개화 혁신운동, 1919년 기미 3·1독립운동, 1920년 신문화운동, 1948년 남북통일 운동을 비롯하여 1975년 통일선언서 공포, 1975년 3월 통일 호소문 공포, 1979년 5월 동학민족통일회 발족 등에 이르기까지 지난 100년간 수많은 생명과 재산을 희생하면서 줄기차게 반봉건, 반식민, 반독재 민족통일 운동을 일관되게 전개하여 왔다.

특별히 동학이념에 기초하여 창도(創道)한 천도교는 통일문제에 대해 다른 종교에 비하여 유달리 많은 관심을 가지는 것은 북한에 많은 천도교인(약 2만 명)이 있을 뿐만 아니라 이들을 중심으로 노동당의 우당이라고 일컫는 청우당이 비록 명목상에 불과하지만 북한 당국이 인정하는 정당으로 존속하고 있다는 사실에 대해서 일말의 기대를 가지고 있기 때문이다.

그동안 많은 변화를 겪으면서 북한의 천도교인과 청우당원은 그들 나름의 보국안민, 광제창생이라는 동학이념을 마음속에 '시천주(侍天主)'한 가운데 생활하여 왔을 것을 전제로 하고, 지난 1989년 남북교

류 추진위원회를 구성한 후 동년 12월 24일 인일기합일(人日記合日),
이듬해 4월 5일 천일기념일 두 차례에 걸쳐서 북한 천도교인이 서울
에 오도록 초청하였으나 아무 반응이 없었으며, 1991년 네팔 카트만
두에서 제4차 아세아 종교인 평화회의에 남북 천도교인이 분단 후
처음으로 회동하였다.

그리고 지난 2월 27일 '세계종교 협의회'가 주관한 '북경회의'에서
북한 측 천도교 대표로 강철웅(조선 천도교 지도위원회 부위원장),
심상영(조선 천도교 지도위원회 교무부 부부장), 허혜연(조선 천도교
지도위원회 교화부 부부장) 등 3인이 참석하였으며 우리 측에서는
한광도(천도교 종무원장)가 참석하였다.

이날 천도교 의식(儀式)에 따라서 개회심고(開會心告)는 한광도
원장이 하였으며, 북측은 의식절차나 용어의 내용에 다소 생소함을
드러내기도 하였으나 남과 북이 비록 제3국에서나마 종교인간의 동
질성을 확인할 수 있는 뜻 깊은 만남 자체만으로도 매우 의미 있는
일이었다.

민족 종교의 대표적인 천도교가 지난 50년간 약 40여 차례에 걸쳐
서 줄기차게 추진하여 온 통일운동은 자유, 자주, 민주를 바탕으로
한민족갱생운동이었다. 북한 당국이 천도교인의 종교활동과 청우당을
인정하고 있는 것은 지난 시기에 반봉건, 반식민, 반민족적 척결투쟁
에 동참했기 때문이라고 보고 있다.

5. 동학이념의 신인간주의화

수운(水雲)에 의한 동학이념이 창도할 1860년 당시의 열강에 의한
압력을 이겨내기 위하여 민족자각운동의 목표로 '인내천(人乃天)',

'사인여천(事人如天)', '보국안민(輔國安民)', '광제창생(廣濟蒼生)'이라는 대응논리를 주장하였다. 물론 이러한 주장이 궁극적으로 나중에 '시천주(侍天主)', '지기(至氣)'에까지 이르는 종교로 변화·발전하게 되었다.

이와 같이 동학이념이 반봉건, 반식민, 반인간의 사회모순을 타파하기 위해서 싸워오다가 민족해방을 맞이한 1945년을 전후하여 북한은 계급해방을 위하여 공산체제를 구축하게 되었고, 남한은 반공해방을 위하여 근대화를 추구하였다.

이제 남북한은 냉전적 구조 속에서 적대적 감정을 극한적 대립투쟁으로 이어져 오면서 남측은 절대적 빈곤을 해소하고 '상대적 빈곤'이라는 빈곤개념의 변천을 가져왔지만 북쪽은 아직도 절대적 빈곤에서 허덕이고 있다. 그러나 남북은 다 같이 약간의 차이는 있으나 시민의 삶과 질과 관계되는 생존권 문제는 다 같이 아직도 미해결의 과제로 남아 있다. 따라서 미해결의 과제인 시민의 삶의 질을 향상시켜 인간다운 문화생활을 향유하기 위해서 북은 하루 속히 계급해방의 굴레에서 벗어나야 하며, 남은 허구적 중산층 환상(70%)에서 깨어나 참다운 '인간해방'이 이룩되는 신인간주의를 함께 선언할 수 있는 발상의 전환을 가져와 통일문화의 토양을 만들어야 한다.

남북이 최초의 공식으로 합의하에 선언한 72년 '7·4공동성명'의 중요한 내용 중의 하나인 '민족대단결'의 정신을 되살리기 위하여 그들은 소위 "주체사상의 철학적 원리"라고 하는 '사람이 모든 것의 주인이며, 모든 것을 결정하는 세계에서 가장 우월하고 힘 있는 존재'는 바로 동학이념의 핵심이 되고 있는 '인내천', '보국안민' 속에 수렴될 수 있다는 일부 내용으로 간주할 수 있다.

만약 그들의 이론대로 가장 우월하고 힘 있는 존재인 인간이 비무장 안에서의 무력시위(96. 4)를 하며 군비를 증강시켜 남북 간의 긴장을 고조시키거나 핵개발을 통하여 자위권의 명분하에 전쟁을 불사한다면 이는 동학군의 표어인 '제폭구민 정신(除暴救民精神)'과 정면 배치되는 것이다.

'민족대단결의 통일원칙'은 민족공동체의 생존·번영·생명의 존엄성에 바탕을 둔 것이므로 '사람을 한울처럼 섬긴다'는 동학의 인간존엄 사상의 발현된 실천덕목이다.

그러므로 동학이념에서의 신인간화는 인간뿐만 아니라 생명 있는 일체의 미물에 이르기까지 환경·생태·생명을 지켜야 할 사명을 지니고 있다. 이를 수운은 한울공경, 사람공경, 사물공경이라는 삼경(三敬) 속에 그 의미를 포함시켜 강조하고 있다. 적어도 21세기 동아시아 시대의 역사의 주역 민족으로서의 소임을 다하기 위해서 반쪽짜리 분단국가로서는 도저히 감당할 수 없다는 데 있다. 왜냐하면 한쪽의 자본주의적 사회양식에서도 많은 모순이 도출되었음을 느끼는 바이며, 사회주의적 사회양식도 그 한계를 드러내어 실패가 증명된 이상, 서로 자기 체제를 일방적으로 강조, 강화시키는 방향으로 통일정책을 전개시킬 것이 아니라 평화공존을 위한 실질적 조치를 취할 때이다. 그것이 남북연합이든, 수렴체제든, 생명민주화이든 어느 것이라도 가능한 것부터 시작해야 한다.

일찍이 김구는 '통일에는 통일사상이 있어야 한다'고 하였으며, 장준하는 '우리의 민족통일은 통일 이상이다'고 했다. 여기서 '통일사상', '통일 이상'은 민족통일을 위한 창조적인 통일철학이 깔려 있지 않고는 통일을 이룩할 수 없다는 말이다. 남북의 민족적 삶이 더이상 전면적 파괴를 가져오지 않도록 우선 남한만이라도 생명통일운동을 적극 추진해야 한다.

6. 동학이념의 세계사적 인식

서기 2000년 1월 1일을 기산점으로 해서 동아시아 중심의 새로운 밀레니엄(Millennium)이 시작되는 세계사가 펼쳐진다. 이 세계사의 주역국가 중의 강력한 다크호스인 한반도는 어떠한 역사의 모습으로 변화되어야 하는가는 문명사적으로 매우 중요한 의의를 지니고 있다. 문명동진론(文明東進論)에 따른 새로운 1000년은 지난 1천년 동안 우리 민족을 괴롭히던 시련의 역사와는 어떤 차별이 있을지 기대와 희망이 교차하고 있다. 무엇보다도 한국·일본·중국을 3각 축으로 한 동양사상이 빛을 발휘하게 될 것이며 그중에서도 한국의 정신문화가 주체적으로 서양문화를 깨우치는 방향으로 진행되리라고 예측하고 있는 데 대하여 주목할 필요가 있다. 이러한 세계사 인식을 기초로 하여 남북문제를 볼 때, 1500년은 같은 역사를 공유하였으나 50년은 다른 역사를 분유(分有)하였다. 이 분유의 역사는 공유의 역사로 다시 원형회복하기 위해서 상당히 이질화되어 있는 역사인식을 바꾸어야 한다. 이를테면 '민족대단결' 문제에 있어서 '민족'에 대한 남과 북의 역사해석의 차이로 인하여 7·7공동성명 정신은 깨어지고 말았다. 즉 북쪽의 '민족'은 계급역량의 집결체로 보는 반면, 남쪽은 민주역량의 총체로 보았던 것이다. 민족의 개념이 학자에 따라서 다양한 견해를 가질 수 있으나 동학이념에 의한 민족주의의 원형을 모색한 동학민족주의의 모델에 새로운 시각을 모을 필요가 있다.

동학민족주의가 문화민족주의(Cultural Nationalism)로서 민족의 동질성은 강화하는 것을 목적으로 하기 때문에 동학이념의 핵심이 되고 있는 '사인여천(事人如天)'에 그대로 통합될 수 있다. 따라서 동학민족주의의 역사인식의 필요조건으로 광제창생의 복지사회를 실현하

기 위한 민생, 민복, 민주가 전제된 민족공동체이다. 이것이 '시천주
(侍天主)'에 이르면 종교민족주의가 되는 것이며, 지기(至氣)에 이르
면 문화민족주의 또는 동학민족주의가 되는 것이다.

이러한 동학민족주의는 21세기 오리엔탈 센트리즘(Oriental Centrism)
시대의 세계사적 이념으로 중심자리를 잡게 될 것은 자명한 현실로
다가오고 있다.

7. 동학이념의 통일 패러다임

이제까지 동학이념에 입각한 통일논의를 전개 및 반복하면서 남북
이 하나로 될 수 있는 가능성의 패러다임을 제시하는 것이 본 논의
의 요체라고 생각한다. 21세기 지구상에서 유일한 통일을 위한 어떠
한 노력이 선행되어야 하며, 또 같은 분단 경험을 먼저 종식시키고
통일을 이룩한 독일, 베트남, 예멘에서 우리가 배워야 할 타산지석
(他山之石)은 무엇인가를 먼저 살펴보고자 한다.

먼저 독일통일은 세 가지 요인에서 볼 수 있는바, 첫째는 통일의
국제 환경의 유리한 전개(냉전 종식, 공산주의 쇠퇴, 경제실리 추구
경향), 둘째는 동독주민들의 자율적인 변화, 셋째는 동독의 변화를
서독이 감당할 능력보유이다.

다음으로 베트남의 통일은 4+8의 협상 방식에 있어서 북베트남의
유리한 환경조성, 그리고 무엇보다도 북베트남의 경제(군사)의 열세
를 정신전력의 우위가 일방적인 통일을 가져 왔다.

마지막으로 예멘은 분단국일지라도 통일에 유리한 환경이 조성되
면 평화적 통일이 가능하지만 평화적으로 성취된 통일일지라도 지도

자의 역량에 따라서 언제든지 사회통합에 실패할 수 있다는 것을 보여주었다.

이상 세 나라의 통일 또는 재통일의 실패의 과정에 배울 수 있는 교훈은 ① 통일환경은 유리하게 조성할 수 있는 외교력의 발휘, ② 북한의 자체 변화를 유도할 수 있는 우리의 정치, 경제, 사회, 안보 역량의 확보, ③ 경제력과 군사력의 우위보다 정신력의 우위확보 및 견지가 중요함의 인식, ④ 통일 후의 평화적 사회통합을 위한 역량 비축 없이는 통일이 오히려 사회혼란을 자초할 우려가 있기 때문에 이에 대한 준비가 있어야 한다.

따라서 J. 하바마스는 민주시민으로서의 성숙한 민족공동체 의식이 뒤따르지 않는 통일지상주의, 즉 통일을 위해서는 모든 것을 희생할 수 있다는 태도는 매우 위험함을 경고하고 있음에 주의할 필요가 있다.

50년간 분단된 남북한 사이에서 남쪽은 나름대로 발전 지향형 권위주의 국가를 형성하면서 민주화를 성장시켜 왔으며, 북쪽은 주체사상형 전체주의 국가를 형성하면서 획일화를 축적시켜 왔다. 이제 남과 북이 다 같이 복지사회를 향한 경제개발 모형을 추진함에 있어서 유교자본주의(Confucianism Capitalism) 이론과 아시아적 민주주의(Asian Democracy) 이론을 놓고 저울질 해봄직하다. 여기서 이윤과 능력을 중요시하는 서구식 합리적 모델(the Affective Model)을 절충한 조화적 모델(the Creative Model)을 동학이념의 통일패러다임으로 제시한다.

물론 이때 조화적 패러다임에는 교화(敎化)와 치화(治化)가 담고 있는 의미도 포함된 전체성(Totalities)으로서의 홍익인간, 재세리화(在世理化), 광제창생(廣濟蒼生), 보국안민(輔國安民), 개벽사상(開闢思想), 동귀일체(同歸一體)를 함축하고 있음은 재론할 필요가 없다.

남과 북은 지금부터 50년 전까지 같은 역사적, 문화적 경험을 공유하면서 반봉건, 반식민, 반제국, 더 나아가 반인간주의적 사회체제의 모순을 혁파하기 위하여 싸워온 민족이다. 그러나 1945년 민족자결주의의 국제적 사조에 따라서 우리 민족은 해방을 맞이하였음에도 불구하고 또다시 동족상쟁이라는 전쟁을 치르면서 분단국가로 전락하고 말았다.

일제로부터 해방이 이룩되던 그날부터 '민족'이라는 개념은 북은 계급해방의 뜻으로 주장하게 되었으며, 남은 빈곤해방을 위해서 근대화를 질주하여 왔다. 그런 와중에서 탈인간화 현상이 심화되어 남과 북이 다 같이 인간의 존엄성은 상실되어 생명의 황폐화를 이룩하고 말았다.

이러한 과정에서 본 논문은 일찍이 1860년에 수운의 인내천(사람이 곧 하늘이다), 사인여천(사람을 하늘처럼 섬긴다) 더 나아가 사람뿐만 아니라 하찮은 미물에서부터 자연물에 이르기까지 물물천(物物天) 사사천(事事天: 모든 자연환경을 보호하다)의 동학이념이 일어남으로써 잠자던 민주주의 의식을 일대 대오각성으로 일깨우기에 충분하였다.

따라서 이러한 동학이념 축을 한 범인간 해방을 위한 새로운 통일방안의 이념을 도출하는 데 논의의 초점을 두고 인간해방을 위해서 남과 북이 하나로 다시 창조적 원형 사상에의 회귀(回歸)야말로 어떠한 정치적 이데올로기도 극복될 수 있는 통일 목표로 설정하였다.

특히 남과 북은 조상으로부터 물려받은 아름다운 금수강산을 더이상 군사 대치로 인한 자연과 생명의 황폐화를 가져오는 일을 중지하고 물물천, 사사천의 동학이념으로 회귀하는 것이 7천만 민족을 살리는 상생의 길인 동시에 조화의 원리이기도 하다.

이제 특정의 계급이나 계층의 이익을 대변하는 이데올로기로는 21세기를 지도할 이념이 될 수 없을 뿐만 아니라 어떠한 민족주의나 종교주의도 민주화와 개방화의 장애물이 되어서는 살아남을 수 없다.

그런 의미에서 국제적 이해관계가 첨예하게 대립되어 있는 남북문제를 협상하기 위하여 조건 없는 대화를 계속하여야 한다.

최근의 4자회담 제의, 남북대학생 대표회담(애틀랜타 카터센터 96년 4월 26일), 북미기독학자 세미나 개최, 남북대학 총장회의 제의 등은 동질성을 교감하고 신뢰를 쌓아나가는 데 중요한 기반이 될 것이다.

남과 북이 동질성을 회복하는 길은 우선 비정치, 비군사, 비외교적인 아주 작은 일부터 시작하여 점차적으로 확대하여 가는 노력을 경주해야 한다. 그러기 위해서 다음의 몇 가지를 제의한다.

첫째, 민족통일은 민족사상에 기초하여 자주, 자유, 자가의 진취적인 개벽사상에 입각하여 통일되어야 한다.

둘째, 민족통일은 남북 7천만 민족이 다 같이 상생할 수 있는 민족공동체에 입각한 보국안민 정신으로 통일되어야 한다.

셋째, 민족통일은 유엔(UN)의 평화사상에 의한 국제적 협력하에 합의를 보장받아 자주적으로 이룩해야 한다.

넷째, 민족통일은 남북 당사자 간의 교류협력, 신뢰증진을 우선으로 한 보편적 방안으로 추구되어야 한다.

다섯째, 민족통일은 사인여천(事人如天)과 주체사상을 하나로 통합하는 홍익적(弘益的) 민본주의를 도출하여 통일국시(統一國是)로 삼아야 한다.

여섯째, 유물론적 사회주의와 유심론적 자유주의를 하나로 통합하는 '지기적(至氣的) 정치체제(政治體制)'를 수립하여야 한다.

이상과 같은 동학이념을 중심으로 남북의 양 체제가 수렴할 수 있는 동질성 회복 과정을 거쳐서 통일국가를 2015년 이전에 도달될 것을 전망하는 것이 국제적 예측가능의 기대이다.

제4절 한국인의 수(數) 인식

1. 서 론

한국인은 수를 안고 태어나서 수속에서 살다가 수를 업고 죽는다. 즉 태어나는 순간 내 기둥 즉 년, 월, 일, 시를 삼신(三神)할머니로부터 부여 받는다. 그리고 다시 팔자(八字)[1]를 한평생의 운명의 수로 받아 들여 함께 생활하며 길·흉·화·복을 넘나들며 살아가고 있다. 따라서 논문에서는 사주팔자를 주역식으로 풀이하거나 자의적 해석을 하는 것은 논외로 한다.

지금까지 선행 연구에서는 한국인의 의식구조나 생활습속을 문화인류학이나 민속학적을 통한 연구는 많이 이루어져 왔으나 수리(數理)적으로 연구가 이루어진 것은 매우 드문 실정인 것이 본 연구의 어려운 점 중의 하나였다.

서양 사람은 일찍부터 도·량·형을 표시할 때 정확한 수 개념을 도입하여 사용하였다. 그러므로 서양은 우주를 이루는 물질세계를 종합적으로 설명하는 원리를 수 개념을 사용하면서 종합적 해석, 분석적 방법, 합리적 사고를 발달시킬 수 있는 밑바탕이 되었던 것이다. 이를테면 사물의 수를 헤아리기 위해 만들어진 것이 바빌로니아의 수학이며, 토지의 측량을 위한 방법으로 사용한 것이 이집트의 기하학이다. 이것이 나중에 그리스로 들어오면서 실용적인 생활수단으로 발전시킨 전기를 마련한 사람이 피타고라스(BC.570~496)였다는 사실은 익히 모든 사람들이 알고 있는 지식이다. 농사를 짓기 위해서 천문관찰에 의한 달력의 제작, 교역이나 분배·과세와 같은 고도로 발달된 경제행위를 위해서 도·량·형에 따른 수 개념 없이는 유지될 수 없었다.

　반면에 우리민족은 일찍부터 시간의 길이를 말할 때는 한나절, 거리를 가리킬 때는 저만치, 무게는 손저울로, 량은 눈대중으로 거래를 하며 경제생활을 하여 왔다. 측량을 할 때도 팔뼘, 손뼘, 발뼘으로 재었다. 그리하여 모든 도·량·형에는 모자람이 있을 수 없었기에 분쟁의 소지가 생겨 날리 없어 항상 화평, 상생, 조화의 생활을 이어져 왔던 것이다. 말하자면 21세기를 예고한 갈브레이스의 '불확실성 시대'와 자데의 '퍼지이론'을 앞질러 살아온 것이라고 보았다.

　그렇다면 우리민족이 수 개념에 대해서 둔감한 의식을 지닌 탓이냐에 대해서 이의를 제기하지 않을 수 없다. 이를테면 자기 나라의 글자를 제정한 날(10월 9일)을 정확히 알아 기념식을 갖는 민족, 나라를 세운 날을 기념하는 민족(10월 3일)은 세계에 유례를 찾아보기 드문 수의 역사적 고증에서 나온 결과인 것이다.

　따라서 본 논문을 통하여 한국인의 수 개념의 인식과 나아가 개별 숫자인 1, 2, 3, 4, 5, 6, 7, 8, 9, 10 각각의 수 개념에 내재된 의미를 규명함으로써 그러한 수의 개념, 수의 관계, 수의 사상이 한국인의 의식구조의 형성과 행동 양식을 지배하였으며, 그리고 일상생활의 습속에 이르기까지 어떠한 영향을 미쳐 왔느냐를 논구함으로써 한국인의 무의식 속에 잠재되어 있는 독특한 사고양식과 문화양식을 추출하는데 연구의 의의를 두고자 한다.

2. 한국인의 수 의식의 시원(始源)

(1) 수개념(數槪念)의 태동(胎動)

한국인은 언제부터 인지는 정확히 알 수 없으나 계량적인 산수(算數)의 개념에 앞서 추상적이며 관념적인 수에 더 익숙되어 있었다. 즉 수를 운명적인 것으로 받아 들여 '운수대통'이니 '운수 좋다' 또는 '운수 나쁘다' 등으로 인식화 되었다. 또한 생활상의 대소사에 있어서도 재수(財數 또는 才數) 또는 운수(運數)에 운명을 걸다 시피 수 결정론적 사고에 젖어 있는 현상은 예나 지금이나 별다름이 없다. 이와 같은 관념적인 수가 구체적인 수로 나타 날 때는 술수(術數)로 바뀌어서 술책이나 권모술수와 같은 부정적인 의미로 쓰이기도 한다.

서양의 신화에는 수자가 거의 없거나 적은 반면 한국의 단군신화에는 수가 유난히 많이 등장하는 것을 볼 수 있는 것이 특징이다. 특히 한국 민족 종교의 경전(經典)으로 여기고 있는 천부경(天符經)에는 홍익인간의 원리와 우주운행의 법칙을 수리(數理)로 설명하고 있어 한국인의 수 개념의 시원을 밝히는데 귀중한 자료가 아닐 수 없다.

천부경은 총81자로 쓰여져 있으며 숫자 31자와 한자 50자로 구성되어 있다. 31자의 숫자를 세분하면 1 이 11 자, 2 가 4 자, 3 이 8 자, 4 가 1 자, 5 가 1 자, 6 이 1 자, 7 이 2 자, 8 이 1 자, 9 가 1 자, 10 이 1 자 이며 이 숫자의 합은 99가 되므로 9는 완성수인 동시에 무한수요 원(圓)수가 된다고 하였다. 이렇게 볼 때 천부경은 구구팔십일(九九八十一)의 수리체계는 인체(人休)와 천체(天休)를 동시에 함유하고 있으므로 인체여천처(人体如天体)요, 무여유(無如有)이요, 무극이태극(無極而太極)이라는 동양의 사유세계와 맥락을 같이 하고 있다.

(2) 한국인의 수리(數理) 인식구조

한국인은 수 인식을 다양한 문화양식으로 인식하여 왔음을 앞에서 개략적으로 언급하였다. 또한 수의 표현에 따른 의미에 있어서도 이중구조를 띠우고 있음을 알 수 있다. 수 표현을 하나, 둘, 셋, 넷, 다섯, 여섯, 일곱, 여덟, 아홉이라고 할 때 하나, 둘, 셋, 넷을 헤아리는 것과 다섯, 여섯, 일곱, 여덟, 아홉이라고 헤아리는 것은 서로 다른 의미를 내포하고 있다. 앞의 하나에서 넷까지는 명사(名詞)로만 사용되는데 비해서 뒤의 다섯에서 아홉까지는 명사와 관형사를 겸하고 있다는 사실에서 한국 수 헤아림은 문화의 독특성을 보여 주는 것이다. 특히 하나, 둘, 셋, 넷이 관형사로 사용될 때는 어형이 달라져서 '한, 두, 세, 네가 되어 같은 수 계열 안에 이분자(異分子)가 함축된 꼴이 된다.' 이는 마치 '샘한다'와 '헤아린다'가 같은 말인데도 다른 의미를 내포하는 것과 같은 것이다. 또한 우수와 기수 사이는 서로 넘을 수 없는 경계가 있듯이 '한'과 '하나'는 그 어원 풀이부터 다르다. '한'은 '한사상' '한민족' '한밭'과 같이 위대함이나 거룩함을 뜻하지만 '하나'는 수치상의 1에 불과한 것이다. 다시 말해서 '한'은 질(質)의 수인데 비해서 '하나'는 량(量)의 수를 의미한다는 사실을 중요한 개념으로 떠올려 둘 필요가 제기된다. 따라서 수는 단순히 계량적인 개념에 국한시킬 수 없으며, 문화적인 수 개념을 함께 포괄되어야 한다.

문화적인 질(質)개념의 수 풀이로는 원·방·각에 대입시켜 본 것을 들 수 있다. 즉 1은 하늘의 수이며, 2는 땅의 수, 3은 사람의 수, 4는 사시(四時), 5는 오행, 6은 어머니, 7은 북두칠성, 8은 팔자, 9는 무한대, 10은 완성의 수를 의미한다고 하였다.

한글의 창제 당시의 질 개념의 수 풀이에 의하면 일(하나)은 1의 양과 一의 음이 합하여 十으로 이루어진 것으로 이는 땅과 하늘 사이의 원초적 생명잉태의 시작을 뜻하며, 이(둘)는 인간과 땅의 세계를 나타낸다. 삼(셋)은 천·지·인과 과거·현재·미래를 통괄하는 완전수를 뜻하며 사(넷)는 양의 수로서 동·서·남·북으로 움직이는 방위를 가르킨다. 오(다섯)는 화수목금토를 조정하는 삶의 조화를 구성하고 육(여섯)은 수의 중심으로서 배달민족의 무한한 평화의 메시지를 담고 있다. 칠(일곱)은 음의 수로서 칠성으로부터 창조적 생명력을 부여 받으며, 팔(여덟)은 팔달의 완성수로서 최초의 무한한 흐름으로 한민족을 움직여 간다. 구(아홉)는 구천(九天), 구인(九仁), 등 생명의 펼침을 의미한다. 십(열)은 인류의 홍익과 평화를 기원하는 부활과 윤회가 합일하는 근원이 된다.

또한 1, 3, 5, 7, 9의 양수는 시간적인 것을 의미하여 움직임을 상징하고, 2, 4, 6, 8, 10의 음수는 공간적인 것을 뜻하며 고요함을 표상하는 수이다. 따라서 1은 출수(出數), 2는 화수(和數), 3은 생수(生數), 4는 통수(通數), 5는 중심수이며, 6은 합수(合數), 7은 기수(起數), 8은 궁수(宮數), 9는 성수(成數), 10은 만수(万數)로서 나누어진다.

이상과 같은 한국인은 문화적인 질 개념의 숫자를 통하여 경서(經書)를 제작하였으며, 한글창제의 정신적 바탕에도 수 개념을 도입하였음을 볼 수 있다. 하물며 일의 성공과 행운을 비는 뜻에서 길일(吉日)이나 길수(吉數)를 깊이 고려하였으며, 특히 원·방·각에 따른 성수(性數)1·4·7, 법수(法數)2·5·8, 체수(體數)3·6·9에 대한 숫자가 천수(天數)·지수(地數)·인수(人數)로 나누어져 다시 실달수(實達數)로 변환되는 법칙이야 말로 실로 수의 오묘함에 경이로움을 느끼면서 다음 연구 과제로 남기지 않을 수 없다.

(3) 단군신화에서의 수 인식

앞장에서 단군시대의 수 인식에 대해서 간략히 언급되었듯이 단군 신화는 수의 문제를 심각하게 제기하고 있다. 수에 관해서 단군신화 는 원초적인 인식을 하고 있어서 단군신화를 흔히들 '국조(國祖)신화' 라고 하는데 그 수의 주제를 부각시켜서 '수조(數祖)신화'라고 불러 도 무방할 정도로 수 개념이 많이 등장하고 있다.

단군의 어머니인 웅녀는 3, 7일 또는 100일 동안 굴속에 갇히다시 피 해서 생활했다. 별로 길지 않다기보다 아주 짧다고 해야 할 한편 의 신화 앞뒤에서 한 인물이 한 공간 안에서 보내어야 했던 같은 길 이의 기간을 3, 7일, 그리고 100이라고 각기 다르게 표현하고 있다는 것은 지금의 생각으로도 신비로운 표현 방식이다.

일연스님이 3·7일은 +/×중 어느 것일까, 아니면 3과 7은 독립수 일까 종속수일까, 100과는 어떤 관계의 수일까를 묻지 않을 수 없다 고 하면서 아마 이 두 수사(數詞)는 두 가지 의미를 함의 하고 있는 것으로 보고 있다.

'3, 7일'은 이레(이렛날, 7일)가 세 번 겹친 것이다. 이를테면 7×3이 다. 말하자면 '세 이레'다. 세 이레는 오늘날에도 갓 태어난 아기를 위한 통과의례, 말하자면 '유아 통과 의례'에서 중요한 구실을 다하고 있다. 이것은 유아 사망률이 높았던 위기적인 상황에서 아기가 최초 의 삶의 험난한 고비를 넘긴 것에 대한 감사의 통과의례다. 이제야 비로소 삶의 지속이 보장된 순간이다. 한데 그것이 일곱을 기준으로 하고 있다는 것을 간과하지 말아야 한다. 그리고 이배수도 아니고 삼 배수로 마무리되고 있다는 점 또한 간과하지 말아야 할 의미를 내포 하고 있다.

여기서 3과 7은 주술적인 함축성을 갖춘 숫자라는 것을 헤아리기는 그다지 힘들지 않을 것이다. 그리고 이 헤아림은 3과 7 그리고 21 등 일련의 기수가 주술적임을 짐작케 해 줄 것이다. 네 이레는 있을 수가 없다. 4와 28은 둘 다 우수라서 그것은 금기의 숫자가 되고 말기 때문이다.

이로 말미암아 기수/우수, 길/흉, 주술/금기 그리고 성/속이라는 일련의 이중구조적 수 인식으로 인하여 7의 3 반복으로 이룩된 이같은 수체계, 수 관념에 의지해서 갓 태어난 젖먹이가 옥동자로 금지옥엽으로 자라주기를 한국의 어버이들은 소망하였다. 이 세 이레의 관문, 바꾸어 말해서 세 이레라는 삶의 과도기 '경계의 시간'을 넘기고 난 다음에 아기는 다른 의미와 구실을 지닌 시기를 거듭 맞게 된다. 그것이 곧 백일(백날)이다. 그 다음은 첫돌이다. 이같이 젖먹이는 연쇄적으로 세 번에 걸친 홍역을 거쳐야 한다. 세 이레-백날-돌은 차례로 예비 관문, 본격 관문, 보완의 관문이란 삼부 구조를 이루고 있는 것이다.

돌의 경우, 물론 두 돌도 치르고 세 돌도 치를 수 있음이 지적될 수 있다. 하지만 돌은 역시 첫 돌이라야 가장 뜻깊은 돌이고 진정한 돌이다. 돌은 모르긴 해도 '돌아 옴', 어느 일정한 시간이나 기간이 돌고 돌아서 원점으로 돌아 왔다는 것을 의미한다. 기쁨의 첫 돌이기에 '일주년'이란 뜻을 돌은 간직하고 있을 것이다.

백날에서 백은 순 우리말로는 '온'이다. 온 세상, 온 천지, 온 생명이 모두 또는 뜻을 의미하므로 '온'은 온전한 것, 완전한 것을 뜻한다. 그렇다면 '온'인 백날은 원점으로 돌아온 '돌'과 그 뜻이나 구실이 겹쳐질 수 있을 것이다. 그 둘은 무엇인가 완결되고 온전해진 귀결(歸結)을 뜻하기 때문이다.

이처럼 탄생에 수반된 인생의 첫 통과의례 이후, 잇달아서 치르게 되는 두 번째와 세 번째의 통과의례가 각기 3, 7일이고 백날이다. 이 통과의례 행사는 단군신화에서 비롯해서 오늘날에까지 유구한 역사 속에 지속되고 있다는 사실이 놀라울 뿐이다.

단군신화에서 문제되거나 이에 관련된 수는 1, 3, 7이다. 오직 기수, 곧 홀수뿐이다. 따라서 우리는 기수를 성스런 수, 의례적인 수로 그리고 길한 수로 범주화할 수 있게 된다. 단군신화에서 처음으로 한국적인 '문화의수'의 관념이 싹튼 것을 이에서 엿볼 수 있다.

한국인은 7은 달의 주기와 무관할 수 없다. 그것은 달의 결영(缺盈), 곧 기울음과 차오름의 전 과정에서 7일이 일정한 단위가 되고 있다는 가정 위에서 이룩되는 달과 7의 관련성이다. 첫 7일에 반달, 다음 7일에 온달, 그리고는 다음 7일에 다시 반달이 되고 그 뒤를 이어서 다음 7일에 기울어지는 것이라면 7은 엄청난 상징성을 갖출 수 있게 된다.

달이라는 우주 생명체의 생의 주기에서 각기 경계의 시간 주기 구실을 하고 있는 것이 7이다. '달도 차면 기우나니!'는 7이 경계가 된다. 그리하여 4×7이면 28로 음력에서 엮어낸 달의 주기, 곧 월력(月曆)이 이룩된다. 그러므로 달은 영원한 '중단 있는 영생'의 상징이다. 엘리아드를 따르면, 지구상의 인류가 누릴 수 있는 그의 이른바, '생생력(生生力) 상징'의 원형이자 원점이 곧 달이다. 해수(海水)의 간조와 만조도 여성의 월경주기와 일부 동물의 내장, 특히 쓸개의 팽창과 축약도 모두 달의 주기를 빼어 닮았다. 여성적 풍요와 생산력도 달의 몫으로 계산되었다. 이른바 '대지모'(大地母) Earth Mother 또는 '대모'(大母) Great Mother는 달을 원조(元祖)로 삼는다. 인류는 영생도 풍요도 달에 걸어서 빌고 또 빌어왔다. 우리들의 정월 대보름

행사가 몽땅 그렇거니와 그 중에서도 '강강술래'는 그 백미편이다.

그러기에 7은 단순한 산수의 수가 아니다. 주술의 수고 종교의 수고 영생을 갈구하는 인류의 비원(悲願)이 담긴 수다. 그 자체가 이미 일종의 '신성(神聖) 기호'다 성체(聖體)라 해도 크게 과장될 것은 없다. 이 점은 1과 3도 마찬가지다. 홀수 1, 3, 5, 7 모두가 인류의 성전(聖殿)에 모셔져 있었던 것이다.

주역에 의지한 음양론에서는 기수는 양으로, 우수는 음으로 규정한 결과 남성은 홀수 (1·3·5·7·9)를 배정하고, 여성에게는 짝수(2·4·6·8·10)를 배정함으로서 홀수는 성(聖)·길(吉)을 선택받고, 짝수는 속(俗)·흉(凶)을 배정 받게 되었다. 이와 같은 음양의 수관(數觀)은 오늘날까지 그 습속이 전해져 오고 있다. 이를테면 축의금 액수가 홀수로, 설날은 1월 1일, 삼짇날 3월 3일, 단오 5월 5일, 백중 7월 7일, 중양절 9월 9일, 제상에 오르는 과일도 홀수, 사찰의 탑도 홀수층, 주민등록의 남자는 홀수인 1을, 여자는 짝수인 2를 배정하고 있는 것은 모두 길수와 흉수관에서 연유하고 있다.

3. 한국인의 중심수(中心數)사상(思想)

(1) 3수사상의 시원(始原)

우리민족은 상고시대부터 오늘에 이르기까지 3수사상 즉 3원 구조의 생활 문화의식 속에서 삶의 원리를 찾았다. 서양이 헬레니즘과 헤브라이즘의 2원 구조라면 한민족은 태어나면서부터 죽을 때까지 3원 또는 3수사상의 세계관을 삶의 의식 속에 전이(轉移)되어 있다. 이러한 3수사상이 어떻게 우리 민족의 정서 속에 내재화 되었는지 살펴보고자 한다.

먼저 풍류도에서 3수사상의 원류를 찾아볼 수 있다. 안호상에 의하면 풍류도의 창시자는 배달임금 곧 단군이라고 하였다. 단군은 한얼님의 뜻과 말씀에 따라 "홍익인간(크게 사람을 유익하게 할)"의 정신을 가지고 배달나라를 건국한 뒤 세 가지 뿌리사상을 가르쳐 주었는데 한얼숭배, 조상공경, 사람사랑이 그것이다.

단군은 배달얼과 배달의 길을 열었는데 이를 신라인들은 풍류도 또는 풍류교라 하였다. 풍류도 역시 따지고 보면 발달길, 배달도 라고 해석되어 다음과 같은 관계에서 이해할 수 있다.

발달 : 밝은 땅   ┌ 발달＝풍월＝풍류＝풍채 ┐
　　(광명의 땅)   │   │ 배달
                      └ 박달＝발달＝백달＝백산 ┘

한밝(ᄒᆞᆫᄇᆞᆰ － ᄒᆞᆫ볼 － 한발 － 한알 － 하날＝천명(天明) － 신명(神明) － 대명(大明))은 하날(天明)인데, 그것은 한얼님이 만들어 계시는 나라로서 하날나라 곧 "한벌"이며 아시밝은 아침밝인데, 그곳에는 한배검이 처음 만들어 계시던 나라로서 아시밝나라요 아침밝나라, 곧 "아시벌"이요 "아침벌"인 배달나라이다.

하날나라인 한 벌의 임자는 한얼님인데, 그분은 한인(桓因)과 한웅(桓雄)과 한검(桓險)의 세·한얼 혹은 세검·한얼로서 한울에의 3검이시다. 이 한얼의 3신사상으로부터 단군 한배검의 "3마루 사상"이 되었고, 또 이 "3마루 사상"으로부터 "세 임금사상" 곧 "세한사상"이 되었는데, 이것은 곧 옛 아침벌에 있어서 하나의 가장 크고 높은 새한(辰韓＝辰王)말에 두돕는 곁임금들인 밝한과 검한이 있었던 것이다.

새대임금 한몸은 '세대 · 한몸'이다. 그러므로 새벌의 임금은 한분이 거나, 혹은 같은 때의 3임금들이 아니라, 도리어 첫째대 임금, 둘째대 임금 및 셋째대 임금이 저마다 1자리씩을 차지하였다고 볼 수 있는 데, 그것은 곧 첫째대 임금인 밝갓한은 아버지 자리요, 둘째대 임금 인 남해 차차웅은 스승 자리(雄位=師位)요, 셋째대 임금인 유레 이 사금은 임금 자리(儉位=君位)인 것이다.

한웅 및 한검의 세검 · 한얼로서 한 벌의 임자요, 한얼사람 한배검 은 배달아배, 배달스승 및 배달임금의 3마루 · 한배검으로서 배달겨레 의 환한 아시땅 조선의 임자요, 3임금들은 신 임금, 번 임금 및 마 임금의 3임금들로서 옛 조선의 임자요, 3대 임금들은 밝갓한, 남해 스승 및 유레 임금의 3대 임금들로서 새벌의 임자다. 그런데 한배검 때로부터 새벌 때까지만이 아니라, 고려, 이조, 대한민국 등을 지나 다시 몇 천년 몇 만년을 가더라도, 단군 한배검을 3마루(三宗)로 한 배달겨레의 땅은 영원히 아침 밝힌 환한 배달인 까닭에, 그 나라의 이름은 과거나 현재나 미래나 언제나 아침 밝나라(朝鮮國)요, 한나라 요 또 배달나라 이다.

또한 김선풍은 민속학적 입장에서 3수의 시원을 다음과 같이 기술 하고 있다.

원래 3이란 둘의 화합으로서 이루어지는 성수(聖數)이기도 하다. 둘이 한울과 땅을 뜻한다면 셋은 사람을 의미하며, 또한 이 '셋'은 돌 고 돌아 다함이 없는 수이기도 하다.

대체로 수에 있어서 '하나'와 '다섯'과 '일곱'은 형상으로 원이 되고, 그 쓰임에는 고르게 변화함을 나타내며 뜻으론 중심이 된다. 그리고 '셋'과 '여섯'과 '아홉'은 운동과 성립을 뜻한다. 또 '둘'과 '넷'과 '여덟' 은 나눔과 형상을 나타낸다.

단군신화에서의 삼위태백이란 천지인 모두가 통합된 존재를 말한다. 왕도에서 왕 즉 다스리는 자는 하늘만을 상징하는 것이 아니라 하늘과 땅과 만민을 합친 형태로 나타난다. 따라서 삼위태백은 천지인이 합치된 크신 존재라는 뜻으로 해석된다. 천부인 세 개를 주었다는 것은 하늘에서 천자(天子)임을 인정하는 도장 3개를 주었다는 뜻으로, 풍백·운사·우사를 거느린다는 것으로 미루어 3자를 다스리는 3개의 인증을 받았다는 것으로 해석할 수 있다. 그리고 환웅이 3천명의 무리를 거느리고 태백산에 내리셨다는 대목의 3천은 많다는 뜻이다. 3천만 민족, 3천리 강산, 3천 궁녀, 3천 세계 등 많다는 것을 뜻할 때에 3천이란 말을 쓰고 있다. 백제의 시조 온조 팔년이월(八年二月)일에 말갈족 3천이 침입했다는 것도 꼭 3천이 아니라 많은 군병이 침입했다는 뜻이다.

인간이 삼백육십여사란 1년의 3백 60여일 즉 연중 모든 날의 인간사를 주재한다는 것으로 모든 것, 전부란 뜻으로 해석된다. 특히 7수에도 산속(産俗)과 관련하여 독특한 의미를 부여하였던 것이다.

○ 7일마다 산신(産神)을 위한다.

○ 산전(産前) 삼칠일전에 멀리 외출했던 가족은 3·7일이 지나도록 산실출입을 해서는 안 된다.

○ 산후(産後) 3·7일 안에 닭알을 깨트리면 불길하다.

○ 3·7일 안에 산실에는 부정을 쫓기 위해서 아이 머리맡에 목탄을 놓는다.

○ 금(禁)줄은 3·7일 동안 달아매 둔다.

○ 3·7일에 수수경단을 만들어 먹으면 아이 병에 예방이 된다고 믿어왔다.

(2) 3원사상의 생활 습속

우리민족이 수천년 동안 농경문화 속에서 3원사상은 태어남. 삶. 죽음의 3원구조 속에 깊숙이 내재되어 있다. 이를테면 곡식을 땅에 심을 때도 3개를 심었다 한 개는 하늘에 날아다니는 날짐승이 먹게 하고, 또 한 개는 땅 속의 벌레가 먹게 하고 마지막 한 개는 싹이 터서 잎과 꽃이 피어 열매(씨앗)가 맺으면 사람이 먹게 하였다. 여기에 천·인·지의 3재사상이 있다. 가위·보·바위는 이기고 짐이 없이 영원히 3태극으로 돌아가게 하였다.

한국인의 3대 명절은 설, 단오, 추석으로서 이들 신성공간에서는 신성의상을 착용해야 했으니 그것이 빔(歲粧)이다. 한국인은 명절마저 3분법적 해석을 해나간다. 명절 중 설은 아침에, 단오는 점심에, 추석은 저녁에 해당한다고 믿고 있는데, 단오는 점심에 해당하기 때문에 거를 수 있으나 설과 추석에는 조상이 잡수시고 즐길 수 있도록 차례를 꼭 지내 주어야 한다는 속신(俗信)을 지니고 살아 왔다. 그야말로 풍류도의 정신인 한얼숭배, 조상공경, 사람사랑이 아닐 수 없다.

이밖에도 신화에서 세 번의 고비를 넘어야 비범한 인물이 되고, 세 번을 큰굿을 해야 큰 무당이 되고, 칙간귀신을 달랠 때도 세 번 기침을 해야 하고, 약수를 마셔도 세 번 오른쪽으로 돌리고 마시고, 행인이 길을 잃었다가 남의 집 대문을 두드릴 때도 세 번 되풀이 하는 등 3이란 숫자는 우리 민족에게 있어서 단순한 숫자가 아닌 민족 성수(聖數)이자 신격(神格)의 위상(位相)까지 부여할 수 있는 수임을 이해하게 된다.

최근 이승헌은 3원사상에 대해서 좀 색다른 존재론적 입장에서 풀이하고 있는 것이 특이한 접근법을 제시하였다. 즉 그에 의하면 존재

(存在)의 근본이 되는 삼원(三元)을 시간의 개념을 벗어나서 이루어진 일이지만 굳이 순서를 말하자면, 제일 먼저 하늘이라 불리는 허공(性)이 있고 그 반대편에 땅이라 표현되는 질료(精)가 있고 그 사이에서 사람이라 표현되는 생명전자(命)가 움직이며 온갖 정보를 만들어내고 그 정보가 질료를 통해 형상으로 표현된다고 논급하고 이들 세 가지가 어울려 온갖 형상과 조화를 빚어내는데 이들이 성(性)·명(命)·정(精)이라고도 하고, 이(理)·기(氣)·상(像)이 라고도 하고, 심(心)·기(氣)·신(身)이라고도 하고, 영(靈)·혼(魂)·백(魄)이라고도 하고, 천(天)·인(人)·지(地)라고 정의 내리고 있다.

이러한 사상은 불교에서도 잘 나타나고 있다. 불교에서 말하는 삼보(三寶)는 불(佛)·법(法)·승(僧)으로, 각각 '진리를 배우고 추구하는 자'를 뜻하고 있다. 이들 셋이 모일 때 비로소 불교가 성립된다. 이중 어느 하나라도 빠지면 종교로서의 올바른 기능을 발휘할 수 없게 되고 만다. 이처럼 우리 민족에게 있어 3은 완성과 안정을 상징하는 가장 신성하고 이상적인 수이며, 동시에 순음과 순양이 합해서 변화를 지향하는 발전적인 수임을 알 수 있다.

한편 민속학적인 측면에서 보면 3은 대표적인 양수(陽數)로서, 아들을 뜻하는 길수(吉數)로 많이 사용되고 있다. 아들을 극히 선호한 전통사회에서는 이미 딸을 잉태하였다 하더라도 주술적인 수법에 의하여 사내아이로 바꿀 수 있으리라 생각하였다. 이에 따라 딸을 아들로 바꾸는 '전녀위남(轉女爲男)'의 민속이 뿌리박게 되었다. 이때 '3'이란 숫자는 바로 아들을 뜻하는 길수로 사용된다. 이는 양수(홀수)가 남성이고 음수(짝수)가 여성이라는 음양사상에 기초를 둔 것으로, 순양(純陽)인 1은 아버지를, 순음(純陰)인 2는 어머니를 뜻한다고 볼 수 있다. 따라서 어머니와 아버지인 1과 2가 결합하여 생긴 3은 양의 수이므로 아들이라 생각한 것이다.

전녀위남의 구체적인 예를 보면 수탉의 긴 꼬리털을 세 개 뽑아 임부(姙婦)의 요 밑에 몰래 넣어두거나, 남자를 상징하는 활줄을 임부의 속허리에 매어놓고 석달 만에 풀면 딸이 아들로 바뀐다고 생각하였다. 여기서의 꼬리털 세 개, 석달이란 것 등이 아들을 상징하는 3의 길수를 주술적으로 이용한 것이다. 출산 후에는 금줄을 치게 된다. 아들을 낳았을 경우에는 고추와 숯, 딸을 낳았을 경우에는 숯과 백지를 각각 꽂아 두는데, 이때 숫자는 세 개씩 꽂아 두는 것이 일반적이다. 또한 출생을 다스리는 산신(產神)을 셋이라고 보아 이를 삼신(三神)할머니라 하였으며, 아기를 낳은 뒤 초3일 또는 초7일, 두7일, 삼7일 마다 삼신할머니에게 밥과 국 세 그릇을 떠놓고 아기가 무사히 자랄 수 있도록 치성을 올리게 된다.

그 외에도 사람이 죽으면 영혼이 3년 동안 집안에 머물다가 승천한다는 믿음에서 비롯된 3년 상(喪)등 관혼상제를 비롯하여, 일상생활에서 격언, 속담, 관용어 등으로 가장 많이 친근하게 사용되고 있는 숫자가 3이다. 몇 가지 예를 들어보면 다음과 같다.

▷ 수염이 석자라도 먹어야 양반이다.

▷ 세 살 버릇 여든까지 간다.

▷ 중매는 잘하면 술 석잔, 잘못하면 뺨 세 대 다.

▷ 삼 세 번

▷ 코가 석자

▷ 3척동자

▷ 겉보리 석 되만 있으면 처가살이 않는다.

▷ 장님을 셋 보면 그날 재수가 좋다.

이와 같이 우리의 선조는 좋은 일, 궂은일에도 3이라는 수를 널리 사용하여 좋은 일은 더욱 좋게, 궂은일은 원만히 풀어갈 수 있기를 소망하는 그들의 마음을 담았던 것이다.

불교에서는 이 세상의 중심에 수미산이 높이 솟아 있다고 하고, 그 꼭대기에 이 세상의 선악을 관찰하고 다스리는 도리천(도리 : 인도어로 33을 뜻함)이 있다고 한다. 이 도리천을 우리는 33천이라고 많이 부르고 있다. 즉 여기에서의 33은 지상에서 가장 높고 세상의 모든 것을 포괄하며 관장하는 수임을 상징하는 것이다.

신라 경덕왕이 오악삼산(五嶽三山)의 산신을 집합시켜 대덕(大德)한 스님을 천거하는 날을 중삼(重三)의 3월 3일로 잡은 것도 이날에 33의 전체적인 뜻을 내포시킨 것이다. 즉, 대덕 스님을 뽑는데 필요한 전 국가적 규모의 확대를 33이란 숫자로 상징한 것이다. 또한 중삼일에 다례(茶禮)를 올렸던 신라 풍속도 중삼일이 갖는 전체성에서 기인한 것이다.

악정(惡政)을 한 신라 혜공왕 4년에 길찬(吉飡)벼슬의 대공(大恭)형제가 모반의 깃발을 들고 합세한 민중과 더불어 왕궁을 33일간 포위하다가 풀었다는 기록 역시 이 포위 기간의 우연적 숫자로 보기보다는 33이 갖는 전체적 의미, 즉 온 백성이 왕의 악정에 저항하고 있다는 고의적 시현(示顯)이라 할 수 있다.

이 33사상은 고려시대 때부터 시작된 과거의 문과(文科)정원으로도 제도화 되었다. 과거의 선발 인원을 일정한 성적에 도달한 사람 모두를 뽑거나 필요한 수만큼 뽑지 않고 나라의 모든 것을 다스린다는 주력적(呪力的) 뜻에서 33명만을 뽑았던 것이다. 그런데 조선시대에는 무과(武科)가 처음 생겼을 때 그 정원을 28명으로 정하였다. 28이란 숫자는 도교의 28숙(二十八宿)에서 나온 것으로, 이는 고대 사회에서 해와 달과 여러 행성(行星)등의 소재를 밝히기 위하여 황도 (黃道)에 따라 천구(天球)를 스물 여덟 개로 구분한 것이다.

여기에서 한 가지 의문이 떠오르게 된다. 문과의 정원은 33명인데 무과는 왜 28일까 하는 점이다. 여기에 관해서는 이러한 추측이 가능 하다. 문관(文官)은 나라를 다스리는 벼슬이므로 가장 높고 완벽하며 전체적인 것을 상징하는 '33수'를 사용하였고, 무관(武官)은 나라를 지키는 벼슬이므로 하늘 위에서 세상을 감싸고 지켜주는 28수의 '28' 을 사용한 것이 아닐까 하는 것이다.

이 33인 제도는 화랑도(花郎徒) 및 동자군(童子軍)의 선발에도 적 용되었다. 동자군은 기우제때 합창대로 또는 궁중의 약재로 많이 쓰 이는 동뇨(童尿)의 공급원으로, 그 외에 각 관청의 의장 소년병으로 부정기적으로 특채되었으나 그 수는 반드시 33명을 넘지 못하게 하 였다.

이 같이 33이 지닌 사상은 근대에 이르러 각 단체의 발기인 수로 정착되기도 하였다. 한 말에 보부상(褓負商)단체인 발기인 수도 33명 이었고, 3·1독립선언의 민족대표도 33명이었다. 33인이 참여한다는 것은 곧 전 민족이 참여한다는 것을 뜻하였으며, 실제로도 3·1운동 은 역사상 온 겨레가 거족적인 공감 하에 하나로 일어선 민중봉기였 던 것이다. 이렇듯 33은 우리 민족에게 가장 강력한 전체성과 정의가 깃들어 있는 숫자로 사용되어 왔다.

이제까지 숫자 '3'이 지니고 있는 의미와 상징성 그리고 그것이 사 용된 여러 가지 예를 살펴보았다. 막연히 좋은 수, 상서(祥瑞)로운 수로 생각하여 왔던 '셋' 또는 '삼(3)'이라는 숫자에는, 이처럼 우리 민족의 철학과 사상, 정서와 기원이 깊숙이 배어 있음을 알 수 있다.

(3) 반복어사(反復語辭)로서의 '3의 법칙'

설화문학 장르에서 '반복의 어사법칙'과 3과는 어떤 관계가 있는가를 살펴보면 '3의 법칙'을 엑셀 올릭(Axel Olrik)의 용례에 의하면 어떤 사건이나 어사를 강조하거나 설득하기 위해서 반복적인 어사를 자연스럽게 구사하게 된다. 이럴 경우에 말의 어미를 강화하기 위한 점이라든가, 기억의 편의를 도모하기 위해서라든가 하는 점에서 반복 즉 3의 반복은 구연과 기억을 쉽게 돕는 역할을 한다고 하였다.

일찍이 액셀 올릭(Axel Olrik)은 민간설화의 서사법칙을 논하는 가운데 '반복의 법칙'(Law of Repetition)속에 '3의 법칙'을 설정한 바 있다. 그러나 강재철은 반대로 '3의 법칙' 중에 반복의 법칙의 필요성을 제기하고 있다. 그에 의하면 반복은 구연과 기억을 쉽게 하여줄 뿐만 아니라, 반복 중에서도 '3번 반복'은 구연, 기억, 재창조를 촉진하는 기능을 발현되는 것으로 인식하였다.

3번 반복 법칙의 종류에는 ① 어사의 반복, ② 사건의 반복, ③ 단순한 반복, ④ 강화의 반복을 들고 있다. 예를 들어 '옛날 옛날 옛적에' '옛날 옛날 아주옛날에' '옳아 옳아 맞어 옳아' '셋째 따님이 제일 예쁘다더라' '맞어 맞어 정말 맞어' 등은 위의 4가지 3수 법칙을 모두 지니고 있다. 이러한 반복 3수가 3단론법이나 헤겔의 정·반·합과 같은 변증법 3원론, 레비스트로스의 한국 문화 3박자설, 향가의 3단위 구조설, 시조의 초장·중장·종장, 한 시의 3단내용, 논문의 서론·본론·결론으로 짜여진 것은 모두 상호작용에 의한 3수 법칙으로 구성되어 있다.

한국인은 숫자로서의 3은 언제나 완벽한 것, 온전한 것, 그리고 많(萬)은 것을 뜻한다. 그러므로 아바-아들-손자의 3대 또는 3세야말로 가장 완전하고, 온전하고, 만(滿)족한 가정 상태인 것이다. 이러한 가정 안에는 3강, 3계, 3체, 3천, 3보, 3창, 3색, 3복, 3동, 3사, 3재, 3교, 3원색과 같은 길수(吉數)와 길행(吉行)이 자리매김 하고 있다.

노자의 '도덕경'에는 도(道)가 一을 낳고, 一이 二를 낳고, 二가 三을 낳고, 三이 만물을 낳는다고 하였다. 이러한 三은 만물의 근간이 되며, 종합이 되며, 통일이 되는 것으로 여기고 있다. 이러한 '3의 법칙'은 천·지·인의 三才라는 동양철학의 근간에 두고 문학전반의 장르에 응용되고 있다.

3·3(重三日)은 더욱 길수로 여겨온 것을 '흥부전'에서 볼 수 있는데 강남 갔던 제비가 날아와 물어다 준 박씨가 열리어 흥부로 하여금 부(富)와 행복을 한꺼번에 가져다 주었기에 3월 3일을 제천일(祭天日)로 정하였으며, 3월 3일 삼짇날에는 과거시험을 실시하여 합격자 33인을 뽑아 관리로 등용하였다. 이런 연유로 인하여 3·1절 '독립선언서'와 '공약3장'을 작성하는 민족대표 33인으로 뽑아서 민족 전체의 엄중한 의사임을 표방하였다. 또한 일제에 항거하기 위해서 민란을 일으킬 때도 33인의 이름으로 사발통문으로 반포한다든가, 삼경에 보신각종을 33번 울리는 것 등도 모두 3수가 갖는 상징성을 오늘날까지도 중요시 하였기 때문이다.

우실화는 3길수와 3흉수에 대해서 다음과 같이 정리 하였다.

○ 3길수어
· 길가다 상주 3사람을 보면 재수가 있다.(경기, 경남북, 서울)
· 밤똥을 자주 누는 어린 아이가 달을 향해서 절을 3번 하면 그 버릇이 그친다.(경남북)
· 정월 보름에 발을 3번 씻으면 일년 동안 재수가 좋다.(경기, 충남북)

· 중매 3번 하면 죽어서 좋은 곳 간다.(경기, 경남북)

· 하루에 장님 셋을 보면 좋다.(경기, 서울)

· 한 집에 정월달 생일이 3사람 있으면 좋다.(경기, 경남북)

· 각성받이 생일이 셋이 같이 있으면 잘 산다.(서울)

· 결혼 후 3년 만에 떡을 먹으면 좋다.(전남북, 경북)

· 길가다가 영구차 셋을 보면 좋다.(경기, 경남북, 서울)

· 이불 속에서 3번 재채기하면 운수가 대통한다.(충남북)

· 콩나물죽 3년 쑤면 부자 된다.(경기, 전북, 서울)

· 대추밭에서 꿩알 9개를 주우면 풍년이 든다.(충남북, 경북)

· 물뱀에게 3번 물리면 부자가 된다.(경기, 충남)

· 보리밭에서 꿩알(또는 새알) 9개를 주우면 풍년이 든다.(경남북)

· 부엉이가 새끼 3마리를 낳으면 대풍이 든다.(충남북)

· 석류나무의 키가 3년 동안에 자기 키와 같으면 성공한다.(경기, 충남북)

· 오동나무의 가지를 3번 자르고 기르면 그 집안에 훌륭한 자손이 난다.(경기)

○ 3흉수어

· 거성(去性)입은 상제는 3년 동안 머리를 감지 않는다.(경기 충남북, 서울)

· 남의 곡식을 먼저 따먹으면, 죽어서 소가 되어 3년을 농사 짓다가 다시 사람이 된다.(경기, 충남북, 경남북, 서울)

· 산고로 죽은 여자는 도중에서 3번 내려놓지 않으면 나쁘다.(강원, 충북, 경북)

· 변소에 3번 빠지면 그 사람은 죽는다.(경기, 충남북, 서울)

· 여자가 한 집에 아홉 명 있으면 집안 망한다.(충남북, 서울, 경기)

· 좋은 말도 3번만 하면 듣기 싫다.(전국)

· 산모가 산후 9일 되기 전에 거울을 보면 해롭다.(경남북)

· 산후에 3일 되기 전에 잿물 빨래하면 잿물꽃이 핀다.(경기, 경남북, 전남북, 서울)

· 새색시가 3달 안에 방망이질하면 3년 안에 방망이 들고 나간다.(전국)

· 어린애 난 후 3일 안에 못질하면 어린애의 눈이 먼다.(경기, 전남북, 서울)

· 개가 3년 묵으면 도섭한다.(경기, 서울)

· 명태나 닭고기 3년 이상 먹으면 악귀 된다.(충남북, 전남북)

· 뱀이 집에 들면 3년 운수가 나쁘다.(충남북, 전남북)

· 새색시는 결혼 후 사흘 동안 땅을 밟지 않는다.(전국)

4. 결 론

한국인이 숫자 1·2·3·4·5·6·7·8·9·10의 정수(整數)를 놓고 길수/흉수로 갈라 놓거나, 향수/음수로 나누어 양수는 남성, 음수는 여성으로 나누어 차별시 함으로서 숫자는 일종의 영적 상징의 표시로 보는 것은 수를 숭배의 대상으로 인식한데서 기인하고 있다. 즉 특정의 숫자가 인간에게 정신적 행복과 물질적 재복을 함께 가져다 주는 원천으로 보기 때문이다. 이러한 숫자관으로부터 출발한 것이 숫자를 이용하여 점(占)을 치게 되는 계기를 마련하여 주었다. 숫자야 말로 인간의 길·흉·화·복을 예측하거나 결정하는 신비스러운 영역을 차지하고 있는 존재로 보았던 것이다.

수비학(Numerology)적으로 볼 때 수의 신비는 오랜 인류 역사를 거치면서 길·흉과 관련하여 모든 사람들에게 광범위한 영향을 미치게 되었다. 이를 테면 관혼상례·작명·거주·음식 등 민속생활의 중요 결정요소로 작용하는 수단이 되었다. 이러한 현상은 한국인뿐만 아니라 정도의 차이는 있을지언정 세계의 다른 민족들도 수와 관련하여 저마다 독특한 문화 양상을 지니고 있음을 알 수 있다.

중국의 노자 '도덕경'에 의하면 하나(1)에 대해서 이르기를 하늘은 一을 얻었기 때문에 맑게 되었고, 땅은 一을 얻었기 때문에 안정이 되었고 신(神)은 一을 얻었기 때문에 신령스러워 졌고, 골짜기는 一을 얻었기 때문에 물이 가득하고, 만물은 一을 얻었기 때문에 생겨나고, 임금은 一을 얻었기 때문에 천하의 법도를 이루게 되었다. 이 모든 것은 다 一이 이루어준 결과라고 하였다. 따라서 노자는 一을 단순한 숫자 자체로 보지 않고 인간과 자연계의 관계를 구현하는 초경험적이며 절대적인 권위를 부여하였던 것이다. 뿐만 아니라 중국인들은 음양五행 사상의 바탕이 되고 있는 숫사 오(五)에 대해서도 신비스러운 힘과 특수한 의미를 부여하고 있다. '주역'에 의하면 오(五)는 천수오(天數五), 지수오(地數五)라 하여 하늘과 땅을 포괄하는 상징적 숫자로서 모든 사물의 원초적인 인식의 출발이 되고 있다. 즉 천수(天數)와 지수(地數)는 각각 다섯씩(五) 있는데 이 천수五와 지수五가 조화를 이루어 배합되면 각 사물의 변화와 작용이 순리에 따르게 된다고 하였다.

특히 중국인들은 五行(木·火·土·金·水), 五時(춘·하·추·동·장하), 五方(동·서·남·북·중), 五倫(인·의·예·지·신), 五官(공·후·백·자·남), 五音(궁·상·각·치·우), 五色(청·적·황·백·흑), 五臟(간·심·비·장·신), 五感(귀·눈·입·코·혀)

등의 조합에 대해서 체계적인 문화양식을 귀납 시키고 있다.

서양의 그리스 철학에 있어서 일(1)은 숫자의 출발점인 동시에 모든 존재의 기원으로 보았다. 아우구스티누스는 분리될 수 없는 1에는 운동의 출발점이요, 회귀의 바탕점이요, 중심의 집합점이라고 하였던 것이다. 따라서 1은 모든 존재의 통일성, 완결성이기에 모든 사물의 원리인 동시에 '1은 신이다'라고 하였다.

현대 이스라엘의 시인 벤야민 치프(B. ziv)는 '반박 할 수없는 하나'에서 다음과 같이 성서적 입장에서 시어(詩語) 일(1)을 표현하였다.

그리스도의 몸도 하나이며 성령도 하나입니다.
이와 같이 하느님께서 여러분을 당신의 백성으로 부르셔서
안겨 주시는 희망도 하나입니다.
주님도 한 분이시고 믿음도 하나이고 세례도 하나이며
만민의 아버지이신 하느님도 한 분이십니다.
그분은 만물 위에 계시고 만물을 꿰뚫어 계시며 만물 안에 계십니다.
(에베소서 4장 4절-6절)

그리고 「수많은 빛 - 하나의 태양
　　　수많은 호를 - 하나의 공기
　　　수많은 생각 - 하나의 뇌
　　　수많은 단어 - 하나의 혀
　　　수많은 거짓 - 하나의 진실
　　　수많은 감정 - 하나의 사랑
　　　수많은 사랑 - 하나의 심장
　　　수많은 사람 - 하나의 아버지
　　　수많은 믿음 - 하나의 신」

고대 인도인들의 우파니샤드^{upanischad}에는 이러한 소망이 다음과 같이 표현되어 있다. "절대적인 것이란 자기 자신의 외부나, 자기 자신을 제외하고, 또는 자신과 분리되어서는 그 어떤 것과도 관계를 맺고 있지 않은 그 무엇이다."따라서 절대적인 하나라는 것은 완결된 전체를 아우르면서도, 그 자신 외에는 그 어떤 것에 대해서도 권리를 주장할 수 없다.

'화엄경'을 시어(詩語)로 표현한 영국의 시인 브레이크(W.Blake)는 '인간은 태양의 집이다'에서 다음과 같이 쓰고 있다.

「한 알의 모래알 속에서 세계를 보고
한 송이의 꽃에서 천국을 본다
손바닥의 무한은
일각에서부터 영겁(永劫)의 시간을 파악한다.」

「〈일회(一會)에 세계가 충만하다.〉
〈일(一)에 무량(無量)의 세계가 있다.〉
〈일모공(一毛孔)에 대세계(大世界)가 있다.〉
〈일중생(一衆生)에 광대한 여래(如來)의 지혜가 있다.〉
〈한순간에 영원이 내포된다.〉
〈일(一)에 세계해(世界海)가 들어있다.〉(화엄경)」

이상에서 동·서의 수관(數觀)에 대해서 개략적이나마 살펴보았다. 단군은 3에서 출발하였으며, 신라는 6(6부촌, 6가야)에서 시작 되었다. 고구려·백제는 5(5방제, 5색동저고리)를 선호하였다. 그러나 한국인은 3원 구조로 역사, 신화, 문학, 민속, 설화 등 모든 면에 걸쳐서 큰 주류 기능을 하였다. 그 외에 7, 21, 9, 24, 180도 한국인의 세계관 형성에 큰 영향을 미쳤음을 알 수 있다. 수를 통해서 민족의 정체성을 알게 되고, 수를 통해서 민족사상과 역사의 흐름을 읽을 수 있다는 것은 인간만의 특성인 동시에 우주와 천체의 큰 신비의 비밀을 읽으려는 노력으로 볼 수 있다.

특히 우리 민족은 순환과 반복의 시간관, 그리고 어사(語辭)의 '3의법칙'을 개관한 것은 본 논문의 밀알의 수확이였다.(06. 11. 25)

제5절 동학사상과 증산사상

I. 緒　論

수운(水雲) 최재우(1824~1864)의 동학사상과 증산(甑山) 강일순(1871~1909)의 증산사상을 횡적(橫的)으로 단순 비교한다는 것은 시대적으로 거리가 있기 때문에 어려운 일이다. 그러나 종적(縱的)으로 수운은 증산사상에 커다란 영향을 미쳤을 것이며, 증산 또한 동학의 영향을 크게 입었을 것임에 틀림없을 것으로 보는 것을 상정한다면 두 사상을 비교 조명하는 일은 그리 어려운 일이 아니다.

수운은 몰락한 양반의 후예로서 경상북도 경주에서 태어났으며 40세를 일기로 짧은 생애를 살았으며 1864년 3월 혹세무민(惑世誣民)의 죄목으로 대구에서 처형되었다.

수운의 보국안민 광제창생의 우국지정(憂國之情)은 다산(茶山) 정약용의 민족주체적 민족주의 사상으로부터 영향을 크게 입었으리라고 짐작할 수 있다. 19세기 후반으로 접어들면서 서세동점(西勢東漸)의 역사적 조류가 이 강토에 거세게 밀어닥치고, 극심한 봉건적 수탈로 인해 민생은 도탄에 빠져 있었으니 이를 구제할 길은 공허한 주자학적 유교윤리나 산중수도(山中修道)에 매달려 있는 불교나 도교에 기대할 수 없다고 판단했으며, 그렇다고 서세침투의 길잡이 역할을 하는 서학(西學)인 천주교가 이난국을 극복할 수 있는 대안(代案)이 될 수 없었다. 결국 새로운 비전과 개혁적 가치관에 입각한 민족종교가 아니면 민중의 힘을 결집할 수 없다는 판단에 이르게 될 때 수운이 제창한 동학사상은 나라를 지키고 도탄에 빠진 민중을 건질 수 있는 유일한 대안으로 민중의 호응을 받기에 이른다.

수운이 돌아가신 지 7년 뒤에 증산은 전라북도 고부군(현 정읍)에서 태어났으며 이곳은 동학운동이 활발히 전개되었던 지역이어서 어릴 적부터 동학사상에 쉽게 접근할 수 있는 분위기였으리라고 짐작할 수 있다.

수운(水雲)이나 증산(甑山)은 다같이 당시 극도로 혼란한 국내정세 및 사회적 불안에 대한 대안적 타개책으로 민중 종교운동을 전개할 것을 제시하였다는 매우 유사한 점이 있으나, 방법에 있어서는 수운은 급진적 혁명을 통하여 사회 벽을 이루려고 하였던 데 비하여 증산은 민심의 동정을 살펴보기 위하여 조용히 전국 방방곡곡을 대순(大巡)하면서 천지공사(天地公事)의 길을 걷기 시작하였던 것이다.

그러나 증산 역시 38세라는 짧은 생애를 마감하자 증산교단은 보천교·태극도·동화교·대순진리회 등 30여 개 독립교단으로 분파되어 종단의 난맥상을 드러내기도 하였다. 증산이 대순하는 동안 가장 고통스럽게 느꼈던 것은 전라도 일대에서 일어난 동학혁명의 실패로

인한 농민들의 이반심리를 어떻게 다시 추스려 해원(解冤)시켜 상생
보은(相生報恩)케 하느냐에 있었던 것이다.

이번에 본 논문을 통하여 수운의 인내천(人乃天)과 증산의 인존사
상(人尊思想)과는 어떠한 관계를 지니고 있는지를 중심으로 두 종교
지도자의 우주관(宇宙觀), 인간관(人間觀), 종교관(宗敎觀)을 개관하
여 봄으로써 21세기 한국인의 정신사의 방향을 가늠하여 보고자 하
는 데 있다. 물론 이러한 연구목적을 효과적으로 달성하기 위하여 기
존의 증산사상과 동학사상의 선행 연구된 논저(論著)를 최대한 참고
함과 동시에 미래지향적인 비판적 관점을 제시하는 데도 내용기술상
의 주안점을 두고자 한다.

Ⅱ. 동학사상(東學思想)과 증산사상(甑山思想)의 <u>우주관(宇宙觀)</u>

1. 동학사상의 우주관(宇宙觀)

동학사상에서 보는 우주관은 한마디로 하늘(天)을 어떻게 보고 있
느냐와 동일한 맥락이라고 할 수 있다. 동학사상의 천(天)의 개념은
동학사상의 정수(精髓)를 이루는 다음과 같은 주문(呪文) 속에 압축
되어 있다.

「지기금지 원위대강 시천주조화정 영세불망만사지: 至氣今至 願爲
大降 侍天主造化定 永世不忘万事知」 이 주문 속에 우주와 인간과의
관계의 뜻을 밝히고 있다. 즉 그 뜻은 인간은 자기의 내면에 있는 천

심(天心)을 밝혀 우주의 대정신(大精神)인 천심(天心)에 귀일시켜 대자연의 섭리에 자기 자신을 융합시키는 것이며 사람의 본성(本性)과 천심(天心)은 서로 영통할 바탕이 있으므로 심중에 사악한 마음을 없애고 본성을 회복하면 영통할 수 있는 길이 열린다. 이것은 천인합일(天人合一)의 원리이며 사람이 곧 하늘이요 우주라는 것이다. 이로부터 인내천(人乃天), 천인합일(天人合一), 사인여천(事人如天)이란 동학사상의 3대 명제가 도출되기에 이른다. 이러한 우주관으로부터 인간관(人間觀), 사회관(社會觀), 역사관(歷史觀)에로의 일대 전환의 계기적 변환(繼起的變換)을 맞게 된다. 물론 동학사상의 천인합일의 우주관인 동시에 자연관이요, 자연관인 동시에 인간관이라고 할 수 있는 것도 해월 최시형에 의하면 도(道)·불(佛)·유(儒)의 3교 1체의 천도(天道) 사상으로부터 연유하고 있으며, 이 천도사상은 우리 민족 고유의 신선도(神仙道) 사상에 바탕을 두고 있다고 했다. 결국 동학사상의 근원적 요체가 되고 있는 우주관은 우리 고유의 신선사상(神仙思想) → 풍류도(風流道) → 유(儒)·불(佛)·선(仙) 3교 1체 사상 → 천인합일 사상(天人合一 思想) → 동학사상(東學思想)으로 도맥(道脈)이 이어지고 있다고 할 수 있다.

2. 증산사상의 우주관

증산사상이 본 우주관은 한 마디로 천지인삼계(天地人三界)를 증산 특유의 도수관(度數觀)에 입각해서 삼계(三界)를 통일(統一)하여 후천개벽 세계를 이룩하는 데 있다. 즉 천계통일(天界統一)의 공사(公事)는 우주통일을 뜻하며, 이는 후천개벽공사를 통하여 창조적 신천지를 이룩하는 것이다. 지계통일(地界統一)의 공사는 지운통일(地

運統一)을 뜻하는 것으로 이는 각 지방마다 분란의 소지가 되는 잡신들로 하여금 지운신(地運神)을 통일하므로 인류평화를 이룩하자는데 있다. 인계통일(人界統一)은 문화통일과 만법통일을 뜻하는 것으로서 이는 시대사적 추세(趨勢)이므로 모든 인류가 서로 원(冤)을 풀고 상생(相生)하는 방향으로 나간다면 인류평화가 도래하게 된다는 것이다.

그러므로 증산의 3계통일의 우주관은 천(天)·지(地)·인(人) 3계의 조화를 넘어서 통일을 이루게 되므로 이는 궁극적(窮極的)으로 신명계(神明界)를 통일하게 되며 나아가 천지공사(天地公事)의 후천세계를 이룩하는 계기가 된다.

천지공사란 단순히 후천역사시대의 사회개혁에 한정되는 것이 아니라 천지(天地)에 걸쳐진 우주의 문제에 관한 것으로 천지이치를 두 가지 차원에서 나누어 이해(理解)하여야 한다. 그 하나는 천지창조공사(天地創造公事)요, 다른 하나는 천지개조공사(天地改造公事)인 것이다.

단군(檀君)에 관한 「삼일신고」에서 '한님께서 천지를 지으셨다'고 한 것은 마치 기독교 창세기에 '태초에 하나님이 천지를 창조하시다'는 증산사상에서의 천지창조공사론적 우주관과 일치하고 있다. 그러나 하나님이 창조한 천지공사를 우주도수(宇宙度數)에 알맞게 새 기틀을 짜놓을 필요에 의해서 천지개조공사를 이룩함으로써 우주만물(宇宙萬物)뿐만 아니라 신(神)들까지도 안정을 누리게 된다. 이를 증산도법(甑山道法)에 의한 우주개조의 대역사(大役事)를 수행하는 것으로 보고 있다.

그러므로 증산사상에서의 천지창조, 우주개조, 천지공사와 같은 대역사(大役事)인 동시에 대역사(大歷史)를 항상 창조주의 피조물로 변경에서 보는 것이 아니라 공사주인(公事主人)의 중심에 있는 주재자(主宰者)의 위치에서 우주를 보고자 하였던 것이다. 그러므로 증산은 후천역사(後天歷史)에 전개될 지상선경세계(地上仙境世界)의 도래를 천지공사의 도법(度法)에 의해서 가능함을 제시하고 있는 연유가 된다. 이것이 동학사상에서 제시한 후천개벽세계를 진일보시킨 것이라고 할 수 있다.

Ⅲ. 동학사상(東學思想)과 증산사상(甑山思想)의 인간관(人間觀)

1. 동학사상의 인간관

한국 전근대사에 있어서 동학(東學)의 출현은 뿌리 깊은 봉건사회의 불평등 인간관을 혁파하고 한울님의 창조의지대로 인간평등을 자생적으로 창출하는 사상적 근간을 마련하였다. 동학이 본원적으로 구유하고 있는 인간평등 사상은 종래의 주자학적 차별적 인간관에 대해서 정면으로 맞서는 혁명적 인간관으로 등장하게 되었다. 이것은 차별받던 민중들 스스로가 역사 추진의 주체임을 자각게 하여 탈근대적 평등사회를 구현시키는 데 결정적 역할을 담당하였다. 동학사상이 내세우는 인간관은 태동(胎動)과 동시에 인간평등을 가장 중시하는 기치를 앞세우고 나타났으며 특히 남녀평등(男女平等), 반상평등(班常平等), 노주평등(奴主平等), 적서평등(嫡庶平等)을 강조하게 된 사상적 근거는 수운(水雲) 최재우의 시천주사상(侍天主思想)과 해월

(海月) 최시형의 사인여천사상(事人如天思想)에 바탕을 두고 있다. 즉 인간은 신(神)의 피조물(被造物)이나 예속적(隸屬的)인 존재로 규정한 종래의 서학(西學)의 인간관으로부터 완전히 탈피하여 인간이야말로 지고지존(至高至尊)한 존재일 뿐만 아니라 신(神)과 동일 선상의 평등한 존재로 보았다.

종래의 주자학(朱子學)에서는 천(天)을 모시는 사람을 천자(天子)라고 하거나 아니면 특권 양반계급에 한정하였던 것을 동학에서는 시천주(侍天主) 사상을 통하여 인간이면 누구나 동등하게 한울님(天主)을 모실 수 있는 권리를 가지고 있다고 주장함으로써 종국에 가서는 인내천(人乃天)에 이르는 종지(宗旨)를 가지게 되었다.

이러한 수운의 동학사상을 계승한 해월은 한걸음 더 나아가 '사람이 곧 한울이요, 한울이 곧 사람이니 사람 밖에 한울 없고, 한울 밖에 사람 없다'고 하면서 '사람 섬기기를 한울님같이 하라'고 하면서 인간 평등주의에 입각한 실천윤리를 제창하였다.

서양사상에서 신 앞에서의 만민평등(all man equality) 사상은 창조주인 신과 피조물인 인간과의 차등성을 전제로 한 후, 다만 인간과 인간과의 평등을 제도적으로 확보하기 위하여 마르크스(1818~1883)는 유물론적 평등사상을 처음으로 주장하였다. 그러나 마르크스의 평등사상도 결국엔 계급적(階級的)인 불평등만을 조성하여 갈등의 심화만을 초래하고 말았다. 즉 계급적인 불평등을 해소하기 위하여 프롤레타리아 혁명의 과정을 거치는 동안 각자 자신의 노동의 능력에 따라서 분배(allocation) 원칙이 실시됨으로써 실질적인 불평은 여전히 남게 되는 사회 구조적 모순을 가져왔다. 이러한 사회적 모순을 지켜본 해월은 마르크스주의의 유물론의 인간관을 한 차원 높게 극복하기 위하여 인간을 신(神)의 차원에까지 격상시켜 근원적이며 본질적으로 움직일 수 없는 절대 신인일체(神人一體)의 존재로 규정하였다. 이것이 인내천(人乃天)과 「사인여천」이라는 양대 이념의 인간 평등의 축(軸)을 세우게 되었다.

2. 증산사상의 인간관

수운이 인간의 존엄성을 하늘 천(天)에 비유하였다면 증산은 인간의 존엄성을 인간 자체에 비유하였다는 것이 커다란 차이점이라고 할 수 있다. 즉 수운은 인내천(人乃天)이라면 증산은 직접적으로 표현한 바는 없지만 인내인(人乃人)이라고 할 수 있다. 이를 증산은 해원상생(解冤相生)이라는 말로 표현하였다. 이러한 해원상생적인 인간이야말로 가장 인간다운 삶의 양식인 동시에 새로운 후천시대(後天時代)가 바라는 인간의 참모습이라고 하였다.

증산은 후천시대에 살아갈 인간형의 특징에 대해서, '지난 시대의 인간은 지나치게 하늘[天] 중심이어서 땅과 사람에 대해서는 상대적으로 그 소중함을 잊고 있었다. 그래서 위아래의 계급적인 서열의식에 사로 잡혀서 이름이 있고 힘이 있는 사람에게는 유리하였으나 이름도 없고 힘도 없는 사람의 형편은 말이 아니었다. 그러므로 비탄에 쌓인 신음소리가 커지면서 지난 세월의 망함을 재촉하였다. 이러한 인간관에 대한 잘못된 점들을 과감히 고쳐서 남이 잘되게 하고 남이 잘된 후에 남은 찌꺼기를 차지하여도 잘 살수 있는 사람 존중의 시대[人尊時代]를 열어야 한다. 남녀가 동등하고 노소의 차별이 없이 서로 존중하고 힘센 자나 힘없는 자나 똑같이 사람대접 받는 시대 그리고 또 주인(主)이나 객(客)이나 역할의 분화(分化)만이 있을 뿐

근본적 차별이 없는 시대를 열어야 한다. 그러기 위해서는 스스로 각자의 마음을 잘 풀어 설혹 자기에게 가해를 준 사람일지라도 은인과 같이 생각하는 여유와 포용력을 가지고 복수보다는 사랑하는 정신으로 살아가는 시대를 열어야 한다'고 설명하였다.

증산의 인간관은 한마디로 종(縱)적으로 인존사상(人尊思想)과 횡(橫)적으로 상생사상(相生思想)이 교차하여 해원상생(解冤相生)으로 정립시켜 공존·협동·평화·사랑의 인간관으로 변증법적으로 승화하여 후천시대가 요구하는 인간상을 그리고자 하였다.

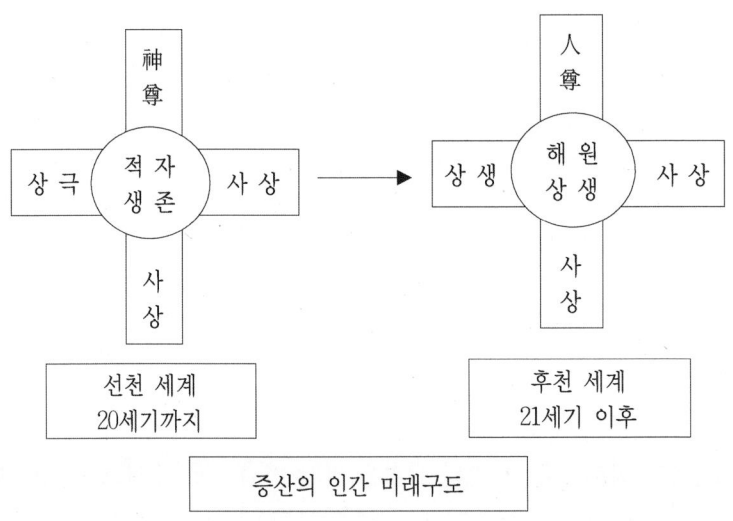

증산의 인간 미래구도

이항령은 동학사상에 대비하여 증산사상의 가장 두드러진 특징은 '동학'이라는 명칭이 서학(西學)에 상대적인 의미를 가지고, 서학과 대립 또는 대항하는 의미인 데 비해서 증산사상은 그것을 뛰어넘어 동학이 배격한 서학인 기독교사상까지를 포용하는 세계 보편의 사상으로 등장한 것이다. 또한 증산의 인존사상(人尊思想)은 동학의 핵심사상인 인내천(人乃天), 즉 사람이 곧 하늘이요, 사람이 곧 하느님이라는 경지를 초월하여 「사람이 신(神)을 부린다」고 하였으니 이것은 인내천 사상을 능가함은 물론 실로 인존사상의 극치를 말한 것이라 하겠다. 인존사상을 아무리 극단적으로 표현한다 해도 사람이 신(神)을 마음대로 부린다고 한 이상으로 달리 표현할 방법은 없기 때문이다. 인간이 신보다 우위에 서서 신을 부리면서 일을 성사(成事)한다고 주장한 것은 증산의 인간관의 가장 핵심이 된다고 볼 수 있다.

증산의 인간관은 철저한 인본주의적인 입장에서 서구의 신본주의(神本主義)를 극복하여 새로운 시대의 새로운 인간중심의 세계관을 제시하였다는 점에서 오늘날 생명중심의 환경철학 사상을 이해하는 대안(代案)으로 일찍이 내놓았다고 할 수 있다.

Ⅳ. 동학사상(東學思想)과 증산사상(甑山思想)의 종교관(宗敎觀)

1. 동학사상의 종교관

수운의 동학사상(동학운동→동학혁명)은 처음부터 종교적 성격으로 태동(胎動)하지 않았다. 2세 해월 최시형, 3세 의암 손병희를 거치면서 오늘날의 천도교(天道敎)의 모습으로 변신하면서 3·1독립운동에 깊이 관여하면서 교세가 날로 번창하여 한국 민족종교의 면모를 일신케 되었다.

그러나 다음 절에서 자세히 언급되겠지만 증산(甑山)은 일찍이 대순(大巡)을 끝마치고 나서 스스로 상제(上帝)라고 하였을 뿐만 아니라 김일부(金一夫)를 위시한 당시의 수많은 역학자(易學者)나 유학자(儒學者)들이 증산이야말로 상제의 분신(分身)으로서 어지럽고 혼탁한 선천시대의 역사를 청산하고 후천시대의 새로운 역사를 창조할 상제(上帝)가 도래하였음을 수많은 민중들을 상대로 증언하였다. 이와 같이 증산은 스스로 민중 속에 상제(하느님)로 나타난 것이 동학사상에서 본 종교관과 큰 차이를 보이고 있다.

수운의 종교관은 그의 신관(神觀)에서 엿볼 수 있다. 그에 의하면 오도(吾道)는 비불(非佛), 비유(非儒), 비선(非仙)이니라, 동시에 변불(變佛), 변유(變儒), 변선(變仙)이라고 하였다. 또한 수운 '나는 도시(都是) 믿지 말고 한울님만 믿었어라'고 하였다. 이러한 수운의 말을 종합하여 볼 때 유·불·선을 종합한 범신관적((汎神觀的) 유일신관(唯一神觀)으로 요약할 수 있다. 여기에서 수운의 범신관적 유일신관의 내용을 좀 더 상술하여 보면 다음과 같다.

일신관(一神觀)은 신(神)을 인격적 존재자로 인식(認識)하는 동시에 만물의 실존과 신을 따로따로 떼어놓고 의식(意識)하는 것인데, 범신관(汎神觀)은 신을 비인격적(非人格的)으로 보는 동시에 신(神)과 만물실체(萬物實體)를 일체(一體)로 의식하는 것이다. 즉 만물을 신의 외적 전개자(外的展開者)로 보는 것이다. 신은 우주의 보편적 전체로 존재하기 때문에 최소한 자 가운데도 신적성질(神的性質)의 전체, 즉 최대한 자가 들어 있는 것이다. 말하자면 만물의 존재는 신의 표출된 것이며, 일신(천주님)의 분산된 표현으로 인식한다. 그리하여 신은 상호불등(相互不等)한 다수 개체 가운데서 전체로써 나타난다. 그런데 신 자신(神自身)은 그 본체(本體)에서 원래가 평등이며 하나이고 동질성을 가졌다. 따라서 신은 평등(平等)이면서 불등(不

等)이고, 평불등이면서 평등이며, 하나이면서 다수이고, 다수이면서도 하나인 것이다. 즉 신에 있어서는 평등과 불등, 개(個)와 다(多)의 현상이지만 그 본질은 일치하며 동질이다. 신은 무량화신((無量化身) 하기 때문은 일(一)은 다수 가운데 그 일(一)이 아니고 전체(全體), 통일(統一), 절대(絶對), 무궁(無窮) 등 의의(意義)를 지닌 일(一)이 므로 신은 유일(唯一)일 뿐이다.

그러므로 기독교의 유일신관(唯一神觀)에서 일(一)이라는 개념과 동일하다고 볼 수 있다. 다(多)는 일(一)을 떠난 다가 있을 수 없으 며, 일의 소질이 무량무궁(無量無窮)하게 전개된 다의 현상인 것이다. 그러므로 다의 종합적 전체는 일과 같은 것이다. 일과 다는 형상이 다를 뿐 본질은 같은 것이다. 그렇다고 일이 다로 형상화했다고 일이 공허한 일이냐 하면 그렇지 않다. 다시 말해서 유일신이 만유에 분화 되어 현상화되었다고 유일신의 자리가 없어진 것은 아니라는 뜻이다.

물체의 경우에는 일이 다로 분화되면 일은 영(零)이 되고 말 것이 나, 신의 경우는 일의 전개가 다이면서 일의 내용은 영원한 일을 유 지한다. 일은 어디까지나 영묘(靈妙) 무궁한 일로 있기 때문이다.

그러므로 수운의 신관은 범신(汎神)과 일신(一神)으로서 신의 양 면인 내외이며, 한울님은 무량화신(無量化身)하며 만유를 생성케 할 수 있으며, 만유(萬有)의 정령(精靈)은 곧 생명체라고 한 것이다.

따라서 동학의 후천설(後天說)은 일반 종교가 흔히 말하는 내세설 (來世說)과 그 의의와 개념을 달리하고 있다. 일반적으로 인식하고 있는 내세설(기독교와 불교)은 사람이 죽어서 영혼의 천국과 극락을 이야기한 데 대하여 동학에서는 현실의 지상낙원(地上樂園)을 건설 할 수 있다는 것이 특이하다.

천도(天道)의 이법(理法)으로, 즉 한울님의 뜻으로 후천시대가 무위이화(無爲而化)로 전개된다는 것이다. 따라서 인간은 천도의 이법을 깨달아 이에 순응하는 삶이 한울님의 뜻을 따르는 것이 된다.

수운은 한울님의 말씀을 이 세상에 알리고 나아가 교화하기 위하여 이 땅에 화신하였다고 보는 것이다. 그것이 바로 인간의 새로운 정신과 사고의 혁명으로 미래의 세계 후천의 시대에, 이 지상에 천국을 건설하도록 제창(提唱)하고 있는 것이다.

2. 증산사상의 종교관

증산의 종교적 체험을 처음으로 한 것은 전라북도 모악산 대원사(大願寺)에서 31세 때 입도(立道)로부터 39세 성도(成道)하기까지의 9년간이 절정기였다. 그는 앞에서와 같이 많은 역학자(易學者)와 종도(從徒)들이 지켜보는 가운데 상제(上帝)로서의 여러 가지 이적행위를 행하였다고 한다. 이를테면 민중이 일상적으로 천재와 가뭄이 없이 농사가 잘 되기를 원한다면 즉시에 우레와 번개를 일으켜 천지간에 조화(造化)를 부렸던 것이다.

위기의식과 혼란에 사로잡힌 민중은 동학의 실패에서 온 허탈감과 절망에서 새로운 메시아를 기다리고 있을 즈음에 때마침 증산상제가 나타나 민중의 가슴속에 살아 있는 신앙(信仰)과 새로운 종교(宗敎)의 불을 지폈으니 그는 민중의 절대적인 추앙을 받는 상제(하나님)의 존재로 자리 잡게 되었다.

증산은 상제로서 첫 번째 천지공사의 의미에 대해서 다음과 같이 쓰고 있다.

천사(天師) 가라사대 이제 혼란(混亂)키 짝이 없는 말대(末代)의 천지를 뜯어고쳐 새 세상을 열고 부겁(否劫)에 빠진 인간과 신명을 널리 건져 각기 안정을 누리게 하리니 이것이 곧 천지개벽(天地開闢)이라 옛일을 이음도 아니요 세운(世運)에 매여 있는 일도 아니요 오직 내가 처음 짓는 일이라 비컨대 부모가 모은 재산이라도 항상 얻어 쓰면 쓸 때마다 얼굴을 쳐다보임과 같이 쓰러져 가는 집을 그대로 살려면 엎드려질 염려(念慮)가 있음과 같이 남이 지은 것과 낡은 것을 그대로 쓰려면 불안과 위구가 따라드나니 그러므로 새 배포(配布)를 꾸미는 것이 옳으니라.

「크고 작은 일을 물론하고 신도(神道)로서 꾸미면 현묘막측(玄妙莫測)한 공을 거두나니 이것이 곧 무위이화(無爲而化)라 이제 신도(神道)를 조화하여 모든 일을 도의에 맞게 꾸미고 무궁한 선경(仙境)의 운(運)을 정(定)하리니……」

「선천에는 상극의 이치가 인간만물(人間萬物)을 지배했으므로 모든 인사가 도의에 어그러져 원한(冤恨)이 맺히고 쌓여서 삼계에 넘쳐 마침내 폭파지경에 이르러 인간세상에 모든 참혹한 재액(災厄)이 생기나리라. 그러므로 이제 천지도수(天地度數)를 뜯어고쳐 신명을 조화하여 만고에 원을 풀고 상생의 도로써 선경을 열 것이며 조화도장을 세워 무위이화(無爲而化)와 말없는 가르침으로 화민정세(化民靖世)할지니라. 무릇 머리를 들면 수리가 펴임과 같이……」

「옛적에는 판이 좁고 일이 간단하여 한 가지만 따로 쓸지라도 능히 난국을 바로 잡을 수 있었거니와 이제는 판이 넓고 일이 복잡하여 모든 법을 합하여 쓰지 않고는 능히 혼란을 바로잡지 못하리라.」

「대개 예로부터 각 지방(各地方)을 할거(割據)한 모든 족속들의 분란쟁투(紛亂爭鬪)는 각 지방신과 지운이 서로 통일(統一)되지 못함에 인함이라. 그러므로 이제 각 지방신과 지운을 통일케 함이 인류

평화(人類平和)의 원동력(原動力)이 되느니라.」

이와 같이 증산(甑山)은 인간사의 모든 현상은 신의 세계에 투영되고, 또한 신의 세계의 현상은 그대로 인간세계에 투영된다고 한다.

이러한 증산의 신관은 마침내 인간을 구원하는 데 있어서도 먼저 신계의 정리와 정화가 선행되어야 한다는 것으로 선영신이나 원신 해원을 들었던 것이다. 그리하여 신계를 이원적으로 보는 동시에 이 것은 상호상승의 위치에 두었다는 것을 의미한다.

지금까지의 모든 종교(宗敎)가 기복신앙(祈福信仰)에서 오는 종교 관이었다면, 증산은 그러한 종교관을 완전히 탈피하고, 인간 대 신(人間對神)의 개념(槪念)을 동일시한다는 것이 특성이라고 할 것이다.

현무경에서 시천주의 주문을 우주영가로 기록한 것과, 또 증산이 스스로를 우주의 상재자임을 시사한 것으로 보아 한울림을, 즉 하나 님의 존재를 인정하고 있는 것이다. 따라서 "애니미즘"의 신관과 유 일신을 함께 인정하고 있음을 시사하고 있다.

증산은 현무경에서 다음과 같이 기술하고 있다.

「수천지지허무(受天地之虛無), 선지포태(仙之胞胎) 수천지지적감(受天地之寂滅) 불지양생(佛之養生) 수천지지이조(受天地之以詔) 유지 욕대(儒之浴帶) 관왕(冠旺) 두솔허무적감이조(兜率虛無寂滅以詔)」

여기에서 증산은 선(仙)·불(佛)·유(儒)의 필연적(必然的) 출현 (出現)과 그것을 모두 수용(受容)하면서 두솔, 즉 통솔하고 있다는 것을 시사하고 있는 것이다. 이제 관왕(冠旺)의 시대인 오늘의 세계 에 새로운 종교의 출현이 또한 필연임을 제시하면서, 기존의 종교들 의 진액(津液)을 뽑아 모아 하나로 귀일(歸一)케 한다는 것은 곧 종 교의 통일을 예언하였을 뿐 아니라, 기존의 종교관을 개혁하여 새로 운 종교관을 제시하였다고 보는 것이다. 그래서 증산은 신과 인의 합일된 세계로서 인간의 영성이 서로 통하는 세계, 다시 말해서 사람마다 지심하고 통령되어 악이 없는 세계를 만들어 놓았다는 것이다. 그것이 바로 천지공사의 세운공사(世運公事)인 것이다.

「이제 하늘도 뜯어고치고 땅도 뜯어고쳐 물샐틈없이 도수(度數)를 짜놓았으니 제 한도에 돌아 닿는 대로 새 기틀이 열리리라. 또 신명(神明)으로 하여금 사람의 뱃속에 드나들게 하여 그 체질과 성격을 고쳐 쓰리니 이는 비록 말뚝이라도 기운을 붙이면 쓰임이 되는 연고(緣故)라 오직 어리석고 가난하고 천하고 약한 것을 편히 하여 마음과 입과 뜻으로부터 일어나는 모든 죄를 조심하고 남에게 척을 짓지 말라. 부하고 귀하고 지혜롭고 강권을 가진 자는 모두 척에 걸려서 콩나물 뽑히듯 하리니 묵은 기운이 채워져 있는 곳에는 큰 운수를 감당키 어려운 까닭이라 부자의 집 마루와 방과 곳집[庫]에는 살기와 재앙이 가득히 채워 있느니라.」

증산의 천지공사의 방법이 때로는 신명을 상대로 글이나 또는 부를 사용한 뒤에는 불태워 버리곤 하였으니 그 공사에 대한 기록이나 흔적이 없었던 것이다. 설사 그 공사의 과정을 남겼다고 하더라도 신계를 상대로 우주를 대상한 작위이기 때문에 그야말로 통령(通靈)된 사람이 아니고서는 이해할 수 없을 것이다.

V. 結 論

동학사상과 증산사상은 조선조 말엽 국내외가 극도로 혼란한 시기에 구민정신(救民精神), 구도정신(救道精神), 구세정신(救世精神)이

라는 3대 공통목표를 지니고 이 땅에 태동한 원대한 사상임에는 이
론의 여지가 없다.

　이제 두 사상은 한민족의 종교적 지주(支柱)로서 종지(宗旨)를 가
지는 민족종교로서의 뿌리를 내렸다.

　그러나 천도교의 인내천(人乃天)의 초기 동학시대의 대의(大義)와
증산교의 해원상생(解冤相生)의 초기 천지공사 시대의 대명(大命)이
그대로 이 땅의 이 민중 속에 살아 있는 종교로서 21세기의 민족과
제인 민족통일과 인간성 회복을 이룩하는 데 부족함이 없이 소명을
다하고 있는지에 대해서 의심하지 않을 수 없다.

　이 땅에 동학과 증산의 두 기둥이 우뚝 서 있음은 결코 우연이 아
니다. 우리 민족이 웅비하는 데 새의 두 날개로 날 수 있듯이 두 사
상이야말로 비록 시대적(時代的), 지역적(地域的), 인물적(人物的)
배경이 다르더라도 21세기의 한민족을 이끄는 상생(相生)의 날개일
것으로 믿어 의심치 않는다.

　한국종교사적 입장에서 이 두 종교의 만남에 대해서 어느 한쪽의
입장에서 상대방을 조금이라도 폄하(貶下)한다면 이는 아직도 선천
시대의 아집과 독선에서 깨어나지 못한 반상생적(反相生的) 사고의
예속(隷屬)상태일 수밖에 없다.

　김탁은 동학지도자들에 대해서 여러 가지로 부정적인 면을 기술하
고 있으면서 상대적으로 증산에 대해서 신비주의적 메시아관을 강조
하는 것에 대해서 많은 반론의 여지를 남기고 있다. 특정 종교의 우
월 의식에서 타 종교를 폄하하는 것은 개방시대의 다종교사회의 공
존규범을 무너뜨리는 요인으로 작용할 수 있기 때문이다.

　증산의 동학이 주복대상인 서학(西學)까지도 포용하여 해원상생의
대도(大道)를 걸어야 한다고 주장한 것은 참으로 오늘 남북통일 문

제를 푸는 데 중요한 단서(端緖)를 제공하여 준 위대한 사상이 아닐 수 없다.

21세기 인간적 삶의 최고의 양식은 공생(共生), 공영(共榮), 공존(共存)의 패러다임을 짜는 일인데 이것을 증산이 천지공사 공법(工法)에 의해서 완성했다는 것은 경이로운 사건이라 볼 수 있다.

어찌해서 수운과 증산이 다같이 「인내천」, 「인존사상」을 주장하였을 때 러시아의 톨스토이는 인본주의를, 미국의 링컨은 인간해방을, 프랑스의 루소는 인간불평등 기원에 대해서 한목소리를 낼 수 있었단 말인가.

그 이전에 동양의 공자, 노자, 장자, 서양의 소크라테스, 플라톤, 아리스토텔레스, 그 후에 예수, 석가, 마호메트는 다같이 「인간구원」, 「자기를 아는 일」, 「서로 사랑하면서 살기」에 대해서 한목소리를 낼 수 있었던 것은 결코 우연이 아니다. 역사의 명령이요, 시대사의 부름이다.

끝으로 동학과 증산이 지나온 고난의 길을 문헌을 통해서 따라오면서 이 두 사상이 21세기 한국인에게 어떠한 역사적 과업을 지울까를 곰곰이 생각하면서 간디(M.Gandhi)의 7가지 죄악에 대해서 경계망을 치면서 이 논의를 맺고자 한다.

「양심 없는 쾌락, 원칙 없는 정치, 윤리 없는 상거래, 성품 없는 지식, 인간성 없는 과학, 노동 없는 부, 희생 없는 종교적 숭배」 大尾

2002년 7월 25일
목멱산 제1별관 연구실에서
배영기

참고문헌

홍범초, 『범증산교사』, 범증산교 연구원, 1982.

홍범초, 『증산교 개설』, 창문각, 1982.

배용덕 외, 「인류갱생철학개론」, 증산사상연구회, 1995.

동학학보, 동학학회, (창간호), 2000년.

동학연구, 한국동학학회, (제1, 2, 3, 4, 5, 6, 7집).

단군학 연구, 단군학회, (제1, 2, 3집).

신종교연구, 한국신종교학회, (제1, 2, 3집).

김탁, 『동학과 증산교의 만남』, 한누리미디어, 2000년.

증산사상연구, (제1집 - 22집), 증산사상연구회.

천도교경전, 천도교중앙총부, 1990년판.

대순전경, 증산교회본부, 1975년판.

하기락, 『조선철학사』, 형설출판사, 1990.

신일철, 『동학사상의 이해』, 사회비평사, 1995.

유병덕, 동학·천도교, 시인사, 1987.

박영규, 『종교의 반성』, 다나, 1995.

최동희, 『한국종교사상사』, 연세대출판부, 1985.

정량모, 믿고 알며, 알고 믿으며, 바올출판사. 2001.

배영기, 「동학이념과 21세기 새로운 통일패러다임」, 동학민족통
　　　일회, 1998.

제6절 도학사상과 동학사상

I. 서 론

일반적으로 道學 또는 道學思想이라 하면 儒學의 매우 중요한 한 분야로서 중국의 宋代에 발달한 程朱學이나 朱子學의 별칭으로 불리고 있다. 유학은 그 시대와 학파에 따라서 각기 다른 특성을 지니고 발달하였다. 이를테면 孔子와 孟子 그리고 荀子를 중심으로 한 原初儒學, 漢代의 訓詁學, 唐代의 문장 위주의 詞章之學, 宋代의 철학사상을 위주로 한 程朱性理學, 明代의 心學으로 발달한 陽明學, 그리고 淸代에 와서 考證學 등 시대에 따라서 다양한 명칭으로 전개되어 왔다.

이러한 도학사상은 宋代 이후의 유학을 포괄적으로 지칭하는 것으로서, 이 道學이 우리나라에 처음 들어온 것은 고려 말기인 충렬왕 때 安珦과 白頤正 등에 의해서이다. 그 후 종래의 道學이 道·佛과 병행 교섭하여 왔던 것을 비판하면서 李穡을 비롯하여 신진 유학자인 鄭夢周와 鄭道傳은 고려 말과 조선조 이래 우리나라 정신사에 깊이 인식되었을 뿐만 아니라 정치사회, 생활문화 전반에 중대한 영향을 끼쳤던 것이다. 그 결과 道學이 우리나라에 있어서 道學의 三大人物로 退, 栗, 靜을 비롯하여 수많은 학자와 방대한 저술이 나와 오히려 宋代 이후의 中國을 능가하는 학문적 결실을 거두었던 것이다.

도학의 개념에 대해서 퇴계는 '垂敎'를 중요시한 나머지 理氣二元論의 입장에서 인간존재의 본질을 규명함에 있어 순수 정신적인 면과 육신적인 면을 엄격히 구별하면서 도학의 본질을 理發而氣隨之와

氣發而理乘之로 分屬시켜 설명하고 있다. 그러나 '도학'을 중요시한 靜庵은 도학이란 格物致知로 善을 밝히고 誠意正心으로 몸을 닦아 자기 자신에 대해서는 修道와 天德의 요체가 되며, 나아가 국가 사회적으로 治國平天下하여 王道政治를 이룩하여 국가체제를 근본적으로 개혁하여 土習과 民風을 바로잡아 道義國家를 이룩하는 것이라고 하였다. 한편 퇴계의 垂敎와 靜庵의 行道와는 달리 栗谷은 행도와 수교를 포괄하는 독특한 도학사상을 정립하였다. 율곡은 인간존재의 본질을 단순히 정신과 육신, 즉 理와 氣의 二分으로 보지 않고 兩面을 포함한 일체의 실질적 존재를 氣로 파악하는 一元論의 입장에서 理通氣局과 氣發理垂로 규정하였다.

따라서 본 논문에서는 이상의 개념의 골격을 지니고 있는 도학사상이 근세 우리 민족의 토착신흥종교의 으뜸으로 꼽고 있는 東學思想(一名 天道敎前身)의 창도자인 水雲에게 어떠한 영향을 주었는가를 규명하고자 하는 것을 연구의 목적으로 삼고자 한다. 이러한 연구를 통하여 道學과 東學과는 결코 無關할 수 없는 밀접한 관계에 있음을 論究함으로써 東學革命의 기본 사상인 人乃天사상을 통일 이념으로 정향하려는 오늘의 시점에서 韓國人의 改革方向을 올바르게 정립하는 데 思想的 뿌리를 제공함과 동시에 전 세계적인 韓流 열풍의 사상적 기초를 구현하는 데 또 하나의 연구 의의를 첨언하여 둔다.

II. 도학사상의 창조적 수용

1. 한국인의 기본 '道'觀

우리는 일찍이 우주 최고 유일의 진리로서 '道'를 제시하였다. 道는 일찍이 동양의 지혜로서 무극 또는 태극이라고 불리며 더 나아가 우주의 본체로 보고 있다. 道의 본뜻은 길이다. 설문해자에서도 道는 (辶)와 같이 네거리 十字路로 표시되어 있다. 그러나 길을 나타내는 글자에는 道자와 路자가 있는데 이를 합쳐서 道路라고 한다. 道는 사람의 정신이 가는 형이상학적인 도덕의 길이라면 路는 육신의 지체인 발이 걸어가는 형이하학적인 윤리의 뜻을 함축하고 있다. 또 道理, 道德, 道義 등 道자가 앞에 놓일 때에는 뒤의 理, 德, 義와 같은 규범률을 인간이면 누구나 마땅히 지키고 따라야 할 길을 제시하는 반면, 도자가 뒤에 놓여 天道, 人道, 神道, 佛道, 仙道라고 할 때는 고도의 정신세계, 즉 초월의 로고스(Logos)를 함의한다.

따라서 동양, 즉 한국인에 있어서 道의 인식은 다음과 같이 정리할수 있다. 첫째, 道는 우주를 구성하고, 우주 생성발전의 원리인 동시에 음양이 합덕하여 낮과 밤이 交互하며 4계절 24절후가 순환하는 가운데 水木火土金 5행이 순환하는 그 자체이다. 두 번째, 道는 자연의 법칙으로서 유교적 표현으로는 理氣哲學이며, 불교적 표현으로는 因果法則이며, 기독교식 표현대로라면 攝理歷史이다.

그래서 한국의 太極思想에서는 道를 가리켜 至理, 至氣, 至道의 3至를 말하면서, 道란 하늘이 명한 바이고, 사람은 이를 따를 뿐이다. 이 三至는 곧 太極思想에 바탕을 두고, 이 태극은 다시 그 이전에 무극이 있음을 가르치고 이 무극은 天道, 곧 '道'라고 보았던 것이다. 물론 이 天道思想의 기원을 易經에 두고 있는 학자도 있지만, 기원전 6,000~10,000년 전에 이미 고대 한국인의 건축이나 분묘 속에 태극 또는 3극의 문양이 발굴되고 있는 것을 보아서 한국인은 과학과 철학을 조화시킨 自然現像의 오묘한 음양, 4상(태음, 소음, 태양, 소양), 5행, 8괘의 천도원리를 독창적으로 간파하였던 것이다.

2. 도학사상의 묘합과정

도학의 鼻祖인 공자와 맹자는 각기 다른 춘추시대와 전국시대에 살면서도 '仁'에서 만나서 '知'로 합의한 것은 道學이 오늘날까지도 굳건히 그 學脈이 이어지는 연유가 되고 있으며, 공·맹 당시의 수많은 諸子百家들이 출현하였지만 이들의 道學的 바탕은 공·맹 사상을 뛰어넘지 못하였기에 우리나라에서도 그만큼 오래도록 크게 준용되거나 다방면에 걸쳐서 영향을 미쳤다. 그러나 한국의 도학사상가들은 공·맹의 사상적 영향과 朱子의 理說, 그리고 수많은 유교의 經典을 준거로 하면서도 이 모든 것을 우리의 독창적 도학 관점에서 재해석을 시도하였다는 점이다. 즉 공맹의 '仁'사상을 맹목적으로 추종하는 것이 아니라 새로운 한국적 道의 개념을 첨가하였다. 그러므로 공·맹 사상뿐만 아니라 외래종교도 한국에 들어오면 한국의 神仙思想이나 無極思想과 妙合하면서 한국 고유의 사상체계를 형성하였던 것이다.

이를테면 인도의 佛敎가 중국을 거쳐서 우리나라에 들어와서는 그 명칭부터가 佛道가 되었으며, 중국의 유교나 도교도 한국에 들어와서는 儒道나 仙道로 바뀌었다. 그래서 한국 道學思想의 발전은 외래 종교인 불교, 유교, 도교, 심지어 근세의 기독교까지도 배척과 수용이라는 변증법적 순환을 거치면서 이를 다시 불도, 유도, 선도 등으로 종합하는 기능을 가지게 되었다.

사실 敎와 道는 엄밀히 분리될 수 없음에도 불구하고, 우리는 敎를 道로 수용하는 묘법을 터득하였던 것이다. 中庸의 首章에서 子思는 이르기를 "천성대로 행하면 도가 되고, 그 도를 닦으면 교가 된다(率性之謂道 修道之謂敎)"고 하였다. 외래 敎가 한국에 들어와 道에로 受容接化되는 과정에서 敎→ 교(Religion)→ 교(Taeching)의 성격, 즉 修己治人의 실천적 道學精神을 중요시하였는데 한국 도학의 특징이 있다. 사실 道는 인위적 방법문제이기 때문에 엄밀한 의미에서 교(Religion)란 그 내용의 핵심은 法과 가르치는 敎로 이루어져 있을 뿐이다. 다시 말해서 우주와 인간 사이에는 道가 있을 뿐이며, 그 道를 보급하고 敎化하는 儀式자체가 敎일 뿐이다.

또한 甑山은 '하늘이 행하는 일은 도라 하고 사람이 행하는 일은 교'라 했다.(天之行事曰道, 人之行事曰敎) 이를테면 하나의 文句를 해석함에 있어서 道的 입장에서의 해석과 敎的 입장에서의 해석은 상당한 차이를 보이고 있다. 즉 '敬以直內義以方外'라는 周易文句에 대해서 도학에서는 '敬'으로써 안(內)을 곧게 하고, 義로써 밖을 반듯(方)하게 한다'는 뜻으로 해석하는 데 비해서 '안'과 '밖'은 서로 뗄수 없는 것이므로 밖이 없으므로 안도 인정할 수 없다는 해석이다. 다시 말해서 道學에서는 밖은 인륜적 사회관계를 말하는 것이며 안은 인간의 존엄성을 일컫는 것으로 이를 분리해서 보고자 하였으나 불교는 안은 인정할 수 있으나 밖은 인정할 수 없다는 입장을 취하면서 道學的 해석을 비판하고 있다.

3. 도학사상가의 의리정신

도학사상의 한국적 인식과정에 있어서 가장 두드러진 특징은 이기주의의 극복이다. 한국 도학사상가의 현실에 대한 일관된 인식으로는 인간생명의 존엄성에 대한 관심, 도덕 및 문화 의식의 고양, 그리고 공공성의 기반 위에 자신과 공동체를 성립시키려고 했다. 따라서 공자가 그러했듯이 개개인의 인격을 완성시키며 인격적으로 닦여진 군자들에 의해 정치가 시행될 때만이 사심 없는 정치가 이루어져 백성이 복락을 누릴 수 있다고 보았다. 그러나 정치현실은 도학정신과 부합되지 않았다. 君子政治를 실현하기 위해서 한국 道學派는 對內的으로 人道政治에 입각한 정치의 도덕성을 조장하고자 하며, 對外的으로는 외침의 위험이 있을 때에는 국가 민족을 수호하려는 충렬정신을 발휘해야 한다고 하였다.

그러기에 도학파는 다른 나라의 권리를 침해함도 잘못이요 자기 나라의 국권을 침탈당하는 일도 잘못이라고 보는 까닭에 민족주체성 고취와 국권의 수호는 도학파가 감당해야 할 중요한 과제로 인식하였다. 여기서 한국의 도학적인 민족관, 국가관은 한갓 배타적인 민족주의나 국수주의에 입각한 국수주의나 제국주의를 동시에 배격하는 바 개별자의 자존적 특성과 전체와의 조화를 추구하려고 하였다.

이러한 한국 도학정신의 氣脈은 먼저 연산시대 기묘사화로 趙光祖의 至治中興의 정치사상이 좌절되었고, 두 번째 退·栗의 인간성 회복론과 경장론을 펴서 국가적 위기를 극복하려고 하였으나 그 실현을 보지 못한 채 임진왜란과 병자호란을 당하게 되었으며, 그 후 도학사상은 민족자주수호라는 義理思想을 배태시켜 兩亂을 거치면서 이순신, 김시민 등은 모두 도학사상[文]과 의리정신[武]을 겸비한 도학의 상징적 인물이었다.

그 후 의리사상은 다시 충열정신으로 이어지면서 송시열의 '북벌론'을 주창하기에 이르렀으며, 조선조 말기의 西勢東漸에 따른 김평묵, 최익현 등의 衛正斥邪論도 의리사상과 충열정신으로 뭉쳐진 구국운동이었건만 결국 국쇄론자로 몰려 그 뜻을 펴지 못하였다. 따라서 한국 도학사상은 의리사상과 충열사상으로 이어져 발전하여 오면서 국권수호와 민족자존을 지키기 위한 사상적 기반을 제공하였다. 그러나 이때 도학사상의 역사현실에의 전개과정을 지켜본 水雲은 이를 좀더 거족적으로 조직화하여 민중 중심의 동학혁명사상으로 발전시키는 계기가 형성된다. 따라서 동학혁명사상의 뿌리는 우리 고유의 도학사상에 연유하고 있음은 두말 할 여지가 없다.

여기서 水雲思想에서 주목할 것은 道學에서 敎(Teaching)와 敎(Religion)라는 두 줄기가 나온 것은 오늘날 천도교의 교세가 동학시대보다 열악한 이유를 설명하는 데 시사하는 바 크다. 한국적 도학에서는 천도교보다는 천도사상이 보다 근원적인 친화력을 발휘하기 때문이다.

Ⅲ. 도학사상의 실천적 전개

1. 동학사상의 기저

동학사상의 기저에는 도학사상이 깔려 있으며 도학사상의 기저에는 태극사상과 무극사상의 영향을 크게 받고 있음을 상술한 바 있다.

그렇다면 동학사상도 역시 태극사상의 영향을 받았기에 동학사상의
핵심은 周易의 논리로부터 풀어야 한다. 易은 우주의 영원한 순환논
리로서 天地, 乾坤, 陰陽과 같은 相生과 相剋의 二元論的 宇宙觀을
바탕으로 하고 있다. 동학의 후천개벽은 이러한 이원론의 우주관을
극복하기 위하여 유도의 이상적 인간상인 '君子'의 개념을 도출하고
있으며, 인간은 누구나 군자 또는 신선이 될 수 있다고 하면서 여기
서 말하는 신선은 그냥 신선이 아닌 地上神仙을 주창하고 있다. 또한
동학과 佛道와의 관련에서는 事人如天이라는 인간주의 개념과 관련
지어 볼 수 있다. 佛道에서 삼라만상의 모두가 佛이듯이 이 세상의
모든 사람은 侍天主의 자리에 오를 수 있다고 보았다. 그리고 동학의
思惟는 仙道의 長生과 현실초월의 지향성, 無存而化의 사회변혁 지향
등은 모두 道家的 理想鄕의 추구와 일치하고 있다.

　水雲은 이 儒, 佛, 道의 三道 속에 담긴 핵심내용을 그의 동학사상
에 많은 영향을 받고 있으나 거기에 만족하지 않고 수운 나름의 사
회개혁 의지로 승화시키고 있다. [우리 道는 원래 儒도 아니고, 佛도
아니고, 또한 仙도 아니다. 그러나 우리 道는 유·불·선의 合一이다.
즉 天道는 유·불·선이 아니지만, 유·불·선은 天道의 일부이다.
儒의 윤리와 佛의 覺性과 仙의 養氣는 사람의 性과 自然의 品賦이며
天道의 고유한 부분이므로 우리 道는 그 無極大源을 파악한 것이다.]

　이와 같이 三敎合一은 천도의 고유한 부분으로 그 자체가 무극대
원의 道로 즉 진리로 파악한 연후에 그 위에 동학사상의 진수인 '人
乃天'을 실어 놓고 있다. 그래서 水雲은 음·양의 합일, 부정과 긍정
의 합일, 상생과 상극의 합일, 不然과 其然의 합일, 낡은 것과 새로운
것을 자기 내부에서 하나 되게 하여야 하는 진리의 길을 모색하게
된다.

물론 三敎合一의 논리는 일찍이 三敎가 三道로 轉化되는 초기 과정에서부터 '接化群生'의 이설이 대두되었다. '접화군생'은 孤雲의 '낭랑비문'에 풍류도를 주체로 하여 유·불·도 三道가 각기 이에 대해 부분집합이 되고 있다는 의미에서 '접화군생'을 바로 삼교를 포함하여 이들이 相接融和하여 同根叢生하는 것으로 해석하였다.

그러므로 동학사상의 기저에는 유교의 天命觀과 도교의 無存의 자연관, 그리고 불교의 圓融的 會通觀이 모두 어우러져 자연과 인간을 合一하려는 調和와 造化의 이상적 관념이 集大成된 것이라고 할 수 있다.

2. 동학사상의 사회혁명화

三敎合一을 造化論的으로 도학사상을 근간으로 하고 있는 동학이 사회혁명적 성격으로 변화되지 않으면 안 될 당시의 사회 상황은 글자 그대로 輔國安民, 廣濟蒼生의 역사적, 민족적, 사상적인 잉태의 절정기에 달했던 것이다. 즉 정치, 사회의 부패가 극도로 문란하여 오늘의 상황을 방불케 하였다.

특히 三政(田政, 軍政, 還政)의 王道政治의 부패를 척결하기 위하여 최초의 민중항쟁이었던 1862년의 진주 민란의 실패, 대원군의 섭정의 전단정치, 1882년 한·미수호조약과 한·청수호조약 등으로 외세의 난입, 1882년의 임오군란, 1884년의 갑신정변 등의 民亂, 兵亂이 전국을 휩쓸며 일어나자 수운은 드디어 1860년(경신) 4월 5일을 기하여 無極大道를 얻고 새로운 교도와 교세를 위하여 요원의 불길같이 일어섰다.

동학혁명의 요체는 보국안민, 포덕천하, 광제창생 3대 이상을 실현하기 위해서 당시 난세를 구제하는 이념으로 철저한 민족주의에 입각한 세계주의를 추구하였다. 날로 격심한 西勢東漸에 즈음하여 나라의 앞날을 걱정하는 충열정신은 강한 민족주의의 의지에 기초할 수밖에 없으며, 다시 이 민족주의의 의식은 민족주의 운동으로 발전되어 동학혁명의 이론적 근거를 제공하게 된다.

동학혁명의 주체인 민중은 철저한 주권재민의 민족자주 독립국가 건설의 대의를 극명하게 드러낸다. 이를 위하여 신민족주의를 표방하게 된다. 따라서 동학혁명사상에서 표방하고 있는 신민족주의는 구민족주의와 차별화된다. 즉 구민족국가의 민족주의가 국수적, 침략적 폐쇄적 이념에 근거한다면 신민족주의는 횡적으로 팽창하는 것이 아니라, 세계 공화를 위하여 자기 민족을 종적으로 발전케 하는 이념이어야 한다.

신민족주의 이념에 의한 자주란 고립과 사대주의를 배제하면서도 상부상조의 자연의 원리에 순응하여야 하기 때문에 자립을 하고 독립을 쟁취하되 다른 나라, 다른 민족과 더불어 평화적 공존과 협동체제를 구축해 나가는 것이 자연의 조화의 원리라고 규정하고 있다.

사실 동학사상은 1905년(광무 9년) 12월 1일 손병희 명의의 '천도교'로 명칭을 바꾸기 전까지는 한국민족주의와 자주정신의 보루였기에 그만큼 한국 민중의 호응이 컸던 것이다.

그러면 여기서 동학사상과 천도교는 한뿌리에서 나온 연계적인 관계이지만, 동학사상은 동학혁명을 통한 사회개혁이라는 민중의 희망을 지도할 수 있지만, 하나의 사상이 敎儀(Dogma)化 되면 시대상황과 개혁의지를 가지기 어렵게 된다. 왜냐하면 종교의 교리 그 자체에 매몰되어 廣濟蒼生의 소임을 다하기가 어렵기 때문이다.

3. 동학혁명사상의 정치실천

동학혁명사상은 단순히 관념적인 사상이나 이념으로 그치지 않고, 정치현실에 구체적으로 실천하였는바 그것이 靑友黨이라는 政黨으로 나타났다.

청우당과 동학과 천도교는 어떠한 관계를 가지고 있는가에 대해서 일찍이 夜雷 李敦化는 다음과 같이 그의 〈黨志〉라는 논술에서 설명하고 있다.

敎와 黨은 一體兩面인 동시에 二位一體라고 하면서 敎가 光源이라면 黨은 光線에 해당한다. 왜냐하면 천도교의 無極原理는 無所不在, 無事不涉, 無事不命이기 때문에 政敎는 분리될 수 없다고 보는 입장이었다. 이러한 이돈화의 해석은 水雲의 圓融無缺한 實體와 無所不通의 진리의 大道大德 原則에 따르는 것이라고 하였다.

천도는 本體와 用體로 구성되어 있는바 본체는 안으로 발하며 '玄玄靈妙의 무궁한' 敎로 나타나고, 용체는 밖으로 나타나 '수신제가 치국평천하'를 이루기 위한 政으로 실천된다고 하였다. 따라서 천도는 靈肉一致, 物心雙全, 性身雙修, 敎政合致가 이룩될 때만이 보국→안민→복지국가가 수립된다.

청우당의 綱領에서 제1강령은 事人如天을 들고 있다. 즉 사인여천 정신에 입각해서 진정한 민주주의가 실현될 수 있다고 보았다. 진정한 민주주의란 인간의 존엄성의 바탕 위에 확립되어야 하므로, 이를 정당의 정책에 반영해야 한다는 것이다.

그러므로 종교를 단순히 신앙심만 고취할 것이 아니라 보국안민을 함께 걱정할 때만이 종교 본연의 역할을 다하게 된다는 것이다. 청우당의 강령에 종교적인 사인여천 정신이 뒷받침하고 있다는 데서 오늘의 민주주의 시대를 앞서가는 도덕정당, 윤리정치를 실현했던 것이다. 정당이 통치 기술이나 익혀 민중을 이끌어 가는 낮은 수준의 정치가 아니라 도덕적인 평화주의가 뒷받침될 때 순조로운 민주주의가 실현되는 것은 만고의 진리로 예나 지금이나 다를 바 없다고 할 수 있다.

水雲은 동학혁명사상의 2대 목표를 세웠는데, 하나는 보국안민을 위한 개벽사상을 통하여 정치 운동을 전개하여 마지막 정치혁명을 이루는 것이며, 두 번째는 布德天下를 위한 교화사상을 통하여 선교 운동을 전개하여 궁극적으로 종교혁명을 이루려고 하였다.

이러한 政敎一致가 이루어져 道德政治를 행하게 되면, 민족주의에 의한 保國(輔國)이 이루어지며, 민주주의에 의한 安民(福祉)이 실현되어 최후의 복지국가를 건설하게 된다는 政敎圖式을 청우당의 정강 정책에 일관되게 실천하고 있다.

4. 동학사상의 인문주의화

동학은 '人乃天'의 宗旨와 '事人如天'의 윤리를 가지고 인간에 대한 존엄성과 평화와 민주주의 이념을 가장 극명하게 실천적으로 드러내고 있다. 수운의 인간중심 사상의 연원은 멀리 天人合一, 神人合一의 도학사상에 근원을 두고 있기 때문에 단순히 人本主義나 神本主義라고 칭하는 서구적 개념과는 그 괘를 달리하고 있다.

동학의 인간주의는 모든 사람의 계급, 계층에 구애받음이 없이 각기의 마음속에 신을 내면화한 것으로 사람의 존엄성을 신격화한 것이다. 즉 모든 사람이 佛이 될 수 있는 가능성을 가지고 있듯이, 모든 사람이 양반, 서민, 빈부, 귀천 등의 차별 없이 고귀한 군자가 될 수 있다는 인간평등의 민주사상을 강조하고 있다. 수운은 '용담유사'에서 이르기를 '우리 안에 두 가지 폐풍이 있는데 첫째는 嫡庶의 구별이요, 다음은 班常의 구별이라. 적서의 구별은 집안을 망치는 근본이요, 반상의 구별은 나라를 망치는 근본이니 이것은 지체 없이 고쳐야 할 고질이니라'고 하면서 수운 스스로 몸소 실천을 보였다.

즉 수운은 자신의 家內에 두 奴婢가 있었는데 한 분은 수양딸로 삼았고, 한 분은 며느리로 삼은 것은 잘 알려진 일화로 기록되고 있다. 이는 아마 여권이 땅에 떨어진 奴의 신분이 멀지 않아 女性이 怒하여 다시 恕하는 날이 올 것을 예견한 것이라고 볼 수 있다.

이처럼 자신부터 인위적인 귀천의 차별을 모두 개혁하고 봉건적 세습의 모든 신분과 차별의 철폐를 내세웠다. 오늘날 인간평등, 남녀평등, 계급타파와 같은 근대 시민사상의 근간의 토대를 제정하게 되었다. 이와 같은 수운의 평등사상은 서구와 같은 신에 종속된 평등이 아니라 인간을 신의 차원으로 높이는 神人一體의 탈근대주의(Postmodernism)의 보다 근원적이고 본질적인 미래의 민주주의로 발전하는 인간주의 사상, 즉 사람은 누구나 신과 함께 사는 本質的 자유 평등을 구현하고자 하였다.

이러한 수운의 인간주의사상은 다시 생명존중사상으로 승화된다. 생명은 우주요, 우주는 삼라만상의 생명의 질서로서 자기 안에 살아 있음을 인정하고, 서로 존경하며 심지어 인간을 에워싸고 있는 동식물, 흙, 나무, 물과 같은 무기물 속에도 생명이 살아 있음을 깨닫게 하였다.

수운은 인간을 존경함에 있어서 그 인간이 신용하는 물건까지도 존경할 수 있을 때 비로소 도덕의 극치에 이른다고 하였다. 이러한

敬物思想은 오늘날 생명과 자연을 무차별 파괴하는 현실에서 볼 때 환경보존과 생태계의 균형을 회복하는 중요한 생명존중사상의 근간을 이룬다고 할 수 있다. 그러므로 동학사상에서 인간주의는 곧 생명사상이요, 생명은 우주이므로 우주 안에 모든 유기물, 무기물까지도 존중되어야 하는 생명환경운동의 사상적 틀을 제공하고 있다. 여기에서 구인간주의와 신인간주의 사상의 차이점을 발견할 수 있다.

Ⅳ. 동학사상의 현재적 영향

앞의 글에서 동학사상이 義理情神으로 이어지면서 이것이 다시 修己治人과 經世濟民이라는 실학사상의 道脈을 부합시키고 있음을 개관하였다. 그리고 동학사상이라는 또 하나의 커다란 역사의 물줄기를 굽이치면서 개벽사상으로 나타났다. 사실 개벽사상은 단순히 당시 부패한 암흑세계의 안티테제로 출현하였다기보다는 수운 자신이 역사의 흐름과 역사발전 방향을 남보다 먼저 포착, 지각, 예견한 혜안의 결과였다고 할 수 있다.

이러한 수운의 人文開闢思想과 오늘의 文民改革政治와는 어떠한 정신사적 맥락으로 연계되고 있는지를 다음의 3가지 비교 관점에서 논하고자 한다.

첫째, 후천개벽사상과 '깨끗한 정치'

둘째, 보국안민사상과 '튼튼한 경제'

셋째, 동귀일체사상과 '건강한 사회'

1. 후천개벽사상과 '깨끗한 정치'

후천개벽사상은 당시의 암울했던 先天 카오스(Chaos)시대를 종식하고, 인간이 우주 속에서 이성적 주인의 자리로 동화되는 後天 코스모스(Cosmos)시대의 도래를 예측했다. 물론 여기서 말하는 개벽은 인문개벽을 뜻한다. 우리가 일반적으로 '개벽'이라 하면 천지개벽으로 이해하기 쉬우나 그것이 아니라 어디까지나 인간중심의 문화개벽을 뜻하는 것으로 인류역사문화 전반의 일대변혁과 새로운 시대의 창조적 변화를 의미하는 말이다.

마치 오늘의 민주정치·시장경제·복지행정의 구현을 위하여 정책의 최우선 과제로 내세우는 것이 '깨끗한 정치'를 구현하는 것으로 보고 이를 위해서 만연된 사회병리 현상을 '한국병'으로 진단한 후 이에 대해서 지금 과감하게 처방전을 내리고 있는 것이 개혁의 핵심적인 내용이 되고 있는 것과 같은 맥락이다. '깨끗한 정치'를 위한 다양한 정책 표출을 일일이 여기서 열거할 필요는 없다. 다만 깨끗한 정치가 이루어지기 위해서 후천개벽에 버금가는 개혁정치가 지속적으로 윗물에서 아랫물까지 파급되어야 한다. 사실 개혁이라는 것은 살아남기 위한 자기본능이기도 하다. 말하자면 일종의 생존양식이다. 동물의 약육강식의 세계에서도 반드시 힘만이 지배하는 것이 아니라 누가 얼마나 살아남기 위해 적응하느냐가 중요한데 그 적응은 곧 자기 개혁인 동시에 자기 변화이다.

그러므로 이처럼 끊임없는 자기 개혁의 목적과 방향은 인간화, 민주화, 공동체화로 설명되어야 한다. 따라서 오늘의 개혁의 방향, 즉 깨끗한 정치가 추구하는 궁극적 목표는 '인간성 회복'인 것이다.

동학사상이 내세운 개벽정치도 결국 부패한 것을 막고 새롭게, 복잡한 것을 간단명료하게 함으로써, 고질적인 부패를 깨끗하게 하려 함이며 한울, 땅, 물질에 대한 개벽은 공기로써 하고(환경문제의 심각성 제기) 인간에 관한 개벽은 정신, 즉 의식으로 하여야 하므로 인간의 정신과 하늘의 공기는 同歸一體와 분리해서 볼 것이 아니라 하나로 볼 때 개벽의 새 아침은 열린다고 했다. 이것이 인간중심의 문화개벽사상의 요체라고 하였다.

그러므로 현재의 共同體意識이라는 개념도 민족구성원 간의 형제애를 복원하는 것도 중요하지만 한 차원을 뛰어넘어서 인간과 자연까지도 서로 相生할 수 있을 때 老子 無爲而治의 의미가 오늘에 재생되리라 본다.

2. 보국안민사상과 '튼튼한 경제'

도학사상의 거목인 율곡의 10만 양병론이 그러했듯이 수운의 보국안민사상은 우리나라의 근대적 민족주의 의식이 선구자적인 자각이었다.

'동경대전'에 의하면 일본은 언젠가는 제2의 임진란을 일으킬 것이며, 서양 사람은 天主의 뜻이라고 하면서 서세동점의 야심을 품고 침략해 올 것을 경계하면서, 청나라 지배하의 속국과 다름없던 당시의 사대주의를 배격하는 민족주의를 주창했으니, 동학의 보국안민은 곧 근대적 민족주의 운동의 發芽라고 하였다.

이러한 보국안민을 실천하기 위하여 3가지 방책을 제시하였다.

첫째는 평등주의의 경제이념을 제창하였다. 여기서 말하는 평등주의란, 동귀일체라는 의미로 해석하고 있다. 즉 모든 백성으로 하여금 신분적 차별을 철폐할 뿐만 아니라 경제적으로도 실질적 혜택이 골고루 돌아가 양극화 현상이 해소되는 불평등을 평등화하는 데 있다고 하면서 복지적 평등주의를 주장하였다.

두 번째는 우리 한민족 魂의 把持였다. 나라를 튼튼히 하기 위해서 우리 민족의 혼(Spirit)을 시급히 복원해야 한다고 했다. 수운이 파지한 우리 민족의 혼은 홍익인간 사상이다. 민족이 자주적으로 독립하기 위해서는 민족문화의 독자성이 확립되지 않으면 안 된다고 보고 이를 위해서 동학혁명 당시 동학군의 서정개혁 12개조를 발표하여 반봉건적 국난극복의 지침을 내리고 있다.

세 번째는 廣濟創生 사상을 들고 있다. 광제창생이란 흩어진 민심을 결집하여야 함을 들었다. 광제창생은 개인의 치부와 전체의 파괴를 일삼는 양반계층의 횡포를 극복하여 생존권의 이념을 지향하고자 하였다.

'용담유사'에 天生萬民하였으니 心授之職하리라고 했다. 즉 사람은 누구나 천부적으로 주어진 직업에 따라 생존권을 보장받아야 된다. 그러므로 사람은 언제 어디에서나 노동을 할 권리를 가져야 함에도 불구하고 당시 三政의 문란은 극도에 달하여 민생은 도탄에서 허덕이게 되었다. 이러한 사회경제적인 배경이 광제창생 사상을 낳게 하였다.

어느 시대에서든 보국안민은 튼튼한 경제를 일으켜 안보를 굳건히 확립하고 국민을 안심시켜 생업을 보람 있게 영위할 수 있게 하는 데 있다.

그런데 오늘의 우리 사회는 유전무죄, 무전유죄라는 극한적인 빈부격차로 신한국병을 앓고 있다. 수운의 보국안민 사상이야말로 오늘의 돈과 권력의 부패사회를 땀과 능력의 사회로 바꾸려는 '선진한국'의 정책의지와 조금도 다를 바가 없다고 본다.

　한국의 민족혼을 되살리기 위하여 일제의 殘影을 청산하는 작업이라든가 모든 사람을 끌어안고 국민적 합의를 이루어가기 위하여 참여 속의 개혁, 개혁 속의 공동선을 도출하려는 고통분담론은 다 같이 수운의 광제창생하려는 의지와 일치하고 있다.

　수운의 보국안민 사상을 보다 효과적으로 달성하기 위해서 '튼튼한 경제'적 토대를 마련해야 한다. '튼튼한 경제'는 누적된 악습, 악심, 악행이라는 3악의 고리를 끊으려는 국민의식의 일대 전환이 있어야 한다. 현재 진행하고 있는 제도개선, 악법철폐, 재산공개, 실명제 실시, 구악추궁, 탈세추정, 나태추방 등만으로는 100년의 한국병을 根治하기 어렵다. 그러므로 '튼튼한 경제'는 '선진한국' 건설의 일차적인 목표의 전제 조건이므로 국민이 평안하게 살도록 해야 한다. 그러자면 최소한 공정한 배분이 이루어져야 하며, 배분의 기준은 輔民(잘못된 것은 바로 잡아 백성을 도와주는 방향)이어야 한다.

3. 동귀일체사상과 '건강한 사회'

　동학에 있어서 동귀일체사상은 위의 글에서도 부분적으로 언급된 바 있듯이 그 개념은 天人合一, 個全一體, 靈肉一致, 物心雙全, 性身雙修, 言行一致, 表裏一體 등을 의미한다. 이러한 양극을 相剋關係가 아니라 相生關係로 파악했다. 매우 고차원적인 평화사상이요, 협동이념이기도 한 것이다.

　그것은 정치사상적으로 개인주의와 전체주의, 자유와 평등을 동시에 포용하려는 민주주의적 사회이념이다. 경제적으로는 빈과 부, 소유와 무소유, 정신과 물질, 인간적으로는 정신과 육체, 선과 악, 이 모든 것을 한사상(一, 中, 多, 大, 略)으로 용해하려는 것과 같은 맥락이다.

그런 의미에서 동귀일체는 사람과 한울님이 하나임을 깨닫고 참된 하나의 진리로 돌아와 모든 사람이 하나로 귀일한다는 종교적 의미와 나와 너, 나와 겨레, 나와 인류가 하나가 되어야 한다는 인간주의 의미, 그리고 인간과 자연, 동물과 자연이 하나가 되어야 한다는 생명주의관 등이 총체적으로 함의하고 있는 사상이다.

일체의 갈등과 분열에서 벗어나 各自存心에서 吾心卽汝心이 되어 모든 사람의 생각과 행동의 다양한 가운데 하나의 조화를 이루려는 오케스트라의 화음, 화평, 화해 그것이다.

민주개혁정치에 있어서 '건강한 사회'를 이룩하기 위하여 가장 노심초사하는 부분이 바로 계층 간, 지역 간, 산업 간의 불균형을 균형 있게 회복하는 것이며, 특히 개혁에 반대하는 사람까지도 함께 끌어안고 가기 위하여 인내를 가지고 개혁할 뿐 '혁명'을 단행하는 것을 거부한다. 혁명은 혁명에 장애물이나 방해되는 사람을 팽개치고 가기 쉽기 때문에 고통이 따르지만 만난을 무릅쓰고 改革의 길을 가기 위해서 고통분담의 짐을 나눠 지고 간다. 이것이 진정한 '건강한 사회'의 토대인 동시에 함께 같이 나아가야[同歸]할 길[道行]이기 때문이다.

개혁정치가 추구하는 '건강한 사회'가 경제적으로 풍요로움을 가져다주고, 복지사회가 이루어져 선진 산업사회로 진입하는 것도 소홀히 해서 안 되지만, 그것보다도 권위와 질서가 존중되고 상식과 순리가 잘 통하는 사회, 나아가 인간의 생명이 侍天할 수 있는 그러한 생명사회를 바라고 있다. 이러한 '생명사회'를 위해서 민주정치가 추진하고 있는 정책방향에 대해서 국민의 기대가 모아지고 있다.

현재 한국병은 목적이 수단을 정당화하는 일, 소수이익이 다수이익에 우선하는 일, 고통은 분담하면서 보람은 독식하는 일, 썩고 아픈 데를 도려내는 수술을 거부하는 일 등에 대해서 과감한 개혁을 단행하여, 그리하여 땀 흘린 사람이 잘 사는 사회, 정직한 사람이 주인 대접받는 사회, 작은 목소리에도 귀 기울여 들어 주는 사회, 음지에도 햇빛이 스며드는 사회가 바로 싱싱하고 생기 도는 '건강한 사회'가 될 것이다.

V. 결 언

한국 도학사상이 동학사상을 거쳐서 현재의 개혁정치와 어떠한 연계적 맥락을 지니고 있는가를 논구하였다. 본 논구를 통하여 얻어진 하나의 결론은 뿌리 없는 나무가 없으며, 샘암이 없는 냇물이 없듯이 사상이나 이념도 그것은 그것 나름의 역사적 생명을 지닌 채 道脈과 연계하고 있다는 사실이다.

이러한 맥락에서 본다면 오늘의 개혁정치나 한류열풍도 수천 년 이상의 한민족사와 함께 필연적 귀결이며, 순응적인 도래라고 할 수 있다. 역사가 마냥 그러하듯이 인간과 역사도 추상적인 존재가 아니라 매우 구체적인 존재 양식으로 진리와 정의를 향해서 줄달음쳐 왔다. 마치 歷史가 役事하듯, 동학의 '개벽'이 문민의 '개혁'으로 接化되어 玄妙之道를 이끌어 낼 수만 있다면, 도학사상이 부정적인 시각만 가질 것이 아니라 오히려 그 속에 담겨진 근본정신인 개인차원의 '修道'와 사회차원의 '行道'를 되살려서 안으로 오늘의 인간성 회복과 밖

으로 내일의 사회정의를 실현하여 자연생명 존중의 合一世界에 이를
수 있다. 이것이야말로 인류 공동체의 창의력과 사회정의를 실현하는
밑거름이 될 것이다.

이러한 밑거름이 되는 도학사상을 민족문화의 독자성으로 승화시
킨다면 이것은 곧 21세기를 주도할 문화리사이클링의 역동을 발현하
게 될 것이다.

인간에게 있어서 편견, 편애, 편향이 판단의 오류를 가져오듯이 역
사해석, 사상전개에 있어서도 올바른 세계관의 입장에서 파지하기란
쉽지 않다. 그 한 가지 예화를 들면서 이 논의 결론을 맺을까 한다.

최근 〈내가 누구인지 말할 수 있는 자는 누구인가〉라는 글을 쓴
이인화는 조선조 당쟁을 새롭게 해석하여 시정의 관심이 되고 있다.
그에 의하면 主理論을 신봉하는 퇴계학파[南人]와 主氣論을 신봉하
는 율곡학파[老論]의 대립상을 우리나라 중세의 분열을 조장하는 당
쟁으로만 볼 것이 아니라 서로 다른 세계관의 토론으로 매우 바람직
한 현상으로 보고자 하였다. 이를테면 남인의 경우는 유교 근본주의
자들로서 훌륭한 임금을 理想세계로 한 왕권중심을 내세웠으며, 주자
의 四書보다는 三經을 중시했다. 이에 비해 왕권견제와 붕당정치를
내세운 노론은 三經을 무시하고 四書를 중요시한 朱子學주의자들이
다. 지금까지 도학사상을 보는 역사시각은 남인은 민주주의 개념과
상충되는 보수주의로 보는 반면, 노론은 개혁주의 노선으로 평가하였
다. 그러나 동아시아의 문화적 전통에서는 오히려 남인들의 세계관이
더 적합한 것으로 해석하고 있다.

그러나 도학사상의 현대적 수용과정에 이 두 시각은 함께 人乃天
에 변증법으로 용해되고 있다는 사실을 적시하여 둔다.(07. 2. 22)

참고문헌

退溪全書.

性理大典.

玄相允,『朝鮮儒學史』, 民衆書館, 1949.

류승국,『한국의 유학』, 세종대왕기념사업회, 1976.

배종호,『한국유학사』, 연세대출판부, 1983.

김충열 외,『한국사상대계 Ⅰ-Ⅴ』, 성균관대, 대동문화연구원, 1984.

이병도,『조선유학사』, 아세아문화사, 1987.

최동희,『동학의 사상과 운동』, 성균관출판부, 1980.

최동희,『한국동학 및 천도교사』, 고려대출판부, 1970.

김창수,『동학사상과 민중봉기』, 원광대출판부, 1984.

김인환, 최제우 작품집, 형설출판사, 1978.

『동경대전』천도교총부, 1980.

『용담유사』, 천도교총부, 1983.

『동학과 동학관』대성출판사, 1947.

조기주,『동학의 원류』, 보성사, 1979.

제8장

지식사회와 전문직 윤리

1. 전문직의 직업윤리 필요성

21세기 지식기반 정보사회는 직업환경에 있어서도 많은 변화를 가져오고 있다. 모든 직업은 구조적인 면에 있어서 정보화·전문화될 것이고 직장의 조직은 네트워킹화될 것이며, 직업환경에 있어서는 세계화가 급속하게 이루어질 것이다. 이러한 직업환경의 변화에 따라 이에 효과적으로 적응하기 위해 직업에 대한 올바른 윤리의식을 확립할 필요가 더욱 요청되고 있다. 특히, 전문직 종사자들은 다른 직업에 종사하는 사람들에 비해서 훨씬 많은 교육과 훈련의 과정을 거침으로써 고도로 전문화된 지식과 기술을 획득하여야 한다. 만약 전문직 지식이나 기밀 또는 기술을 악용하여 비윤리적인 방법으로 사용한다면 그 피해의 파장은 다른 직종보다 훨씬 심각할 것이다. 따라서 전문직 종사자들은 그들 스스로가 높은 윤리의식과 사회적 책임의식을 갖고 자신들의 비윤리적 행위를 자율적으로 규제할 수 있는 자제능력을 가져야 한다.

따라서 전문직에 종사하는 사람들이 타 직종에 종사하는 사람들에 비해서 상대적으로 직업에 대한 투철한 윤리의식과 책임의식을 강조하는 것을 전제로 할 때 전문비서인의 직업윤리가 보다 심층적으로 논의되어야 할 필요성이 제기되고 있다.

그러므로 여기에서는 먼저 지식 정보화 사회에 효과적으로 대응하기 위한 전문비서인의 직업윤리의 기저가 무엇이어야 하며, 나아가 이러한 직업윤리의 과제를 구체적으로 실행하는 데 있어서 필요한 교육내용의 구성에 대한 연구가 이루어질 것이다. 또한 전문비서 직업윤리 문화를 일찍이 정착시킨 서구사회의 비서윤리를 문헌적으로 연구함으로써 글로벌(Global & Local) 시대의 균형 있는 전문직 직업윤리를 확립하는 데 있어서 연구의 시사를 받고자 함에 목적을 두고 있으며 나아가 우리나라의 전문직 비서윤리의 기초를 정립하기 위한 이론적 바탕을 제공하는 데 있다.

피터 드러커(Peter Drucker)는 산업화가 고도화·세계화함에 따라 국경 없는 대전쟁이 벌어지고 있는 오늘날 개인, 기업, 국가는 몸으로 뛰는 것만으로는 살아남을 수 없으며, 변화에 남보다 일찍 대처할 줄 아는 지식·방법·기술을 갖춘 국가만이 21세기에 각광받는 세계사의 무대에 설 것이며 그렇지 못한 국가는 역사의 뒤 안으로 사라질 수밖에 없을 것이라고 경고하였다. 피터 드러커의 냉엄한 국제사회에서의 살아남기 위한 생존전략의 실천덕목으로서의 개인의 지식·창의성·변화는 더 많은 요구를 수용할 수 있다. 그러나 만약 현실적 문제, 경제적 성과, 생산적 능률, 고부가가치만을 추구하거나 빠른 성장만을 중시하는 사회에서는 지식의 필요성을 크게 느끼지 못할 뿐만 아니라 미래에 대한 준비가 부실하여 새로운 변화의 물결에 허둥대거나 실패를 동반하기가 많게 될 것이라는 다니엘 벨(Daniel Bell)의 경고에도 동시에 귀 기울일 필요가 있다.

지식기반 정보화 사회에서 지식의 경쟁과 정보의 독점이 모든 가치 창출의 중심에 서기는 하나, 그 가치를 창출하기까지의 전문 직업인은 역시 사람(Being)이었기에 직업과 관련한 근로 윤리로써 근면, 성실, 정직, 봉사, 책임, 협동 등과 같은 인간의 삶의 기본 윤리덕목은 시대변화와 상관없이 지켜져야 할 도리인 것이다. 이를테면 전통생활문화의 윤리덕목인 상생윤리는 오히려 지식 정보화 사회를 이끌어 가는 미래

지향적인 중심가치로서 자리잡고 있다고 할 수 있다. 오늘날 우리 사회의 각종 상극구조를 풀어내는 중심개념으로 상생은 상생정치, 상생경제, 상생사회, 상생문화, 상생철학 등과 같이 널리 회자되고 있을 정도로 여러 분야에서 담론이 전개되고 있는 상황이다.

지식 정보화 사회의 직업세계는 인간화된 직업문화를 지향하는 의식세계로 전환되어야 한다. 그러므로 직업윤리의 방향과 과제도 윤리성과 도덕성을 바탕으로 한 물질의 추구 사명감과 프로정신의 일의 윤리, 공동체의식과 책임의식의 직업윤리, 직업조직 간의 공정한 경쟁의 윤리 등과 같이 인간의 생명을 존중하는 보편적 가치의 창조에 있으며, 또한 모든 전문직인을 포함한 모든 직업인은 건전한 직업윤리 의식의 함양을 위해서 책임과 의무를 가지고 노력을 경주해야 한다.

전문직에 종사하는 사람은 직업의 구조와 성격상으로 특수성을 지니고 있기가 일쑤이기 때문에 자신의 일에 대한 배타적인 권한을 소유하고, 일의 내용이나 조건에 관한 외부의 간섭이나 통제를 받지 않는 특성으로 인해 산업사회의 노동력 구성에 있어 특수한 위치를 갖는 범주로 여겨진다. 이 특성은 일의 독점(monopoly of work)과 일의 자율성(autonomy of work)으로 표현되는데 독점은 집단의 일원이 되었을 때 어떤 일을 하는 데 있어서 배타적인 권리를 주는 것이며, 자율성은 내적인 일이나 개인적인 행동에 있어서 사회적 통제로부터 자유로운 것을 의미한다고 하였다.

전문직이냐, 비전문직이냐의 구분법은 학자에 따라서 여러 가지 이론들을 제시하고 있으나 공통적인 특성으로 허드슨(R. Hodson)의 특색 접근법(trait approach)을 들고 있는데, 그에 의하면 첫째, 전문직은 일반인들이 알기 어려운 난해하고 복잡한 지식을 가진 직업으로 그 지식을 통하여 개인이나 집단에게 더 좋은 조건을 창출할 수 있어야 한다. 둘째, 전문직은 자율성을 견지하는 직업으로서 자율성은 전문가들이 자신의 판단에 따라 지식과 기술을 통해서 문제를 다루고 판단할 수 있어야 한다. 셋째, 전문직은 자신의 명령에 대해 승복을 기대할 수 있을 정도의 권위를 가진 직업이어야 한다. 넷째, 전문직은 다른 사람에 대하여 관심을 가지는 이타성을 가져야 한다. 즉, 사회봉사성이 강조되어야 한다. 다섯째, 전문직은 공식·비공식적으로 요구되는 윤리요강(Ethos Code)과 전문가적 문화(professional Culture)를 향유하여야 한다.

이러한 전문직에 종사하는 전문가에게는 개인의 명성과 사회적 책임과 의무를 함께 부과하고 있다. 전문직인에게 부과되는 책임과 의무는 자율성에 일임하기보다는 사회적 규제를 통한 직업윤리헌장 또는 직업윤리 강령을 제정하여 전문직에 종사하는 동료들의 책임성, 고객에 대한 봉사성, 사회에 대한 일반적 준칙 등을 규정하고 있다. 즉 전문직인의 특수한 직업윤리라고 할 수 있는데 그 공통된 내용은 다음과 같다. 첫째, 전문직인은 협회, 교육기구, 윤리강령 등의 공통된 조직적 형태를 가져야 하며 둘째, 전문직인은 고도의 전문성의 제고를 통하여 다른 사람의 권익신장을 위하여 공헌해야 한다. 셋째, 모든 가치척도의 기준으로 인간생명 존중의 원칙을 지켜야 한다. 넷째, 모든 일의 진행은 투명성, 공정성, 창의성을 바탕으로 신뢰를 쌓아 나가야 한다.

최근 우리나라도 각종 전문직에 대한 직업윤리 실천규범의 제정을 서두르고 있다. 정치인 직업윤리, 공직자 직업윤리, 언론매체 직업윤리, 카메라기자 윤리, 기업윤리 헌장, 공인회계사 윤리 등을 제정하여 적용하고 있다. 특히 최근 의료분쟁을 야기한 '의사의 직업윤리'는 전문직의 특수성에 따른 직업윤리가 얼마나 긴요한지 다음과 같이 극명히 드러내고 있다.

의사의 직업윤리: 우리 의사는 사람의 고귀한 생명과 건강을 보전·향상하는 일을 탐구하고 실천함을 본직으로 삼는다. 의사는 인류사회에 대한 봉사정신에 투철하고 지성인으로서의 긍지를 갖는다. 이에 우리 의사들은 다음과 같은 윤리를 준수할 것을 서약한다.

1. 의사는 환자의 인격을 존중하고 그들의 질병을 예방, 진료함을 사명으로 한다.

1. 의사는 직무를 수행함에 있어 최고의 의학 수준을 유지하도록 끊임없이 연구 노력한다.

1. 의사는 과학적 근거 위에 정립되지 않는 예방 및 치료에 종사하거나 관여하지 아니한다.

1. 의사는 새로운 진료방법을 쓰거나 사람을 의학의 조사연구대상으로 함에 있어 신중을 기한다.

1. 의사는 의학적 판단과 의술을 훼방하는 어떠한 행위에도 구애받지 않으며 직무에 대한 권위와 명예를 드높인다.

1. 의사는 환자를 진료함에 있어 최선을 다하며 필요할 때에는 다른 사람 의사의 협력을 요청한다.

1. 의사는 진료 등 직무수행에 따른 적정한 보수를 받는다.

1. 의사는 정당한 사유 없이는 직무상 알게 된 환자의 비밀을 누설하지 아니한다.

1. 의사는 보건의료의 직무와 더불어 지역사회발전에 적극 참여한다.

2. 선진국 전문직 직업윤리의 요체

일본인의 전문직 직업윤리의 밑바탕에는 언제나 '한 가지 일에 몰두할 줄 아는 사람'으로서 자신의 직업을 천직으로 여기고 일생을 몰입할 수 있는 장인정신으로 무장된 인간형을 지향하는 것을 특징으로 여기고 있다. 또한 일본인은 한 가지 전문직을 통하여 일본사회의

집단적 의식구조를 드러내는 '화(和)'의 바탕 위에 자신의 전문성
(talent)을 전체의 이익에 복합되도록 일치시키려고 한다.

최근 일본직업윤리의 특징을 요약한 연구에 의하면 ① 근면성, ②
비적대적 노동관, ③ 인간평등주의에 입각한 장인정신, ④ 직업과 자
신을 동일시하면서 스스로 노동의 주인의식, ⑤ 능력평등관에 입각한
연공서열 의식을 들고 있다.

이러한 일본인의 전문직을 포함한 직업윤리의 전체를 볼 때, 일을 단순
히 물질적 가치의 쟁취수단으로만 보는 것이 아니라 천직의식, 소명의식,
시민의식, 공동체의식 함양의 토대로 보는 데 있음을 시사하고 있다.

다음으로 독일의 전문성을 지닌 사람들의 의식구조는 전통적으로
자신에게 일을 부여한 지배자에 대한 순종과 종교적으로 부여한 직
업에 대한 천직의식에서 비롯되고 있다. 즉 합리적이고 높은 수준의
계몽정신, 그리고 고도의 윤리의식과 도덕성, 이성적 사고는 일상의
생활윤리로서 몸에 베어 있다. 그래서 독일인들은 일이나 직업과 관
련하여 '근면하고 부지런하다', '정확하고 책임감이 있다', '근검·절약
이 생활화되어 있다'는 보편적인 선입관을 가지고 있다.

독일인들의 국민적 특성이 되고 있는 ① 엄격한 원리원칙의 준수,
② 질서의식의 철저, ③ 주어진 일에 대한 완벽주의가 사회경제 발전
의 토대를 이루고 그 기틀 위에 독일인의 전문적 직업관이 확립되어
근면함, 절약 정신, 검소함, 책임감, 신뢰성 등이 쌓여서 행동·실천
의 덕목으로 나타나게 되었다.

최근에 후기산업사회의 과정을 거치면서 가정의 해체, 종교적 권위
의 상실, 교육적 역할의 약화, 세대 간의 관계설정의 미약 등으로 전
통적인 직업윤리관의 부정적인 요소가 대두되고 있다. 특히 독일 통
일 이후에 동독인의 사회주의적 타당성에 젖은 노동에 대한 나태성

으로 말미암아 민족통합의 갈등이 좀처럼 가라앉고 있지 않는 상태
가 지속되고 있다.

　미국의 직업윤리의 기초는 '청교도'와 '프로테스탄트'적 윤리관의 결
합에서 비롯되고 있다. 청교도의 윤리는 근면(diligence), 검소(frugality),
청렴(probity)의 3가지 덕목이 강조되어 왔으며, 프로테스탄트의 윤리
관은 중노동(hard work), 독립심(independence), 청렴(frugality), 금
욕(self-restraint), 협력(cooperation)의 5가지 신념을 금과옥조로 여
기고 있다. 물론 지금도 미국 건국시기의 생활신조와 직업윤리가 그
대로 지켜지고 있는 것은 아니다. 그러나 그동안 격동의 역사를 거쳐
오면서 많은 변화를 가져왔지만 변화 속의 불변의 요소(factors of
unchangeability in change)는 역시 개인의 이익보다는 국가 이익의
우선, 자원의 공정한 분배, 일에 대한 고마운 마음, 조직에 대한 헌신
적 봉사의식 등이었다. 이는 미국의 생산성이 일본에 비해 저하되는
원인이 무엇인지를 연구함으로써 스스로 직업관의 재정립의 계기를
세우게 되었다.

　〈표 8-1〉에서 나타내고 있는 바와 같이 미·일 두 집단의 가장 큰
차이점은 미국 남성의 경우 일을 하는 가장 큰 가치를 ① 개인주의
적 경향(individualism), ② 독립심(independence), ③ 자기역량
(self-sufficiency)의 확인에 두고 있으며, 동시에 교육과 열심히 일하
는 것을 바로 성공을 이끄는 방법으로 믿고 있다. 반면 일본 남성의
경우는 일과 관련된 가치를 ① 집단참여(group involvement), ② 고
용주와 국가에 대한 충성(loyalty to employer and state), ③ 소조직
보다는 대조직에 큰 가치를 부여(many valued to big group than
small group)하는 경향을 보이고 있다.

　현대사회에서의 전문직인은 개인적 자아실현과 사회적 공헌이라는

두 가지 삶의 성취감이 함께 충족되었을 때 프로역량은 최대한 발휘
될 수 있게 된다는 공통의 과제를 띠우고 있다.

〈표 8-1〉 미국과 일본의 직업윤리 비교

항 목	미 국	일 본
중노동과 교육 (Hard Work & Education)	• 열심히 일하면 좋은 인생을 만들 수 있다. • 중노동은 한 만큼 대가가 있다. (Hard work=positive) • 교육은 일의 세계를 성공적으로 이끈다. • 보수가 없더라도 일을 하고 싶다.	• 열심히 일해도 성공의 보장은 적다. • 중노동은 부정적이다 (Hard work=negative)
	• 일의 중요성은 개인적 성장과 자신을 표현하는 기회를 제공한다는 데 있다.	
금욕주의, 여가선용, 쉬운 돈 (Asceticism, Leisure & Easy Money)	• "어떤 기쁨을 희생한다면 더 성공할 수 있다"에 대한 부정적 견해	
	• 대부분의 사람들이 즐거움에 너무 많은 시간을 쏟는다. • 부를 가지고 태어난 사람보다 스스로 부를 만드는 사람이 더 윤리적이다.	• 고생이 없으면 인생의 의미가 없다. • 만약 여가선용의 시간이 있다면 인생이 보다 의미가 있을 것이다. • 쉽게 번 돈은 지혜롭지 않게 사용된다. • 신용카드는 부주의하게 소비하게 만든다.
개인주의적, 집단경향 (Individualism vs. Group Orientation)	• 개인적 자유가 조직의 결속력보다 더욱 중요하다. • 스스로를 믿는 사람들이 인생을 앞선다. • 그룹에서 일하는 것보다는 혼자 일하는 것이 좋다. • 큰 조직에 고용되는 것보다는 자영업이 좋다.	• 모든 조직의 일에서 한 부분을 꼭 맡아야 한다. • 대기업에서 일하는 것이 소직장에서 일하는 것보다 더 바람직하다.
	• 같은 조직에서의 경쟁은 여러 면에서 좋다.	
충성심, 희생, 애국심 (Loyalty, Patriotism, Self-sacrifice)	• "부모의 명예와 존경을 위하여 학생들은 좋은 성적을 위해 공부를 해야 한다"에 대한 부정적 견해. • "고용주에 대한 충성심을 위하여 일찍 그리고 늦게 일을 해야 한다"에 대한 부정적 견해.	
	• 더 많은 보수를 주는 직장으로 옮긴다. • 나의 일은 내게 만족을 준다.	• 고용주에 대한 충성심으로 더 많은 보수를 주는 다른 직장의 요구가 와도 옮기지 않을 것이다. • 내가 하는 일이 국가에 공헌한다.

3. 전문비서의 직업윤리관

전문비서라고 해서 다른 직종의 전문직에 종사하는 사람과 완전히 다른 직업관을 가질 수는 없지만, 직업의 성격상 전문비서는 최고경영자를 둘러싸고 있는 기업환경 및 사회환경의 변화에 따라 비서의 역할, 직무내용, 직무범위가 달라짐과 동시에 고도의 전문성이 요구되고 있을 뿐만 아니라 그에 상응하는 직업윤리가 뒤따라야 한다. 이는 마치 새로운 사이버 공간(cyber space)이 확보됨에 따라 이를 올바르게 사용하기 위한 '네티즌의 윤리강령'이 제정되는 것과도 같은 맥락이라고 할 수 있다.

흔히들 비서(secretary)는 비밀(secrecy)을 다루는 직업이기에 기밀(confidential)과 보안(security)을 식별하여 분리·통제·조정·보좌할 수 있는 수준 높은 전문적인 지력을 겸비해야 주어진 과업을 훌륭히 처리할 수 있다고 한다. 그러나 아무리 전문적인 분석력을 갖춘 사람(skiller)이라 할지라도 전문비서인은 직업윤리적인 마인드가 확고하여야 회사나 조직의 유기적인 순환이 원활하게 움직여지는 것이다. 이를 위해서 연구자는 93년 '직업윤리 규범'을 작성하여 각 기업체의 홍보자료(사보)에 게재하였으며, 97년부터는 '전문비서인의 직업윤리 규범'(The Norm of Vocational Ethos for professional Secretariat)으로 수정 보완하여 전문비서인의 직업윤리의 텍스트로 활용하고 있다.

① 주어진 직무에 대하여 책임감을 지니고 윗분의 업무를 보좌하는 데 최선을 다해야 한다.
② 업무수행을 통하여 지득(知得)한 정보, 지식, 중요내용을 임의

로 외부에 유포하거나 발설하는 것을 삼가야 한다.

③ 자신이 맡은 업무의 성격은 서로 다를지라도 그 일을 통하여 자아실현이라는 한 가지 성공적인 목표에 도달함을 인식해야 한다.

④ 업무를 수행하던 중 타인과 이해관계가 상충하거나 분쟁의 소지가 있을 때에는 잠시 역지사지할 수 있는 마음의 여유를 가진다.

⑤ 직책상 주어진 권한은 과용·남용·오용·도용하지 말아야 하며, 자기절제의 미덕을 지닌다.

⑥ 자기보다 직급이나 학력이 낮은 사람일지라도 우월 의식으로 대하지 말아야 하며 항상 인간적인 자존심을 존중해 주어야 한다.

⑦ 학연·지연·혈연·종연을 앞세워서 분파를 만들면 선의의 사람들에게 부당한 피해를 주게 된다는 사실을 인식해야 한다.

⑧ 업무를 처리할 때는 시작 단계에서의 공정성, 중간과정에서의 공평성, 마무리 단계에서의 공개성이라는 업무수행 3공의 원칙을 통하여 객관적인 평가를 받아야 한다.

⑨ 내가 하는 일이 아무리 작을지라도 그 일을 통하여 1차적인 생계유지의 수단과 2차적인 사회 발전에의 공헌이라는 두 가지 면이 함께 충족된다는 사실을 잊지 말아야 한다.

⑩ 내가 하기 싫은 험한 일은 남도 하기 싫어 할 것이므로 그렇다면 누군가는 하지 않으면 안 되는 당위성에 먼저 자신부터 솔선의 모범을 보여주어야 한다.

⑪ 보수는 시장의 원리·분배의 정의·능력의 평가를 종합한 삶의 질을 개선할 수 있는 범위 내에서 결정되어야 한다.

⑫ 일은 하기 싫으면서 직업은 가져야 한다는 개인적 모순과 일은

하고 싶으나 직장이 없는 사회적 모순을 함께 성숙시키는 민주
시민이 되어야 한다.

21세기 신지식인의 덕목

성실한 근무자세 · 남을 위한 세심한 배려 · 열린 마음의 신뢰구축 · 자유로
운 창의성 계발 · 선의의 무한경쟁 · win-win의 선택 · 환경생명의 인식 · 엄
격한 양심의 명령 · 상생사회의 조성

---

4. 정보화 시대와 전문비서직

정보 지식 사회에 진입하면서 직업변화의 가장 두드러진 현상은
만들어진 의자에 앉아서 일하다 보면 승진하는 지위 지향적인 직업
(desk oriented job)을 선호하기보다는 자기 스스로가 앉아서 일할 의
자를 만들어 가는 과업 지향적인 직업(task oriented job)이 점점 늘
어날 것이라는 전망이다. 최근에 벤처기업이 늘어나는 것도 바로 그
러한 추세의 반증인 것이다. 따라서 정보화 시대의 전문비서직도 기
존의 특정인이나 조직에 예속되어 비서업무를 수행하기보다는 독자
적으로 전문비서 오피스를 개설하여 기업체나 공공기관으로부터 과
업을 의뢰받아 처리하여 주는 델리버리방식(delivery method)이 등장
할 것이다. 그 전 단계가 최근의 넓은 의미의 컨설팅 시스템(consulting
system)인 것이다.

정보화 시대의 일의 공간은 지리적인 장소에서 일하는 역할은 점
점 줄어들고 사이버공간에서의 일을 하는 역할이 점차적으로 늘어남
에 따라서 한 사람이 두 개의 다른 공간을 생활공간으로 삼아 질 높

은 '일과 삶'을 동시에 누려야 할 시점을 맞게 되었다. 따라서 전문비
서직에 종사해야 할 여성의 역할로 ① 변화에 기민하게 능률적으로
적응하는 능력의 소유자, ② 정보산업사회에서의 유연한 마인드의 조
정자, ③ 새로운 사회조직, 운영방식의 창안자, ④ 여성 특유의 섬세
함(delicacy)이 남성 특유의 물리력(powerful)을 앞지르려는 센스우
먼, ⑤ 주어진 한정된 업무에 안주하지 않고 새로운 업무를 찾을 줄
아는 탐구자, ⑥ 어떤 사물을 볼 때 고정관념에서 벗어나 차별의식보
다는 차이의식을 가질 줄 아는 자, ⑦ 공유할 정보와 대외비 정보를
때와 장소에 따라 적절히 조절할 줄 아는 능력의 소유자, ⑧ 상사의
지시사항뿐만 아니라 모든 지식과 정보를 레코드 및 스크랩하는 것
을 몸에 배도록 습관화할 줄 아는 콜랙트이어야 한다.

그러므로 정보화 시대의 전문비서의 역할과 업무내용은 수동적인
것으로부터 능동적이어야 하며, 종속으로부터 독립적이어야 하며, 경
직적인 사고로부터 유연한 사고여야 한다. 즉 단순히 업무보조나 지
시사항을 이행하는 수준에 머무를 것이 아니라 아이디어와 창의력을
발휘하여 최고경영자의 경영철학을 함께 체험하는 임원진이 되어야
한다.

이와 같이 비서의 역할이 단순보조 업무로부터 자문독립 업무로
그 영역이 확대되어 감에 따라서 그에 상응하는 전문비서의 양성을
위한 교육 프로그램의 개발 및 수립도 병행되어야 한다. 이를 위해서
전문대학에서는 전문직업인의 양성이라는 교육목표를 달성하기 위하
여 실무 기능 교육과 병행하여 산업사회가 자칫 소홀하기 쉬운 직업
윤리 교육도 교육과정의 필수 이수 과목으로 채택하고 있다. 현재 전
문대학 170개 교 중에서 직업윤리를 채택하고 있는 대학은 120개 교
이며 이들 대학에서 가르치는 직업윤리 교과내용은 대학의 개별 특

수 사정에 따라 약간의 차이는 있으나, 대체로 산업사회와 인간, 자본주의와 직업윤리, 동·서양의 직업관의 차이와 변화, 삶의 질과 직업, 직장에서 인간관계, 전통사회에서 직업윤리의 근간 등을 포함하고 있다. 앞으로 직업윤리의 내용으로 포함되어야 할 사항은 정보윤리, 생명윤리, 조직윤리, 노동윤리, 기업환경의 변화, 노사간의 대화와 타협기법, 유망직종의 적응과제 등이 중요하게 다루어질 것이다.

특히 급변하는 기업의 경영환경에 영향을 미치는 국내·외의 여러 가지 정보의 흐름을 파악하여 상사의 정보이용의 극대화를 통해 업무수행을 효과적으로 처리하기 위해서 지식체계를 학습하기 위한 교육 프로그램을 전문화·국제화 추세에 알맞도록 짜여져야 할 것이다.

먼저 각 국이 실시하고 있는 국제비서 자격취득을 위한 교육 프로그램을 보면 다음과 같다.

첫 번째, 미국은 PSI(professional Secretary International)에서 비서직의 등급에 따라서 비서의 자질, 책임감, 업무수행 능력, 독자적 판단, 충실한 의사결정을 고려하여 〈표 8-2〉와 같은 자격 요건을 요구하고 있다.

<표 8-2> 미국비서의 등급별 자격요건

Administrative Assistant					
Administrative Secretary					
Executive Secretary					
Secretary					
Junior Secretary					
1. 업무를 조직적으로 편성할 수 있는 자 2. 인간적으로 성숙한 자 3. 비서 기능 수행이 우수한 자 4. 일에 어울리는 외모를 갖춘 자 5. 전화매너가 우수한 자 6. 책임을 가지고 일을 할 수 있는 자 7. 솔선수범할 수 있는 자	8. 신뢰성이 있는 자 9. 섬세한 일을 할 수 있는 자 10. 최소한의 힌트로도 업무를 수행할 수 있는 자	11. 관리능력이 있는 자 12. 자주적으로 업무를 처리할 수 있는 자 13. 인간관계를 원만하게 처리할 수 있는 자 14. 우수한 커뮤니케이션 능력이 있는 자	15. 경영층 등 각계각층의 인간관계 처리에 능숙한 자	16. 감독능력이 있는 자 17. 솔선수범하고 책임을 다하며 적극성을 가진 자 18. 비밀사항을 취급할 능력이 있는 자	

Junior Secretary는 1~7까지의 자질을 갖추면 채용될 수 있지만 Secretary는 3항목을 추가해서 8~10까지, Executive Secretary는 11~14까지, Administrative Secretary는 15까지, Administrative Assistant는 18까지를 갖추어야만 한다. Junior Secretary와 Secretary는 고도의 비서직 기능을 수행하는 것은 아니며, Executive Secretary 이상이 전문적인 비서라고 할 수 있다.

미국에서의 비서자격 검정시험은 하루에 Finance and Business Law, Office Systems and Administration, Management의 3개 주요 분야에 걸쳐서 치러지며, 3년 이내에 모든 부문에 합격해야만 자격증을 취득할 수 있다. Finance and Business Law는 경제 30%, 상법

35%의 비율로 출제되며, Office Systems and Administration은 사무기술 50%, 사무관리 25%, 비즈니스 커뮤니케이션 25%로 구성되어 있다. Management는 비즈니스에서의 행동과학 36%, 인사관리 19%, 조직관리가 45%의 비율로 출제된다.

〈표 8-3〉 일본의 국제비서자격 검정시험

구분	제1차 시험	제2차 시험
자격	• 제한 없음 • 비서영어검정시험 1급 합격자는 합격 후 3년 동안 1차 시험의 Part Ⅱ(기초영어)면제	• 1차 시험에 합격한 자로 제한 • 1차 및 2차 시험 합격과목은 3년간 유효하며 이 기간 내에 불합격 과목만 재수험
내용	• Part Ⅰ: 비서에게 필요한 올바른 일본어와 응용능력 심사 • Part Ⅱ: 비서에게 필요한 기초영어의 지식과 응용능력 심사	• Part Ⅰ: 비서적성, 인간관계, 비서업무관리 • Part Ⅱ: 비서업무와 비서기능에 관한 심사(In-Basket방식) • Part Ⅲ: 영어비지니스 문서에 관한 지식과 응용 • Part Ⅳ: 일본어, 영어에 의한 면접
시간	• 3시간	• Part Ⅰ: 3시간 · Part Ⅱ: 3시간 • Part Ⅲ: 1시간 · Part Ⅳ: 개인면접 약 5분간

미국비서협회(PSI: professional Secretary International)는 최근에 새로운 평가 프로그램인 Office Proficiency Assessment Certification (OPAC)을 도입했는데 그 내용은 3시간 30분 동안 개인용 컴퓨터에 기반을 둔 프로그램으로 키보딩, 워드프로세싱, 전화와 약속, 편지관리기술과 재정서류관리에 관한 것들이다.

두 번째, 일본은 사단법인 일본비서협회가 국제비서자격(CBS: Certified Bilingual Secretary)시험을 년 1회씩 출제하고 있으며 영어,

경영, 회계, 법률분야가 깊이 있게 취급되고 있어 매년 10여 명 내외의 합격률을 보이고 있어 일본에서의 국제 전문비서는 최고의 영예를 누리고 있다(〈표 8-3〉 참조).

〈표 8-4〉 독일자문비서 시험내용

시험부문	시험과목	시험내용		소요시간(분)
1. 필기 기능	속기	매분 150음절의 속도로 구술속기		5
		타이프로 평가		40
	타이핑(속도)	난이도 중급의 문장을 매분 280스트로크로 입력		10
	편지문	A4용지로 약 1350스트로크의 양을 입력, 편지의 내용은 매분 120음절의 속도로 타이핑(약 2.5~3분)		15
2. 전문 기능	문서작성 (문장표현)	업무명령서 등의 문서작성		60
	기록작성	약 15분간의 Speech에 대한 기록작성과 처리		90
	비서실무	(1) 회의의 준비와 운용 (2) 스케줄관리 (3) 우편물의 처리업무 (4) 자료관리, 문서관리, 통신수단, 구술용 녹음기, 구술용 장치 등의 사무기기 취급	필기시험	120
			구두시험	15
3. 법적, 경제적, 사회적 분야	법적 분야	독일기본법, 민법, 상법, 노동법, 사회법(노동협약법, 경영조직법, 책임노동협약법, 노동재해방지규정, 사회보험)에 대한 기초지식		120
	경제적 분야	경영조직과 통계를 포함한 경영경제이론에 관한 기초지식		
	사회적 분야	노동계에서 사회적, 정치적으로 관련된 지식, 관리방법, 교제방법, 회화능력		

세 번째, 독일은 연방교육학술부가 제정한 비서자격인정시험에 관한 법률에 근거하여 독일상공회의소가 시험과목을 주관하고 있다. 시험에 응시할 자격을 다음과 같이 6가지로 규정하고 있다(〈표 8-4〉 참조).

① 연방정부가 인정한 훈련 직종에서 수료시험 합격자로 동시에 2년 이상의 실무경험이 있는 자, ② 연방정부가 인정한 훈련 직종에서 수료시험 합격자이며 동시에 중등교육 수료자로 일년 이상의 실무경험을 가진 자, ③ 경제부문에 전문상급학교의 수료자, 상업상급학교의 수료자, ④ 국공립 인정직업학교에서 중급교육 수료증을 취득한 자 또는 동등의 자격을 가지고 3년 이상의 실무경험을 가진 자, ⑤ 중급교육수료증을 취득한 자로 4년 이상의 실무경험을 가진 자, ⑥ 6년 이상의 실무경험을 가진 자로 나누었다.

무엇보다도 전문 국제비서는 다른 나라의 문화에 대한 이해가 있어야 업무수행을 원활히 할 수 있다. 즉 ① 시차의 감각을 몸에 익혀두는 일, ② 국제통화의 가격변동의 개념을 숙지해 두는 일, ③ 상대 나라의 외교 예의와 풍속을 알아두는 일, ④ 언어능력, 문화적 교양을 겸비한 대인 인지 능력을 가지는 일, ⑤ 국제 정세의 흐름을 파악한 글로벌 마인드를 가지는 일, ⑥ 타 문화를 흔쾌히 받아들일 줄 아는 국제적 센스를 가지는 폭넓은 지식을 갖추어야 한다.

5. 전문비서의 실제적 예절규범

(1) 언어 예절

언어는 자신의 내면을 나타내므로 교양과 예절의 총체적 척도이기 때문에 말의 올바른 사용이야말로 비서인이 갖추어야 할 가장 중요한 매너가 된다. 특히 우리말의 어법은 복잡한 경칭, 호칭, 지칭이 다를 뿐만 아니라 같은 말일지라도 때와 장소와 상황에 따라 다르기 때문에 전문비서인이 화법을 훌륭하게 구사하는 것이 가장 중요한 요소가 된다. 호감을 주는 바른 말과 어휘의 선택은 다음과 같다.

① 사람은 제각기 특유의 음성과 음색을 가지고 있으며 이는 개인의 이미지 형성에 영향을 미친다. 좋은 음성은 낮고 차분하면서 맑은 것인데 말소리는 선천적으로 주어진 것이라고 하지만 다듬고 노력한다면 답답하고 날카로운 말소리라도 좀더 듣는 사람이 즐겁게 들을 수 있도록 할 수가 있다. 예를 들어 발음이 분명치 않은 경우라면 "아 어 오 우 이 에⋯⋯"와 같은 모음발성훈련을 한다거나 또는 "깐 콩깍지인가 안 깐 콩깍지인가"식의 발음하기 어려운 말을 빠른 속도로 발성하는 훈련을 쌓아 효과를 볼 수도 있다.

② 같은 말이라도 기분 좋게 받아들일 수 있는 언어를 쓸 줄 아는 사람이 있는가 하면 본래의 뜻은 아니지만 어딘지 모르게 뒷맛이 나쁜 여운을 남기는 말을 하는 사람이 있다. 이는 대체로 그 어조가 자연스럽지 못하고 진실하지 못한 점이 첫째 원인이다. 말을 자연스럽게 하려면 무엇보다 그 마음이 진실하고 허식이 없어야 한다.

③ 외래어나 상대방이 알아듣기 어려운 말이나 전문용어를 쓰지 않는다. 특히 외래어에서 아파트, 넥타이 등과 같이 우리말화한 외래어 이외에 상대방이 잘 알지도 못하는 외래어를 마구 사용하는 것은 에티켓에 어긋날 뿐만 아니라 그 사람의 교양 정도까지 의심하게 된다.

④ 은어·속어·유행어는 피한다. 직장에서는 비록 젊은 동료 간의 대화라 해도 누구에게나 통하는 바른 언어, 누구에게나 들려줘도 부끄럽지 않은 언어를 사용하는 것이 좋다.

⑤ 표준어를 사용한다. 고향 친구나 일가친척을 만나게 되면 사투리를 사용하는데 이는 자연스러운 것이다. 또한 사투리는 말하는 이의 개성을 나타내며 구수한 맛이 있는 것도 사실이다. 그러나 직장생활에서는 듣는 이를 존중해서 사투리를 적게 쓰려고 노력하는 성의를 보이는 것이 대화의 예의를 갖추는 것이다. 우리나라에서는 현재 서울말을 표준어로 정해 놓고 있다. 신문, 방송에서 사용하는 말은 이 표준어 원칙에 맞는 말이므로 이에 준하면 무난하다.

⑥ 어떤 일을 거절하거나 부탁하는 경우 완곡한 표현을 하는 것이 좋다. 직장생활에서는 직접적인 말씨가 상대방의 감정을 자극하여 뜻밖의 문제를 초래하는 경우가 많으므로 말을 돌려 표현함으로써 서로의 감정대립을 피할 수 있다.

⑦ 혼자만 이야기를 독점하지 않으며, 가족 또는 자기 자랑만 늘어놓지 않는다. 대화의 궁극적인 목적은 유창함과 달변을 과시하려는 데 있는 게 아니라, 나의 의사를 전달하고 이해시키는 과정을 통하여 상대방으로 하여금 신뢰감과 호감을 느끼도록 하는 데 있다.

⑧ 상대방이 부당한 말을 했을 때에는 그저 웃어넘기기보다는 정중한 태도로 그것은 그렇지 않다고 차근차근 조리 있게 자신의 생각을 말하는 것이 좋다.

⑨ '……같아요'라는 말은 '……로 짐작이 된다'는 추측의 뜻을 나타낸다. 따라서 분명한 일인데도 '……같아요'라는 말을 쓰면,

어쩌면 자신감 없는 사람으로 느껴지고, 지나치면 주관이 없는
것으로 보일 수도 있다.

⑩ 듣는 대화를 하라. 어느 조사에 의하면 사람들 중에 85% 이상
이 남의 말을 듣기보다는 말하기를 좋아한다고 한다. 그러므로
말하기 좋아하는 대다수 사람들의 대화상대가 되기 위해서는
먼저 경청의 대화수를 터득하여야 한다.

(2) 대화 예절

① 자신을 갖고 말한다. 자신 있는 말투로 상대방을 사로잡는다.
② 상대방이 관심과 흥미를 느끼는 이야기부터 시작한다.
③ 말할 것을 정리해서 듣기 쉽게, 알기 쉽게 말한다. 상대방이 아
는 말을 사용한다. 상대방의 비밀이나 싫어하는 내용은 삼간다.
④ 대화 도중의 간격을 두는 것이 중요하다. 간격의 구분 없이 말
을 하면 자신의 말하는 취지와 다르게 상대방이 듣고 이해할
수 있기 때문이다.
⑤ 짧게 끊어서 말하는 게 좋다.
⑥ 상대와 다른 의견을 말하거나 거절할 때는 일단 상대방의 의견
이나 제의를 수긍하고 인정하는 바탕 위에서 그와 다른 의견을
말하거나 거절하여야 한다.
⑦ 화제를 함부로 바꾸지 않는다. 업무 이야기 중에 개인적인 화제
를 꺼낸다든지, 입장이 난처해지면 갑자기 화제를 바꾼다든지
하는 일이 없도록 해야 한다.
⑧ 적당한 경어법을 구사하라. 말의 내용보다 그 형식이 사람의 마
음을 움직이는 경우가 많다.

⑨ 편안한 마음을 가질 수 있게 음조에 변화와 억양을 주며 정확한 발음으로 분명하게 말한다.

⑩ 시선은 상대방의 얼굴에 두고 이야기를 한다. 눈은 말보다도 강한 말을 지니고 있기 때문에 서로가 호감을 가질 수 있도록 자연스럽게 마주 본다면 진실한 표정이 더 바르게 감정을 전해준다. 그러므로 항상 상대방을 보면서 미소를 지으며 말한다.

⑪ 팔짱을 끼거나 다리를 포개지 않는다. 이러한 자세로 얘기하면 거만하고 부정적 이미지를 준다.

⑫ 제스처를 사용하여 이야기하며 이때 진실한 태도가 우러나도록 한다. 그러나 아무리 자연스러운 제스처라 해도 에티켓에 어긋나는 수가 있다. 즉, 무엇을 필요 이상으로 머리를 조아리거나 두 손을 비비며 굽실거리는 것은 그 사람의 품위를 떨어뜨리는 것은 물론 비굴해 보이기까지 한다.

⑬ 선입관을 버리고 객관적인 입장 또는 상대방의 입장에서 듣는다.

⑭ 말은 끝까지 듣는다. 말을 들을 때 결코 말 중간에 끼어들어 말을 중도에서 끊게 하는 일이 없도록 조심한다. 만약 중간에 이해를 못 한 애매한 부분이 있으면 말이 끝난 후, 그때 물어 확인을 해야 할 것이다.

⑮ 대화의 목적과 내용을 파악하고 목적에 맞추어서 잘 들어야 한다.

⑯ 상대방의 이야기에 마주 호응해 준다. 맞장구를 치면서 듣는 것도 좋은 방법이다. 맞장구를 칠 때에는 첫째, 타이밍을 맞춘다. 처음부터 맞장구치면 경솔한 사람으로 보일 수도 있으므로 주의한다. 둘째, "네", "과연" 등의 짧은 맞장구만 치는 것이 아니라, 의견을 제시함으로써 감정을 갖고 있음을 나타낸다.

⑰ 상대방의 표정과 제스추어를 주시한다.

⑱ 상대방의 얼굴을 보며 목적과 관심을 가지고 귀를 기울인다. 시선을 자주 마주치면서 듣는다.

⑲ 호의적인 태도로 듣는다. 말하고 있는 상대방 쪽으로 몸을 기울인다.

⑳ 팔짱을 끼거나 다리를 꼬는 등 이상한 행동을 하지 않는다. 무릎을 떠는 것도 좋지 않은 버릇이므로 조심해야 한다.

㉑ 혼자만 이야기하지 말라. 또한 지나치게 아는 척을 하지 않는다.

㉒ 표정 없이 입만으로 이야기하지 말라.

㉓ 시선을 엉뚱한 데에 두지 않는다.

㉔ 주위를 두리번거리며 돌아보지 않는다.

㉕ 대화 중에 하품을 하거나, 서류를 만지작거리거나, 시계를 힐끗힐끗 바라보는 행동은 되도록 하지 않는다.

㉖ 불평, 반대, 비판 등을 지나치게 하지 않는다.

㉗ 상대방의 비밀이나 싫어하는 내용은 하지 않는다. 특히, 여자 사원에게 나이 및 신체에 관하여 묻지 않는다.

(3) 행동 예절

① 직장에는 상사와 부하라는 질서가 있음을 잊지 말고 예의에 어긋난 말이나 행동을 하지 않도록 명심해야 한다.

② 직접 관계가 없는 상사에게서 오라는 전갈을 받았을 때에는 방문을 노크한 후에 방에 들어가 목례를 하고 '○○과 ○○○입니다. 부르셨습니까' 하여 자기를 알리도록 한다.

③ 상사로부터 받은 지시사항이 객관적으로 볼 때 바람직한 결과를 얻지 못할 것 같은 생각이 들면 '전에 과장님이 말씀하신 방법보다 이러한 방향으로 검토해 본다면 더 쉽게 일을 끝맺을

수 있을 것 같아서 말씀드립니다만' 하고 겸허한 자세로 상의하
는 것이 바람직하다.

④ 직장에서는 각기 맡은 일이 있고 분야가 다르기 때문에 서로
한계를 분명히 하고 일을 하게 된다. 그런데 덜 친한 사이라고
해서 지나치게 여러 가지 일을 참견하거나 개입하는 사람을 볼
수 있다. '친한 사이에도 예의바르게 지내야 한다'는 말이 있듯
이 지나친 간섭이나 접근은 피하도록 해야 한다.

⑤ 가까운 사이라고 해서 별명을 부르거나 함부로 듣기 거북한 말
투로 말하는 것도 삼가야 한다. 서로 대화하는 말이나 태도에서
공적인 면과 사적인 면을 확실히 구별할 줄 아는 사람이 참된
직장인이라 할 수 있는 것이다.

⑥ 어떤 사람은 지나치게 상사나 선배에게 굽실거리며 좋은 평판
을 얻으려 하기 때문에 동료들과는 별로 친분 없이 지내게 되
는 경우가 있다. 그러나 현명한 상사나 선배들은 무엇보다도 직
장 내에서의 여론에 귀를 기울이고 있다는 사실을 알고 자신의
태도를 취해야 한다.

⑦ 동료가 작업을 제대로 끝내지 못하고 안절부절못하고 있다면
'그 일이 꽤 까다로운가 본데 내가 좀 도와줘도 될까?' 하고 상
대의 자존심을 상하지 않게 말하고 도와주는 것은 참으로 바람
직한 일이다.

⑧ 고객과 이야기할 때 거래처나 자기가 근무하는 회사 이름은 정
식 이름을 불러야 하며 약식 이름을 쓰면 실례가 된다.

⑨ 고객과 대화할 때 자기 자신이 모르는 질문을 받으면 '저로서는
확실히 모르겠으니 담당자에게 안내해 드리겠습니다. 잠깐 기다
려 주십시오.'라고 하고 담당자에게 친절하게 안내한다. 담당자

가 자리에 없을 때에는 고객의 연락처를 받아두고 담당자가 신
속히 연락할 수 있도록 메모를 남겨둔다.

⑩ 발언할 때에는 의장의 승낙을 얻은 후에 한다.

⑪ 발언할 때에 일어서거나 앞에 나가서 말한다.

⑫ 발언 내용은 주제에 어긋나지 않는 내용이어야 하며 요점은 분
명하게 말하되 참석자 전원이 들을 수 있도록 정확한 말소리로
똑똑하게 말한다.

⑬ 남의 말을 가로막거나 중단시키는 행위는 삼가야 하며 다른 사
람과 동시에 발언하게 되었을 때에는 '실례합니다' 또는 '미안합
니다' 하고 말한 후에 자기 순서를 기다린다.

⑭ 너무 오랫동안 이야기하지 말고 서로 발언할 수 있는 기회를
갖도록 한다.

⑮ 타인의 의견에 반대되는 의견을 말할 때일수록 더욱 정중하고
예의바르게 말한다. 반대로 타인이 자기의 의견에 반대되는 의
견을 말하더라도 그것을 인격모독으로 생각해서는 안 되며 허
심탄회하게 받아들인다.

지식정보화 시대의 전문비서의 역할과 기능이 전문화, 독립화, 확
대화되면서 다른 어떤 직종에 종사하는 사람보다도 높은 수준의 전
인적 인격을 갖춘 사람을 요구하는 추세로 변화되고 있음을 본 연구
를 통하여 더욱 깊이 이해하게 되었다.

전문비서인은 가깝게는 자기 자신에서부터 멀리는 국제사회의 정
세파악과 기업문화에 이르기까지 세심한 이해와 지식을 필요로 하며,
특히 외국어의 습득, 바른 언어 및 행동의 예절을 갖추는 일은 상사
와 조직의 이미지를 좌우하는 관건이 되고 있다.

그러므로 21세기 전문비서인이 지녀야 할 능력과 기능은 종합적이
며 전인적인 동시에 엄격한 비서윤리강령을 지킬 것을 요구하고 있
다. 미국은 지난 95년도에 비서윤리강령(General Principals of Secretary
Ethnic)을 제정하며 모든 비서인의 직무윤리규범으로 지키고 있다.

따라서 우리나라도 정보사회에 걸맞은 수준 높은 전문비서인을 양
성할 교육 프로그램과 자격시험제도를 강화함과 동시에 우리 사회문
화에 적합한 비서윤리강령을 한국비서학회가 제정할 것을 제의하는
바이다.

글로벌시대에 각종 국제회의가 빈번히 개최되는 때에 효율적으로
대처하기 위해서 전문비서윤리의 정립과 함께 전문비서교육의 프로
그램개발의 필요성이 제기되고 있다. 미국 IAAP 제정 비서직 윤리
강령(98년 수정 채택)

Code of Ethics for Administrative professionals

(Preface note: The International Association of Administrative
Professional as "an individual who possesses a mastery of office
skills demonstrates the ability to assume responsibility without
direct supervision, exercises initiative and judgment, and makes
decisions within the scope of assigned authority.")

1. The Administrative professional shall act as a trusted agent in
professional relations, implementing responsibilities in the most
competent manner and exercising knowledge and skill to promote
the interests of the immediate and corporate employer.

2. The administrative professional shall strive to maintain and

enhance the dignity, status, competence, and standards of the profession and its practitioners.

3. The administrative professional shall insist that judgments concerning continued employment, compensation, and promotion be based upon professional knowledge, ability, experience, and performance.

4. The administrative professional must consider the promotion and preservation of the safety and welfare of the public to be the paramount duty.

(머리말: International Association of Administrative professionals는 비서란 사무실에서 요구되는 기술에 숙달되어 있고, 상사의 지시나 감독 없이도 자기의 책임을 수행하는 능력을 지니고 있으며 창의력과 판단력으로 업무를 수행하고 주어진 권한의 범위 내에서의 의사결정을 하는 전문직업인이라고 정의한다.)

1. 비서는 업무관계에 있어 신뢰받는 대리인으로 행동한다. 직속상 사와 회사의 이익 증진을 위하여 가진바 지식과 기술을 발휘하여 가 장 능률적인 태도로 책임을 수행한다.

2. 비서는 비서직과 비서직에 종사하는 사람들의 권위, 지위, 그리 고 능력뿐만 아니라 비서직의 표준을 유지, 향상시키기 위하여 노력 한다.

3. 비서의 계속적인 근무, 급여, 그리고 승진에 관련되는 결정은 비 서의 전문지식, 능력, 경험, 그리고 업무성과에 따라 보상되어야 한다.

4. 비서는 공공대중의 안전과 복지의 수호와 증진을 제1차적인 중대한 의무로 인식하여야 한다.

제2절 정보사회와 지식인의 역할

지식 정보화 사회는 지식사회와 정보사회라는 두 가지 의미를 하나의 개념으로 합성어 한 것이다. 물론 분리개념으로 볼 수도 있지만 본고에서는 하나의 통합개념으로 보고자 한다.

지식사회에서는 '지식'이 모든 가치창출과 자유경쟁의 핵심요소인데 비하여 정보사회는 '정보'가 모든 가치창출과 자유경쟁의 핵심요소이기 때문에 21세기는 창의성과 개성에 바탕을 둔 지식과 정보가 경제·사회·문화 창달의 기반을 이루므로 '지식=정보'의 등식이 성립되는 것이다. 즉 지식이 곧 정보요, 정보가 곧 지식의 핵심적 요소로 역할을 수행하게 되므로 이 둘은 동전의 앞뒤와 같은 개념을 지니고 있어서 굳이 구별하지 않고 사용해도 개념의 혼란은 없다. 그러나 이행과정상 정보사회에서 지식사회로의 변화 과정을 보여주고 있는 것이 일반적인 경향인 것이다.

후기 산업사회가 도래한 후 '지식과 정보'를 거의 동시에 진행시키면서 소위 선진국과 후진국 간의 경제적인 격차는 또다시 새로운 지식격차와 정보격차로 인하여 더욱 심화현상을 보이고 있다. 이는 갈수록 전 지구적으로 확산되어 기존의 가치관이나 생산양식은 파괴될 수밖에 없는 데까지 이르게 되었다.

여기서 지식정보사회는 21세기에 적응할 수 있는 새로운 상생(相

生)의 창조적 가치를 재창출해야 할 필요성을 부여받게 된다. 이 문제는 21세기의 인류가 함께 해결해야 할 과제인 동시에 종전의 지식·정보의 개념으로부터 근본적으로 바꾸어야 할 새로운 패러다임의 변화를 요구받고 있다는 사실이다. 즉 지식정보의 도전에 대한 응전의 과업을 떠맡고 있다는 것이다.

지금 세계는 국경 없는 경제 전쟁터에서 총소리가 없는 무제한의 살아남기 위한 생존전쟁을 펼치고 있다. 이 생존전쟁에서 살아남기 위한 최후의 원동력은 지식·정보·인재라는 삼각축을 튼튼히 구축하는 일이다.

그럼에도 불구하고 우리나라는 지난 반세기 동안 정경유착과 관치금융에 의한 ♠물양 위주의 외연적 성장에만 바탕을 둔 낡은 시스템으로 유지하여 급기야 97년 말에 IMF 관리체제로 전락하고 마는 위기에 빠지고야 말았던 뼈아픈 경험을 겪게 되었다.

한국의 지식 정보화 사회기반은 아시아권에서도 매우 취약함을 외국의 저명한 학자들에 의해서 여러 차례 지적을 받은 바 있다. 이를테면 미국의 크루그만은 "한국을 포함한 동아시아 국가들의 경제성장의 원동력과 자본집중의 의존도가 높은 데 비하여 지식과 정보를 통한 생산성 증가의 기여도는 매우 저조하므로 향후 고도성장은 불가능할 것"이라고 했고, 앨런·해밀턴의 '한국보고서'에서도 한국경제가 안고 있는 최대의 과제는 선진국과의 지식격차를 줄이지 않으면 성장의 장래는 보장되지 않는다고 했다. 또 '맥킨지보고'에서는 '한국이 아무리 비용을 낮춘다 하더라도 선진국과의 지식 격차를 좁히지 않는 한 세계 1등 국가가 될 수 없다'고 충고하고 있다.

최근 매일경제신문사가 발간한 '지식혁명 보고서'에서도 '개인·조직·국가가 지식을 얼마나 많이 창출하여 공유하고 활용하는지에 따라 한 국가의 운명이 결정된다'고 하였다. 이제 '허리띠는 죄고 머리 띠는 풀자'라는 가치 아래 기존의 화이트칼라와 블루칼라의 구별도 없어지고 오로지 자신이 하는 일을 개선, 개발, 혁신해서 자신의 부가가치를 높이는 '지식 근로자'와 그렇지 못한 '지식 소작인'만이 존재할 뿐이라고 하였다.

그렇다면 지식정보사회의 기반을 이루는 원동력이 무엇이어야 하는지에 대한 해답은 자명하게 되었다.

즉 지식의 내용, 지식의 실천, 지식의 부가가치 창출이 국부(國富)로 이어져 국민복지를 이룩하는 일이다. 이를 위해서 두뇌강국을 육성하여야 한다. 두뇌강국의 주체는 대학 교수, 전문가, 아이디어 맨, 벤처기업인, 전문경영인, 자기 몸값을 높이는 소위 '신지식인'인 것이다. 대학 교수가 두뇌강국의 주체라고 해서 모든 대학 교수가 다 신지식인은 되지 못하는 것과 같이 교수와 지식은 일치하지 않는다. 그것은 마치 서울대학교가 한국에는 일류일지언정 세계 수준에서는 94위로 3류를 겨우 턱걸이하는 대학이기 때문에 교수라고 해서 10년 전 노트로 강의하는 내용이라면 철밥통을 면하기 어렵다는 것이다.

OECD에서는 '지식'을 정보적 지식, 사실적 지식, 방법적 지식, 논리적 지식의 4가지 범주로 나누어 개념화하고 있다. 그러나 지식 정보화 사회가 지향하고 있는 신지식의 개념에는 사실적 지식과 논리적 지식보다는 지식의 가동력을 높일 수 있는 정보적 지식과 방법적 지식에 초점을 맞추고 있는 것이 현실화되어 있음을 보여주고 있다.

일찍이 A · 토인비는 '역사는 끊임없는 도전과 응전의 연속'이라고 하였듯이 21세기 지식 정보화 사회의 도전에 대해서 어떻게 슬기롭게 응전하여 생존전략에 효과적으로 연결시키느냐, 그렇지 못하냐에 따라 선택의 기로에 선 것이 아니라 결단의 시점에 섰다고 할 수 있다.

최근 '제2건국'에서 지식 정보화 사회에 능동적으로 응전할 수 있는 신지식인의 자세에 대해서 '7가지 계명'을 제시한 것은 여러 가지 면에서 시사하는 바가 크다고 할 수 있다.

첫째, 현재에 안주하지 말라. 즉 자기계발, 자기혁신, 자기노력을 게을리 하는 사람은 설사 오늘은 신지식인일지라도 내일이면 구지식인으로 전락되어 쓸모없는 '정보바구니통'에 불과하다는 말이다. 즉 변화의 적응에 신속히 대처하라는 뜻이다.

둘째, 고정관념에서 벗어나라. 어떠한 사물을 볼 때 차별의식을 깨뜨려 버리고 차이의식을 가질 줄 알아야 한다. 한 가지 일에 집착을 끊어버리고 집념으로 몰두할 수 있어야 새로운 것을 생성할 수 있게 된다.

셋째, 자기만의 분야를 개척하라. 차별화 전략을 세워 개성을 창출하여야 한다. 화이부동(和而不同)이라는 고전적 개념도 재해석하면 새로운 맛이 우러나올 수 있다.

넷째, 지식을 사랑하라. 지식도 찾는 자에게 한해서 만나줄 것이며, 구하는 자에게 얻어질 것이며, 두드리는 자에게 문을 열어줄 것이라는 평범한 성서적 진리를 굳이 인용하지 않아도 지식은 스스로 찾고 구하는 노력을 하는 자에게만이 주어진다는 사실은 지식 이전의 진리가 되고 있다.

신지식인 7가지 계명

1. 현재에 안주하지 말라.
2. 고정관념에서 벗어나라.
3. 자기만의 분야를 개척하라.
4. 지식을 사랑하라.

5. 지식을 나누어 가져라.

6. 기록하는 습관을 길러라.

7. 아이디어를 실제에 적용하라.

다섯째, 지식을 나누어 가져라. 어떠한 지식과 정보도 독점하게 되면 그 지식과 정보는 창고에서 썩고 말 것이다.

지식의 공유, 공동, 공용은 모든 사람이 함께 공생 또는 상생하는 길이다. 지식과 정보를 다 함께 나누어 가지면 배가 되어 돌아온다는 사실이다.

여섯째, 기록하는 습관을 길러라. '지식은 기록이다'라는 말이 있을 정도로 메모광이 될 때 지식의 정예화, 정교화, 정밀화가 이룩된다.

일곱째, 아이디어를 실제에 적용하라. 살아 있는 지식과 정보가 되게 하려면 적절히 정보를 활용·응용·적용하는 데 인색하지 말아야 하며 적극적으로 실천에 옮기도록 노력하는 일이 중요하다. 2년 전 '국민의 정부'가 출범하면서 '산업화는 늦었지만 지식·정보화는 우리가 먼저 앞당기자'라는 슬로건을 걸고 창의적인 인재를 육성하기 위해서 대학에서는 '두뇌강국 21프로젝트(BK21)'을 실시하였으며, 정부에서는 인력 양성을 통한 지식정부 구축을 위해서 '신지식인 운동'을 전개한 바 있다.

신지식인은 국가 경쟁력의 역군이므로 김대중 대통령은 작년 6월 24일 1차로 각계에서 선정한 91명을 청와대로 초청한 자리에서 "지식·정보·문화의 시대인 21세기에는 많은 신지식인 배출이 곧 국가 경쟁력으로 이어질 것이므로 이를 위해서 정부는 지식사회가 요구하는 인력 양성과 지식·정보의 체계화·구조화·지식경영·지식정부 운동을 활성화할 것"을 강조하였다.

　현대 경영학의 대부로 일컬어지고 있는 피터드러커 교수는 '산업화
가 고도화·세계화함에 따라 국경 없는 대전쟁이 벌어지고 있는 오
늘날 개인·기업·국가는 몸으로 뛰는 것만으로는 살아남을 수 없으
며, 변화에 남보다 일찍 대처(응전)할 줄 아는 지식·방법·기술을
갖춘 국가만이 21세기에 각광을 받는 세계사의 무대에 설 것이며 그
렇지 못한 국가는 역사의 뒤꼍으로 사라질 수밖에 없을 것'이라 했다.
　이 밖에 노동계에서도 지식·사람이 하나되는 기업을 창조하기 위
한 '지식공동체 운동'을 본격적으로 추진하고 있다.
　이들은 '기업의 지식경영, 근로자는 지식 근로자'라는 슬로건을 걸
고 산업현장이 지식으로 무장해야 21세기 기술·정보 도전의 물결에
도전과 도약이 동시에 이룩될 수 있음을 예견하고 전체 산업현장 근
로자 중 10%인 100만 근로자를 지식 근로자로 육성하기 위한 지식
교육 프로그램을 개발·보급 중에 있다.
　우리나라가 21세기형 신지식인을 이해함에 있어 지식 근로자와 벤
처 기업가를 우선적으로 양성하는 데 중점을 두는 정책을 추진하고
있는 것은 매우 근시안적이 아닐 수 없다.
　신지식인이란 모든 분야에서 골고루 먼 장래를 생각하면서 차근차
근 준비를 하여야 한다.
　만약 현실적 문제, 경제적 성과, 생산적 능률, 고부가가치만을 추구
하거나 빠른 성과만을 중시하는 사회에서는 지식의 필요성도 크게
느끼지 못할 뿐만 아니라 미래에 대한 준비가 부실하여 새로운 변화
의 물결에 허둥대거나 실패를 동반하기가 일쑤이다.
　즉 오늘의 신지식인은 될지언정 내일의 신지식인으로서는 미흡하
다는 말이다.
　최근 벤처기업을 필두로 지나친 고수익의 추구는 반드시 고위험을

수반한다는 부정적 파장을 잊지 말아야 하며, 첨단 지식정보 산업을 과신한 나머지 자칫 기존 제조업의 설 자리를 없애는 우(愚)를 범해서도 안 된다.

따라서 지식격차를 줄이는 방향으로 먼저 정보인프라 이용료의 인하와 교육 강화 정책이 실시되어야 한다.

21세기 신지식인의 모형을 개발하기 위해서 역사 속의 '허준' '장영실'로부터 장인정신을 배울 수 있어야 하며, 기업에서는 재일 교포 3세인 '손정의'로부터 끝없는 승부정신을 배울 수 있어야 한다.

세계 속 한국의 신지식인 모형으로서의 공통점은 열린 마인드를 지니고 끊임없는 자기개혁의 소유자였다는 점이며, 타인의 이익을 위하여 배려와 역지사지할 줄 아는 사람, 자신의 직업이 지니는 품위와 명예를 유지하는 사람, 자신의 말·행동·태도가 다른 사람들의 명예에 나쁜 영향을 미칠 수 있는 행위를 하지 않는 사람, 타인의 산업기술, 기업정보, 지적재산에 대하여 보호되거나 정보를 누설하지 않는 사람들이다.

즉 자신이 보유하고 있는 기술의 내용, 능력의 수준, 기능적 숙련도에 대해서 공유함으로써 지식공동체를 이루는 데 기여할 수 있는 사람들이었다. 그러나 A·토플러의 예측처럼 인터넷상의 새로운 가상공동체(Cyber Community)가 등장하게 되면 기존의 가족 공동체를 비롯하여 많은 진짜 공동체의 붕괴를 촉진시키는 계기가 될 것이라고 내다보고 있어 심각한 인간의 유대관계가 해체될 것으로 우려하고 있다.

따라서 또 하나의 지식정보의 예속의 굴레가 엄습하여 반인간화를 가속시키지 않을까 염려하게 된다.

21세기 한국과 한국인의 생존전략은 지식정보가 핵심을 이룬 결론에 대해서는 대부분의 지식인을 비롯한 신지식인까지도 동의하고 있다.

그러나 지식 정보화 사회가 추구하는 방법·내용·목표가 지나칠 정도로 경영·생산·부가가치 창출·급속한 성장 중심으로 추구한다면 그에 못지않은 부작용과 부정적 파급이 수반된다는 사실에 경계심을 늦출 수가 없다.

따라서 얼마 전 지식정보사회의 '두뇌강국 마스터플랜 국민보고대회'에서도 지적되었듯이 한민족의 대도약의 실천과제로서 지식과 정보의 주체는 언제나 '인간자신'이라는 점을 잊어서는 안 된다. 즉 지식과 정보의 균형 속에 삶의 질을 추구하면서 다원적인 가치가 존중되는 정보문화의 기반과 형성이 요구된다.

한국은 후기산업사회의 초입단계이므로 지식 정보사회의 많은 역기능을 감내하면서 순기능 방향으로 교육 메커니즘을 통하여 바로잡아 가야 할 중대한 과제를 안고 있다.

정보사회의 필요한 삶의 기술은 항상 휴먼웨어(Humenware)가 전제된 하드웨어와 소프트웨어가 개발될 때 인간은 기술의 주인자리를 지킬 수 있다.

아무리 HW와 SW가 세계적인 수준이라 할지라도 그것을 사용할 수 있는 HW가 없거나 부족하면 HW와 SW의 참다운 가치를 발휘할 수 없다.

다시 말하면 정보사회의 주체는 인간이며 객체는 멀티미디어임을 민주시민 윤리교육, 청소년 정보활용 지도교육, 각종 사회 교육센터, 기업연수원, 시민운동단체, 언론기관 등을 통하여 열린 지식 정보사회 교육을 실시·실현하는 데 교육의 초점이 모아져야 할 때이다.

제3절 여성의 젠더윤리 정립

1. 한국여성의 고용구조

'인간은 신에 의해서 평등하게 창조되었다'는 고전적인 명제에 얽매이지 않더라도 모든 인간이 개체적인 인격으로 존중되고 정치·경제·사회·문화 등 제 분야에서 그 능력을 자유롭게 발휘하여 사회발전에 공헌할 수 있도록 법적, 제도적으로 뒷받침되어 있다면 그것은 매우 중요한 의미를 가진다.

따라서 현재 산업사회를 이룩하거나 이루고 있는 모든 국가에서는 헌법적 차원에서 개인의 존엄성과 법 아래서의 평등에 대하여 규정하고 있을 뿐만 아니라 직업선택의 자유, 교육을 받을 학습권리, 근로의 권리 등 헌법에 명문화된 국민의 기본권리는 남자와 여자라는 성적인 차별마저도 철폐한 후 동일하게 고용과 대우를 보장하고 있는 추세를 보이고 있다.

한국은 '남녀고용평등법'(1987년 10월 26일 제정, 1988년 4월 1일 시행)이 전문 23개 조항으로 공포를 보게 되었다. 오스트레일리아는 '성차별금지법'(1984년 3월 21일 제가, 1984년 8월 1일 시행)이 116개 조항으로 자세하게 규정하고 있으며, 벨기에는 '경제개혁법 제5편' 및 '헌법 제6조'에 근로조건, 고용기회, 직업훈련, 승진, 자영업(self-employment)의 기회에 관한 남·여 간의 균등대우(1978년 8월 4일 제정, 1978년 8월 27일 시행)를 규정하고 있다. 또한 캐나다는 '인권법'(1977년 7월 14일 제정)에서 국적, 인종, 민족, 종교, 성별에 따른 일체의 차별을 금지하도록 세부사항을 규정하고 있다. 그 외에 덴마

크는 '고용에 관한 남녀평등대우법'(1978년 4월 12일 제정, 1978년 7월 1일 시행), 영국은 '성차별 금지법'(1975년 11월 제정, 1975년 12월 28일 시행), 이탈리아의 고용에서 '남녀평등대우에 관한 법'(1977년 12월 9일 시행), 일본의 '남녀고용기회균등법'(1985년 5월 17일 제정, 1986년 4월 1일 시행), 네덜란드의 '남녀균등대우법'(1980년 3월 1일 시행), 노르웨이의 '양성의 평의에 관한 법'(1978년 6월 9일 제정, 1979년 1월 1일 시행)이 각각 남녀 고용의 기회균등을 부여하고 있음에 비추어 볼 때 우리나라도 다소 늦은 감은 있지만 비교적 산업화된 선진국 대열에 끼일 수 있다는 것은 남녀고용평등법이 지니는 사회·경제적 효력이 그만큼 크기 때문이다.

그러나 아직도 한국적 현실에 있어서는 여성이 지니고 있는 능력, 여성에 대한 편견, 남녀의 역할분담에 따른 고정관념 등이 우리 사회 전반에 만연되어 있을 뿐만 아니라 사람들의 의식에 뿌리깊이 잔재하고 있어서 직업의 선택, 기회부여와 직장 내에서의 급료·승진에 있어서 남녀평등은 아직도 허울에 지나지 않고 있는 실정이다. 물론 여기서 말하는 남녀평등이란 개념은 여성의 생리적 특수성을 감안한 상태에서 이해되어야 할 것은 전제되어야 한다.

우리나라는 지난 1960년대 이후 5차례에 걸친 경제개발계획 및 경제·사회발전계획의 성공적인 추진으로 급속한 경제성장을 이루었는데 이것은 여성 및 청소년 노동력의 풍부한 공급이 큰 기여를 하였음은 누구도 부인할 수 없는 것이다.

1980년대에 접어들면서 여성으로 하여금 교육기회의 확충으로 인하여 고학력 여성노동력이 급증하는 추세를 보이고 있다. 이러한 여성 고급인력이 사회의 잠재력으로 사장되어 이들에게 적절한 고용기회가 부여되지 않고 있는 것은 국가적으로도 큰 손실이 아닐 수 없다. 그 첫째가 교육비의 과투입으로 인한 여성인력의 경제적 손실이며, 두 번째는 여러 가지 사회병리적인 제 현상의 원인이 되고 있다는 측면이다. 그리하여 전 인구의 반을 차지하고 있는 여성인력의 적절한 활용이야말로 국가발전에 직결될 뿐만 아니라 특히 미혼여성은 미래의 어머니 역할을 담당해야 하는 여성자원이라는 측면에서 이들에게 올바른 가정관, 성윤리관(性倫理觀), 그리고 사회관의 확립의 문제는 산업사회의 도시화 현상과 관련하여 심각한 문제로 부각되고 있다.

따라서 본 논문에서는 여성고용구조와 관련하여 성윤리의식(性倫理意識)의 급속한 퇴락화 현상을 분석하여 봄으로써 새로운 성윤리관을 모색하는 데 그 의의를 두고자 한다.

1962년 이후 4차례의 경제개발 5개년을 통하여 우리 경제는 고도성장을 이룩하였으며 이는 풍부한 여성노동력의 공급에 크게 의존해 왔음을 앞장에서 지적하였다. 여성의 고용인력은 도시 및 공단 중심의 제조업분야에서의 미혼여성 인력과 농어촌에서의 남성대체 노동력으로서의 기혼여성의 활용은 거의 중노동에 가까울 만큼 혹심하므로 우리 경제성장의 중요한 원동력이 되었다. 그러나 이와 같은 여성의 노동생산에 대한 기여는 막중함에도 불구하고 이에 대한 정당한 평가와 수혜는 매우 부족한 형편이며 이는 여성의 차별적 노동평가에 기인하는 것이므로 우리 사회가 풀어야 할 과제이기도 하다.

1988년 현재 우리나라 여성 경제활동 인구는 620만 명으로 전체 경제활동 인구의 41%를 차지하고 있으며, 한편 여성의 경제활동 참가율은 44.5%로 최근에 오면서 남자의 연평균 경제활동 증가율을 앞서고 있는 추세를 보이고 있다. 여성의 산업별 취업 실태를 보면 농림 및 어업이 34.7%, 광업 및 제조업이 24.0%, 사회간접자본 및 서비스업이 48%를 상회하고 있다.

또한 여성 취업자의 직업별 구성을 보면 농림·어업 34%, 생산직 20.2%, 판매직 18.6%에 편중되어 있어, 전문기술 및 행정관리직 4.1%, 사무직에 종사하고 있는 여성은 10.1%에 불과하다. 이와 같이 여성 취업자가 중상위직보다는 하위직과 단순생산직에 집중되어 있는 것은 여성의 교육수준의 향상과 모순 현상을 나타내고 있다. 특히 여성의 고등교육 수확률의 증가와 경제활동 참가율의 폭발에도 불구하고 전체 여자 인구 증가율은 1960년대를 기점으로 점점 감소되어 1984년에는 1.57%의 수준에 놓여 있던 것이 1988년에는 1.40%로 감소하는 양상을 보이고 있다. 이러한 감소추세로 보면 향후 서기 2000년에는 1.2% 수준으로 낮아질 전망이다. 반면에 전체적으로 여성의 경제활동 증가율은 1964년도의 36.5%에서 지난 1988년의 43.6%로 무려 7.1%나 증가율을 보였다.

이들 대부분의 여성고용현황은 직업의 불안정성, 저학력, 저연령, 저임금, 하위직의 집중 등으로 구조적 특징을 나타내고 있다. 한편으로 고용주로부터 의도적으로 여성의 고학력 기피양상도 함께 나타나고 있어서 여성인력의 불평등한 취업구조와 활용형태는 노동시장 내외에 산재하는 성의 차별의식에 그 원인을 두고 있다. 그러므로 이와 같은 취업구조상의 모순을 제거하고 여성으로 하여금 평등한 고용기회를 확대하기 위해서는 사회 직업현장에 존재하는 각종 차별장치를 철폐시킬 때만이 여성의 올바른 성역할(Sexual Role)에 따른 직업관이 확립된다. 또한 올바른 직업관이 확립될 때 성모랄에 대한 올바른 가치관이 내면화될 것이며 성모랄에 대한 정확한 인식 없이는 참다운 인간화는 기대할 수 없다. 이러한 인간화의 자각이 없이는 반사회적 병리현상은 더욱 증폭하게 될 것이며, 이는 결국 성의 상업적 도구화의 형태인 윤락(Prostitution)을 촉진하는 결과를 가져오게 된다.

2. 남녀고용평등의 제도적 장치

한국은 남녀고용평등법이 지난 1988년 4월 1일을 기하여 시행을 보게 되었다. 그러나 법 이전에 의식의 변화 없이는 여성고용의 실효는 가시적으로 나타나지 않고 있는 실정이다. 구미 선진국에서는 이미 60~70년대에 남녀고용차별에 따른 금지의 법제화가 시작되어 전술한 바와 같이 현재 18개 국가에서 남녀고용평등법의 효력하에서 취업 및 근무를 하고 있다.

그러나 우리나라에서도 늦게나마 남녀고용평등법이 많은 문제를 내포한 채 87년 9월 정기국회를 통과한 것은 참으로 다행한 일이 아닐 수 없다. 이 남녀고용평등법은 헌법의 평등이념에 따라 직업의 선택·취업·고용에 있어서 남녀가 평등기회와 대우를 법적 장치로서 그 기능과 입법정신을 다할 뿐만 아니라 한편 모성을 보호하고 직업능력을 계발하여 근로여성의 지위 향상과 복리증진에 기여함을 목적으로 총 육장 이십삼조육으로 구성되어 있다.

그러나 남녀고용평등법이 제대로 정착되기도 전에 동법(同法)의 개정의 필요성이 여러 여성단체에서 제기되고 있다. 그 이유는 동법이 제정되어 국회를 통과하기까지 처음부터 여성단체로부터 공청회나 의견개진의 면밀한 검토를 거치지 못한 책임도 있지만 여성에 대한 차별적 사회인식의 보수적 고루함이 이 법의 여러 가지 미비점을 창출하게 된 원인이 되어온 것도 부인할 수 없는 문제점이 되었다. 따라서 현대 산업사회에 있어서의 여성의 노동력은 산업발전 및 복지국가 건설에 지대한 공헌을 하여 왔다.

특히 우리나라에 있어서는 70~80년대 고도경제성장의 주역이 여성이었음은 누구도 부인할 수 없다. 그럼에도 불구하고 성장의 과실인 온갖 보상과 포상은 남성에게만 주어졌다. 그 대신 여성은 억압과 불평등한 대우를 감수하면서 산업현장의 그늘에서 소외된 채 최저생계비에도 못 미치는 임금을 받아 왔다. 이러한 여성에 대한 전반적인 구조적 모순을 제거하고 여성의 고용기회를 확대하여 사회적 지위를 향상시키기에는 현행 근로기준법의 제5조로는 여성의 권익 옹호에 여러 가지로 미흡하였던 것이다.

사회적으로 남녀평등의 실현을 실질적으로 보장될 수 있는 여성의 사회적, 경제적, 그리고 인간적인 지위강화를 위한 남녀고용평등법의 제정이야말로 시대적 요청인 동시에 사회적 산물이지 않을 수 없었다. 그럼에도 불구하고 현행 남녀고용평등법은 이러한 입법정신을 충분히 반영하지 못한 것은 하나의 문제점이다. 즉 동법에는 동일가치 노동과 동일임금보장의 규정이 누락되어 있는 점이다. 두 번째 성차별과 모성보호에 대한 엄격한 규정이 명시되어 있지 않다는 것이다. 세 번째는 근로조건 등 가장 핵심적인 임금에 있어서의 성차별 금지를 규정하지 못하였다는 점이다.

따라서 우리나라 여성노동자는 남성의 절반에는 못 미치는 차별적 임금을 받고 있는 상황하에서는 여성으로 하여금 비정상적인 직업으로부터의 유혹을 뿌리칠 수 없게끔 되어 있다.

한국부인회는 남녀근로자 1107명을 대상으로 조사한 결과에 따르면 노동자 중에서 22%가 남녀고용평등법이 있는지조차 모르는 것으로 나타났으며, 채용, 승진, 퇴직에 있어서 51%가 남녀차별이 있다고 응답하였다.

이와 같은 남녀간의 구조적 고용차별을 개선하고 여성 자신의 건전한 직업관을 확립하기 위해서 시급히 시정·개선되어야 할 사항으로서 ① 모집직종에 대한 성별 명시, ② 여성에 한해서 미혼요구 철폐, ③ 남성보다 여성의 낮은 연령요구 철폐, ④ 동일조건(학력·경력)하의 남성보다 낮은 직급(지위)채용, ⑤ 여성의 임금, 승급, 승진, 배치, 교육훈련 등의 차별, ⑥ 여성의 조기정년제, ⑦ 결혼과 동시에 퇴직규정 철폐, ⑧ 생리휴가, 산전 산후휴가, 육아시간, 근무시간 등의 불규칙적 적용은 현실사회에 걸맞은 수준으로 개선 보완되어야 한다. 그러기 위해서 동법이 효과적으로 정착되려면 정부의 제도적 보장장치가 마련되어야 하며 동시에 여성의 충실한 업무수행능력의 겸비와 함께 사업주의 의식전환이 뒤따라야 한다.

3. 한국사회의 윤락여성 구조

어느 사회를 막론하고 산업사회로 들어오면 도시화(Urbanization)가 따르게 마련이며 도시화와 산업화는 이제까지의 대면적 인간관계에서 익명성(Anonymity)의 인간관계로 전환되면서 범죄가 급증하는 현상을 보이는 것이 일반적이다. 그 많은 범죄 중에서 성범죄·성폭력이 가장 두드러진 현상을 보인다. 따라서 윤락행위가 범죄의 구성이 되느냐 안 되느냐 하는 문제가 제기되지 않을 수 없다. 또한 직업윤리 정신에서 볼 때 윤락행위가 직업으로 공인받을 수 있느냐 없느냐 하는 문제와 나아가 직종 구분상 어디에 해당하느냐의 문제가 논의되어야 한다. 따라서 윤락은 현대사회가 안고 있는 필요악일 수밖에 없다고 보는 입장에 선다면 윤락의 개념규정을 좀더 정확히 하여 둘 필요가 있다.

우선 윤락(Prostitution)을 매춘 또는 매매춘으로 정의하고 있는 경우이다. Prostitution의 어원은 아테네에서 매물이란 의미의 Prostare

에서 나왔다. 이는 또 독일어의 Prostitution 즉 "앞에 놓음"이란 의미로서 '제공', '저당', '담보'의 의미를 담고 있다. 이 경우에는 성을 상품화하여 판매하는 행위를 중심으로 보는 견해이다. 물론 이때의 성 판매는 수요공급의 경제적 원리에 따라서 상품화된 것이기 때문에 매매춘이라 불러야 마땅하다. 따라서 매매춘의 문제는 여성의 문제로 한정해서 취급할 대상은 못 된다.

다음으로 윤락의 법적 정의에 따른 개념이다. 성적 서비스의 대가로써 금전의 수수(受授)여부에 초점을 둔다. 따라서 성의 상품화가 아닌 성행위에 대해서는 법적으로 제제를 가하지 않는다는 입장이다. 우리나라 "윤락행위 등 방지법" 제2조의 용어정의를 보면 '본법에서 윤락행위라 함은 불특정인으로부터 금전 및 기타 재산상의 이익을 수수하는 약속을 하거나 기타 영리의 목적으로 성행위를 하는 것을 말한다'고 규정하고 있다. 또 국어사전에는 윤락, 매춘, 접대부, 창녀 등에 대해서 "여자가 도덕적으로 퇴폐하여 몸을 망치게 하는 타락한 상태에 빠지거나 또는 몸을 파는 것을 업으로 삼는 여자" 정도의 유사한 의미로 사용하고 있다.

그러나 비록 금전의 수수(受授)는 없다 할지라도 사회적으로 인정된 배우자 이외의 상대와 무차별적으로 성행위를 하거나, 반복적으로 아무런 정서적 교감이 없이 무절제한 성행위가 자행될 경우에는 법적, 사회적 제재가 가해질 수 있음을 내포하고 있다.

한국에 있어서 윤락행위(業)는 정당한 직업으로 인정받지 못하고 있으며 우리의 전통적인 성윤리관에 위배되는 것으로 규정하고 있다. 1961년에 정부가 공창제(公娼制)를 만들려고 하였을 때 "공창제(公娼制)는 정부 스스로가 매매춘행위를 인정하는 것이고 이는 여성에 대한 인권을 유린하며 모독적 발상이다"라는 강력한 반발에 부딪쳐서 결국 없어지게 되었다. 그 대신 법률 제771호로 공포한 '윤락행위 등 방지법'이 제정되기에 이르렀다. 즉 동법에 의하면 '윤락행위란 불특정인으로부터 금전 기타 재산상의 이익을 수수 또는 약속을 하거나 기타 영리의 목적으로 성행위를 하는 것'으로 규정하고 있다. 이와 같이 윤락 문제에 대한 정부의 입장도 갈팡질팡의 정책부재의 현상을 보이고 있다.

이와는 달리 서구의 경우는 접대부를 통칭 Hostess 또는 Service girl로 호칭되어 하나의 떳떳한 직업의식을 가지고 있으며 접대부 자신들도 직업적인 자긍심을 가지고 종사하고 있다. 그러나 남녀의 성문화(Sexual Culture)가 보수적인 한국에서의 윤락행위는 아직도 하나의 직업을 규정하기보다는 자신과 사회 모두가 떳떳하지 못한 것으로 인식하고 있을 뿐만 아니라 이는 최근의 인신매매, 성폭력 등의 문제와 결부하여 사회문제의 커다란 암적 요소로 간주되고 있다.

인간의 성이 매매춘이라는 형태로 왜곡되는 현실을 사회구조적인 시각에서 파악해야 한다는 입장에서 본다면 여성위주의 도덕적 타락과 가치관의 혼란에서 이루어진다는 남성권위주의적인 사고방식이 존재하는 한 실질적인 매춘의 수요자인 남성의 역할에 대해서는 관대한 사회풍토인 데 대해서 윤락의 책임소재는 남녀 공범관계일 수밖에 없다. 또한 강간(Rape)에 대해서 여자의 책임을 강조하는 것이라든가 지난 87년 강간범에 대한 기소율은 35.6%로 살인, 강도 등 기타 강력범 기소율에 비해서 절반 정도에 불과했다. 특히 재판과정에서 신문을 할 때도 피해자인 여성이 노출이 심한 옷을 입으므로 인한 강간유발여부, 반항의 정도, 피해자의 평소의 품행, 성경험의 유무 등 직접 강간과 상관없는 일에 집중하므로 피해여성을 또 한 번 강간당하게 만든다고 지적함으로써 성폭행에 대하여 남성에 지나친 관대한 풍토가 커다란 문제점이라고 하였다.

비록 부부사이라 할지라도 강제에 의한 성관계는 넓은 의미에 있어서 강간으로 간주하고 있는데도 불구하고 '부부사이의 강제관계는 강간이 아니다'는 통념이 남성의 일반화된 의식이라는 데서 남성에 대한 성교육의 필요성을 지적하고 있다.

여성의 윤락화 과정은 다양한 경로를 보이고 있다. 우선 수입 면에서 보면 직공(26%), 식모(12%), 가사(무직 11%), 회사원, 요식업 종사자, 미용사, 소수학생, 점원 등의 순으로 대부분의 여성이 직종, 보수, 사회지위가 낮은 계층의 신분임을 보여주고 있다. 또한 시대별로는 60년대는 가사 종사자가 많다가 60년대 후반에는 식모와 여공의 비중이 높아지며 70년대 후반부터는 직공과 접대부의 비중이 월등하게 높아지는 추세를 보이고 있다.

이와 같이 여성의 저임금, 저신분, 저직종의 삼저 종사자가 윤락률이 높은 것은 그만큼 상대적으로 저임금으로부터의 착취, 저신분으로부터의 열악한 대우, 저직종으로부터 혹사를 고용주 및 사회로부터 당하고 있음을 반증으로 보여주고 있다.

한편 윤락여성이 윤락 전의 수입을 보면 화폐가치의 변동으로 현재와 비교하기는 어렵지만 1968년 당시 월 2,000원 이하가 42%를 차지하고 있으며, 윤락 후에는 월 6,000~10,000원 이상으로 증액되었다. 따라서 여성의 윤락동기 중에서 가장 큰 이유는 경제적으로 생활고와 가족부양이 60.1% 차지하고 있다. 두 번째 윤락동기는 가정불화 및 가족의 학대가 14.1%, 이성문제로 실연, 결혼실패, 성적 불만을 포함한 동거생활, 임신의 수치가 14%, 기타 유인, 유혹, 직업소개소, 호기심, 허영, 일하기 싫음, 자포자기, 강제 등 복합적인 요인의 용기가 심리적으로 또는 내외환경상으로 작용하고 있음을 보여주고 있다.

　그러므로 가정불화는 가출이유를 제공하게 되며, 가정불화 중에서도 경제적 문제는 청소년들에게 심리적 충격을 주는 중요한 원인이 되고 있다. 즉 윤락행위를 처음 시작한 나이가 24세 미만이 81.8%로 나타나는 것을 보아도 가정의 평화스러운 분위기는 청소년의 가출을 막는 동시에 윤락의 길을 방지하게 된다. 또한 윤락여성의 90% 정도는 가출 시에 가족에게 통고하지 않는 셈이며, 연령은 점차로 낮아지는 추세를 보이고 있으며, 윤락경과 기간은 2~3년이 41.5%로 나타났다.

　여성의 윤락경로('윤락과정의 경로 및 구조' 그림 참조)를 보면 부모의 성적 탈선, 가족결손, 가정빈곤, 저학력, 저신분, 저소득의 가정적인 배경으로 인하여 가정의 결손을 방지하는 것이 윤락의 전락화를 방지하는 것이며 나아가 보다 적극적으로 가정교육과 사회교육이 연계적으로 노력해야 한다. 무엇보다도 여성의 고용을 위한 구직조직이 윤락으로 연결되지 않도록 사회의 구조적인 경로(Route)를 차단하는 일도 매우 중요한 메커니즘이 되고 있다.

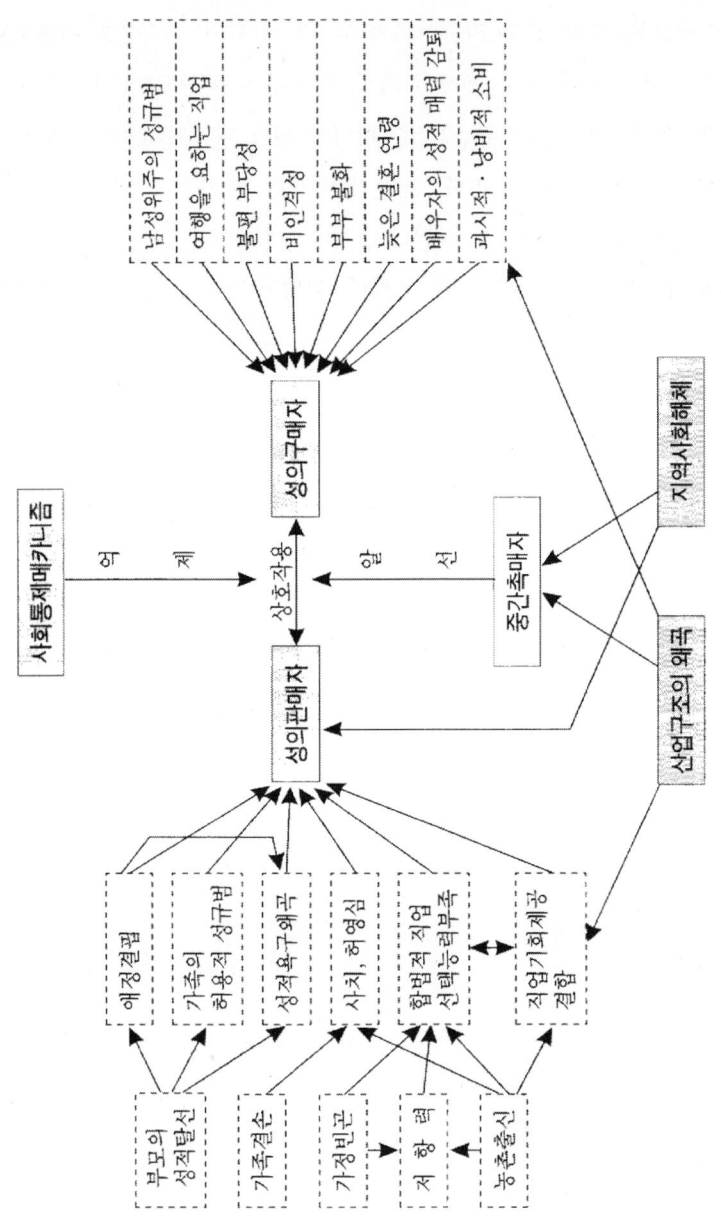

최근 가정법률 상담소에 접수된 부부의 이혼소송 가운데 결혼한 지 3년 미만이 되는 부부가 전체의 67%를 차지한다고 하며 또 그 중대한 이혼결심의 사유로는 상대방의 부정이 절대다수를 차지한다고 하였다. 물론 이때 상대방이라 할 때는 여성만을 가리킬 수는 없다. 개첩은 사회통념으로 간주되면서 여성은 반사적 억압으로부터 외출의 길을 넓혀 놓게 되었다. 따라서 부부가 함께 가정윤리를 확립할 필요가 있다.

4. 윤락산업의 사회적 유발

최근 우리 사회가 안고 있는 문제 중에 향락산업의 급증, 인신매매의 성행, 가정파괴범의 극단화 현상이 일어나고 있다. 왜 이러한 단말마적(斷末魔的)인 범죄가 일어나고 있는지를 사회적인 맥락 속에서 알 필요가 있다. 일반적인 맥락에서 본다면 산업사회의 진입초기에 일어나는 황금만능주의, 불로한탕주의, 인간경시풍조 등의 복합적인 원인일 수 있다. 그러나 왜 이러한 부도덕한 사회악이 만연하게 되는가를 보다 심층적인 근원은 인간의 양심의 포기에서 연유한다. 인간 양심의 포기는 정치의 부정의와 도덕가치의 하위화가 결합되어 사회의 상층부를 덮고 있는 데서 악의 독버섯이 만연하게 되었다.

지금 우리나라의 윤락조직이나 윤락산업의 실태를 정확히 파악된 통계를 접하기가 매우 어려운 실정이다. 윤락에 대한 본격적인 연구가 시작되기는 1968년의 홍진옥의 '우리나라 윤락여성에 관한 연구'가 시작되면서 지금은 석사논문의 수준만도 무려 30여 편에 이르고 있다. 특히 1989년 강영수는 '한국사회의 매매춘에 관한 연구'의 석사

논문을 서울 용산역 주변의 매매춘 지역을 현장조사를 겸한 매매여
성의 사례연구를 통하여 이들의 형성경로 및 사회·경제적 상태를
실제적으로 살펴보았다는 측면에서 살아 있는 논문으로 평가할 수
있다. 그에 의하면 최근의 우리나라 산업구조는 제3차 산업부문에 크
게 의존하고 있으며 이러한 현상은 불황에 따른 산업 조정의 영향도
작용했지만 그보다는 노동집약적인 공업화가 한계에 부딪침에 따라
자본집약적 중화학 공업화로의 전환에 따른 고용효과의 감퇴가 서비
스 부문의 고용을 촉발시키는 원인으로 보고 있다.

　이러한 서비스 부문의 종사자는 심리적으로 고용이 불안정성, 영구
직업으로의 불확실성, 높은 이동성으로 인하여 그들의 수입의 대부분
이 단기적으로 쓰임으로 낭비성, 퇴폐성, 향락성이 내포되어 있어 급
기야는 문화적, 정신적 타락까지도 조장하게 되는 원인으로 보고 있
다. 물론 이러한 산업사회형 윤락(Industrial Society Type Prostitution)
이 사회적 윤락유발의 전부는 아니다. 우리나라의 경우는 6·25 전쟁
을 겪은 후 노동력의 상실 및 미망인의 증가, 외국군의 주둔, 사회적
격변의 어려움의 가중으로 매매춘행위는 더욱 증폭되는 결과를 가져
온 것도 사실이다. 이를 궁핍사회형 윤락(Destitutional Society Type
Prostitution)이라고 할 수 있다. 이러한 사회적 유인체계에 의하여
급증된 윤락현상은 사회악일소(社會惡一掃)의 차원에서 1961년 11월
군사혁명정부에 의하여 '윤락행위 등 방지법'이 제정·공포되었으며
뒤이어 1969년 응급구호적인 시설수용에서 예방 및 자립갱생을 도모
하는 사업으로 전환하여 부녀보호소, 직업보도소, 직업훈련원, 부녀상
담소 등을 운영하게 되었다.

　윤락의 사회적 유발(誘發)은 '궁핍과 낭비'라는 두 가지 극단적 양상
에서 배태되는 커다란 이유를 지니고도 있지만 무엇보다도 남성 중심

의 가부장적 문화하의 '매매춘의 필요악'이라는 가능논리가 지배하는 한 여성의 성은 상품으로 승인하는 근거를 마련하게 될 것이다.

1968년 보사부 자료에 의하면 전국적으로 포주 1인당 10인의 윤락여성이 있는 것으로 되어 있다. 포주는 2,237명에 윤락여성은 22,670명으로 집계하고 있다. 포주는 윤락여성의 신상에 대하여 크나큰 권한을 가지고 지배하며 날로 증가하는 인신매매행위를 공공연히 자행하고 있다. 그 결과 윤락여성의 46% 이상이 포주의 위협 때문에 윤락가를 떠날 수 없다는 대답을 하고 있다.

이와 같이 강압적인 포주 밑에서 윤락행위를 강요당하고 있는 여성들의 73%가 포주를 증오하고 있는 것으로 나타나고 있다. 그 외에도 윤락여성은 애인, 깡패, 중개자, 매개자 등으로부터 3중, 4중의 정신적 육체적 고통을 당하며 또한 경제적 착취를 감내하고 있다. 윤락여성이 점차적으로 증가하고 있는 앞의 윤락의 사회적 요인에도 그 원인이 크지만 자기 자신의 책임도 크다. 농촌여성이 아무런 기술이나 연고 없이 무작정 도시에로 가출하여 이질적인 도시환경에 적응치 못하고 윤락화되어 버린 경우가 많기 때문이다.

한편 1970년대 이후 정부가 외화획득을 위해 정책적으로 기생관광(妓生觀光)을 장려하였다는 사실이라든가 1980년대 이후 하루아침에 부동산으로 갑작스런 돈을 만지게 된 졸부가 산업생산에 투자하기보다는 접객(接客)·유흥서비스업에 집중 투자함으로써 향락산업이 이상비대하게 확장된대도 정부가 매춘산업을 간접적으로 조장한 책임을 면할 수 없다. 윤락산업의 또 하나의 번창 원인은 열악한 저임금에 시달려 온 여성이 공장을 가려 하니 임금이 너무 적고, 향락산업에 가려니 사회적 눈초리가 매서워서 갈등의 갈림길에서 서성이다가 '공순이나 기생년이나 천대받기는 마찬가지인데 공순이보다는 기생이

목돈을 모을 수 있다는 안일한 사고가 생윤리 의식의 퇴락을 가속화
시키게 되었다.

사실 향락산업에 종사하는 남녀는 대부분 월급은 명목뿐이고, 팁에
전적으로 의존하고 있다. 제조업체의 여성 근로자의 하루 일당은 3천
원을 상회하기가 어려우나 윤락산업에 종사하는 여성의 한달 평균
수입은 80만 원, 룸살롱은 87~88만 원, 나이트클럽은 89만 원, 요정
기생 49~50만 원, 면도사 35만 원, 기타 맥주홀, 극장식 식당, 바, 살
롱, 요정, 카바레, 사우나탕, 터키탕 등의 유흥산업에도 정도의 차이
는 있으나 대체로 생산 및 제조업의 임금의 배 이상을 상회한다.

최근 한국은행은 향락산업에 소비되는 돈을 산출하는 방법으로 '무
급종업원 수×유급 종업원의 월평균 임금×12개월＝약 1,184억 원'을
산출하여 냈고 현대 사회연구소에서는 1983년 기준으로 '무급 종업원
수×1일 평균 팁×월 평균 근무일 수×12개월＝약 1,992억 원'을 산출하
였는데 이로부터 6년이 지난 현재의 인플레 금액을 추계한다면 약
3,500억 원이 소비된다.

그런데 향락산업은 일반산업과 경기면(景氣面)에서 역기능적인 현
상이 일어나고 있다. 즉 다른 산업은 수출부진, 노사분규 등으로 경
기지수가 하향곡선을 긋고 있는 반면 호화향락 산업은 지속적인 호
황을 누리고 있어 매우 기형적인 대조를 이루고 있다. 룸살롱의 경우
4명이 1회 이용 시 평균 50만 1천7백 원이 드는 것으로 이는 1인당
으로 계산하면 12만 5천4백 원인 셈이다. 이는 도시 근로자 평균 임
금 63만 1천4백50원에 비하면 룸살롱 1인 1회 이용가격은 약 20%에
해당되는 것으로 정상적인 수입으로 향락업소의 출입은 불가능한 형
편이다. 더구나 이 조사는 중간 수준의 업소를 대상으로 한 것인 만
큼 향락농도가 짙은 호화업소의 이용가격은 더 높다는 추측이 가능

하다.

윤락여성이 생산업에 종사하는 것보다 고소득인데도 불구하고 경제적 독립이 어려운 조건인 것은 그들의 주 소득이 대부분 월급제가 아니라 팁이나 윤락행위의 화대에 전적으로 의존하고 있는 구조적 부조리에도 원인이 있지만, 또한 수입금을 포주와 반분하는 경우가 94%, 방값, 밥값을 공제한 후 반분하는 경우가 4% 기타 2%로 나타나고 있어 윤락여성의 경제적 자립은 거의 불가능한 상태이다.

또한 수입 중 본인의 생활비, 지불을 제외한 사용도를 보면 가족생계비가 45.3%, 저축이 51.5%로 비교적 건전한 지출을 하고 구조적 착취성만 제거한다면 윤락생활의 기간은 훨씬 단축될 가능성이 있다. 이들의 장래 희망을 묻는 말에 대하여 '조그마한 사업을 하고 싶다 27.9%', '결혼을 해야 한다. 20.0%', '떳떳한 일이면 무엇이든 하고 싶다 14.3%', '기술을 배우고 싶다 7.5%', 공부를 하고 싶다는 반응도 3.7%에 달하고 있어 이들에게 사회정책적인 뒷받침을 마련하여 준다면 얼마든지 윤락의 길에서 윤리적 생활로 전환할 수 있을 것으로 보아 오히려 유한부인의 향락적인 과잉소비 지출이 사회문제화 되고 있는 현실과 묘한 대조를 이루고 있다.

그러므로 현재 한국사회의 윤락여성은 사회구조적 모순(矛盾)과 질곡(桎梏)에 포로가 되어 있으며, 법률상의 공동정범이 포주에게 부채를 지게 되어 이를 갚지 못하여 인질상태에서 생존권을 유린당하고 있다. 이러한 한국적 특성의 윤락여성이야말로 가장 비인간적인 육체적, 정신적 파괴, 착취라는 점에서 이는 인륜적 차원에서 그 원인을 해소시켜 보다 건전한 사회직업윤리의 확립이 이루어져야 한다.

다음으로 또 하나의 윤락산업의 양태(樣態)를 띠우고 있는 것을 전국 20여 도시에 산재하여 있는 4만 명의 미군을 상대로 하고 있는 소위 기지촌 여성이 1~4만 명으로 추산하고 있으며, 이들은 경제적 이유에서 윤락행위를 하기보다는 '국제결혼'이라는 요행을 잡아 낯모르는 미국에 가서 새 삶을 시작하겠다는 실 같은 희망에 매달려 질곡의 기지촌 생활을 하고 있다.

그 다음으로 1982년 정부에서 "제주도 종합관광개발계획"이 확정되면서 1일에 내·외국인을 합쳐서 1만 2천 명 정도가 노비자(NO VISA)로 제주도에 들어오고 있다. 그런데 이들 관광객의 85%가 여행사가 제시하는 '기생관광(妓生觀光)'의 여행 코스를 경험하고 있다. 제주도에서 경영하는 요정은 다른 곳과는 달리 기업화가 되어 있으며 한 요정마다 100~150명씩 접대부가 합숙을 하고 있다. 이곳 관광 요정의 주인은 그 지역 저명인사로서 공개적으로 권력의 배경을 행사하고 있다. 기생관광 접대부가 성수기 때 모자라면 다음 순서로 콜걸이 대기하고 있다가 전화를 받고 매매춘하기 위하여 나간다. 따라서 제주도의 기생관광은 곧 매매춘관광이요, 이는 정부의 비호하에 여성의 성을 공개적으로 상품화한 조치라는 측면에서 정부의 도덕성을 의심케 하고 있다.

5. 윤락에 대한 사회적 책임

윤락의 성격을 크게 두 가지로 나누어서 생각할 수 있다. 즉 전통형 윤락과, 산업형 윤락이다. 먼저 전통형 윤락이라 함은 양공주, 기지촌 여성, 청량리 588, 천호동, 미아리, 영등포 등 집단적으로 모여 윤락녀와 포주와의 인신매매의 관계에 묶여 있는 흔히 창녀라 불리는 부류가 이에 속한다. 이들은 산업형 윤락과는 그 발생과 배경이

기본적으로 달리하고 있다. 이들이 윤락으로 전락되기까지의 가장 큰 원인은 앞에서도 언급되었듯이 절대 빈곤상태에서 저학력, 저계층, 저소득이라는 소위 '3저여성(三底女性)'이다. 이들은 아무리 매춘을 하여도 이 '3저'를 벗어날 수 없을 뿐만 아니라 포주와의 채무관계의 누적으로 인하여 더욱 몸·마음·돈의 상처가 깊어질 뿐이다.

반면에 산업형 윤락의 발생은 사회가 산업화되면서 자연히 1, 2차 산업이 줄어들고 3차 산업인 서비스 업종이 발달되면서 직업의 분포를 변동시켜 놓게 되었다. 즉 관광, 접객, 도시집중, 향락과 같은 산업사회의 부산물로 등장한 것이 윤락의 간접적인 배경이 되고 있다. 이를테면 호스티스, 안마사, 면도사, 맛사지걸, 기생, 바걸, 접대부 등이 생겨나면서 여기에 엄연한 직업여성의 진로가 열리게 되었다. 그런데 어떻게 하여서 이러한 직업을 가진 여성이 윤락행위를 자의 또는 타의적으로 유혹이나 강요를 받게 된다는 사회인식이 통념적으로 만연되게 되었는가 하는 것이 새로운 사회윤리적 관심이 되지 않을 수 없었다. 마치 서비스업에 종사하는 여성이 잠재적 매춘자로 취급되기에 이른 데 대한 사회적 책임논리가 제기되게 되었다. 현재 산업형 윤락직종에 종사하고 있는 숫자는 80~100만 명을 추정하고 있는 바 이들에 대한 사회인식의 굴절을 바로잡는 일이 시급한 것이다. 그렇지 않고는 결국 우리 산업구조의 왜곡과 파행으로 인하여 산업형 윤락은 더욱 확장일로를 걷고 있을 뿐이다.

그러므로 매춘여성을 줄이는 길은 완전고용의 기회를 확대하여 여성 자신으로 하여금 자각의 눈을 뜨게 하여 올바른 성윤리의식이 내면화된 연후에 직업관의 확립이 단계적으로 확립되어야 한다. 그 다음으로 정부도 이제는 경제성장이란 미명하에 방치됐던 각종 유흥업종, 향락산업, 불건전한 서비스업 등과 같은 여성의 성상품화를 촉발하는 소지를 적극 규제하는 정책이 함께 병행되어 사회분위기를 정화하여 여론을 환기시킬 필요가 있다.

그러기 위해서 최근에 논의되고 있는 '남녀고용평등법'의 개정내용에 포주(包主)의 착취 및 채권을 근절시킨 대책을 법적으로 뒷받침하는 일과 모든 산업형 윤락가능 업종을 개방화함으로써 양성화된 직업군으로 정착시키는 행정적 계도가 있어야 한다. 동시에 매춘자와 함께 매춘자, 중간매자에 대한 처벌규정도 강화할 필요가 있다. 또한 규제와 동시에 여성으로 하여금 신체적으로 감내하기 어려운 노동이나 격무로부터 받는 스트레스를 건전한 레크리에이션을 통해 해소할 수 있도록 공공문화센터를 더욱 활성화시켜 그들의 성윤리를 바르게 인식할 수 있도록 훈련하게 한다.

6. 윤락화의 방지를 위한 교육적 대책

우리의 윤락산업의 형태가 어떠하던 간에 윤락인은 날로 증폭하는 추세를 보이며 이에 대한 사회적 책임은 더욱 가중되고 있을 뿐만 아니라 무엇보다도 교육적 처방이 있어야 할 것이다. 따라서 이러한 윤락화의 방지를 위해서 가정교육, 문화환경, 교육정신 및 심리적 교육이 협동적으로 이루어져야 하는 노력이 전제되어야 한다. 오늘날 우리 사회는 구성원 전체가 문화적 갈등과 가치기준의 혼란의 시대를 살아가고 있다. 도구적 수단의 지식만을 추구하는 교육 풍토가 지속되는 한 다른 여타의 가치덕목은 자리할 틈이 없는 것은 당연한 귀결이다.

88년에 우리나라는 '88 올림픽'을 훌륭히 치러낸 선진문화국임을

내·외에 자랑하였다. 그러나 그와 동시에 '아기수출국'으로 세계 제1
위라는 치욕적인 불명예를 동시에 감수하게 되었다. 지난 80년부터
88년까지 버려진 기아, 잃어버린 미아가 연평균 1만 3천 명에 가까운
10만 5천3백26명에 달하며 이 가운데 56%인 6만 2천3백12명이 해외
에 입양(一名 아기수출)되었다. 이들 입양아의 61%가 미혼모에 의해
서 탄생되어 버려졌다는 사실이다. 이들 미혼모의 84.6% 대다수가 1
5~24세의 청소년층이며, 58%가 공단에 근무하는 생산직 근로자가
차지하고 있으며 사무직 및 학생도 29.9%를 차지하고 있는 것으로
나타났다.

 이러한 미혼모의 발생은 윤락 못지않게 사회·교육적 대책의 수립
이 요구되고 있다. 88년 올림픽 기간 중에 미국의 'Progressive'지는 '한
국이 아기수출이라는 특수산업을 통해 연간 2천만 달러의 외화를 벌어
들이고 있다'고 쓰고 있으며, 또 영국의 'Daily Telegraph'지는 '한국이
올림픽 기간 중에 중단했던 베이비무역(Baby Trade)을 재개했다'며
'정해진 입양요금의 2~3배로 주겠다는 제의 등 입양신청이 쇄도하고
있다' 등의 근거 있는 자료를 인용하여 보도를 접하노라면 우리는 참
으로 성윤리의식의 자괴와 모멸감을 감출 수 없다(〈표 8-5〉 참조).

 여기서 분명한 사실은 미혼모의 발생원인과 윤락녀의 발생원인은
유사한 사회·가정·개인적인 배경을 지니고 있다는 것이다. 즉 저학
력, 저소득, 저신분이라는 3저의 배경이 같은 것 외에도 결손가족, 부
모의 보수적인 성능도 및 성의식, 폐쇄적인 가부장적 권위주의, 불량
한 친우와의 교제, 성지식에 대한 무지, 자아정체감의 부란 등이 미
혼모 발생률을 높여주고 있다.

 이와 같은 성윤리 의식의 퇴락화에 대하여 보다 가시적인 사회교
육적 정책대안으로서 우선 법률개정 조치로써 28년 전에 제정된 '윤

락행위 등 방지법'을 법률 명칭부터 현실에 맞도록 '매매음방지법(賣買淫防止法)'으로 적극적인 표현으로 고쳐서 이번 89년 9월 정기국회에 상정하는 일이다. 그 개정의 주요 삽입내용으로 "금지행위 유형의 제시와 벌칙강화"뿐만 아니라 특히 매매음(종래의 매매춘이 아님)의 문제가 단순히 성을 파는 여성 개인의 윤리적 문제가 아니라 '사고파는' 사회구조적 차원의 모든 사회구성원 전체의 문제임을 부각시키고 있는 것이 되어야 할 것이다.

이제 한국사회의 윤락화 문제, 미혼모문제, 성폭력화 문제는 엄연한 현실문제로서 일시적 개탄이나 자가비판만으로 해서 해결될 수 없다. 인간의 자제력을 키울 각 개인의 도덕심의 제고와 병행하여 우리 사회의 자생적 도덕성 회복운동이 일어나야 한다. 그래서 윤락문제와 미혼모가 버린 기아문제는 사회적 차원의 책임의식으로 임하는 사회복지체제의 구축이 뒤따라야 한다.

성윤리문제는 개인의 성의식이 어떠하냐도 문제이지만 이러한 퇴폐사회 병리현상을 방치하는 국가의 비도덕성도 함께 추궁되어야 한다. 인류의 존폐를 좌우하는 AIDS문제를 보다 근원적으로 퇴치하기 위해서 성에 대한 올바른 계도를 위해서 각종 대중매체인 잡지, TV, VIDEO, 음란인쇄물 등이 철저한 사회책임의식하에 교육기능을 담당해야 한다. 오늘날 여성의 윤락화 문제(물론 남성까지도 포함해서)를 차별적인 고용문제와 결부시켜 보는 것만이 문제를 거시적으로 지적하는 것은 못 된다. 급변하는 산업사회에서 파생되는 각종 황금만능 풍조와 천박한 대중문화의 범람이 성도덕을 더욱 퇴락시키는 사회문화적 환경임을 지적할 수 있다.

〈표 8-5〉 미혼모 발생에 대한 사회교육적 대책

발생요인	세부요인	대책	세부대책
사회구조적요인	-가치관 혼돈 -성역할 변화 -대중매체의 영향 -제도적 장치의 미비	-성윤리관 정립 -사회적 책임감 형성 -매스컴의 교육적 기능강화 -제도적 조건정비	• 사회일반의 성의식 변화 유도 • 성교육 실시대상의 범위 확대 • 자발적인 참여유도 • 사회운동 캠페인 • 공익광고 • 청소년대상 정규 프로그램 확대방영 • 여성관련 행정조직의 강화 • 관련법률의 정비 • 부녀상담소의 확충
가족요인	-결손 가족 -부모의 폐쇄적성 태도 -저소득 수준	-가족기능 강화 -부모 성교육 -경제적 지원	• 가족상담 제도의 다원화·전문화 • 저소득 및 결손가정에 대한 지원 강화 • 부모교육 강화
개인적요인	-성지식 결여(낮은 교육수준) -자아 정체감의 불안정 대인관계	-청소년 성교육 -자아기능 강화 -사회적응능력 개발	• 학교 및 기관 성교육의 개선 -성교육종합 전담기구의 설치 -학생생활지도체제의 확립 -교사자질 향상 -교육내용 및 방법의 다양화 • 상담 및 청소년활동 프로그램의 전문화 • 지역사회기관의 기능 활성화 -민간단체의 활성화 -지역사회기관의 연계통로 결성과 활성화 -지역사회시설의 개방

출처: 여성연구(제5권 제4호). 한국여성개발원. 1987. p.51

성역할에 대한 가치관 조사연구에 의하면, 경제적으로나 성적으로 가장 열악한 위치에 있는 빈곤층 여성은 중산층 여성을 준거집단(Reference Group)으로 삼아 '일할 필요가 없는 팔자 좋은 가정주부'를 이상적인 여성상으로 추구하는 것으로 나타났다. 빈곤층 여성들이 이처럼 자신의 성과 노동을 스스로 비하하는 심리적 저변에는 여자라는 이유로 결혼 전에는 남자형제들을 위해 공부를 포기하고 일찍 생활전선에 나서야만 했던 절박한 상황에 결혼 후에 이를 보상받지 못하고 남편에게 성과 노동력을 착취당하는 데 대해서 이들의 사회적 소외감을 가중시키는 것으로 보고 있다.

여성의 의식발전에 대한 장애는 여성 스스로의 장애적 행위자로서의 인식과 남과 여를 분리시키는 이중구조 속에서 자신을 안주하려는 태도가 먼저 비판되어야 한다. 왜냐하면 인간의 의식의 변화 없이 사회체제의 불평등이나 사회환경의 변화를 기대하는 것은 매우 어렵기 때문이다.

오늘날 산업사회의 특징인 다원화, 직업의 분화, 사회구조의 원자화에 따라서 성역할의 양극화 개념은 서서히 무너지고 있다. 이에 편승하여 유니섹스(Uni-Sex)가 범람하고 있다. 이에 대해서 심리학자 융(Jung)은 다음과 같이 경고하고 있다. 즉 그는 성역할의 이원적 구조개념을 주장하면서 남자든 여자든 인간에게는 남성본과 여성본의 특성이 어느 정도 공존하기는 하나 기본적으로 남자는 남성적인 Animus와 여자는 여성적인 Anima가 있어 구별 지어져 있다고 강조하였다.

최근 남녀공학의 학생이 남녀공학이 아닌 학교의 학생보다 정서적, 심리적으로 훨씬 안정되어 있으며, 성에 대한 가치관도 잘 인지되어 있는 것으로 보아 우리는 가부장적 통제 기재나 엄격한 유가적 가치관은 자칫 현대의 청소년의 성적 억압의 심리작용으로 탈선을 불러오는 결과를 가져온다.

아직도 많은 여성이 여자로 태어난 데 대하여 불만과 자기비하의 콤플렉스에 젖어 있는 한 남성위주의 문화를 극복할 수 없다. 여성 중에서 다시 태어난다면 남자로 태어나고 싶다고 대답한 숫자가 59%에 달하고 있는 것은 놀라운 일이지 않을 수 없다. 그렇다고 급진적 여성해방론이 문제를 해결할 수는 없다. 우리 오랜 전통적 성규범이 이중체제로 남성위주로 이루어 온 데서도 문제가 있다.

미래사회를 내다보며 살아야 할 한국여성의 성윤리는 단순히 신체구조에 의해 결정되는 생리현상으로만 볼 것이 아니라 사회·경제·문화적 맥락에서 복합적으로 연계하여 이해되어야 할 것이다.

제9장

직장문화와 인간관계

1. 직장조직과 인간

직장 내에 있어서의 인간관계들 중 중요한 것은 사용자 내지는 경영자와 근로자와의 관계인데 이 둘의 관계는 결국 일의 능률과 일의 인간화 문제로 귀착되지 않을까 한다. 여기서 일의 능률화란 최소한의 노력과 비용을 들여 최대한의 업적과 이윤을 올리는 것을 뜻하는 것으로 사용자나 경영자가 기대하는 것이다. 일의 인간화란 인간에게 적합한 작업장과 작업환경을 만드는 것과 같이 일의 근본적 성격인 고통성과 소외성을 가급적 줄이고 인간의 신체적 조건이나 삶의 리듬, 그리고 정신건강에 적합하도록 일의 조건과 형태, 그리고 일하는 방식을 인간적으로 바꾸어 나가는 것으로 이는 근로자들이 요구하는 것이라 하겠다. 아직도 많은 기업체에서는 어떻게 하면 일의 능률을 올릴 수 있을 것인가에 신경을 쓸 뿐 일의 인간화를 위해서는 투자할 생각을 별로 하지 않는 것이 사실이다.

그러나 아무리 일의 능률이 중요하다고 해도 인간은 기계가 아니므로 무리하게 업적만을 강요해서는 안 된다고 생각된다. 왜냐하면 역시 인간도 직장에서 자유가 필요한 동물이기 때문이다.

이러한 경영자와 근로자와의 관계는 경영학이나 행정학에서도 주된 연구대상이 되어 왔었는데 이는 인간(근로자)을 어떻게 이해하고 해석하느냐에 따라 조직의 구조나 관리전략이 달라지기 때문이었다. 여기서는 우선 많은 이론들 중에서도 대표적인 맥그리거(Mcgregor)

의 X이론과 Y이론을 살펴보기로 한다.

맥그리거는 마슬로(Maslow)의 욕구단계이론을 바탕으로 하여 인간관을 두 가지로 구별하고 그에 따라 관리전략도 두 가지로 나누었는데 X이론은 새 시대의 요청에 부적합한 것이라고 하여 비판한 다음 Y이론을 제시하고 앞으로의 조직관리 체계의 Y이론에 따라야 한다고 주장하였다. 이상과 같은 맥그리거의 주장을 요약하면 다음과 같이 정리할 수 있다.

(1) X이론

X이론은 한마디로 인간은 자기중심적 존재라는 입장에서 성악설적인 인간해석에 가깝다고 할 수 있는데 조직이론의 계보에서는 테일러(Taylor)의 과학적 관리법이 X이론의 범주에 들어간다고 볼 수 있는데 X이론의 내용은 다음과 같다.
  ① 보통 사람은 본질적으로 일을 싫어하며 될 수 있으면 일을 안하려 한다.
  ② 보통 사람은 야망이 없고 책임지기를 싫어하며 명령에 따라가려고 한다.
  ③ 보통 사람은 안전을 원하고 변화에는 저항적이다.
  ④ 보통 사람은 본래 자기중심적이고 조직의 요구에 대해서는 무관심하다.
  ⑤ 보통 사람은 속기 쉽고 영리하지 못하며 사기극에 잘 넘어 간다.
X이론은 이와 같은 인간관에 입각하였기 때문에 개인은 수동적인 존재로 취급되고 관리자는 일방적 지시와 세밀한 감독, 처벌 등 강압적 조치를 취하고 개인의 생리적 조건만 충족시켜 주면 된다고 생각

하였다. 그리고 개인은 생산성의 극대화를 위하여 조직이 정해 준 생산조건에 적응해야 하는 존재로 간주되었다.

(2) Y이론

Y이론은 성선설의 인간해석에 가까운 것으로 조직이론에서는 인간관계론이 이 범주에 속한다 할 수 있다.

① 보통 사람의 본성은 일을 싫어하지 않으며, 일을 위해 정신적·육체적 노력을 바치는 것은 휴식을 취하거나 놀이를 하는 것처럼 자연스러운 것이다.

② 외부 통제나 처벌의 위협만이 상책이 아니며 사람은 조직의 목표달성을 위해서 자기규제를 자율적으로 할 수 있는 존재이다.

③ 인간이 어떤 일의 성취에 전력 투구하고자 하는 동기는 그 일의 성취에서 얻어지는 보상 때문인데 이때 가장 값진 보상은(X이론의 경제적 욕구의 충족이 아니라) 심리적 만족이요 자아실현 욕구의 충족이다.

④ 보통 사람은 적절한 조건만 갖추어지면 책임을 받아들일 뿐만 아니라 책임맡기를 바라고 있다.

⑤ 인간은 대체로 조직의 문제를 해결하는 데 있어서 비교적 높은 수준의 상상력과 창의력을 발휘할 수 있다.

Y이론은 이상과 같은 인간관에 근거하였기 때문에 세밀한 감독보다는 일방적 감독을 주장하고 작업에 다양성을 부여받는 것과 비공식조직을 중시하였다.

현대사회 속에서 일이란 혼자 마음대로 하는 것이 아니며 어떤 조직 속에서 계획에 따라 하는 것으로 되어 있다. 말하자면 일은 사회적으로 계획되고 조직된다고 할 수 있다. 개인은 사회의 계획되고 조직된 일을 맡아서 하도록 되어 있다. 이때에 개인들은 일을 맡겨 주는 사회와 계약관계 속으로 들어가게 된다. 이것을 우리의 일의 계약성이라고 한다. 일은 일을 맡겨 주고 시키는 자와 일을 하고 대가를 받으려는 자 사이의 계약관계에서 이루어지는 것이라고 하겠다. 현대사회에서 이루어지는 일들은 대부분 이러한 계약관계에서 진행된다.

일이란 사람이 살기 위한 수단이며 자신의 삶을 보람 있게 하기 위한 행위인데, 왜 자기 마음대로 하지 못하고 남이나 사회가 시키는 대로 해야 하는가, 왜 일은 꼭 계약관계에서만 이루어져야 하는가 하는 것은 아주 본질적인 문제다. 과거에 원시적인 사회에서 소수의 인간들이 살았을 때는 일이 각자의 취향과 필요에 따라 마음대로 하는 것이었을 것이다. 아침에 일어나서 하고 싶으면 나가서 사냥을 해오고 배가 고프면 열매를 따다 밥을 지어 먹고, 필요하면 나가서 낚시를 하면 되었다. 무인도에 홀로 떨어진 로빈스 크루소는 누가 일을 시키지 않아도 혼자 필요한 것을 만들어 먹을 것을 구해 오며 살 수가 있었다. 그러나 가족이 생기고 부족한 집단생활을 하게 되면서 사람들은 일을 분담하게 되고, 자기 마음대로가 아니라 그 공동체가 시키는 종류와 양의 일을 해야만 한다. 이러한 것이 고대 노예제 사회나 봉건사회를 거쳐 오면서 양태는 달랐지만 일은 모두 사회가 필요로 하고 계획하며 조직하는 일로 주어졌으며 사람들은 이를 유형·무형의 계약관계에서 하도록 되었다.

물론 오늘날과 같이 모든 일들이 기업화하고 산업구조 속으로 짜여져 들어간 시대에도 혼자 마음대로 하는 일이 없는 것은 아니다. 어디에 매이거나 계약관계에 들어가지 않고 혼자서 자유로이 하고 싶은 일을 하는 자유직업들이 얼마든지 있다. 소설가라든가 예술가,

작가들 같이 자기가 하고 싶은 일을 맡아 해내고 대가를 받는 소위 프리랜서(freelancer)들은 어떤 직장이나 일터에 매이는 것이 아니라 자유롭게 일을 하는 사람들이다. 그러나 이들도 자세히 보면 일을 맡기는 사람이나 기관과 어떤 계약관계에 있는 것을 알 수 있다. 고정된 직장이나 근무시간은 없어도 일의 내용과 질·양은 일의 위탁과 함께 정해져 있으며, 이를 위해 이들 자유 직업가들은 약속된 기한 내에 맡은 일을 해내기 위해 일에 매이게 된다. 사실은 계약관계 속에서 일을 한다고 볼 수 있다. 또 시간은 비교적 자유롭게 쓰지만, 경우에 따라서는 직장에 매인 직업인보다 더 많은 시간을 일하고 노력해야 하는 자유 직업가들이 많다. 역시 자기가 스스로에게 일을 맡기고 대가도 지불하는 것이 아닌 한은, 모든 일들이 다 계약관계에서 이루어지는 것이라 보아야 할 것이다.

일이 계약성을 갖고 일을 시키는 자(Arbeitgeber)와 일을 하는 자(Arbeitnehmer)가 따로 있는 한 여기에는 윤리적 관계가 문제된다. 특히 현대 산업사회는 대부분의 인구가 크고 작은 기업체에서 고용되어 일하고 있으며 여기서 사람들은 일을 맡아서 하는 노동자라든가 이들에게 일을 시키는 사용자로 나누어지게 된다. 노사간의 윤리 문제는 현대사회에서 대단히 중요한 윤리문제이며 사회의 구조와 성격을 결정해 주는 중대한 문제이기도 하다. 노동자와 사용자의 계약관계는 의무와 권리의 관계로 나타났다. 이것은 대체로 취직을 하거나 입사할 때 고용계약서 속에 명시되는데 갑이란 노동자는 을이란 사용자에게 한 달에 며칠간 어떤 종류의 일을 해줄 의무를 지며, 그 대신 얼마만큼의 급료와 복지비, 가족수당을 받을 권리를 갖게 되는 것을 말한다. 이것은 반대로 을이란 사용자는 갑이란 노동자에게 얼마만큼의 일을 시킬 권리를 갖고, 그 대신 얼마만큼의 대가를 지불해야 할 의무를 지는 관계를 말한다.

노사간의 윤리적 관계란, 노동자와 사용자 간에 성립되는 의무와 권리의 계약관계와 또 그 실천내용이 윤리적이 되는 것을 말한다. 즉 정의롭고 평등하며 인격을 존중해 주는 관계가 됨을 말한다. 만약 노동자의 의무는 대단히 큰 데 비해 권리나 이익은 아주 적다고 하면 윤리적이 못 되며, 또 반대로 노동자가 월급은 많이 받고 혜택도 많이 누리면서 하는 의무나 일은 별로 없다면 이것은 윤리적인 관계라 할 수 없다. 또한 노사간의 계약은 아주 정당하고 평등하게 되어 있는데 실제로 시행되는 것은 그렇지 못하고 의무권리 관계가 평등치 못하다 할 때는 비윤리적 관계가 되고 만다. 여기서 생기는 중요한 문제는 일의 대가를 얼마만큼 지불해야 정당한가라는 윤리적 문제다. 노동자가 일을 한 대가로 요구하는 권리는 일의 조건이라든가, 휴식 시간, 휴가 등이 있지만 무엇보다 중요한 것은 임금이다.

현대 산업사회에서 노동자들의 임금은 여러 가지 경제법칙들에 의해 결정된다. 노동자들의 일은 어떤 재화나 가치를 만들고 생산하게 되는데, 생산된 제품은 시장에 나가 팔리거나 교환이 되며, 상품으로서 돈과 바뀐 액수의 범위 안에서 노동자들의 임금이 결정된다. 노동자들이 보다 많은 임금을 요구하는 것은 어느 시대, 어느 나라에나 공통된 현상이지만, 노동자들에게 지불되는 임금의 총액이 그들이 만들어 낸 상품이 팔린 값보다 많을 수 없는 것은 당연한 일이다. 따라서 임금은 상품의 가격과 함수관계를 갖게 된다. 문제는 상품이 벌어들인 가격의 총액 중 원료나 공장운영비, 설비비, 회사의 이윤이나 배당을 제하고 얼마만큼이나 노동자들에게 임금으로 돌아가느냐 하는 데 있다. 이것은 물론 일의 종류나 기업의 성격에 따라 다르겠지만, 노동력이 창조한 가치가 상품가치에서 차지하는 비율이 높을수록 임금의 비율이 높아져야 하는 것은 당연한 일이라 하겠다.

그러나 오늘날 대부분의 나라에서는 노동자의 임금을 단순히 기업 경영상의 계산에 의해서만 정할 수 없다는 원칙을 인정한다. 임금이란 노동자들의 생활비용과 소득을 말하며, 이것은 인구의 대부분인 사람들의 삶의 조건을 의미하기 때문에 국가나 사회는 이를 단순히 기업경영상의 문제로만 맡겨 둘 수는 없다. 그래서 많은 나라에서는 최소한 노동의 대가를 법으로 규정하여 최저임금제를 실시하고 있다. 사람이 살 수 있는 최소한의 생계비가 임금으로 지불되어야 한다는 것이다. 이것은 상품이 팔리는 값에 따라 노동력의 대가를 지불하는 것이 아니라, 그 노동력을 제공한 노동자들이 한 달간 일을 하기 위해서는 한 달을 먹고 살아야 하기 때문에 그 사는 비용을 최소한 지불해야 한다는 생존비용의 원칙이다. 물론 여기에는 어떤 정도로 사는 것을 최소한의 생계비로 보느냐에 따라 기준이 달라진다. 이것은 선진국과 후진국이 다르며, 도시와 농촌이 다르다.

노사간의 계약관계는 임금문제만이 아니다. 일하는 시간과 일의 양도 계약에 의해서 규정되는 문제다. 보통 하루에 8시간, 한 주일에 5일 내지 6일 일하고, 일년에 적당한 휴가를 갖는 것이 관례로 되어 있지만 이것도 나라마다 지역마다 회사마다, 업종에 따라 천차만별인 것을 알 수 있다. 법으로 정한 8시간 이상의 일을 할 때는 반드시 초과수당을 지불해야 하는데 이를 지키지 않을 경우 노동자들이 일방적으로 피해를 보게 되어 비윤리적 관계가 생긴다. 하루에 노동시간을 8시간으로 정한 것은 대체로 인간의 신체적 능력이나 조건, 생활의 리듬, 인간적인 삶의 내용 등을 고려하여 정해진 것이다. 이 이상의 노동을 할 때는 경제적 초과수당으로 충분히 보상할 수 없는 인간적 삶의 지장과 부담을 준다는 것을 윤리적으로 인식할 필요가 있을 것이다.

2. 새로운 직장관의 정립

지난 93년 6월 6일자 뉴스위크지는 대량 실업시대의 도래를 예고하는 특집기사를 보도하였다. 베르거(W. Burger)에 의하면 현재 미국의 실업자 수는 8백90만에 이르며, 경제성장이 없으면 앞으로도 새로운 일자리 창출은 불가능하며, 화이트칼라나 블루칼라를 막론하고 일자리가 줄어들고 있다고 하였다. 이러한 실업의 수렁에서 빠져 나올 수 있는 길에 대해서 R. 커크랜드(미노총산업별회의 의장)는 최근 W. P 기고문에서 다음과 같이 말하였다.

미국 고용주들이 합법적인 파업근로자들을 '영구교체'하지 못하도록 하자는 법안을 둘러싼 논쟁과정에서 고용주들이 원하는 바는 작업장을 일방적으로 통제하겠다는 것으로 드러났다. '작업장공정법안(WFA)'에 반대 입장을 취했던 이들 고용주들은 이 법안을 작업장 내 협동을 위협하는 것이라고 공격했었다.

작업장공정법안은 간단히 말해 "노동자들이 파업할 권리를 가지지만, 그 권리를 행사할 경우 직장을 잃을 수도 있다"는 잘못된 법 혼란을 바로잡아 노동자들이 고용주의 이익 때문에 직장을 잃지 않게 하기 위한 것이다.

1938년 연방대법원 판결 이후 이 같은 법 혼란이 계속 존속돼 왔지만 10년 전만 해도 고용주들이 이 법의 허점을 이용하지는 않았다. 그러나 지금은 고용주들이 근로자들의 단체교섭과 노동자들이 효과적인 대표권 행사를 사전에 저지하기 위한 수단으로 이 허점을 이용하고 있다.

이스턴 항공사·그레이하운드 등 굵직한 기업 외에도 이 허점을 악용한 군소업체들이 수없이 많다. 노조가 결성된 많은 기업에서 이

법의 허점은 고용주와 근로자를 대립하게 하는 요인으로 작용했을 뿐 아니라, 근로자들의 파업을 불렀고 파업 근로자를 비노조원으로 교체하도록 하는 결과를 낳았다. 많은 경우 고용주들이 노조원들과 협상을 시작하기도 전에 그 노조원 대신 새로운 비노조원을 고용하는 근거로 삼았다.

그 때문에 고용주·근로자 양측의 협상자세가 경직돼 오히려 파업이 장기화됐고, 수많은 근로자들의 삶을 황폐화시켰다. 그것만이 아니다. 유명했던 기업들까지도 많이 도산했고 나아가 그 기업들이 자리잡았던 지역사회까지 타격을 입었다. 이 모든 것들은 노동법이 예방하고자 했던 바로 그런 문제들이다.

지난 50년 동안 미국의 국가정책은 임금이나 근로조건을 둘러싼 고용주와 근로자들 간의 분쟁을 원만히 해결하기 위해 성실한 단체교섭을 고무한다는 것이었다. 이 정책의 핵심은 근로자들이 고용주들의 보복을 두려워하지 않고 단체행동에 가담할 수 있는 권리를 보호하고 있다.

정부 측의 단체협상 고무는 상당한 임금과 근로조건을 바탕으로 건전한 시장을 창조해 냈으며, 이것은 미국이 세계경제 지도국으로 부상하는 데 결정적 역할을 해 왔다. 이 같은 정부정책은 약간 느슨해지긴 했지만 지금도 유지되고 있는 것이 사실이다.

그동안 고용주들이 '작업장공정법'을 저지하려는 노력을 펼쳐왔다. 이 법안통과를 저지하겠다는 것은 바로 노동관계의 극단적 대결구도를 그대로 유지하겠다는 것이다.

고용주들이 협상 테이블에 앉아 노조 측을 향해 '우리가 제시하는 조건을 받아들여라. 그렇지 않으면 직장을 잃게 될 것'이라고 말할 수 있다면 진정한 협상이 이루어질 수 없다. 주종관계밖에 성립되지 않는다.

그런 정책은 과거에 미국이 선진국으로 발전하는 데 기여했을지 모른다. 그러나 경쟁국들은 지금 노사관계를 그런 식으로 운영하지 않고 있다. 그리고 미국이 앞으로도 경제강국의 위치를 지키기 위해서는 현재와 같은 노사관계가 계속되어서는 안 된다.

장래 미국 경제를 위해서도 선택은 분명하다. 근로자와 경영진의 상호존중을 바탕으로 협력해야 한다.

우리는 일할 수 있는 능력을 가진 사람들이 일이 없거나, 가졌던 일을 잃게 될 때에 이것을 실업이라고 한다. 실업이란 말(unemployed, arbeitlosen) 속에 이미 부정적인 의미가 있다. 해야 할 일이 없다는 것, 있어야 할 직장이 없다는 것, 하던 일을 잃었다는 것이다. 이것은 왜 그럴까? 여기에는 인간이 당연히 가져야 할 일이 없어졌다는 의미가 들어 있다. 즉 일의 당위성(Norm, Sollen)이 강조되고 있는 것이다. 말하자면 실업자들은 당연히 인간으로서 가져야 할 일과 직장을 갖지 못하고 있다는 것을 의미하게 된다. 일과 직장을 갖는다는 것이 인간의 당연한 권리라는 생각이 그 밑바닥에 깔려 있다.

일은 인간에게 있어서 의무만이 아니라 권리라는 생각은 이미 오랜 역사를 가지고 있다. 사람은 일할 의무만 있어서는 안 되며 일할 권리도 있어야 한다는 주장이다. 이것은 특히 산업화가 이루어지면서 많은 일이 생산업체들이나 공장에 의해 조직되면서 강하게 부각된 사상이다. 이제까지 일할 의무만 강조하여 왔는데 일을 하고 싶어도 일할 자리가 없을 때, 그리고 일이 사회적으로 주어지지 않을 때엔 일을 할 수가 없게 될 뿐 아니라 생존에도 문제가 되어 인간의 본래적인 삶의 권리가 침해된다는 발상에서 거론되었다. 따라서 일할 권리는 생존할 권리 곧 인간의 생존권과 관련된 권리로 주장된 것이다.

일이 삶의 본질적이고 필연적인 수단이 된다면 삶의 권리와 함께 일의 권리가 보장되어야 한다는 것이다. 이러한 것은 특히 이상적 사회를 꿈꾸던 토마스 모어나 찰스 후리에 같은 사상가들에 의하여 구상되고 주장되었다.

현대사회의 산업구조나 경제적 법칙에서 보면 몇% 정도의 실업자는 항상 있는 것이 오히려 건전한 경제구조라고 주장되기도 한다. 아무리 경제제도가 완벽하게 짜여졌어도 국민들을 100% 완전하게 고용할 수는 없으며, 오히려 적은 수의 실업자들이 대기하고 있다가 새로운 산업이 발전한다든가 새로운 노동력에 대한 요구가 생겼을 때 이를 메워 줄 수 있어야 한다는 것이다. 이런 의미에서 실업자들을 산업예비군(reserve army)이라고도 한다. 만약 이런 예비군이 없으면 오히려 경제가 새롭게 발전하고 박진력 있게 움직이는 데 지장을 받는다는 것이다. 그래서 선진 산업국가들에서는 국민은 4~5%가 실업자로 있는 것을 오히려 건전하게 생각하는 경향이 있다. 대체로 이것이 10%를 넘어서면 위험한 것으로 보기도 한다.

그러나 문제는 그것이 5%든 1%이든, 국민의 몇 십만이나 몇 백만이 일없이 실업자로 지낸다는 데 있다. 실업자는 생계에 타격을 받을 뿐 아니라 삶의 보람을 느끼지 못하며 소외감을 느끼게 되어 커다란 사회문제를 일으키게 된다. 실업은 인간에게 여러 가지 고통과 부담을 주며 인간다운 삶을 빼앗는 것이기 때문에 윤리적으로도 큰 문제가 된다. 실업이 주는 경제적·정신적·심리적 고통은 이를 당해 본 사람이 아니고는 이해하기 어렵다. 서구와 같이 사회보장제도가 잘된 나라에서는 실업보험금을 주니까 최소한의 생계에는 별 문제가 없지만 매일 출근을 하던 사람이 아침에 갈 곳이 없이 집안에 틀어박혀 있다는 게 여간 심리적 고통을 주는 게 아니다. 그래서 어떤 사람은 자기 아이들에게 실업자의 꼴을 안 보이기 위해서 직장을 잃었다는 이야기도 하지 않고, 매일 아침 도시락을 싸게 해서 가방에 넣고는 출근하는 척 제 시간에 나가서 공원이나 카페에 돌아다니다 퇴근시간에 들어온다는 사람도 있다.

여기에서 기업과 국가와 실업자가 커다란 윤리적 문제에 봉착하게 된다. 기업의 국제경쟁력을 위해 기업가는 국내공장의 문을 닫고 한 꺼번에 수천 명의 실업자를 내어도 좋은가? 노동자들은 기업도 살리고 내 일터의 보장도 받기 위해서 보다 높은 소득과 휴가를 포기하고, 더 적은 돈을 받고, 더 많은 일을 하는 것을 감수할 것인가? 국가나 사회는 경제정책(세금, 관세, 융자, 금융할인율 노동)을 통해 기업들이 국제경쟁력을 이겨낼 수 있도록 해주고 대신 국내 실업자들을 대량으로 만들지 않도록 해야 할 것인가? 이런 문제들은 경제적·정책적으로 문제이면서 동시에 윤리적 문제라고 하겠다. 왜냐하면 경제적 합리성의 문제만이 아니라 인간의 문제, 가치와 당위의 문제가 개재되어 있기 때문이다.

실업자들에 대한 대책은 대단히 중요한 사회적 문제이다. 오늘날과 같은 사회제도 속에서는 실업은 개인의 문제가 아니라 사회의 문제이기 때문이다. 여기에서 우리는 인간과 일의 문제를 다시금 생각해 보게 된다. 일이 인간의 의무만이 아니라 권리여야 한다는 것이다. 사람은 누구나 일할 권리를 가진다는 이상주의적인 사회사상가들의 주장이 타당성을 갖게 되는데, 문제는 이를 어떻게 보장하느냐에 있다. 현대의 선진국가들에서는 이 문제를 주요한 국가의 과제로 생각하며 이를 제도와 정책을 통해 해결해가고 있다. 노동의 권리는 법에도 규정할 수 있지만, 이를 실현하거나 제재할 제도적 장치가 마련되지 않는 상황에서는 형식적인 요건 밖에는 별 의미가 없게 된다. 따라서 일의 권리는 그 의무와 마찬가지로 우선 도덕적이며, 윤리적인 명제요 규범으로 확립되어야 할 것이라 생각된다.

3. 인격적 대우와 인정의식

우리들이 사람으로서 살아가는 데 있어서 어떻게 살아가는 것이 사람으로서 도리인가를 생각해 보는 것이 가장 근본적이고 본질적인 문제라고 생각한다. 여기에서부터 직업윤리의 출발점이 있다.

사람이 적어도 인간으로서 생활해 가는 한 가장 중요한 일은 인격의 성장과 발전을 지상가치로 보고 이러한 첫째가는 가치와의 관계에 서서 다른 모든 가치의 의의와 등급을 정해가야 되리라고 생각한다. 또한 그렇게 하는 것이 인간으로서 가장 도리에 맞는 생활태도가 아닌가 생각한다. 따라서 우리들은 인격을 대신할 가치 외에 다른 어떤 것도 인정하지 않는 동시에, 인격 가치에 이바지하는 것에 대해서만 삶의 가치를 인정해 가는 태도가 필요한 것이 아닌가 생각한다.

그렇다면 인격이란 무엇인가? 네 가지의 기준이 있는바 그것을 들어볼까 생각한다.

첫째, 인격이란 물질과 구별된다는 점에 특색이 있다.

둘째, 인격이란 개별적인 의식경험의 총화가 아니고, 그 밑바탕을 이루어 그것을 통일할 줄 아는 자아를 말한다.

셋째, 인격이란 불가분의 개체이다.

넷째, 인격이란 선험적 요소를 내용으로 하고 있다는 점에서 후천적 성격과 구별된다는 점이다. 이를 칸트는 말하기를 "단순한 경험적 성격의 것이 아니라 예지적 성격을 갖고 있는 특질을 띠고 있다"고 했다.

정신과 물질을 구별해서 생각할 수 있는 한, 그것은 서로 다른 의미를 갖고 있는 것이 아니면 안 된다. 정신은 사고하고, 느끼고, 또 추구하는 주체인 것에 반하여 물질은 사고의 대상이 되고, 느낌의 대상이 되며 또한 의욕의 대상이 되는 데 차이가 있다. 따라서 모든 존재가 사고나 감정이나 의욕의 주체인 점에서 정신이요, 그와 반대의 대상이 되는 것은 물질인 것이다.

따라서 적어도 가치의 문제를 따질 때, 정신과 물질을 구별하는 것은 정신은 주이고, 물질은 객이라고 일반적으로 보고 있다.

인격은 정신이기 때문에 우리들은 지성인이 될 수 있으며, 감정가가 될 수도 있고, 또한 노력가가 될 수도 있는 과정이다. 그렇기 때문에 인간은 단순한 육체일 수만은 없는 것이다. 육체도 정신의 주체가 소유하고 있는 물질에 불과한 것이다. 인격과 물질과의 차이점은 결국 to be의 주체와 to have의 대상과의 차이이다. 우리들의 소유물인 정신적 속성과를 구별하는 데에 인격개념의 첫째가는 기준이 성립한다고 할 수 있다. 인격은 하나의 나눌 수 없는 생명을 본질로 하고 있다. 하나의 생명에 의해서 일관되지 않은 것은 하나의 인격일 수 없다.

또 인격은 개체이지만 그렇다고 해서 인격이 타자와의 대립을 강조하는 것도 아닌 것이며, 결국 인격은 자기가 자기의 본질로 복귀해 가는 과정이다. 그렇다고 인격은 개인주의를 말하는 것이 아니다. 또한 인격은 하나의 생명으로서 자연적 통일을 갖는 것뿐만 아니라 또한 당위에 의해서 선험적으로 통일되어 있지 않으면 안 된다.

이처럼 사람은 인격의 주체이기 때문에 인격의 성장과 발전에 지상의 가치를 두는 생활을 해 가야 하는 것이다. 따라서 단순히 물질

주의에 사로 잡혀서 살아가는 삶은 참된 인간다운 생활의 길이라고
할 수가 없다는 것이다.

　오늘날 인간이 비인간화되어 간다는 것을 경고하는 사람들이 많이
있다. 현대 산업사회는 인간을 자꾸 비인간화시켜 가는 경향을 갖고
있다는 것이다. 이러한 때일수록 사람들은 인간이 지켜야 할 본연의
자세로 되돌아가야 하는 것이다. 그러면 본연의 모습을 잃지 않는 인
간이란 어떤 것일까? 그것은 바로 사리에 따라 생각하고 행동해 가
는 인격적 존재이며, 자기의 개성과 신념에 따라 행동하는 인격의 주
체가 되어야 한다는 것이다.

　인격의 주체로서 사유하고 자유의 주체로서 행동하는 가운데 인간
의 본연의 모습이 있다는 것이다. 이런 면에서 볼 때 인간관계의 중
심도 역시 인격관계에 두어야 하지 않으면 안 되는 것이 아닌가 생
각한다. 이 점에 대하여 칸트는 "모든 사람을 최고의 인격의 주체로
서 대하라"고 외친 것이 바로 그러한 것이다.

　'인간이 인격의 주체성을 상실할 때 인간은 그 본연의 모습을 상실
한다'는 인간관을 뒷받침하는 객관적 근거로서 우리가 지적할 수 있
는 것이 인간의 비인간화 현상이라고 할 수 있다고 말한다.

　인간의 비인간화라고 부를 수 있는 현상의 하나로서 우리는 어떤
사람들이 물질이나 돈의 노예에 가까운 생활을 하고 있다는 사실을
들 수 있다. 우리들은 스스로 뜻있다고 믿는 행동을 자유의지에 따라
서 하는 것이 아니라 돈벌이를 위해 다니는 직장의 기계가 보내는
신호에 따라서 행동하고 살아가는 사람들이 많이 있음을 본다. 그리
고 사람의 가치를 평가함에 있어서도 그 사람의 사람됨이 어떠한가,
그 사람이 가지고 있는 재산 또는 돈벌이, 경쟁에 있어서 남을 앞지
를 수 있는 능력을 묻는다. 그리하여 인간은 물질을 주인으로 모시는

하인의 위치로 떨어지며 돈이 사람보다 귀중한 것으로 군림한다. 물론 우리는 돈이 제일이라는 것을 관념의 세계에 있어서 긍정하는 것은 아니다. 우리가 밖으로 내거는 인생관은 물질주의가 아닌 인격주의이며, 재산보다도 인격이 더욱 소중하다는 것을 소리 높여 외친다. 그러나 이것은 어디까지나 관념과 언어 세계에서의 몸부림에 지나지 않는 것이며, 행동의 세계를 좌우하는 것은 역시 돈이요 물질이다. 결국 관념과 행동은 유리되고 인격은 분열의 아픔을 겪는다. 인격의 분열 자체가 비인간화의 한 과정이거니와, 인중인격자들이 모여 사는 사회에서는 서로가 서로를 믿을 수 없어, 결국 인간을 인간으로 대접하지 않는 결과를 초래한다고 한다.

비인간화의 또 하나의 심각한 증세로서 사람들이 평생 일관하는 생활의 중심을 잃고 있다는 사실을 지적할 수 있을 것이다. 10년 또는 20년 뒤를 내다보는 인생의 목표를 세우고 그 목표달성을 위해서 온갖 정성과 정력을 바칠 때, 사람들은 뚜렷한 생활의 중심을 갖는다. 그러나 오늘날 우리들에게는 그러한 삶의 목표가 없는 것이다. 목표가 있다면 돈을 모은다는 목표가 있을 뿐이며, 그 돈을 무엇에 쓰겠다는 목표는 모르고 있다. 인생의 목표가 상실되고 생활의 중심이 희미한 까닭에 사람들의 인격은 그 틀이 잡히지 않는다. 이 말은 결국 인생의 인격 가치가 흔들린다는 말이다. 인격의 틀이 잡히지 않는다는 것은 개성이 뚜렷한 자유의 주체로서의 성장을 거두지 못한다는 뜻이며, 주체성이 박약한 까닭에 객체의 영향에 의해 쉽게 흔들리게 된다는 말이다.

그러한 인간이 상실된 인격을 되찾고, 자기를 회복하여 그 본연의 모습으로 돌아가기 위해서 가장 중요한 것은 인간이 무엇인가에 얽매여 사는 노예상태를 벗어나서 인격의 주체성을 되찾는 일이다.

그렇다면 인격의 주체성을 되찾는 길은 무엇이며, 우리들이 인간관계를 어떻게 정립해 가야 한다는 말인가?

이성 또는 지성으로 불리는 기능이 인격을 구성하는 매우 중요한 부분이라는 것은 현대의 우리로서도 부정할 수 없는 전통적 사상이며, 인격을 구성하는 어떠한 요소에만 얽매이는 것보다는 전체가 조화와 균형을 이룬 인격으로서 생각하고 행동하는 데 인간 본연의 모습이 있다고 보는 것이 타당한 의견일 것이다.

현대문명 속에서 인간의 비인간화라는 비극이 초래된 것은 요컨대 비인간적 가치가 인간적 가치를 능가하고, 인간적 가치 가운데서도 부분의 가치가 전체의 가치를 압도하는 가치의 전도가 생겼기 때문이라고 볼 수 있을 것이다. 따라서 상실된 인간을 다시 찾는 일은 전체로서의 인간적 가치, 인격적 가치가 체계의 가장 높은 봉을 차지하는 새로운 가치체계를 수립하는 일이라고 주장한다.

그리고 그와 같은 새 가치체계를 세움에 있어서 첫째로 필요한 것은 전체로서의 인격이 자유인으로서 전체성을 찾는 일이 매우 귀중하다는 것과, 인간의 주체성의 회복은 나에게만 필요한 것이 아니라 모든 사람들에게 필요한 보편적 과제라는 사실을 되도록 많은 사람들이 깊이 인식하는 일이라고 한다.

물질이나 돈 또는 그 밖의 비인간적 가치로부터의 예속을 벗어나서 한 인격으로서의 주체성을 되찾고 개성을 살린 정신적 성장을 이룩하는 것이 가장 바람직한 삶이라는 것을 마음속으로 확신한다 해서 반드시 그 신념대로 행동할 수 있는 것은 아니다. 경제생활의 여유가 있는 사람은 결심여하에 따라서, 자기가 가장 옳다고 믿는 길을 실천하기 위하여 생활의 태도를 바꿀 수도 있을 것이다.

그러나 그날그날의 생활에 쫓기며 당장 먹고사는 일 자체가 어려운 사람들은 돈과 시간에 얽매이지 않기를 아무리 열망한다 하더라도 그러한 생각을 실천에 옮길 도리가 없다. 인간적 가치를 따지고 따지지 않고 할 만한 여유가 없는 것이다. 따라서 모든 사람이 자기 본연의 모습을 되찾을 수 있기 위해서는 우선 우리들의 사회현실부터가 많이 달라져야 한다. 그리고 인간의 상실된 인격 또는 자아를 회복하기 위해서 요구되는 사회현실은 바로 민주주의가 지향하고 있는 그러한 현실이라고 말할 수 있다는 것이다.

이러한 때에 우리가 지녀야 할 일반적인 생활태도로는 첫째, 이성적으로 사고하고 행동할 수 있는 분위기 조성에 노력하여야 한다는 점이다.

둘째, 서로 간의 인격을 존중하며, 결코 남을 대할 때 목적으로 대할 것이지 수단으로 대하는 일이 없도록 하여야 한다는 것 등이다.

셋째, 사람은 누구나 인격적 존재이기에 그 존재가치는 유일이요, 그것이 절대적 가치를 지닌다는 점을 잊지 않는 생활태도, 즉 대인관계를 평등하게 유지하여야 한다는 점이다.

넷째, 그렇기 때문에 남이 자기를 위해서 해 주었으면 하고 원하는 것처럼, 자기가 남을 위해서 모든 일을 해 나가는 태도가 필요하다는 점이다.

이상으로 인격적 생활이 될 수 있게 할 지표를 생각하여 보았다.

직업생활을 나누어 볼 때 여러 가지를 들 수 있겠지만 그중 대종을 이루는 것으로서는 공무원과 회사원을 들 수 있는데 이 양자의 차이점은 어떤 면이 있는가 살펴보기로 하자.

공무원은 영어로는 civil services라고 칭한다. 이 말을 해석해 보면 민간인으로서 국가에 봉사하는 사람들이라는 뜻이며, 또한 영어의 military services라는 말, 즉 군인으로서 나라에 봉사한다는 말의 대

칭어로서 공무원이라는 civil services라는 말이 생긴 것이라고 생각한다. 따라서 공무원은 국민 전체에 대한 봉사자이며, 국민에 대해서 언제든지 책임을 져야 하는 위치에 있는 것이기에 그 일의 성질이나 대상이 회사원의 그것과는 큰 차이가 있는 것이다. 예를 들어 공무원이 국민 전체를 대상으로 하여 이를 담당하고 있는 데 비하여, 회사원은 그 회사와 관계가 있는 사람, 즉 주로 고객을 대상으로 하여 일을 담당하고 있다는 것이 다른 점이다.

공무원과 회사원의 차이는 그 일이 누구를 대상으로 하는가에만 있는 것이 아니라, 그 하는 일이 무엇을 목표로 하는 일인가에 의해서도 서로 다르다고 이야기할 수 있다. 공무원이 국민 전체를 대상으로 하는 일을 처리하기 때문에 공무원은 전체 국민의 공공복지가 목표로 되는 데 비하여, 회사원은 그 회사가 추구하는 영리를 목표로 일을 처리한다는 점에서 차이가 있다고 말할 수 있다.

공무원과 회사원은 자기가 처리하는 일의 근원, 즉 권한이 어디에서 기인하는가 하는 문제에 있어서도 차이가 있다. 공무원은 권한적이고 권력적이다. 그 까닭은 공무원은 일의 근원이 헌법과 법에 따라 그 권한을 행사하는 방식의 일을 처리하는 데 비하여, 회사원은 상법이나 그렇지 않으면 회사의 정관이나 사규에 따라 일을 처리하는 비권력적인 위치에 서기 때문에 이 양자의 일하는 근원이 서로 다른 것이다.

공무원과 회사원은 그 신분의 보장에 있어서도 상당한 차이점이 있는 것이다. 공무원은 그 신분이 법률에 의해서 보장되기에 업무집행에 있어서 헌법과 법률에 위반되는 행동을 취하지 않는 한 보장되는 데 비하여, 회사원은 그 신분보장이 사규에 의해 보장되는 약한 면이 있으며, 그 회사의 이해관계가 밀접한 관계를 갖고 있다는 점에서 다른 면이 있다.

끝으로 공무원과 회사원은 퇴직 후의 생활보장에 있어서 차이점이 있다. 공무원은 공무원연금법에 의해서 퇴직 후에도 그 생활은 법률이 정한 바에 의해서 보장되는 면이 있는 데 비하여, 회사원은 그 퇴직 후의 생활이 법률로 보장되지 못하고 오직 사규에 따라 좌우된다는 차이가 있는 퇴직 후 보장문제가 있다.

한 가지 재미있는 일은 대체로 공무원과 회사원의 보수 차이가 어느 쪽이 우월한가 하는 것인데, 회사원의 초봉이 일반적으로 공무원의 초봉에 비해 높게 책정되어 있으며, 또한 재직 중에도 그러한 경향이 그대로 유지되고 있다는 점이다.

또 한 가지, 공무원은 여러 가지 행동규범이 엄격히 법률로 규정되어 있으며, 공무원의 행동을 규제하고 있어 이에 순응하지 않으면 안 되는 데 비해서, 회사원의 경우에는 그 규정의 성격이 약한 사규 정도에 규정되어 있기 때문에 그 행동의 규제나 제약을 공무원에 비하여 약하게 받는 편이라고 말할 수가 있다.

여하튼 상기한 공무원과 회사원 사이의 차이로 인하여 이 양자의 직업윤리상의 차이가 나타난다고 볼 수 있다.

제2절 동·서양의 효(孝)문화

1. 동양의 효경의식

농경사회에서는 부모의 직업인 농사는 그 자녀가 부모 밑에서 배

우고 돕는 가운데 가정 안에서의 자녀에 대한 부모의 훈도기능과 부
모에 대한 자녀의 효친기능이 자연스럽게 조화를 이룰 수 있었다. 그
러나 산업사회로 접어들면서 직업의 분화현상으로 인하여 학교교육
과 사회교육의 기능이 강화되면서 상대적으로 가정교육의 기능이 약
화되어 부모의 자녀 사이가 소원해지기 시작하였다. 동시에 효경문화
의 개념도 바뀌게 되었다. 이러한 효경문화의 변화로 인하여 가정교
육의 핵심적인 내용을 차지하고 있던 효경예의는 실종되어 버린 채
오히려 자녀가 상전자리를 차지하면서 부모의 극진한 수발을 받게
되는 위계가 전도된 기현상(Malformation)을 낳고 말았다.

그러면 세계화 시대를 맞이하여 이처럼 기형화된 효경문화를 그냥
방치하고 말 것이 아니라 가정−학교−사회가 연대하여 일으키고 있
는 도덕성 회복 및 인간성 회복 교육의 중요내용으로 효경문화를 새
롭게 정립하여야 할 것이다. 이를 위해서 오늘 우리 사회에 만연하고
있는 사회병리와 인간병리의 합병증의 원인이 무엇인지에 관하여 총
체적인 진단을 내린 후에 이에 대한 적절한 처방이 있어야 한다.

또한 산업화 시대를 먼저 경험한 서양에서의 효문화는 어떻게 지
탱되고 있는지를 비교 연구하여 봄으로써 타산지교(他山之敎)로 삼
으려 한다.

최근에 우리 사회의 도덕성 회복을 위하여 '교육자들의 모임'이 결
성되어 다각적인 노력을 경주할 것으로 기대되고 있다. 그러나 지금
까지 수많은 단체나 조직이 피상적인 현실진단은 있었지만 정작 인
간백행(人間百行)의 근본이요. 인간교육의 관건이 되고 있는 효경문
화의 새로운 착근(着根)을 위한 교육적인 노력에는 게을리 하고 있
는 현실이다.

따라서 본 연구에서 효경문화에 대한 동서양의 비교 연구를 통해

서 이 둘의 묘합(妙合)을 도출하여 세계화 시대의 시민의식 형성에 용이하게 수용될 수 있는 적합한 효경문화를 창출하는 데 연구의 의의를 둔다. 이러한 세계화 시대의 한국적인 효경문화의 정립이야말로 21C의 새로운 인간성 회복 교육의 지표로 삼는 데 작은 기여가 될 것을 기대한다.

(1) 중국의 효도규범

중국은 본래 부모와 자녀 간에 효가 도덕규범의 기초가 되고, 더욱 확대되어 국가로부터 가족에 이르기까지 최우선의 가르침으로 뿌리 박게 되었다는 사실에 그 독특성이 있다. 원래 효친은 부모가 살아 있는 동안에 자녀가 해야 할 도덕적인 규범윤리를 의미함에 있어서는 변화가 없으나 이것이 중국인들에게 있어서는 종교적인 의미로 확대되어 한시적인 생존(生存)에서부터 사후(死後)의 영원에 이르기까지 자손의 봉양을 계속하여 받으려는 제사문화(祭祀文化)로 이어지게 되었다.

조상제사는 영적으로 진혼(鎭魂)이 아니라 철저한 초혼(招魂)을 의미하기 때문에 사후에도 언제든지 현세에 돌아올 수 있다고 믿음으로써 조상에 대한 제례(祭禮)야말로 효의 핵심적 내용이 되었다.

또한 제례를 집례하는 주체가 자손이며 자손 중에서도 남자이기 때문에 남아 선호는 제사를 계속 잇게 하는 수단인 동시에 효의 전체를 구성하는 주체가 되었다. 이러한 남자 중심의 가정윤리의 근간이 되어온 효도규범은 어떻게 전개되어 왔는지를 살펴보고자 한다.

첫째, 유교사상의 핵심적 도덕규범을 이루고 있는 공자의 효관(孝觀)으로는 공경하는 마음(恭敬心)을 으뜸으로 들고 있다. 그리고 공경하는 태도에 대해서는 부모에게 걱정을 끼쳐 드리지 않아야 하며 걱정을 끼쳐드리지 않기 위해서 봉양으로 지극히 섬겨야 하며, 봉양은 살아생전의 공경에서부터 사후의 장례와 제례에 이르기까지 예(禮)로써 모시는 것이 유교의 조상숭배사상인 동시에 효도사상이므로 이는 인도(人道)의 원초적 본질이라고 하였다. 특히 논어의 효행편에서는 '효는 덕의 근본인 동시에 교(敎)의 시작'이라고 하였다. 그러므로 효는 백행지원(百行之源)이요, 모든 선(善)의 기초라고 하면서 효도, 우애, 공경은 인(仁)의 3대 바탕이 되며 참삶의 길이라고 하였다.

둘째, 중국의 효사상을 집대성한 『효경(孝經)』의 제1장 '개종명의(開宗名義)'에는 효의 시작과 완성을 다음과 같이 극명하게 표현하고 있다.

우리의 신체는 머리카락에서부터 살갗에 이르기까지 부모에게서 받은 것이니 훼손하지 않음이 효도의 시작이요, 입신(立身)하고 도를 행하여 후세에 이름을 드높임으로써 부모의 명예를 드러내는 것이 효의 완성이다.

'효경'에서는 효를 모든 사람의 덕의 근본바탕으로 삼고 있으면서도 한편 신분에 알맞은 효행의 준거를 제시하고 있다. 즉, 천자(天子)는 사해(四海)를 잘 다스려 백성의 모범이 되고, 제후는 사직을 온전히 보전하고, 경대부(卿大夫)는 종묘를 지키고, 선비는 제사를 지키고, 서인은 부모를 봉양하는 것이다. 그러나 5가지 효행의 방법은 다를지라도 백행(百行)의 근원이라는 점에서는 다를 바 없다. 그래서 '효경' 제7장의 효평편(孝平編)에서 천자(天子), 즉 지도자의 솔선수범의 중요성을 강조하고 있다.

'진심으로 자기 부모를 사랑하는 천자는 다른 모든 사람의 부모도
똑같이 사랑하기 때문에 모든 사람을 미워하지 못하고, 진정으로 자
기 부모를 공경하는 천자는 다른 모든 사람의 부모도 똑같이 공경하
기 때문에 모든 사람을 업신여기지 못한다. 그러므로 천자 스스로가
사랑과 공경을 극진히 하여 자기 부모를 섬긴다면 그 훌륭한 도덕의
가르침이 온 백성들에게까지 미치고 그 행실이 온 천하에 모범이 될
것이다. 무릇 이것이 천자의 효도이다.'

이렇듯 '효경'에서의 효의 범위와 방법은 가까이는 사친에서부터
멀리는 입신도행(入神行道)의 궁극에 이르기까지 하늘이 불변한 기
준인 동시에 땅의 떳떳함이라는(천지경급 지지의) 우주적 원리로 승
화시키고 있다.

셋째, 공자(孔子)와 함께 전가(傳家)의 효(孝)사상을 대성시킨 맹
자는 '효는 인간의 백행지례(百行之禮)일 뿐만 아니라 요순의 도리도
효제(孝悌)일 따름이다'라고 말함으로써 효를 제왕지도(帝王之道)라
확대하였던 것이다. 맹자는 효자의 지극함은 어버이를 높이는 일보다
더함은 없고, 어버이를 높이는 일의 지극함은 천하를 가지고 봉양해
드림보다 더함은 없을 것이니 천자의 어버이가 되니 높음의 지극함
이요, 천하로써 봉양하니 봉양의 지극함이니라고 함으로써 순임금의
대효를 부각시켰다.

특히 맹자는 5가지 불효를 열거하기를 ① 사지(四肢)를 게을리 하
여 부모의 봉양을 돌보지 않는 일, ② 장기, 바둑, 음주를 즐기며 부
모를 봉양하지 않는 일, ③ 재화와 처자에 빠져서 부모를 돌보지 않
는 일, ④ 욕망을 만족시키느라고 부모를 욕되게 하는 일, ⑤ 용맹을
쫓느라 자칫 싸우고 성내어 부모를 위태롭게 하는 일을 들고 있다.

넷째, '효경'의 저작자로도 알려진 증자(曾子)는 만물이 천지에 받

은 성품 중에서 사람이 가장 귀하니 사람의 행실에 효도보다 더 큰 것은 없으며, 부모를 사랑하지 않고 다른 사람을 사랑하는 자는 덕에 어긋나므로 부모 섬김의 10가지 덕목을 제시하였다.

① 부모가 평상시 거처하실 때 편안하게 해 드리고(居)

② 마음으로 극진함을 다하여 섬기고(致)

③ 바르고 깍듯이 공경하고(敬)

④ 항상 좋은 음식으로 봉양하며(養)

⑤ 기쁘고 즐겁게 하여 드리고(樂)

⑥ 병환이 나시면 정성을 다해 간호해 드리고(憂)

⑦ 상을 당했을 때에는 슬픈 마음으로 모시고(喪)

⑧ 지난날의 부모님에게 다하지 못한 것을 애통해하며(哀)

⑨ 제삿날에는 망극한 심정으로 회상하며 어버이의 덕업을 자손에게 가르치고(祭)

⑩ 매사에 청결, 엄숙, 두려워하는 마음으로 정성껏 모셔야 한다(嚴)

이렇듯 부모를 섬기는 사람은 윗자리에 있어도 교만하지 말아야 하고, 아랫자리에 있어도 불평이 없어야 하며, 불편한 일을 당해도 다투지 않아야 하기에 효란 비록 천자라도 반드시 그 위에 윗사람이 있으니 바로 그 아비가 있고 반드시 먼저 할 데가 있으니 바로 그 형이 있는 바와 같기 때문이다.

마지막으로 주역에서는 건은 땅(地)이니 어머니라고 규정하고 있다. 따라서 천지운행(天地運行)의 법도와 부모공경의 효도는 같은 것으로 보고 있다. 즉, 천지법도와 부모효도는 알파와 오메가 사이므로 이 둘은 천·지·인의 총체적 근본임을 일깨워 주고 있다. 따라서 주역에서의 효는 로고스인 동시에 에토스이기에 인간 이전의 천리와 인간 이후의 윤리를 공유하고 있는 것이다. 그러므로 천지 속에 부모

(또는 인간)가 있고, 부모 밖에 천지가 있으므로 우주와 인간은 하나
의 원리와 법칙에 따라서 동일한 이치로 인식되었다.

(2) 한국의 효경 실천

중국은 효심이 무엇인지에 대한(Know-what) 원론을 밝혀 놓았다
면, 우리나라는 효행이 어떠해야 하는지에 대한(Know-how) 실천을
보여주고 있는 것이 특징이다. 즉 효가 원론이라면 경은 각론이므로
효와 경은 불가분의 관계일 뿐만 아니라 효+경=(-)이면서 효×경
=(+)이다. 즉 같이 있으면 하나요, 떨어져 있으면 둘이다. 마치 '한'
의 뜻이 일인 동시에 대(大), 다(多), 중(中), 광(廣)을 함의하고 있
는 것과 같다.

이와 같은 맥락에서 한국인은 정서적으로 일찍이 경에 있어서도
공경과 존경을 구별하여 인식하여 왔다. 즉, 공경이라 함은 아랫사람
이 윗사람에게 기대되는 도덕적 태도 및 문화적으로 적합한 행동양
식(Behavior pattern)을 나타냄과 동시에 공경을 행한다라고 할 때는
자발적으로 웃어른에게 복종하며 섬기는 것을 내용으로 한국 가족제
도에 뿌리내린 가치관이다.

한편 존경은 제한적으로 개체성을 띤 것으로 사회적으로 특별한
조건 없이 규정된 사람에게 행하는 것이다. 이를테면 가난을 극복한
대통령은 '존경'의 대상이 되나, 나를 길러준 아버지는 '공경'의 대상
이 된다는 것이다. 그러므로 한국인의 효경 속에는 존경, 공경, 복종,
순종, 섬김, 모심, 받듦, 예(禮), 정(情), 우러름 등의 총체적 의미를
함축하고 있는 것이 중국의 효심과 크게 다른 점임을 다음에서 찾아
볼 수 있다.

첫째, 우리나라는 일찍이 유교문화가 전례되기 이전부터 가정의례 교육의 중요한 핵심으로 '효도훈(孝道訓)'*을 통하여 효친(孝親), 자애(慈愛), 부도모덕(父道母德)을 포함하여 총체적인 효경을 가르쳐 왔다. 즉 '부생아신(父生我身)'에서부터 시작하여 마지막 '무이금수'에 이르기까지 4문78행 312자는 단순히 효행교육을 넘어서 한 인간의 생활윤리, 가치규범, 사회의식을 집대성시킨 것으로 현대인의 생활규범으로 발전시켜 나갈 수 있는 귀중한 덕목이 아닐 수 없다.

두 번째, 율곡 이이는 '격몽요결'의 사친장에서 다음과 같이 효행을 가르치고 있다.

무릇 사람 된 자로 어버이에게 마땅히 효도해야 한다는 것을 모르는 이는 없으되, 실제로 효도를 하는 이가 매우 드문 것은 어버이의 은혜를 깊이 알지 못하는 까닭이다. 시경에서도 이르기를 아버지는 나를 낳으시고 어머니는 나를 기르셨으니 이 은덕을 갚고자 할진대 하늘과 같이 넓고 끝이 없도다. 그러므로 내가 이 세상에 태어남은 목숨과 혈육이 모두 어버이의 끼치신 바요, 숨을 쉬고 기(氣)와 맥(脈)이 부모와 서로 통하니 이 몸은 결코 내 사사로운 것이 아니라

---

* 孝道訓: 父生我身 母鞠我身 腹以懷我 乳以哺我 衣以溫我 食以飽我
恩高如天 德厚如地 爲人子者 曷不爲孝 父母呼之 唯以趨進 父母責之
勿怒勿答 侍坐父母 勿踞勿臥 父母出入 每必起立 勿立門中 勿坐房中
須勿大唾 亦勿私言 口勿雜談 手勿雜戲 獻物父母 跪以進之 行勿漫步
坐勿倚身 器有飲食 不與共食 父母臥命 俯首聽之 坐命跪聽 立命立聽
衣服帶靴 勿失勿裂 勿與人鬪 辱及父母 衣裳雖厭 賜之必服 飮食雖厭
賜之必食 滿坐親前 勿怒責人 飮食親前 母出器聲 父母不食 思得良饌
父母有疾 憂以謀瘳 父母有過 諫以勿逆 出入門戶 開閉必恭 出必告之
反必拜謁 若告西適 不腹東往 平生一欺 其罪如山 我身能善 榮名及親
父母無衣 我衣莫思 若得甘旨 歸獻父母 昏定褥席 晨省安否 室堂有塵
常以箒掃 親坐勿坐 親影勿履 晨必先起 暮須後寢 父母睡愼 每必覆之
出入飲食 每後父母 署母건裳 衣帶必飭 顏色和悅 言語謹愼 擇師以敎
勿逆勿怠 裹糧以送 勿賴讀書 事親如此 可謂人子 不能如此 無異禽獸

바로 부모가 남겨준 것이다.

또한 부모는 나에게 몸을 주셨으니 온 천하의 어떠한 물건도 내 몸과는 바꿀 수 없기에 부모의 은혜는 지극하다. 누구든지 부모를 섬기는 자는 한가지 일, 한 가지 행동이라도 감히 제 뜻대로 하지 말고 반드시 명령을 받은 후에 행할 것이며, 만일에 마땅히 해야 할 일이라 하더라도 부모가 허락하지 않는다면 반드시 간곡히 말씀을 드려서 승낙을 얻은 후에 행할 것이며, 끝내 허락하지 않더라도 바로 자기 마음대로 행하여서는 안 된다.

일상생활에 있어서 한순간이라도 부모를 잊지 않는 연후에야 바로 효도한다고 할 수 있으며 제 몸가짐이 건실하지 못하고, 말하는 것에 법도가 없고, 날로 즐겨 놀기만 하는 자는 모두 부모를 잊은 거나 다름없다.

셋째, 다산(茶山) 정약용은 전라도 강진의 유배지에서 고향에 보낸 편지 가운데 '두 아들이 효자가 되고 두 며느리가 효부가 된다면, 나야 유배지에서 이대로 늙어 죽는다 해도 아무 슬픔이 없노라' 하면서 효도는 자녀의 길이기에 앞서 인간의 길이라고 했다. 즉, 효도가 곧 인도라고 하였다. 이 인도(人道)를 밝히는 구체적인 명덕(明德)은 직성에 의한 성과로서 효(孝)·제(悌)·자(慈) 등의 윤리적 행위가 발현될 때만이 가능하다. 이 효(孝)·제(悌)·자(慈)의 삼덕(三德)은 요전(堯典)의 오교(五敎)를 줄인 것으로 즉, 부의자모(父義慈母), 형우제공(兄友弟恭), 자효친경(子孝親敬)은 천하를 교화하는 대덕이라고 하였다. 따라서 효·제·자의 삼덕(三德)의 실천을 떠나서는 성의정심(誠意正心)도 소용없는 일이라고 설파하였다.

넷째, 소혜왕후 한씨(韓氏)가 쓴 '내훈(內訓)'의 효친장(孝親章)에 의하면 효경실천(孝敬實踐)에 대하여 다음과 같이 들고 있다.

비록 부모가 돌아 가셨어도 장차 착한 일을 할 때는 부모에게 아름다운 이름을 물려 드린다는 생각으로 반드시 과감하게 행동해야 하고, 장차 착하지 못한 일을 할 때에는 부모에게 부끄러움과 욕이 돌아가게 되는 것을 생각하여 반드시 하지 말아야 한다. 이렇듯 부모를 섬기는 자는 윗자리에 있어도 교만하지 않고 아랫사람이 되어서도 어지럽게 행동하지 않으며 같은 자리에 있으면서도 다투지 않는 것이다. 윗자리에 있으면서 교만하면 망하고 아랫자리에 있으면서 어지럽게 굴면 형벌을 받고, 동등한 자리에 있으면서 다투면 불신을 일으키게 된다. 이 세 가지를 없애지 않으면 비록 날마다 '삼종(소, 양, 돼지)을 바쳐서 봉양을 한다 해도 오히려 효도가 될 수 없다'고 했다.

따라서 진정한 효행은 부모의 생전(生前)의 봉양뿐만 아니라 사후(死後)에도 계속되어야 하며 이러한 효심은 그가 처한 신분과 지위에 따라 합당한 효를 할 때만이 더욱 그 의미가 되살아남을 일로 일컬어진다고 하였다.

2. 전통종교의 효행교육

(1) 불교의 부모은중경

불교의 오은(五恩) 중에서 첫 번째가 부모은(父母恩)인데 이 부모은에서 '부모은중경'이 나왔다. 그런데 유교의 '효경'이 아버지를 중심으로 효도를 강조하였음에 반하여 불교의 '부모은중경'은 어머니를 중심으로 가없는 고마운 은혜를 설명하고 보은하는 방법을 가르치고 있는 것이 특징으로 되어 있다. '부모은중경'의 10恩의 은덕은 다음과 같다.

첫째, 어머니 품에 품고 키워 주는 은혜(懷耽守護恩.)

둘째, 해산날에 즈음해서 온갖 고통을 겪고서 낳으신 은혜(臨産受苦恩.)

셋째, 아이를 낳으시고 온갖 근심을 잊으시는 은혜(生子忘憂恩.)

넷째, 쓴 것은 삼키고 단 것은 뱉어 먹이는 은혜(咽苦吐甘恩.)

다섯째, 진자리 마른자리 가려 뉘시는 은혜(回乾就濕恩.)

여섯째, 젖을 먹여 길러 주신 은혜(乳哺養育恩.)

일곱째, 손발이 닳도록 깨끗하게 씻어 주시는 은혜(洗濯不淨恩.)

여덟째, 먼 길을 떠나갔을 때 걱정해 주시는 은혜(遠行憶念恩.)

아홉째, 자식의 장래를 위해 고생스런 일도 참으시는 은혜(僞造惡業恩.)

열째, 끝까지 자식을 불쌍히 여기시는 은혜(究境憐愍恩.)

이 같은 어머니의 무한한 은공을 생각하면서 자식을 낳을 때 서 말 석 되의 응혈을 흘리시고 기르는 동안 팔곡사두(八斛四斗)의 젖을 먹였다. 자식 된 자, 이 은혜를 갚기 위해서는 왼쪽 어깨에 아버지를 업고, 오른쪽 어깨에 어머니를 업고 발 가죽이 달아서 뼈에 이르고, 뼈가 바스러져 골수에 이르도록 수미산을 백천 번 돌더라도 그 은혜를 다 갚을 수 없다고 했다.

(2) 천도교의 교·효·학 일원관

1860년 수운 최재우가 창도한 천도교의 종지의 핵심은 '인내천(人乃天)'과 '사인여천(事人如天)'인바, 이는 사람을 섬기기를 하늘과 같이 하라는 시천주 사상에서 나왔다. 수운 자신이 시천주를 깨닫게 된 계기는 그가 17세 되던 해에 79세의 아버지(근암)가 돌아가심에 너무나 큰 충격을 받고 나서이다.

수운에 의하면 성효(成孝)와 성도(成道)가 결코 둘이 아니라 하나이며, 성도에 이르는 길은 성효를 통하지 않으면 안 될 어려움을 깨달은 후 교=효=학을 일원화하는 실천결행을 하였다. 그것이 위로 하늘을 섬기는 마음과 아래로 사람을 섬기게 된다는 솔선수범을 보이기 위해서 두 하녀를 수양딸과 며느리로 맞이하게 되는 수도절차(修道節次)를 밟게 된다.

수운의 수도절차에 대한 여러 교설(敎說) 가운데 가장 으뜸으로 들고 있는 것이 '충효(忠孝)를 주(主)하라'이다. 특히 수운의 효도관은 평등사상에 기인하기 때문에 효의 사회성이 강하게 대두되고 있다. 예컨대 18세대 동학에 입도한 백범 김구의 말에 의하면 다음과 같이 술회하고 있다.

'내가 공손히 절을 한즉 그도 공손히 맞절을 하기로 나는 황공하여 내 성명과 문벌을 말하고 내가 비록 성관(成冠)을 하였더라도 양반댁 서방님인 주인의 맞절을 받을 수 없거늘, 하물며 편발 아이에게 이런 대우가 과도한 것을 말하였다. 그랬더니 선비는 감동한 빛을 보이면서, 그는 동학인(東學人)이라 선생의 훈계를 지켜 빈부귀천의 차별이 없고 누구나 평등으로 효행을 표하는 것이니 미안해 할 것 없다고 말하고 내가 찾아온 뜻을 물었다. 나는 이 말을 들으며 별세계(別世界)에 온 것 같았다.

특히 천도교의 팔리훈강령(八理訓綱領)에는 효사상에 대해서 명쾌히 밝혀 놓은 바에 의하면 '대효(大孝)란 지효(至孝)를 말함이며, 한 사람이 능히 한 나라 사람들을 느끼도록 하나니 천하의 지성이 아니면 어찌 이에 이르리오 사람이 느끼면 하늘도 또한 느끼느니'라고 하여 효성의 어려움을 말하고 효행의 실천을 안애(安哀), 쇄애(鎖愛), 순지(順志), 양체(養體), 양구(養口), 신명(迅命), 망형(亡形) 등을 가르치고 있다.

수운의 효사상은 천의에 따라서 지행(至行, 孝), 지신(至信, 敎), 지기(至氣, 學)에 이르도록 하자는 것이 사인여천사상의 궁극이었다.

(3) 원불교의 사은원리(四恩原理)

원불교의 창시자인 소태산(少太山) 박종빈은 사은(四恩)을 들고 있는데 그것은 천지은(天地恩), 부모은(父母恩), 동포은(同胞恩), 법률은(法律恩)이다. 이 사은(四恩)에 보답하는 길을 밝힌 것이 원불교의 중심사상이 되고 있다. 특히 두 번째 부모은은 효도를 가르치는 핵심이 되고 있다. 즉, 사람은 누구나 부모의 은혜에 대하여 모르는 사람이 없겠으나 그 은혜가 너무나 넓고 커서 도리어 우리들은 그 은혜를 마음속에 간직하지 못하고 있다. 이러한 은혜를 마음속에 새기어 보은감사(報恩感謝)하는 생활을 해야 하며 그 은혜에 보답하고 강령은 자력이 없을 때에 은혜를 내려주신 도를 본받아서 자신의 부모는 물론 힘이 미치는 데까지 자주력이 없는 노인이나 고아, 불구자들을 돕고 지켜주는 것이라 했다.

이와 같이 원불교의 사은원리는 개인의 안심봉양(安心奉養)에 두기보다는 사회구원의 생명적 존재임을 자각하는 데까지 확대하였다. 부모의 마음을 편안하게 한다 하여 혹시 정의가 아닌 명령에 순종한다면 이는 작은 효로서 큰 효를 잃음이요, 부모를 봉양한다 하여 혹시 공중을 위한 큰 사업을 못하게 된다면 이 또한 작은 효로서 큰 효를 잃게 된다. 그러므로 부모가 혹시 노훈(老訓)하여 대의(大義)에 어두운 경우가 있을 때에는 온화한 마음과 부드러운 말씨로 간(諫)하고 그 마음을 돌려 드리기에 힘쓸 것을 가르치고 있다.

이 같은 소태산의 사은원리의 효관(孝觀)은 종래의 개인중심의 효경에서 사회, 국가, 나아가서 우주만유와 생명적 관계가 있음을 제시함으로써 오늘을 살아가는 사람들에게 효도의 방향과 생명사상의 요체를 자각시켜 주었다고 할 수 있다.

3. 서양에서의 '효'의 관점

아리스토텔레스(Aristoteles)는 '정치'의 제1부에서 '사회조직의 가장 초기 형태는 가족이고, 정치조직의 가장 초기 형태는 단지 가족을 확대한 것에 불과하다'고 보면서 가장을 중심으로 한 윤리적 인간관계에서 행복 덕(德), 선(善)과 같은 실천이성을 강조하였다. 그런 의미에서 본다면 서양은 이성에 바탕을 둔 윤리적 가치의 보편성은 있으나, 동양과 같은 가족적인 효경에서 윤리의 근거를 찾고자 하는 데는 관심을 두지 않았던 것이다.

그러므로 서양윤리는 개인윤리인 동시에 개인의 자유와 평등을 찾기 위한 과정이라고 한다면, 동양윤리는 공동윤리인 동시에 가정 내에서 한 인간이 다른 인간의 효행을 통해서 가족 간의 질서를 유지시켰던 것이다.

서양윤리의 전통을 대표하는 I. Kant의 '실천이성비판'에서도 공동체의 기본형태인 가족관계의 기능에 대해서는 별로 언급이 없는 것을 보면, 가정윤리를 중요시하는 기독교 윤리와는 확연히 구별되고 있다. 따라서 서양윤리에서는 엄격한 의미에서의 가족공동체 윤리는

결여되어 있으며, 다만 나 자신이 마땅히 해야 할 의무(Sollen)만을
강조하고 있는 것이 특징으로 되어 있다.

여기에서 의무는 동양에서 부모와 자식 관계에서의 반드시 '받들어 공
경'해야 할 인간의 덕의 근본으로서 도리→이치→치지의 순리인 데 비해
서, 서양은 제각기 각자의 규범을 가지고 있는 이성의 법→도덕(Moral)
→윤리(Ethos)→규범(Norm)을 준수하는 것으로 한정하고 있다.

그러므로 서양의 효의 문제는 철학적으로 존재론적 성격을 띠고
있으며, 마치 규범(Norm)이 인간행위의 불변적 상황이듯이 효 역시
인간심성의 불변적 요소로 본 것과 같은 맥락인 것이다. 즉 서양의
윤리가 이성 안에서의 부자 사이의 효라고 한다면, 동양의 윤리는 효
안에서의 부자 사이의 질서라고 할 수 있다. 효를 둘러싸고 있는 안
팎의 이성과 질서는 비록 절대적 개인의 자유와 제약적 공동의 질서
가 상호 보관되므로 서로의 약점을 극복할 수 있다. 이를 '배려(配
慮)의 자유'와 '비아(非我)의 효'로 규정한다. 그래서 평화의 공동선
(共同善)이 확립되는 수평적 효애문화를 창출해야 할 것이다. 이를
Emil Brunner의 표현에 의하면 남과 여, 부부관계, 부자와 자녀의 관
계, 부자관계를 가족윤리의 확대 의미로 효의 기본관념을 '창조적 질
서'라고 보았던 것이다.

(1) 기독교 윤리에서 본 효사상

기독교 윤리의 진수는 부자관계에서부터 출발하며 또한 기독교 진
리의 핵심 역시 성부(聖父)와 성자(聖子)의 인격관계를 맺고 있다.
즉 하늘에 계신 아버지와 그의 외아들 그리스도와의 관계에서 효개
념이 내재되어 있음을 알 수 있다.

구약성경에는 '네 부모를 공경하라. 그리하면 너희 하나님 나 여호와가 네게 준 땅에서 네가 오래 살리라'(출애굽 20:12)고 되어 있으며, 사도신경에는 외아들인 그리스도가 아버지의 뜻을 잘 순종하므로 하나님은 그를 우편(右便)에 앉아 계시도록 하였다. 여기서 부모의 교훈을 잘 듣고 순종하는 것은 조상들이 이러한 하나님의 약속의 매개자이기 때문에 비록 조상이 바로 하나님은 아닐지라도 하나님을 대표하는 자들이라고 할 수 있다.

이것은 마치 '효경'의 배천(配天)의 내용과 일치하고 있다. 즉 '사람의 행위 중에서 효보다 큰 것이 없고, 효는 아버지를 공경하는 것보다 큰 것이 없고, 아버지를 공경하는 것은 그를 하나님 옆에 모시는 것보다 큰 것이 없다'고 하였다.

여기서 '사도신경'과 '출애굽'의 하나님을 대신하는 조상의 공경사상과 '효경'의 배천사상을 연결시키는 것은 참으로 주목할 일이다. 윤성범은 '배천'이라는 말은 배신(配神)과 같은 뜻을 가진 말로서 제사 드릴 때에 하나님 옆에 모시고 제사 지낸다는 뜻으로 해석하고 있다. 이때 단순히 부모의 제사만을 의미하는지, 아니면 하나님 또는 하나님 옆에 모실 수 있는 분들을 의미하는지는 해석에 따라 달라질 수 있으나, 효경에 '부자의 도는 천성'이라고 하였으므로, 배천 곧 아버지를 하늘과 같이 생각하라는 뜻으로 해석할 수 있다고 했다.

'하나님 우편(右便)'에 앉은 그리스도는 '부자유친'의 사상과도 일맥 상통하고 있다. 왜냐하면 하나님께서는 땅에서 돌아오신 외아들을 부활시키어 하늘에 계신 아버지 오른 팔에 안게 하셨다는 것은, 부모를 진심으로 섬기는 사람은 하늘의 아버지도 잘 섬길 수 있기 때문이다. 따라서 효의 성서적 약속은 첫째, 효가 인간의 인간됨의 자발적인 성향이라는 점에서 모든 덕의 근본이 된다는 점, 둘째, 인간의 인간됨을 회복함으로써 하나님의 축복을 받을 수 있는 근거를 마련할 수 있다는 점, 마지막으로 효의 마음자리에 하나님을 함께 모시고 진정한 의미의 효의 심정으로 하나님 뜻에 순종하는 것을 들 수 있다.

기독교 윤리에서 하나님을 섬기는 마음으로 부모를 효도하는 것이나, 유교윤리에서 부모를 효경하는 마음으로 하나님을 섬기는 일은 결국 같은 것이다. 즉 기독교의 경천사상(敬天思想)과 유교의 배천사상(配天思想)은 하나의 천효사상(天孝思想)에서 귀일(歸一)되고 있다.

1) 십계명의 효행교육관

서양인의 생활규범이 되고 있는 모세의 십계명은 4개의 종교 규범과 6개의 윤리규범을 두고 있다. 그중에 5번째 '네 부모를 공경하여야 한다'라고 규정하고 있다. 특히 '너희는 부모를 공경하라'는 명령은 하나님의 분부이신고로 이 천명을 잘 지키어 행하게 되면 하나님은 그 보상으로서 땅에서 장수의 복(福)과 행복하게 살 수 있는 터전을 마련하여 줄 것을 약속하였다.

이와 같이 모세는 부모를 공경하기를 하나님 섬기는 마음과 같이 한다면 하나님은 응분의 보상을 주실 것을 약속하셨다고 한 것은 이미 마치 유교에서 부모를 지극한 정성으로 효도하면 그 지성(至誠)에 하늘이 감천(感天)하여 반드시 보상을 내려주는 믿음과 같은 맥락을 하고 있다.

'하나님의 아들은 세상에 있는 모든 것을 주고도 생명을 살 수 없다'(마가 8장 36절, 37절)한 것은 부자 사이의 생명존귀사상의 절정을 가르쳐 주고 있으므로 초월의 효를 가르쳐 주고 있다. 또한 '하나님께서 우리에게 피차 사랑의 빚 이외에는 누구에게든지 아무 빚도 지지 말라'(로마 13장 8절)고 하였다. 이는 우리의 생명을 낳아주고 길러주신 부모님의 은혜의 빚을 갚는 방법을 가르쳐 준 것이다.

잠언 23장 24절~25절에서는 '지혜로운 자식을 낳은 의인의 아버지는 그로 인하여 즐거울 것이므로 자식은 자신을 낳은 어미를 더욱 즐겁게 하여라'고 하였다. 이와 같은 부모와 자녀 간의 사랑의 관계는 인간과 인간 사이의 사랑의 관계로 확대함으로써 효도의 근원을 제시하고 있다. 즉 '사람이 사람을 사랑할 때는 사람이 하나님을 사랑하는 것과 같이 하라'(마 10장 40~42절), '사람이 사람을 사랑할 때에는 아무에게도 격차를 두지 말고 사랑하라'든가 '사람이 사람을 사랑할 때는 예수가 인간들을 사랑하는 것같이 사랑하라'(요 15장 13절)는 이 모든 계명(戒命)은 사랑=효의 근원적 귀일을 가르쳐 주고 있다.

2) 바울의 효행교육관

앞의 모세의 10계명 중의 5번째 '부모를 공경하라'는 계명으로부터 바울은 감옥에서 에베소 사람들에게 보낸 편지에서 '자녀들은 부모에게 순종 하십시오'를 제1계명으로 지킬 것을 간곡히 권유하고 있다. 왜냐하면 이것은 하나님을 믿는 사람이면 누구나 마땅히 해야 할 일이기 때문이다. 한편, '부모도 자녀의 감정을 건드려 화나게 하지 말고 주님의 훈계와 가르침으로 잘 기를 것을 당부하고 있다. 마찬가지로 주인들도 종들을 대함에 있어서 윽박지르지 마십시오'라고 가르치고 있다.

바울은 부모에 대하여 자녀가 해야 할 몸과 마음가짐과, 자녀에 대하여 부모가 해야 할 행동규범을 다 함께 가르치고 있는 것이 특징으로 되어 있다.

먼저 자녀는 부모의 명령에 순종해야 하며, 두 번째, 자녀는 아버지의 훈계와 어머니의 법도를 벗어나지 말며, 세 번째, 자녀는 부모가 근심할 짓을 하지 않아야 한다. 네 번째, 부모를 능멸하는 자가 되어서는 안 되며, 특히 경홀히 여기는 일, 업신여기는 일, 비방함, 저주함, 조롱함 등을 저지르거나 거역하고 교만해진 자녀(사람)에 대해서는 죽음의 형벌을 면치 못할 것임을 경고하고 있다. 마지막으로, 부모를 훼방하는 자녀가 되어서는 안 되며 부모에게 기쁨과 편안을 주는 자는 복을 받고, 부모의 명령을 거슬러 슬픔이나 고통을 일부러 주는 자는 반드시 형벌을 면치 못하게 되어 있다.

다음으로 바울은 자녀에 대하여 부모의 역할에 대해서 다음과 같이 가르치고 있다. 먼저 부모는 자녀를 양육시키는 데 게을리 해서는 안 된다. 이는 마치 예수가 30년간 나사렛에서 부모의 곁을 떠나지 않고 섬겼다 해서 '나사렛 예수'라는 별명을 얻었듯이 부모도 자식이 독립할 때까지 양육의 의무를 다해야 하며, 두 번째, 예수는 목수 일을 하여 부모를 봉양하였고, 룻은 이삭을 주어 시모를 봉양하였듯이 부모가 가족을 책임지지 않으면 이는 불신자만도 못한 악한 자임을 경고하였다(딤전 5:8).

이는 마치 부모의 책임성과 자식의 의무성을 동일한 입장에서 보는 바울 자신의 특유한 기독교적 책임윤리(Responsibility Ethos)를 강조한 것이다.

3) 칼 바르트의 효행교육관

칼 바르트(Karl Barth)는 하나님을 가장 참다운 그리고 최초의 아버지라고 일컬으면서 어떠한 인간적인 아버지도 하늘 아버지와 같은 창조자일수는 없으나 그럼에도 불구하고 자식과 아버지는 그리스도라는 중보자를 통해서 아가페(희생적 사랑)적인 부자관계를 이루고 있다고 하였다.

칼 바르트는 그의 '교회교의학(教會教義學)' 중, 윤리 문제를 언급한 부분에서 먼저 '남자와 여자' 그다음에 '부모와 자녀'의 순서로 언급하고 있으며, 가정윤리의 핵심으로 '부모와 자녀' 관계를 가장 중요시한 첫 번째 신학자이기도 하다. 그에 의하면 부모도 제대로 공경하지 못하는 주제에 하늘의 아버지를 공경한다는 말은 새빨간 거짓말이라고 했다.

그는 효는 하나의 윤리적 규범임을 전제한 후, 이러한 규범을 막연하게 하나님의 말씀이라고 규정하는 것보다는 육신의 부자관계를 하느님 쪽에 배열시킴으로서 윤리적인 본(pattern)을 포착하려고 한 것은 윤리학적 당위성이라고 보았던 것이다. 이를 성서적 입장에서 Logos, 즉 아버지와 아들과의 구체적 인격관계의 역할로 규정하였다. 다시 말하면 아버지가 아들이 되어 버리고 그 다음에 아버지는 없어진 것이 아니라 아버지와 동시에 아들의 관계가 Logos라는 말로 대신한다.

효의 소극적인 의미로 부모를 잘 봉양하여 드리는 것으로 알고 있지만 그보다는 부모의 뜻을 잘 알아 그 뜻대로 순종하는 것이 효의 본질이며, 그보다 더 높은 효는 하늘 아버지의 뜻을 섬기는 것이 최대의 효라고 할 수 있다. 그런 면에서 그리스도는 십자가에서 임종할 때 '다 이루었다'고 말한 것은 '내가 하늘 아버지의 뜻을 따랐다'는 의미로서 이는 그가 효의 극치에 달한 자인 동시에 하늘 아버지에 대한 유일한 효자인 것이다. 따라서 부자관계의 효는 동서양 인류의 공통된 보편적인 마음가짐이다. 이것은 인간이 인위적으로 만들어 낸 규범심(Normative Mind)이 아니라 천성으로부터 인간에게 내려진 하나님의 은혜에 대한 태도인 것이다.

4. 효경문화의 올바른 정립

생활기능이 단순하였던 농경사회에서의 효행은 가족 중심으로 부모의 권위에 쉽게 순종할 수 있었으나, 기능이 다원화된 산업사회에 진입하면서 가치 규범의 상실 또는 붕괴로 인하여 효경의식도 사회의 변화만큼이나 급속히 허물어지기 시작하였다. 그리하여 하루가 멀지 않게 부모를 공경하기는커녕 무차별 살해하는 패륜이 속출하여 새로운 윤리 규범과 도덕성 회복을 정립해야 할 단계에 이르렀다.

이처럼 효경문화의 올바른 정착을 위한 교육혁명이 가정, 학교, 사회에 걸쳐서 총체적으로 분발되어야 함에도 불구하고, 우리는 지금 살아남기 콤플렉스에 걸려 위로는 대통령에서부터 아래로는 유치원생에 이르기까지 '세계화'시대의 무한 경쟁을 극복할 수 있는 생존전략을 세우느라 골몰하고 있다.

최근에 발표한 '세계화'의 6대 정책과제를 제시한 것을 보면 교육에서의 자유, 자율과 경쟁원리 존중, 교육수요자의 선택폭 확대, 평생학습사회 이룩을 들고 있다. 그리고 말미의 문화·의식 부문에서 전통문화 가치의 재확인, 세계시민으로서의 의식과 윤리를 들고 있다. 이러한 정책선언이 있은 후 상당한 지식인을 포함한 대다수 국민들은 우리의 전통 가치 규범이나 효경예절문화에 대해서는 둔감하여 방치하는 생활태도인 반면에 외국어 습득을 통한 국제감각에 민감하게 대처하는 행동양식으로 전개되는 모습을 보이고 있다. 이것이 마치 '세계화'의 개념인 줄 오해하고 있다.

'개방화, 선진화, 세계화를 누구도 반대할 사람은 없다. 다만, 이와 같은 세계화된 미래를 위해서 우리가 필요로 하는 것은 부모를 효성으로 섬길 줄 아는 사람, 사람의 목숨이 지구의 무게보다 무거움을 아는 사람, 나라 돈을 훔치는 것은 아무리 높은 자리에 있어도 도둑임을 아는 사람, 요컨대 무엇이 선(善)이고, 무엇이 악(惡)인가를 아는 사람을 국민학교 교육에서 가르쳐야 한다. 외국의 학교에서는 우리 예절, 우리말, 우리글을 가르쳐 주지 않기 때문이다.

일본은 전자와 자동차로 세계시장을 석권하였으며(Know-why), 미국은 컴퓨터와 우주공학으로 경쟁 우위를 확보하였으며(Know-how), 프랑스는 문화대국의 자부심과 관광자원을 보유하고 있으며, 독일은 통일비용에 허덕이고 있으나 국민정신 교육의 힘으로 버티고 있다. 이제 우리나라가 세계화 시대에 세계 시민에게 내놓을 수 있는 것으로서 효경문화재인 것이다(Know-what). 이 효경문화재야말로 노인문제와 가족기능의 정상화라는 미래사회가 해결해야 할 두 가지 가장 큰 난제를 풀 수 있는 중요한 처방전이 될 것이다.

최고 인격자임을 공인받고 있는 대학 교수인 지성인이 상속을 받기 위하여 사전에 치밀한 계획을 세워 아버지를 살해하였다는 사건의 보도를 접하면서 인간성의 부재시대(不在時代)를 다시 한번 확인하는 비감(悲感)을 금할 수 없었다.

인격이란 사전적인 의미는 ① 개인의 지·정·의(知·情·意) 및 육체적 측면을 총괄하는 전체적 통일체, ② 도덕적 행위의 주체로서의 개인, 자기 결정적이고 자율적 의지를 가지며 그 자신이 목적자체인 바의 개인, ③ 신에 대하여 인성을 갖춘 품격으로 되어 있다.

또한 인격이란, 건전한 도덕성 위에 일관성과 통합성, 발달성과 자율성을 가지고 있는 한 개인의 가치관이며, 자아 동일성을 확립한 상태를 말하며, 그것은 지적으로 합리적이고, 객관적인 것이고, 정적으로는 이타적이고 애타적이며, 의적으로는 자율적이고 독자적인 것을 일컫는다.

이러한 인격에 대한 여러 가지 이론만큼이나 인격을 개발시키는 교육적 방법도 다양할 수밖에 없으며, 결코 인격은 저절로 이루어지는 것이 아니라 끊임없이 자기반성을 할 줄 아는 능력과 강렬한 노력에 의해서만 성취될 수 있는 것이다.

이러한 인격에 걸맞은 인격인을 만들기 위한 인격교육의 내용과 방법은 무엇이며, 어떻게 하느냐가 귀결점이 될 수밖에 없다. 첫째 인격교육의 내용은 앞에서도 언급되었듯이 부모의 공경, 타인의 존경 그리고 자신의 입신(立身)을 통한 덕과 인의 근본이 되고 있는 효를 일생을 통하여 무한히 행하는 데 있다. 그 실행덕목은 다음과 같다.

① 아침저녁으로 부모님께 문안드린다.

② 부모님의 뜻을 존중하고 따른다.

③ 부모님을 도와드린다. 이때 대가를 바래서는 안 된다.

④ 부모님께 공손히 말씀드리는 태도를 지닌다.

⑤ 부모님의 심정을 깊이 이해하려고 노력한다.

⑥ 부모님을 기쁘고 즐겁게 해 드리도록 항상 마음을 쓴다.

⑦ 부모님의 잘못일 경우에는 불손한 태도로 맞서지 말고, 일단 물러나 생각을 정리한 후 공손하고 부드럽게 다시 말씀드린다.

⑧ 부모님의 실수를 이해하고 받아들이는 아량을 자녀들은 지녀야 한다.

⑨ 부모와 자녀가 서로 이해하고 대화할 수 있는 분위기를 만들도록 노력한다.

⑩ 부모님께나 형제간에도 바른 예절을 지킨다.

⑪ 형은 아우를 사랑하고, 아우는 형에게 걱정을 끼치지 않도록 각기 자기의 일을 책임진다.

⑫ 형과 아우가 서로 이해하고 돕는 미덕을 기른다.

다음으로 인격교육의 내용을 어떠한 교육적 방법으로 미래의 세대에서 내면화시킬 것인가의 인격교육의 방안으로써 한국인의 정서에 알맞은 효의 실체가 되고 있는 경에 대한 입신(立身)발달과정을 그림으로 제시하고 있는 것에 주목할 필요가 있다.

〈그림 9-1〉에서 효경의 실체적 본질인 경의 감정을 심정적으로 분석한 바에 의하면, 경의 생성은 사랑의 감정(어머니)과 두려움의 감정(아버지)이 조화롭게 통정된 복합적 정감인 동시에 입신의 방법적 원리가 된다. 왜냐하면 입신, 즉 인격의 완성은 한 인간의 '인간다움'의 교육목표를 성취하였기 때문이다.

〈그림 9-1〉 효경 감정의 발달과정

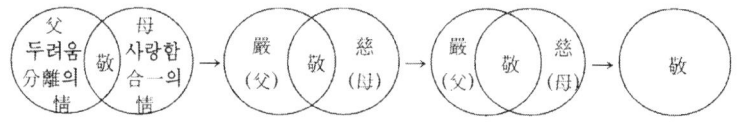

敬의 복합감정　敬의 기초감정　敬의 확장감정　敬의 완성감정

한국인은 부부의 관계도 하늘(天)과 땅(地)의 관계로 보면서, 이는 자식의 편에서 보면 아버지를 하늘로, 어머니를 땅으로 본 후 천지의 조화 가운데 자신의 존재인식(人)의 바탕이 되므로 천·지·인은 하나의 수직선상에 동일하게 나타난다.

5. 효경문화의 미래지향적 방향

우리 사회는 노인은 많으나 어른은 부재요, 선생은 많으나 스승은

부재요, 학교는 많으나 교육은 부재(不在)요, 학생은 많으나 제자는
부재(不在)요, 아빠는 많으나 아버지의 부재(不在)의 황폐화된 시대
를 살고 있다. 우리의 자녀들만이 흔들리고 있는 것이 아니라 나라
전체가 파열음을 내면서 무너져 내리고 있다. '왕초'는 사라지고 '똘
마니'들만 득실거리며 진동치고 있다.

　더욱이 효경의 대들보가 되어야 할 아버지가 가정에서 가족을 통
제하지 못한 채 버림받는 신세가 되거나 추방당하고 말았다. 돈이나
잘 벌고 사회적 지위가 있는 아버지는 겨우 인기를 유지하다가 그것
도 없어지면 그때부터 자녀들로부터 구박에서 구타로 끝내는 구금하
거나 살해하여 버리고 만다. 이런 충격적인 패륜범죄(悖倫犯罪)가 계
속 일어나고 있는 원인은 여러 가지가 있겠으나 그중에서 가정에서
의 '권위 있는 아버지'의 부재를 꼽을 수 있다.

　그 다음으로 가정에서의 어머니상의 재정립이 요구되고 있다. 여성
의 사회진출은 가정의 안정을 위협하는 가장 큰 요인으로 작용하는
데 문제의 심각성이 제기되고 있다. 어머니는 태양과 같다. 경제적
수입은 일부분이지만 효경의 상실은 생명자체를 상실하게 된다. 일찍
이 자녀들에게 부모를 사랑하는 마음을 길러 주면 남을 미워하는 생
각을 먹지 못한다고 했다.

　미래사회의 바람직한 효경문화의 방향은 첫째, 가족기능의 회복을
들 수 있다. 가족의 중요기능으로 양육기능, 교육기능, 경제적 기능 등
여러 가지가 있겠으나, 그중에서 최근의 부부중심주의에서 부부 및 자
녀와의 공동체중심주의에로의 전환이 요구된다. 여기에서 효애(孝愛)
의 교례윤리(交禮倫理)가 성숙될 수 있기 때문이다. 두 번째, 집안에서
부모(어른)와 자녀(젊은이)들이 생활공간을 공유함으로써 형제, 친지
들과 자주 교류 또는 교감을 나누는 시간을 많이 가지게 된다. 여기서

노인의 소외현상을 자연스럽게 불식시킬 수 있게 된다. 끝으로 전통적인 가족문화의 원형을 전승 및 고수를 하는데 노력을 기울일 수 있어야 한다. 통계청발표(94. 5. 14)에 의하면 우리나라가 결혼에서부터 이혼을 하기까지 세계에서 가장 짧은 기간(8.4년)이라는 점에서도 전통가족문화가 얼마나 급속히 무너지고 있는가를 보여주고 있다(참고: 미국 9.1년, 일본 10.8년, 영국 11.6년, 프랑스 13.4년).

더욱이 대학생의 21.5%만이 조부모의 이름을 알고 있으며, 83.7%는 시조 할아버지의 함자를 모르고 있으며, 족보가 무엇인지 모르고 있는 사람도 25%나 된다.

따라서 효심의 발아처(發芽處)인 전통적인 가정문화의 창조적 복원이 시급히 요망되고 있다. 그리하여 부모를 공경하는 일이 직장의 상사를 존경하고, 학교에서 스승을 따르고, 사회에서 윗사람을 대접하는 사회화된 인간성으로 발전할 것을 기대하고 있다. 따라서 가정은 인간교육의 책임을 지는 도장(道場)의 기능을 가짐과 동시에 가족은 인간됨의 예경(禮敬)을 지키는 마지막 보루가 되어야 한다. 이를 위해서 오늘의 부모세대의 자기반성과 새로운 각성이 요청되고 있다.

본 주제를 동서양의 효경문화를 문헌중심으로 비교 연구하여 본 결과 아직은 효사상이 동양의 등불이라 할 수 있는 한국인의 마음속에 깊숙이 내재되어 있음을 알 수 있었다. 그러나 산업사회의 합리적 사고, 과학주의, 불신주의 등은 개인주의를 팽배시켜 종국에는 이기주의를 낳아 극단적인 살부모라는 패륜행위를 속출시킬 추세를 보이고 있다. 우리 사회의 젊은이들이 노인을 기피하거나 노부모를 부담스러워 하는 경향이 보편화되면 될수록 반인간화가 늘어날 것이며, 경제성장으로 인하여 생활이 풍요로워지면 질수록 반생명적인 자멸의 질곡은 깊어질 것이다.

현재 우리나라 노인복지정책의 골격은 '선가정(先家庭) 후복지(後福祉)'의 원칙으로 표명되어 있다. 이는 외형상으로는 우리 국민들의 가치관과 의식구조에 합당해서 그럴 듯하게 보이나 사실 이것은 수익자 부담원칙이라는 가족의 책임으로 전가하는 허구적 정책에 지나지 않는다. 이러한 현실에서 효의 정신도 종래의 의무적 보은의 성격에서 이해와 애정의 내용으로 전환되는 데 노인의 적응이 있어야 한다. 다만 어떤 노인도 사고(빈곤, 질병, 역할상실, 고독) 중에서 어느한 가지에는 해당되어 삶을 영위하고 있다고 볼 때 이를 전적으로 자녀의 책임으로만 돌린다면 제2의 고려장 시대를 재연하게 될 것이므로 현재 우리나라 3백만 노인은 새로운 실버파워(Silver power)를 결성하여 정치적 발언을 강화할 필요가 있다. 새 정부가 내세우는 '참여복지'가 더욱 적극적으로 추진되어야 한다.

늦게나마 바람직스러운 것은 효행자의 대입특별입학허용방침이 속출하는 것이라든가, 각 대학가에서 인간성 회복운동의 일환으로 명심보감을 위시하여 심성교육을 중요시하는 것은 매우 다행스런 일이나, 정작 교육정책 당국에서는 국·영·수 위주의 입시교육만을 강화하고 있을 뿐, 윤리과목은 축소하거나 아예 없애버리는 학교의 인간화교육은 황폐화로 치닫고 있는 모순을 면치 못하고 있다.

최근 미국에서도 '도덕으로 돌아가자'는 신문예 부흥운동이 일어나기 시작하면서 윌리엄 베네트의 '미덕의 책: The Book of Virtues'라든가, 스티븐 코비의 '7가지 습관: 7 Habits of Highly Effective people'이 미국에서 베스트셀러가 되고 있으며, 우리나라에서도 번역되었음은 희망의 21C를 준비하는 데 고무적인 징조를 보여주는 것이라고 할 수 있다.

제3절 미래사회와 결혼문화

1. 신세대의 결혼관

최근 부산의 예비신랑 배 모 씨(29·회사원)는 며칠 후의 결혼식을 앞두고 예비신부와 함께 턱시도와 웨딩드레스를 싸들고 첫 비행기로 상경했다. 이들이 찾아간 곳은 최근 이색적인 결혼사진으로 화제를 모으고 있는 서울 압구정동의 웨딩사진 전문 스튜디오를 찾아갔다. 이곳에서 이들은 미리 대기하고 있던 메이크업 전문가의 손을 거쳐 치드 매직아일랜드에서 사진작가의 요구에 따라 포즈를 바꿔가며 사진촬영을 했다.

이들이 결혼준비로 가장 바쁜 시기에 천 리 길을 마다않고 서울로 달려온 이유는 만화 주인공같이 만들어 주는 컬러링, 동화 속의 왕자·공주 같은 분위기를 내는 컬러 솔라리제이션, 신비한 분위기의 인물사진으로 누구나 예뻐 보이는 판타지 테크닉 등 10여 가지 새로운 기법을 사용한 이색적인 결혼사진첩을 만들기 위한 것. 이들에게 가장 바쁘고도 긴요한 결혼 준비는 바로 일생 동안 간직할 결혼사진집을 만드는 일이었다.

또 얼마 전에는 태릉 크레이 사격장에서 벌어진 김 모 씨(38)의 결혼식에는 많은 하객들이 총을 들고 입장했는가 하면 결혼식 말미에는 때 아닌 총성까지 3발이 울렸다. 이 총성은 사격 동호인인 신랑·신부 주례가 꽃으로 장식된 표적에 결혼 축하 사격을 한 것이다. 또 이들의 동호인들은 입장과 퇴장 때 총을 들고 사열하기 위해 결혼식장에 총을 갖고 간 것이다.

최근 신세대들의 변모된 결혼풍속 중 가장 두드러진 특징은 결혼 사진과 결혼식의 개성화·이벤트화를 연출하기 위해서 기존의 엄숙 한 결혼식 분위기를 파괴하고 있다.

야외촬영 결혼사진은 90년에 들어서면서 급속히 대중화돼 한때 1 백만 원을 호가하던 사진집이 30~70만 원대로 떨어졌으나 신세대들 은 구태의연한 옛날 사진방식보다 골동 축음기의 소품이용 등 더 새 로운 것을 찾기에 안간힘을 쓴다.

결혼식의 필수과정인 비디오 제작도 달라졌다. 종래 결혼식만 담담 하게 찍던 비디오촬영은 이제 구세대의 유물·성장과정, 연예시절의 재연, 주변 사람들의 인터뷰 등이 들어간 결혼 다큐멘터리나 결혼장 면·연예장면 등이 음악에 맞춰 뮤직비디오처럼 펼쳐지는 결혼 뮤직 비디오가 새롭게 등장하고 있다.

결혼 다큐멘터리 비디오를 처음으로 제작한 폭스힐 라이브 센스의 조혜원 씨는 '특색 있는 비디오 제작은 학력이 높고, 전문직을 가진 사람들이 더 큰 관심을 보이고 있으며 내년 봄 결혼예약까지 들어와 있을 정도로 인기다'고 말했다.

이러한 개성적인 결혼식을 위해 예비 신랑신부가 찾는 곳은 예식장 이 아닌 이벤트 회사다. 식당·공원·저수지·바닷가 등 원하는 장소 면 어디나 결혼식장으로 꾸며주고 프로그램을 짜주기 때문이다. 이에 따라 현재 50여 개의 이벤트 회사들도 매년 4~8배 정도의 신장률을 기록하고 있으며 10월에는 이벤트사의 관련업계가 연합하는 가칭 결 혼 대행업체 연합회까지 발족할 예정일만큼 호황을 누리고 있다.

신세대들은 이렇게 결혼식·사진 등 추억만들기에는 열성이나 혼 수·예단·하객접대 등에서는 이만저만 실속을 차리지 않는다. 최근

결혼식에서 도시락을 식사로 돌리는가 하면 전화카드로 인사하는 예
도 심심치 않게 나타난다. 예단도 돈으로 대신하고, 다이아몬드 반지
대신 18K금반지를 똑같이 만들어 끼는 것도 실속파 신세대들의 신풍
속이다. 호화혼수보다 꼭 필요한 할인매장에서 한꺼번에 구입하는 알
뜰함과 개성을 갖춘 것이 바로 요즘 신세대들이다.

2. 신세대의 이혼관

'불행한 결혼보다 행복한 파혼이 낫다'는 말을 서슴없이 주고받는
것이, 오늘날의 신세대의 결혼관을 한마디로 설명해 주는 표현이다.

대법원 통계에 따르면 지난해 재판을 통해 이혼한 2만 1천6백99건
중 20대가 차지한 비율은 38%로 해마다 증가추세를 보이고 있다(91
년 30%). 반면 42.8%를 차지하는 30대의 이혼은 91년의 45%에서
매년 조금씩 그 비율이 줄어들고 있다.

나이에 따라 깊어지는 부부사이의 묘미를 읊은 우리 민요는 20대
가 서로 좋아서 산다고 했다.

'열 살 줄은 서로 뭣 모르고 살고/스무 줄은 서로 좋아서 살고/서
른 줄은 눈코 뜰 새 없이 살고/마흔 줄은 서로 못 버려서 살고/쉰
줄은 서로 가엾어서 살고/예순 줄은 등 긁어줄 사람 없어 산다'

그런 20대 부부들이 살아가는 묘미를 깨닫기도 전에 이혼하는 일
이 느는 데는 그들의 자아관·인생관·애정관·자녀관·사회관 등
여러 가지 복잡한 의미를 담고 있어 연구대상이 됨직하다.

20대 이혼의 두드러진 특징은 그 사유가 '추상적'이라는 데 있다고
전문가들은 입을 모은다.

30대 이후 세대가 배우자의 부정, 구타 등 보다 구체적인 이혼사유를 드는 대신 이들은 '성격사유'로 표현되는, 기성세대들은 잘 이해할 수 없는 이유로 이혼을 결심한다.

자기중심주의가 너무도 강한 신세대는 '결혼이나 가정 그 자체, 혹은 배우자나 자녀보다도 나 자신이 가장 중요하다'는 이유로 이혼을 하는 것이다.

예전 같으면 충분히 견디며 살았을 만한 생활도 '내가 왜 참아야 하느냐', '짧은 인생을 불행하게 살 수는 없다', '아기 생기기 전에 빨리 헤어지는 게 낫다'며 참을성 없는 세대의 속전속결식 인생관을 보여준다.

직장 내 연애결혼을 했다가 1년 만에 이혼한 김 모 여인(27)의 경우, 『나는 내가 정말 열심히 살려고 애썼고 그렇기 때문에 행복해질 권리가 있다고 믿어요. 그런데 내가 왜 이렇게 불행해야 하는지 견딜 수가 없어요』

표면적인 이유는 남편의 실업이었다. 그런데도 남편은 직장생활을 하는 아내에게 집사람으로서의 완벽한 역할을 기대했다. 가사처리는 물론 다소곳함, 순종, 시댁에의 헌신 등등……

'이렇게 평생을 참고 살 수는 없다'는 그는 이혼하면서 갓난아기까지 남편에게 주고 나왔다. 아기가 불쌍하지 않느냐는 주변의 질문에 "나 같은 엄마를 만난 것도 그 아이의 운명"이라고 잘라 말한다.

남자 측의 이혼사유가 '남편과 시댁 측에 잘 못한다'는 것이라고 서울가정법원 김 모 판사는 말했다.

이혼재판을 진행 중인 회사원 김 모 씨(29)는 "여자는 남자가 거느려야 하는 것 아니냐. 다른 사람들도 다들 그렇게 살고 있다. 돈 좀 번다고 남편 우습게 아는 여자 절대로 용서 못 한다"고 했다.

"젊은 여성들의 의식과 생활은 하루가 다르게 변하는 반면 남성들은 여전히 조선시대 사고방식에 머물러 있다는 것을 절실히 느낍니다. 말하자면 5천년간 누려온 기득권을 왜 자신이 포기해야 하느냐는 것이지요."

김 판사는 이제 이혼은 더이상 개인의 잘잘못에 의한 문제가 아니라 변화하는 우리 사회, 우리 시대의 문제를 담고 있다고 말했다.

여성들은 어려서부터 가정에서 '좋은 아내'가 돼야 한다고 교육을 받고 학교에서도 가정교과를 배우는 것에 비해 남성들은 집에서고 학교에서고 '가정'에 대해 공부한 일이 없다. 그러니 남성과 여성의 괴리가 생길 수밖에 없다.

20대 이혼의 또 다른 특징은 어려서부터 과보호로 길러진 '어른아이'들이 많다는 것이다.

결혼 반년 만에 이혼한 최 모 씨(27)는 자신의 직계가족의 입장에서 보면 '효자'다. 부부사이의 모든 일을 어머니에게 의논하고 지침을 하달받는다. 그러나 이혼한 아내 측에서는 그를 '마마보이'로 볼 수밖에 없다.

그래서 서울가정법원의 정 모 판사는 "아이 싸움이 어른 싸움이 된 것 같은 느낌이 들 때도 있다"고 했다.

"시부모는 자식들이 가정사를 시시콜콜 간섭하지만 장인장모 측에서도 딸이 어떻게든 결혼생활을 유지하도록 달래기보다는 '차라리 갈라서라'고 종용하는 일이 적지 않습니다."

친족이 부부 불화의 완충역할을 해주는 대가족제도와 달리 바람막이가 되지 못하는 산업사회의 핵가족제도 아래서 더구나 부모가 쌍지팡이를 들고 다 큰 자식들의 파경을 부추기는 것은 우리나라만의 현상일지도 모른다.

영국의 변호사 밀튼 퍼만이 1천 건의 이혼사례를 분석한 발표에 의하면 3백 건이 이미 결혼 첫날부터 파경을 예고하고 있었다고 한다.

이는 우리나라의 경우에도 마찬가지여서 배금자 변호사는 "조건만 보고 결혼한 젊은 세대의 경우 문제가 많다"고 했다.

남자는 든든한 집안의 맞벌이가 가능한 여자를 찾아서, 여자는 남자의 직업과 사회경제적 배경을 보고 결혼한 경우가 특히 그렇다. 그 조건이 결혼 후에도 유지되지 않거나 기대에 미치지 못할 때, 조건만 가지고는 살아갈 수 없다는 것을 깨달았을 때는 상품화했던 결혼을 반환 청구할 수밖에 없다는 것이다.

'결혼=정상적=행복'이며 '이혼=비정상적=불행'이라는 이분법적 사고방식에 반대하는 신세대가 적지 않다. 특히 경제적 독립이 가능하다고 의식이 앞선 여성들일수록 그러하다.

결혼한 지 반년 만에 이혼하고 직장생활을 하고 있는 정 모 씨(28·여)는 "이혼이 자랑은 아니지만 결코 인생 전체의 실패는 아니라고 생각한다"고 했다. 살아가면서 한 번의 큰 실수를 한 것이고 그 잘못이 주는 교훈도 적지 않았다면서 "한 개인의 모든 것을 이혼자라는 왜곡된 자로 평가하지 않았으면 좋겠다"고 말했다.

이혼한 젊은 남성들은 "지금이라도 얼마든지 처녀장가 갈 수 있다"지만 여성학 연구학자에 따르면 여성들보다 의외로 큰 후유증을 겪는다고 한다.

「이혼경험을 통해서 본 가부장적 결혼연구」를 진행하며 30여 명의 이혼 남성을 면담했던 김혜연 씨(이대대학원 여성학과 졸업)는 "이혼한 남자들은 '수신제가 치국평천하'라는 유교적 사고 때문에 승진 누락 등 사회적으로 불이익을 받기 쉽다』고 전했다. 남성들이야말로 가부장적 사회의 희생자인지도 모른다는 얘기다.

출판집단 사잇소리의 일원으로 책을 낸 윤영효 씨(29)는 "흔히 가정을 편안한 곳이라고 여기지만 가정처럼 적응하기 어려운 사회도 없다는 것을 알게 됐다"며 이렇게 말했다.

"이제 결혼을 왜 하는지부터 생각해봐야 할 때인 것 같습니다. 결혼이 잘못됐을 때 이혼할 확률이 많을 테니까요"

3. 결혼관의 변화양상

스웨덴의 수도 스톡홀름에서 북서쪽으로 20km 떨어진 소도시 솔나. 눈 덮인 삼림과 옵브슨다 호수를 끼고 있는 솔나는 북구의 겨울이 그렇듯 오후 4시면 호수에서 피어오르는 청회색 안개에 싸여 날이 저문다.

6층짜리 서민아파트의 2층에 살고 있는 미케 카르마(27) 마드리안 스본베리(26) 부부의 집에서는 모처럼 웃음꽃이 피었다. 귀염둥이 가브리엘라(2·여)가 열흘이 넘도록 독감이 걸려 온 가족이 침울해 있다가 안드레아스(6·남)의 유치원에서 열린 학부모 경품잔치에서 마드리안이 당첨된 푸짐한 상품을 받았기 때문이다.

한동네 친구 사이였던 이들 부부는 서로의 사랑을 확인하고 8년 전 집을 나와 살림을 차렸다. 10대 후반에 이들이 동거를 시작했을 때 주변 사람들과 부모들은 야단을 치기는커녕 이들의 '독립'을 축하해 주었다. 이들은 아직까지 양가 친지를 초청해 교회에서 결혼식을 올리지도 시청에 가서 결혼신고를 하지도 않았다. 그래도 주변 사람들은 이들을 부부로 인정하고 있고 이상하게 여기지도 않는다.

삼보(Sambo)—이들처럼 정식결혼을 하지 않고 같이 사는 부부를 가리키는 말이다. 18세에서 24세 사이의 젊은이들 사이에서는 이 같은 동거율이 53%로 결혼율을 훨씬 앞지르고 있다.

이미 결혼한 부부들도 대부분이 혼전에 짧게는 수개월 길게는 2~3년 동안 두 사람이 잘 어울릴 수 있는지를 시험해보는 동거기간을 거쳤다.

마드리안의 직장은 자신의 부모가 운영하는 자동차부품 생산공장, 남편 미케는 10년째 '스칸스카'라는 굴지의 선박회사에서 목수로 일하고 있다. 두 사람 모두 중학교만 나왔지만 생활의 불편함은 전혀 느끼지 못한다. 학력에 따른 임금격차가 전혀 없을 뿐만 아니라 수입, 학력, 직업에 관계없이 동일한 의료 및 자녀교육 서비스가 제공되기 때문이다. 양육비만 하더라도 자녀가 18세가 될 때까지 매월 일률적으로 1명당 7백 50크로나(9만 원)씩 지급된다.

이들이 살고 있는 아파트는 방 3개에 거실이 딸린 98평방m(약 30평) 크기로 5년 전 정부로부터 임대받았다. 관리비와 임대료는 매월 5천 크로나(60만 원) 정도. 의료비와 교육비는 거의 들지 않기 때문에 세금과 보험료를 뺀 두 사람의 월수입 1만 2천 크로나(1백44만 원)로 1년에 주(28일)인 휴가 기간 동안 해외여행도 갈 수 있다.

만약 실직했을 때는 2년간 월급의 80%를 실업수당으로 받을 수 있고 조기퇴직의 경우는 재직 시 최고수입의 60%를 연금으로 계속 받을 수 있다. 이렇듯 국가와 사회가 모든 것을 책임져주는 덕분인지 이들 부부의 생활은 단조롭다 싶을 정도로 안정돼 있다. '무엇이 행복이라고 생각하느냐'고 물었다. '건강하게 가족과 함께 지내는 것'이라는 대답이다.

겨울이 워낙 길고 추운 탓일까. 휴일에도 특별한 외출을 하기보다는 집에서 TV를 보면서 소일하거나 가끔 햇볕을 쬐러 집 근처 공원에 간다.

이들은 자녀에 대해서도 큰 기대를 갖지 않고 있다. 건강하게 자라 자기가 원하는 일을 했으면 좋겠다는 정도다.

그러나 몇 년 전부터 불어 닥친 불황의 한파는 이들의 장래에도 한 가닥 그림자를 드리우고 있다. 완벽한 사회보장, 완전고용, 완만한 소득격차. 불과 4~5년 전만 해도 스웨덴은 자본주의의 효율성과 사회주의의 평등을 조화시킨 복지국가의 이상이었다. 그러나 바로 그 완벽한 사회복지가 한편으로는 경제성장의 발목을 잡았다.

복지제도는 가정에도 영향을 미쳤다. 지난해 스웨덴의 이혼율은 50%, 두 쌍 중 한 쌍이 이혼하는 셈이다. 세계 최고수준인 90%의 취업률로 경제력을 확보한데다 남성과의 대등한 지위까지 누리는 여성들이 이혼을 거리낄 이유가 없기 때문이다. 그래서 he와 she의 남녀 구별을 없애고 ZE로 표기한다.

결혼과 이혼이 워낙 자유롭다보니 이런 유머가 유행하기도 한다. 울고 있는 꼬마에게 친구가 이유를 물었다. 꼬마는 새로 맞게 된 새 아버지가 무섭게 생겨서 그렇다고 했다. 아버지에 대해 듣고 난 친구는 꼬마를 이렇게 위로했다. "울지 마. 그 아저씨 작년에 우리 아버지였는데 좋은 사람이야." 높은 이혼율에도 불구하고 출산율이 다시 높아지는 것은 눈여겨 볼 대목. 여성 1명이 평생 동안 낳은 아이의 숫자가 평균 2.13명으로 60년대 이후 최고수준을 나타내고 있다.

출산에 따른 혜택이 요즘 들어 더욱 확대됐기 때문일까. 스웨덴의 출산 휴가는 자그마치 15개월(4백50일). 이중 1년간은 월급의 90%, 나머지 3개월은 60%를 받는다. 육아를 담당하는 쪽이 출산 휴가를 받을 수 있으므로 미케부부도 가브리엘라가 태어났을 때 출산 휴가를 나눠 썼다.

동거가 일반화돼 있기 때문에 놀랄 일이 아닐지도 모르지만 해마다 신생아의 40%는 이들 같은 동거부부에게서 태어난 아이다. 그러나 아무도 이를 부끄러워하지 않는다. 이들이 당당할 수 있는 것은 정부의 보조금 지급에 있어서 결혼한 부부의 자녀이든 혼외 출생 자녀이든 아무런 차별을 받지 않도록 법이 개정된 덕택도 있다.

"현재로서는 결혼계획이 전혀 없어요. 두 사람이 결합을 인정받고 가정을 이루기 위해 결혼식이나 혼인신고와 같은 요식행위가 필요하다고 생각하지 않습니다. 그렇지만 만일 언젠가 결혼을 하게 되면 성대하게 하고 싶어요. 잊지 못할 추억을 남기고 싶어서지요."

이들에게 결혼은 '추억 만들기'에 지나지 않는 것일까. 그래도 이들은 결혼한 여느 부부와 다름없이 서로에게, 아이들에게 충실하다. 동거를 처음 시작한 동거 기념일에도 해마다 서로 평소에 갖고 싶어 하던 것을 선물한다. 지난해 마드리안은 양주잔 세트를, 미케는 낚시도구를 받았다. 이들 젊은 동거부부의 장래희망은 '오토바이를 장만하고 좀더 많은 곳을 여행하는 것'으로 지극히 소박하다.

요람에서 무덤까지 모든 것이 준비되어 있고 짜여 있는 사회, 미래의 세대에 남겨진 할 일이 거의 없는 그런 사회에서 꿈의 크기가 제한되는 것이 어쩌면 당연한 일인지도 모른다.

제10장

민주시민과 공동체정신

공동체와 시민의식

1. 생활공동체

가정도 그렇지만 생활시간의 대부분이 그곳에서 보내어지는 직장은 밝은 미래에 대한 희망을 지니고 오늘을 그 희망의 실현을 위해서 건설적으로 살아가는 사람들로 구성되어 있는 경우와, 어둡고 찌그러진 과거에 대한 회한과 후회와 원망 때문에 오늘의 생활 속에서 그늘진 자포자기만을 계속해 가는 사람들이 구성되어 있는 경우는 하늘과 땅 차이만큼이나 커다란 간격이 생기게 된다. 사람은 자기가 살아가는 환경의 영향을 벗어나기 힘들다. 혼자 있을 때 독하게 마음먹고 자기 나름의 생활설계를 세우고 거기에 따라 살아가려고 노력한다고 해도, 날마다 겪게 되는 경험과 계속해서 얽히게 되는 인간관계의 성격에 따라 결국 자기의 삶의 색깔도 거기에 따라서 채색되지 않을 수 없기 때문에, 생활의 커다란 부분을 거기서 보내야 하는 직장이라는 것이 직장인에게 있어서는 인간조건을 규정하게 되는 중대한 의미를 지닐 수밖에 없지 않은가?

그렇기 때문에 직장이 직장인에게 있어서 지니게 되는 의미를 깊이 음미하는 입장에서 직장구성원들의 공동의 노력의 방향과 과제를 몇 가지로 생각해 볼 필요가 있을 것 같다.

첫째로, 직장인에게 있어서 직장이 단순히 생활에 수반되는 개인적 필요(소득과 쾌감과 명예)의 충족에서 끝나지 않고, 밝은 내일로 이어지는 오늘의 보람과 의미와 희열의 토대를 꾸준히 세워 나가고 다져 나가는 뜻 깊은 과정이 되어야겠다는 것이다. 그것은 누구 한 사람의 지시나 제의를 다른 사람들이 따르거나 받아들이는 식으로 이루어지는 것이 아니라 날마다 그리고 여러 곳에서 각기 다른 형태로 시도되고 쌓여지는 작은 생각과 실천들이 모여져서 비로소 성과를 거두게 되는 성질의 것이기 때문에, 누구라도 빨리 시작해서 그것이 저항과 오해와 거부를 감싸 나가면서 확산·심화되어 가야 하는 것이다.

둘째로 사람의 가치는 얼마나 높은 자리에 올라갔는가에 의해서 평가되지 않고 얼마나 많은 사람들에게 직접·간접으로 도움이 되는가에 따라서 헤아려진다는 건전한 인간평정의 기본준거가 정착되고 합의될 필요가 절실하다. 그리고 그와 같은 분위기의 형성·확립은, 결국 직장공동체의 지도급 인사들이 스스로 실천을 해 나가는 가운데서 시범을 보이고, 그것이 많은 직장구성원들에 의해서 선의로 받아들여지게 될 때 확실하게 자리잡게 되는 것이다. 일을 해 나가기 위하여 필요한 기능수행상의 역할분담이 있어야 하고, 거기서 불가피하게 생기는 위계질서를 겸허한 마음으로 존중하고, 그와 같은 바탕 위에서 서로 돕고 아끼는 인간관계가 성립되는 것이 무엇보다도 중요한 직장생활의 기본조건이 개선되는 길이기 때문이다.

셋째로, 직장은 결국 밝은 미래를 서로 확신케 해주는, 경험과 행동의 터전 위에 세워지는 희망의 공동체가 되어야 한다. 사람은 과거에 의해서 영향을 받는다. 그래서 과거에 어떻게 살아왔느냐가 대단히 중요한 오늘의 지표다. 그러나 요즘처럼 급격하게 변동되어 가는 상황 속에서는 과거보다 미래가 오늘을 결정하는 힘이 더 강하다고 보아야 된다. 그가 어떤 미래를 그리고 있느냐에 따라 그가 살아가는 오늘이 결정되는 측면이 훨씬 더 중요하다. 그래서 같은 직장에서 함께 일을 하게 되었다는 인연이 밝고 환한 공동의 미래창조를 위한 건설적인 협동노력과 결합되는 곳에서는, 여러 가지 실망과 실의와 좌절과 실패를 이기고 넘어선, 꿋꿋하게 전진을 거듭할 수 있는 활력과 사기가 끊임없이 생겨날 수 있다고 생각된다. 훌륭한 경영관리자는 이와 같은 희망을 직장구성원들에게 심어 줄 수 있는 능력에서 판단되는 것이며, 그와 같은 희망을 힘을 합쳐 키워서 직장생활이 저마다의 인생에 염원과 가치와 향수의 구심점이 될 수 있을 때 자기 직장에 대해서 더없이 긍지를 느끼는 떳떳하고 구김살 없는 직장인이 형성될 수 있는 것이다.

직장이 불가피한 고역이 되는 곳에서는 위선적이거나 기만적인 직장인은 나올 수 있을지 모르지만 기품 있는 직장인은 생기지 않는다. 우리 사회가 필요로 하는 인간유형이 여러 가지 있겠지만, 떳떳하고 구김살 없는 직장인이 각각의 서로 다른 직장영역에서 각기의 보람과 긍지를 느끼면서 자기직업에 충실하게 정진할 때 우리의 나라와 사회는 건전하고 명랑하게 발전하고 번영해 갈 것이다. 올바른 직장 인간론이 활발하게 거론될 필요가 절실히 느껴지는 때가 바로 지금이다.

2. 시민공동체

오늘날 급속한 사회·경제적 발전에 따라서 도시주민의 생활요구가 말할 수 없이 다원화·고도화되어 가고 있다. 그러면서도 그 요구들이 개별적·산발적인 불만의 표시에서 그치지 않고 상당한 정도의 조직화 경향(가령 매스컴을 타고 효과적으로 집약·표출되는 것 같은 현상)을 보이고 있다. 그것은 또한 소위 전통적인 공동체(에프 튜니스가 말하는 Gemeinschaft)적 결속에 의한 요구의 표시방법을 지양하고 새로운 지역적 결합의 논리에 입각한 것이다.

공동체라는 오래전부터 사용되어 온 어휘가 새로운 개념으로 쓰이게 된 연유는 ① 현대사회는 모든 부분에 너무나 깊숙이 침투된 과도의 대중 사회적 상황 때문에 상실된 인간성을 가까운 이웃과의 인간적 접촉을 통해서 회복하고 싶다는 일종의 정서적 욕구의 발로이고, ② 동일지역에 거주하게 되었다는 사실에서 정신적 안정의 근거를 찾아보자는 현대인의 공속의식(we-feeling)에 있다고 하겠으며, ③ 똑같은 지역에 거주하는 사람들이 개별적인 생활상의 이해를 추구하면서도 어차피 그 지역사회에 존재하는 사회적 자원(또는 넓은 의미에서의 생활환경 시설)을 함께 사용하지 않으면 생활유지가 곤란하다는 것을 인식해야 한다는 이른바 '공동이해 의식'의 필요성 등에서 나온 것이다. 모든 주민이 그와 같은 욕구와 의식과 인식을 투철하게 갖게 될 때 그러한 공동체의 분위기 안에서 어떤 공통의 가치관이 형성되기에 이르는 것이다.

이러한 새로운 개념의 예를 청주시로 들자면 공동체를 건설하자는 생각이 아름답고 살기 좋은 청주시의 건설을 지향하는 청주시민의 기본적 의식구조가 되어야 한다고 믿는다. 다시 말하면 아름답고 살기 좋은 청주시의 건설을 위해서는 거기서 살고 있거나 앞으로 살게 될 주민들의 의식 속에 청주시라는 토지사회가 한낱 '우연한 인간의 집합'이라든가 '개체적 이해관계의 경쟁장' 또는 '인생역정의 정류장' 등등의 이익사회(Gesellsehaft)적 사고방식이 지양되고, 어디까지나 '어쨌든 함께 살게 된 이웃', '너를 희생시키고는 결국 나도 마음 편하게 살 수 없는 공동운명체', '청주가 아름답고 살기 좋게 되면 그 속에서 사는 내가 유쾌하고 행복하게 된다'는 사고구조가 우세하게 되지 않으면 안 된다는 것이다.

청주시에서 삶을 영위하는 주민들의 의식구조가 새로운 공동체 건
설의 방향으로 짙게 물들여지는 정도에 따라서 그만큼 청주시는 잘
못된 도시화의 중압 밑에서 질식당한 인간상을 희생시키고, 메마른
정서적 무감각 상태에 이른 인간의 심정에 온정과 상린(相隣)의 단
비를 촉촉이 내리게 하며, 나가서 일찍이 토마스 홉스가 말한 바와
같이 '사람이 사람에게 늑대'(home homini luus)처럼 되어 버린 이해
와 가치관의 전투장을 극복하고 상호보완적인 개체의 이해와 가치가
조화를 이루고, 공통 가치관의 체계를 세울 수 있으며, 훈훈한 인정
이 감도는 인간의 도시가 되는 것이다. 그렇기 때문에 또한 아름답고
살기 좋은 청주시의 건설은 다름 아닌 인간의 도시로 발전시켜 나가
는 방향에서 이루어져야 한다는 둘째 명제가 필요하게 되는 것이다.

3. 문화공동체

'인간의 도시'(anthropolis)는 인간다운 인간들이 사는 도시이다. 인
간이 거대한 기계의 톱니바퀴 같은 존재로서 그저 전체 메커니즘에
소속되어 있는 것이 아니라, 숨을 쉬며 먹고 마시고 기쁨과 슬픔을
느끼며 희망과 기대를 가지고 미래를 꿈꾸면서 구체적으로 살아가는
참다운 인간 - 스페인의 철학자 미구엘 데 우나무노가 말하는 '살과
뼈를 가진 실존적 인간'(hombre de carney hueso) - 이 살고 있는 도
시를 말하는 것이다. 우주보다도 더 귀중한 생명을 가진 인간들이 허
울 좋은 통계자료의 숫자로 환원되어 버리지 않고 모든 계획과 설계
와 행정이 거기에 사는 주민들의 인간으로서의 행복과 보람을 최대
한으로 보장하는 것을 지상의 목표로 삼는 그런 도시가 인간의 도시
이다.

이때까지 도시가 발전되어 온 역사는 한마디로 규모의 확대요, 물질적 시설의 확충이다. 그리스의 소규모 도시국가(polis)는 도심지 도시(Metro-polis), 확대도시(Megapolis), 그리고 현대에 와서는 세계도시(Ecumenpolis)로까지 발전해 가는 과정에 있다. 그러나 이러한 발전은 그 속에서 살고 있는 인간을 무시한 물량적 증대에 불과했기 때문에 결국 말로 다할 수 없는 부정적·병리적 반작용을 가져오고 말았다. 인간의 생존 자체가 위협을 당하게 되고 따라서 도시의 의미와 기능이 심각한 회의의 대상이 되고 말았다. 인간이 무시한 도시의 발전이 이러한 시각에서 심각한 문제의식을 불러일으키게 되었기 때문에 버댐 엠 그로스가 '오늘의 문제는 신이 죽었느냐 아니냐가 아니다. 오늘날의 정말 심각한 문제는 과연 인간이 탄생하느냐 하는 것이다'라고 말했을 때 그것이 진진한 호소력을 가지게 되는 것이다.

우리는 이제 사물의 시대(age of things)는 지나고 바야흐로 인간이 탄생하는 시대가 왔다고 엄숙히 선언해야 한다. 그리고 우리는 인간의 도시를 창조하는 일을 우리의 세대적 과업으로 삼아야 한다고 믿는다. 그러면 아름답고 살기 좋은 청주시가 지행해야 할 인간의 도시는 어떤 구체적 특징을 가진 것일까?

첫째로 인간의 도시는 구체적·실존적 인간이 사는 곳이기 때문에 어떤 표준화된 최적환경상을 설계·설정해 놓고 그것을 행정적으로 하향강행해 나가는 것이어서는 안 된다고 보는 것이다. 다각적인 과정과 통로를 통해서 주민들의 다양하고 구체적인 욕구와 필요가 충분히 그러나 전체의 조화를 충분히 지켜나갈 수 있는 테두리 안에서 집약되고 분석되어 언제나 거기서 거주하는 인간들을 위주로 하는 도시환경을 조성하도록 모든 에너지를 투입해야 한다는 것이다.

지리적 조건만을 중시한 공학일변도적 도시계획에 의해서 설계·

분할된 기하학적 공간에다가 인간을 억지로 '수용·정착'시키는 식의 도시환경 조성은 참다운 의미에 있어서의 인간의 도시가 아니라 어디까지나 '사물의 도시'의 정리 작업에 지나지 못하는 것이다.

이러한 의미에서 아름답고 살기 좋은 청주시의 건설은 순전히 토목공학적으로 다룰 기술문제만이 아니고 인간과 환경과의 종합적 상호관계라는 각도에서 연구해야 할 생태학적 문제요, 더 나가서 이것을 인간사회의 국면에서 연결시켜서 역동적으로 고찰하는 사회과학의 여러 분야로부터의 지혜를 필요로 하는 인간사회의 문제라는 것을 인식하지 않으면 안 된다.

둘째로 인간의 도시는 시설의 물량적 확충만이 아니라 평범한 인간들의 구체적 필요들이 효과적으로 충당되도록 배려를 더해가는 방향으로 발전해야 한다. 절대다수의 주민들이 개인과 직장의 생활활동을 영위함에 있어서 편리하고 유쾌한 분위기에 마음 흐뭇함을 느낄 수 있고, 학습연령기에 있는 아동과 젊은이들이 밝고 환한 꿈을 키우면서 배움에 전념할 수 있고 모든 교통기관들이 주민의 필요와 욕구에 따라 유쾌하고 신속하게 이동할 수 있도록 되며, 남녀노소가 다 함께 마음 놓고 맑고 깨끗한 공기와 물을 마실 수 있는 그런 도시가 인간의 도시이다. 진정한 인간의 도시는 거대한 규모의 물리적 시설들이 즐비한 '고층건물과 굴뚝과 아스팔트의 왕국'이 아니라 시민의 평범한 쾌감과 자그마한 편의가 채워지는 생활분위기가 확립된 곳이어야 한다.

셋째로 인간의 도시에는 인간의 정신을 승화시키는 꿈과 동경이 있고 삶의 의미와 보람을 창조하는 예술과 종교가 있어야 한다. 해를 몇 번씩 바꾸면서도 청주시에서 기쁨을 노래하고 더욱 아름다운 청주시를 꿈꾸는 주민의 축제가 있어 본 일이 있었던가? 청주시민이기

에 느껴볼 수 있는 음악과 시와 미술의 전당이나 또한 행사에 대한
순수한 긍지를 가져 볼 수 있었던가? 무심천의 낭만은 도나우 강의
그것에 비해서 본질적으로 열등하기 때문에 '푸른 무심천'의 왈츠 곡
을 작곡해 줄 요한 슈트라우스를 갖지 못했던 것일까?

하비콕스(Havey Cox)는 20세기의 물질문명의 축제와 환상을 상실
했다고 개탄한 바 있지만 인간의 도시에는 인간의 인간됨을 찬미하
고 내일의 꿈을 아름답게 키우는 축제와 환상이 있어야 한다.

마지막으로 인간의 도시에는 상징이 있어야 한다. 어떤 구체적 형
태를 갖춘 것이라도 좋고 무형의 정신적인 것이라도 좋다. 아테네시
에는 소크라테스와 플라톤 그리고 아리스토텔레스가 있고 뉴욕에는
자유의 여신상이 있으며, 옥스퍼드와 켐브리지에는 각각 세계에서 가
장 자랑할 만한 대학이 있다. 내가 미주에 여행을 하던 도중 세인트
루이스시에 들어서면서 목격했던 아취나 워싱톤 디씨의 4월의 벚꽃
은 얼마나 아름다운 상징들이었는지 나의 뇌리에 지금도 잊을 수 없
는 인상을 남겨 놓았던 것이다.

인간이란 때로는 어떤 상징을 위해서 생을 바칠 수도 있는 것이다.
가령 조국수호의 격전지에서 흔쾌한 청춘을 불사르는 애국용사들에게
있어서의 국기나 국가 같은 경우는 상징이 갖는 위대한 힘을 웅변으
로 말해 주고 있다. 그리스도교인들이 십자가에서 엄숙한 정신적·신
앙적 의미를 찾는 것도 그것이 생명을 바치기까지 하는 희생과 봉사
의 동력이 될 수 있다는 점에서 동일한 상징적 위력의 증좌가 된다.

아름답고 살기 좋은 청주시의 건설을 위해서도 청주시민의 꿈과
염원을 한데 묶은 어떤 상징이 있었으면 좋겠다. 그것은 반드시 기념
비나 탑이어야 할 필요는 없다. 대다수 시민들이 이것이 좋다고 결정
하는 것이면 아무것이나 좋다. 다만 모든 시민이 의식적으로 단합의

구심점이 될 수 있고, 거기에서만이 정말 바람직한 민주시민의 적극적이고 활기찬 참여의식의 기반이 마련될 수 있기 때문이다.

제2절 성숙한 공직자 윤리

1. 창조적 공인의 의식정립

대한민국은 세계 200여 국가 중에서 유일한 분단국가로 과도한 국방비를 쓰고 있으며, 천연자원이라곤 좁은 국토 면적에 높은 인구밀도를 지니고 있는 것이 고작이다. 국민 성격은 조급증과 냄비근성으로 느긋하지 못하나 한 번 제 멋에 겨워 신명과 신바람이 일어나면 어떤 국가적 위기도 단번에 극복하는 저력을 가진 국민이다.

88년 서울 올림픽 4강, 2002년 한일 월드컵 4강, 아시아 4마리의 용이 되어 신흥공업국의 선두를 달렸으며, IT기술은 드디어 세계 최강을 점유하기에 이르렀고, 한류열풍이 아시아를 질풍노도 속으로 몰아넣고 있다. 그래서 IMF를 조기에 벗어날 수 있었으며, 국민 소득은 다시 1만 불 시대를 회복함으로써 주5일 근무제로 바꾸어 가고 있다. 한국인의 신바람 에너지는 전세계로 웅비의 잠재력을 발산하고 있으며, 감동의 대상인 동시에 두려움의 대상이라고 할 수 있겠다.

그러나 한국의 이러한 성공과 선진의 고조(高朝)된 국제적 위상임에도 불구하고 고질적이고 구조적이며 총체적 부패의 뿌리는 넓고도 깊게 퍼져 있어 그 환부가 치료불능의 한계 상황에 도달하였다. 정부는 제도나 법적 규제로 공직자의 부패를 근절할 수 있을까 하는 기대하에 '부패방지 위원회'를 설치하였으며, '공무원 윤리강령', '공무원 행동강령 권고안' 등을 제정하여 모든 공직자로 하여금 준수할 것을 요구하고 있으나 실효는 의문이다. 1999년에도 부패 추방을 내걸고 '공무원 10대 준수사항'을 만들었으나 한갓 공염불이 되고 말았으며, 정권이 바뀔 때마다 '부정부패 근절'을 노래 불렀으나 대통령의 아들들이 먼저 비웃어 버리고 말았으니 열 번의 제도나 명령보다도 한 번의 강력한 의지와 윤리의식의 올바른 풍토를 세우는 일이 중요한 과제이다.

부패를 없애기 위하여 청와대의 사정 담당 비서, 감사원, 검찰, 경찰, 각급 기관의 감사실, 감사관이 즐비하며 관련법과 징계의 종류와 단속방안은 넘쳐나고 있지만 부패는 더욱 창궐하여 총체적 국가 위기를 초래하고 있으니 이제 부패와의 혁명적 전쟁을 치루지 않고는 부패 근절은 요원한 현실이 되고 말았다. 이에 본 논문은 부패 풍토를 근절하기 위해서 혁명적 의식전환을 통하여 새로운 공직문화를 조성하기 위한 윤리적 처방을 제시하는 데 목적을 두고자 한다.

부유하다는 것만으로 죄가 될 수 없듯이 가난하다는 것만으로 명예 또한 될 수 없는 것이다. 다시 말해서 청부도 청빈만큼 존중되어야 하므로 '돈'에 대해서 어떠한 가치관을 가져야 하는지, 같은 돈일지라도 깨끗한 돈과 더러운 돈을 분명히 구분할 줄 아는 것이 공인 자세의 제일 덕목이 될 것이다. 아무리 더러운 돈일지라도 세칭 '돈세탁'의 과정이 걷히면 돈이 깨끗하게 바뀐다고 믿는 사람이 있다. 이는 세탁된 돈이 깨끗해졌다고 믿고 아무렇게나 마음대로 써도 된다고 믿는 인간의 마음, 양심의 깊은 곳에 박혀 있는 배금주의, 황금만능주의(Mammonism)를 먼저 세탁하여야 될 것이다.

마치 그레샴의 법칙대로 악화는 양화를 구축하는 것과 같이 인간의 악심도 양심을 구축하기 때문에 사회 전체에 양심을 설 자리는 없어지고 악심이 양심의 가면을 쓰고 활개치고 있다. 만약 양심이 악심을 구축하여 이 사회가 선이 지배하는 풍토가 조성된다면 부패를 조성하는 악심은 저절로 사라지고 말 것이다.

실제 우리 사회는 위조 화폐나 세탁된 돈인 악화(惡貨)가 화폐 유통의 주류를 이루고 있는 것이 아니라 양심을 가진 양인(良人)과 양화가 유통의 주류를 이루고 있듯이 청렴결백한 공인이 나라의 기틀을 잡았으며 그 뒤를 따르는 수많은 의인(義人)과 정인(正人)이 우리 사회를 이끌어 가고 있다.

일석 변영태(逸石 卞榮泰)는 수주 변영로(樹州 卞榮魯), 산강 변영만(山康 卞榮晚)과 함께 예원(藝苑)의 삼성(三星)이라 불릴 만치 공인의 수범을 보이신 것으로 유명하다. 그가 대통령 특사로 필리핀에서 쓰고 남은 출장비 10불을 이승만에게 반납한 것이라든가, 그 이후에도 외무부 장관을 지내는 중에 3천 불까지 교통비를 절약하여 귀국 후 국고에 반납한 것은 공지의 사실이 되고 있다.

그 외에도 청백리상을 수상한 많은 공직자가 부패한 공직자보다는 훨씬 많을 것이다. 그중에서도 우편 행낭 옆에 박봉을 털어서 구급약 상자를 만들어 산간벽지의 아픈 사람에게 치료를 한 김은종 집배원은 경향금석상과 1981년 청백리상을 받은 것이 수기로 출판되어 널리 읽히고 있다.

또한 구만석은 세무공무원으로 근무하면서 상관의 부탁을 거절하기가 어려웠으나 그때마다 개인 구만석이 아니라 국민의 위임을 받은 공직자의 책무를 다하는 것에 최선을 다하였다. 그가 남긴 수기에는 청백리의 원형이라고 할 후한시대의 양진(揚震)의 고사 한 구절

이 적혀 있다.

최근 우리 사회의 부패 구조에 대한 경고적 의미를 담은 책이나 영화가 많이 나오는 것도 부패의 극심한 상황을 시사하고 있다. 이를 테면 성의 허준, 상도의 임상옥, 태양인 이제마를 비롯하여 SBS의 '야인시대'의 김두한과 같은 인물이 이 시대 정치·경제·사회가 갈구하는 인물이기 때문에 샘물 같은 신선한 감동을 주고 있다.

(1) 수오지심의 기풍진작

'수오지심'은 인간이 태어나면서 지니는 4가지 품성 중에 하나로서 의의 단서가 된다. 인간이 수오심을 가진다는 것은 남의 불의를 보거나 자신의 의롭지 못한 일을 저지르면 부끄러움을 느낄 줄 알고 나아가 타인의 불의를 보면 미워할 줄 알아야 하며, 또한 자신의 불의에 대해서는 스스로 엄격한 자책을 가할 줄 알아야 한다는 뜻이다.

그런데 우리 사회는 어떠한 부정과 비리를 저지르고도 부끄러워하거나 자기반성의 기미를 보이질 않고 있는 것이 더 큰 문제인 것이다. 부패에 연류되거나 법의 제재를 받게 되면 변명, 책임 전가, 말바꾸기, 오리발 내밀기 등으로 일관한다. 아니면 재수 없어서 걸렸을 뿐이라고 하면서, 도무지 자신의 잘못에 대해서 부끄러워 할 줄 모르는 사회 기풍이 만연하고 있다.

그리하여 우리 사회의 잘못된 명제로 ① 법을 지키고 살면 손해본다. ② 정직하게 살면 바보 취급을 받는다. ③ 약속을 지키면 덜 바쁜 사람으로 본다. ④ 큰일 낼 사람이 큰일 할 사람으로 인식되고 있다. ⑤ 잘난 사람이 잘된 사람처럼 보인다는 풍조가 만연되어 청소년들의 가치관조차도 '수업에 늦어서 미안합니다'라고 말하거나 결석

의 사유를 설명하는 것은 뒷전으로 하고 결석을 출석으로 고쳐 달라
고 떼를 쓰는 것을 당연시하고 있다.

이와 같이 부끄러운 일을 저지르고도 부끄러워 할 줄 모르는 공직
자의 부패상을 전직 장관 및 교수들이 세태풍자 마당극 '붉은 뺨을
찾습니다'를 세실극장에서 펼쳐 보임으로서 큰 반응을 일으켰다. 내
용인즉 우리 사회의 지도급 공직자가 권모술수, 투기, 위장전입, 자녀
국적, 논문 표절, 이력서 대신 싸인(signature), 학력 허위 기재, 대통
령인 아버지를 등에 업고 수백 억, 수천 억을 불법 모금한 아들들이
'대가성' 있는 돈은 한 푼도 받은 적이 없다고 강변하고 있는 세태를
풍자하여 '부끄러움을 알아 얼굴을 붉히는 양심인 10명만 찾으면 나
라를 바로 세울 수 있을 것'이라고 찾아 나서는 '부름꾼'의 슬픈 장면
이 거칠게 풍자될 때 관객 중엔 웃으면서도 존경받는 인물이 없는
오늘의 사회 풍토에 눈물을 흘리는 이도 있었다.

부끄러움의 문화(Shame Culture)를 확산시켜 불의를 조절시키기
위해서 금전 거래의 실명제 실시, 성희롱 및 성폭력자의 실명 공개를
실시하고 있으나 범죄 의식에 대한 면역성이 높아 대수롭지 않게 여
기고 있어 앞으로는 실명(實名)과 실면(實面)을 동시에 공개 실시한
다면 이는 공개 수배 수준이 되어 실효를 거둘 것으로 보인다.

(2) 성숙한 공인의식의 내면화

도산 안창호는 일찍이 '거짓은 불신을 낳고, 불신은 분열을 조장하
여 마침내 나라의 힘을 약화시키는 결과를 가져 왔다면서 거짓이여,
너는 나의 나라를 앗아간 원수로구나. 나는 죽어도 거짓말을 하지 않
겠노라'고 하였다.

갤럽 조사에 의하면 우리 국민의 69.4%가 '정직하면 잘 못산다'고 답하였다. 또 73.4%가 거짓말하는 사람이 사회적 제재를 심각하게 받아들이지 않고 있다고 하였다. 거짓말은 경찰이나 검찰 조사를 받을 때 당연한 것이며 거짓 진술로 인하여 형량에 큰 영향을 받지 않는 세계에서 몇 안 되는 나라가 되고 있다.

이처럼 정직하거나 법을 지키는 사람은 손해를 보거나 잘못 산다는 인식이 확산되어 가는 풍조의 원인은 사회의 잘못된 가치관과 전통, 잘못된 구조와 제도, 잘못된 교육, 잘못된 관행, 사회의 더 나쁜 구성원, 인습 등이 한 개인의 행위에 영향을 주고 압력을 가해서 비도덕적인 행위를 하도록 한다. 뇌물을 받은 돈의 성격을 놓고 대가성이 있느냐 없느냐를 따지면 하나같이 대가성은 없는 돈이라고 거짓말을 일삼고 있다. 대가성의 증거를 찾느라 공소시효는 지나 버리고, 피의자는 석방되고 만다. 이러한 법망을 교묘히 이용하여 뇌물 액수는 천문학적으로 늘어만 가고 뇌물을 한 번 받지 못한 공직자는 오히려 무능한 사람으로 왕따를 당할 지경에 이르고 말았다.

이러한 우리 사회의 도덕 불감증은 모든 사람을 피해자로 만들고 있다. 이 도덕 불감증을 고치지 않는 한 나와 우리 가족을 포함한 모든 구성원들이 참혹한 피해자가 될 수밖에 없다. 이 질곡에서 벗어나기 위해서는 도덕수준이 비교적 높은 종교, 교육, 여론계, 시민운동 단체들이 함께 도덕 불감증에서 시민들이 깨어날 수 있도록 병의 치유에 앞장서면 그 효과가 매우 클 것으로 전망된다. 그런데 종교, 교육, 언론, 시민 단체도 법을 지키기에 앞서 편법이나 찾아서 빠져 나갈 궁리를 먼저 하고 있는 형편이다. 노동운동의 쟁의 수단 가운데 '준법투쟁'이라는 것은 법을 지키면서 투쟁한다는 취지인데, 법을 지키면 불편하다는 점을 역이용한 것이다. 성숙한 공인의식, 성실한 공복(公僕)의식이라고 할 수 없다. 법을 지키면 불편하고 법을 지키지 않으면 편한 사회구조라면 법이 존재할 아무런 가치가 없다. 법의 엄정한 집행만이 부정부패를 척결한다는 의식도 중요하지만, 부정부패를 하면 살아남을 수 없다는 사회 분위기를 조성하는 데 지혜를 보아야 할 때라고 본다. 그 지혜는 노블리스 오블리제 정신의 구현인데 지도자가 더 많은 사회적 부담을 지고 가야 일반 시민이 저항 없이 따라 갈 수 있기 때문이다. 우리는 정신없이 산업화 과정을 뛰어 오다 보니 총체적으로 정신적 가치를 배제한 황금만능주의적 가치관의 불구와 편향이 복합적으로 내면화되어 이루어진 부정부패의 풍조는 단숨에 극복되기 어려운 미성숙 사회의 고질적, 만성적 과제가 되고 만 것이다. 하지만 이 같은 사회적 비리와 모순을 극복하지 못할 경우 국내적 통합과 에너지 결집으로 국제적 경쟁의 도모가 불가능함을 깨닫게 된 IMF 이후의 위기의식과 사회적 공감대는 여타 사회운동의 보완으로 나타나고 있다. 끝으로 부패방지를 위한 정부의 강력한 의지를 촉구, 전 국민적인 성원을 요청하고 있다. 결국 이형모 선생은 부정부패에 대한 진단과 처방을 단지 사회과학적 현상분석을 넘어 가치관을 중심한 지극히 철학적 관점까지 끌어 올려야 된다.

2. 성숙한 사회를 위한 실천과제

지금으로부터 115년 전, 구한말 당시의 사회모습을 깊은 통찰력으로 객관적이고 흥미 있는 목격담을 증언할 수 있는 한 영국인이 있다. 옥스퍼드대학에서 정치 외교학 공부를 마치고 27세에 하원의원이 된 '조지 커즌'은 곧바로 1887~1888년 일본, 조선, 중국을 방문했다. 35세에 외무성 차관이 되고 39세에 인도총독이 되는 그에게 동아시아 여행은 제국주의자로서 통치와 외교를 위한 심층정보 획득이 목적이었다. 조선의 여러 지방을 거쳐 금강산과 함경도까지 돌아본 그의 말을 들어보자.

중국과 일본의 중간에 끼인 불행한 지정학적 위치 때문에 조선은 두 개의 큰 짐 사이에 낀 힘센 당나귀 신세였다. 조선은 훌륭한 기후조건, 비옥한 토지, 아직도 경작하지 않은 광대한 농지 그리고 강건한 시골 인구 등 농업이 번성할 수 있는 네 가지 조건을 구비하고 있다. 쌀과 콩의 주 생산국인 조선은 국내수요와 함께 이웃 섬나라 일본의 중요한 식량 공급지 역할을 해왔다.

이러한 호조건을 가로막는 장애물 둘이 있다. 생산지와 소비지, 내륙과 해안 간의 교통과 통신수단이 극히 낙후되어 있다. 그리고 농부들이 추수한 곡식을 가족들이 다음 추수 때까지 먹을 만큼만 남기고 지방관료들이 거의 모두를 수탈해 가기 때문에 영악한 농부들은 필요 이상의 농사를 애써 지으려 하지 않으며 이러한 관료들의 부패로 조선의 장래는 암담하다.

아시아보다 200년 먼저 산업혁명을 해내고 국력을 키워 식민지 쟁탈에 나선 구미열강과 다른 아시아 나라들보다 100년 먼저 산업혁명을 하고 침략대열 끝머리에 합류한 일본 앞에 후진 약소국 조선의 운명은 풍전등화였겠으나, 젊은 영국인에게는 '정부 관료의 부패'라는 내부요인 때문에 패망해 가는 나라의 모습이 또렷이 포착된 것이다.

조선의 패망과 일제 35년을 지나 해방과 분단, 한국전쟁으로 20세기 전반부는 절망과 좌절의 시대였다.

1961년 5월 군사혁명으로 대통령이 된 박정희는 30여 년 간 한국경제가 고도로 성장하는 데 결정적 기여를 한 사람이다. 그는 경제적 자본축적에 국가적 에너지를 집중하는 대신 도덕과 정신적 가치를 유보하고 그 성숙을 도모하지 않았다. 국민들이 적극적으로 일하도록 동기부여하고 힘을 모으는 데 성공했으나 사회공동체의 기초가 되는 정신적 가치를 황폐화시켰다. 이러한 '박정희의 선택'은 그 이후 전두환, 노태우, 김영삼 정권으로 계승되어 자본주의 경제의 융성과 더불어 황금만능의 부패사회를 심화시켰다. 재벌의 독점적 이윤을 보장하고 정경유착과 부정부패가 만연하여 정치인, 정부관료, 기업인을 넘어 금융, 법조, 언론, 교육, 문화예술, 종교부분에 이르기까지 광범위한 사회 부패현상으로 오염되었고, 한국사회공동체는 공유해야 할 '정신적 가치'를 상실했다.

어떤 부정한 수단방법으로 벌었어도, 소득과 재산이 인간을 평가하는 독점적 기준이 되었고, 스승과 제자, 가족 내부의 인간관계까지도 점점 거래관계로 전락하여 황폐해졌다. 그리하여 1962년부터 35년간의 '위대한 산업혁명'은 성취되었으나 경제 고도성장의 끝은 IMF관리체제로 무너져 내렸다.

한 사람의 자연인이 건강하게 살고 사회적으로 자기 구실을 해내려면 그 인격의 내부에서 '정신적 가치'가 심신을 통일적으로 이끌어야 한다. 한 가정의 건강과 번영도 가족들이 공유하는 '정신적 가치'가 없으면 무너진다. 하물며 4500만 명으로 구성된 국가사회의 계약이 구성원들이 공유하는 '도덕과 정신적 가치'가 없이 경제적 번영으로 지탱될 것이라는 생각은 망상이다. 단지 국민 개개인의 탐욕만을 자극하여 일구어진 번영의 탑은 높이 쌓은 만큼 크게 붕괴할 뿐이다.

오늘날 한국의 경제규모는 국제금융의 협력 없이는 유지할 수 없다. 정직하고 투명한 경영과 회계자료를 보여주지 못하면 한국기업은 국제적 기준의 신뢰를 얻을 수 없다. 국제적 신뢰 이전에 나라 안에서 구성원들이 서로 신뢰할 수 있도록 정직하지 않으면 모든 거래관계와 사회시스템은 제대로 작동할 수 없고, 사회 발전은 기대하기 어렵다.

　IMF위기 이후 지금까지 국제사회가 한 목소리로 '부패청산과 정직'을 충고하는데도 왜 우리는 잘못된 과거를 청산하고 개혁하는 일을 망설일까? 부패지수 48위, 이 낙인을 떨어내지 못하면 한국의 21세기는 없다.

(1) 성숙한 사회로 가는 실천단계

　노르웨이 오슬로 대학에서 한국어와 동아시아 역사를 가르치는 러시아계 한국인 박노자 교수는 그의 책 『당신들의 한국인』에서 좌절과 절망, 왜곡과 굴절의 근 현대사 속에서 성장하고 형성된 한국사회와 한국인의 일그러진 초상을 낱낱이 벗겨 보이고 있다.

　－남북정치체제의 세뇌 메커니즘
　－한국종교와 패거리 문화
　－선민의식과 배타주의
　－폭력이 충만한 사회(군대문화와 맹종)
　－독재정권의 기린아 교육자본(사학재단)
　－위로부터 강요된 민족주의, 자본주의적 국가주의
　－개항과 인종주의
　－해방과 인종주의의 내면화

　이러한 과제를 풀어나가기 위해서 가진 자, 지식인, 지도층이 솔선하여 수신제가를 이룩한 연후에 공직에 나서는 모습을 보이는 것이 장상파동에서도 엿볼 수 있었다. 도의적 흠결이 만천하에 드러났는데도 인준을 받아 총리직에 앉기를 바란다면 이는 개인과 나라의 장래를 위해서도 삼가되어야 한다. 또한 이러한 사회성의 미숙함을 억제하기 위해서 다양한 여과장치가 구체적으로 마련되어야 할 것이다.

1) 정직한 토론의 확산

사회 전체가 '부정부패'의 늪에 빠져들어 어려움을 겪고 있는데, 일부 지식인 집단은 황금만능적 성공에 연연하여 기득권 집단과 지나치게 접근하여 자기 정체성과 역할을 상실한 것은 아닌가?

지식인들이 시대적 변화를 읽어내고 적절한 패러다임의 변화가 드러나도록 사회 각 부문에서 '정직한 토론'이 진행되는 것을 도와야 한다.

사회 전체가 함께 부정부패를 비롯하여 일상생활의 폭력성이나 인종주의 등 극복해야 할 문제점들을 제기하여 토론 과정에서 참여자들이 진지하고 정직하도록 유도하고, 대중적으로 토론이 전달, 확산되도록 해야 한다.

다른 단체나 지식인 그룹과 연대하여 다양한 토론들을 조직할 수 있다. 신문, 방송 등 언론사들과도 사안별로 협력할 수 있다.

2) 정직한 언행

거대 산업사회에서의 익명성이 정보화 사회로 이어지고 있으나, 정보화 사회로 갈수록 '신뢰의 중요성'은 커진다. 신뢰 만들기는 구체적인 인간관계에서의 정직한 언행으로만 가능하다. 말보다 실천이 중요하다. 성숙한 사회 가꾸기 모임의 솔선수범을 확산하자.

3) 삶의 질에 대한 이견과 두려움

삶의 질을 제대로 높이기 위해서는 이전까지의 황금만능적 성공추구에서 벗어나 성숙한 인간, 성숙한 사회를 추구해야 한다는 우리들의 주장에 대하여 많은 사람들이 선뜻 동의하기를 꺼린다.

오늘날 신자유주의 시장경제에서는 시장지배적 사업자 즉 1등과 2
등만 살아남는다. 그래서 더욱더 수단방법을 가리지 않고 부정부패적
선택을 강화하겠다는 쪽으로 기울어지는 것이다. '성숙한 사회'나 '도
덕윤리·정신적 가치'라는 미사여구에 속지 않겠다는 다수의 영리한
사람들로서는 IMF위기와 같은 사회적 실패로부터 교훈을 얻고서도
불확실한 미래 앞에서 변화를 선택하기가 두려운 것이다.

여기에는 좋은 설명이 있다. 네덜란드, 스위스, 노르웨이 등 유럽의
크지 않은 나라들의 사회경영을 보면 세계화에 적응하면서 '성숙한
사회'를 추구하는 두 가지 목표가 갈등 없이 성취되고 있는 것이다.

강대국이 아니면서 국가적으로 부강하고 인간 존중하는 개인적 삶
의 질이 확보되는 사회공동체를 만들어 냈다. 그들이 사는 방법과 사
회설계와 경영을 눈여겨보면 좋을 것이다.

4) 상생의 가치와 도덕윤리교육

신뢰사회가 되기 위해서는 정직과 더불어 '상생과 가치'가 사회적
으로 공감되어야 한다. 그러면 '서로 배려하는 삶'을 살게 된다. 또한
도덕과 윤리 등 정신적 가치들이 토론되고 교육되어야 한다. 부의 획
득과 사용을 넘어서서 삶의 질을 보다 본질적으로 고양시키는 방법
으로 '어떻게 살 것인가?'를 토론하고 교육해야 한다.

5) 실천하기의 상징적 행동

말보다 실천이 중요하다는 말은 깨달았으면 행동하라는 뜻이겠다.
다른 하나는 실천하면 더 깊이 깨달을 수 있다.

또 하나 어떤 사람의 실천행동은 그것을 바라보는 사람들을 감화하고 설득한다. 성숙한 사회 가꾸기 모임이 매월 어느 날 일정한 장소에 모여 소문 없이 쓰레기 줍기를 계속하거나, 1년에 15조 원어치 버리는 음식물 쓰레기를 줄이는 캠페인을 범국민적으로 꾸준히 벌여나가는 것은 '실천하기의 상징적 행동'으로 성숙한 사회와 성숙한 인간이 되도록 격려하는 2차, 3차의 사회적 설득과 공감확산을 기대해 볼 수 있다.

6) 부정부패의 치료방법

정부의 부패방지위원회가 출범하여 그 책임자가 정부 고위직과 정치인들의 부정부패척결에 중점 노력을 경주하겠다고 말했다. 국민적 성원으로 꼭 해내야 할 일이다. 이것은 부정부패의 대중치료를 제도화한 것이지만 보다 폭넓게 사회제도와 관행과 법들이 반부패 관점에서 고쳐져야 한다. 더 중요한 것은 사회구성원 전체가 남녀, 빈부, 지역차별을 극복하고 인종주의적 편견을 벗어 외국노동자까지 인권을 보장받는 상생, 평화로운 성숙한 사회로 접근해 갈수록 사회 전체를 덮고 있는 부정부패의 위세가 줄어들어 이윽고 없어지는 날이 오게 될 것이다.

3. IT와 TI의 경쟁적 선택

우리나라는 5T 중에서 IT(정보기술)SMS 세계 100대 기업 중 삼성전자가 1위를 차지함으로써 일본을 앞질러 아시아의 리더로 떠오르게 되었다. 그뿐만 아니라 나머지 BT(생명기술), NT(나노기술), ET(환경기술), CT(문화기술) 등도 퓨전기술로 국제수준을 바짝 쫓

아가고 있다. 그러나 불행하게도 TI(국제투명성기구)의 한국 부패인
지 지수는 1999년 50위에서 2001년 42위로 약간 내려오긴 했으나
OECD국 중에서는 부패공화국의 명예(?)로운 위치를 고수하고 있다.

또 한국의 뇌물수뢰지수는 수출 주도국 19개국 중에서 18위로 나
타나 가히 뇌물공화국의 높은 순위를 차지하고 있다. 또한 지난해 세
계 선진국권 35개국을 대상으로 불투명성 평가를 한 결과 한국이 31
위를 차지하였다. 또 유엔개발계획(UNDP)이 발표한 올해 인간개발
지수(HDI)에서 한국이 세계 173개국 중 27위를 기록하였으나 한국
정부의 효율성과 공직자 부패순위에서 상위 그룹 중 하위 수준의 평
가를 받았다. 그리고 정부의 효율성에 대한 평가는 53개국 중에서 45
위를 차지하였다. 기업인, 학자, 전문 분석가들이 인식하고 있는 부패
평가 점수는 한국은 홍콩과 함께 4.2점(47위)을 받았다. 공직자에 향
은 제공, 기업의 장애가 되는 부패, 부정기적 뇌물 상납 등을 종합
평가한 항목에서 한국은 0.37점(43위)을 받았다.

TI가 발표한 200년 뇌물공여 지수에서 주사 대상 21개국 중에서
한국이 18위를 차지해 국제무대에서 뇌물 공화국의 저력을 발휘하고
있다.

한국이 이처럼 국제사회에서 뇌물·부패 공화국이라는 오명을 받게
된 것은 위로는 역대 대통령들부터, 아래로는 말단 공무원에 이르기까
지 총체적으로 부패한 데서 기인하고 있다. 또한 국제적으로 이런 부
정적인 평가를 얻게 된 데에는 29개 기업총수들이 연관된 '전직 대통
령의 비자금 4000억 설(1995. 10. 19)', '41조 원의 분식회계 및 9조
9,000억 원의 불법대출이 드러난 대우사태(2000. 9)' 등 세계의 흐름인
'윤리의 시대'에 역행한 굵직굵직한 국내 사건들이 큰 원인이 되었다.
1995년을 반부패의 해로 선포한 국제투명성위원회의 세계반부패회의

(IACC)는 그해 한국 전직 대통령의 비자금사건을 주요 의제로 다룰 정도였다. 국제 투명성기구 한국본부 주최로 지난 21일 열린 '기업윤리학교'에서 박헌준(연세대 경영학과) 교수는 "한국 기업들은 윤리경영에 대한 국제적 변화를 인식하고는 있지만 아직 시급한 경영과제로 받아들이고 있지 않다"고 밝히고 "이제 기업윤리는 해당 기업의 도덕적 선택의 수준에서 벗어나 하나의 경쟁력의 원천이 되고 있다는 사실을 알아야 한다"고 강조했다. 박 교수는 기업의 비윤리적 행위는 입찰담합 덤핑 거래선 제한 등 경쟁사와의 관계, 뇌물제공 세금관계 정치자금 제공 등 정부와의 관계, 허위과대 광고 유해 결함상품판매 폭리취득 등 고객과의 관계, 산업공해 배출 산업폐기물 불법처리 등 지역사회의 관계, 덤핑판매 뇌물제공 세금회피 등 외국정부 및 기업 간의 관계 등 다방면에서 일어나고 있다고 분류했다.

그리고 이런 비윤리적 행위의 근간에는 최고 경영자의 개인적 사고방식이 절대적 영향을 미치는 '가족지배형' 기업구조, 근본적으로 이중적이며 도덕적 해이의 위험이 큰 한국경영자의 윤리 기준, 기업과 업계의 관행, 모럴 해저드 등 비윤리적 행위에 대한 제도적 처벌의 미흡함 등을 들었다.

아울러 기업의 윤리적 의사결정과 기업의 재무적 건전성은 비례한다는 외국의 연구성과를 제시하기도 했다. 기업의 윤리적 의사결정이 사회적 책임을 떠안으면서 불필요한 비용이 소요된다고 생각하는 일부의 편견을 불식시키는 연구결과이다.

또 이번 기업윤리학교에서 전경련 양세영(기업경영팀) 팀장은 "이제 기업의 도덕성과 투명성이 기업경쟁력으로 평가받는 시대"라며 "20세기까지는 강한 기업(Strong Company)이 살아남는 시대였지만 21세기에는 좋은 기업(Good Company)이 살아남을 것"이라고 강조했다.

앞으로 한국이 국제사회에서 살아남기 위해서는 도덕성과 투명성을 바탕으로 기업윤리, 공직윤리를 바로 세우는 길이 중요한 과제로 부각됨을 깊이 인식하여야 한다. 즉 IT는 물질을 풍요롭게 하여 주며 TI는 도덕수준을 높여주게 됨으로 이 둘을 동등하게 고양시켜 나가는 일대 자기 혁신의 선택의 기로에 놓이게 되었다.

정부는 부패방지법(2001. 7. 24)을 제정하고, 부패방지법시행령(2001. 11. 29)을 공표하고, 이것도 모자라서 부패방지위원회윤리규정(2002. 3. 18)을 만들어 시행하고 있다. 그래도 부패를 척결하는 데 별 효력이 없자 DJ정부는 공무원 10대 준수사항(1999. 6. 5)을 만들었다. 권력주변의 실세와 대통령 아들들이 이를 비웃듯이 준수사항을 위반하자 이번에는 '공무원 행동강령권고안'(2002. 7. 19)을 부패방지위원회가 내놓았다.

이처럼 각종 제도적 장치가 겹겹이 마련되는 것을 보면, '부패공화국'이라는 말이 실감날 정도로 비리부패가 만연해 있음이 사실로 입증되고 있다.

김영재는 우리들의 자화상 77가지를 들고 있는데 그중에는 부패라고 규정지을 수는 없지만 우리들의 일그러진 모습이기에 여기에 옮기는 것으로 결론의 글을 대신한다.

부패와 관련하여 한 예화로 그리스 철학자 플라톤(Platon)은 부정부패 문제에 대해 '기게스(Gyges)의 반지(Ring of Gyges)'라는 지극히 시사적인 이야기를 통해 탁월한 사고실험의 모형을 제시하고 있다. 기게스라는 목동이 어느 날 동굴에서 이상한 요술반지 하나를 발견했는데 그 반지를 끼면 투명인간이 되어 자신의 신원을 노출하지 않고서 완전범죄가 가능하게 된다. 결국 기게스는 그 반지로 비밀리에 왕비를 범하게 되고 왕을 시해하여 정권을 찬탈, 그야말로 '반지의 제왕'이 된다는 이야기다. 플라톤이 암시하고자 한 핵심 화두는 그러한 반지를 소유하고도 유혹을 물리치고 그대로 의인(just man)으로 남을 자가 과연 누구인가이다.

결국 이 이야기는 부정부패의 근절을 위해서는 막연히 인간의 양심이나 선함에 기대할 것이 아니라 부정부패에로 유인하는, 그리고 완전범죄를 가능하게 하는 요술반지의 작동을 제도적(institutionally)으로 차단할 필요가 있음을 말해준다. 일차적으로 법적, 제도적 장치를 만들어 구조적 비리나 부조리가 온존, 누적, 증식할 여건을 퇴치할 필요가 있다는 것이다. 그리고 제도적 장치의 핵심은 요술반지가 상징하는바 익명성(anonymity)의 배제와 책임귀속을 가능하게 하는 실명제의 확립이라 할 수 있다. 수많은 가명, 차명 계좌야말로 현대판 기게스의 반지가 아닐 수 없는 것이다.

또한 이 같은 익명성의 배제는 다른 말로 투명성(transparency)의 제고라 할 수 있다. 정책결정이나 수행과정 등 모든 공공적 행위가 보다 투명하게 되어야 할 것은 물론 언론을 중심으로 각종 부정과 비리가 남김없이 고발, 폭로될 필요가 있다. 이런 관점에서 요즘 언론을 더럽히는 각종 부정, 비리에 대해 지나친 실망과 냉소는 금물이다. 과거에는 더 많은 부정과 비리가 자행되었어도 그대로 묻힐 수 있었던 반면 오히려 요즘 이런 것들이 언론에 낱낱이 공표되는 것은 투명사회로 나아가는 예고편으로서 희망적인 조짐으로 받아들여야 할 것으로 생각된다.

또한 모든 국민들은 물론 금, 권과 관련된 공직자에 있어 보다 합리성(rationality)의 고양이 요청된다. 부정부패에 연루되어 줄줄이 고랑을 차고 나오는 공직자들을 보면 자신의 행위가 가져올 손익에 계산착오를 일으킨 사람이 아닌가 생각된다. 예상되는 기대이익과 체포나 발각이 확률을 보다 합리적으로 계산했던들 그런 어리석음을 쉽사리 저지르지 않았으리라는 생각이다. 손익계산을 합리적으로 할 수 있는 사람만이 보다 투명한 사회에서 무사히 살아남을 것으로 예상된다.

끝으로 이상과 같은 모든 조건이 충족된다 할지라도 결국 이형모 선생이 지적하듯 우리 인간에게는 성숙한 인격(maturity), 인간적, 정신적 가치의 우위가 중요하다는 생각이다. 사실 올바른 것이 무엇인지는 삼척동자에게도 자명한 경우가 허다하다. 결국 알고서도 행하지 못하게 하는 의지의 나약(weakness of will)이 문제이며 우리는 나약한 의지를 연마, 단련하기 위해 도(道)를 닦고 덕(德)을 쌓아야 할 것이다. 그러나 이 같은 일은 단지 혼자의 힘만으로는 이룰 수 없으며 성숙한 사회를 가꾸고자 하는 뜻을 가진 동지들이 함께 힘을 모아 '양화가 악화를 구축해 가는' 시민운동으로 나아가야 할 것이다.

제3절 민주사회와 민주시민

1. 민주주의의 본질

(1) 민주주의의 3국면

① 도덕적 측면: 민주주의는 인간의 기본적 가치와 권리를 인정하는 것
② 정치적 측면: 피치자의 동의에 의한 정치, 대의정치, 입헌주의,

국민주권 등

③ 경제적 측면: 민주주의 원리는 사적 경제활동의 자유화

(2) 민주주의의 개념

① 어원적 의미: 민중의 지배, 국민의 통(그리스어 "Demos/민중+
Krateien/다스리다"의 합성어)

② 개념

- "민주주의는 민중이 권력을 소유하고 그 권력을 행사하며, 그
권력의 주체가 되는 정치형태를 의미."

- "국민의, 국민에 의한, 국민을 위한 정치"(Government of the
People, by the People, and for the People): A. Lincoln

- "스스로 다스리는 정치, 즉 자치"(Self-rule, Self-government)

③ 쟁점사항

- "국민에 의한 통치": 과연 국민이 통치할 수 있으며 자치
(self-rule)를 할 수 있는가?→무지한 국민을 이용하여 형식적
인 절차만 거칠 경우.

- 또한 정치의 내용 혹은 정책만을 강조할 경우 전체주의 국가나
공산주의 국가를 민주주의 국가로 부를 수도 있다.

- 결국 민주주의는 정치적인 과정/절차와 정치적인 내용 그리고
민주주의 원칙들이 함께 공존해야 한다.

(3) 민주주의의 이론발전

① 고전적 민주주의 이론: 그리스의 도시국가(Polis) 아테네

- Herodot가 처음 사용
- Platon과 Aristoteles는 직접민주주의 형태에 부정적
- 「사회계약론」(Thomas Hobbes, John Locke, Jean Jacques Rousseau 등)

② 근대민주주의 이론

- 실제 정치세계에 적용(Edmund Burke 등)
- 「삼권분립」(권력분립의 원리), 견제와 균형(Charles Montesquieu 등)
- 자유주의(Liberalism), 공리주의(Utilitarianism) : Jeremy Bentham, John Stuart Mill
- "최대 다수의 최대 행복"(Bentham)

③ 현대민주주의 이론

- 19세기 중반 이후 민주주의의 시련
- Joseph Shumpeter : 「자본주의, 사회주의 그리고 민주주의」(Capitalism, Socialism, and Democracy)
- '참여민주주의' 등장(60년대 신좌파학생운동)
- "참여민주주의란 공동체 구성원인 인민들이 그 공동체 전체를 위한 정책결정에 참여함으로써 인민에 의한 통치를 실행하는 것"(Carl Cohen, C. B. Macpherson)

2. 민주주의의 기본가치

(1) 자유(Freedom/Freiheit)

① 소극적 자유(Negative Freedom-Freedom from) : 제약 없는 상

태, 지배받지 않는 상태

② 적극적 자유(Positive Freedom-Freedom to): 스스로 행동할 수 있는 상태, 자기가 자신의 의사를 지배

③ 자유의 종류(3종류)

● 기본권적 자유: 종교, 거주이전, 직업선택, 사생활의 자유 등

● 경제적 자유: 사유재산

● 정치적 자유: 적극적 자유로서의 선거 · 피선거권 등

(2) 평등

① 평등의 종류

● 시민적 평등: 신분보장 등 법적 공평성

● 정치적 평등: 참정권의 평등

● 사회적 평등: 인격과 존엄성

● 경제적 평등: 분배의 평등

　"같은 것은 같게 다룬다"(to treat to equals equally)

　"다른 것은 다르게 다룬다"(to treat to unequals unequally)

(3) 자유와 평등

자유와 평등은 어떠한 관계에 있는가?

(4) 민주정치의 세 가지 가치요소

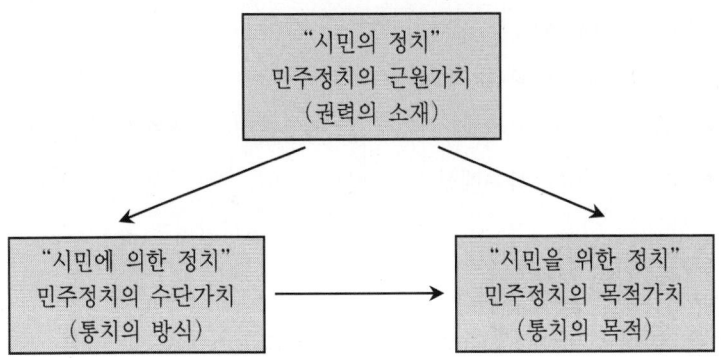

3. 민주주의적 정치질서체제

(1) 민주주의 운영의 수단

① 국민주권: "모든 권력은 국민으로부터 나온다."
- 국민투표(Referendum)
- 국민발안(Popular Initiative)
- 국민소환(Recall)
② 다수결원칙(Majority Rule): 소수보호의 원칙(Protectiveness)과
  효율성(Efficiency)의 원칙 고려할 것
③ 대의제도: 직접민주정치와 간접민주정치

(2) 민주주의적 정치질서체제의 단순화한 분류

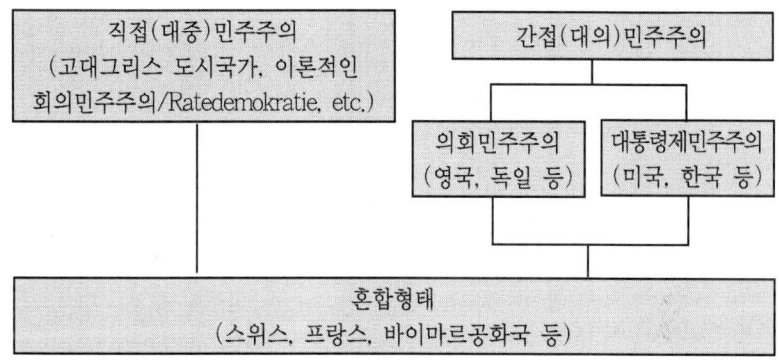

(3) 한국의 정체체제

① 한국의 대통령제
② 대통령제와 의원내각제
• 의원내각제를 위한 개헌 논의

4. 현대민주주의 논쟁

(1) 무정부적 해체(Anarchische Aufl sung) vs. 독재적인 규제
   (Diktatorische Reglementierung)

현대민주주의는 실질적으로 이들 양자 사이에 위치

(2) 정체성이론(Identity tstheorie) vs. 경쟁이론(Konkurrenztheorie)

① 고전적 민주주의 이론인 정체성이론(고전적 이론)에 대한 경쟁
이론의 도전
② 민주주의에 대한 정체성이론과 경쟁이론의 비교

구분	정체성이론 (고전적이론)	경쟁이론
기본개념	지배자와 피지배자의 구별 대중주의(국민투표) 명령적, 절대적인 대표 개별이해(부분이해)의 제한 동질적·통일적 국민의지 객관적·통일적인 공동선(선험적) 목표지향 및 내용지향(결과중심)	대의성(대표자를 통한 지배) 의회주의(대의주의) 자유의사적 대표 합법적(정당한) 다원주의 부분이해들 간의 경쟁 이해균등(조정)의 결과(후천적) 게임규칙의 지향(과정중심)
적용	권위주의적 국가학(나찌독일) 급진적 민주주의(공산독재체제)	다원주의 이론 (서구 자유민주주의 국가) 의회주의적 대의 제도 (사회민주주의)
비판 (양 이론에 대한 상호비판)	전체주의적 민주주의 우려 파벌적 과두체제에 의한 권력 찬탈가 능성(비합법적 권력선점) 교육독재(가치의 중시) 강제적인 공동선 지향 (공동체 우선)	현상유지의 수용 엘리트 다원주의화 가능성 (엘리트집단 간 경쟁격화 우려) 순수한 실용주의(가치의 결여) 개별그룹의 우선 (개인이해, 사적 이해지향)

(3) 웨스트민스터모델(Westminster Model) vs. 협의민주주의 모델
(Consociational Democracy): A. Lijphart, G. Lehmbruch 등.

① 다수결민주주의와 컨센서스민주주의
② 경쟁민주주의와 협의민주주의의 비교(Lijphart)

구분	경쟁민주주의	협의민주주의
기본원리 정치행태 정부-의회관계 내각(정부)형태 입법구조 정당제도 게임원칙 (정치적 갈등구조) 선거제도 의사결정방식 국가구조 성문헌법 헌법재판 국민투표(직접참정)	다수결 민주주의 경쟁(대결) 집행부(정부) 중심 1당지배체제(최소한의 다수) 단원제(경우에 따라 "준양원제") 양당제 단면적(승자독식) 단순다수결원칙(소선거구제) 다수결제도(절대적 다수) 단일국가적 형태 성문헌법 없음 헌법재판 없음 국민투표 없음	컨센서스민주주의 대화(타협) 정부-의회 대등관계 연립정부체제(대연합/연정) 양원제 다당제 다면적(소수거부권) 비례선거제(중대선거구제) 묵시적 만장일치(동의적 다수) 연방국가적 형태 성문헌법 있음 헌법재판 있음 국민투표 있음

5. 시민과 시민사회

(1) 시민(Bürger/Bourgeois/Citizen)

① "정치공동체의 구성원으로서 공동체의 유지·발전을 위하여 노력하는 구성원"

② 유사개념: 민, 국민, 인민, 대중, 백성 주민, etc.

→ 시민이란 용어는 공동체의 유지·발전을 추구한다는 규범적 의미가 강조된다는 점에서 여타개념과 다소 차이

③ 한국에서의 시민개념: "도시에 사는 사람" 또는 중산층이라는 사회계층적 의미가 강함

→ 그러나 여전히 한국에서의 "시민"은 오히려 "소시민"(petit bourgeoisie)의 일반적 특성을 지님

④ 프랑스의 경우 "대시민"(labourgeois)의 전통

⑤ 독일의 경우 "교육받은 시민"(Bildungsb rgertum)의 전통
→ 서구의 "시민"개념이 함의한 공적 영역의 시민(citoyan)과 사적
   영역의 시민(bourgeois)의 구별성이 한국은 미분화된 상태

(2) 시민의식

① 서구시민사회의 시민의식 형성배경
● 사상적으로는 계몽주의
● 정치사회적으로는 프랑스대혁명
● 경제적으로는 시장경제적 자본주의
② 시민의식의 기본바탕
● 자유에 대한 욕구
● 자율과 참여에 대한 요구
● 권위주의의 배격과 획일화에 대한 거부
③ 특히 서구합리주의는 시민의식 형성의 근간

(3) 시민사회(Bürgerliche Gesellschaft)

① 90년대 들어 "시민의식", "시민사회", "시민운동" 등 본격 논의
→ A. Gramsci의 「시민사회이론」
② "자유롭고 독립적인 인격을 소유하는 시민에 의해서 구성된 근
   대적인 사회"
③ 시민혁명(17~18세기) 이후의 경향
● 경제적으로는 자본주의 사회
● 정치적으로는 민주주의 사회

- 사회적으로는 시민사회

④ 시민사회의 이데올로기

- 영국: 양심의 자유, 주권재민, 이기심과 사회적 번영과의 조화, 경제활동에 대한 자유방임 등
- 프랑스: 국민 일반의사에 대한 통치, 자유·평등·박애의 원칙 진보와 이성에 의한 신뢰 등

⑤ 오늘날 시민사회는 사농공상과 같은 계층적·신분적 구분에 의해 지배되지 않는 사회

- 결국 시민사회는 정치·경제로부터의 자유에서 시작

6. 시민의 권리와 의무

(1) 시민의 권리

① 권리: "인간의 이익 향상을 위하여 법률에 의해서 주어진 힘"

② 권리의 종류(2종류)

- 공권: 공법상 부여되는 권리(공공단체의 공헌＋개개국민들의 공권)
- 사권: 사법상 부여되는 권리

(2) 시민의 책임

① 책임

- 도의적 책임(Responsibility)
- 법적 책임(Accountability)

- 직무적 책임(Obligation)
- "약속은 지켜져야 한다"(Pacta Sunt Servana)

(3) "시민책임"(Bürgerengagement)의 사례

① 내부고발인(Whistle-blower)의 보호
② 무임승차자(Free-rider)에 대한 책임의식 부여
- 시민책임 자기점검

7. 시민참여

(1) 시민참여란?

① 참여(Participation)
- 최협의의 개념: "정책결정자의 충원 또는 정책에 다소간 영향력을 행사하기 위한 일반시민의 활동"(정부에의 영향력 행사)
- 협의의 개념: "정부에 대한 영향력의 행사 또는 지지를 위한 시민의 활동"(정부에 대한 지지활동 포함)
- 광의의 개념: "시민참여는 정치적 기관(Political Authorities)과 사적 기관(Non-Authorities) 간의 상호작용" → "시민의 정치적 행위(Political Action)들이 곧 참여"(M. Kaase)
② 시민참여의 필요성
- 주권적 시민의 당연한 권리와 의무의 행사("시민에 의한!")
- 민주정치의 목적인 "시민을 위한" 목적가치에 기여

- 권력의 독재화 방지 및 대의제의 약점 보완
- 시민참여의 목적
- 고전적 민주주의의 관점: 참여는 민주주의를 위한 "수단"이면서 동시에 그 자체로서 가치를 지닌 "목적"으로서의 성격을 갖는다.
- 수정론(엘리트론)의 관점: 수단만을 강조하고 목적성을 부인하는 입장
③ 종합
- 참여의 수단성
- 참여의 목적(공익증진)
- 참여의 목적과 참여의 활성화

(2) 시민참여의 관점

① 긍정론: 고전적 민주이론(Rousseau, Mill, Locke, Tocqueville 등)
→ 1960년대 "참여민주주의"(Participatory Democracy)로 발전
② 회의론: 엘리트이론/수정적 민주이론(Mosca, Michels, Schumpeter 등)
③ 참여에 대한 관점의 비교

구분	고전적 민주이론	수정적 민주이론
참여에 대한 기본적 관점	긍정적 (참여의 순기능 부각)	회의적 (참여의 역기능 부각)
시민관	시민성에 대한 신뢰	시민성에 대한 불신 또한 현실적 판단
참여의 성격	목적적 성격	수단적 성격
논리의 성격	규범적	실증적
참여효과	시민교육기능의 강조	민주체제의 안정성 강조
참여범위	완전한 참여	제한적 참여
참여유형	다양한 참여활동	선거에 중점을 둠
공공의사의 결정과정	시민의 역할강조	엘리트의 역할강조
민주정치 형태	참여민주주의	대의제적 민주주의

④ 종합: 오늘날의 시민은 "초시민(Supercitizen)"도 아니고(고전적 민주이론가), 그렇다고 해서 "소박한 시민(Unsophisticated Citizen)"도 아님(수정이론가)

- 일상적으로 수동적이면서도 정치상황에 따라 능동적으로 대처할 수 있는 능력을 가진 것이 현대사회의 시민(중간적/변화적 시민 Variant Citizen!)

(3) 시민참여의 방법과 유형

① 관습화 정도에 의한 분류(M. Kaase): 관습적 참여(Conventional Participation), 비습관적 참여(Unconventional Participation)
② 제도화 정도에 의한 분류: 제도적 참여, 비제도적 참여
③ 합법성 정도에 의한 분류(Muller)

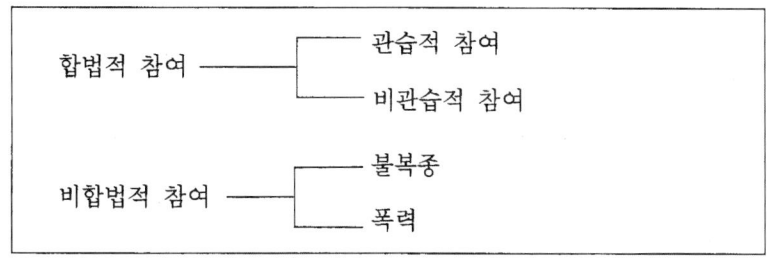

④ 참여단계에 의한 분류(Amstein)

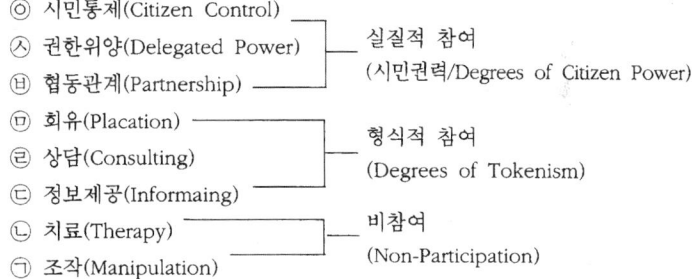

8. 시민의식과 참여민주주의

(1) 시민의식 및 행태

① 시민의식: "정치공동체의 유지·발전을 위하여 그 구성원이 가져야 할 권리와 의무에 관한 의식"(Barbalet)

② 시민책임성(Responsibility of Citizen), 시민의식(Sense of Citizen)

→ 시민성/시민적 자질(Citizenship)과 유사

(2) 시민의식과 공직자의 의사결정(Dalton)

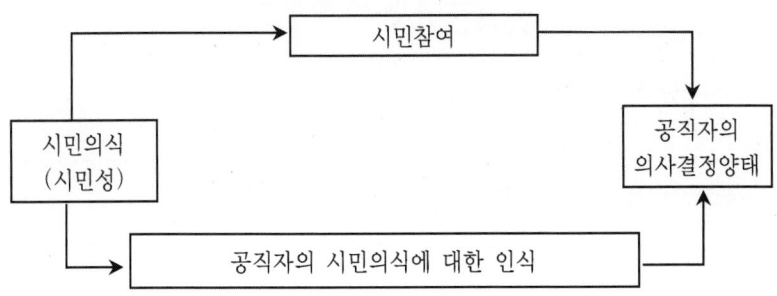

(3) 참여자의 유형(Milbraith & Goel)

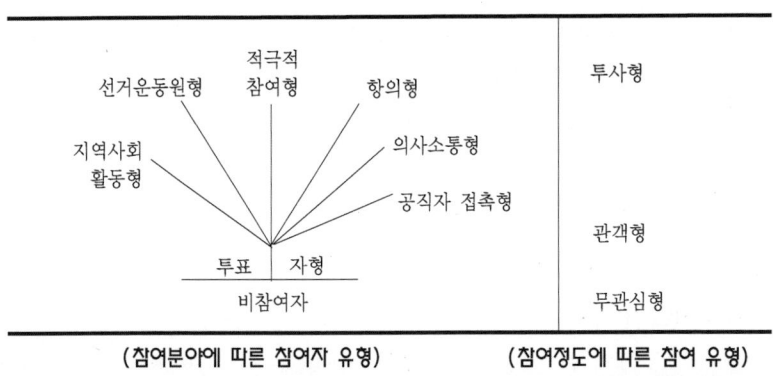

(참여분야에 따른 참여자 유형)   (참여정도에 따른 참여 유형)

9. 한국지방자치와 시민참여

(1) 시민참여의 매개집단

① 시민집단(이익집단) : 사익집단, 공익집단

② 근린집단(Neighborhood Groups): 지역공동체에 바탕

③ 정당(Party-as organization), 시민/유권자 속의
　　정당(Party-in-the-electorate)

④ 대중매체

(2) 현행참여제도(지방자치 차원)

① 반상회: 1976년 5월 이후 전국적 주민조직

② 여론모니터: 중앙 – 지방정부의 여론수집과정(여론조사)

③ 각종 위원회(일반적으로 정책자문과 협조)

④ 간담회(자치단체장과의 대화)

⑤ 공청회: 구체적으로 정책대안에 대한 토론

⑥ 설문조사(수동적 시민참여제도)

(3) 참여제도의 확충

① 직접청구제의 도입: 시민발의 (Initiative),
　　시민투표(Referendum), 시민소환(Recall)

② 시민운동의 지원

③ '주민근접행정'(Bürgemahe Verwaltung): 전화번호 공개 등

④ 샤렛(Charrette) 방식의 적용: 합의도출 유도

⑤ 옴부즈만(Ombudsman) 제도의 도입

● 국민고충처리위원회(중앙, 지방)의 실태와 발전방향

⑥ 기타: 원격통신을 통한 참여(Teledemocracy) 등.

(4) 참여활성화를 위한 전제조건

① 정보공개: "정보 없이 참여 없다", '정보공개법'의 활용
② 지방자치의 발전: "한국지방자치 50년"(1949-1999)
③ IMF 위기탈출과 경제발전: 경제정의의 실현

(5) 참여-권력구조-지방자치

① 권력구조와 시민참여
• 엘리트론(Elitism): 집중형 관점
• 다원론(Pluralism): 분산형 관점
② 시민참여와 지방자치의 발전

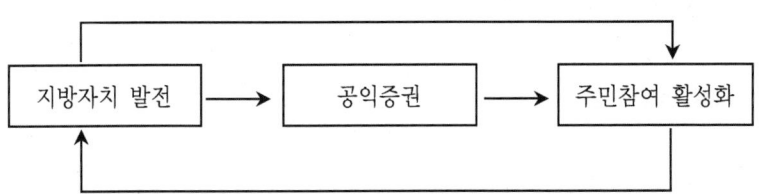

10. 민주시민 체크리스트(토론)

(1) 바람직한 시민의식

① 민주시민의 12덕목(R. F. Butts)

부패된 형식	올바른 형식		부패된 형식
(의무덕목) ───────	(의무덕목)	(권리덕목) ───────	(권리덕목)
법과 질서	정의	자유	무정부주의
(Law and Order)	(Justice)	(Freedom)	(Anarchy)
강제된 획일화	평등	다양성	불안정한 다원주의
(Enforced	(Equality)	(Diversity)	(Unstable Pluralism)
Sameness : Conformity)			
권위주의, 전체주의	권위	사생활	사적주의, 민영화
(Authoritarianism : Totalitarianis m)	(Authority)	(Privacy)	(Privatism : Privatization)
다수주의	참여	공정한 절차	범죄와 타협
(Majontananism)	(Participation)	(Due Process)	(Soft on Criminals)
위선, 적당주의	진실	소유권	인권에 대한 소유권 우위
(Beguiling Halftruth : Plausible)	(Truth)	(Property)	(Property Rights Superior to Human)
맹목적 애국심, 배타주의	애국심	인권	문화적 제국주의
(Chauvinism:Xenophobia)	(Patriotism)	(Human Right)	(Cultural Imperialism)

(2) 참여실태 자기점검표(사례)

행위유형(체크리스트)	참여유형	비고
가두시위에의 참여 강력한 항의(정부실패의 경우) 항의집회 참석 부당한 법률에 대한 복종거부	항의형	
지역문제에 관하여 다른 사람과 일함 지역문제를 위한 집단을 구성 지역사회 내 집단의 일원으로 활동 지역적 쟁점에 관하여 공직자와 접촉	지역사회 활동형	
정당이나 후보자를 위해 적극적으로 일함 정치적 집회에의 참석 정당이나 후보자에의 헌금/적극지지 공직에 출마한 후보자	정당·선거 운동형	

행위유형(체크리스트)	참여유형	비고
정치에 관한 정보제공 정치토론에 참석 신문편집자에 투고 정치지도자에 지지 또는 항의서한 보냄	의사소통형	
특정주제에 대하여 공직자와 접촉 지방자치단체장, 지방의원과 접촉	공직자접촉형	
대통령·국회의원 선거에 규칙적 투표 지방선거에서 항상 투표함	투표자형	
각종선거·투표참여 않음 여타 참여활동을 안 함	비참여형	

(3) 민주시민으로서의 자기체크리스트

- 과제: 자기점검표 작성

토론주제

① 새로운 밀레니엄(Millennium), 21세기를 앞두고 왜 우리는 또 다시 민주주의를 이야기하는가?

② 한국사회에서 과연 민주주의 이념은 어떻게 구체화되어 나타나고 있는가?

③ 오늘날의 다원주의 사회에서 민주주의는 무엇이며, 참여민주주의의 실현은 어떻게 가능할 수 있는가?

④ 한국의 헌법상 주어진 국가체제하에서 민주시민으로서의 권리는 무엇이고 과연 어떠한 시민의무가 자리매김해야 하는가?

제4절 노동윤리와 상생

I. 서 론

노동을 제공하는 노동자에게는 '노동의 윤리'(Ethos of Labor)가 있어야 하고, 기업을 경영하는 사용자에게는 '기업의 윤리'(Ethos of Enterprise)가 있게 마련이다. 그런데 노동자의 입장과 기업가 또는 사용자의 입장이 서로 다르기 때문에 두 입장을 조화롭게 상생(相生)하기란 그리 쉬운 일이 아니다. 따라서 두 입장의 공통기반을 마련하기 위하여 일찍이 직업윤리(Vocational Ethos)가 필요로 하기에 이르렀다. 그러므로 노동윤리와 기업윤리와 직업윤리는 매우 유기적인 관계를 맺으면서 보완관계를 지니고 있는 것이다.

본 논문에서는 연구의 범위를 노동윤리(Labor Ethos)에 한정하여 논구하고자 하며, 특히 최근의 노동윤리의 상생적 책임의식이 제기되면서 노동문제, 노동자의 책임, 노동윤리의 방향에 대하여 새로운 학적 조명이 제기되고 있어 이를 규명하여 이론적 정립과 실천적 과제를 함께 제공함으로써 노사 간의 윤리적 갈등을 해소하는 데 있으며 나아가 지식 정보화 시대를 맞이하여 힘든 육체적 노동보다는 지식이 생산의 주체로 부각되는 때에 지식노동자(Knowledge Worker)의 윤리의식과 관계 정립에 대해서 논구하는 데 연구의 의의를 두고자 한다.

노동윤리의 다양한 변화에도 불구하고 모든 사람은 삶의 질을 추구하는 보편적 노동 가치와 노동정신을 통하여 자아실현의 생활조건을 충족시키는 데 공동체적 연대의식을 형성하고 있다. 자칫 노동윤리가 노동자에게 일방적으로 강요됨으로써 노동통제의 규범으로 변질되는 역사적 경험을 반추하지 않을 수 없게 된다. 따라서 노동윤리의 상생론적 정립이야말로 글로벌 시대의 노동윤리의 보편적 가치규범을 창출하는 크리테리아를 제공하는 것이 본 연구의 차별화를 기하는 데 역점을 두었다.

II. 노동윤리의 이론적 배경

1. 노동에 대한 주체적 인식

노동의 역사는 인간의 역사만큼이나 오래 되었으며 노동은 동물의 본능적인 행위와는 근본적으로 구별된다. 그러므로 인간에 의한 노동은 자주적이며, 창조적이며, 자연 개조적이다. 자연을 개조하여 온 장구한 역사는 사람들이 주어진 환경을 자기의 요구에 맞게 변화시키고 자연적 재료에 기초하여 새로운 대상과 과정을 끊임없이 창조하여 온 역사로 보고 있다.

인간은 노동을 통하여 자연과 사회에 대한 지식을 넓히면서 삶의 질을 향상시키려는 욕구를 분출시키고 있다. 이러한 생물적인 요구를 사회적으로 확대시키기 위하여 고립적인 존재로 생활할 수 없다. 따라서 노동은 그 과정과 산물이 인간 상호간의 관계를 조화시키고 공통의 이로움에 기여하고 그리고 노동자와 그 가족의 품위 있는 생활과 발전을 보장하는 정도에 따라 그 가치를 인식하게 된다. 물질적 부를 생산하는 노동의 주체인 인간은 노동과정에서 맺어지는 인간관

계를 원만히 함으로써 갈등의 소지를 해소하며, 자유로운 노동의 주
체성을 확립하기에 이른다. 이러한 노동에 대한 주체성은 소비생활을
촉진하는 원인이 됨으로 써 더욱 노동의 신성성을 인식하게 된다.

　현대사회에서의 노동의 인간화와 함께 인간의 노동화는 함께 추구
되어야 할 삶의 목표가 되고 있다. 따라서 노동의 인간화는 인간이
노동의 주인이 되어야 하며, 노동의 제 조건이 인간성을 파괴해서는
안 된다는 윤리적 당위성에 당도하게 된다. 이러한 당위적 노동관의
역사적 사실임에도 불구하고 노동의 대부분은 노동계약 또는 고용계
약에 의해서 노동의 주체로부터 노동의 객체 또는 노동의 지배 및
종속으로 전락되어 있는 현실적 모순을 가지고 있다. 즉 노동이란 삶
의 수단인 동시에 삶을 보람 있게 하기 위한 창조적 행위임에도 불
구하고 노동의 주체인 인간은 자기 마음대로 일을 하지 못하고 남이
나 사회가 시키는 대로 수동적으로 움직이는 하나의 기계에 불과하
였다. 이는 자본주의적 생산양식에 문제의 본질이 숨어 있음을 최초
로 발견한 Hegel이 그의 '노동의 개념'에서 정곡을 지적하였다. 그에
의하면 '법 개념의 실질적 실체는 재산이며 재산은 자유의 외적 영역
이며, 소유권은 자유로운 주체의 힘에 기초하며, 동시에 자유로운 인
격의 본질에서 유도된다. 이 자유로운 주체의 자유 의지적 행위가 창
조적 노동의 중심에 서 있음을 확인하였다.

　노동은 인간행위의 전체이며 이 전체가 합목적적일 때 하나의 완
성된 것으로 받아들여지며, 이 경우에 노동만이 하나의 통일된 대상
으로 파악될 수 있으며 전체적 인간 생활을 혁신적으로 진전시킬 수
있는 창조 행위의 실천과제인 것이다. 만약 인간의 노동의 본질이 노
예적인 생산수단이라면 이기적 개별성은 부정되고 말 것이기 때문에
자유와 자유의지는 상실되고 말 것이다. 즉 맹목적 도덕성, 맹종적

이성은 노동자의 인격을 손상시키거나 형식적인 가치를 양산하는 화석에 불과한 것이 되고 만다.

2. 금욕적 노동윤리의 태동

금욕적 노동윤리(Ascetic Labor Ethic)는 직업을 소명(Calling)으로 보며 직업에 대한 금욕적 헌신이 영원한 자아실현의 본질로 인식한다. 금욕적 노동윤리는 다음과 같은 특성을 갖는 것을 전제로 하고 있다.

① 개인의 자아실현을 목표로 하기 때문에 이를 위해서 최선의 성과를 얻을 수 있는 창조적 노력이 존중된다.

② 직업에의 몰아적 헌신을 위하여 금욕(Asceticism)의 대상인 향락욕, 소비욕, 부정, 착취와 같은 인간적인 약점을 최대한 억제(Self-restraint)하여야 한다.

③ 개인은 자유로이 직업, 단체, 조직을 선택할 수 있고, 조직 내의 개인의 위치는 능력과 노력에 의하여 결정되며 특정 단체와의 종속적 관계로부터 해방되어야 한다.

M. Weber는 노동 윤리의 유형으로 유기적 노동윤리와 금욕적 노동윤리로 구분한 바 있다.

유기적 노동윤리는 개인이 유기체의 세포와 같은 존재이며 전체 유기체의 부분집단의 존속 발전에 헌신함으로써 간접적으로 전체 사회의 안녕에 기여함이 올바른 노동 윤리라고 보았다.

집단의 존속, 번영이 개인의 안녕과 복지의 근원이 된다고 보는 것은 집단주의 사상의 표현이라 할 수 있다. 즉 중세 가톨릭, 기독교의 루터파, 인도의 카스트 윤리관에서 유기적 노동윤리의 뿌리를 두고 있다. 반면에 노동윤리는 개인의 각고의 노력이나 근검절약의 생활을 통하여 행복과 안녕을 누린다는 측면에서 개인주의 사상을 바탕에 깔고 있다. 비록 개인주의적이긴 하나 도덕적 토대 없이 부를 추구하는 것은 천민자본주의의 공허함을 드러내는 경우가 많다고 했다. 왜냐하면 오늘날 고도 산업 사회에서의 조직의 거대화, 업무의 세분화, 집단의 다원화, 이익의 경합화, 사회구조의 복잡화 등으로 인하여 개인주의적 노동윤리와 금욕주의적 노동윤리에 있어서도 커다란 변화를 가져 왔다. 즉 거대한 조직 속의 개인은 원자적 노예노동(Atomic slave worker)으로 전락하여 비인간화(Dehumanization)됨으로써 인간소외의 현상을 가져왔다. 이에 반사적 인간회복 운동이 노동자의 집단행동을 불러오게 되었고, 이는 오늘날 기업윤리의 투명성과 민주성을 요구하기에 이르렀다. 따라서 노사가 기본적으로 대등한 파트너로 분배의 공정성을 확대함으로써 공존의 법칙(Common Rule)을 형성하여 상생(相生)의 도덕률로 발전시켰다.

금욕적 노동윤리는 자본주의 발전의 정신적 기저를 이룩하는 데 커다란 공헌을 한 것에 대해서는 누구도 부인하기 어렵지만 노사의 이해관계가 첨예하게 대립의 양상을 보이는 현대에서 직업을 소명이나 사명으로 보기보다는 노동의 대가는 삶을 즐기는 수단적 가치로 보는 데서 노동윤리의 새로운 정립이 요구되고 있다.

3. 산업 노동윤리의 전기(轉機)

19세기 중엽 이래 노동운동의 방향은 새로운 전기를 맞이하게 된다. 대량생산체제하에서의 노동력은 상품생산과정에서 노동자가 받는 임금보다 더 많은 가치를 창출한다는 사실과 그 생산된 상품가치로부터 자신은 오히려 더 소외되고 있다는 사실을 자각하게 된다. 그리하여 노동운동은 점증하는 산업노동자들(Industrial Workers)의 자기 각성과 함께 단체교섭, 단체결성이라는 공동의 노동조건과 생활개선의 차원으로 발전하였다. 여기서 자본주의적 시장경제와 의회 민주적 정치질서하에서 노동운동은 근로자들의 인권과 인간다운 생활 조건을 현저히 개선하였을 뿐만 아니라 고도 산업사회를 예견하는 사회정의와 민주적 이념의 전 생활영역에까지 확장되는 전기를 마련하는 토대를 이루게 된다. 그리하여 노동운동은 정치권에 진입하기에 이르러 정치영역의 주체로서의 권리와 의무 및 책임성을 지게 되었다.

산업노동자의 정치적 진출로 말미암아 노동자 자신의 자유의지대로 행할 수 있는 것과 행할 수 없는 것 사이에서 긴장과 갈등관계가 인식되면서 노동자의 윤리문제가 제기되었다. 즉 노동자 자신의 주관적 이익과 객관적 공동체의 이익 사이에 윤리적 판단이 요구되었다. 모든 인간은 사회적 존재이기에 자신만을 위해 살지 않고 이웃들과 함께 살며 그런 사회적 삶을 통해서 인간본성(Human Nature)을 구현시킬 수 있기 때문이다. 정치적 존재로서의 인간은 이성적(Logos) 존재인 동시에 비이성적(Pathos)인 정열도 동시에 소유하고 있기 때문에 옳고 그름의 판단은 인간이 얼마나 독립적으로 자유를 억제하며, 욕망을 극복할 수 있느냐의 마음의 자세와 태도가 윤리의 준거가 된다.

산업노동윤리는 정치적 결정과 법적 규정을 자발적으로 받아들이고 실천하는 태도와 겸손이 자신의 권리를 주장함과 동시에 이웃의 아픔과 고통을 나의 것으로 받아들이고 함께 극복하려는 준비성이 선행되어야 한다. 이러한 성품과 태도는 산업노동윤리의 새로운 패러다임의 전환을 요청받게 된다. 인간이 자신의 노동을 통하여 자기계발과 자기완성을 기할 수 있다는 확신에 기초하여 근로의욕을 북돋우는 노동환경을 조성해야 할 필요성이 제기된다. 아직도 착취 계급 투쟁식으로 전부 아니면 전무라는 혁명적 노동운동 방식은 노사가 함께 국가 붕괴라는 실험을 통하여 실패의 역사로 끝났기 때문에 더 이상 소모적인 과격 노동은 지양(止揚)되어야 한다. 따라서 산업노동윤리는 민주정치에 의한 시민들의 성숙한 공동체 의식과 책임 윤리의 수반을 전제로 하는 것은 재론의 여지가 없다. 아리스토텔레스에 의하면 정치 공동체는 우정의 공동체이며 동시에 축제 공동체이므로 시민은 축제에 초대받은 손님이요 주인인 것이다. 이를 상생의 노동윤리로 한 차원 높은 단계로 성숙시키는 데 산업노동윤리의 과제가 주어지고 있다. 이런 가능성의 노동윤리를 넘어서기 위해서 인간적 신뢰와 희망에 기초하여 '희망 없는 인내는 고역이며, 인내 없는 희망은 망상으로 쉽게 폭력적 행위로 이행된다'는 명제에 유념할 필요가 있다.

Ⅲ. 노동윤리의 상생론적 접근

1. 상생윤리의 조화(造化)적 패러다임

최근 들어서 상생(相生: Mutural Life)이라는 용어는 정치에서뿐만 아니라 경제, 교육, 노동, 문화에 이르기까지 갈등이 있는 데라면 어디든지 누구에게나 인구에 회자되는 일상적인 의미로 사용되고 있다. 필자는 '상생윤리의 체계적 접근'을 통하여 '상생'의 철학적 의미와 사회과학적 개념을 함의한 바 있다. 상생과 유사한 개념을 지니고 있는 용어로 공생, 공존, 공영이 있음에도 불구하고 사람들이 '상생'을 즐겨 쓰거나 조심스럽게 언급하는 것은 그 의미가 매우 철학적이기 때문이다. 즉 공생공존은 '나'를 '너'에 앞세우는 데 반해서 상생은 '너'를 '나'에 앞세우거나 '너'가 존재치 않으면 '나'의 존재도 무의미하다는 데서 출발하고 있는 것이 근본적 차이점이다. 사용자는 상대인 노동자가 있을 때만이 존재의 의미가 있으며, 노동자도 상대인 사용자가 있을 때만이 존재의 의미가 있다는 인식을 전제로 한다면 상호간에 인식의 차원은 현격하게 창조적으로 달라질 수밖에 없다.

상생의 어원은 음양론에서 발원되었으며, 음양의 조화(造化: Creative Cosmos)야말로 단순히 인간과 인간, 인간과 조직, 조직과 조직 간의 갈등의 조화(調和: Harmony)를 넘어서 모든 존재의 상극관계를 해소하는 천, 지, 인 3재의 순환적 진생명(眞生命)을 서로 살려주지 않으면 독생(獨生)적 삶이 불가능한 존재의 원초적 본능이다.

상생윤리는 전술한 바와 같이 기본적으로 독생(獨生)이 아니라 상대방의 생존(生存)을 전제로 하기에 서로가 동등한 인격으로 존중해야 하며 항상 역지사지(易地思之)를 배려하는 것을 우선시한다. 이는 '사람'을 '인간'이라고 부르는 데서 연유하고 있다. 인간은 사이적인 존재인 동시에 관계적인 존재이며 또한 사회적인 존재로 심화, 발전, 확대해 가는 것이 상생적인 삶의 본질이기 때문이다. 그렇다면 인간관계의 유형으로 나와 너의 병립(竝立)관계, 나와 우리의 동행(同行)관계, 그리고 나와 우리와 자연은 다 같이 더불어 사는 여생(與生)관계로 대별하여 볼 수 있다. 물론 병립, 동행, 여생의 관계성에 따라서 삶의 방식, 삶의 질, 삶의 양상, 삶의 깊이, 삶의 영역이 다양한 형태를 띠게 된다.

김중은 나와 네가 하나의 인격체로 병립할 때 인(仁)을 베풀며 의(義)를 실천하게 된다고 하였다. 이때 인은 3가지 수수법칙(授受法則)에 의해서 베풀게 되는데 첫째 순서상으로 먼저 주어야 하는 선수의 법칙(先授法則), 두 번째는 시간적으로 항상 주어야 하는 항수의 법칙(恒授法則), 그리고 마지막으로 장소상으로 어떤 경우에도 빈속을 채워 주어야 한다는 공수의 법칙(空授法則)이다. 이를 그림으로 요약하면 다음과 같이 관계설정이 이루어진다.

〈나, 너 우리의 상생관계〉

구분	나	너	우리
탄생	나는 너와 우리로부터	너는 나와 우리로부터	우리는 나와 너로부터
사건	나로부터 시작하고	너를 통해 조화되고	우리는 나와 너를 결실시킨다.
성사	나는 기본이 되고	너는 합리작용을 하고	우리는 창조를 실천한다.
생활	나는 너를 위해 살고	너는 나와 우리를 위해 살고	우리는 너와 나를 위해 산다.
소임	나는 불식의 소임을 하고	너는 부동의 소임의 하고	우리는 불무의 소임을 한다.
역할	나는 뿌리의 역할을 하고	너는 가지의 역할을 하며	우리는 열매의 역할을 한다.
위치	나는 먼저 주는 위치	너는 교량 역할의 위치	우리는 나에게 돌아오게 한다.
윤리	나는 자주 자립하고	너와 나는 병립하며	우리는 동행해야 한다.
효율	나만을 생각하면 이기주의가 되어 불성한다.	너를 먼저 생각하면 화합이 성숙된다.	우리를 생각하면 미래가 열린다.

2. 노동윤리의 상생론적 이해

상생이론은 현대 사회가 안고 있는 여러 가지 갈등구조를 푸는 데 매우 적절한 키워드가 될 뿐만 아니라 특히 노사 간의 갈등구조를 해소하는 윤리적 준거 틀을 제시하는 데 의의가 있다. 노사 간의 극한적 대립으로 폭력을 수반하는 경우는 All or Nothing이라는 상극적 구도가 이해의 중심에 있기 때문이다. 인간은 파괴적 본능도 가지고 있지만 반대로 인간은 서로 도우면서 상생을 추구하는 속성도 지니고 있음을 밝히고 있다. 그 외에도 '자기실현적 인간'의 특성을 주장한 것을 비롯하여 상생의 잠재의식을 개발만 하면 얼마든지 수준 높은 평화의 노동윤리 의식을 유용할 수 있다고 하였다.

최근 상생윤리의 사회적 확산이 이루어지도록 유네스코가 상생윤리교육의 프로그램을 개발하여 널리 실시하고 있다. 남을 배려하는 마음(Care Mind), 남을 섬기는 마음(Respect Mind), 남과 함께 나눔의 마음(Allocational Mind)이 없이는 지구촌에 살고 있는 지구가족의 구성원의 자격을 상실하고 있다고 규정하고 있다.

상생은 시간적으로 과거·현재·미래, 공간적으로 거기·여기·저기, 그리고 존재적으로 나·너·우리에 걸쳐 범재론(汎在論)적으로 확산되어 가고 있다. 이러한 상생의 화두(Key Word)는 최근 UNESCO의 산하단체인 APCEIU(아시아 태평양 국제이해 교육센터)에서 영문 계간지로 발간되고 있는 『SANG SAENG(상생)』은 부제로 『Living Together, Helping Each Other』(서로를 도우며 더불어 살아가기)를 달고 있어 상생의 내용을 세계화하는 데 큰 기여를 하고 있다.

Castro에 의하면 상생을 위한 노동윤리의 덕목으로 ① Disarmament (비무장) ②Nonviolent(비폭력) ③ Human Right(인권) ④ Human

Solidarity(인간유대) ⑤ Development Justice(정서의 발전) ⑥
Democritisation(민주화) ⑦ Sustainable Develoment(지속적 발전) 등
을 들고 있다. 또한 평화교육의 발전을 위한 가치, 태도의 내면화를
위해서 ① Self-Respect(자존) ② Respect for others(타인존중) ③
Respect for life(생명존중) ④ Global Concern(지구사랑) ⑤ Ecological
Concern(생태사랑) ⑥ Cooperation(협동심) ⑦ Openess/ Tolerance
(개방과 아량) ⑧ Social Responsibility(사회적 책임) ⑨ Positive
Vision(긍정적 비전)을 들고 있다.

　동물의 세계도 얼핏 보기에는 양육강식 적자생존으로 구축되어 있
는 것 같지만 좀 더 자세히 관찰하여 보면 경쟁보다는 협동을 넘어
상생이 지배하는 구조를 이루고 있음을 알 수 있다. 이를테면 세포
내 소화기관들이 세포를 이루고, 그 세포가 근육, 신경, 혈관 등의 조
직을 형성하고, 조직이 심장, 위 등의 기관을 이루고, 이 기관이 다시
순환기, 소화기 등의 계통을 형성한다. 이 여러 계통들이 개체생명으
로 통합되어 생태계를 형성하며, 개체생명은 생태계와 자신의 주위
환경에 서로 의존하지 않고서는 자신의 생명을 지탱할 수 없다. 따라
서 모든 생명은 스스로 자족적으로 존재할 수 없으므로 전체생명
(Holistic Life)이 있음으로써 비로소 존재할 수 있다.

　이와 같이 상생론적 노동윤리의 핵심인 노·사·정 전체의 구성원
이 모두 Win-Win 할 수 있는 높은 합의에 이를 때 참노동 문화가
꽃피울 수 있다. 그러기 위해서 상생정신에 입각해서 상생의 본질인
비움-나눔-섬김에까지 노동윤리 의식을 고양할 필요성이 제기된다.
상생윤리적 입장에서 보면 개체 생명을 둘러싸고 있는 온 생명과의
관계는 상호 불가분의 상생관계를 구성하고 있다. 그중에서도 인간의
생명은 이 둘을 함께 함의하고 있는 특성을 지니고 있다. 즉 개개의

인간은 그 중추신경계를 이루는 신경 세포들의 활동에 의해 몸 전체를 자신이라는 의식 주체를 생명의 바탕으로 서로의 관계를 정보적으로 연결하는 문화공동체를 이루고 있는 온 생명으로서의 확대된 주체가 복합적으로 존재하고 있어 이를 '우리'라는 개념으로 사용하게 되었다.

따라서 노동윤리에서의 환경생명 및 환경윤리의 초점은 '생명가치'의 기준을 어떻게 설정할 것인가에 의해서 큰 진폭이 나타난다. 인간은 누구나 본능적이면서 일차적으로 '자신의 생명'에 각인되어 있음과 동시에 다소 자신의 생명보다는 덜 소중하지 않더라도 상대생명의 가치도 매우 소중하다는 것을 느낄 수 있도록 생명의 등가성(等價性)을 보편적으로 인식하는 것이다. 생명의 동등성에 대한 인식의 간격을 좁혀 나가는 과정이야말로 인간 본능의 선의지(善意志)의 계발만큼이나 노력이 요구되며 이를 반영하는 사회적 장치가 바로 노동윤리의 일차적 과제인 것이다.

생명의 등가성, 생명의 동등성, 생명의 보편성, 생명의 상관성을 나와 너가 서로 역지사지적 입장에 서서 이해의 공유를 바탕으로 느끼고, 행동하고, 실천할 때 노동윤리의 '황금률(Golden Code)'은 정립되리라 본다.

3. 노동윤리의 상생론적 변이

H.S Samuel은 '결혼을 성공시키는 데는 두 사람의 합의가 필요하다. 그러나 실패시키는 데는 한 사람이면 충분하다'고 하였다. 이는 성공의 상생과 실패의 상극이라는 말과 같은 맥락을 지니고 있다. 노

사관계는 대립보다는 상생관계를 이루는 인식의 바탕 위에서 기업의 경쟁력을 제고하는 방향으로 변화하지 않고는 세계화의 무한경쟁에서 생존할 수 없게 된다. 그러기 위해서 경영자는 경영실적을 솔직히 공개, 공평, 공정이라는 3공의 원칙에 입각하여 투명한 경영을 할 수 있는 기업윤리관을 가져야 한다.

따라서 올바른 기업윤리는 성실한 직업윤리관에서 나오며, 성실한 직업윤리관은 상생의 노동윤리를 낳는 원동력으로 작용한다. 만약 노사 어느 한쪽이 생산성 향상의 과실을 부당하게 독차지하거나 불균형을 초래한다면 이는 민주적 절차에 의해서 시정되어야 한다. 즉 합리적 타협과 공개적 토론에 의하여 임금, 생산성, 물가라는 3개의 방정식을 풀어야 한다. 산업평화는 노·사·정이라는 3차 연립방정식으로 풀어야 함에도 불구하고 어느 일방의 감성적 태도로 풀려고 한다면 상생구도는 흔들리고 말 것이다.

상생구도를 견고하게 만들려면 산업사회에 걸맞은 상생적 인간화(人間化) 문제가 노동윤리의 중심 내용이 되어야 한다. '노동윤리의 상생적 인간화 방안'은 세계화 시대의 노·사·정이 함께 풀어야 할 최고가치 목표가 되고 있다. 이를 위해서 역할의 상생적 분담이 이루어져야 한다. 먼저 사용자의 상생적 역할은 다음과 같다.

첫째, 기업을 통한 가치창조의 궁극적 주체화는 투철한 책임의식을 가져야 한다.

둘째, 국가 사회의 경제발전의 주도적 원동력이라는 자각과 그에 따른 책임이 따라야 한다.

셋째, 자유민주주의와 자본주의 시장경제체제를 유지, 발전시키는 최강, 최대의 세력기반이라는 인식과 그에 따르는 응분의 책임을 감내해야 한다.

넷째, 다양한 사회집단과 협력하여 사회 발전을 이룩해 나가야 할 신뢰의 파트너로서의 인식과 책임을 느껴야 한다.

다음으로는 근로자의 상생적 역할은 다음과 같다.

첫째, 사회적 책임을 개인적 이익보다 우선적으로 앞세우는 행동을 보여야 한다.

둘째, 단순한 풍요보다는 일을 통한 삶의 질을 더욱 존중하는 가치관을 가져야 한다.

셋째, 인간 소외를 적극적으로 지양시킬 끊임없는 자기 노력과 인내를 감수해야 한다.

넷째, 기업이 살아야 내가 살수 있다는 상생적 희생을 감내할 용기와 의지를 지녀야 한다.

다섯째, 노동운동은 체제개혁보다는 체제 내에서 극한적 대립보다는 협상에 의한 타결을 이루도록 최선을 다해야 한다.

마지막으로 정부의 상생역할은 다음과 같다.

첫째, 정부는 산업평화를 이룩하기 위한 기업윤리와 노동윤리를 중재할 수 있는 직업윤리의 준거 틀을 제정하는 데 유연성을 보여야 한다.

둘째, 기업의 사회적 책무와 근로자의 복리적 요구가 공공의 이익에 함께 부합되도록 합리적 자제(또는 규제)를 끌어내는 데 노력을 기울어야 한다.

셋째, 기업체에서 훈련, 정보, 동기부여, 도덕적 권위 등이 부족할 경우에 협동이 필요한 모든 사람들의 편에서 업무수행의 효과를 위해 정부의 규제가 적절히 가해져야 한다.

넷째, 정부는 기업 활동이나 근로자의 노동행위를 적극 제재하는 소급입법을 제정하거나 공공의 선을 해치는 긴급조치를 취하는 것에 대해서 최대한 자제의 인내력을 발휘해야 한다.

이상에서 살펴본 노동윤리의 상생적 변화를 위한 노·사·정은 지금까지의 양 위주의 의식, 체질, 제도, 관행에서 과감히 벗어나 나 자신부터 질 위주로 변함으로써 너와 나 그리고 우리 모두가 21세기 선진 한국으로 진입하여 질이 높은 삶을 누리는 데 그 가치를 두고자 한다.

Ⅳ. 노동윤리의 정책적 과제

1. 노동행정의 리더십

국가가 개입주의적 역할에서 벗어나 '안내와 지원의 역할'에 충실하면서 중·장기적으로 노사자율의 노사관계를 구축해 나가기 위해서는 노동행정이 개혁적 리더십을 필요로 한다. 개혁적 리더십이 해야 할 우선 과제는 정부가 직접 갈등해결에 나서지 않고 노동위원회를 최대한 활용하는 것이어야 한다. 그리고 노사관계제도선진화 연구위원회가 제시한 조정제도의 개혁과 노동위원회의 기능 확대를 통하여 노동위원회를 보다 전문적이고 공정하며 풍부한 경험을 가진 제도적 갈등해결 채널로 정비하는 것이다.

이러한 방향으로의 노동개혁을 추진하기 위해서는 정부의 개혁적 리더십이 확고하게 확립되어 있어야 한다. 특히 노사의 리더십구조가 매우 취약하고 노동개혁에 대한 공통의 비전이 마련되어 있지 않은 상황에서 노동개혁에 대한 정부 이니셔티브는 매우 중요하다. 정부의

개혁적 리더십은 우선 정부 내에서 노동개혁에 대한 대체적인 합의
를 이끌어 낼 수 있어야 하고 노사의 단기적인 기회주의적 행태를
제어할 수 있어야 한다.

　이런 관점에서 보았을 때 참여정부의 개혁리더십은 한 가지 결함
을 갖고 있다. 개혁리더십을 행사할 주체가 뚜렷하지 않다는 점이다.
그렇게 때문에 노사정위원회가 설사 개혁방안을 마련한다 하더라도
정부 내의 부처 간 이견을 조정해 낼 능력이 없으며 이를 실행할 권
한도 없다. 노동부도 어느 정도 이러한 한계를 갖고 있다고 하겠다.
그러나 노동부의 경우에는 개혁의 지속성이 더 문제가 될 수 있다.
87년 이래 노동부가 주도하는 노동개혁이 없었던 것은 자율적인 노
동행정 혁신의 어려움도 있었지만 개혁의 지속성이 보장되지 못했던
것이다.

2. 사용자 조직의 인프라 시스템

　개별기업은 업종 간의 매출순위 경쟁은 분발의 형태를 취했으나
노사관계 조건의 차이로 인한 통일적인 대응에는 소극적이었다. 따라
서 개별적으로 자기 그룹 회사에서만 문제가 일어나지 않도록 대응
할 것이 아니라 재계가 공동으로 노사관계시스템 그 자체를 개혁해
야 한다는 생각을 가져야 한다. 그동안 개별 사용자들은 노사문제에
대해 때로는 물리력 대결을 통해 때로는 노조의 분배적 교섭요구를
수용하는 양보를 통해 일시적으로 해결해 왔다. 그러나 타협은 일시
적이었고 대립과 갈등은 보다 근본적이었다. 따라서 전체 노사관계시
스템을 바꾸지 않는 한 과거는 반복될 것이다. 노사관계시스템을 바

꾸는 일은 전체 경제를 위한 공공재를 생산하는 것이라는 인식이 필요하다.

기업체는 왜 노사관계 개선을 위한 주도적인 역할을 방기하며 정부 의존적인 태도를 취해 왔을까 우선 재계가 노사관계에서 오랫동안 정부에 의존했던 타성을 벗어나지 못했기 때문이다. 오히려 노사대립의 중요한 계기마다 재계는 경제5단체의 명의로 노동계를 성토하고 정부의 엄정한 법집행만을 요구하는 성명전에 의존해 왔다. 정부가 개입하기 이전에 경제단체는 노동단체와 협력하여 해당 분규사업장의 교섭을 지원하는 서비스를 제공하는 노력은 거의 하지 않았다. 사업장에서 많은 논란을 빚고 있는 교섭구조 개선을 위해 재계 스스로 노동조합과 협의를 한다든지 노사협력 지원사업을 한다든지 하는 독자적인 노사관계 개선노력을 소홀히 해 왔다. 이러한 정부 의존적 타성으로 인하여 재계는 노사관계에 대한 보다 강한 리더십 확립을 소홀히 해 왔다고 하겠다. 이러한 현상은 선진화된 시장경제국가에서 찾아보기 힘든 사례이다.

우리의 노사갈등은 '저 신뢰 사회', 부의 축적에 대한 부정적 태도, 강한 평등주의, 타협보다는 명분의 중시, 원칙을 무시한 단기적 이익 추구 등 공정한 게임의 룰이 적용되기 어려운 사회적 토양에서 비롯된다. 노사관계의 대립과 경직성은 현상적으로는 노조의 전투적 실리주의, 작업장 통제, 노사의 물리적 대결과 기회주의 등으로부터 비롯되는 것처럼 보이지만 실제로는 불신이 낳는 경직성과 대립이다. 이처럼 빈약한 사회적 인프라가 노사관계를 갈등구도로 몰아가는 기저의 요인이 된다면, 결국 재계는 이러한 사회적 인프라를 중장기적으로 재구축함으로써 노사관계를 근본적으로 안정화시켜 나가야 할 것이다. 더구나 이제는 단순히 노사분규가 없는 것으로는 노동윤리가 잘 정착되었다고 볼 수 없다. 사회적 인프라 구축은 우리 산업이 질적 고도화와 품질 경쟁력을 갖추기 위해서 그리고 현장노동자들의 마음과 성의(Winning the Hearts and Minds)를 얻기 위해서도 긴요하다. 단순히 선진기술의 도입과 모방만으로는 경쟁할 수 없다. 이러한 사회적 인프라는 정부보다 기업의 체계적이고 지속적인 노력으로 서서히 갖추어져야 한다.

3. 노동운동의 비전 개발

노사분규가 없다고 해서 노사관계가 협력적이고 정상적인 것은 아니다. 많은 무노조 기업에서 노동자들의 목소리 대변기능이 없는 것을 이용하여 사용자는 노동자들의 요구나 기대를 무시하고 일방적으로 결정하고, 지시하는 형태의 작업장체제가 유지됨으로써 많은 불만이 누적된 상태로 유지되고 있다. 노조가 없어 노사분규로 발전하지는 않으나 이처럼 노동자들의 불만이 누적되고 의사소통이 되지 않는 곳에서 좋은 품질의 제품과 높은 생산성을 노동자들에게서 기대할 수 없다. 사기가 저하된 곳에서는 생명이 무기력한 채 시들어 가는 모습을 보일 뿐이다.

최근 노사가 수평적 관계를 유지하기 위한 조치로써 최고 CEO와 함께 '생맥주 마시기', '등산대회' 등은 노동운동을 무기력하게 하기 위한 액션이 아니라 노동운동의 방향을 결정짓는 중요한 시사점을 주는 것이라고 할 수 있다.

노동운동의 내부의 이해조정과 이해총괄을 강화하기 위하여 기존의 투쟁적 방식을 벗어나야 한다. 그러기 위해서 노조 내부의 민주주

의, 의제설정, 의제 논의, 의사결정, 의사집행, 등에 있어서 위원장 중
심의 구조가 아닌 구성원의 자율적 참여로 교섭, 참가, 협의의 모델
에 충실해야 한다. 만약 위원장의 결정에 따라 곧바로 파업, 집회, 시
위로 이어진다면 조합원의 정책 역량이 소진되어 더 이상 앞으로 나
가기 어려운 경우에 처하게 된다.

이와 같은 노조 정책역량의 강화는 노조의 변화거부나 비현실적
요구를 줄일 수 있을 것이며, 오히려 대안적 정책개발을 통해 외부
환경의 변화를 수용하면서도 조합원들의 이익을 지키고 조직률을 높
일 수 있는 전략적 개입과 참여의 방안을 마련하는 데 기여할 것이
다. 이렇게 될 때 노동운동은 다양한 정책참가와 비전 개발이 가능하
게 된다.

V. 결 론

산에 떨어진 낙엽은 썩어야 함에도 불구하고 이듬해에도 썩지 않
아서 생태계의 문제가 되고 있다. 반면에 땅에 떨어지지 않고 썩지
않아야 할 도덕, 윤리, 교육, 사법, 종교 등은 고고히 인류의 양심의
촛불을 밝혀야 함에도 불구하고 방부제는커녕 촉부제(促腐濟) 역할
을 하고 있는 실정이다. 특히 노동자를 대변하여야 할 노조가 최근
기업체를 상대로 거액의 '취업 장사'를 하였다 하여 최소한의 노동윤
리마저 저버리게 됨으로써 그들의 투쟁구호가 얼마나 허위의식이었
는지를 알게 되었다.

노조의 타락과 노조의 비대화는 서로 비례한다. 노조의 비대화, 노

조간부의 귀족화, 노조원의 표를 담보로 한 정치적 흥정은 정경의 부정부패를 뺨칠 정도이다. 노조간부가 열악한 비정규직 저임금의 노동자를 착취하였다는 것은 노조권력의 새로운 권력형 비리의 형태라고 볼 수 있다.

21세기의 신노동윤리 문화를 창출하기 위한 단서로 상생노동윤리(Mutual Labor Ethic)의 모델을 제시함으로써 한국의 세계 10대 강소국(强小國)으로 진입하는 데 도덕적 성숙성을 보여야 된다. 이제 세계시장에 진출하는 일류상품일수록 질, 도덕, 문화가 어우러져야 경쟁력을 갖추게 된다. 동아시아 가치 창출의 중심으로 부상하는 한국에서 유교의 인(仁), 불교의 자비, 그리고 한국의 특수성과 세계화의 보편성을 절묘하게 묘합(妙合)하는 상생(相生)의 정신문화를 노동윤리의 방향과 발전에 접목시켜 새로운 노동문화를 이룩하는 계기를 마련하는 데 본고의 의미를 두게 되었다.

그러므로 상생적 노동윤리의 이론을 정립하기 위한 시론으로서 다음의 논의는 용어의 개념에서 좀 더 축적된 연구와 명료한 정의(定義)가 수반되어야 할 것이다. (05. 7. 15)

참고문헌

김윤환, 『노동윤리와 기업윤리』, 대한상공회의소, 1995.
김중, 「상생원리」, 한국상생원리 연구회. 1990.
노사정 위원회, 「노사정 발전을 위한 정책과제」, 2003.
노순규, 「산업민주주의 실천방안」, 민족지성사. 1990.
노순규, 「노동자의 근로윤리」, 노사신문사, 1999.

동아일보, 「기업윤리 언제 바로 잡힐까」 (90. 3. 10).

박기안, 「한국에 있어서 기업경영과 기업윤리」, 1990.

배규식, 「노사관계의 한국형 발전모델」, 한국노동연구원, 2003.

배영기, 『한국 직업윤리론』, 양서원, 1998.

배영기, 『산업사회와 직업윤리』, 학문사, 2001.

배영기, 「상생윤리의 체계론적 연구」(한국국민윤리학회) 국민윤리 연구 제51집(2002. 12).

배영기, 『한국문화와 직업사회』, ok press. 2004.

임석진, 「노동의 개념」, 지식산업사, 1990.

탁희준, 「노동의 윤리」 (현대 한국의 사회윤리, 아산 사회복지재단), 1990.

한국 유네스코, 「SANG SAENG(相生)」, (2001년 가을호).

A. Gabor, Hard work and Common Sense, The Book Review (1998. 2. 8).

Aristotle, Politics, in the Complete works of Aristotle, Trans, J. Barnes, Princeton University Press, 1984.

Hesiod, Works and Days, Tvano M.L. West, Oxford University Press, 1988.

H.S Samuell The History of the American Working, Green Wood Publishing, 1968.

J. Buchanan, The Limits of Liberty, University of Chicago Press, 1980.

M. Weber, The Protestant Ethic and the Spirit of Capitalism, Trans, Talcott Parsons, N.Y.: Scribner's 1958.

P. Druckel, The Concep of the Corporation, N.Y: John Day, 1996.

T.C. Schelling, Command and Control in Ethical Theory and Business-ess, Prentice Hall, 1979.

Windmuller, Employers Association and Industrial Relation, Clarendon Press, 1984.

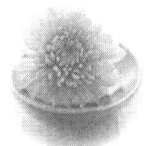

제11장

현대사회와 기업문화

제1절 기업문화의 구성체계

1. 기업문화의 개념

　사회에는 문화가 있고 개인에게는 개성이 있는 것과 같이, 기업체에도 각기의 독특한 문화적 특성, 즉 기업문화가 있다. 그리고 사회를 이해하려면 그 사회의 문화를 알아야 하고 개인을 이해하려면 그 개인의 성격을 알아야 하는 것과 마찬가지로, 기업체를 이해하려면 그 기업체의 기업문화를 알아야 한다. 그뿐 아니라, 사회가 얼마나 발전하였는지는 그 사회의 문화적 특성을 중심으로 평가할 수 있고 개인이 얼마나 우수한지는 그 개인의 성격과 능력에 따라 평가할 수 있는 것과 마찬가지로, 기업체가 얼마나 우수한지도 그 기업의 경영과 조직행동을 지배하는 기업문화적 특성을 중심으로 평가할 수 있다. 따라서 사회는 문화발전을 위하여 그리고 개인은 우수한 인간이 되기 위하여 노력하는 것과 같이, 기업체도 우수한 성과를 달성하기 위하여 이와 관련된 기업문화적 특성을 개발할 수 있다.

　기업체의 경우, 기업문화는 기업체가 주어진 환경여건 속에서 오랜 기간 동안 자체의 목적을 달성해 나가는 과정에서 형성된다. 우리 사회의 문화가 오랜 기간에 걸쳐서 형성되고 우리들의 개성도 오랜 기간 동안에 형성되는 것과 마찬가지로, 기업문화도 오랜 기간에 걸쳐서 형성된다. 그리고 사회문화와 우리들의 개성은 일단 형성되면 쉽사리 변하지 않고 계속 유지되는 것과 마찬가지로, 기업문화도 일단 형성되면 쉽사리 변하지 않고 계속 유지되면서 기업구성원의 행동에 영향을 주고 나아가서는 기업체의 성과에도 많은 영향을 준다.

우리들은 일상생활에서 각종의 많은 기업체와 접촉하고 있다. 그 과정에서 우리들은 기업체로부터 각기의 독특한 인상을 받게 된다. 어느 기업체는 구성원들이 모두 똑같은 옷차림과 머리스타일을 하고 있고, 작업장도 질서정연하며, 하루의 일과도 조회로부터 시작하여 정확한 일정에 의하여 진행되고 있다. 그 반면에, 어느 기업체는 구성원들이 모두 자유스러운 옷차림과 각기 다른 머리스타일을 하고 있고, 작업장에는 각종 기구와 자재가 흩어져 있으며, 작업도 각기 불규칙적인 시간에 이루어지고 있다.

〈기업문화 구성체계〉

| 기업이념 | 풍요롭고 차원높은 생활문화를 창조하여 인류사회에 공헌한다 |

| 비전 | 21세기 초일류 기업 |

| 경영이념 | 인간존중   /   고객중시   /   미래창조 |

	〈조직〉	〈고객〉	〈구성원〉
기업 문화의 핵심요소	**깨끗한 조직** 긍지와 자부심을 심어 주는 인간존중의 사고 ·물리적인 청결함 ·정신적인 순결함 ·업무상의 공정함	**산뜻한 서비스** 고객의 만족·번영을 추구 하는 고객중시의 사고 ·고객은 우리의 전부 ·고객의 만족과 번영 　추구 ·결과에 책임지는 자세	**세련된 일체감** 변화와 개혁을 주도하는 창조적·진취적 사고 ·긴밀한 협조 ·엄정한 기강 ·강한 조직력
성취수단	**종업원 만족** ·직무만족 ·직장만족 ·무공해 환경 ·부끄러움 없는 조직 　문화 ·일에 대한 마음가짐 　- 정열, 집념, 의지	**고객만족** ·앞서가는 서비스 ·최고의 기술력 ·동반자적 신뢰구축 ·고객지향과 선택폭 　확대 ·고객에 대한 마음가짐 　- 성의, 창의, 열의	**상호존중** ·자율과 창의 존중 ·진취성과 도전(프로) 　의식 존중 ·질서와 화합 존중 ·공동체적 직장관 ·동료에 대한 마음가짐 　- 관심과 격려, 인정과 　　수용, 신뢰와 협조
사원 행동지침	고객의 만족과 번영을 최고의 가치로 삼고, 변화와 혁신의 주체로서 21세기 초일류 기업으로의 성장·발전을 위해 다음과 같이 행동한다. 　1. 실패를 두려워하지 않는다. 　2. 최고의 전문가를 지향한다. 　3. 고객의 입장에서 생각한다. 　4. 완벽한 서비스를 제공한다. 　5. 결과에 깨끗이 책임진다.		

이와 같이 외적으로 나타나는 특징과 더불어 내적으로도 기업체마다 다른 특징들을 지니고 있다. 어느 기업체는 구성원들이 보수적이고 무사안일하며, 구성원들 간의 상호관계가 공식적이고 권위적이며 대체로 냉정하고 어느 면으로는 관료적인 특성을 보이는 반면에, 또 어느 기업체는 구성원들이 적극적이고 창의적이며 구성원들 간의 상호관계도 유기적이고 신뢰적인 바탕에서 이루어지고 있어 대체로 온정적이고 개방적인 특성을 보이고 있다. 이와 같이 모든 기업체는 외적으로나 내적으로 각기의 독특한 특징을 가지고 있고, 이것이 바로 각기의 기업문화적 특성으로서 구성원들의 행동과 기업체 전체의 행동형성에 많은 영향을 주고, 나아가서는 기업체의 성과에도 큰 영향을 준다.

2. 기업문화의 7S요소

(1) 공유가치(Shared Value)

기업문화의 첫째 구성요소는 기업체의 구성원들 모두가 공동으로 소유하고 있는 가치관과 이념 그리고 전통가치와 기업의 기본목적 등 기업체의 공유가치이다. 공유가치는 다른 기업문화 구성요소에 지배적인 영향을 줌으로써 기업문화 형성에 가장 중요한 위치를 차지하고 있다.

(2) 전략(Strategy)

기업문화의 둘째 구성요소는 기업체의 장기방향과 기본성격을 결정하는 경영전략으로서, 기업체의 장기적인 목적과 계획 그리고 이를 달성하기 위한 장기적인 자원배분 패턴을 포함한다. 기업체의 전략은 이념과 목적 그리고 기본가치를 중심으로 이를 달성하기 위한 기업체 운영에 장기적인 방향을 제공함으로써 다른 기업문화 구성요소들에게 많은 영향을 준다.

(3) 구조(Structure)

구조는 기업체의 전략을 수행하는 데 필요한 틀로서 조직구조와 직무설계 그리고 권한관계와 방침 등 구성원들의 역할과 그들 간의 상호관계를 지배하는 공식요소를 포함한다. 따라서 구조는 관리시스템과 더불어 구성원들의 일상 업무수행과 행동에 많은 영향을 준다.

(4) 관리 시스템(System)

기업문화를 구성하는 또 하나의 중요요소는 기업체경영의 의사결정과 일상운영에 틀이 되는 관리제도와 절차 등 각종 시스템이다. 따라서 시스템은 기업체의 기본가치와 일관성 있고 장기적인 전략 목적달성에 적합한 보상제도와 인센티브, 경영정보와 의사결정 시스템, 경영계획과 목표설정 시스템, 결과측정과 조정, 통제 등 경영 각 분야의 관리제도와 절차를 포함한다.

(5) 구성원(Staff)

기업문화는 기업체 구성원들의 행동을 통하여 실제로 나타난다. 따라서 구성원은 기업문화의 구성요소로서 기업체의 인력구성과 구성원들의 능력, 전문성, 가치관과 신념, 욕구와 동기, 지각과 태도 그리고 그들의 행동패턴 등을 의미한다. 구성원들의 가치관과 행동은 기업체가 의도하는 기본가치에 의하여 많은 영향을 받고 있고, 인력구성과 전문성은 기업체가 추구하는 경영전략에 의하여 지배되는 것이 사실이다.

(6) 기술(Skill)

기술도 기업문화를 형성하고 있는 중요한 요소로서 각종 기계, 장치와 컴퓨터 등 생산 및 정보처리 분야의 물리적 하드웨어는 물론, 이를 사용하는 소프트웨어 기술을 포함한다. 그뿐 아니라 구성원들에 대한 동기부여와 행동강화, 갈등관리와 변화관리, 목표관리와 예산관리 등 기업체 경영에 적용되는 관리기술과 기법도 포함한다.

(7) 리더십스타일(Style)

기업문화의 마지막 구성요소는 구성원들을 이끌어 나가는 전반적인 조직관리 스타일로서 구성원들의 행동조성은 물론, 그들 간의 상호관계와 조직분위기에 직접적인 영향을 주는 중요한 요소이다. 기업체의 개방적, 참여적, 온정적, 유기적 성격 등은 일상경영에 적용되는 관리 및 리더십스타일로부터 많은 영향을 받으면서 형성된다.

3. 기업문화의 구성요소

(1) 가공품과 창조물(Artifacts and Creations)

기업문화를 인식할 수 있는 첫째 수준은 표면적으로 나타나고 눈으로 볼 수 있는 물질적, 상징적 그리고 행동적 인공창조물이다. 기업체의 제품과 기술, 기구와 도구, 방침과 규율, 서류와 문서, 전통과 일화, 의례, 의식 그리고 구성원들의 행동패턴 등이 이에 속한다. 이들 가시적 작품은 기업체에 대한 전체적인 인상과 이미지 그리고 기업체의 외적인 문화특성을 형성하는 데 직접적이고 결정적인 요소로 작용한다.

(2) 가치(Values)

기업문화의 의식체계상의 둘째 구성요소는 인식적 수준에서의 가치이다. 가치는 기업체의 구성원들이 일반적으로 인식하고 있는 행동의 지침으로서 가시적 수준의 인공적 창조물을 지배하는 요소들이다. 또한 기업구성원들이 소중히 여기는 요소로서 개인에 대한 존중, 창의성에 대한 중요성, 개방적 의사소통, 참여와 합의에 대한 중요성 등을 들 수 있다.

(3) 기본전제(Basic Assumptions)

의식수준별로 본 기업문화의 셋째 구성요소는 잠재적 수준에서의 기본전제인데, 이것은 가치와 밀접히 연관된 개념으로서 일반적으로 조직구성원들이 인식하고 있지 않는 선의식적 가치라고도 할 수 있다. 기본전제는 기업체는 이익을 내야 한다든가, 학교는 학생을 교육시켜야 한다든가 또는 의학은 병을 고쳐야 한다는 등의 당연하고 엄연하며 또 분명한 사실들이다. 이와 같이 기본전제는 조직구성원들이 너무나 자연스럽게 받아들이는 가정이기 때문에 구성원들 사이에 아무런 논의를 필요로 하지 않으며, 이것이 바로 기본전제와 가치의 다른 점이다.

선의식적 요소로서 기본전제는 기업체와 환경 간의 상호관계와 현실과 시간, 공간, 인간의 본성, 인간활동의 본질과 인간관계의 본질 등 몇 가지 측면에서 적용된다. 첫째로 기업체와 환경과의 관계는 기업체의 성패를 결정하는 중요한 요소로서, 기업체의 구성원들이 외부 환경과의 관계를 어떻게 보고 외부환경에 대하여 어떻게 전제하는지는 그들의 의욕과 행동에 많은 영향을 준다. 어느 기업체의 구성원들은 근본적으로 환경을 지배할 수 있다고 전제하고 환경에 적극적으로 대응하는 반면에, 또 어느 기업체의 구성원들은 환경에 항상 지배당하고 있다는 전제하에 환경에 수동적인 태도를 취하고 있다. 또 어느 기업체는 환경과의 상호 영향관계를 전제하고 서로 조화를 이루는 데에 치중하고 있다. 이와 같이 환경에 대한 기본전제는 기업구성원들의 진취성과 도전성 그리고 적극성과 모험성 등 그들의 행동형성과 나아가서는 기업문화 형성에 많은 영향을 준다.

구성원들의 행동과 기업문화에 영향을 주는 둘째 기본전제는 조직체 생활에서 당면하는 모든 현실과 사실 그리고 시간과 공간에 대한 구성원들의 관점이다. 다시 말해서, 기업체에서 일어나고 있는 사건과 상태에 대하여 구성원들이 어떻게 보고 어떻게 생각하는지는 그들의 태도와 행동형성에 많은 영향을 준다. 특히 구성원들의 문제해결과 의사결정에 있어서 당면한 상황과 문제에 대한 기본전제는 그들의 의용과 동기 그리고 태도와 행동형성에 결정적인 역할을 한다.

구성원들이 각기의 업무를 수행하는 과정에 있어서 시간개념이 얼마나 철저히 지켜지고 있고 일의 결과 피드백을 얼마나 빨리 그리고 자주 기대하는지도 그들의 태도와 행동형성의 매우 중요한 영향요소이다. 어느 기업체에서는 구성원들의 업무진행이나 의사결정이 지연되는 것이 받아들여지지 않는 반면에, 또 어느 기업체에서는 업무와 결재과정이 지연되는 것이 정상적인 것으로 인식되고 있다. 그리고 공간에 대한 개념에 있어서도 대규모와 소규모 그리고 대량과 소량에 대한 선호경향은 구성원들의 태도와 행동형성에 많은 영향을 준다. 일상 조직체 생활에서 구성원들의 행동은 본질적으로 현실과 사실 그리고 시간이나 공간과 밀접한 관계를 맺고 있으므로, 이에 대한 구성원들의 기본전제는 그들의 행동형성은 물론 나아가서는 기업문화 형성에 있어서 가장 중요한 요소라고 할 수 있다.

구성원들의 행동과 기업문화 형성에 영향을 주는 셋째 기본전제는 인간의 본성에 대한 것이다. 인간의 본성이 무엇인지에 대하여는 여러 가지의 관점이 있고, 여러 학문분야에서도 오랫동안 논의의 대상이 되어 왔다. 경영학에서도 특히 인사, 조직분야에서 연구의 초점이 조직을 구성하고 있는 인간인 만큼, 인간의 본성에 대한 관점과 기본전제는 개인과 집단의 행동이론은 물론 인사관리와 조직론의 중요한 이론적 기초가 되어 왔다. 그리고 리더십과 동기부여, 목표관리와 행동수정 등 여러 경영관리기법의 이론적 기반이 되어 왔다. 이와 같이 인간의 본성에 대한 구성원들의 전제는 그들의 행동과 특히 관리자의 행동에 많은 영향을 주고, 나아가서는 기업문화에도 영향을 주게 된다.

인간의 본성에 대한 기본전제를 잘 정리한 것이 맥그리거의 X이론과 Y이론이다. X이론은 개인을 본질적으로 경제적 인간으로 전제하는 반면에, Y이론은 인간을 자아실현적 인간으로 전제하고 있다. 즉 X론적 인간모형에서는 인간은 근본적으로 일을 싫어하고 게으르며, 이기적이고 기업체 목적에 무관심하며, 책임을 회피하고 통제받기를 원하며, 주로 안정과 경제적 만족을 추구한다고 전제하고 있다. 그 반면에 Y론적 인간모형에서는 인간은 일을 즐길 수 있고 조직체 목적에 적극적으로 참여하여 자아실현을 추구하며, 책임과 자율성 그리고 창의성을 발휘하기를 원하고 자기 자신을 통제할 수 있는 능력을 갖고 있다고 전제하고 있다. 따라서 인간의 본성에 대한 X론적 전제는 통제적이고 독재적인 경영행동을 나타내는 반면에, Y론적 전제는 참여적이고 집단중심적인 경영행동을 나타내게 된다.

기업문화에 영향을 주는 마지막 기본전제는 모든 인간활동과 인간관계에 대한 구성원들의 관점이다. 구성원들은 그들의 직무를 집행하는 과정에서 여러 가지의 활동을 수행하게 되고, 그 과정에서 다른 구성원들과 상호작용을 하게 된다. 여기서 구성원들은 자신의 활동과 다른 구성원들의 활동에 대하여 무엇이 올바른 행동이고 무엇이 그릇된 행동인지에 대한 기본전제를 적용하게 된다. 그리고 인간관계에 있어서도 구성원들은 그들 상호간의 권력관계와 영향관계 그리고 협조적 또는 경쟁관계를 중심으로 역시 올바르고 그릇된 관계에 대한 기본전제를 적용하게 된다.

인간활동과 인간관계에 대한 기본전제는 구성원들의 가치관과 윤리도덕적 개념에 의하여 많이 지배된다. 구성원들의 가치관과 윤리도덕적 기준은 사회의 규범과 그들의 일상생활을 통하여 형성되는 것이 사실이다. 그러나 그 외에도 구성원들의 가치관과 윤리도덕 개념은 기업체 내에서 학습의 산물로서 구성원들 간의 상호작용과 경영층으로부터의 강화작용 그리고 사회화 과정과 교육훈련을 통하여 많은 영향을 받는다. 이러한 가치관과 윤리도덕 개념은 결국 인식적 수준을 초월하여 의식화 또는 체질화되어 인간관계의 무의식적인 행동 기준으로 작용하게 되는 것이다. 기업체에서 업무처리와 외부업체와의 관계에 있어 공사를 분명히 하고, 청렴과 정도를 강조하며, 구성원들을 정당한 이유 없이 절대로 해고하지 않는 방법 등은 인간활동과 인간관계와 관련된 가치기준의 좋은 예이다.

　기업문화는 구성원들의 공유가치로서 그들의 행동에 지배적인 영향을 주고 기업체의 성과는 근본적으로 구성원들의 행동에 의하여 결정되는 만큼, 기업문화는 기업체 성과에 많은 영향을 준다. 기업문화가 기업체 성과에 얼마나 기여하고 있는지에 대한 인과관계를 정확하게 그리고 과학적으로 분석하기는 매우 어렵다. 그것은 기업문화와 기업체 성과 간에 작용하는 변수요인들이 너무 많이 복잡하여 이를 계량화하기가 매우 어렵기 때문이다. 그러나 기업문화는 기업체 성과에 긍정적으로 작용할 수 있다는 것이 일반적인 인식이고, 따라서 여기에는 기업문화의 기능적 가치가 인정되고 있다.

　기업문화는 근본적으로 구성원들의 공유가치인 만큼, 강한 기업문화는 구성원들의 강한 공유가치를 의미하는 동시에 이를 중심으로 나타나는 그들의 공통된 강한 행동을 의미한다.

　강한 기업문화를 가진 기업체는 대부분의 경우 주로 창업자나 경영주의 경영철학을 중심으로 기업의 사명과 목적 그리고 경영조건을 이념화하여 이들 기업의 기본가치로 공식화하고, 이를 구성원들에게 전달하여 그들의 공통된 가치체계로 의식화시키고 있다. 공식화된 기본가치는 신입사원훈련으로부터 시작하여 기업체 내에서의 사회화 과정을 통하여 구성원들에게 체계적으로 주입되고 강화되면서, 이를 그들의 공유가치로 정착, 유지시켜 나가는 데 많은 노력을 기울이고

있다. 그리고 구성원들의 공유가치는 기업의 경영전략과 조직구조 그
리고 관리시스템과 관리자의 리더십스타일에 직접적으로 반영되어,
전체적으로 기본가치와 전략목적 그리고 조직구조와 경영행동이 상
호간에 밀접하고 일관성 있는 관계를 형성하고 있다.

　강한 기업문화를 가진 기업체에서 공식화된 공유가치체계는 구성원
들의 행동지침으로 작용하여, 그들의 업무수행과 그들 간의 상호작용
에 있어서 서로 이해되고 있는 업무처리 방식과 행동양식에 따라서
상황에 따라 적절한 행동이 자연스럽게 취해지고 있다. 구성원들 간
의 이러한 규범화, 체질화된 행동은 그들 간의 공통적인 선의식적 기
본전제가 강하게 작용하고 있다는 것을 의미한다. 기업체의 기본가치
를 공식화하여 이를 체계적으로 구성원들에게 의식화시키고 그들에게
규범화된 행동을 체질화시키어 강한 기업문화를 성공적으로 정착시킨
좋은 예로, IBM 회사(개인존중, 고객서비스, 우수성)와 HP 회사(배
회관리; MBWA) 그리고 마쓰시다 전기산업회사(보국사업, 공명정대,
화친일치, 예절겸양, 역투향상, 순응동화, 감사보국)를 들 수 있다.

(4) 기업문화의 지속성

　강한 기업문화는 일단 형성되면 기업의 창업자나 경영주 등 중심
인물들이 바뀌어도 계속 존속되어 나간다. 즉, 강한 기업문화는 구성
원들 간의 학습과 사회화 과정을 통하여 자연스럽게 강화, 유지되어
나가는 자생력을 가지고 있다. 강한 기업문화가 기업체의 성과와 잘
연결되어 구성원들에게 만족감을 가져오고 동기를 부여하는 경우에
는 기업문화가 잘 지속되어 나가는 것은 물론이겠지만, 기업체의 성
과와 잘 연결되지 않는 경우에도 구성원들에게 안정감과 소속감을

줌으로써 역시 기존 기업문화를 지속시키는 강한 자생력이 발휘될 수 있다. 이와 같이 강한 기업문화는 오랫동안 지속되어 나가는 경향이 있기 때문에, 강한 기업문화를 가진 기업체들은 전체 기업계나 같은 산업계, 특히 경쟁업체들 간에 널리 잘 알려지게 된다.

4. 한국기업의 경영조직

(1) 한국기업의 조직구조

조직구조의 분석은 전반적인 조직구조 패턴에 영향을 주는 부문화, 수직적 계층구조에 영향을 주는 관리한계, 라인-스태프관계와 분화된 기능의 통합작용, 업무수행 과정의 공식화 그리고 권한의 위양 등을 포함한다. 조직구조 형성에 있어서 부문화의 기준이 전문기능이냐 또는 사업(제품, 고객, 지역 등)이냐에 따라서 기능적 또는 사업부 조직이 형성되고, 관리한계가 좁으냐 또는 넓으냐에 따라서 수직적 또는 수평적 조직구조가 형성되며, 라인-스태프관계는 스트패의 인력구성 비중이 클수록 관료적 조직이 형성될 가능성이 높다. 그리고 업무수행과 관련된 규율과 규정이 많을수록 공식화의 경향이 크고, 의사결정이 상위계층에 집중될수록 집권적 조직이 형성된다.

조직구조는 조직의 규모와 제품의 다양성 그리고 기술과 시장환경으로부터 많은 영향을 받는다. 즉 조직규모가 크고 제품이 다양하며 고도의 기술을 활용하고 시장환경이 동태적일수록, 분권화된 수평적인 사업부 조직이 형성되고 비공식적인 통합작용과 상호작용이 많이 활용된다. 그뿐 아니라, 조직구조는 기업주나 경영주의 경영이념과 구성원들의 가치의식 등 사회문화적 특성으로부터도 많은 영향을 받는다.

(2) 공식화, 집권화된 조직구조

기업체는 일반적으로 단위조직에서 기능적 조직을 거쳐서 사업부 조직으로 형성해 나가고, 사업 다각화가 계속되고 규모가 계속 커짐에 따라서 다사업부 조직으로 성장해 나간다. 그러나 우리나라에서는 사업다각화가 진행되는 과정에서 다사업부 조직보다는 그룹기업 조직을 형성하는 것이 일반적인 경향이다. 따라서 서구에서는 수많은 사업부들이 단일 기업체 내에서 다사업부 조직의 형태로 운영되는 반면에, 우리나라에서는 각 사업부가 그룹기업산하의 계열법인체로서 운영된다. 서구의 다사업부 조직에서는 각 사업부가 일반적으로 분권 경영체계하에서 자율적으로 운영되는 데 비하여, 우리나라의 그룹기업에서는 각 계열회사가 회장 비서실이나 그룹총괄부서의 통제하에 운영되며 그 통제의 정도는 그룹기업에 따라 다르다. 과거에는 계열 회사에 대한 그룹차원의 통제가 컸지만, 근래에는 계열회사의 자율적 경영이 점차 강조되고 있다. 우리나라 기업은 그룹기업이나 일반기업을 막론하고 일반적으로 의사결정이 상위계층에 집중되어 있고 직무가 전문화, 세분화, 계층화되어 있으며, 업무수행상의 공식화 및 문서화의 경향이 높게 나타나고 있다. 이러한 경향은 우리나라 기업체의 조직구조가 대체로 집권화되어 있고 업무수행 과정에 관료화되어 있다는 것을 의미한다. 그리고 계층구조도 수평적이기보다는 수직적인 경향이 높게 나타나고 있다. 우리나라 기업의 공식화, 집권화, 수직적 계층화의 조직구조적 특성은 가부장적 가족제도와 서열관계를 중요시하는 우리나라의 전통적 문화가치와도 밀접한 관계가 있다.

(3) 기업성과와 조직구조 특성

공식화, 집권화된 조직구조하에서도 성과가 높은 기업체와 성과가 낮은 기업체 간에는 특히 조직의 운영에 있어서 중요한 차이를 보이고 있다. 의사결정의 집권화는 모든 우리나라 기업체의 공통된 특징이다. 그러나 성과가 높은 기업체의 40%가 사업부제를 실시하고 있는 데 비하여 성과가 낮은 기업체는 20%만이 사업부제를 실시하고 있다. 따라서 성과가 높은 기업체가 성과가 낮은 기업체에 비하여 현 사업부서의 자율적 경영에 보다 많은 노력을 기울이고 있다는 것을 알 수 있다. 그뿐 아니라, 성과가 높은 기업체는 성과가 낮은 기업체에 비하여 타스크 포스팀과 특별위원회 등 임시조직기구를 더 많이 사용함으로써 분화된 기능의 통합작용을 더 효율화시키고 있고, 공식적인 업무수행 이외에도 비공식적인 모임과 접촉을 더 많이 활용함으로써 구성원들 간의 커뮤니케이션과 상호작용을 활성화시키고 있다. 집권화된 조직구조하에서 이와 같은 사업부제와 이시조직기구의 활용 그리고 비공식적인 상호작용은 조직의 관료화 및 경직화의 경향을 저지시키는 데 주요한 역할을 하고, 나아가서는 기업체의 성과에도 기여하는 것으로 보인다.

(4) 불분명한 직무내용

전체적인 조직구조는 대체로 공식화, 집권화되어 있지만, 직무구조에 있어서는 직무의 내용이 구체화되어 있지 않은 것 또한 우리나라 기업의 조직구조적 특징이다. 우리나라 기업은 금융기관과 외국 기업과의 합작투자회사들을 제외하고는 직무분석을 통하여 직무기술서와 직무명세서를 작성해 놓은 경우가 매우 드물다. 따라서 업무배정과 책임위양이 주로 관리자의 경영스타일과 부하구성원의 능력에 따라 이루어지는 경향이 크다. 이러한 경향은 현 사업부서의 상황에 따른 신축적인 운영에는 도움이 될지 모르지만, 구성원들 간에 업무의 중복과 업무량의 불균형 그리고 업무분담의 비일관성을 가져오고 관리자에게 관리권한을 집중시키는 결과를 가져온다. 그리하여 부서의 업무효과가 합리적인 직무체계보다는 관리자의 개인적인 관리능력과 리더십에 의하여 결정되는 결과를 가져오게 된다. 이와 같이 직무내용이 불분명한 것은 일본기업과 유사한 특성이라 할 수 있다. 그러나 일본기업에서는 이것이 큰 문제가 되지 않고 있다. 그것은 일본의 기업구성원들은 강한 집단의식을 바탕으로 그들 모두가 '내 일'과 '남의 일'을 가리지 않고 '모두가 내 일'이라는 개념하에 서로 협조하면서 업무를 수행하기 때문이다. 우리나라 기업도 구성원들 간에 집단의식과 공동체 의식이 강한 기업문화를 개발한다면 합리적인 직무설계 없이도 직무효과를 높일 수 있을 것이다.

제2절 현대사회와 기업윤리

1. 기업의 윤리적 토대

우리 사회에서는 과거의 잘못된 관행, 의식, 제도를 개혁하는 작업이 현재 진행 중이다. 당연히 과거의 기득권 계층이 피해의식을 느끼고, 소외계층이 희열을 느끼는 상황이 연출되고 있다는 느낌을 받게 마련이다. 이것은 사태의 본질을 피상적으로만 관찰할 때 나타나는 현상이다. 그러나 우리는 여기서 우리가 지향해야 될 개혁의 성격을 잘 정립할 필요가 있다. 왜냐하면, 지금과 같은 개혁의 분위기가 일부계층에 대한 징벌의 차원에서 마무리된다고 한다면, 우리는 우리 사회가 한 단계 도약하게 되는 좋은 기회를 상실하게 되고, 다시 과거의 구태의연한 삶으로 환원될 것이기 때문이다. 문제의 핵심은 과거의 관행, 의식, 제도가 왜 잘못되었고, 앞으로 우리 사회는 어떠한 방향으로 나아가야 하는가를 제시하여야 한다.

사회의 악의 근원을 개인의 이기심에만 돌리는 것은 너무나 진부한 처방일 뿐만 아니라, 빈대를 잡기 위해 초가삼간을 태우는 우를 범하게 되는 결과를 초래할 것이다. 자신의 이익을 합리적 방법을 통하여 성취하는 것은 자유민주주의와 시장경제체제에서는 정당한 것이다.

개인의 이익추구를 무조건 죄악시하고, 개인에게 감내할 수 없는 희생이나 영웅적 행위를 기대하는 것은 우리 모두에게 위선적인 인간이 되기를 강요하는 것이다. 민주시민이 준수하는 것이 불가능할 정도로 높은 수준의 도덕을 설정함으로써 발생하는 폐해는 조선시대의 유교사회에서 우리가 배워야 할 교훈이다. 물론 몇몇 개인의 희생이 없이는 새로운 개혁은 성공할 수 없지만, 그것에만 의존하는 사회는 결코 선진사회라고 할 수 없다.

우리 사회는 자유민주주의와 시장경제체제를 지향한다고 해방 이후로 자처해왔지만, 제대로 실행할 만한 경제적·정신적 토대를 가지지 못했다. 더욱이 민주주의적 의사결정을 내릴 수 있는 정치교육을 지방자치제를 통해서 연습하지도 못했고, 입시지옥에 시달리면서 정상적인 도덕교육을 학교에서 받지도 못했다. 즉 현재 경험하고 있는 갖가지 비리와 부패는 자유민주주의와 시장경제체제가 필연적으로 가져오게 되어 있는 악이 아니라, 오히려 그것이 한번도 제대로 실행되지 않았던 데서 발생한 악이라고 보는 것이 타당한 해석이다.

자유민주주의와 시장경제체제는 구성원들에게 많은 자유와 권리를 부여하지만, 동시에 규율의 준수와 그에 따르는 책임을 요구한다. 규칙이 없는 경이는 난장판이고 그저 추할 따름이다. 민주적 의사결정이 단기적으로 볼 때 낭비인 것 같지만, 장기적으로는 가장 합리적이고 안정된 제도이다. 사회가 안정되고 효율적으로 유지되기 위해서 가장 중요한 것은 경쟁과 협동의 적절한 배합을 창출해내는 것이다. 경쟁해야 할 곳에서 담합하고, 협동해야 할 곳에서 불협화음을 내는 것은 우리가 극복해야 할 과제이다. 어느 선진사회를 살펴봐도 이것을 제대로 해내지 않은 사회는 없다.

인맥, 학연, 혈연, 경쟁의 본질과 거리가 먼 요인에 의해서 경쟁이 제한되는 관행과 제도는 타파되어야 한다. 장기적으로 볼 때, 공정한 경쟁이 이러한 요인들에 의해서 제한되는 것은 결국 사회 전체에 부정적 결과를 가져오게 되기 때문에 이러한 체제 속에서는 우리 모두가 패자가 되는 것이다. 공평한 협동은 자신이 부담해야 할 의무가 공정한 규칙에 의해서 결정되고, 자신의 단기이익을 극대화하는 것보다 모두의 장기이익을 도모하는 가운데 이루어진다. 따라서 우리가 궁극적으로 추구해야 할 것은 정당한 노력에 대한 정당한 보상이 개인에게 주어지는 사회구조를 확립하는 길이다. 사회 전체의 복지가 향상되고, 개인의 합리적 의사결정과 권리를 행사할 수 있도록 우리의 관행과 의식은 개편되어야 하고, 그것을 제도로 정착시켜야 한다.

경제성장에서의 성공은 이제 새삼스러운 뉴스거리가 못 된다. 전세계가 우리의 발전에 대하여 찬사를 보내고 있지만, 우리는 소득 1만 달러 시대에 걸맞은 도덕의식을 제고할 필요가 있다. 거리에 자동차가 넘쳐흐르고 있고, 가전제품을 집안 가득히 쌓아놓고 살아가는 사람들이 많다. 그러나 경제성장을 지속적으로 이루고, 인간의 자아실현과 해방을 성취하기 위한 우리의 노력을 멈출 수는 없다. 경제성장의 결과가 범죄와 마약의 만연이라면, 그것은 우리가 원하는 바가 아니다. 고통과 빈곤으로부터의 해방은 보다 높은 삶을 실현하려는 우리 사회의 원대한 목적이 되어야 한다.

첫째, 대인관계에 있어서 뇌물과 선물을 구별할 줄 아는 사회가 되어야 한다. 엄청난 액수의 돈을 주고받은 것이 뇌물이 아니라 선물이었다고 말하고, 그것은 개인의 부도덕이 아니라 관행이라고 말한다면, 우리 사회는 대단히 잘못된 사회이다. 지도층의 도덕성 마비가 전 국민에게 미치는 악영향에 대해서 우리는 지나치게 관대해서는 안 된다. 한 인간의 잘잘못을 따지기 이전에 우리 사회 전체에 미치는 악영향에 대한 고려를 동시에 해야 한다. 아무리 우리의 이성이 마비된다고 하더라도 상식적으로 뇌물과 선물을 구별할 수 있고, 그것을 자라나는 청소년들에게 올바로 가르쳐야 한다.

둘째, 공정한 경쟁을 해야 한다. 반칙을 해가면서라도 이기면 그만이라는 정신자세는 이제 고쳐져야 한다. 엄중한 처벌을 통해서 스스로 합의한 규칙은 반드시 지키도록 만드는 것이 개인에게도 사회에도 도움이 된다는 점을 분명하게 인식해야 한다. 따라서 승자도 패자도 기본권과 생존권이 보장되어야 한다는 점에서, 불평등을 결정짓는 경쟁은 공정하게 치러져야 한다. 공정한 경쟁은 타인을 죽음의 구렁텅이로 몰아가는 것을 허용하는 것이 아니라 승자를 올바르게 결정하는 방식을 지칭한다.

셋째, 자원의 재활용을 적극 추진해야 한다. 자신에게 필요하지 않거나 싫증나는 것은 모두 쓰레기라는 마음가짐은 버려야 한다. 비록 자신에게 필요하지 않더라도 다른 사람에게 효용가치를 가지는 것은 상호 교환하거나 기부하는 정신을 길러야 한다. 경제적 여유가 넉넉해짐에 따라서 여러 가지로 쓰레기를 무차별적으로 버리는 세태가 되었다. 국가차원에서 이러한 것을 재활용하도록 제도적으로 유인할 필요가 있다.

넷째, 경제성장의 열매가 골고루 분배되도록 힘써야 한다. 국민적 합의가 없이 지속적 성장을 계속하는 것은 불가능하다. 모두가 다 같이 잘 살아야 한다는 협동을 전제로 하는 것이 자유민주주의와 시장경제의 기본원칙이다. 국민적 합의가 도출되어야 정치적 안정을 이룰 수 있고, 정치적 안정은 지속적 경제성장의 열매가 상당한 정도로 사회 각 계층에 골고루 분배될 때 이룰 수 있는 것이다.

이러한 한국의 도덕적 현실을 놓고 볼 때, 우리 사회의 각계각층이 윤리적 삶을 기본적 자세로서 삼아야 된다는 것은 분명해진다. 자유민주주의와 시장경제체제에서 가장 핵심적인 역할을 수행하는 기업이 담당해야 할 도덕적 책임은 기업의 힘이 증대된 것과 비례할 수밖에 없다. 기업이 생존을 위해서 수단방법을 가리지 않고 자신의 목적을 추구해 나갈 수 있다고 믿는 것은 대단히 잘못된 생각이다. 근본적으로 절차적 정의를 준수하지 않는 기업활동을 방치하는 것은 시장경제체제의 자기모순을 심화시키는 결과를 낳을 뿐이다. 오늘날같이 한국사회가 경제적으로 문화적으로 급변하고 있는 시점에서, 기업윤리의 필요성은 새삼 강조할 필요가 없다. 만약에 반사회적 행위를 일삼는 기업이 있다면, 우리 사회가 그러한 기업을 지속적으로 존속시켜야 할 이유가 없어지게 될 것은 분명한 사실이다. 따라서 우리는 기업이 윤리적으로 운영되는 것을 연구하기 위한 기업윤리의 필요성이 요청된다.

2. 기업이윤의 공익적 정당성

기업은 이익창출을 위한 조직이므로 조직의 목표를 달성하기 위하여 수단방법을 가리지 않는 마피아와 달리, 기업은 사회 전체의 공익을 동시에 생각해야 하는 기본적 도덕의무를 지니고 있다. 기업은 물적·인적자원을 효율적으로 활용하여서 사회 전체의 공익을 도모하는 것은 물론, 절차적 정의를 준수하여 공정한 경쟁을 벌여야 한다. 기업에 대한 고전적 정의에 따르면, 기업의 목적은 이윤을 극대화하는 것이다. 문제는 기업이 이윤의 극대화를 추구하는 데에는 '타인에게 피해를 주지 않는 범위 내에서'라는 제약조건을 지켜야 한다는 점이다. 마피아 조직은 자신의 조직목표를 달성하기 위하여, 타인의 존재와 복지에 대한 기본적 고려를 하지 않는다. 따라서 마피아 조직은 암세포 조직과 같은 것이어서 마피아 조직이 번성할수록 그 사회 전체는 병들어 가는 것이다. 즉 지역적 극대화(local maximization)가 전체적 극대화(global maximization)와 상충하는 것은 마피아 조직이 비도덕적 조직임을 드러내 주는 좋은 이유이다. 따라서 마피아 조직은 우리 사회에서 영원히 박멸해야 할 충분한 이유를 가지고 있다.

마피아 조직은 여러 가지 측면에서 도덕적 기업이 행해서는 안 되는 일을 하고 있다.

첫째, 마피아가 취급하는 상품은 인간에게 도움이 되지 않는 마약 등과 같이 그 자체로 해로운 것들인 경우가 많다. 우리가 마약이 인간에게 해롭다고 판단해서 시장에서 판매를 금지시키는 것은 마약이 인간의 합리성을 마비시키고 중독현상을 가져오기 때문이다. 시장경제에서는 어떠한 물건도 제약 없이 판매될 수 있어야 된다고 생각하는 것은 대단히 잘못된 것이다. 근본적으로 시장경제는 인간의 합리성에 대한 신념에서부터 출발한다. 자신의 복지에 대하여 가장 많은 정보를 가지고 스스로를 위한 판단을 내릴 수 있는 존재는 소비자 자신이라고 생각하기 때문에, 온정적 간섭주의에 대하여 일단 부정적 견해를 가지는 것이 시장경제 옹호론자의 기본입장이다. 그러나 물건 자체의 고유속성이 인간의 합리성을 마비시키는 것이라면, 그것은 시장에서 상품으로 등장되어서는 안 된다. 문제는 마약과 같이 명백한 경우가 아니라 술, 담배 등과 같이 주의해서 사용하면 괜찮은 경우를 어떻게 대처할 것인가이다. 이것은 특정한 경우에 대한 분석을 통하여 그러한 품목이 도덕적으로 정당하게 시장에서 판매될 수 있는지를 결정해야 할 문제이다. 상품으로서 판매가 가능한지 아닌지의 여부는 도덕적 판단에 의해서 종합적으로 이루어져야지 단순히 경제적으로 이윤이 남는 것이라면 무엇이든지 판매할 수 있다는 생각을 우리 기업들은 버려야 한다.

둘째, 마피아는 자신들의 상품과 서비스를 판매함에 있어서 자발적 의사를 전혀 존중하지 않는 방식을 사용한다. 설령 마피아들이 취급하고 있는 품목이 인간의 합리성을 파괴하거나 마비시키는 것이 아닌 정상적으로 통용이 가능한 것인 경우에조차도, 그들은 경쟁자들이 시장에 참여하는 것을 부당한 방법으로 제재하거나, 소비자들을 협박하는 방식으로 자신들의 물건을 강매하기도 한다. 절차적 정의는 개인의 자발적 의사가 부당한 방식으로 침해당하지 않을 때 확립될 수 있다. 따라서 공정한 경쟁의 원칙을 저해하는 일체의 행위는 도덕적 기업으로서는 해서는 안 될 일이다. 문제는 현실에서의 기업활동이 개인의 자율적 합리성을 마비시키는지를 평가하는 것이 애매모호한 경우가 많다는 것이다. 소비자의 눈을 현혹하는 광고 중에는 진실을 과장한 것이라든지, 왜곡한 것들이 많다. 과장광고와 허위광고에 대한 기준이 분명하게 서 있어야 한다. 개인에게 집요하게 전파되어 오는 광고는 무제한으로 허용해야 하는 것인지에 대한 윤리적 판단은 대단히 중요한 것이다. 뿐만 아니라 경쟁자들과 담합하여서 입찰을 제한하는 건설 회사들의 행위도 마피아의 활동과 다를 바가 없다.

우리 기업들이 마피아 집단으로 전락하는 것을 방지하기 위하여 우선 경제적 정의의 기준에 대한 우리의 인식이 분명하게 있어야 한다. 이러한 작업을 위하여 우리가 반드시 극복해야 할 대상으로 몇 가지 반도덕적 인간이해가 있다.

첫째, 우리는 심리적 이기주의로 대표되는 인간의 이기심의 필연성을 주장하는 인간이해를 극복할 필요가 있다. 인간의 행위는 대부분의 경우에 이기심에 기초하여 이루어지고 있다는 사실을 부정할 수는 없다. 사실 자신의 일을 자신이 스스로 추진해 나가지 않는다면, 우리 사회는 대단히 비효율적이고, 결국 모두에게 도움이 되지 않는 일이 발생할 것이다. 그러나 문제는 인간은 필연적으로 이기주의를 벗어날 수 없는가 하는 것이다. 프로이드, 홉스 등에 따르면 인간은 필연적으로 이기주의적 성향을 가질 수밖에 없는 존재이다. 이들의 인간이해에 따르면, 개인이 하는 모든 행위의 목적은 궁극적으로 개인의 이익을 증진시키기 위한 것으로 환원된다는 것이다. 이러한 인간관은 인간의 행위에 대한 합리적 설명으로는 대단한 위력을 발휘한다. 그러나 인간의 행위규범을 제시하는 데는 부족한 것이 많다. 자신의 이익만을, 그것도 좁은 의미의 개인 이익만을 극대화하려는 존재들은 모두 n-person prisoner's dilemma에 빠지게 되어서, 상호간에 무임승차하려는 욕구를 자제할 수 없게 되고, 그 결과 모두가 손해를 입게 된다는 사실을 지적하는 데에는 유용하다. 그러나 인간이 반드시 물질적인 것만 추구하는가 또는 추구해야 하는가에 대한 질문에는 현상적 관찰 이상의 것에 기초한 답변을 할 수가 없다. 타인을 돕는 것과 같이 자신이 아닌 다른 사람들의 행복에 대한 추구를 하는 경우도 있고, 또 돈이나 권력만이 아니라 정신적 행복을 추구하는 경우도 있다. 이러한 것에 대한 충분한 답변이 심리학적 이기주의에서 제대로 되지 않는다는 사실을 우리는 반드시 인식해야 한다.

둘째, 문화적 상대주의는 인간사회에 보편적으로 적용되는 도덕원칙은 존재하지 않고 각 사회마다 나름대로의 관습에 기초한 윤리만이 있을 뿐이라고 주장한다. 한 나라의 윤리적 기준을 다른 나라에 무차별적으로 적용하려는 문화적 제국주의의 병폐를 지적한다는 점에서 그 입장의 긍정적 역할을 부정할 수 없는 일이다. 그러나 문화적 상대주의의 입장을 문자 그대로 수용할 때 발생하는 또 다른 형태의 부작용을 우리는 알아야 한다. 각 사회 나름대로의 특수한 관습을 전적으로 인정한다면, 다양한 문화에 대한 가치판단 자체가 마비되는 결과를 가져오게 될 것이다. 따라서 우리는 도덕의 진보를 인정할 수 없게 된다. 다국적 기업이 활약하는 현대의 사회에서 주재국의 문화에 대한 존중은 보편적 원칙에 위배되지 않는 범위 내에서 이루어지는 것이 도덕적으로 정당한 것이다. 그러나 인간을 인간답게 대우하지 않는 악습에 젖어 있는 문화를 그대로 용인하는 것은 도덕적으로 용납할 수 없는 일이다. 문제는 보편도덕에 반하는 악습을 제거하는 방식에 있어서 대단히 신중하게 처신할 필요가 있음을 기업인과 정치인들은 인식하여야 한다.

셋째, 우리는 우리 사회에 팽배해 있는 도덕적 허무주의 또는 회의주의에 종종 직면하게 된다. 예를 들면, 기업활동은 윤리적 기준으로 재단할 수 없다는 것과 같은 냉소적 생각들이 그것이다. 어떤 사람들은 도덕불감증 또는 마비증세를 보이기도 한다. 기업은 생존을 위하여 일반적인 관점에서 비윤리적인 것으로 간주되는 행동을 하여도 정당하다는 주장을 펴는 사람들이 있다. 이것은 현실에서 벌어지고 있는 현상과 도덕적 규범을 상호 혼돈하는 모순을 저지르는 것이다. 현실에서 모든 사람들이 도덕규범을 준수하지 않기 때문에 준수하는 사람들이 손해를 보는 경우가 있을 수 있다. 그러나 그것이 규범이 없어도 된다는 것을 증명해 주는 것은 아니다. 자신이 몸담고 있는 업계의 모든 기업들이 비도덕적으로 행위하고 있다는 사실을 지적하는 기업인도 자신만큼은 성실과 신용을 바탕으로 기업을 일으켰다는 사실을 강변한다는 것은 대단히 역설적인 현상이다. 도덕적으로 비춰지는 것이 기업의 이미지를 제고하는 데에 도움이 된다면, 그것이 의미하는 바는 사람들은 당연히 기업이 도덕적으로 행동해야 한다고 생각한다는 것이다.

우리는 심리학적 이기주의, 문화적 상대주의, 도덕적 회의주의를 궁극적으로 극복하고 문화의 특수성을 인정하는 보편적 도덕원칙에 기초한 기업윤리를 확립해야 할 의무를 지닌다.

3. 기업과 윤리학의 접목

첫째, 분석윤리학은 윤리학에 대한 분석을 한다. 예를 들어, 윤리적 판단을 내리는 데 주요하게 사용되는 가치개념들을 분석한다. 좋음,

옳음, 평등, 자유, 권리 등의 개념이 의미하는 바가 무엇인지를 분석하고 그 차이를 드러내 주는 일은 분석윤리학이 하는 일이다. 도덕개념에 대한 올바른 이해가 선행하지 않으면, 우리의 도덕담론과 판단은 헛바퀴를 돌게 되어 있다. 예를 들어, 자유주의자의 자유개념은 정부나 사회로부터 간섭받지 않고 자신의 프로젝트를 수행해 나갈 수 있는 소극적 자유를 의미하는 반면에, 사회주의자들의 자유개념은 개인이 원하는 프로젝트를 수행할 수 있도록 정신적·물질적 토대를 사회가 제공해 주어야 한다는 적극적 자유를 의미한다. 이러한 개념적 차이에 대한 선행적 이해가 없을 때 우리는 혼란에 빠지고 만다.

둘째, 규범윤리학은 도덕적 판단의 기초가 되는 원칙을 연구한다. 대표적인 규범윤리학설로는 공리주의, 의무론, 덕이론, 권리이론 등이 있다. 공리주의와 의무론의 공통점은 하나의 대원칙을 수용하고 그것에 따라서 개별행위나 공공정책의 도덕성을 평가한다는 점이다. 덕이론은 개인의 품성에 초점을 맞추어서 인격의 도야가 도덕의 중심과제라고 생각하고, 하나의 도덕 대원칙을 전제하지 않는다. 권리이론은 개인이 가지고 있는 권리의 한계가 어디까지이며, 사회가 그것을 어디까지 존중해 주어야 하는가를 중점적으로 다룬다.

셋째, 응용윤리학은 규범윤리학에서의 이론을 특수한 사회의 분야에서 발생하는 도덕문제를 해결하는 데 적용하는 것이다. 규범윤리학에서 정당화된 도덕원칙을 사회문제에 적용하는 분야에 따라서, 응용윤리학은 생명의료윤리, 기업윤리, 환경윤리, 군사윤리, 직업윤리, 교육윤리, 법률윤리, 공학윤리 등으로 나뉘게 된다. 각각의 사회분야에서 인간의 존엄성 확립과 행복추구를 위한 최선의 윤리적 대안을 모색하는 것이 이들 응용윤리학의 공통된 목표이다.

따라서 우리가 기업윤리를 통해서 성취하고자 하는 것은 규범윤리학에 의해서 정당화된 도덕원칙에 비추어서 기업활동의 도덕적 정당성을 평가하려는 것이다. 그러면 그러한 도덕원칙이 인간과 기업의 활동을 평가하고 구속하는 다른 것들과 어떻게 다른가를 살펴볼 필요가 있다. 도덕을 다음과 같이 다른 규범들과 구별해 보는 것은 대단히 중요하다.

첫째, 사회의 관습은 도덕적 관점에서 볼 때 우연적 요소에 의해서 형성되고 유지되는 경우가 많다. 악수하는 관습은 무기를 소지하지 않고 있다는 것을 보여주기 위해서 생겼다. 웃어른 앞에서 담배를 피워서는 안 된다는 관습은 건강에 대한 관습과는 무관하게 형성되었다. 서양에서는 공공적인 장소에서 가벼운 키스를 하는 것이 관습으로 되어 있다. 우리나라에서는 시체를 매장하는 것이 관습이지만, 그것이 가져온 불합리한 폐해는 극심하다. 식탁에서의 매너도 나라마다 각각 다르다. 신입생 오리엔테이션에서 선배가 후배를 겁준다든지 구타하는 것도 하나의 관습이지만, 그 합리성 여부는 대단히 의문시된다. 따라서 관습의 준수는 개인이 사회생활을 부드럽게 영위해 나가는 데 도움을 주지만, 그것이 합리적이고 도덕적인 것에 반드시 기초해 있는 것은 아니다.

둘째, 법은 사회의 질서를 유지하는 데 필요한 최소한의 규칙을 강제적으로 규정한 것이다. 관습이 주위의 압력(peer pressure)에 의해서 유지된다면, 법은 국가의 공권력에 의해서 집행된다. 법의 존재가치는 개인의 변덕스럽고 자의적인 명령에 의해서 국가와 사회가 불확실하게 운영되는 것보다, 모든 사람에게 공개된 상태로 개인이 예측 가능한 삶을 살게 해주는 역할을 한다. 법이 무너지는 곳에서 사회가 존재할 수는 없다. 법은 사회질서 유지의 필요조건이다. 그러나 충분조건은 아니다. 법을 절대 어기지 않는 사람이 도덕적으로 뛰어난 사람은 아니다. 베니스의 상인과 같이 법조문에 얽매이는 사람이 얼마나 도덕적으로 비난의 대상이 되는가 하는 것은 두말할 나위가 없다. 법 중에는 악법도 얼마든지 있고, 그러한 악법은 개정의 대상이 되어야 한다. 민주적 의사결정 과정은 완벽한 것이 아니라 때로는 소수의 사악한 독재자나 다수의 무지한 대중에 의해서 농락될 수 있는 가능성을 얼마든지 안고 있다. 이러한 사실은 실정법 중에서 도덕원칙을 위반하거나 개인의 존엄성을 해치는 조항이 자주 발견된다는 점에서 실증되는 것이다. 실정법을 충족시키는 것은 윤리적 행위를 실천하는 충분조건이 될 수 없다. 물론 이것이 법 경시풍조를 야기해야 할 이유는 없다. 왜냐하면 더 높은 수준의 도덕적 삶을 성취하기 위하여 법에 대한 개정을 요구하는 것이 법 그 자체를 경시하는 것과는 전혀 다르기 때문이다.

셋째, 전략적 사고는 자신의 이익을 성취하기 위한 최상의 수단을 추구하는 방식을 고안해 내는 것을 주목적으로 한다. 전략적 행위는 자기이익 극대화의 원칙을 주어진 것으로 간주하고, 자신이 처한 여건 속에서 이 원칙을 충족시키는 수단만을 끝없이 찾아내고 고안해 낸다. 전략적 상황에서는 모든 인적·물적 자원이 자기이익 극대화의 원칙에 가장 효율적으로 운용되도록 요구된다. 따라서 전략적 상황에 참가하는 모든 주체자는 일정한 규칙과 법칙을 준수하지 않으면, 타인뿐만 아니라 자기 자신까지도 스스로의 존엄성을 훼손하고 수단적 존재자로 전락하고 말게 된다. 자신의 삶이 귀중한 만큼 타인의 삶도 소중하다는 사실을 인정하지 않은 채, 타인을 자신의 이익을 극대화시키는 데 필요로 하는 수단으로만 취급하는 전략적 사고는 도덕적 사고와 근본적으로 그 성격을 달리한다. 전략적 사고는 타인을 인격을 갖춘 존재로 인식하지도 않고, 타인의 존엄성을 인정하지도 않는다. 전략적 상황에서는 모두가 정글의 법칙에 따라서 움직이는 것에 대한 최소한의 반성을 할 수 있는 여유를 가지지 못한다.

넷째, 도덕(혹은 윤리)은 인간의 이성과 양심에 기초하여 인간으로서 마땅히 해야 할 일은 규정하는 것이다. 인간이 스스로를 규제하고 공동체의 이익을 추구할 수 있는 능력을 갖춘 존재라는 전제하에서 우리에게 타인의 입장과 복지를 고려하고 사고하고 행동할 것을 요구하는 것이 바로 도덕체계이다. 도덕이 우리에게 제시하는 원칙이 아무리 추상적이고 애매모호하다고 할지라도 이러한 기준이 없이 우리는 진정한 도덕판단을 내리는 데 실패할 수밖에 없다. 실정법체계는 그 보수성과 일반성으로 인하여 인간으로서 갖추어야 할 모든 요건을 일일이 다 열거할 수가 없다. 뿐만 아니라 도덕과 관습을 법으로 집행하려는 시도는 그 자체로 엄청난 부작용을 가지고 있다. 법을 집행하는 데에 소요되는 비용도 엄청나게 많이 들어갈 뿐만 아니라, 법이 일일이 집행할 수 없는 부분이 있기 때문에 도덕은 반드시 필요하다. 인간은 자발적으로 승복해서 일을 진행하기를 원하지 타인의 폭력에 굴복해서 행동하기를 원하지 않는다. 합리성에 기초한 도덕은 우리에게 인간이 나아가야 할 방향을 제시해 준다는 점에서 반드시 필요한 것이다.

끝으로 도덕적 사고와 과학적 사고를 구별해 보는 것은 의미 있는 일이다. 과학은 존재하는 현상에 대한 관찰과 실험을 통하여 그것을 설명해 주는 법칙을 탐구하는 것이다. 생물학은 생물적 현상, 물리학은 물리적 현상, 화학은 화학적 현상을 각각 탐구대상으로 한다. 반면에, 윤리학은 인간의 행위의 도덕성과 가치를 분석하고 연구한다. 과학이 현상을 설명하고 예측하는 것이라면 윤리는 인간의 행위와 가치를 규정하는 것이다. 인간의 행위를 설명하려고 하는 심리학과 사회학은 윤리학과 다르다.

인간행위의 도덕성에 대한 판단이 객관적일 수 없다고 생각하는 사람은 윤리학이 학문으로서 성립할 수 없고, 도덕적 판단은 각자가 주관적으로 내릴 수밖에 없다고 생각한다. 이러한 생각은 도덕적 상대주의로, 또 도덕적 허무주의로 나아가게 된다. 그러나 도덕적 허무주의를 주장하는 사람이라고 할지라도 자신의 가족이 이유 없이 고문당해서 죽었다면, 그런 일은 있어서 안 된다고 도덕적 분노를 느끼게 마련이다. 도덕적 사고에 일치를 볼 수가 없다는 생각이 윤리학과 과학을 구분하는 기준이 될 수 없다. 엄밀히 말하면, 과학의 이론들 간에도 완전한 의견일치가 있는 것은 아니다.

과학과 도덕의 연결은 무엇인가? 과학자는 사회적 책임의식 없이 순수한 연구를 계속할 수 있어야 하는가? 과학자는 자신이 예상하지 못한 사회적 결과에 대해서 책임을 져야 하는가? 예기치 못한 긍정적인 혜택에 대해서는 그 공을 주장하면서, 부정적인 손실에 대해서는 면책을 주장한다면, 그것은 올바른 과학자로서의 태도인가? 과학자에게 사회적 결과에 대해서 도덕적 책임을 묻는 것이 과학자의 자유로운 연구활동을 위축시키는 바람직하지 못한 결과를 낳게 되는가? 이러한 질문에 대하여 긍정적이든 부정적이든 우리는 대답을 해야 할 의무가 있다. 따라서 결국 행위를 하는 인간으로서의 과학자도 도덕적 판단의 대상이 될 수밖에 없다. 인간의 행위가 개입되는 모든 영역에서 도덕적 가치판단이 요청되는 이유는 인간이 자유의지를 가지고 있다는 사실에 기인한다. 따라서 과학적 경영기법을 도입하여 활용하고 있는 기업조직과 기업인들의 활동은 당연히 도덕적 판단의 대상이 되는 것이다.

4. 기업윤리와 공리주의

'최대 다수의 최대 행복', 즉 행복의 극대화로 함축되는 공리의 원칙을 주장하는 공리주의는 인간활동의 다양한 영역에 규범적 원칙을 제공하는 일반도덕 이론(a general moral theory)이다. 일반도덕 이론은 개인의 윤리문제뿐만 아니라 사회윤리의 규범원칙도 제공한다. 즉, 특수한 상황에 따라서 도덕원칙 자체가 변경되는 것이 아니라, 미시적인 개인행동 또는 거시적인 사회구조에 보편적으로 적용되는 것이 일반도덕 이론이다.

공리주의는 도덕의 주체를 자신의 행복 또는 복지를 증진시키려고 하는 개별적 존재로 본다. 이 도덕 주체가 행하는 행위의 도덕성 여부는 사회 전체의 복지를 증가시키는 정도에 달려 있다. 따라서 모든 사회구성원은 개인적으로 자선의 의무(duty of beneficience)를 지니고, 사회적으로는 공리의 원칙을 존중해야 한다.

'최대 다수의 최대 행복'을 추구하는 공리의 원칙은 다음과 같이 네 가지 특징을 지닌다.

첫째, 각 개인은 자선의 의무를 지닌다. 한 개인이 타인에게 도움을 주어야 하는 의무는 도움을 받는 자에게 돌아가는 혜택이 도움을 주는 자가 입게 되는 손실보다 클 때 발생한다. 왜냐하면 이 경우에 도움을 주는 것이 전체 복지의 향상에 기여하기 때문이다. 예를 들어 당신이 우연히 길을 가다가 강물에 빠져 있는 어린이를 발견하였다고 가정해 보자. 그 어린이를 구하는 데 필요한 모든 장비가 이미 마련되어 있고, 당신은 단지 그 장비를 사용하기만 하면 된다고 가정하자. 당신이 입게 되는 손실은 친구와의 점심 약속이 조금 지연되는 것임에 반하여, 그 어린이의 생명은 그보다 더 귀중한 것이다. 공리주의에 의하면 이 경우에 당신은 그 어린이를 구조할 자선의 의무가 있다. 그러나 만약에 그 어린이를 구조하기 위하여 당신의 생명에 지장이 있는 경우라면, 당신은 그 어린이를 구조할 자선의 의무가 없다고 할 것이다. 이와 마찬가지로, 공리주의는 사회 전체의 복지가 극대화되는 분배가 가장 정의롭고, 가진 자로부터 가지지 못한 자에게로 소득을 재분배하는 것은 공리의 원칙을 만족시켜야 한다고 주장한다.

둘째, 공리주의에 따르면, 한 도덕 주체의 행위나 정책의 도덕성은 그 실행결과 발생하는 선악의 순수효과에 달려 있다는 결과주의적 (conse-quentialist) 입장을 취한다. 가능한 대안들 중에서 최선의 결과를 산출하는 행위가 도덕적으로 옳다는 주장이다. 최선의 결과가 창출되는 과정이나, 최선을 도모하고자 하는 의지나 동기는 이차적인 중요성만을 가진다. 최선의 결과를 창출하지 못하는 행위과정이나 동기는 독립적인 가치를 부여받지 못한다. 즉, 과정 또는 절차 그 자체가 본질적 가치를 가지는 것은 아니다.

셋째, 공리주의에 따르면, 분배의 궁극적 대상은 자원(resource)이나 재화 그 자체가 아니라 그것을 소비함으로써 창출되는 개인의 효용 또는 복지이다. 즉, 공리주의는 재화나 자원은 수단적 가치만을 가지고, 복지와 효용이 본질적 가치를 지닌 것으로 보는 복지주의 (welfarism)의 입장을 취한다. 복지의 개념은 심리적 혹은 사회적, 주관적 혹은 객관적, 단순적 혹은 복합적 등의 기준에 따라서 다양하게 구분되지만, 물질과 구분되는 정신적인 쾌락 또는 행복을 의미한다. 대개의 경우, 자원의 소비가 증가함에 따라 효용 및 복지는 정비례해서 증가하게 마련이고, 따라서 자원의 분배냐 복지의 분배냐는 대부분 크게 문제가 되지 않는다. 그러나 이와 같이 '많은 것이 적은 것보다 좋다'라는 단조성(monotonicity)을 가정한다고 하더라도, 분배의 대상이 복지인지 자원인지는 문제가 된다. 즉, 장애인에 대한 적절한 분배를 결정하고 있어서, 정상인들과 동일한 자원을 분배하게 되면, 복지의 측면에서는 불평등이 일어나게 된다. 왜냐하면, 대개의 경우 장애인들은 동일한 자원을 소비함으로써 얻게 되는 효용이 정상인들보다 적게 마련이기 때문이다. 즉, 한 개인 내에서는 단조성을 가정하게 되면 자원과 복지의 구분이 큰 의미가 없을 수도 있지만, 개인 간의 분배를 비교할 때는 자원의 분배냐 복지의 분배냐가 큰 차이를 나타낼 수 있다. 하물며 단조성의 가정이 틀렸을 경우에는 더욱 중요한 차이를 나타낸다.

넷째, 공리주의는 최선의 결과를 계산하는 방식으로 각 개인의 복지의 총합(total sumranking)을 계산한다. 공리주의는 개인 상호간 비교 가능한 복지 또는 효용함수(interpersonally comparable cardinal utility function)에 대한 계산이 가능하다는 전제를 하고 있다. 만약 그것이 불가능하다면, 공리주의적 관점에서 본 사회복지함수의 계산은 불가능해진다. 즉, '최대 다수의 최대 행복'을 추구하는 것은 불가능하다고 한다. 바로 애로우의 「불가능성의 일반이론」(The General Impossibility Theorem)이 그것을 증명하는 대표적인 사례다. 그러나 일반적 도덕 이론으로서의 공리주의는 반드시 '과학적' 검증이 가능한 차원에서만 적용되는 것은 아니다.

여기에서 우리는 잠깐 이 공리의 계산에 관한 문제를 살펴볼 필요가 있다. 왜냐하면, 만약에 이러한 효용의 계산이 불가능하다면, 공리주의가 아무리 바람직한 도덕 이론이라고 할지라도, 이론적으로 성립될 수 없기 때문이다. 개인 간의 비교 가능한 효용함수를 도출해 내기 위하여서는 두 가지 조건이 충족될 필요가 있다. ① 단일한 측정

기준이 필요하다. 모든 개인에게 공통적으로 적용되면서도 중요한 보편적인 기준이 필요하다. 그 기준이 반드시 경험적일 필요는 없고, 오히려 가치적일 가능성이 높다. ② 많은 양의 정보가 필요하다. 한 개인의 심리상태 내부만을 들여다보는 것이 아니라, 타인과 비교해서 측정하는 것이므로, 쌍방의 처지에 대한 상세하고 정확한 이해가 요구된다. 이 두 가지 조건을 충족시키는 것은, 특히 사회 전체 구성원의 복지함수에 대한 계산을 필요로 하는 분배정의 실현의 입장에서 볼 때 대단히 어렵다고 하겠다.

결과주의적 요소를 지닌 어떠한 분배정의론도 개인 간의 비교 가능한 복지함수의 계산을 필요로 한다는 사실을 인식하는 것은 대단히 중요하다. 롤즈(John Rawls)의 차등원칙을 적용하기 위해서는 최소수혜자의 파악이 필수적이고, 그 과정에서 개인 간의 복지 또는 자원의 비교가 필수적으로 요청된다. 평등주의자도 사회적 평등의 정도를 측정하기 위해서는 개인들이 소유하고 있는 복지나 자원이 서로 비교될 수 있다는 것을 전제로 한다. 물론 이 양자가 필요로 하는 것은 서수적 정보(ordinal information)이고 그것이 꼭 기수적 정보일 필요는 없고, 후자가 전자보다 측정하기 힘들다고 하는 것은 도덕적 차원에서 중요하지가 않다. 왜냐하면 엄밀하게 말해서, 기수적 계산이 전적으로 불가능하면 서수적 계산이 불가능하기 때문이다. 개인 간 비교 가능한 복지함수 계산의 기술적 문제는 난이도의 차이는 있으나 결과주의적 요소를 지닌 분배정의론의 공통적 과제이다.

분배정의는 한 사회에 있어서 구성원들의 공동노력으로 창출된 경제적 부와 소득, 정치적 자유와 권리를 각 개인들에게 공평하게 배분하는 것을 의미한다. 공리주의적 관점에서 볼 때, 공정한 분배는 사회 전체의 복지가 극대화되는 방향으로 이루어져야 한다는 것이다.

평등한 분배 그 자체에 본질적 가치(intrinsic value)를 부여하는 것이 아니라, 단지 수단적 가치를 부여할 뿐이다. 그러나 이것이 '공리주의가 반평등주의적이다'라는 비판으로 곧바로 연결되어서는 안 된다. 초기 공리주의자들－예를 들어 벤담, 밀, 시즈위크(Henry Sidgwick) 등－이 각각 약간의 차이를 보이지만, 평등한 분배를 열렬히 지지한 철학자들이라는 사실이 시사하는 바는 크다고 하겠다. 즉, 평등한 분배가 사회 전체의 복지를 극대화하는 데 기여하는 한에 있어서, 평등한 분배를 반대할 공리주의적 이유는 없지만, 그것은 모든 경우에 있어서 절대적으로 이루어져야 한다는 자세를 견지하는 것은 아니라는 것이다. 평등분배에 본질적 가치를 부여하지 않는다는 입장은 그것에 어떠한 가치도 부여하지 않는다는 입장과 전혀 다른 것이다.

제3절 디지털시대와 경영전략

1. 디지털시대의 기업환경

18세기 산업혁명은 농업사회 구조를 산업사회 구조로 바꾸어 놓았다. 농업생활을 영위하던 공간에 공장이 들어서면서 산업지대를 형성하게 되었고, 섬유를 비롯한 철강산업 등이 새로운 부(富)를 창출하는 산업으로 떠올랐다. 그뿐만 아니라 공장지역으로 인구가 이동함에 따라 도시가 형성되고 시민사회가 형성되는 계기도 되었다.

19세기에서 20세기로 전환하는 시점에서는 석유를 에너지원으로

하는 내연기관의 발명과 더불어 자동차와 비행기 같은 새로운 교통
수단이 등장하였고, 전기통신 분야에서는 정보와 소리를 전기신호로
바꿀 수 있게 되면서 전화와 라디오 등 통신산업이 새로운 산업으로
등장하였다.

아날로그 사회와 디지털 사회

구분	아날로그 사회	디지털 사회
사회구조	• 라인워크(linework) • 아마추어의 독자적 생존가능 • 신뢰 또는 능력이 요구	• 네트워크(network) • 프로를 중심으로 생존 • 신뢰와 능력이 동시에 요구
행동양식	• 물리적 접촉 • 생산자 중심의 경제생활 • 대의(代議)의 민주주의	• 사이버 공간의 접촉 • 소비자 중심의 경제생활 • 전자·직접 민주주의
문화기반	• 이성적 사고 • 엘리트문화 • 문화와 산업이 분리	• 감성적 선택 • 참여주의 문화 • 문화산업이 중요

이와 같이 인류의 역사는 그칠 줄 모르는 혁신(innovation)을 계속
해 왔고, 그 결과 20세기 후반에는 반도체·유전공학·소프트웨어 등
을 기반으로 하는 디지털 경제체제라는 새로운 패러다임을 형성하게
되었다.

디지털(digital)이라는 용어는 아날로그(analog)와 대비되는 기술
용어로 사용되기 시작했지만, 지금은 디지털 기술로 인한 사회 전체
의 변화까지 포괄하는 광의의 개념으로 사용되고 있다.

변화의 주기(cycle)가 빨라지고, 정보통신 기술의 발전으로 전세계
가 하나의 네트워크로 연결되고, 눈에 보이지 않는 무형자산의 중요
성이 강조되는 것은 디지털 경제체제의 중요한 특징이라고 할 수 있

다. 패러다임이 바뀌면 기업도 새로운 환경에 적응해야 하며, 만일 적응하지 못한다면 도태될 수밖에 없다.

2. 디지털 경영문화의 특징

(1) 수렴현상

수렴현상(convergence)이란 산업 간·기업 간 또는 기업과 고객 간의 경계가 사라지고 이들이 하나로 통합되는 현상을 말한다. 예를 들면, 고객들은 어떤 웹사이트에서 다른 웹사이트로 넘어가는 데 아무런 저항을 느끼지 않는다. 따라서 자신이 원하는 것을 즉시 얻으려고 하며, 다른 사람의 손을 거쳐서 얻는 것은 저항감을 느낀다.

수렴현상이 기업 내부에서 발생하면 전통적인 조직 구분이 파괴되는 현상이 나타날 것이며, 기업 외부에서 생길 경우에는 산업 간의 가치 사슬(chain value)이 파괴되는 현상으로 나타날 것이다.

(2) 수확체증의 법칙

일반적으로는 생산수량이 늘어나면 생산비용도 증가하는 수확체감의 법칙이 작용한다. 그러나 디지털 경제에서는 수확체증의 법칙이 작용한다. 수확체증의 법칙이란 생산수량이 증가함에 따라 한계 수익이 감소하지 않고 오히려 증가하는 현상을 말한다.

첨단 기술산업과 지식분야에서는 초기 개발비용과 관계없이 제품이 많이 팔릴수록 단위당 생산원가는 오히려 줄어든다. 왜냐하면, 생산량이 늘어나더라도 추가비용이 비례적으로 증가하지 않기 때문이다. 예를 들어 게임 프로그램을 판매하는 경우에 추가 생산비용은 거의 들지 않는다. 따라서 기업의 규모나 사업 범위 및 고객의 수가 증가하면 수익은 점차 커지게 된다.

그러나 수확체증의 현상은 한번 시장에서 성공한 제품이나 기업은 계속해서 성공하는 반면 한번 실패한 제품은 계속해서 실패하는 특징도 있다. 수확체증의 법칙은 '소비자 네트워크 효과'로도 설명할 수 있다. 소비자 네트워크 효과란 회원수가 많으면 그들이 제공하는 정보가 더 많을 것이라 예측하고 회원가입이 더욱 늘어나는 현상이다. 회원제로 운영되는 인터넷 업체의 회원 증가에 가속도가 붙는 것도 이와 같은 특성 때문이다.

(3) 정교한 정보의 확보

디지털 경영 환경에서는 고객이 누구인지를 파악하고, 그 고객이 어떤 반응을 보일 것인지를 예측할 수 있다. 정보처리 기술의 발달로 고객에 대한 더 많은 정보와 더욱더 정교한 정보를 확보할 수 있게 되었다. 따라서 고객 개개인에 대하여 일정 수준 이상의 정보를 보유하게 되면, 고객 개개인별로 마케팅 활동을 펼칠 수 있다.

(4) 즉시성

즉시성이란 시간적으로 지체 없이 즉시 반응하는 것이다. 이것은 두 가지 측면에서 중요성을 가진다. 첫째는 고객의 반응에 대해 즉시 반응하는 것이고, 둘째는 비즈니스 사이클 자체를 매우 빠른 속도로 움직이는 것이다.

고객 반응에 대한 즉시성은 해당 웹사이트의 반응 속도는 물론이고, 서비스의 제공이나 제품의 납품 등 모든 고객대응 활동의 속도를 말한다. 사실, 기업의 경쟁우위 요소로서의 스피드 또는 시간의 중요성은 두말할 필요가 없을 것이다. 기다리느니 다른 웹사이트로 이동하겠다는 경향이 강한 온라인 고객의 특성을 고려한다면, 스피드의 중요성은 더욱더 강조될 것이다.

비즈니스 사이클(business cycle)의 즉시성은 디지털 기업환경의 속도와 관계가 있다. 디지털 기업환경은 그 변화의 속도가 전통적인 산업에 비해 매우 빠르다. 기업의 변신 노력이 자신이 속한 환경변화의 속도 이상으로 전개되지 못한다면, 그 기업은 도태할 수밖에 없다.

(5) 구매자 우위의 시장

구매자 우위의 시장이란 거래 관계에서 협상의 주도권을 구매자가 가지는 시장이다. 과거에 공급이 부족했던 시대에는 당연히 공급자 우위의 시장이었다. 그러나 전세계적으로 연결된 네트워크는 거래의 주도권을 공급자에서 구매자에게로 급속히 이전시켰다.

인터넷으로 연결된 시대에는 구매자들이 비교적 저렴한 비용 또는 거의 비용을 들이지 않고도 전세계의 공급자들과 가격을 검색할 수 있고, 각 공급자들의 장단점에 대한 정보도 풍부하게 얻을 수 있다. 또한 구매자들은 과거처럼 전시된 상품을 가져가는 일방적인 구매가 아니라 쌍방향의 커뮤니케이션을 통해 자신이 원하는 것을 정확하게 표현하고 이를 공급하도록 만드는 능력도 가지게 되었다. 나아가 구매자들로부터 외면당한 공급자는 다시는 그 시장에 참여할 수 없게 되었다.

(6) 진입장벽의 완화

디지털 환경에서는 전통적인 시장과 같은 구분이 불분명해지고, 그 대신 여러 가지 시장이 혼합된 듯한 새로운 시장이 매일매일 만들어 지고 있다. 새롭게 형성된 시장에서는 누구든지 같은 출발선에 놓여 있다.

새로운 시장이 비즈니스 모델(business model)이라는 이름으로 한 개별기업에 의해서 새롭게 만들어질 수도 있다. 따라서 디지털 기업 환경에서는 기존의 명성이나 기존의 투자는 별로 의미가 없다. 누구 든지 언제 어디서나 전세계 시장을 대상으로 사업을 전개할 수 있게 되었다.

(7) 중개의 역할

지금까지 구매자와 공급자 간의 관계는 각종 중개상(middleman) 을 매개로 하나의 선으로 연결되어 있었다. 그러나 구매자와 공급자 간에 직접 연결이 가능하게 된 디지털 환경에서는 과거와 같은 중개 상이 더이상 필요 없게 되었다. 구매자는 직접 공급자를 찾을 수 있 고, 공급자도 직접 구매자와 접촉할 수 있다.

그러나 디지털 기업환경이라고 해도 중개상의 역할이 완전히 없어 진 것은 아니다. 오히려 전세계에 흩어져 있는 구매자에 대한 각종 정보를 모으고 중개하는 역할은 더욱 중요해지고 있다. 이런 역할을 수행하는 정보중개상의 역할은 더욱더 커질 것이다.

(8) 커뮤니티 형성

　과거와 달리 고객들은 서로가 가진 정보를 공유하기가 매우 쉬운
환경에 놓여 있다. 정보공유 활동은 단순히 전자우편(e-mail)을 통해
이루어질 수도 있고, 게시판이나 토론 그룹을 통해 이루어질 수도 있
다. 또는 개인 홈페이지를 통해 매우 조직적으로 전개될 수도 있다.
고객 간의 정보 공유를 통한 커뮤니티(community) 형성이 기업 성
과에 매우 큰 영향을 미칠 수 있다.

　기업활동의 입장에서 볼 때, 오프라인(off-line)에서 이루어지는 고
객서비스 활동을 아무리 잘해도 온라인(on-line)에서 이루어지는 고
객들의 평가가 나쁘다면 매우 치명적인 결과가 올 수 있다. 과거에는
기업과 고객이 직접 대응하는 것만으로도 충분했지만, 이제는 고객
간의 사회적 관계와 고객 간의 상호작용에도 기업이 개입할 필요가
있게 되었다.

3. 디지털 시대의 경영기법

(1) 전략적 사고의 함양

　1980년대까지만 하더라도 기업의 이해관계자들은 소수였고, 소비자
중심보다는 기업이 중심이었기 때문에 전략적 사고는 그다지 중요하
지 않았다. 그러나 1990년대 이후 기업의 이해관계자들이 다양하게
등장하였고, 이해관계자들 간의 힘의 역학관계도 일방적 지배나 종속
적 관계가 아닌 대등한 관계로 변화되었기 때문에 올바른 전략의 수

립여부가 기업의 성쇠에 중요한 영향을 미치고 있다. 전략적 사고를
함양하기 위해서는 다음과 같은 요소를 종합적으로 고려하는 것이
중요하다.

① 기업을 둘러싸고 있는 이해관계자들의 범위와 역할을 정확하게
　　파악해야 한다.

② 경영자가 가지고 있는 능력을 정확하게 인식해야 한다.

③ 기업활동과 관련된 거래관행·계약·법률 등의 규칙을 잘 파악
　　해야 한다.

④ 부분과 전체의 종합적 조화가 필요하다.

⑤ 전략적 사고의 하위개념인 전술도 중요한 고려사항이다.

(2) 윈-윈 전략의 중시

윈-윈(win-win) 전략은 기업을 둘러싸고 있는 이해관계자들은 물
론 경쟁자들과도 상생(相生)하는 것을 의미한다. 새로운 시대의 기업
가 정신에 필요한 전략적 사고는 경쟁자까지도 우호적 관계를 유지
하는 것이다. 윈-윈 전략은 다양한 이해관계자들을 조정하면서 부가
가치를 창조하는 고급전략이라고 할 수 있다. 나아가서는 이러한 고
급전략을 구체적으로 실행에 옮길 수 있는 교섭능력도 매우 중요한
요소가 된다.

(3) 인간중심 전략

기술과 조직의 혁신은 그 기술과 조직을 담당하고 있는 구성원들
의 혁신여부에 좌우된다. 예를 들어 신제품 개발도 기술자가 그 개발

에 어느 정도로 몰입하는가에 따라 결과가 크게 달라질 수 있다. 소비자들에게 친절하게 대하는 태도도 종업원들을 어떻게 교육하는가에 달려 있다. 기업의 구성원들인 인간에 최우선을 두는 전략이 아니면 기술과 조직의 혁신은 목적을 달성하기가 어렵다.

그러나 인간중심의 전략은 그 구체적 실현수단에 대하여 모든 구성원들이 동의할 수 있어야 한다. 경영실적이 부진하다고 하여 곧바로 해고를 단행하는 형태로 기업의 부담을 종업원들에게 전가시키는 기업이 있다면, 그러한 기업을 위하여 기술과 조직의 혁신을 수향하는 구성원들은 없을 것이다.

그러므로 인간중심의 전략은 구성원들 간의 신뢰를 중요시하는 전략이기도 하다. 구성원들 간의 신뢰는 경영자와 종업원들 간의 신뢰, 종업원과 종업원들 간의 신뢰, 기업과 소비자 간의 신뢰 등의 다양한 형태가 있다.

(4) 정보화 전략

정보화 사회에 접어들면서 통신기술을 이용한 정보축척의 효율성만을 강조하는 경향이 있지만, 무수한 정보를 효과적으로 처리하여 기업경영에 실현될 수 있도록 하는 것이 더욱더 중요하다. 대부분의 기업에서는 실제로 필요한 정보는 갖고 있지 않고, 불필요한 정보를 가지고 있는 경우가 많다.

필요한 정보를 확보하여 정보시스템을 구축하는 능력을 갖추어야 한다. 이를 위해서 기업은 기업 외부와의 정보교류와 내부 창조과정을 통하여 정보능력을 향상시키고, 경영자는 기업의 정보흐름과 학습을 촉진하는 역할에 중점을 두어야 한다.

마지막으로는 입수된 정보를 신속히 판단하여 그것을 실행에 옮길 수 있는 능력도 갖추어야 한다. 정보의 홍수시대에는 양질의 정보를 확보하는 것도 중요하지만 신속한 실천여부가 기업의 생존에 커다란 영향을 미치기 때문이다.

(5) 디지털 기업가의 모델

① 독립 욕구

성공한 사업가는 성공에 대한 집념이 강하며, 성공한 사업가의 대부분은 오너(owner)가 되고 싶은 욕구가 강하다. 사업가는 남의 지시에 따라 움직이는 것을 싫어하는 사람들로서 스스로 자신의 일을 갖고 싶어 하는 사람이 많다.

② 시장 감각

사업에 성공하기 위해서는 시장에서 어떤 일이 어떻게 돌아가고 있는지를 잘 파악하고, 그 시장의 동향에 따라 사업방향을 잡아 나가야 한다. 사업상 좋은 기회를 포착해 내는 뛰어난 사업감각이야말로 사업가에게 가장 필요한 성공요소일 것이다.

③ 책임 의식

성공하는 사람들은 자신이 전적으로 책임지지 않는 한 성공하지 못한다는 것을 잘 알고 있다. 이들은 자신의 언행과 주변의 모든 것을 책임진다는 생각이 강하기 때문에 정부의 후원 같은 것은 별로 기대하지 않는 성향이 있다.

④ 적극성

자신의 사업을 할 때에는 스스로 먼저 움직이지 않으면 아무 일도 되지 않는다. 기발한 아이디어가 있다고 하더라도 자신이 먼저 적극적으로 움직이지 않으면, 아무 소용도 없는 것이다.

⑤ 설득력

성공적인 사업가들은 대개 설득력 또는 협상력이 강한 사람들이다. 그럴 수밖에 없는 것이 자기 사업을 위해서 다른 사람들을 설득하여 성사시켜야 할 일들이 많기 때문이다. 요구사항을 관철시킬 때 설득력은 그들의 주된 무기인 것이다. 특히 판매기술을 갖추지 않으면 사업에 성공하기가 어렵다.

사업에 성공하려면 협상가가 되어야만 한다. 협상을 잘못하면 기업의 성공은 물론 생존마저 위태로워진다. 자신이 필요로 하는 협상을 맺기 위해서는 상대방을 만족시키면서 설득할 수 있어야 한다.

⑥ 문제해결 능력

사업을 하다보면 많은 문제들이 발생한다. 자신이 경험해 보지 못한 생소한 문제를 해결하는 것은 힘든 일이지만, 이를 회피하거나 이를 힘들게 생각한다면 사업에서 성공하기는 힘들다. 문제에 직면했을 때 이를 침착하게 처리할 능력이 없는 사람은 성공적인 사업을 운영하기가 힘들다.

⑦ 활동 에너지

활동성은 사람마다 다르다. 건강하고 적극적인 성격을 가진 사람은 다른 사람에 비해 더 활동적이다. 성공한 사업가들은 대부분 활동에너지 수준이 높다. 한시라도 가만히 있지 못하고 항상 무언가를 하고 있어야 하는 사람이 많으며, 하나의 사업만으로는 만족하지 못해 여러 사업을 동시에 벌이거나 한 사업에 싫증이 나면 그걸 처분하고 새로운 일을 찾는다.

⑧ 자부심

성공한 사람들은 스스로를 좋아하고, 자신의 성공에 대하여 긍지와

자기만족을 느낀다. 그러나 이러한 자부심이 지나쳐 교만해지거나 독
선적이 되는 경우도 있다.

⑨ 자기관리

사업을 하다보면 자신이 원하지 않는 일도 해야 하는 경우도 있다.
자기로서는 사무실에 앉아 일을 하는 편이 좋고, 일의 해결에도 빠른
방법을 알면서도 어쩔 수 없이 선택해야 하는 경우도 있다. 따라서
사업에 필요하다면 어떠한 성질의 일이든 처리해 낼 수 있는 능력을
갖추어야 한다.

⑩ 낮은 지원 의존도

사업을 처음 시작할 때는 주위의 도움을 받기가 매우 어렵다. 자신
의 능력에는 한계가 있음에도 불구하고, 모든 일은 혼자 처리해야 하
는 경우가 많이 발생한다. 대기업에서 오래 근무하던 사람이 사업을
벌일 때 흔히 볼 수 있는 약점 중의 하나는 새로운 환경에서 혼자
모든 책임을 지고 해나가는 방법을 잘 모른다는 것이다. 주위의 도움
없이 혼자 힘으로 문제를 해결하는 능력이 사업가가 갖추어야 될 중
요한 요소 중의 하나이다.

⑪ 끈기와 각오

성공적인 사업가들은 끈기와 각오 그리고 강한 정신력으로 성공을
향해 자신을 내몰아간다. 이들은 포기하는 것이 가장 현명할 것 같은
경우에도 쉽게 포기하지 않는다. 각오는 사람을 성공으로 이끄는 중
요한 이유 중의 하나이다. 비즈니스의 성공요인은 성공한다는 정신력
과 할 수 있다는 정신이 중요하다.

⑫ 판단력

사업의 세계에서 확실성이나 체계를 찾아보기가 힘들다. 시시각각
변화하는 불확실한 환경 속에서 일은 벌어지고, 벌어지는 문제들을

정확한 판단력으로 계속 해결해 나가야 한다. 혼란스러운 환경에서 견디기 힘든 사람은 사업을 처음부터 시작하지 않는 것이 낫다. 진정한 사업가는 혼란스러운 상황을 즐기며, 아주 좋아해야 한다는 것을 명심해야 한다.

⑬ 돈의 가치에 대한 인식

실제 가치보다 비싸게 사서 싸게 판다면 사업으로 성공할 수 없다. 그러나 돈의 가치와 물품의 가치를 제대로 알고 구매를 잘한다면 성공의 기초는 반쯤 마련되었다고 볼 수 있다. 성공적인 사업가들은 돈을 벌기가 얼마나 힘들다는 것을 알기 때문에 돈을 소중하게 여긴다. 특히 창업초기에는 자금의 지출에 신중을 기울여야 한다.

⑭ 자신감

독립적으로 자신의 사업을 시작한다는 것은 대단한 자신감을 필요로 한다. 그러므로 크게 성공한 사람들 대부분이 거만해 보일 정도로 가득차 있는 것은 당연한 일이다. 자신감이 지나치면 낭패를 볼 수도 있지만, 사업상 문제의 대부분은 실패가 겁이 나서 일을 제대로 하지를 못하는 자신감의 부족에서 생겨난다.

⑮ 피드백의 활용

피드백(feedback)을 효과적으로 활용함으는 데 자신의 잘못을 신속하게 파악하고 잘못된 부분을 재빨리 수정한다. 이에 따라 유능한 기업가들은 대부분 남의 이야기를 잘 청취하고, 학습능력이 뛰어난 편이다.

(6) 실패한 사업가의 특성

① 사업지식의 결여

사업에 실패하는 큰 이유는 사업지식의 결여에서 비롯된다. 어떤 종류의 사업이든지 그 분야에 대해 알아야 할 지식은 엄청나게 많다. 자신의 사업에 필요한 지식 체계를 세우는 법을 모른다면 실패할 위험이 높다.

② 관리체계의 결여

사업실패 원인에 관한 연구결과를 살펴보면, 파산의 가장 큰 이유가 관리체계의 결여라는 것이 명확하게 나타나 있다. 실패한 사업가들은 경비·재고·현금과 인력의 관리방법을 잘 몰랐던 것이다. 흔히 회계시스템이 전혀 없거나 있어도 형편없는 경우가 많다.

많은 사업가들이 제약받는 것을 아주 싫어하고 무엇이든 자기가 좋은 대로만 하고 싶어 하는 경향이 높다. 그러나 비즈니스 세계에서는 자기의 뜻대로만 되지는 않는다. 스스로 자산과 소유물을 잘 관리하지 않으면 안 된다. 훌륭한 비즈니스는 잘 관리된 경제활동이다.

③ 조급함

새로운 사업을 이끌어 나가다 보면 상당히 긴 시간을 필요로 하기도 한다. 그중에는 급하게 처리될 수 없는 성격의 일들도 있다. 조급하게 일을 처리하다 보면 나중에 가서 후회하게 된다.

④ 낮은 대인안목

사업에 성공하기 위해서는 적재적소에 인재를 고용해야 한다. 그러나 사업가들이 사람 보는 눈이 부족해 실패를 경험한다. 사람의 외모보다는 업적에 초점을 맞추고 말보다는 행동을 중시해야 한다. 그러나 무엇보다도 성실성을 찾아야 한다. 아무리 기술이 뛰어나도 성실성이 부족하다면, 그 사람에게서 얻을 수 있는 것은 별로 없기 때문이다.

⑤ 피해망상

어떤 사람들은 남을 지나치게 믿지 못하므로 다른 사람들과 제대로 인간관계를 맺지 못한다. 이들은 상대를 적대시하고 항상 경계자

세를 취하기 때문에 상대방에게서 자신이 필요로 하는 협조를 얻어
내기가 아주 어렵다.

⑥ 불성실 또는 부정직

신용이 성공에 미치는 중요성은 아무리 강조해도 지나치지 않다.
다른 사람들이 믿어주기만 한다면 많은 좋은 일들이 발생할 수 있는
것이다. 반대로 다른 사람의 불신을 산다면 큰 어려움에 봉착하고 말
것이다. 단 한 번의 불성실한 행동으로 인해 파멸의 길로 빠진 사업
가들의 이야기는 수없이 많다.

⑦ 탐욕

종업원들의 도움 없이는 성공할 수 없다. 어떤 사람들은 탐욕에 사
로잡혀 종업원들과 사업성과를 나누려고 하지 않는다. 이러한 일이
반복되면 제대로 보상을 받지 못한 종업원들은 고용주를 떠나거나,
심할 경우 고용주의 재산을 사취하게 될 것이다.

이윤에 집착한 나머지 손님들에게 정당한 상품이나 서비스를 제공
하지 않는 경우가 있다. 약간의 이윤을 더 남기려 상품의 질을 낮추
거나, 서비스 수준을 떨어뜨리기도 한다. 어떤 경우이든 고객이 지불
하는 돈에 충분한 대가를 주지 못하면 그 사업은 지지부진하게 된다.

⑧ 자만심

항상 남보다 우월하고 어떤 경쟁자라도 제거할 수 있다는 자만을
의미한다. 이 경우 경쟁자와 소모적 경쟁을 벌임으는 데 사업에 해
를 끼칠 수 있다.

⑨ 무리한 완벽을 추구

완벽한 일 처리를 지나치게 강조하는 성향을 의미한다. 이런 경우
에는 소요되는 비용, 시장의 여건, 타이밍 등을 무시한 결정을 내리
기 쉽다.

⑩ 능력의 과신

자신에게 실패란 일어나지 않는다는 망상에 사로잡힌 경우를 말한다. 이러한 경우에는 방만하고 경솔한 투자로 실패할 가능성이 높다.

참 고 문 헌

- 강대기 외 역, 『인간생태학』, 일지사, 1995.
- 강동길, 『분단시대의 역사인식』(창비신서 21) 창작과 비평사, 1982.
- 강동진, 『일제의 한국 침략정책사』한길사, 1985.
- 강선미, 『성별 불평등 구조에 대한 사회학적 연구』이화여자대학교 대학원, 1981.
- 강영수, 『한국사회의 매매춘에 관한 연구』이화여자대학교 대학원, 1988.
- 고영복, 『한국사회의 구조와 의식』사회문화연구소, 1989.
- 공동번역, 『성경』, 대한성서공회, 1985.
- 교육부, 『교육발전 5개년계획 시안』, 1999. 9.
- 구승회, 「환경윤리의 학문적 성격과 성립가능성, 그리고 그 필요성에 대한 논증과 비판」, 한국사회윤리학회 발표논문, 1996.
- 구승회, 『에코 필로소피』, 새길출판사, 1995.
- 구윤서 외 역, 『새로운 과학과 문명의 전환』, (주)범양출판사, 1985.
- 권성아, 「홍익인간 이념의 교육적 해석」, 『정신문화연구』통권 74호, 1999.
- 김경동, 『한국사회변동론』나남출판사, 1993.
- 김경동, 『현대사회와 인간의 미래』, 평민사, 1985.
- 김경희, 『부모교육』, 양서원, 1994.
- 김광협 역, 『미국의 공해정책론』, 백록, 1993.
- 김구, 『백범일지』, 백범사상기념사업회, 1979.
- 김대환, 『한국인의 자기발견』, 김영사, 1994.
- 김동규, 「근본적인 생태론과 한국환경교육의 반성」, 『광장』통권 205호, 1996.
- 김동규, 『세계의 환경교육』, 교육과학사, 1996.
- 김동일, 『노인의 설땅은 어디인가』, 한국사회학회(가정의 해 기념 심포지엄), 1994.
- 김명숙, 『윤락여성에 대한 제도적 고찰』이화여자대학교 교육대학원, 1981.
- 김미경, 『매춘을 통해 본, 성(性) 통제구조』이화여자대학교 대학원, 1987.

- 김병옥, 『칸트교육사상연구』, 집문당, 1985.
- 김상일, 『한사상』, 온누리, 1986.
- 김상현, 『환경·환경운동·환경정치』, 학민사, 1994.
- 김석원 역, 『논어』, 혜원출판사, 1990.
- 김영규, 『빈손으로 돌아와도 좋다』 제3기획, 1993.
- 김영규, 『아리랑, 역사여, 겨레여, 소리여』 조선일보사 출판부, 1989.
- 김영규, 『한국인, 우리들은 누구인가』 자유문학사, 1990.
- 김영웅, 『아름다운 환경을 돌려주세요』, 1995.
- 김인회, 「21세기 한국교육과 홍익인간 교육이념」, 『정신문화연구』 통권 74호, 1999.
- 김주희, 『품앗이와 情의 인간관계』, 집문당, 1992.
- 김중, 『무문의 상생원리』, 상생원리 연구회, 1993.
- 김중, 『무문의 상생원리』, 상생운동본부, 1993.
- 김지하, 『생명과 자치(내일을 준비하는 오늘)』, 나남, 1996.
- 김지하, 『타는 목마름에서 생명의 바다로』, 동광출판사, 1991.
- 김진현·한인, 『삶의 조건과 미래』, 나남, 1996.
- 김태곤, 『한국무속연구』 집문당, 1981.
- 김태길, 『윤리학』, 박영사, 1980.
- 김허남, 『바람직한 한국 -홍익인간 이념 실천방안』, 삼보사, 1997.
- 김희진, 『성차별에 대한 이론적 연구』 고려대학교 석사학위논문, 1986.
- 『남녀차별 개선지침』 한국여성개발원, 1985.
- 남상준, 『환경교육론』, 대학사, 1995.
- 다니엘 한손, 「인간생명은 언제부터 시작되었는가」, 『현대사상』 7월호, 1978.
- 『더불어 살아가는 성숙된 시민』 사단법인 신사회 공동선 운동연합, 1996.
- 「동서양의 생명관」 계간 과학사상 1996년 통권 제17호, (주)범양사.
- 『매춘문제와 여성운동』 한국 교회여성연합회(교육자료 제3집), 1987.
- 맹용길, 『생명의료윤리』, 장로회신학대학출판부, 1992.
- 「무생명으로부터의 생명의 발생」(동경대학 교양강좌시리즈), 주간조선 83년

1월 30일~3월 27일.

- 문교부, 『문교개관』, 1958.

- 민속학회론, 『설화』 교문사, 1985.

- 박봉규, 『인간환경』, 동성사, 1996.

- 박봉배, 『기독교윤리학』, 대학기독교출판사, 1987.

- 박부권 등, 『교육이념과 홍익인간』, 한국교육개발원, 1989.

- 박영신, 『현대사회와 남녀평등』 현상과 인식, 1986.

- 박이문, 『문명의 위기와 문화의 전환』, 민음사, 1996.

- 박재현 외, 『생명에 관한 9가지 에세이』 교수신문사, 2002.

- 박종천, 『상생의 신학』 한국신학연구소, 1991.

- 박종천, 『상생의 신학』, 한국신학연구소, 1993.

- 박주홍, 『한국민속학개론』 형설출판사, 1983.

- 박태상, 『한국문학과 죽음』 문학과 지성사, 1993.

- 배영기 외, 『생명윤리에 관한 생태문화적 연구』한국 국민윤리학회(국민윤리 연구 제37호), 1997.

- 배영기 외, 『원형사관에서 본 한국인의 원시 반본사상』 숭의논총(제20집), 1996.

- 배영기 외, 『윤리학과 윤리교육』 경문사, 1998.

- 배영기 외, 『죽음학의 이해』 교문사, 1990.

- 배영기 외, 『한사상의 이론과 실제』 지식산업사, 1995.

- 배영기, 『죽음의 세계』 교문사, 1992.

- 배영기, 『한국직업윤리론』 양서원, 1993.

- 백낙준, 『한국교육과 민족정신』 문교사, 1953.

- ♠백상장, 『한과 한국병』, 한국사회병리연구소, 1993.

- ♠백상창, 『한과 한국병, 한국사회』 병리연구소, 1993.

- 백우현 외, 『환경과 인간』, 탐구당, 1996.

- 범선균 역, 『맹자』, 혜원출판사, 1987.

- 변선환, 『바르트 신학연구』, 대한기독교서회, 1970.

- 불교환경연구원, 『동양사상과 환경문제』, 모색, 1996.

- 『사상과 윤리』 형설출판사, 1994.
- 『삼국유사』
- 생명문화연구소(서강대 부설), 「물리적 환경과 생명」 1993.
- 생명문화연구소(서강대 부설), 「사회적 환경과 생명」 1993.
- 생명문화연구소(서강대 부설), 「생명」 1992.
- 생명문화연구소(서강대 부설), 「생명과 가정」 1994.
- 생명문화연구소(서강대 부설), 「생명과 교육」 1993.
- 생명문화연구소(서강대 부설), 「생명과 죽음」 1992.
- 생명문화연구소(서강대 부설), 「생명에 대한 사회의식 조사」 1992.
- 「생명이란 무엇인가」 계간 과학사상 1993년 통권 제7호, (주)범양사.
- 서병숙, 『노인연구』, 교문사, 1994.
- 서울특별시, 『윤락여성의 실태조사분석 결과보고서』 1975.
- 『성경』 대한성서공회, 2000.
- 손민수, 『한국인의 도와 미풍양속』, 문음사, 1987.
- 손봉호 외 역, 『몸·영혼·정신─철학적 인간학 입문─』, 서광사, 1988.
- 손인수, 『한국인의 가치관』, 문음사, 1987.
- 손인수, 『한국인의 도(道)와 미풍양속』 문음사, 1980.
- 슈뢰딩거(황상익 외 역), 『생명이란 무엇인가』, 한울, 1992.
- 신태정, 『기독교의 효친론』, 민족사랑운동협의회, 1994.
- 안명옥, 「인간의 생명에 관한 고찰」 사목 82·83호, 1982.
- 엘고어(이창주 역), 『위기의 지구: 문명과 환경의 밸런스를 찾아야 한다』, 솔출판사, 1994.
- 『여성과 취업』 노동부, 1985.
- 여성사회문제연구회 편, 『여성사회학』 도서출판 한울, 1985.
- 『우리말 철학 사전』 우리사상 연구소, 2002.
- 원종훈, 「생명윤리에 관한 연구─인공유산의 도덕성을 중심으로─」 서울대학원 석사논문, 1989.
- 유병덕, 『한국사상과 원불교』, 교문사, 1989.

- 유병열, 「학교에서의 홍익인간 이념교육 실천방안」, 이 책 수록논문.
- 유병일, 『지구환경과 산림 그리고 인간』, 지구촌, 1996.
- 유송자, 『윤락여성의 요인분석과 선도 프로그램에 관한 연구』 이화여자대학교 대학원, 1974.
- 『윤락여성에 관한 보고서』 서울시 부녀보호지도소, 1966.
- 윤성범, 『현대와 효도』, 을유문화사, 1975.
- 윤성범, 『효란 무엇인가』, 삼일서적, 1994.
- 윤양헌, 『준거집단을 통해서 본 여성의식 발전의 장애』 여성문제연구회, 1989.
- 이경숙 외, 남녀고용 평등법의 개정, 한국여성단체연합회, 1989.
- 이계학, 「교육문화 속의 비합리적 요소」, 『국문화의 비합리성과 부패의 구조(형성과 창조 제5집)』, 정신문화연구원, 1997.
- 이계학, 「인격교육의 이론정립을 위한 교육」, 단국대학교대학원 박사학위논문, 1991.
- 이계학, 『경로효친교육과 도덕교육』, 서울특별시교육위원회, 1985.
- 이규호, 『사람됨의 뜻』, 제일출판사, 1976.
- 이기영 외, 『전통문화와 가치관』, 문우사, 1982.
- 이문자, 『한국여성의 애정윤리 연구』 고려대학교 교육대학원 석사학위논문, 1970.
- 이민수 역, 『內訓』, 일신서적출판사, 1992.
- 이상복, 『한국고어가(古語歌)의 연구』 형설출판사, 1985.
- 이서녕, 『윤락실태에 관한 연구』 경희대학교 교육대학원, 1975.
- 이어령, 『문장백과대사전』 금성출판사, 1990.
- 이어령, 『신한국인』 문학사상사 1989.
- 이어령, 『전후시대의 새물결』 신구문화사, 1971.
- 이영규, 『한국인의 일생』 형설출판사, 1985.
- 이원호, 『경로효친의 교육』, 서울특별시교육위원회, 1985.
- 이을호, 『다산 역학사상연구』, 을유문화사, 1989.
- 이을호, 『사람과 자연은 하나다』, 지식산업사, 1993.

- 이창기, 『환경정치와 환경정책』, 삼우사, 1996.
- 이충범, 「과학신학의 생명사상과 생명윤리」 감리교신학대학원 석사학위논문, 1990.
- 이현희, 『한국문화의 역사』 형설출판사, 1990.
- 이희승, 『국어대사전』, 민중서림, 1988.
- 임균택, 『한사상과 윤리』, 형설출판사, 1992.
- 임승원 역, 『생명과 장소』, 전파과학사, 1994.
- 임영창 외, 『증산사상연구』(제13집), 증산사상 연구회, 1987.
- 임영창 외, 『증산사상연구』(제14집), 증산사상 연구회, 1988.
- 임영창 외, 『증산사상연구』(제16집), 증산사상 연구회, 1990.
- 임영창 외, 『증산사상연구』(제18집), 증산사상 연구회, 1992.
- 임영창 외, 『증산사상연구』(제20집), 증산사상 연구회, 1994.
- 임영창 외, 『증산사상연구』(제5집), 증산사상 연구회, 1985.
- 임운길, 「동학혁명의 본질과 사회개혁」, 동학혁명 100주년 기념 국제학술세미나, 1993.
- 장회익, 『삶과 온생명』 솔, 1998.
- 전병재, 『위기에 선 가정』, 다산출판사, 1993.
- 전창조, 『환경의 위기와 대책』, 세종출판사, 1996.
- 정병선, 『명언과 효도』, 한국윤리위원회, 1991.
- 정영훈, 「홍익인산 이념의 유래와 현대적 의의」, 『정신문화연구』 통권 74호, 1999.
- 정화열, 「생태철학과 보살핌의 윤리」 녹색평론(통권 29호), 1996년 7~8월.
- 『제왕운기』
- 조규상, 「생명윤리의 제 문제」 사목 89호, 1983.
- 조인현, 『내가 살아온 한국문단』 어문각, 1977.
- 『주역』 명문당, 1995.
- 진교훈, 「생태학적 위기와 윤리학의 상관성에 관한 연구」 서울대학원 국민윤리교육과.

- 진영석 역, 『사회윤리와 종교』, 형설출판사, 1980.
- 천이두, 『한의 구조, 연구』 문학과 지성사, 1993.
- 최길성, 『한국인의 정』 예진, 1992.
- 최길성, 『한국인의 조상숭배』 예진, 1992.
- 최민홍, 『한국철학사』, 성문사, 1974.
- 최승의 역, 『환경문제와 사회적 선택 -정치, 경제 생태론-』, 신구문화사, 1995.
- 최인, 『한국사상의 발견』 오늘, 1990.
- 최재석, 『한국 접대부의 연구 -서울시의 접대부를 중심으로 -(아세아연구 제22집)』 1983.
- 최재석, 『한국에 있어서의 윤락여성 연구의 전개(아세아여성연구)』 1981.
- 최정호, 『물과 한국인의 삶』, 나남, 1994.
- 최정호, 『산과 한국인의 삶』, 나남, 1994.
- 최종근, 『경노사상과 노인문제』, 영락복지상조회, 1987.
- 『한국문화사대계』 고려대학교 민족문화연구소, 1970.
- 『한국문화상징사전』 동아출판사, 1993.
- 『한국민족문화대백과사전』 한국정신문화연구원, 1992.
- 『한국인 진단』 동아일보사 출판부, 1992.
- 한국정신문화연구원, 『국민정신교육교수지침서』, 1984.
- 한국정신문화연구원, 『국민정신교육기본지침서』, 1983.
- 한국환경교육학회 편, 『한국의 환경교육』, 교육과학사, 1996.
- 한기언, 『한국교육의 이념』, 서울대출판부, 1968.
- 한동주, 『효도론』, 민족사랑운동협의회, 1994.
- 한상범, 『성의 사회학』 언어문화사, 1976.
- 현대사회연구소 편, 『퇴폐, 윤락문제 대처방안 연구』 1984.
- 『현대사회와 윤리』 학문사, 1993.
- 『현대한국의 사회윤리』 아산사회복지사업재단, 1992.
- 홍병호, 『현대사회에 있어서 성과 결혼윤리의 연구』 한국외국어대학교

교육대학원, 1986.

- 홍성열, 『상생의 도를 생각하며』 순민사, 1995.

- 홍성표, 『매춘사회에 관한 연구』 고려대학교 대학원 석사학위논문, 1982.

- 황경식 외 역, 『생명윤리란 무엇인가』, 서광사, 1988.

- 황경식 외 역, 『환경원리와 환경정책』, 범영사, 1996.

- 황동규 외, 『내일을 준비하는 오늘』, 나남, 1996.

- 황병주 역, 『명심보감』, 혜원출판사, 1993.

- 황병주 역, 『효경』, 혜원출판사, 1988.

- Bell, R. R., 'prostitution' Social deviance, the Dorsey Press, Homewood Illinois, 1971.

- Bell, R. R., Sex Roles and Sexism, Contemporary Social Problemsy, The Dorse Press, 1981.

- Blau, F. D., Sex Segregation of Workers by Enterprise in Clerical Occupations, Health Company, 1975.

- Hirschi, T. professional Prostitute: Social Problem in a Changing Sociely: Issue & Deviance Reston, 1975.

- J. 레빈(한국유전자협회 역), 『유전자, 생명의 원천』, 전파과학사, 1996.

- Jung, C. C. Contribution to Analytical Psychology; N. Y., Harcourt, Brace, 1961.

- Mary, S. Women's Wages and Job Segmentation, 1975.

- Oppenheimer, V. K., The Female Labour force in the U. S. A., Berkeley University of California Press, 1970.

- R. Augros(오인해 역), 『새로운 생물학 -자연 속의 지혜의 발견 -』, (주)범양사, 1994.

- 『SANG SAENG(相生)』(제1집), 한국 유네스코 2001년 가을호.

- 『SANG SAENG(相生)』(제2집), 한국 유네스코 2001년 겨울호.

부록: 韓國 100대 企業의 社訓 및 經營理念 調查

*經營理念: 事業이나 企業等을 管理하고, 運營하면서 앞으로 나아가
　　　　야 할 方向

*社訓: 企業이 追求하고자 하는 方向으로 나아가기 위해 갖추어야
　　할 社員의 姿勢 및 態度 즉 會社의 方針

1. 主要 內容 分析

內容	件數	比率(%)	備考
人間中心	43	16	
顧客優先	49	18	
經營革新	43	16	
環境中心	8	3	
社員福祉	5	2	
其他	120	45	
	268	100	

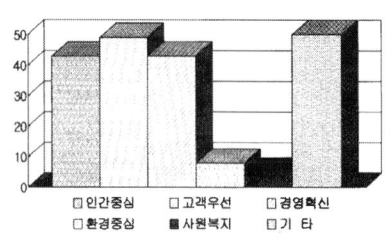

2. 其他 內容 分析

內容	件數	比率(%)	備考
1. 人類福祉 事業報國	20	17	
2. 價値創造	15	12	
3. 協同奉事	8	7	
4. 挑戰儀式	8	7	
5. 其他 正直/勤勉 儉 素 等	69	57	
	120	100	

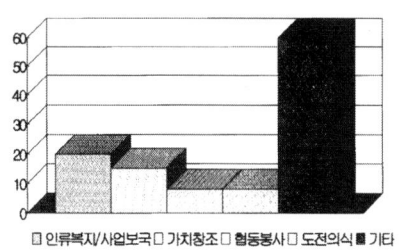

■ 韓國 100대 企業의 社訓 및 經營理念 調査

No.	會社名	社訓 및 經營理念		인간 중심	고객 우선	경영 혁신	환경 중심	사원 복지	기타
1	삼성전자	사업보국, 인재제일, 합리추구		0		0		0	1
2	LG전자	고객존중, 가치의 창조, 가치의 제공			0	0			2
3	기아자동차	근면, 검소, 친애		0					5
4	현대자동차	근면, 검소, 친애		0					5
5	한국통신	창의, 자율, 도전, 사랑		0		0			5
6	SK텔레콤	인간 위주의 경영, 합리적인 경영, 현실을 인식한 경영		0		0			
7	태평양	인간존중, 인류봉사, 미래창조		0					1
8	LG텔레콤	고객을 위한 가치창조, 인간존중의 경영		0	0				
9	남양유업	① 성실한 자세	남양인으로서 본분을 지켜 정직하고 참된 마음가짐으로 어떠한 난관에 부딪히더라도 좌절하지 않고 해결하여 회사 번영에 이바지하는 남양인이 되자.						4
		② 창조적 사고	새롭고 진취적인 생각으로 환경변화에 신속히 적응하여 고객만족을 위해 새로운 가치창조를 끊임없이 이뤄나가는 남양인이 되자.			0			
		③ 책임 있는 행동	주인의식을 바탕으로 한 강한 추진력으로 자신의 사명을 완수하고 결과에 대하여 책임을 지는 신뢰받는 남양인이 되자.						5
10	한국통신 프리텔	① 고객지향 (서비스 정신)	−고객의 소리를 듣는다. −고객의 이익을 우선한다.		0				
		② 혁신 (프론티어 정신)	−과감한 목표를 설정한다. −실패를 두려워하지 않는다.			0			
		③ 신뢰 (파트너 정신)	−동료의 입장에서 생각한다. −찾아가서 도와준다.						5
11	대우자판	창조, 도전, 희생				0			4

No.	會社名	社訓 및 經營理念	인간 중심	고객 우선	경영 혁신	환경 중심	사원 복지	기타
12	제일제당	건강, 즐거움, 편리창조	O				O	1
13	롯데 칠성음료	화합일체, 상순추구, 미래창조	O		O			3
14	삼성물산 건설	고객중심, 세계도전, 미래창조		O	O			4
15	SK	인간 위주의 경영, 합리적인 경영, 현실을 인식한 경영	O		O			
16	매일유업	신념, 창의, 봉사						3
17	LG화학	고객을 위한 가치창조, 인간존중의 경영	O	O				
18	매일경제	신의성실한 보도, 부의 균형화 실현, 기술개발의 선봉 기업육성의 지침			O			
19	동아제약	우리는 회사정의(會社正義)에 따라 기업(企業)의 사회적(社會的) 책임(責任)을 다하고 우수(優秀)한 의약품(醫藥品)을 생산(生産)하여 인류(人類)의 건강(健康)과 복지향상(福祉向上)에 이바지한다.			O			1
20	롯데제과	청결, 인화, 절검	O			O		5
21	데이콤	창의, 협동, 봉사			O			3
22	한솔엠닷컴	고객지향, 혁신, 신뢰		O	O			5
23	농심	-나는 삶의 철학(哲學)을 가진 인간(人間)이다.						5
		-나는 경제(經濟)를 아는 인간이다.						5
		-나는 행복(幸福)한 인간이다.						5
24	현대증권	근면, 검소, 친애						5
25	동서식품	품질, 인재, 고객감동으로 21C 생활문화를 이끌어가는 초우량기업		O	O			1

No.	會社名	社訓 및 經營理念	인간 중심	고객 우선	경영 혁신	환경 중심	사원 복지	기타
26	현대 투자 신탁	(1) 가 치 경 영	가치가 '의미 있는 무엇'을 뜻하기에 가치경영은 '존재를 보람되게 하는 의미 창조적 경영'을 나타냅니다. 가치경영의 이념은 고객에게 만족할 수 있는 새로운 가치를 제공하고, 기업구성원에게는 자기개발과 육성을 통하여 존재가치를 높여주고, 기업은 지속적인 도전과 혁신으로 총체적 가치를 높이며, 나아가 인류사회의 일원으로서 책임을 다하여 인간 삶의 질을 높이는 것을 내용으로 합니다.						2
		(2) 도 전 과 창 조	저희 현투는 끊임없는 혁신으로 '무에서 유를 창조'할 수 있는 유연하고 개방된 조직을 지향하고 있습니다. 금융환경의 변화를 기회로 활용하여 치밀한 준비와 과감한 도전으로 기존 관행과 제도의 틀을 탈피하는 신기업문화를 창조하며, 나아가 금융환경 변화를 주도하는 주체가 되고자 하는 경영이념이 바로 '도전과 창조'의 이념이라 할 수 있습니다.			0			
		(3) 일 등 정 신	현투는 일등을 지향하는 기업입니다. 무한경쟁시대는 이등조차 생존을 위협받을 수 있는 치열한 경쟁으로의 돌입을 의미하는 반면, 그것은 또한 무한창조로 통하는 길을 열어 놓고 있습니다. 생존을 담보로 한 기업 간 무한경쟁에서 승리하고 무한한 발전을 이룩하기 위하여 저희 회사는 구성원의 자질과 기업의 경쟁력에서 일등을 추구하고 의사결정과 행동목표를 최고수준으로 설정하여, 세계 최고수준의 Global Leading company로 도약하고자 합니다.						4

No.	會社名	社訓 및 經營理念	인간 중심	고객 우선	경영 혁신	환경 중심	사원 복지	기타
27	애경 산업	(1) 긍정적이고 진취적인 사고						4
		(2) 경쟁사보다 앞선 기술-고객만족		0				
		(3) 경영자나 관리자들의 탁월한 경영관리 능력으로 앞서가는 기업이 되도록 한다.			0			
		(4) 국가와 사회에 풍요롭고 행복한 삶을 창조						1
28	대우 INT'L	창조	체계적 정보와 지식을 바탕으로 끊임없이 새로운 것을 추구하는 창의적인 사고다. 변화에 빠르게 적응하고 변화를 이끌어가는 새로운 정신과 행동의 발현이 개인과 회사의 발전을 도모한다.			0			
		도전	역경을 두려워하지 않는 도전의지는 회사의 미래와 생존에 직결된다. 주어진 현실에 안주하지 않고 스스로 미래를 개척해나가겠다는 강한 도전의지로 업무에 임한다.			0			
		신뢰	믿음은 기업을 유지시키는 든든한 힘이 된다. 정직하고 최선을 다하는 자세로 고객과 주주 등 회사를 둘러싸고 있는 모든 이해집단과 신뢰를 구축하며 사회공동체로서의 공영을 추구한다.						5
29	서울 우유	첫째, 조합원의 풍요로운 삶을 위해 낙농경쟁력을 강화하고	0					
		둘째, 최고의 유제품으로 고객사랑을 실천하며		0				
		셋째, 우리나라 낙농산업의 구심점으로서 선도적인 역할을 다한다.						1
30	삼보컴퓨터	'고객 중심의 사고'를 통한 제품의 가치 창출=소비자의 만족 극대화		0				
31	굿모닝증권	고객만족 서비스지향		0				
32	동아오츠카	정직하고 바른 신념						5
33	롯데백화점	"Always with you"-고객가치, 고객중심의 경영		0				
34	해태음료	최고의 제품으로 고객만족		0				

No.	會社名	社訓 및 經營理念	인간중심	고객우선	경영혁신	환경중심	사원복지	기타
35	하나로통신	21C 지식강국을 선도하는 e-Business사업자			0			
36	한국코카콜라	① 기부 활동 직원들의 자원봉사활동, 기술적 지원, 재난 구조 그리고 지역사회 봉사활동을 통해 전세계 지역사회의 삶의 질을 향상						3
		②소비자들을 위한 지원활동 애틀랜타 올림픽 같은 전세계적인 스포츠 행사들과의 활발한 연계 활동을 포함						5
		③ 환경 "코카-콜라사의 영업 활동은 환경을 보호하고 보존하는 방식으로 이루어져야 한다." 코카-콜라사는 숙련된 기술과 에너지 그리고 자본을 폐기물, 수질오염 그리고 코카-콜라사의 영업 활동이 영향을 미칠 수 있는 모든 분야와 관련된 문제점들에 집중시키고 있다.				0		
		④ 시장 요구에 맞추기 세일즈와 배송 조직을 분리하고 업무를 전문화 시장의 요구에 맞춰 정확히 제품을 전달 시장이 축소되거나 확대되는 것을 정확히 파악해서, 이에 맞춰 생산 및 물류 계획을 수립, 고객만족 수준도 더욱 높아지고 있다.						5
		⑤ 전략적 루트 계획(Strategic route planning) 프리셀러들에게 자신의 지역(고객들)을 할당, 고객에 대해서도 차별화된 서비스를 제공 고객에게 맞춤 서비스를 제공, 고객에게 차별화된 서비스를 제공		0				
		⑥ 효율적 배송 계획(Daily dispatching) 한국 코카·콜라 보틀링은 MapInfo라는 시스템을 통하여 자사 및 경쟁사 정보를 전자지도 위에 구축함으로 한국 코카·콜라 보틀링의 영업망 확산을 꾀하고 있다.						5

No.	會社名		社訓 및 經營理念	인간 중심	고객 우선	경영 혁신	환경 중심	사원 복지	기타
37	신세계	윤리 경영	윤리경영이란 회사경영 및 기업활동에 있어 "윤리"를 최우선 가치로 생각하며, 모든 업무활동의 기준을 "신세계 윤리규범"에 두고 투명하고 공정하며 합리적인 업무수행을 추구하는 신세계의 기본 경영정신. 윤리경영을 통하여 21세기 초일류 기업으로 성장하여 "고객, 종업원, 협력회사 및 주주"가 성과와 가치를 다 함께 나누고자 한다.	0	0			0	2
38	현대 백화점	기업 이념	고객의 행복과 주주 및 구성원의 감동을 최우선으로 하여 새로운 가치와 미래 창조	0	0			0	
		목표	도시 문화의 인큐베이터로서의 역할과 이를 통한 21세기 신생활문화 창조						1
		기본 정신	신생활 문화 창조 기업으로서 고객에게 한 단계 높은 감동을 제공하고 저희 회사를 통해 고객이 개성을 표출하고 더욱 풍요로운 삶을 누릴 수 있도록 제안함으는 데 고객의 일상을 더욱 풍요롭게 만들자는 신생활문화 창조의 정신을 추구						1
39	두루넷	① 비전	−고객: 고객을 가장 중요한 전략적 제휴 파트너로 대한다.		0				
			−주주: 안정적 성장을 통해 지속적으로 주주가치를 창출한다.						2
			−직원: 임직원에게 주주정신을 부여하여 기업가적 경험을 제공하고 개인적 개발과 성장을 지원한다.	0					
		② 경영 방침	−고객 Loyalty 구축		0				
			−주력 사업 수입 극대화						5
			−신규 부가가치 창출						2
			−능동적인 시장 구조개편 참여			0			
			−성과중심의 조직운영						5

No.	會社名	社訓 및 經營理念	인간중심	고객우선	경영혁신	환경중심	사원복지	기타
40	두산씨그램	-소비자에 대한 열정		0				
		-일에 대한 자긍심						5
		-성공의 자유						5
		-최고의 자유						5
41	옥시	-새로운 제품의 창조(Creative)						2
		-새로운 환경에 대한 끊임없는 변화(Change Up)			0			
		-함께 가꾸는 청결한 환경(Clean Nature)				0		
		-우리를 위한 화합(Cooperation)	0					
		-미래를 향한 끊임없는 도전(Challenge)			0			
42	유한킴벌리	① 인간존중	유한킴벌리는 사원의 안전을 제1순위로 하는 생명존중 정신의 실현, 사원 상호간의 신뢰형성, 회사와 사원 간의 원활환 커뮤니케이션을 통한 열린 경영의 실천, 회사 성공의 주역인 인재의 양성, 성공에 기여한 사람에 대한 공정한 보상 등을 통해 인간존중을 실현하고 있습니다. (0)					
		② 고객만족	항상 고객의 입장에서 생각하는 자세를 바탕으로 고객에게 최고의 가치를 주는 고품질의 제품을 만들어 제공하으는 데 회사와 고객이 함께 성장하는 길을 만들고자 노력하고 있습니다.		0			
		③ 사회공헌	선도적 환경보전 활동의 전개, 윤리적 경영의 실천, 공정한 거래, 성실한 납세 실천을 통해 사회에 공헌하는 기업이 되고자 최선을 다하고 있습니다.					1
		④ 가치창조	미래를 위한 성장을 추구하며, 생산성을 향상시키며, 좋은 기업 평판을 얻고자 노력하는 과정에서 우리는 가치를 창조하고 있습니다.					2
		⑤ 혁신주도	모든 부문에서 앞서나가려는 도전정신의 함양과 이를 뒷받침해주는 학습조직의 활성화, 아울러 업무의 유연성 확보와 변화를 주도하는 자세의 확립을 통해 혁신을 주도하고 있습니다.		0			

No.	會社名		社會 및 經營理念	인간 중심	고객 우선	경영 혁신	환경 중심	사원 복지	기타
43	대우증권	경영 목표	-한국 금융종합서비스 산업의 Shaper						
			-고객이 선택하는 회사		0				5
			-정책 결정의 파트너						5
			-금융시장의 게임메이커						5
			-최고의 전문가 집단						
		경영 정신	-고객이 원하는 일인가?		0				
			-회사의 수익에 도움이 되는가?						5
			-원칙에 어긋나지 않는가?						5
			-더 나은 방법은 없는가?						5
44	일동제약	① 인간 존중	-개인의 개성과 능력을 상호존중 하고, 정직·성실한 자세로 팀 워크에 기여한다. -창의와 능력을 최대로 발휘하 고, 자기개발을 끊임없이 해나 가도록 한다. -의욕적으로 보람 있게 일하고, 풍요로운 삶을 누리도록 한다. -상호 신뢰를 바탕으로 협동하며, 권한과 책임을 다하도록 한다.	0					
		② 품질 경영	-지식경영을 기반으로 핵심영량 을 강화하여 경쟁우위를 확보해 나간다. -구성원과 프로세스의 질을 높이 고, 합리적 의사결정으로 경영 품질수준을 높인다. -기업(起業)가 정신으로 혁신적 이고 도전적이면서도 스피디한 경영을 지향한다. -법과 윤리를 존중하여 공정 경쟁 과 정도(正道)경영을 추구한다.			0			

No.	會社名	社訓 및 經營理念	인간 중심	고객 우선	경영 혁신	환경 중심	사원 복지	기타
		③ 가치 창조	-최상의 제품과 서비스 창출로 회사의 지속적인 발전을 추구한다. -고객존중을 최우선으로 하는 고객가치 경영을 지향한다. -회사가치의 극대화를 추구하여 주주의 권익을 보호한다. -회사의 발전을 통해 이해관계자와의 공동번영과 사회 발전에 기여한다.		0				2
45	신세기 통신	인간 위주의 경영, 합리적인 경영, 현실을 인식한 경영	0		0			
46	한국 피엔지	-P&G 사원	우리는 P&G 사원이 우리의 가장 소중한 자산이라는 확신을 가지고 행동한다.	0					
		-리더십	우리는 각자의 철저한 업무수행으로 최고의 결과를 달성한다.						5
		-주인 의식	우리 모두는 주인으로서 행동하며 회사의 자산을 우리의 것처럼 다루고 회사의 장기적 성공을 목표로 행동한다.						5
		-정직성	우리는 언제나 올바른 일을 하도록 노력한다. 우리는 정직하고 서로에게 솔직하다.						5
		-승리에 대한 열정	우리는 일을 할 때에 최고의 결과를 달성할 것임을 다짐한다.						4
		-상호 신뢰	우리는 P&G 동료와 우리의 고객 및 소비자를 존중하며 우리가 대우받기를 바라는 바처럼 그들을 대우한다.	0	0				
47	현주 컴퓨터	정직한 사람이 되자.						4
		성실한 사람이 되자.						5
		끊임없이 탐구하는 사람이 되자.						5

No.	會社名	社訓 및 經營理念	인간중심	고객우선	경영혁신	환경중심	사원복지	기타
48	빙그레	첫째-적극적으로 일하자.						5
		둘째-합리적으로 일하자.						5
		셋째-인화단결하자.	0					
		넷째-국가 사회에 기여하자.						1
49	한독약품	창의와 성실로서 기업발전에 이바지하고 우수의약품 공급으로 사회에 봉사한다.						1
50	LG캐피탈	확고한 고객기반을 통한 소비자 중심 경영		0				
		업계 최고 실적을 통한 주주만족 경영						5
51	현대전자	근면, 검소, 친애	0					5
52	해태제과	인화, 단결, 협동	0					3
53	웅진식품	생활문화에서 정신문화까지 인류와 사회에 봉사한다.						1
54	쌍용자동차	선도경영, 열린경영, 정도(政道)경영						5
55	삼성중공업	相生을 향한 부단한 노력						5
56	현대산업개발	풍요로운 미래를 지향하는 기업 고객만족을 추구하는 경영		0				2
57	하이마트	우리는 고객 행복과 인류사회의 큰 미래를 지향한다.		0				2
58	한국야쿠르트	고객감동, 인간존중, 혁신경영	0	0	0			
59	쏘니	지구의 환경 보존				0		
60	넥스트미디어신	더 높게, 더 넓게, 더 멀리						5
61	포항제철	능동정신, 창의개발, 봉사정신, 신뢰함양, 가족정신, 화합단결	0		0			5
62	나래앤컴퍼니	경영이념 혁신하는 기업, 봉사하는 기업, 신뢰받는 기업			0			3
		인재상 혁신인, 도전인, 창조인, 화합인	0		0			3

No.	會社名	社訓 및 經營理念	인간 중심	고객 우선	경영 혁신	환경 중심	사원 복지	기타
63	삼성카드	경영 이념: 인재와 기술을 바탕으로 최고의 제품과 서비스를 창출하여 인류 사회에 공헌한다.						1
		비전: 최고의 경쟁력 있는 회사, 고객에게 늘 신뢰받는 회사, 창의와 혁신을 통해 끊임없이 변화하는 회사		0	0			4
64	한국 크로락스	주인으로서 최선의 노력을 다하여, 성공을 위해 함께 모든 일을 실천하자.						5
65	LG칼텍스 정유	고객을 위한 가치창조, 인간존중의 경영	0	0				
66	라이코스 KOREA	Trust - 소비자에게 신뢰를 줄 수 있는 기업		0				
		Public - 모든 사람이 공감할 수 있는 것을 제공하는 기업						1
		Challenge - 새로운 것에 대해 도전하는 기업			0			
67	삼성증권	희망과 도전! Dream 21			0			
		열린 마음: 인간미와 도덕성으로 충만한 마음을 지닌 사람입니다.	0					
		열린 머리: 창의와 협력을 바탕으로 미래를 개척해 나가는 창조형의 사람입니다.			0			
		열린 행동: 세계시민으로서 국제감각과 능력을 갖춘 사람입니다.						5
68	삼성화재	인재와 기술을 바탕으로 최고의 제품과 서비스를 창출하여 인류사회에 공헌한다.			0			1
69	롯데리아	① 고객과 환경을 먼저 생각하고 미래를 지향한다.		0		0		
		② 식생활의 개선으로 즐겁고						5
		③ 서로 돕고 더불어 커 가는 조직문화를 구현한다.	0					
70	조선일보사	불편부당, 산업발전, 문화건설, 정의옹호						5

No.	會社名	社訓 및 經營理念	인간 중심	고객 우선	경영 혁신	환경 중심	사원 복지	기타
71	대한항공	창의와 신념, 성의와 실천, 책임과 봉사			0			5
72	일성 콘도체인	愛天: 하늘을 사랑하고						5
		愛人: 인류를 사랑하고	0					
		愛地: 자연을 사랑하자				0		
73	컴팩코리아	친절, 신속, 정확						5
74	한국존슨	1. 자유롭고 창의적인 사고를 중시하는 기업문화			0			
		2. 개개인이 능력을 최대한 발휘하고 탁월한 성과를 낼 수 있도록 하는 기업문화						5
		3. 고객가치를 중시하는 기업문화		0				
		4. 가족 기업문화	0					
		5. 일과 개인생활 간의 균형(Work/Life Balance)을 중시하는 기업문화						5
75	코벨	자연사랑, 고객만족, 자아실현		0		0		5
76	대림산업	미래 창조 비전창출, 기술개발, 관리혁신			0			
		인간 존중 개인성장, 자율경영, 보람의 공동체	0					
		고객 신뢰 고객우선, 신용중시, 종합 서비스		0				
77	롯데캐논	정직, 봉사, 정열						5
78	대웅제약	창의 대웅인은 창의력을 키워나가는 능력인이어야 한다.			0			
		자조 대웅인은 자조적인 조직인이어야 한다.	0					5
		성실 대웅인은 성실한 인간이어야 한다.						5
79	현대건설	근면, 검소, 친애	0					5

No.	會社名	社訓 및 經營理念	인간 중심	고객 우선	경영 혁신	환경 중심	사원 복지	기타
80	한국 투자 신탁	① 유연한 사고	고객의 입장에서 고객의 니즈를 적극 수용하고 고객 입장에서 판단 창조적인 사고로 미래지향적이며 변화 지향적인 대안을 구상 예의바른 태도로 타인의 의견이나 정보를 존중하고 적극 활용		0				
		② 전문적 능력	자신의 분야에서 최고의 전문가가 되기 위한 전문지식과 skill 함양						5
			FP 등 전문자격 취득, 한투 匠人(Master) 등 사내전문가로의 자기계발						5
			신뢰받는 프로금융인으로서의 소양과 태도 및 국제화 마인드 함양						5
		③ 과감한 실천	외형보다는 내실을, 구호보다는 구체적인 실천을 통한 성과를 중시						5
			도전적이고 진취적인 자세로 업무 프로세스 등을 과감히 개선			0			
			결과에 대한 철저한 피드백과 원인 분석으로 차기 계획 수립 시 반영						5
81	익수 제약	동의보감을 기초한 편리한 한방 의약품을 연구개발, 국민 건강 증진						1
82	농협 중앙회	21세기 세계일류 농업협동조합 구현						
		-농업을 통한 환경, 지역, 인간중심의 협동조합 가치 창출	0			0		
		-유통, 금융, 경영의 시너지효과 확대		0				
		-조합원과 조합, 고객과 농협 간의 신뢰도 극대화		0				
83	한국 전력공사	고객과 함께하는 세계적인 전력회사		0				
		* 핵심가치-고객존중, 변화지향, 수익 중시		0				5
84	다음커뮤 니케이션	인터넷 문화 리더-사람과 사람을 이어주는 인터넷						1
		인터넷 비즈니스 리더						5

No.	會社名	社訓 및 經營理念		인간 중심	고객 우선	경영 혁신	환경 중심	사원 복지	기타
85	아시아나 항공	기업 철학	고객이 원하는 시간과 장소에 가장 빠르게 가장 안전하게 가장 쾌적하게 모시는 것		0				
		경영 이념	최고의 안전과 서비스를 통한 고객만족		0				
		경영 철학	고용증대를 통한 사회기여와 합리성에 기반을 둔 경영						1
86	유한양행	좋은 상품을 만들어 국가와 동포들에게 도움을 주는 기업이 되자.							1
87	LG 투자증권	"차별화된 경쟁력 확보를 통한 주주가치 극대화" (원칙에 입각한 투명한 경영. 시장을 앞서가는 영업)							2
88	동원증권	"성실한 기업활동으로 사회정의를 실현" 고객에게 기쁨을 주는 경영 사람을 존중하는 경영 새로운 가치를 창조하는 경영		0	0				2
89	대상	고객 만족	인간과 고객, 사회를 생각하는 기업이념을 실행하여 고객의 욕구에 부합하는 제품과 서비스를 제공함으로서 고객의 신뢰와 사랑을 받는 21세기형 일류 기업으로 도약하자		0				
90	한국휴렛 팩커드	"형식에 얽매이지 않은 자율적인 조직문화"							5
91	OB 맥주	1. 무엇보다도 우선 전문자적인 자세입니다.			0				
		2. 열정적인 자세입니다.							5
		3. 긍정적인 자세입니다.							5
		4. 긍지를 갖는 자세입니다.							5
92	주연테크 컴퓨터	고객본위 서비스, 미래 기술지향, 행동하는 애사심			0				5

No.	會社名	社訓 및 經營理念	인간 중심	고객 우선	경영 혁신	환경 중심	사원 복지	기타
93	동원산업	1. 고객에게 기쁨을 주는 경영		0	0			
		2. 사람을 존중하는 경영	0					
		3. 새로운 가치를 창조하는 경영						2
94	동양	인재육성, 가치창출, 사회봉사	0					2
95	웅진코웨 이 개발	인화, 사랑, 봉사	0				0	3
96	한국통신 하이텔	고객, 도전, 창조		0				5
97	이랜드	이익, 정직, 고객운영, 인생의 학교	0	0				
98	모토롤라	사람에 대한 변함없는 존중.	0					
		본인에 대한 정직성						5
99	유니텔	작지만 강한 글로벌 인터넷 서비스 기업						5
100	KGI조흥 증권	기본을 넘어 미래를 지향하는 회사						2
계			43	49	43	8	5	120

· 저자 ·

배영기
- 교육경력으로 건국대학교(법학사)·서울대학교 대학원(교육학석사)·단국대학교 대학원(교육학박사)·상명대·서울교대·한국방송통신대·서울보건대·경기대·단국대학교 교육대학원 등에서 강사역임·현재 숭의여자대학 교수 및 도서관장으로 재직중임
- 학회활동으로는 우리문화연구소장, 한국국민윤리학회 부회장, 단국학회 부회장, 통일부 정책연구관 및 통일교육 전문위원, 한국효(孝)학회 서울시 지회장, (사)한국문화콘텐츠학회 종교분과위원장, 배달학회 부회장, 한국미래교육학회 편집위원 등을 역임
- 사회활동(NGO)으로는 평통자문위원, 교총규칙분과위원, 정신개혁시민협의회 공동대표, 개천절 남북공동행사 학술위원장, 효세계화 운동본부 운영위원, 부정부패추방실천 시민회 행정대책위원장, 한반도 평화운동본부 운영위원, 동학민족통일회 운영위원, 단재 신채호 기념사업회 감사, 국법신문(일간)논설위원, 한국고령사회복지연구원 부원장, 등에서 활동하고 있음
- 연구저서로는 현대사회와 종교, 인간에 관한 종합적 이해, 산업사회와 직업윤리, 지성인의 명저교양강좌, 죽음학의 이해, 윤리학과 윤리교육 한국문화와 직업사회 등 30여 권의 저서가 있으며, 학술논문으로는 생명윤리에 관한 생태학적 접근, 한국적 공동체의식의 현황과 과제, 동학이념과 통일, 상생윤리의 체계적 연구, 홍익인간사상의 특수성과 보편성, 한국인의 수사상 등 80여 편을 학회·학술지에 발표하였음.

한국사상과 사회윤리

- 초판 인쇄   2007년 7월 5일
- 초판 발행   2007년 7월 5일

- 지 은 이   배영기
- 펴 낸 이   채종준
- 펴 낸 곳   한국학술정보㈜
　　　　　경기도 파주시 교하읍 문발리 526-2
　　　　　파주출판문화정보산업단지
　　　　　전화 031) 908-3181(대표)·팩스 031) 908-3189
　　　　　홈페이지 http://www.kstudy.com
　　　　　e-mail(출판사업부) publish@kstudy.com
- 등 록   제일사-115호(2000. 6. 19)
- 가 격   49,000원

ISBN 978-89-534-6883-2 93330 (Paper Book)
　　　 978-89-534-6884-9 98330 (e-Book)